BARRON'S
FOREIGN LANGUAGE GUIDES

501
RUSSIAN
VERBS

FOURTH EDITION

Fully conjugated in all the tenses in a new,
easy-to-learn format, alphabetically arranged

by

Thomas R. Beyer, Jr.

C. V. Starr Professor of Russian and East European Studies
Middlebury College
Middlebury, Vermont

BARRON'S

LIVINGSTON PUBLIC LIBRARY
10 Robert Harp Drive
Livingston, NJ 07039

To Bernard MacQuillen of Xaverian H.S.,
Robert Lager of Georgetown University,
Joseph Conrad of the University of Kansas

and

for Dorothea, Carina, Stefanie, and Alexandra,
who give it all meaning.

© Copyright 2018, 2008, 2001, and 1992 by Barron's Educational Series, Inc.

All rights reserved.
No part of this book may be reproduced or distributed
in any form or by any other means without the written
permission of the copyright owner.

All inquiries should be addressed to:
Barron's Educational Series, Inc.
250 Wireless Boulevard
Hauppauge, New York 11788
www.barronseduc.com

Library of Congress Control Number: 2017963954

ISBN: 978-1-4380-1041-0

PRINTED IN CANADA
9 8 7 6 5 4 3 2 1

Acknowledgments

I am indebted to the hundreds of my students whose efforts to learn Russian continually remind me how complex the verbal system is. Many other authors have prepared the way for this work. Patricia Anne Davis's *201 Russian Verbs* (© 1968, 1970, Barron's Educational Series, Inc.) has served generations of teachers and students well. I frequently have consulted the standard reference source, *A Dictionary of Russian Verbs,* E. Daum and W. Schenk, 2d ed. (© 1983, VEB Enzyklopaedie Verlag Leipzig). My own list of 501 Russian verbs was derived in part from *5000 Russian Words with All Their Inflected Forms,* Richard L. Leed and Slava Paperno (© 1986, Slavica Publishers, Inc.). I have also consulted a number of major textbooks used in American high schools and colleges at the basic, intermediate, and advanced levels. Particularly helpful was *Russian: A Practical Grammar with Exercises,* I. Pulkina, E. Zakhava-Nekrasova, 4th ed. (1988, Russky Yazyk Publishers).

Many of my colleagues at the Middlebury College Russian School, especially Robert Channon, Kathryn Henry, Alina Israeli, Olga Kagan, Maria Polinsky, and Richard Robin, have been generous with their time and constructive comments and criticism. Many improvements are the result of their efforts. Any errors are mine alone.

The original book was prepared on a Macintosh® IIsi using Microsoft® Word 4.0, Avtor © III.2, and the BiRussian © font.

In preparing the second edition of *501 Russian Verbs,* I was guided by comments from faithful users over the past decade. I also consulted the most popular texts for the teaching of Russian developed in the 1990s by my colleagues and friends in the field. Finally, I tried to keep abreast of the dramatic changes in Russian life and language by following the contemporary press and, more recently, the wealth of resources on the Internet.

The third edition of *501 Russian Verbs* preserved the changes embodied and described in the section **Russian Verbs in the Twenty-First Century**. It also included three new features: examples of Russian verbs in context at the bottom of each page; a new collection of 55 Essential Verbs with many more examples for each of these verbs; and a set of **501 Verb Drills and Exercises** with answers and explanations. In preparing these materials I consulted traditional sources, such as printed dictionaries, but I also tried to find current day language provided in passages, both classical and contemporary, that can be found on the Internet and that were identified and verified by using electronic search engines *(www.google.ru, www.rambler.ru)*. In most examples and drills I did not provide the Russian ё. Native speakers and students are expected to know where that pronunciation prevails. The two dots are normally omitted in printed materials. The letter ё is found in the complete conjugation of each verb.

For this fourth edition of *501 Russian Verbs,* I have carefully reviewed, corrected, and updated all the entries including the examples. I have also consulted up-to-date frequency lists of the 1,000 most popular Russian verbs. There were originally some seventy verbs among those frequently used that were not included among the original 501. Upon further examination, many were excluded because they resemble more frequently encountered entries. Most often this is the result of a different prefix but with identical imperfective and perfective conjugations. Where there were substantial differences, I included seventeen new verbs, with the need to remove a like number.

I am grateful for the unnamed reviewer who suggested improvements. These include the need to insert the personal pronouns and the first answer for each of the drills as an example. I have replaced those example sentences where they could not be attested to in contemporary usage. These changes are designed to make the work even more user friendly for students of Russian.

The result, I hope, is a contemporary revision that represents the Russian language and its verbs as they have been and continue to be used today.

Changes in the language are inevitable. Technology can help us keep up with them. Please send your comments and suggestions to *tom.beyer@middlebury.edu.*

Contents

How To Use This Book

On pages ix–xi, we provide examples of a transitive verb without the reflexive particle, a verb with the optional particle (-ся), and a verb of motion. The following conventions apply:

The first line contains the imperfective infinitive separated by a slash / from the perfective infinitive. When the (-ся) is optional, it is enclosed in parentheses ( ). If the parentheses are not provided, the use of -ся is required. For the verb of motion, the multidirectional imperfective form is separated by a dash – from the unidirectional imperfective form. The imperfective forms are separated by a slash / from the perfective infinitive form.

On the next line, possible translations are given. When the verb with -ся has a different meaning, it is given in parentheses ( ). If the perfective form conveys a meaning distinct from that of the imperfective, that meaning follows the slash.

The infinitives (INF.) of imperfective verbs appear in the left column, of perfective verbs in the right column. For verbs of motion, the multidirectional precedes the unidirectional; they are followed by the perfective form.

The present tense (PRES.) forms correspond to the personal pronouns, listed in the following order:

я	заменя́ю	открыва́ю (сь)	хожу́	иду́
ты	заменя́ешь	открыва́ешь (ся)	хо́дишь	идёшь
он / она́ / оно́	заменя́ет	открыва́ет (ся)	хо́дит	идёт
мы	заменя́ем	открыва́ем (ся)	хо́дим	идём
вы	заменя́ете	открыва́ете (сь)	хо́дите	идёте
они́	заменя́ют	открыва́ют (ся)	хо́дят	иду́т

The past tense (PAST) forms for both imperfective and perfective are listed in the traditional order: masculine, feminine, neuter, and plural. Sometimes more than one stress is possible in the past tense. Such cases are noted by two stress marks. In instances where the stress of the reflexive (-ся) forms differs from the normal stress of the past tense, these forms also have been supplied.

The future (FUT.) is divided into the compound future for imperfective and the simple future for perfective verbs, listed in the same order as the present tense.

The conditional (COND.) is listed by masculine, feminine, neuter singular, and plural. These forms correspond to the forms of the past tense plus the particle бы.

The imperative (IMP.) is listed in the singular, followed on the next line by the plural.

DEVERBALS (verbal adjectives and verbal adverbs) are listed as follows:

The present active verbal adjective (PRES. ACT.) of imperfective verbs.

The present passive verbal adjective (PRES. PASS.) of imperfective verbs.

The past active verbal adjective (PAST ACT.) of imperfective and perfective verbs.

The past passive verbal adjective (PAST PASS.) for perfective verbs (with a few imperfectives). The long form is given. When the stress of the short forms is identical to that of the long form, the short forms are not provided. If the stress of the short form shifts from the stem to the ending, only the masculine and feminine singular forms are listed when the stress on the neuter and plural is identical to that of the feminine. If the neuter and plural forms have stress like the masculine, the neuter form is listed after the feminine to show the return of the stress to the stem.

Note: The verbal adjectives or participles, as they are called by some, are declined as adjectives, agreeing with the noun that they modify in gender, number, and case. Only the masculine nominative singular form is provided. A complete set of verbal adjective endings can be found on pages xii–xiv.

VERBAL ADVERBS are listed according to their aspects. In a few instances, alternative forms of the verbal adverbs are listed.

Basic information on the cases which are governed or determined by the verbs is given at the bottom of the page. Certain verbs require specific cases of the nouns and pronouns that accompany them. Transitive verbs, for example, take a direct object in the accusative case and may have a second object in another case. Certain verbs are accompanied by nouns or pronouns in cases other than the accusative. Some verbs are normally followed by prepositions. We have used the Russian method of providing the pronouns кто – что in the appropriate case. You can identify the case required as follows:

кого – что	accusative
кого – чего	genitive
ком – чём	prepositional
кому – чему	dative
кем – чем	instrumental

		IMPERFECTIVE ASPECT	PERFECTIVE ASPECT
INF.		заменя́ть	замени́ть
PRES.	Я	заменя́ю	
	Ты	заменя́ешь	
	Он/она/оно	заменя́ет	
	Мы	заменя́ем	
	Вы	заменя́ете	
	Они	заменя́ют	
PAST	Я, Ты, Он	заменя́л	замени́л
	Я, Ты, Она	заменя́ла	замени́ла
	Оно	заменя́ло	замени́ло
	Мы, Вы, Они	заменя́ли	замени́ли
FUT.	Я	бу́ду заменя́ть	заменю́
	Ты	бу́дешь заменя́ть	заме́нишь
	Он/она/оно	бу́дет заменя́ть	заме́нит
	Мы	бу́дем заменя́ть	заме́ним
	Вы	бу́дете заменя́ть	заме́ните
	Они	бу́дут заменя́ть	заме́нят
COND.	Я, Ты, Он	заменя́л бы	замени́л бы
	Я, Ты, Она	заменя́ла бы	замени́ла бы
	Оно	заменя́ло бы	замени́ло бы
	Мы, Вы, Они	заменя́ли бы	замени́ли бы
IMP.	Ты	заменя́й	замени́
	Вы	заменя́йте	замени́те

DEVERBALS

PRES. ACT.	заменя́ющий	
PRES. PASS.	заменя́емый	
PAST ACT.	заменя́вший	замени́вший
PAST PASS.		заменённый
		заменён, заменена́
VERBAL ADVERB	заменя́я	замени́в

заменя́ть кого – что кем – чем, кому – чему

открыва́ть (ся) / откры́ть (ся)
to open, discover

		IMPERFECTIVE ASPECT	PERFECTIVE ASPECT
INF.		открыва́ть (ся)	откры́ть (ся)
PRES.	Я	открыва́ю (сь)	
	Ты	открыва́ешь (ся)	
	Он/она/оно	открыва́ет (ся)	
	Мы	открыва́ем (ся)	
	Вы	открыва́ете (сь)	
	Они	открыва́ют (ся)	
PAST	Я, Ты, Он	открыва́л (ся)	откры́л (ся)
	Я, Ты, Она	открыва́ла (сь)	откры́ла (сь)
	Оно	открыва́ло (сь)	откры́ло (сь)
	Мы, Вы, Они	открыва́ли (сь)	откры́ли (сь)
FUT.	Я	бу́ду открыва́ть (ся)	откро́ю (ся)
	Ты	бу́дешь открыва́ть (ся)	откро́ешь (ся)
	Он/она/оно	бу́дет открыва́ть (ся)	откро́ет (ся)
	Мы	бу́дем открыва́ть (ся)	откро́ем (ся)
	Вы	бу́дете открыва́ть (ся)	откро́ете (сь)
	Они	бу́дут открыва́ть (ся)	откро́ют (ся)
COND.	Я, Ты, Он	открыва́л (ся) бы	откры́л (ся) бы
	Я, Ты, Она	открыва́ла (сь) бы	откры́ла (сь) бы
	Оно	открыва́ло (сь) бы	откры́ло (сь) бы
	Мы, Вы, Они	октрыва́ли (сь) бы	откры́ли (сь) бы
IMP.	Ты	открыва́й (ся)	откро́й (ся)
	Вы	открыва́йте (сь)	откро́йте (сь)

DEVERBALS

	IMPERFECTIVE ASPECT	PERFECTIVE ASPECT
PRES. ACT.	открыва́ющий (ся)	
PRES. PASS.	открыва́емый	
PAST ACT.	открыва́вший (ся)	откры́вший (ся)
PAST PASS.		откры́тый
VERBAL ADVERB	открыва́я	откры́в (шись)

открыва́ть кого – что

		MULTIDIRECTIONAL	UNIDIRECTIONAL	PERFECTIVE ASPECT
INF.		ходи́ть	идти́	пойти́
PRES.	Я	хожу́	иду́	
	Ты	хо́дишь	идёшь	
	Он/она/оно	хо́дит	идёт	
	Мы	хо́дим	идём	
	Вы	хо́дите	идёте	
	Они	хо́дят	иду́т	
PAST	Я, Ты, Он	ходи́л	шёл	пошёл
	Я, Ты, Она	ходи́ла	шла́	пошла́
	Оно	ходи́ло	шло́	пошло́
	Мы, Вы, Они	ходи́ли	шли́	пошли́
FUT.	Я	бу́ду ходи́ть	бу́ду идти́	пойду
	Ты	бу́дешь ходи́ть	бу́дешь идти́	пойдёшь
	Он/она/оно	бу́дет ходи́ть	бу́дет идти́	пойдёт
	Мы	бу́дем ходи́ть	бу́дем идти́	пойдём
	Вы	бу́дете ходи́ть	бу́дете идти́	пойдёте
	Они	бу́дут ходи́ть	бу́дут идти́	пойду́т
COND.	Я, Ты, Он	ходи́л бы	шёл бы	пошёл бы
	Я, Ты, Она	ходи́ла бы	шла́ бы	пошла́ бы
	Оно	ходи́ло бы	шло́ бы	пошло́ бы
	Мы, Вы, Они	ходи́ли бы	шли́ бы	пошли́ бы
IMP.	Ты	ходи́	иди́	пойди́
	Вы	ходи́те	иди́те	пойди́те

DEVERBALS

	MULTIDIRECTIONAL	UNIDIRECTIONAL	PERFECTIVE ASPECT
PRES. ACT.	ходя́щий	иду́щий	
PRES. PASS.			
PAST ACT.	ходи́вший	ше́дший	поше́дший
PAST PASS.			
VERBAL ADVERB	ходя́ — ходи́в	идя́	пойдя́

ходи́ть — идти́ во что, на что, к кому — чему, за кем — чем, в чём

With an imperfective infinitive, **пойти́** can mean *start to*.

Verbal Adjective Endings

The verbal adjectives in Russian must agree with the noun they modify in gender, number, and case. In verbs with the reflexive particle, -ся is used after both consonants and vowels.

PRESENT ACTIVE VERBAL ADJECTIVE

	Singular			**Plural**
	Masculine	Neuter	Feminine	All Genders
Nom.	де́лающий	де́лающее	де́лающая	де́лающие
Acc.	де́лающий де́лающего	де́лающее	де́лающую	де́лающие де́лающих
Gen.	де́лающего	де́лающего	де́лающей	де́лающих
Prep.	де́лающем	де́лающем	де́лающей	де́лающих
Dat.	де́лающему	де́лающему	де́лающей	де́лающим
Instr.	де́лающим	де́лающим	де́лающей	де́лающими

	Singular			**Plural**
	Masculine	Neuter	Feminine	All Genders
Nom.	стро́ящийся	стро́ящееся	стро́ящаяся	стро́ящиеся
Acc.	стро́ящийся стро́ящегося	стро́ящееся	стро́ящуюся	стро́ящиеся стро́ящихся
Gen.	стро́ящегося	стро́ящегося	стро́ящейся	стро́ящихся
Prep.	стро́ящемся	стро́ящемся	стро́ящейся	стро́ящихся
Dat.	стро́ящемуся	стро́ящемуся	стро́ящейся	стро́ящимся
Instr.	стро́ящимся	стро́ящимся	стро́ящейся	стро́ящимися

PRESENT PASSIVE VERBAL ADJECTIVE

	Singular			**Plural**
	Masculine	Neuter	Feminine	All Genders
Nom.	дели́мый	дели́мое	дели́мая	дели́мые
Acc.	дели́мый	дели́мое	дели́мую	дели́мые
	дели́мого			дели́мых
Gen.	дели́мого	дели́мого	дели́мой	дели́мых
Prep.	дели́мом	дели́мом	дели́мой	дели́мых
Dat.	дели́мому	дели́мому	дели́мой	дели́мым
Instr.	дели́мым	дели́мым	дели́мой	дели́мыми

PAST ACTIVE VERBAL ADJECTIVE

	Singular			**Plural**
	Masculine	Neuter	Feminine	All Genders
Nom.	бра́вший	бра́вшее	бра́вшая	бра́вшие
Acc.	бра́вший	бра́вшее	бра́вшую	бра́вшие
	бра́вшего			бра́вших
Gen.	бра́вшего	бра́вшего	бра́вшей	бра́вших
Prep.	бра́вшем	бра́вшем	бра́вшей	бра́вших
Dat.	бра́вшему	бра́вшему	бра́вшей	бра́вшим
Instr.	бра́вшим	бра́вшим	бра́вшей	бра́вшими

	Singular			**Plural**
	Masculine	Neuter	Feminine	All Genders
Nom.	бри́вшийся	бри́вшееся	бри́вшаяся	бри́вшиеся
Acc.	бри́вшийся	бри́вшееся	бри́вшуюся	бри́вшиеся
	бри́вшегося			бри́вшихся
Gen.	бри́вшегося	бри́вшегося	бри́вшейся	бри́вшихся
Prep.	бри́вшемся	бри́вшемся	бри́вшейся	бри́вшихся
Dat.	бри́вшемуся	бри́вшемуся	бри́вшейся	бри́вшимся
Instr.	бри́вшимся	бри́вшимся	бри́вшейся	бри́вшимися

PAST PASSIVE VERBAL ADJECTIVE

	Singular			**Plural**
	Masculine	Neuter	Feminine	All Genders
Nom.	сде́ланный	сде́ланное	сде́ланная	сде́ланные
Acc.	сде́ланный сде́ланного	сде́ланное	сде́ланную	сде́ланные сде́ланных
Gen.	сде́ланного	сде́ланного	сде́ланной	сде́ланных
Prep.	сде́ланном	сде́ланном	сде́ланной	сде́ланных
Dat.	сде́ланному	сде́ланному	сде́ланной	сде́ланным
Instr.	сде́ланным	сде́ланным	сде́ланной	сде́ланными

	Singular			**Plural**
	Masculine	Neuter	Feminine	All Genders
Nom.	откры́тый	откры́тое	откры́тая	откры́тые
Acc.	откры́тый откры́того	откры́тое	откры́тую	откры́тые откры́тых
Gen.	откры́того	откры́того	откры́той	откры́тых
Prep.	откры́том	откры́том	откры́той	откры́тых
Dat.	откры́тому	откры́тому	откры́той	откры́тым
Instr.	откры́тым	откры́тым	откры́той	откры́тыми

The Russian Verb

One of the most important parts of speech in Russian is the verb. Because Russian is an inflected language, that is, the forms change to convey grammatical meaning, Russian verbs have numerous forms, all of which are presented for you in this book. The most distinguishing feature of the Russian verb, one of the major differences between it and the English verb, is **aspect.** Like English verbs, Russian verbs have **moods:** indicative, conditional, and imperative. Verbs have **tenses:** past, present, and future. Many Russian verbs can form verbal adjectives and verbal adverbs.

Aspect.   All Russian verbs have aspect. The word for aspect in Russian is "вид" from the verb "видеть," meaning *"to see or view."* A Russian uses aspect to describe how he or she sees or perceives an action. There are two aspects: imperfective and perfective. You will find that Russian verbs frequently come in aspectual pairs. In our book we have listed the forms of the imperfective aspect first, followed by those of the perfective aspect. It is essential that you know to which aspect a Russian verb belongs.

The Parts of a Verb.   Russian verbal forms have at least two parts: a stem and an ending. There is an infinitive (past) stem and a non-past (present/future) stem. Sometimes these stems are identical, as in the verb читать, where to the stem чита-, the infinitive ending -ть, the past tense endings -л, -ла, -ло, -ли, or the present tense endings -ю, -ешь, -ет, -ем, -ете, -ют can be added. In most cases, however, the two stems are different. To the basic verbs consisting of a stem plus endings, Russian can add prefixes such as по- to make new verbs, for example, почитать. Many perfective verbs are formed by adding a prefix such as по-, на-, про-, or с- to the imperfective verb. Russian verbs may also have suffixes such as -ыва- or -ва- after the stem but before the ending. Such verbs are most likely to be imperfective.

The Infinitive.   In this book, as in most dictionaries and texts, verbs are listed in their infinitive form. You can recognize the Russian infinitive by looking at the ending. Infinitives end in -ть, ти, or -чь. The -ть or -чь usually comes after a vowel. The ending -ти comes only after a consonant. The infinitive is made up of the stem, including any prefixes, and the endings above. The infinitive (or past) stem is the basis for the formation of the past tense, the past verbal adjectives, and the perfective verbal adverb. You can obtain the infinitive stem by dropping the endings -ть, -чь or -ти. Note that some infinitive stems have a г or к in the stem that is not visible in the infinitive form, for example, мо́чь, пе́чь.

Infinitives are used after some verbs; in some impersonal constructions after modal words such as надо, можно; after some adjectives like рад, готов; and after some nouns like желание, умение.

The Indicative Mood—Tenses.   In the indicative mood Russian has three tenses: present, past, and future.

The Present Tense   is formed from imperfective verbs only. To form the present tense you need to know the non-past (present/future) stem and to which conjugation the verb belongs. In the present tense, the verb agrees with the subject of the sentence in person (first, second, third) and number (singular or plural).

The First Conjugation

The endings for the first conjugation are: -ю (-у), -ешь (-ёшь), -ет (-ёт), -ем (-ём), -ете (-ёте), -ют (-ут). The vowel letter ю is written after another vowel. The vowel letter у is written after consonants. The vowel letter ё occurs only when the ending is stressed.

я читáю	я узнаю́	я иду́
ты читáешь	ты узнаёшь	ты идёшь
он/она/оно читáет	он/она/оно узнаёт	он/она/оно идёт
мы читáем	мы узнаём	мы идём
вы читáете	вы узнаёте	вы идёте
они читáют	они узнаю́т	они иду́т

The Second Conjugation

The endings for the second conjugation are: -ю (-у), -ишь, -ит, -им, -ите, -ят (-ат). The vowel letters у and а are used after the consonants г, к, ж, ч, ш, щ.

я вéрю	я спешу́
ты вéришь	ты спеши́шь
он/она/оно вéрит	он/она/оно спеши́т
мы вéрим	мы спеши́м
вы вéрите	вы спеши́те
они вéрят	они спешáт

Because you need to know not only the aspect, but also the conjugation of each verb, the following tips will be helpful. Most verbs whose infinitives ending in -ать, -авать, -овать, -евать, -ывать, -еть, -уть and -ти are first conjugation verbs. Most infinitives ending in -ить are second conjugation verbs.*

In the conjugation of some verbs, there is consonant mutation (the consonant at the end of the stem changes before certain endings, for example, г → ж, д → ж, з → ж, к → ч, т → ч, с → ш, х → ш, ск → щ, ст → щ). After the five labial consonants (when the lips meet or the teeth touch the lips), б, в, м, п, ф, the letter л is added in the first person singular of the present tense. In second conjugation verbs only, if consonant mutation occurs, it occurs only in the first person singular form.

The non-past (present/future) stem can be identified by dropping the -ют (-ут) or -ят (-ат) of the third person plural form. You will need to know this stem to form the imperative, the present verbal adjective, and the imperfective verbal adverb.

In both conjugations the stress may fall on the stem or on the endings or switch from the ending to the stem. Stress has been indicated throughout the book by an accent mark or the vowel ё which is always stressed.

---

* A few infinitives ending in -ать belong to the second conjugation: гнáть, держáть, дышáть, кричáть, слы́шать. Seven ending in -еть are second conjugation: смотрéть, вúдеть, ненавúдеть, терпéть, обúдеть, вертéть, завúсеть, and verbs formed by adding a prefix to them. One infinitive ending in -ить is first conjugation: брúть (ся). The verbs бúть, лúть, and пúть are also first conjugation.

The Past Tense is formed from the infinitive stem of imperfective and perfective verbs. In the past tense, the verbal forms agree with the subject in number (singular or plural) and gender (masculine, feminine, or neuter) in the singular. After dropping the infinitive ending -ть, чь, -ти, add -л, -ла, -ло, -ли.

я/ты/он быва́л
я/ты/она быва́ла
оно быва́ло

они быва́ли

In some cases, the past tense stem may end in a consonant. In such instances, the -л in the masculine singular is omitted: везти → вёз. Verbs that have infinitives ending in -нуть normally preserve the -ну- in the past tense stem: отдохну́ть → отдохну́л. But a few verbs, for example, привы́кнуть → привы́к, omit the -ну- in the past.

The Future Tense has two forms in Russian. Imperfective verbs have a compound future, formed by adding the imperfective infinitive to conjugated forms of the verb бы́ть "*to be*."

я бу́ду смотре́ть
ты бу́дешь смотре́ть
она/он/оно бу́дет смотре́ть
мы бу́дем смотре́ть
вы бу́дете смотре́ть
они бу́дут смотре́ть

Perfective verbs form a simple future by using the conjugated forms without the auxiliary verb бы́ть.

я прочита́ю   я поговорю́
ты прочита́ешь   ты поговори́шь
он/она/оно прочита́ет   он/она/оно поговори́т
мы прочита́ем   мы поговори́м
вы прочита́ете   вы поговори́те
они прочита́ют   они поговоря́т

Tip: If the perfective verb is formed by adding a prefix to the imperfective, both will probably belong to the same conjugation.

The Imperative Mood is used to give commands. "Read!" "Leave!" The imperative is formed from the non-past (present/future) stem of the verb. Remember that you can identify this stem by dropping the ending of the third person plural form.

If the stem ends in a vowel add -й for the singular, -йте for the plural.

поезжа́ют → поезжа́ → поезжа́й or поезжа́йте
сове́туют → сове́ту → сове́туй or сове́туйте

If the stem ends in two or more consonants, add -и or -ите.

отдохну́ть → отдохн → отдохни́ or отдохни́те

If the stem ends in a single consonant and the stress falls on the ending of the first person singular present/future form, add -й or -йте.

говоря́т → говор → говори́ or говори́те
спеша́т → спеш → спеши́ or спеши́те

If the stem ends in a single consonant, and the ending is never stressed in the present/future, then add -ь or -ьте.

гото́вят → гото́в → гото́вь or гото́вьте

(Perfective verbs beginning with the stressed prefix вы- constitute an exception to the above rule. Such verbs form the imperative based on the unprefixed form, while retaining the stress on the perfective prefix вы-.)

вы́разят → вы́раз → вы́рази or вы́разите

Infinitives with the suffix -ав- maintain the -ав- in the imperative form.

дава́ть → дава́й or дава́йте
узнава́ть → узнава́й or узнава́йте

To form the equivalent of "let's," Russians use the first person plural form of the verb.

Идём. *Let's go.*
Почита́ем. *Let's read a bit.*
Поговори́м. *Let's talk.*

To express "let her/him/them . . ." use the form пусть followed by the third person singular or plural form of the present or future tense.

Пусть он чита́ет. *Let him read.*
Пусть Ирина позвони́т. *Let Irina telephone.*
Пусть они зае́дут. *Let them come by.*

The Conditional Mood is formed by adding the particle бы to the past tense form of the imperfective or perfective verb.

он бра́л бы	он взя́л бы
она брала́ бы	она взяла́ бы
оно бра́ло бы	оно взя́ло бы
они бра́ли бы	они взя́ли бы

The Particle   (ся) is attached to some Russian verbs. A few Russian verbs do not have forms without (ся), whereas others never take the particle. The particle has several functions. It can give a reflexive meaning to a transitive verb; it can indicate reciprocal action; it can express the passive; or it can make a transitive verb intransitive.

In general, the participle is spelled ся after a consonant or the soft sign ь; after a vowel the participle is spelled сь. The verbal adjectives are an exception. After the active and passive, present and past verbal adjectives, the form is always spelled ся.

In this book we have indicated by use of (ся) in parentheses those verbs which can be found with or without the reflexive particle. Because the reflexive forms of several verbs are used only in the third person forms, in many of the tables reflexive forms for the first and second persons are omitted.

The Verbs of Motion   are an essential part of a Russian's outlook. When describing motion, a speaker of Russian declares whether that action has one definite direction, (unidirectional) or not (multidirectional). These are also sometimes called determinate and indeterminate. Motion verbs come in pairs in the imperfective, with one multidirectional and one unidirectional verb. Some of the more common pairs are:

MULTIDIRECTIONAL	UNIDIRECTIONAL
ходи́ть	идти́
е́здить	е́хать
носи́ть	нести́
вози́ть	везти́
бе́гать	бежа́ть
лета́ть	лете́ть

In each pair, both verbs belong to the **imperfective aspect**.

A perfective verb, meaning *to begin walking, riding, running, flying,* etc., can be formed by adding the prefix по- to the unidirectional verb: пойти́, пое́хать, побежа́ть, полете́ть. Other prefixes can be added to the above pairs, forming an imperfective-perfective pair with a new meaning: приходи́ть / прийти́ *to come, arrive by foot,* убега́ть / убежа́ть *to run away.* Notice that the addition of a prefix to the multidirectional verb yields an imperfective form, while the addition of a prefix added to the unidirectional verb produces a perfective verb.*

Verbs of motion in our book are listed alphabetically under the multidirectional verb. The multidirectional and unidirectional imperfective pair and the perfective verb with the prefix по- are supplied. Other commonly used prefixed forms are listed alphabetically according to the imperfective infinitive.

The Verbal Adjective (Participle)   derives from the verb, can be transitive or intransitive, and may have the particle (ся). It has aspect, and tense, can be active or passive, and governs nouns as a verb does. Like an adjective, the participle is declined and agrees with the noun in gender, number, and case.

---

* The topic of verbs of motion can and does occupy several books. This explanation provides only a few basic principles.

Present Active Verbal Adjective.   The present active verbal adjective is formed from imperfective verbs by replacing the -т of the third person plural ending with -щ- and adding adjective endings.

читáют → читáющий, читáющая, читáющее, читáющие
живýт → живýщий, живýщая, живýщее, живýщие
вéрят → вéрящий, вéрящая, вéрящее, вéрящие
спешáт → спешáщий, спешáщая, спешáщее, спешáщие

The reflexive particle for all verbal adjectives is (-ся), even when it follows a vowel letter.

занимáющийся, занимáющаяся, занимáющееся, занимáющиеся

Present Passive Verbal Adjective.   The present passive verbal adjective is formed from transitive imperfective verbs by adding adjective endings to the first person plural form of the verb.

читáем → читáемый, читáемая, читáемое, читáемые
стрóим → стрóимый, стрóимая, стрóимое, стрóимые

Infinitives with -ав- (давáть, узнавáть, etc.) retain that suffix in forming the present passive verbal adjective.

даём → давáемый, давáемая, давáемое, давáемые
узнаём → узнавáемый, узнавáемая, узнавáемое, узнавáемые

Past Active Verbal Adjective.   Past active verbal adjectives can be formed from imperfective and perfective verbs by adding -вш- and adjective endings to the infinitive (past tense) stem. (You can obtain this stem by dropping the -ть, -чь, -ти of the infinitive or the -л of the masculine singular past tense form.)

читáл → читáвший, читáвшая, читáвшее, читáвшие
писáл → писáвший, писáвшая, писáвшее, писáвшие
поговори́л → поговори́вший, поговори́вшая, поговори́вшее,
поговори́вшие

When the past tense stem ends in a consonant (принёс, спас), -ший is added to the consonant.

принёс → принёсший, принёсшая, принёсшее, принёсшие
спáс → спáсший, спáсшая, спáсшее, спáсшие

The particle (ся) is used throughout the declension:

откры́вшийся, откры́вшаяся, откры́вшееся, откры́вшиеся.

Past Passive Verbal Adjective.   The past passive verbal adjective is usually formed from transitive perfective verbs by adding -нн- or -т- to the past tense stem unless the stem ends in the vowel и or a consonant, in which case you add -енн- (-ённ-). Note that if consonant mutation occurs in the present/future, it will also occur in the past passive verbal adjective.

приговори́л → приговори́ → приговорённый

спа́с → спасённый

встре́тил → встре́ти (встре́чу) → встре́ченный

If the stem ends in a vowel other than и add -нн- plus regular adjective endings.

прочита́л → прочита́ → прочи́танный

уви́дел → уви́де → уви́денный

The suffix -т is added to stems ending in -ну-, many monosyllabic verb forms with prefixes, and a few others noted in the book.

дости́гнул → дости́гну → дости́гнутый

проби́л → проби́ → проби́тый

The past passive verbal adjective in Russian also has a complete set of short forms that agree with the noun in gender and number but are not declined. For example:

откры́тый → откры́т, откры́та, откры́то, откры́ты

They are used to form passive constructions. When the placement of stress of one or more of the short forms differs from that of the long form, these short forms are listed in the book.

The Verbal Adverb   can be transitive or intransitive, governs nouns, and has aspect. Because it is an adverb, its form does not change.

The imperfective verbal adverb is formed from the present tense stem of imperfective verbs by adding -я after vowels and most consonants or -а after the consonants ш, щ, ж, ч.

чита́ют → чита́ → чита́я

говоря́т → говор → говоря́

спеша́т → спеш → спеша́

Imperfective infinitives with the suffix -ва retain the -ва- in the verbal adverb.

дава́ть → даю́т   but   дава́я

узнавать → узнаю́т   but   узнава́я

With verbal adverbs the reflexive particle will always be (сь) after the vowel: улыба́ясь, встреча́ясь.

The perfective verbal adverb is formed from the past stem of perfective verbs by adding -в after a vowel and -ши after a consonant.

открыл → открыв
показал → показав
взял → взяв
принёс → принёсши

In some cases, especially for prefixed forms of verbs of motion, the perfective verbal adverb is formed by adding -я to the future tense stem:

придут → придя
принесут → принеся

With reflexive forms the verbal adverb ending is -вшись:

улыбнувшись
появившись

Alphabet and Pronunciation Guide

The Cyrillic alphabet has thirty-three letters. Many of them will be familiar to you from English; several others resemble Greek letters. As in English, each letter is only an approximation of how a sound is pronounced. The guide below lists the letters in alphabetical order.

RUSSIAN LETTER	ENGLISH SOUND	SYMBOL	RUSSIAN EXAMPLE
а	**a** as in **A**men	A	да *DA*
б	**b** as in **b**at	B	банк *BANK*
в	**v** as in **v**ote	V	вот *VOT*
г	**g** as in **g**o	G	гол *GOL*
д	**d** as in **d**og	D	да *DA*
е	**ye** as in **ye**s	YE	нет *NYET*
ё	**yo** as in **yo**-yo	YO	полёт *paLYOT*
ж	**zh** as in a**z**ure	ZH	жена *zhiNA*
з	**z** as in **z**oo	Z	за *ZA*
и	**ee** as in b**ee**	I	ива *Iva*
й	**y** as in bo**y**	Y	мой *MOY*
к	**k** as in **k**ayak	K	касса *KAsa*
л	**l** as in **l**ot	L	лампа *LAMpa*
м	**m** as in **m**all	M	муж *MUSH*
н	**n** as in **n**ote	N	нос *NOS*
о	**o** as in hell**o**	O	но *NO*
п	**p** as in **p**apa	P	парк *PARK*
р	**r** as in **r**abbit	R	рот *ROT*
с	**s** as in **s**un	S	суп *SUP*
т	**t** as in **t**oe	T	такси *taKSI*
у	**u** as in r**u**le	U	ну *NU*
ф	**f** as in **f**und	F	фунт *FUNT*
х	**ch** as in Ba**ch**	KH	ах *AKH*
ц	**ts** as in **ts**ar	TS	царь *TSAR'*
ч	**ch** as in **ch**eap	CH	читает *chiTAyit*
ш	**sh** as in **sh**ow	SH	шапка *SHAPka*
щ	**sh** as in **sh**eep	SH	щи *SHI*
ъ	hard sign		not pronounced
ы	**y** as in hair**y**	Y	мы *MY*
ь	soft sign		not pronounced
э	**e** as in **e**cho	E	это *Eta*
ю	**u** as in **u**nion	YU	юмор *YUmar*
я	**ya** as in **ya**hoo	YA	я *YA*

Three Rules of Pronunciation

1)   In each Russian word, only one syllable is stressed or under accent. Russians pronounce the "o" sound only when it is stressed. When some other vowel is stressed in a word, the letter "o" is pronounced "a" кót *(KOT)* but котá *(kaTA)*. When the letters "e" "я" and sometimes "a" are not stressed, they are pronounced as "**i**," in the English word "it."

2)   Consonants can be hard ну *(NU)* or soft нет *(NYET)*. The soft "**n**" is like the sound in the word "o**n**ion." A consonant is hard unless it is followed by a soft vowel letter я, е, и, ё, ю or the soft sign ь.

3)   At the end of a word or before voiced consonants, б, в, г, д, ж, and з become their voiceless counterparts: б → п, в → ф, г → к, д → т, ж → ш, з → с. Examples: ход *KHOT,* баб *BAP,* ног *NOK,* автомат *aftaMAT,* водка *VOTka.*

Spelling Rules and Conventions for Verbs

Many exceptions in the conjugation system can be attributed to conventions of Russian spelling. The following guidelines may be helpful:

1) The 8-7-5 Rule

After г, к, х, ш, ж, щ, ч, and ц, Russians write a instead of я, and у instead of ю.

After г, к, х, ш, ж, щ, and ч, Russians write и instead of ы.

After ш, ж, щ, ч, and ц, where an o would be expected, you write the letter е unless the o is stressed.

2) Rules for Consonant Change

When a change or mutation takes place in the imperfective present or perfective future form, the following are the normal and predictable changes:

г → ж	помогу, поможешь
д → ж	водить, вожу
з → ж	возить, вожу
к → ч	пеку, печешь
т → ч	отвечу, ответишь
с → ш	писать, пишу
х → ш	махать, машу
ск → щ	искать, ищу
ст → щ	чистить, чищу

3) Verbal Prefixes

Verbal prefixes may differ according to the initial consonant of the verb they precede.

a) The final letter of the prefix becomes the voiceless partner in front of another voiceless letter.

без → бес	бездействовать, беспокоить
вз → вс	взбить, всходить
воз → вос	возникать, воспитать
из → ис	избегать, исполнить
раз → рас	раздавать, рассказать

b) In front of a vowel or the letters л or р, some prefixes add the letter o.

в → во	входить, войти
вз → взо	вздыхать, взорвать
из → изо	издавать, изолгать
над → надо	надеть, надоесть

об → обо	обладать, обнимать, оборвать
от → ото	отнимать, оторвать
под → подо	поднимать, подождать
пред → предо	предложить, предоставить
раз → разо	разводить, разойтись
с → со	спросить, сохранять

c) In a few instances, preceding the vowels я or е, some prefixes add the hard sign ъ.

в → въ	входить, въехать
из → изъ	изучить, изъяснить
об → объ	обнимать, объяснить
раз → разъ	разбудить, разъяснить
с → съ	сходить, съесть

4) Vowel Changes After Prefixes

Some verbs, such as играть and искать, when preceded by a prefix ending in a consonant, change their initial и to ы.

вз	взыграть, взыскать
из	изымать, изыскать
об	обыграть, обыскать
раз	разыграть, разыскать
с	сыграть, сыскать

Alphabetical Listing of 501 Russian
Verbs Fully Conjugated
in All the Tenses

		IMPERFECTIVE ASPECT	PERFECTIVE ASPECT
INF.		аплоди́ровать	зааплоди́ровать
PRES.	Я	аплоди́рую	
	Ты	аплоди́руешь	
	Он/она/оно	аплоди́рует	
	Мы	аплоди́руем	
	Вы	аплоди́руете	
	Они	аплоди́руют	
PAST	Я, Ты, Он	аплоди́ровал	зааплоди́ровал
	Я, Ты, Она	аплоди́ровала	зааплоди́ровала
	Оно	аплоди́ровало	зааплоди́ровало
	Мы, Вы, Они	аплоди́ровали	зааплоди́ровали
FUT.	Я	бу́ду аплоди́ровать	зааплоди́рую
	Ты	бу́дешь аплоди́ровать	зааплоди́руешь
	Он/она/оно	бу́дет аплоди́ровать	зааплоди́рует
	Мы	бу́дем аплоди́ровать	зааплоди́руем
	Вы	бу́дете аплоди́ровать	зааплоди́руете
	Они	бу́дут аплоди́ровать	зааплоди́руют
COND.	Я, Ты, Он	аплоди́ровал бы	зааплоди́ровал бы
	Я, Ты, Она	аплоди́ровала бы	зааплоди́ровала бы
	Оно	аплоди́ровало бы	зааплоди́ровало бы
	Мы, Вы, Они	аплоди́ровали бы	зааплоди́ровали бы
IMP.	Ты	аплоди́руй	зааплоди́руй
	Вы	аплоди́руйте	зааплоди́руйте

DEVERBALS

	IMPERFECTIVE	PERFECTIVE
PRES. ACT.	аплоди́рующий	
PRES. PASS.		
PAST ACT.	аплоди́ровавший	зааплоди́ровавший
PAST PASS.		
VERBAL ADVERB	аплоди́руя	зааплоди́ровав

аплоди́ровать кому – чему за что

Все ему аплодировали.	Everyone applauded him.
Она готова была заплакать или зааплодировать.	She was ready to begin crying or applauding.
Громче аплодируйте.	Applaud louder!

аресто́вывать / арестова́ть
to arrest, seize

	IMPERFECTIVE ASPECT	PERFECTIVE ASPECT
INF.	аресто́вывать	арестова́ть
PRES. Я	аресто́вываю	
Ты	аресто́вываешь	
Он/она/оно	аресто́вывает	
Мы	аресто́вываем	
Вы	аресто́вываете	
Они	аресто́вывают	
PAST Я, Ты, Он	аресто́вывал	арестова́л
Я, Ты, Она	аресто́вывала	арестова́ла
Оно	аресто́вывало	арестова́ло
Мы, Вы, Они	аресто́вывали	арестова́ли
FUT. Я	бу́ду аресто́вывать	аресту́ю
Ты	бу́дешь аресто́вывать	аресту́ешь
Он/она/оно	бу́дет аресто́вывать	аресту́ет
Мы	бу́дем аресто́вывать	аресту́ем
Вы	бу́дете аресто́вывать	аресту́ете
Они	бу́дут аресто́вывать	аресту́ют
COND. Я, Ты, Он	аресто́вывал бы	арестова́л бы
Я, Ты, Она	аресто́вывала бы	арестова́ла бы
Оно	аресто́вывало бы	арестова́ло бы
Мы, Вы, Они	аресто́вывали бы	арестова́ли бы
IMP. Ты	аресто́вывай	аресту́й
Вы	аресто́вывайте	аресту́йте

DEVERBALS

PRES. ACT.	аресто́вывающий	
PRES. PASS.	аресто́вываемый	
PAST ACT.	аресто́вывавший	арестова́вший
PAST PASS.		аресто́ванный
VERBAL ADVERB	аресто́вывая	арестова́в

аресто́вывать кого – что

Я арестую всех.	I am arresting everyone.
Активистов арестовывали.	They arrested the activists.
В Лондоне арестован убийца.	A murderer was arrested in London.

бе́гать – бежа́ть / побежа́ть
to run / start running

	MULTIDIRECTIONAL	UNIDIRECTIONAL	PERFECTIVE ASPECT
INF.	бе́гать	бежа́ть	побежа́ть
PRES. Я	бе́гаю	бегу́	
Ты	бе́гаешь	бежи́шь	
Он/она/оно	бе́гает	бежи́т	
Мы	бе́гаем	бежи́м	
Вы	бе́гаете	бежи́те	
Они	бе́гают	бегу́т	
PAST Я, Ты, Он	бе́гал	бежа́л	побежа́л
Я, Ты, Она	бе́гала	бежа́ла	побежа́ла
Оно	бе́гало	бежа́ло	побежа́ло
Мы, Вы, Они	бе́гали	бежа́ли	побежа́ли
FUT. Я	бу́ду бе́гать	бу́ду бежа́ть	побегу́
Ты	бу́дешь бе́гать	бу́дешь бежа́ть	побежи́шь
Он/она/оно	бу́дет бе́гать	бу́дет бежа́ть	побежи́т
Мы	бу́дем бе́гать	бу́дем бежа́ть	побежи́м
Вы	бу́дете бе́гать	бу́дете бежа́ть	побежи́те
Они	бу́дут бе́гать	бу́дут бежа́ть	побегу́т
COND. Я, Ты, Он	бе́гал бы	бежа́л бы	побежа́л бы
Я, Ты, Она	бе́гала бы	бежа́ла бы	побежа́ла бы
Оно	бе́гало бы	бежа́ло бы	побежа́ло бы
Мы, Вы, Они	бе́гали бы	бежа́ли бы	побежа́ли бы
IMP. Ты	бе́гай	беги́	побеги́
Вы	бе́гайте	беги́те	побеги́те

	DEVERBALS		
PRES. ACT.	бе́гающий	бегу́щий	
PRES. PASS.			
PAST ACT.	бе́гавший	бежа́вший	побежа́вший
PAST PASS.			
VERBAL ADVERB	бе́гая		побежа́в

Б

Садись же, что ты бегаешь по комнате?	Sit down; why are you running around the room?
Я в лес бежал из города.	I ran to the forest from the city.
Она побежала в фитнес клуб.	She ran off to the fitness center.

бере́чь (ся) / побере́чь (ся)

guard, take care of (beware of)

		IMPERFECTIVE ASPECT	PERFECTIVE ASPECT
INF.		бере́чь (ся)	побере́чь (ся)
PRES.	Я	берегу́ (сь)	
	Ты	бережёшь (ся)	
	Он/она/оно	бережёт (ся)	
	Мы	бережём (ся)	
	Вы	бережёте (сь)	
	Они	берегу́т (ся)	
PAST	Я, Ты, Он	берёг (ся)	поберёг (ся)
	Я, Ты, Она	берегла́ (сь)	поберегла́ (сь)
	Оно	берегло́ (сь)	поберегло́ (сь)
	Мы, Вы, Они	берегли́ (сь)	поберегли́ (сь)
FUT.	Я	бу́ду бере́чь (ся)	поберегу́ (сь)
	Ты	бу́дешь бере́чь (ся)	побережёшь (ся)
	Он/она/оно	бу́дет бере́чь (ся)	побережёт (ся)
	Мы	бу́дем бере́чь (ся)	побережём (ся)
	Вы	бу́дете бере́чь (ся)	побережёте (сь)
	Они	бу́дут бере́чь (ся)	поберегу́т (ся)
COND.	Я, Ты, Он	берёг (ся) бы	поберёг (ся) бы
	Я, Ты, Она	берегла́ (сь) бы	поберегла́ (сь) бы
	Оно	берегло́ (сь) бы	поберегло́ (сь) бы
	Мы, Вы, Они	берегли́ (сь) бы	поберегли́ (сь) бы
IMP.	Ты	береги́ (сь)	побереги́ (сь)
	Вы	береги́те (сь)	побереги́те (сь)

DEVERBALS

	IMPERFECTIVE	PERFECTIVE
PRES. ACT.	берегу́щий (ся)	
PRES. PASS.		
PAST ACT.	берёгший (ся)	поберёгший (ся)
PAST PASS.	бережённый бережён, бережена́	побережённый побережён, побережена́
VERBAL ADVERB		поберёгши (сь)

бере́чь кого – что; бере́чься кого – чего

Она плохо ела, берегла фигуру.	She ate poorly; she was watching her figure.
Берегись собаки!	Beware of the dog!
Я бы побереглась на твоем месте.	I would be on my guard if I were in your place.

беспоко́ить (ся) / побеспоко́ить (ся)
to disturb, bother (become anxious, uneasy, worry about)

		IMPERFECTIVE ASPECT	PERFECTIVE ASPECT
INF.		беспоко́ить (ся)	побеспоко́ить (ся)
PRES.	Я	беспоко́ю (сь)	
	Ты	беспоко́ишь (ся)	
	Он/она/оно	беспоко́ит (ся)	
	Мы	беспоко́им (ся)	
	Вы	беспоко́ите (сь)	
	Они	беспоко́ят (ся)	
PAST	Я, Ты, Он	беспоко́ил (ся)	побеспоко́ил (ся)
	Я, Ты, Она	беспоко́ила (сь)	побеспоко́ила (сь)
	Оно	беспоко́ило (сь)	побеспоко́ило (сь)
	Мы, Вы, Они	беспоко́или (сь)	побеспоко́или (сь)
FUT.	Я	бу́ду беспоко́ить (ся)	побеспоко́ю (сь)
	Ты	бу́дешь беспоко́ить (ся)	побеспоко́ишь (ся)
	Он/она/оно	бу́дет беспоко́ить (ся)	побеспоко́ит (ся)
	Мы	бу́дем беспоко́ить (ся)	побеспоко́им (ся)
	Вы	бу́дете беспоко́ить (ся)	побеспоко́ите (сь)
	Они	бу́дут беспоко́ить (ся)	побеспоко́ят (ся)
COND.	Я, Ты, Он	беспоко́ил (ся) бы	побеспоко́ил (ся) бы
	Я, Ты, Она	беспоко́ила (сь) бы	побеспоко́ила (сь) бы
	Оно	беспоко́ило (сь) бы	побеспоко́ило (сь) бы
	Мы, Вы, Они	беспоко́или (сь) бы	побеспоко́или (сь) бы
IMP.	Ты	беспоко́й (ся)	побеспоко́й (ся)
	Вы	беспоко́йте (сь)	побеспоко́йте (сь)

DEVERBALS

	IMPERFECTIVE ASPECT	PERFECTIVE ASPECT
PRES. ACT.	беспоко́ящий (ся)	
PRES. PASS.	беспоко́имый	
PAST ACT.	беспоко́ивший (ся)	побеспоко́ивший (ся)
PAST PASS.		побеспоко́енный
VERBAL ADVERB	беспоко́я (сь)	побеспоко́ив (шись)

беспоко́ить кого – что; беспоко́иться о ком – о чём

Извините, что я вас беспокою.	Excuse me for disturbing you.
Он не особенно беспокоился о результате.	He was not particularly worried about the result.
Я вас больше не побеспокою.	I won't bother you any longer.

би́ть / поби́ть
to beat, hit, defeat

		IMPERFECTIVE ASPECT	PERFECTIVE ASPECT
INF.		би́ть	поби́ть
PRES.	Я	бью	
	Ты	бьёшь	
	Он/она/оно	бьёт	
	Мы	бьём	
	Вы	бьёте	
	Они	бью́т	
PAST	Я, Ты, Он	би́л	поби́л
	Я, Ты, Она	би́ла	поби́ла
	Оно	би́ло	поби́ло
	Мы, Вы, Они	би́ли	поби́ли
FUT.	Я	бу́ду би́ть	побью́
	Ты	бу́дешь би́ть	побьёшь
	Он/она/оно	бу́дет би́ть	побьёт
	Мы	бу́дем би́ть	побьём
	Вы	бу́дете би́ть	побьёте
	Они	бу́дут би́ть	побью́т
COND.	Я, Ты, Он	би́л бы	поби́л бы
	Я, Ты, Она	би́ла бы	поби́ла бы
	Оно	би́ло бы	поби́ло бы
	Мы, Вы, Они	би́ли бы	поби́ли бы
IMP.	Ты	бе́й	побе́й
	Вы	бе́йте	побе́йте

DEVERBALS

	IMPERFECTIVE ASPECT	PERFECTIVE ASPECT
PRES. ACT.	бью́щий	
PRES. PASS.		
PAST ACT.	би́вший	поби́вший
PAST PASS.	би́тый	поби́тый
VERBAL ADVERB		поби́в

би́ть кого – что по чему, во что
The pair **побива́ть** / **поби́ть** also means *to beat*.

Зачем ты бьешь брата?	Why are you hitting your brother?
Продажи бьют все рекорды.	Sales are breaking all records.
Россияне побили мировой рекорд.	The Russians broke the world record.

6

	IMPERFECTIVE ASPECT	PERFECTIVE ASPECT
INF.	благодари́ть	поблагодари́ть
PRES. Я	благодарю́	
Ты	благодари́шь	
Он/она/оно	благодари́т	
Мы	благодари́м	
Вы	благодари́те	
Они	благодаря́т	
PAST Я, Ты, Он	благодари́л	поблагодари́л
Я, Ты, Она	благодари́ла	поблагодари́ла
Оно	благодари́ло	поблагодари́ло
Мы, Вы, Они	благодари́ли	поблагодари́ли
FUT. Я	бу́ду благодари́ть	поблагодарю́
Ты	бу́дешь благодари́ть	поблагодари́шь
Он/она/оно	бу́дет благодари́ть	поблагодари́т
Мы	бу́дем благодари́ть	поблагодари́м
Вы	бу́дете благодари́ть	поблагодари́те
Они	бу́дут благодари́ть	поблагодаря́т
COND. Я, Ты, Он	благодари́л бы	поблагодари́л бы
Я, Ты, Она	благодари́ла бы	поблагодари́ла бы
Оно	благодари́ло бы	поблагодари́ло бы
Мы, Вы, Они	благодари́ли бы	поблагодари́ли бы
IMP. Ты	благодари́	поблагодари́
Вы	благодари́те	поблагодари́те

DEVERBALS

PRES. ACT.	благодаря́щий	
PRES. PASS.		
PAST ACT.	благодари́вший	поблагодари́вший
PAST PASS.		
VERBAL ADVERB	благодаря́	поблагодари́в

благодари́ть кого – что за что

Президент благодарил Москву за помощь.	The president thanked Moscow for the aid.
Они поблагодарили за подарки.	They expressed their gratitude for the gifts.
Поблагодарите его от моего имени.	Thank him on my behalf.

бледне́ть / побледне́ть
to become pale, fade

		IMPERFECTIVE ASPECT	PERFECTIVE ASPECT
INF.		бледне́ть	побледне́ть
PRES.	Я	бледне́ю	
	Ты	бледне́ешь	
	Он/она/оно	бледне́ет	
	Мы	бледне́ем	
	Вы	бледне́ете	
	Они	бледне́ют	
PAST	Я, Ты, Он	бледне́л	побледне́л
	Я, Ты, Она	бледне́ла	побледне́ла
	Оно	бледне́ло	побледне́ло
	Мы, Вы, Они	бледне́ли	побледне́ли
FUT.	Я	бу́ду бледне́ть	побледне́ю
	Ты	бу́дешь бледне́ть	побледне́ешь
	Он/она/оно	бу́дет бледне́ть	побледне́ет
	Мы	бу́дем бледне́ть	побледне́ем
	Вы	бу́дете бледне́ть	побледне́ете
	Они	бу́дут бледне́ть	побледне́ют
COND.	Я, Ты, Он	бледне́л бы	побледне́л бы
	Я, Ты, Она	бледне́ла бы	побледне́ла бы
	Оно	бледне́ло бы	побледне́ло бы
	Мы, Вы, Они	бледне́ли бы	побледне́ли бы
IMP.	Ты	бледне́й	побледне́й
	Вы	бледне́йте	побледне́йте

DEVERBALS

	IMPERFECTIVE ASPECT	PERFECTIVE ASPECT
PRES. ACT.	бледне́ющий	
PRES. PASS.		
PAST ACT.	бледне́вший	побледне́вший
PAST PASS.		
VERBAL ADVERB	бледне́я	побледне́в

Как вы бледне́ете.	How pale you are turning.
Душа бледнеет с горя.	The soul pales from grief.
Побледне́ет луна, но звезды существуют во веки веков.	The moon will fade, but the stars exist for ever and ever.

		IMPERFECTIVE ASPECT	PERFECTIVE ASPECT
INF.		болéть	заболéть
PRES.	Я	болéю	
	Ты	болéешь	
	Он/она/оно	болéет	
	Мы	болéем	
	Вы	болéете	
	Они	болéют	
PAST	Я, Ты, Он	болéл	заболéл
	Я, Ты, Она	болéла	заболéла
	Оно	болéло	заболéло
	Мы, Вы, Они	болéли	заболéли
FUT.	Я	бýду болéть	заболéю
	Ты	бýдешь болéть	заболéешь
	Он/она/оно	бýдет болéть	заболéет
	Мы	бýдем болéть	заболéем
	Вы	бýдете болéть	заболéете
	Они	бýдут болéть	заболéют
COND.	Я, Ты, Он	болéл бы	заболéл бы
	Я, Ты, Она	болéла бы	заболéла бы
	Оно	болéло бы	заболéло бы
	Мы, Вы, Они	болéли бы	заболéли бы
IMP.	Ты	болéй	заболéй
	Вы	болéйте	заболéйте

Б

DEVERBALS

	IMPERFECTIVE ASPECT	PERFECTIVE ASPECT
PRES. ACT.	болéющий	
PRES. PASS.		
PAST ACT.	болéвший	заболéвший
PAST PASS.		
VERBAL ADVERB	болéя	заболéв

болéть чем, за кого – что

Я болею за Спартак.	I am rooting for Spartak.
Чем он болел?	What was he ailing from?
Мама заболела вчера.	Mom fell ill yesterday.

боле́ть / заболе́ть
to ache / begin to ache

	IMPERFECTIVE ASPECT	PERFECTIVE ASPECT
INF.	боле́ть	заболе́ть
PRES. Я		
Ты		
Он/она/оно	боли́т	
Мы		
Вы	боля́т	
Они		
PAST Я, Ты, Он	боле́л	заболе́л
Я, Ты, Она	боле́ла	заболе́ла
Оно	боле́ло	заболе́ло
Мы, Вы, Они	боле́ли	заболе́ли
FUT. Я		
Ты		
Он/она/оно	бу́дет боле́ть	заболи́т
Мы		
Вы		
Они	бу́дут боле́ть	заболя́т
COND. Я, Ты, Он	боле́л бы	заболе́л бы
Я, Ты, Она	боле́ла бы	заболе́ла бы
Оно	боле́ло бы	заболе́ло бы
Мы, Вы, Они	боле́ли бы	заболе́ли бы
IMP. Ты		
Вы		
	DEVERBALS	
PRES. ACT.	боля́щий	
PRES. PASS.		
PAST ACT.	боле́вший	заболе́вший
PAST PASS.		
VERBAL ADVERB		заболе́в

The pair **заболева́ть** / **заболе́ть** also means *to begin to ache.*

У него спина болит.	His back hurts.
У него заболела рука.	His arm began to ache.
С поклону голова не заболит.	Your head won't hurt by bowing.

боро́ться / поборо́ться

to struggle, wrestle, fight

		IMPERFECTIVE ASPECT	PERFECTIVE ASPECT
INF.		боро́ться	поборо́ться
PRES.	Я	борю́сь	
	Ты	бо́решься	
	Он/она́/оно́	бо́рется	
	Мы	бо́ремся	
	Вы	бо́ретесь	
	Они́	бо́рются	
PAST	Я, Ты, Он	боро́лся	поборо́лся
	Я, Ты, Она́	боро́лась	поборо́лась
	Оно́	боро́лось	поборо́лось
	Мы, Вы, Они́	боро́лись	поборо́лись
FUT.	Я	бу́ду боро́ться	поборю́сь
	Ты	бу́дешь боро́ться	побо́решься
	Он/она́/оно́	бу́дет боро́ться	побо́рется
	Мы	бу́дем боро́ться	побо́ремся
	Вы	бу́дете боро́ться	побо́ретесь
	Они́	бу́дут боро́ться	побо́рются
COND.	Я, Ты, Он	боро́лся бы	поборо́лся бы
	Я, Ты, Она́	боро́лась бы	поборо́лась бы
	Оно́	боро́лось бы	поборо́лось бы
	Мы, Вы, Они́	боро́лись бы	поборо́лись бы
IMP.	Ты	бори́сь	побори́сь
	Вы	бори́тесь	побори́тесь

DEVERBALS

PRES. ACT.	бо́рющийся	
PRES. PASS.		
PAST ACT.	боро́вшийся	поборо́вшийся
PAST PASS.		
VERBAL ADVERB	боря́сь	поборо́вшись

боро́ться с кем – чем, за кого – что, против кого – чего
The perfective verb **поборо́ть** means *to defeat / overcome.*

Боремся за чистоту.	We are fighting for cleanliness.
С кем они боролись?	With whom did they fight?
Я бы поборолась за выходной день.	I would fight for a day off.

боя́ться / побоя́ться
to be afraid of

		IMPERFECTIVE ASPECT	PERFECTIVE ASPECT
INF.		боя́ться	побоя́ться
PRES.	Я	бою́сь	
	Ты	бои́шься	
	Он/она/оно	бои́тся	
	Мы	бои́мся	
	Вы	бои́тесь	
	Они	боя́тся	
PAST	Я, Ты, Он	боя́лся	побоя́лся
	Я, Ты, Она	боя́лась	побоя́лась
	Оно	боя́лось	побоя́лось
	Мы, Вы, Они	боя́лись	побоя́лись
FUT.	Я	бу́ду боя́ться	побою́сь
	Ты	бу́дешь боя́ться	побои́шься
	Он/она/оно	бу́дет боя́ться	побои́тся
	Мы	бу́дем боя́ться	побои́мся
	Вы	бу́дете боя́ться	побои́тесь
	Они	бу́дут боя́ться	побоя́тся
COND.	Я, Ты, Он	боя́лся бы	побоя́лся бы
	Я, Ты, Она	боя́лась бы	побоя́лась бы
	Оно	боя́лось бы	побоя́лось бы
	Мы, Вы, Они	боя́лись бы	побоя́лись бы
IMP.	Ты	бо́йся	побо́йся
	Вы	бо́йтесь	побо́йтесь

DEVERBALS

	IMPERFECTIVE ASPECT	PERFECTIVE ASPECT
PRES. ACT.	боя́щийся	
PRES. PASS.		
PAST ACT.	боя́вшийся	побоя́вшийся
PAST PASS.		
VERBAL ADVERB	боя́сь	побоя́вшись

боя́ться кого́ – чего́, + infinitive

AN ESSENTIAL VERB

12

боя́ться / побоя́ться

Examples

Почему мы так боимся уколов?
Why are we so afraid of shots?

Если вы готовы, тогда не будете
    бояться.
If you are prepared, then you will not be
    afraid.

Не бойтесь мобильных телефонов.
Don't be afraid of mobile phones.

Они живут, не боясь депортации.
They live without fear of deportation.

Не побоюсь этого слова.
I will not be afraid of this word.

Депутаты побоялись обидеть
    президента.
The deputies were afraid to offend the
    president.

Они приняли резолюцию, не
    побоявшись последствий.
They passed the resolution without
    fearing the consequences.

Она боится темноты.
She is afraid of the dark.

Кого боялись римляне?
Whom did the Romans fear?

Она не побоялась спросить его.
She was not afraid to ask him.

Words and expressions related to this verb

Волка бояться, так и в лес
    не ходить.

Бойся, не бойся, а смерть у
    порога.

Бойся жить, а умирать не
    бойся.

боязнь

боязливый

бра́ть (ся) / взя́ть (ся)
to take (undertake)

	IMPERFECTIVE ASPECT	PERFECTIVE ASPECT
INF.	бра́ть (ся)	взя́ть (ся)
PRES. Я	беру́ (сь)	
Ты	берёшь (ся)	
Он/она/оно	берёт (ся)	
Мы	берём (ся)	
Вы	берёте (сь)	
Они	беру́т (ся)	
PAST Я, Ты, Он	брал (ся)	взял (ся)
Я, Ты, Она	брала́ (сь)	взяла́ (сь)
Оно	бра́ло – брало́сь	взя́ло – взяло́сь
Мы, Вы, Они	бра́ли – брали́сь	взя́ли – взяли́сь
FUT. Я	бу́ду бра́ть (ся)	возьму́ (сь)
Ты	бу́дешь бра́ть (ся)	возьмёшь (ся)
Он/она/оно	бу́дет бра́ть (ся)	возьмёт (ся)
Мы	бу́дем бра́ть (ся)	возьмём (ся)
Вы	бу́дете бра́ть (ся)	возьмёте (сь)
Они	бу́дут бра́ть (ся)	возьму́т (ся)
COND. Я, Ты, Он	брал (ся) бы	взял (ся) бы
Я, Ты, Она	брала́ (сь) бы	взяла́ (сь) бы
Оно	бра́ло – брало́сь бы	взя́ло – взяло́сь бы
Мы, Вы, Они	бра́ли – брали́сь бы	взя́ли – взяли́сь бы
IMP. Ты	бери́ (сь)	возьми́ (сь)
Вы	бери́те (сь)	возьми́те (сь)

DEVERBALS

PRES. ACT.	беру́щий (ся)	
PRES. PASS.		
PAST ACT.	бра́вший (ся)	взя́вший (ся)
PAST PASS.		взя́тый
		взят, взята́, взя́то
VERBAL ADVERB	беря́, бра́вши (сь)	взяв (шись)

бра́ть кого – что
бра́ться за что, + infinitive

AN ESSENTIAL VERB

бра́ть (ся) / взя́ть (ся)

Examples

Я беру себя в руки.
I am pulling myself together.

Откуда берутся дети?
Where do children come from?

Не берите за границу духи и
лекарства.
Don't take perfumes and medicines
abroad.

Расследование взято под контроль
министра.
The investigation has been taken under
the control of the minister.

Взявши книгу, она все поняла.
Having taken the book, she understood
everything.

Я возьмусь переводить эту книгу.
I am going to take on translating this
book.

Возьмите время под контроль.
Take control of your time.

Возьми мою любовь.
Take my love.

Всю вину я беру на себя.
I take all the blame on myself.

Он не брал взятки.
He didn't take bribes.

Она взялась за его воспитание.
She undertook his upbringing.

Words and expressions related to this verb

Проси много, а бери что
дают.

Бери с него пример.

браться за руки

браться за оружие

взятка

взяточник

бри́ть (ся) / побри́ть (ся)
to shave someone (to get a shave)

		IMPERFECTIVE ASPECT	PERFECTIVE ASPECT
INF.		бри́ть (ся)	побри́ть (ся)
PRES.	Я	бре́ю (сь)	
	Ты	бре́ешь (ся)	
	Он/она́/оно́	бре́ет (ся)	
	Мы	бре́ем (ся)	
	Вы	бре́ете (сь)	
	Они́	бре́ют (ся)	
PAST	Я, Ты, Он	брил (ся)	побри́л (ся)
	Я, Ты, Она́	бри́ла (сь)	побри́ла (сь)
	Оно́	бри́ло (сь)	побри́ло (сь)
	Мы, Вы, Они́	бри́ли (сь)	побри́ли (сь)
FUT.	Я	бу́ду бри́ть (ся)	побре́ю (сь)
	Ты	бу́дешь бри́ть (ся)	побре́ешь (ся)
	Он/она́/оно́	бу́дет бри́ть (ся)	побре́ет (ся)
	Мы	бу́дем бри́ть (ся)	побре́ем (ся)
	Вы	бу́дете бри́ть (ся)	побре́ете (сь)
	Они́	бу́дут бри́ть (ся)	побре́ют (ся)
COND.	Я, Ты, Он	брил (ся) бы	побри́л (ся) бы
	Я, Ты, Она́	бри́ла (сь) бы	побри́ла (сь) бы
	Оно́	бри́ло (сь) бы	побри́ло (сь) бы
	Мы, Вы, Они́	бри́ли (сь) бы	побри́ли (сь) бы
IMP.	Ты	брей (ся)	побре́й (ся)
	Вы	бре́йте (сь)	побре́йте (сь)

DEVERBALS

	IMPERFECTIVE	PERFECTIVE
PRES. ACT.	бре́ющий (ся)	
PRES. PASS.		
PAST ACT.	бри́вший (ся)	побри́вший (ся)
PAST PASS.	бри́тый	побри́тый
VERBAL ADVERB	бре́я (сь)	побри́в (шись)

бри́ть кого́ – что

Я просто не бреюсь по субботам.	I simply don't shave on Saturdays.
Как правильно бриться?	What's the right way to shave?
Она брила ноги.	She shaved her legs.

16

брод́ить – брест́и / побрест́и

to wander, amble

		MULTIDIRECTIONAL	UNIDIRECTIONAL	PERFECTIVE ASPECT
INF.		брод́ить	брест́и	побрест́и
PRES.	Я	брож́у	бред́у	
	Ты	бр́одишь	бред́ёшь	
	Он/она/оно	бр́одит	бред́ёт	
	Мы	бр́одим	бред́ём	
	Вы	бр́одите	бред́ёте	
	Они	бр́одят	бред́ут	
PAST	Я, Ты, Он	брод́ил	брёл	побрёл
	Я, Ты, Она	брод́ила	брел́а	побрел́а
	Оно	брод́ило	брел́о	побрел́о
	Мы, Вы, Они	брод́или	брел́и	побрел́и
FUT.	Я	б́уду брод́ить	б́уду брест́и	побред́у
	Ты	б́удешь брод́ить	б́удешь брест́и	побред́ёшь
	Он/она/оно	б́удет брод́ить	б́удет брест́и	побред́ёт
	Мы	б́удем брод́ить	б́удем брест́и	побред́ём
	Вы	б́удете брод́ить	б́удете брест́и	побред́ёте
	Они	б́удут брод́ить	б́удут брест́и	побред́ут
COND.	Я, Ты, Он	брод́ил бы	брёл бы	побрёл бы
	Я, Ты, Она	брод́ила бы	брел́а бы	побрел́а бы
	Оно	брод́ило бы	брел́о бы	побрел́о бы
	Мы, Вы, Они	брод́или бы	брел́и бы	побрел́и бы
IMP.	Ты	брод́и	бред́и	побред́и
	Вы	брод́ите	бред́ите	побред́ите

DEVERBALS

PRES. ACT.	брод́ящий	бред́ущий	
PRES. PASS.			
PAST ACT.	брод́ивший	бр́едший	побр́едший
PAST PASS.			
VERBAL ADVERB	брод́я	бред́я	побред́я – побр́едши

Призрак бродит по Европе.
Брели коровы густыми травами.
Ты тихо пробрел по улицам.

A spectre is haunting Europe.
The cows wandered in the thick grasses.
You quietly ambled along the streets.

бросáть (ся) / брóсить (ся)
to throw (rush toward)

	IMPERFECTIVE ASPECT	PERFECTIVE ASPECT
INF.	бросáть (ся)	брóсить (ся)
PRES. Я	бросáю (сь)	
Ты	бросáешь (ся)	
Он/она/оно	бросáет (ся)	
Мы	бросáем (ся)	
Вы	бросáете (сь)	
Они	бросáют (ся)	
PAST Я, Ты, Он	бросáл (ся)	брóсил (ся)
Я, Ты, Она	бросáла (сь)	брóсила (сь)
Оно	бросáло (сь)	брóсило (сь)
Мы, Вы, Они	бросáли (сь)	брóсили (сь)
FUT. Я	бýду бросáть (ся)	брóшу (сь)
Ты	бýдешь бросáть (ся)	брóсишь (ся)
Он/она/оно	бýдет бросáть (ся)	брóсит (ся)
Мы	бýдем бросáть (ся)	брóсим (ся)
Вы	бýдете бросáть (ся)	брóсите (сь)
Они	бýдут бросáть (ся)	брóсят (ся)
COND. Я, Ты, Он	бросáл (ся) бы	брóсил (ся) бы
Я, Ты, Она	бросáла (сь) бы	брóсила (сь) бы
Оно	бросáло (сь) бы	брóсило (сь) бы
Мы, Вы, Они	бросáли (сь) бы	брóсили (сь) бы
IMP. Ты	бросáй (ся)	брось (ся)
Вы	бросáйте (сь)	брóсьте (сь)

DEVERBALS

PRES. ACT.	бросáющий (ся)	
PRES. PASS.	бросáемый	
PAST ACT.	бросáвший (ся)	брóсивший (ся)
PAST PASS.		брóшенный
VERBAL ADVERB	бросая́ (сь)	брóсив (шись)

бросáть кого – что; бросáться на кого – что, во что

18

AN ESSENTIAL VERB

броса́ть (ся) / бро́сить (ся)

Examples

Я бросаю пить.
I am giving up drinking.

Не бросайте родину.
Do not abandon your motherland.

Собака бросалась на людей.
The dog attacked people.

Я тебя никогда не брошу.
I will never abandon you.

В бой брошены последние силы.
The last forces were thrown into the
battle.

Женщина бросилась под поезд.
The woman threw herself under the
train.

Мы бросаем курить.
We are quitting smoking.

Они бросились с моста.
They jumped off the bridge.

Они бросят все силы на оборону
города.
They are throwing all their efforts into
the defense of the city.

Words and expressions related to this verb

Брось говорить глупости.

Чужого не хватай, своего
не бросай.

Бросьте курить.

бросаться в глаза

бросание

бросок

бросовый

будить / разбудить
to wake up

	IMPERFECTIVE ASPECT	PERFECTIVE ASPECT
INF.	будить	разбудить
PRES. Я	бужу́	
Ты	бу́дишь	
Он/она/оно	бу́дит	
Мы	бу́дим	
Вы	бу́дите	
Они	бу́дят	
PAST Я, Ты, Он	буди́л	разбуди́л
Я, Ты, Она	буди́ла	разбуди́ла
Оно	буди́ло	разбуди́ло
Мы, Вы, Они	буди́ли	разбуди́ли
FUT. Я	бу́ду буди́ть	разбужу́
Ты	бу́дешь буди́ть	разбу́дишь
Он/она/оно	бу́дет буди́ть	разбу́дит
Мы	бу́дем буди́ть	разбу́дим
Вы	бу́дете буди́ть	разбу́дите
Они	бу́дут буди́ть	разбу́дят
COND. Я, Ты, Он	буди́л бы	разбуди́л бы
Я, Ты, Она	буди́ла бы	разбуди́ла бы
Оно	буди́ло бы	разбуди́ло бы
Мы, Вы, Они	буди́ли бы	разбуди́ли бы
IMP. Ты	буди́	разбуди́
Вы	буди́те	разбуди́те

DEVERBALS

PRES. ACT.	будя́щий	
PRES. PASS.	буди́мый	
PAST ACT.	буди́вший	разбуди́вший
PAST PASS.		разбу́женный
VERBAL ADVERB	будя́	разбуди́в

буди́ть кого – что

Не хочу, чтобы меня будили.	I don't wish to be awakened.
Журналисты разбудили политиков.	The journalists woke the politicians.
Разбуди меня завтра рано.	Wake me early tomorrow.

		IMPERFECTIVE ASPECT	PERFECTIVE ASPECT

Б

INF.		быва́ть	
PRES.	Я	быва́ю	
	Ты	быва́ешь	
	Он/она/оно	быва́ет	
	Мы	быва́ем	
	Вы	быва́ете	
	Они	быва́ют	
PAST	Я, Ты, Он	быва́л	
	Я, Ты, Она	быва́ла	
	Оно	быва́ло	
	Мы, Вы, Они	быва́ли	
FUT.	Я	бу́ду быва́ть	
	Ты	бу́дешь быва́ть	
	Он/она/оно	бу́дет быва́ть	
	Мы	бу́дем быва́ть	
	Вы	бу́дете быва́ть	
	Они	бу́дут быва́ть	
COND.	Я, Ты, Он	быва́л бы	
	Я, Ты, Она	быва́ла бы	
	Оно	быва́ло бы	
	Мы, Вы, Они	быва́ли бы	
IMP.	Ты	быва́й	
	Вы	быва́йте	

DEVERBALS

PRES. ACT.	быва́ющий	
PRES. PASS.		
PAST ACT.	быва́вший	
PAST PASS.		
VERBAL ADVERB	быва́я	

Я часто бываю в Москве.	I am in Moscow often.
Она там бывала сто раз.	She was there a hundred times.
Бывайте здоровы.	Be well.

21

бы́ть
to be

		IMPERFECTIVE ASPECT	PERFECTIVE ASPECT
INF.		бы́ть	
PRES.	Я	е́сть	
	Ты		
	Он/она/оно		
	Мы		
	Вы		
	Они		
PAST	Я, Ты, Он	бы́л	
	Я, Ты, Она	была́	
	Оно	бы́ло	
	Мы, Вы, Они	бы́ли	
FUT.	Я	бу́ду	
	Ты	бу́дешь	
	Он/она/оно	бу́дет	
	Мы	бу́дем	
	Вы	бу́дете	
	Они	бу́дут	
COND.	Я, Ты, Он	бы́л бы	
	Я, Ты, Она	была́ бы	
	Оно	бы́ло бы	
	Мы, Вы, Они	бы́ли бы	
IMP.	Ты	бу́дь	
	Вы	бу́дьте	

DEVERBALS

	IMPERFECTIVE ASPECT	PERFECTIVE ASPECT
PRES. ACT.		
PRES. PASS.		
PAST ACT.	бы́вший	
PAST PASS.		
VERBAL ADVERB	бу́дучи	

Notice the accent on the negated forms: **не́ был, не была́, не́ было, не́ были.**

Я буду на концерте.	I'll be at the concert.
Кто был дома?	Who was home?
Она не была готова.	She was not prepared.

варить (ся) / сварить (ся)

to boil, cook, digest / cook until done; weld

		IMPERFECTIVE ASPECT	PERFECTIVE ASPECT
INF.		варить (ся)	сварить (ся)
PRES.	Я	варю́	
	Ты	ва́ришь	
	Он/она/оно	ва́рит (ся)	
	Мы	ва́рим	
	Вы	ва́рите	
	Они	ва́рят (ся)	
PAST	Я, Ты, Он	вари́л (ся)	свари́л (ся)
	Я, Ты, Она	вари́ла (сь)	свари́ла (сь)
	Оно	вари́ло (сь)	свари́ло (сь)
	Мы, Вы, Они	вари́ли (сь)	свари́ли (сь)
FUT.	Я	бу́ду варить (ся)	сварю́ (сь)
	Ты	бу́дешь варить (ся)	сва́ришь (ся)
	Он/она/оно	бу́дет варить (ся)	сва́рит (ся)
	Мы	бу́дем варить (ся)	сва́рим (ся)
	Вы	бу́дете варить (ся)	сва́рите (сь)
	Они	бу́дут варить (ся)	сва́рят (ся)
COND.	Я, Ты, Он	вари́л (ся) бы	свари́л (ся) бы
	Я, Ты, Она	вари́ла (сь) бы	свари́ла (сь) бы
	Оно	вари́ло (сь) бы	свари́ло (сь) бы
	Мы, Вы, Они	вари́ли (сь) бы	свари́ли (сь) бы
IMP.	Ты	вари́	свари́
	Вы	вари́те	свари́те

DEVERBALS

	IMPERFECTIVE ASPECT	PERFECTIVE ASPECT
PRES. ACT.	варя́щий (ся)	
PRES. PASS.	вари́мый	
PAST ACT.	вари́вший (ся)	свари́вший (ся)
PAST PASS.	ва́ренный	сва́ренный
VERBAL ADVERB	варя́	свари́в (шись)

вари́ть что
The pair **сва́ривать** / **свари́ть** means *to weld*.

Как варится борщ?	How do you make borscht?
Я всегда варю картошку.	I always boil the potatoes.
Так и не сварилось.	It never got cooked.

ВВОДИ́ТЬ / ВВЕСТИ́
to introduce / bring in

		IMPERFECTIVE ASPECT	PERFECTIVE ASPECT
INF.		вводи́ть	ввести́
PRES.	Я	ввожу́	
	Ты	вво́дишь	
	Он/она/оно	вво́дит	
	Мы	вво́дим	
	Вы	вво́дите	
	Они	вво́дят	
PAST	Я, Ты, Он	вводи́л	ввёл
	Я, Ты, Она	вводи́ла	ввела́
	Оно	вводи́ло	ввело́
	Мы, Вы, Они	вводи́ли	ввели́
FUT.	Я	бу́ду вводи́ть	введу́
	Ты	бу́дешь вводи́ть	введёшь
	Он/она/оно	бу́дет вводи́ть	введёт
	Мы	бу́дем вводи́ть	введём
	Вы	бу́дете вводи́ть	введёте
	Они	бу́дут вводи́ть	введу́т
COND.	Я, Ты, Он	вводи́л бы	ввёл бы
	Я, Ты, Она	вводи́ла бы	ввела́ бы
	Оно	вводи́ло бы	ввело́ бы
	Мы, Вы, Они	вводи́ли бы	ввели́ бы
IMP.	Ты	вводи́	введи́
	Вы	вводи́те	введи́те

DEVERBALS

	IMPERFECTIVE ASPECT	PERFECTIVE ASPECT
PRES. ACT.	вводя́щий	
PRES. PASS.	вводи́мый	
PAST ACT.	вводи́вший	вве́дший
PAST PASS.		введённый
		введён, введена́
VERBAL ADVERB	вводя́	введя́

ВВОДИ́ТЬ КОГО – ЧТО

Страна вводит новые реформы.
ООН ввела санкции.
Россия введет миграционную карту.

The country is introducing new reforms.
The U.N. introduced sanctions.
Russia will introduce a migration card.

		IMPERFECTIVE ASPECT	PERFECTIVE ASPECT
INF.		ве́рить	пове́рить
PRES.	Я	ве́рю	
	Ты	ве́ришь	
	Он/она/оно	ве́рит	
	Мы	ве́рим	
	Вы	ве́рите	
	Они	ве́рят	
PAST	Я, Ты, Он	ве́рил	пове́рил
	Я, Ты, Она	ве́рила	пове́рила
	Оно	ве́рило	пове́рило
	Мы, Вы, Они	ве́рили	пове́рили
FUT.	Я	бу́ду ве́рить	пове́рю
	Ты	бу́дешь ве́рить	пове́ришь
	Он/она/оно	бу́дет ве́рить	пове́рит
	Мы	бу́дем ве́рить	пове́рим
	Вы	бу́дете ве́рить	пове́рите
	Они	бу́дут ве́рить	пове́рят
COND.	Я, Ты, Он	ве́рил бы	пове́рил бы
	Я, Ты, Она	ве́рила бы	пове́рила бы
	Оно	ве́рило бы	пове́рило бы
	Мы, Вы, Они	ве́рили бы	пове́рили бы
IMP.	Ты	верь	пове́рь
	Вы	ве́рьте	пове́рьте

DEVERBALS

PRES. ACT.	ве́рящий	
PRES. PASS.		
PAST ACT.	ве́ривший	пове́ривший
PAST PASS.		пове́ренный
VERBAL ADVERB	ве́ря	пове́рив

ве́рить в кого – что, кому – чему
The pair **поверя́ть** / **пове́рить** means *to trust, confide in.*
Мне не верится / **верилось.** *I cannot* / *could not believe.*

Во что они верят?	What do they believe in?
Кому верить?	Whom do you trust?
Покупатели не верили в качество американской водки.	The buyers didn't trust the quality of American vodka.

вéсить

to weigh, have a weight of

		IMPERFECTIVE ASPECT	PERFECTIVE ASPECT
INF.		вéсить	
PRES.	Я	вéшу	
	Ты	вéсишь	
	Он/она/оно	вéсит	
	Мы	вéсим	
	Вы	вéсите	
	Они	вéсят	
PAST	Я, Ты, Он	вéсил	
	Я, Ты, Она	вéсила	
	Оно	вéсило	
	Мы, Вы, Они	вéсили	
FUT.	Я	бýду вéсить	
	Ты	бýдешь вéсить	
	Он/она/оно	бýдет вéсить	
	Мы	бýдем вéсить	
	Вы	бýдете вéсить	
	Они	бýдут вéсить	
COND.	Я, Ты, Он	вéсил бы	
	Я, Ты, Она	вéсила бы	
	Оно	вéсило бы	
	Мы, Вы, Они	вéсили бы	
IMP.	Ты	вéсь	
	Вы	вéсьте	

DEVERBALS

PRES. ACT.	вéсящий	
PRES. PASS.		
PAST ACT.	весúвший	
PAST PASS.		
VERBAL ADVERB	вéся	

Я вешу 85 килограмм.	I weigh 85 kilograms.
Новорожденный весит 13 килограмм.	The newborn weighs 13 kilograms.
Сколько весит снег?	How much does snow weigh?

вéшать (ся) / повéсить (ся)
to hang, weigh out (hang oneself)

		IMPERFECTIVE ASPECT	PERFECTIVE ASPECT
INF.		вéшать (ся)	повéсить (ся)
PRES.	Я	вéшаю (сь)	
	Ты	вéшаешь (ся)	
	Он/она/оно	вéшает (ся)	
	Мы	вéшаем (ся)	
	Вы	вéшаете (сь)	
	Они	вéшают (ся)	
PAST	Я, Ты, Он	вéшал (ся)	повéсил (ся)
	Я, Ты, Она	вéшала (сь)	повéсила (сь)
	Оно	вéшало (сь)	повéсило (сь)
	Мы, Вы, Они	вéшали (сь)	повéсили (сь)
FUT.	Я	бýду вéшать (ся)	повéшу (сь)
	Ты	бýдешь вéшать (ся)	повéсишь (ся)
	Он/она/оно	бýдет вéшать (ся)	повéсит (ся)
	Мы	бýдем вéшать (ся)	повéсим (ся)
	Вы	бýдете вéшать (ся)	повéсите (сь)
	Они	бýдут вéшать (ся)	повéсят (ся)
COND.	Я, Ты, Он	вéшал (ся) бы	повéсил (ся) бы
	Я, Ты, Она	вéшала (сь) бы	повéсила (сь) бы
	Оно	вéшало (сь) бы	повéсило (сь) бы
	Мы, Вы, Они	вéшали (сь) бы	повéсили (сь) бы
IMP.	Ты	вéшай (ся)	повéсь (ся)
	Вы	вéшайте (сь)	повéсьте (сь)

DEVERBALS

	IMPERFECTIVE	PERFECTIVE
PRES. ACT.	вéшающий (ся)	
PRES. PASS.	вéшаемый	
PAST ACT.	вéшавший (ся)	повéсивший (ся)
PAST PASS.		повéшенный
VERBAL ADVERB	вéшая (сь)	повéсив (шись)

вéшать кого – что
The imperfective form can mean either *to hang* or *to weigh [something]*.
The perfective form **повéсить** means *to hang*.

Я вешал на ветки тяжелые сумки.	I hung the heavy bags on some branches.
Вчера повесили телевизор над Красной площадью.	Yesterday they put up a television in Red Square.
Никто не знал, почему он повесился.	No one knew why he hanged himself.

вздыха́ть / вздохну́ть
to sigh, long for

	IMPERFECTIVE ASPECT	PERFECTIVE ASPECT
INF.	вздыха́ть	вздохну́ть
PRES. Я	вздыха́ю	
Ты	вздыха́ешь	
Он/она́/оно́	вздыха́ет	
Мы	вздыха́ем	
Вы	вздыха́ете	
Они́	вздыха́ют	
PAST Я, Ты, Он	вздыха́л	вздохну́л
Я, Ты, Она́	вздыха́ла	вздохну́ла
Оно́	вздыха́ло	вздохну́ло
Мы, Вы, Они́	вздыха́ли	вздохну́ли
FUT. Я	бу́ду вздыха́ть	вздохну́
Ты	бу́дешь вздыха́ть	вздохнёшь
Он/она́/оно́	бу́дет вздыха́ть	вздохнёт
Мы	бу́дем вздыха́ть	вздохнём
Вы	бу́дете вздыха́ть	вздохнёте
Они́	бу́дут вздыха́ть	вздохну́т
COND. Я, Ты, Он	вздыха́л бы	вздохну́л бы
Я, Ты, Она́	вздыха́ла бы	вздохну́ла бы
Оно́	вздыха́ло бы	вздохну́ло бы
Мы, Вы, Они́	вздыха́ли бы	вздохну́ли бы
IMP. Ты	вздыха́й	вздохни́
Вы	вздыха́йте	вздохни́те

DEVERBALS

PRES. ACT.	вздыха́ющий	
PRES. PASS.		
PAST ACT.	вздыха́вший	вздохну́вший
PAST PASS.		
VERBAL ADVERB	вздыха́я	вздохну́в

вздыха́ть по ком – чём, о ком – чём

Почему ты так тяжко вздыха́ешь?	Why are you breathing so heavily?
Она́ вздыха́ла по дру́гу.	She longed for her friend.
Мир вздохну́л с облегче́нием.	The world sighed with relief.

	IMPERFECTIVE ASPECT	PERFECTIVE ASPECT
INF.	ви́деть	уви́деть

PRES.

	IMPERFECTIVE	PERFECTIVE
Я	ви́жу	
Ты	ви́дишь	
Он/она́/оно́	ви́дит	
Мы	ви́дим	
Вы	ви́дите	
Они́	ви́дят	

PAST

	IMPERFECTIVE	PERFECTIVE
Я, Ты, Он	ви́дел	уви́дел
Я, Ты, Она́	ви́дела	уви́дела
Оно́	ви́дело	уви́дело
Мы, Вы, Они́	ви́дели	уви́дели

FUT.

	IMPERFECTIVE	PERFECTIVE
Я	бу́ду ви́деть	уви́жу
Ты	бу́дешь ви́деть	уви́дишь
Он/она́/оно́	бу́дет ви́деть	уви́дит
Мы	бу́дем ви́деть	уви́дим
Вы	бу́дете ви́деть	уви́дите
Они́	бу́дут ви́деть	уви́дят

COND.

	IMPERFECTIVE	PERFECTIVE
Я, Ты, Он	ви́дел бы	уви́дел бы
Я, Ты, Она́	ви́дела бы	уви́дела бы
Оно́	ви́дело бы	уви́дело бы
Мы, Вы, Они́	ви́дели бы	уви́дели бы

IMP.

	IMPERFECTIVE	PERFECTIVE
Ты	смотри́	уви́дь
Вы	смотри́те	уви́дьте

DEVERBALS

	IMPERFECTIVE	PERFECTIVE
PRES. ACT.	ви́дящий	
PRES. PASS.	ви́димый	
PAST ACT.	ви́девший	уви́девший
PAST PASS.	ви́денный	уви́денный
VERBAL ADVERB	ви́дя	уви́дев

ви́деть кого́ – что

For the imperative form of *see, look* use the
verb **смотри́(те)**.

Уви́димся! means *We'll see each other soon.*
      Also *See you!*

AN ESSENTIAL VERB

B

29

AN ESSENTIAL VERB

ви́деть / уви́деть

Examples

Я вижу ваши мысли.
I can see your thoughts.

Мы не видим и не понимаем.
We don't see and don't understand.

Как Земля видится с Марса?
How is Earth seen from Mars?

Все сами увидите.
You will see for yourself.

Спать полезнее не видя сна.
It's better to sleep without dreaming.

Увидевши обложку, о книге не
        суди.
Don't judge a book by its cover.

США не видят соперника.
The U.S. sees no rival.

Вы видели снег в мае?
Have you seen snow in May?

Приходите и сами увидите.
Come and see for yourself.

Words and expressions related to this verb

Одним глазом спит, другим
        видит.

Никто беса не видит, а
        всяк его ругает.

Рыбак рыбака видит
        издалека.

Увидимся.

видение

вид

видный

видимо

		IMPERFECTIVE ASPECT	PERFECTIVE ASPECT
INF.		висе́ть	повисе́ть
PRES.	Я	вишу́	
	Ты	виси́шь	
	Он/она/оно	виси́т	
	Мы	виси́м	
	Вы	виси́те	
	Они	вися́т	
PAST	Я, Ты, Он	висе́л	повисе́л
	Я, Ты, Она	висе́ла	повисе́ла
	Оно	висе́ло	повисе́ло
	Мы, Вы, Они	висе́ли	повисе́ли
FUT.	Я	бу́ду висе́ть	повишу́
	Ты	бу́дешь висе́ть	повиси́шь
	Он/она/оно	бу́дет висе́ть	повиси́т
	Мы	бу́дем висе́ть	повиси́м
	Вы	бу́дете висе́ть	повиси́те
	Они	бу́дут висе́ть	повися́т
COND.	Я, Ты, Он	висе́л бы	повисе́л бы
	Я, Ты, Она	висе́ла бы	повисе́ла бы
	Оно	висе́ло бы	повисе́ло бы
	Мы, Вы, Они	висе́ли бы	повисе́ли бы
IMP.	Ты	виси́	повиси́
	Вы	виси́те	повиси́те

DEVERBALS

	IMPERFECTIVE	PERFECTIVE
PRES. ACT.	вися́щий	
PRES. PASS.		
PAST ACT.	висе́вший	повисе́вший
PAST PASS.		
VERBAL ADVERB	вися́	повисе́в

висе́ть над кем – чем

Висите на двух руках 10 секунд.	Hang by both arms for ten seconds.
Смог висел над городом.	Smog hung over the city.
Флаг висел над Белым домом.	This flag flew over the White House.

включа́ть (ся) / включи́ть (ся)
to include, turn on

		IMPERFECTIVE ASPECT	PERFECTIVE ASPECT
INF.		включа́ть (ся)	включи́ть (ся)
PRES.	Я	включа́ю (сь)	
	Ты	включа́ешь (ся)	
	Он/она/оно	включа́ет (ся)	
	Мы	включа́ем (ся)	
	Вы	включа́ете (сь)	
	Они	включа́ют (ся)	
PAST	Я, Ты, Он	включа́л (ся)	включи́л (ся)
	Я, Ты, Она	включа́ла (сь)	включи́ла (сь)
	Оно	включа́ло (сь)	включи́ло (сь)
	Мы, Вы, Они	включа́ли (сь)	включи́ли (сь)
FUT.	Я	бу́ду включа́ть (ся)	включу́ (сь)
	Ты	бу́дешь включа́ть (ся)	включи́шь (ся)
	Он/она/оно	бу́дет включа́ть (ся)	включи́т (ся)
	Мы	бу́дем включа́ть (ся)	включи́м (ся)
	Вы	бу́дете включа́ть (ся)	включи́те (сь)
	Они	бу́дут включа́ть (ся)	включа́т (ся)
COND.	Я, Ты, Он	включа́л (ся) бы	включи́л (ся) бы
	Я, Ты, Она	включа́ла (сь) бы	включи́ла (сь) бы
	Оно	включа́ло (сь) бы	включи́ло (сь) бы
	Мы, Вы, Они	включа́ли (сь) бы	включи́ли (сь) бы
IMP.	Ты	включа́й (ся)	включи́ (сь)
	Вы	включа́йте (сь)	включи́те (сь)

DEVERBALS

	IMPERFECTIVE	PERFECTIVE
PRES. ACT.	включа́ющий (ся)	
PRES. PASS.	включа́емый	
PAST ACT.	включа́вший (ся)	включи́вший (ся)
PAST PASS.		включённый включён, включена́
VERBAL ADVERB	включа́я (сь)	включи́в (шись)

включа́ть кого – что во что

Включайте телевизор. Начался матч.	Turn on the television. The game has begun.
Все включено в каталог.	Everything is included in the catalogue.
Президент включился в переговоры.	The president took part in the negotiations.

	IMPERFECTIVE ASPECT	PERFECTIVE ASPECT
INF.	владе́ть	овладе́ть
PRES. Я	владе́ю	
Ты	владе́ешь	
Он/она́/оно́	владе́ет	
Мы	владе́ем	
Вы	владе́ете	
Они́	владе́ют	
PAST Я, Ты, Он	владе́л	овладе́л
Я, Ты, Она́	владе́ла	овладе́ла
Оно́	владе́ло	овладе́ло
Мы, Вы, Они́	владе́ли	овладе́ли
FUT. Я	бу́ду владе́ть	овладе́ю
Ты	бу́дешь владе́ть	овладе́ешь
Он/она́/оно́	бу́дет владе́ть	овладе́ет
Мы	бу́дем владе́ть	овладе́ем
Вы	бу́дете владе́ть	овладе́ете
Они́	бу́дут владе́ть	овладе́ют
COND. Я, Ты, Он	владе́л бы	овладе́л бы
Я, Ты, Она́	владе́ла бы	овладе́ла бы
Оно́	владе́ло бы	овладе́ло бы
Мы, Вы, Они́	владе́ли бы	овладе́ли бы
IMP. Ты	владе́й	овладе́й
Вы	владе́йте	овладе́йте

DEVERBALS

PRES. ACT.	владе́ющий	
PRES. PASS.		
PAST ACT.	владе́вший	овладе́вший
PAST PASS.		
VERBAL ADVERB	владе́я	овладе́в

владе́ть кем – чем
The pair **овладева́ть / овладе́ть** means *to seize control* or *take possession of.*

Ка́ждый студе́нт владе́ет двумя́ языка́ми.	Every student is competent in two languages.
Она́ владе́ла уса́дьбой.	She administered the estate.
Что овладе́ло мной в тот моме́нт?	What came over me at that moment?

33

влюбля́ть (ся) / влюби́ть (ся)
to make fall in love (fall in love)

		IMPERFECTIVE ASPECT	PERFECTIVE ASPECT
INF.		влюбля́ть (ся)	влюби́ть (ся)
PRES.	Я	влюбля́ю (сь)	
	Ты	влюбля́ешь (ся)	
	Он/она́/оно́	влюбля́ет (ся)	
	Мы	влюбля́ем (ся)	
	Вы	влюбля́ете (сь)	
	Они́	влюбля́ют (ся)	
PAST	Я, Ты, Он	влюбля́л (ся)	влюби́л (ся)
	Я, Ты, Она́	влюбля́ла (сь)	влюби́ла (сь)
	Оно́	влюбля́ло (сь)	влюби́ло (сь)
	Мы, Вы, Они́	влюбля́ли (сь)	влюби́ли (сь)
FUT.	Я	бу́ду влюбля́ть (ся)	влюблю́ (сь)
	Ты	бу́дешь влюбля́ть (ся)	влю́бишь (ся)
	Он/она́/оно́	бу́дет влюбля́ть (ся)	влю́бит (ся)
	Мы	бу́дем влюбля́ть (ся)	влю́бим (ся)
	Вы	бу́дете влюбля́ть (ся)	влю́бите (сь)
	Они́	бу́дут влюбля́ть (ся)	влю́бят (ся)
COND.	Я, Ты, Он	влюбля́л (ся) бы	влюби́л (ся) бы
	Я, Ты, Она́	влюбля́ла (сь) бы	влюби́ла (сь) бы
	Оно́	влюбля́ло (сь) бы	влюби́ло (сь) бы
	Мы, Вы, Они́	влюбля́ли (сь) бы	влюби́ли (сь) бы
IMP.	Ты	влюбля́й (ся)	влюби́ (сь)
	Вы	влюбля́йте (сь)	влюби́те (сь)

DEVERBALS

	IMPERFECTIVE ASPECT	PERFECTIVE ASPECT
PRES. ACT.	влюбля́ющий (ся)	
PRES. PASS.	влюбля́емый	
PAST ACT.	влюбля́вший (ся)	влюби́вший (ся)
PAST PASS.		влюблённый влюблён, влюблена́
VERBAL ADVERB	влюбля́я (сь)	влюби́в (шись)

влюбля́ть кого́ — что; влюбля́ться в кого́ — что

Как может человек влюбиться, а потом влюбляет другого?	How can a person fall in love and then make another fall in love?
Они влюбились с первого взгляда.	They fell in love at first sight.
Влюблю тебя в себя.	I will make you love me.

34

		IMPERFECTIVE ASPECT	PERFECTIVE ASPECT
INF.		вноси́ть	внести́
PRES.	Я	вношу́	
	Ты	вно́сишь	
	Он/она́/оно́	вно́сит	
	Мы	вно́сим	
	Вы	вно́сите	
	Они́	вно́сят	
PAST	Я, Ты, Он	вноси́л	внёс
	Я, Ты, Она	вноси́ла	внесла́
	Оно	вноси́ло	внесло́
	Мы, Вы, Они	вноси́ли	внесли́
FUT.	Я	бу́ду вноси́ть	внесу́
	Ты	бу́дешь вноси́ть	внесёшь
	Он/она́/оно́	бу́дет вноси́ть	внесёт
	Мы	бу́дем вноси́ть	внесём
	Вы	бу́дете вноси́ть	внесёте
	Они́	бу́дут вноси́ть	внесу́т
COND.	Я, Ты, Он	вноси́л бы	внёс бы
	Я, Ты, Она	вноси́ла бы	внесла́ бы
	Оно	вноси́ло бы	внесло́ бы
	Мы, Вы, Они	вноси́ли бы	внесли́ бы
IMP.	Ты	вноси́	внеси́
	Вы	вноси́те	внеси́те

DEVERBALS

PRES. ACT.	внося́щий	
PRES. PASS.	вноси́мый	
PAST ACT.	вноси́вший	внёсший
PAST PASS.		внесённый
		внесён, внесена́
VERBAL ADVERB	внося́	внеся́

вноси́ть кого – что

Я вношу предложение.	I am introducing a proposal.
Они внесли большой вклад в победу.	They made a great contribution to the victory.
Внесите вашу статью.	Bring in your article.

водить – вести / повести
to lead, conduct, drive

		MULTIDIRECTIONAL	UNIDIRECTIONAL	PERFECTIVE ASPECT
INF.		водить	вести	повести
PRES.	Я	вожу́	веду́	
	Ты	во́дишь	ведёшь	
	Он/она/оно	во́дит	ведёт	
	Мы	во́дим	ведём	
	Вы	во́дите	ведёте	
	Они	во́дят	веду́т	
PAST	Я, Ты, Он	води́л	вёл	повёл
	Я, Ты, Она	води́ла	вела́	повела́
	Оно	води́ло	вело́	повело́
	Мы, Вы, Они	води́ли	вели́	повели́
FUT.	Я	бу́ду води́ть	бу́ду вести́	поведу́
	Ты	бу́дешь води́ть	бу́дешь вести́	поведёшь
	Он/она/оно	бу́дет води́ть	бу́дет вести́	поведёт
	Мы	бу́дем води́ть	бу́дем вести́	поведём
	Вы	бу́дете води́ть	бу́дете вести́	поведёте
	Они	бу́дут води́ть	бу́дут вести́	поведу́т
COND.	Я, Ты, Он	води́л бы	вёл бы	повёл бы
	Я, Ты, Она	води́ла бы	вела́ бы	повела бы
	Оно	води́ло бы	вело́ бы	повело бы
	Мы, Вы, Они	води́ли бы	вели́ бы	повели бы
IMP.	Ты	води́	веди́	поведи́
	Вы	води́те	веди́те	поведи́те

DEVERBALS

PRES. ACT.	водя́щий	веду́щий	
PRES. PASS.	води́мый	ведо́мый	
PAST ACT.	води́вший	ве́дший	пове́дший
PAST PASS.			поведённый поведён, поведена́
VERBAL ADVERB	водя́	ведя́	поведя́

водѝть – вести́ кого – что

AN ESSENTIAL VERB

36

AN ESSENTIAL VERB

води́ть – вести́ / повести́

Examples

Женщины водят машины лучше
    мужчин.
Women drive cars better than men.

Они ведут переговоры.
They are carrying on negotiations.

Они вели себя очень агрессивно.
They behaved very aggressively.

Поведите детей в парк.
Take the children to the park.

Нам повезло с гостиницей.
We got lucky with the hotel.

Встреча будет проведена по
    электронной почте.
The meeting will be conducted via
    e-mail.

По улицам слона водили.
An elephant was led along the streets.

Она ведёт интернет-дневник.
She keeps an Internet diary.

Они повели себя глупо.
They behaved foolishly.

**Words and expressions
related to this verb**

Ведите их.

Ведите нас обратно.

Им везёт.

водить за нос

вести себя

водитель

ведение

поведение

воева́ть / повоева́ть
to wage war

		IMPERFECTIVE ASPECT	PERFECTIVE ASPECT
INF.		воева́ть	повоева́ть
PRES.	Я	вою́ю	
	Ты	вою́ешь	
	Он/она/оно	вою́ет	
	Мы	вою́ем	
	Вы	вою́ете	
	Они	вою́ют	
PAST	Я, Ты, Он	воева́л	повоева́л
	Я, Ты, Она	воева́ла	повоева́ла
	Оно	воева́ло	повоева́ло
	Мы, Вы, Они	воева́ли	повоева́ли
FUT.	Я	бу́ду воева́ть	повою́ю
	Ты	бу́дешь воева́ть	повою́ешь
	Он/она/оно	бу́дет воева́ть	повою́ет
	Мы	бу́дем воева́ть	повою́ем
	Вы	бу́дете воева́ть	повою́ете
	Они	бу́дут воева́ть	повою́ют
COND.	Я, Ты, Он	воева́л бы	повоева́л бы
	Я, Ты, Она	воева́ла бы	повоева́ла бы
	Оно	воева́ло бы	повоева́ло бы
	Мы, Вы, Они	воева́ли бы	повоева́ли бы
IMP.	Ты	вою́й	повою́й
	Вы	вою́йте	повою́йте

DEVERBALS

PRES. ACT.	вою́ющий	
PRES. PASS.		
PAST ACT.	воева́вший	повоева́вший
PAST PASS.		
VERBAL ADVERB	вою́я	повоева́в

воева́ть с кем – чем

Так не воюют.	That's not the way to wage war.
Любите, а не воюйте.	Love, and don't make war.
Они воевали без потерь.	They waged war without losses.

возвраща́ть (ся) / возврати́ть (ся) – верну́ть (ся)
to return [something] (to return, come back)

	IMPERFECTIVE ASPECT	PERFECTIVE ASPECT	PERFECTIVE ASPECT
INF.	возвраща́ть (ся)	возврати́ть (ся)	верну́ть (ся)
PRES.	возвраща́ю (сь) возвраща́ешь (ся) возвраща́ет (ся) возвраща́ем (ся) возвраща́ете (сь) возвраща́ют (ся)		
PAST	возвраща́л (ся) возвраща́ла (сь) возвраща́ло (сь) возвраща́ли (сь)	возврати́л (ся) возврати́ла (сь) возврати́ло (сь) возврати́ли (сь)	верну́л (ся) верну́ла (сь) верну́ло (сь) верну́ли (сь)
FUT.	бу́ду возвраща́ть (ся) бу́дешь возвраща́ть (ся) бу́дет возвраща́ть (ся) бу́дем возвраща́ть (ся) бу́дете возвраща́ть (ся) бу́дут возвраща́ть (ся)	возвращу́ (сь) возврати́шь (ся) возврати́т (ся) возврати́м (ся) возврати́те (сь) возвратя́т (ся)	верну́ (сь) вернёшь (ся) вернёт (ся) вернём (ся) вернёте (сь) верну́т (ся)
COND.	возвраща́л (ся) бы возвраща́ла (сь) бы возвраща́ло (сь) бы возвраща́ли (сь) бы	возврати́л (ся) бы возврати́ла (сь) бы возврати́ло (сь) бы возврати́ли (сь) бы	верну́л (ся) бы верну́ла (сь) бы верну́ло (сь) бы верну́ли (сь) бы
IMP.	возвраща́й (ся) возвраща́йте (сь)	возврати́ (сь) возврати́те (сь)	верни́ (сь) верни́те (сь)

DEVERBALS

PRES. ACT.	возвраща́ющий (ся)		
PRES. PASS.	возвраща́емый		
PAST ACT.	возвраща́вший (ся)	возврати́вший (ся)	верну́вший (ся)
PAST PASS.		возвращённый возвращён, возвращена́	верну́тый
VERBAL ADVERB	возвраща́я (сь)	возврати́в (шись)	верну́в (шись)

возвраща́ть кого – что
The verb **верну́ть (ся)** is another perfective
of this verb.

AN ESSENTIAL VERB

возвраща́ть (ся) / возврати́ть (ся) – верну́ть (ся)

Examples

Я возвращаю вам ваш портрет.
I am returning your portrait to you.

Он возвратит ей эти рубли.
He will return these rubles to her.

Они возвратились с победой.
They returned with a victory.

Возвратите ключ.
Return the key.

Фото обратно вернёте?
Will you be returning the photo?

Вернувшись в столицу, он вел с
        ними переговоры.
Having returned to the capital, he
        conducted negotiations with them.

Я возвращался домой.
I returned home.

Они возвратились на родину.
They returned to their motherland.

Возвратите любовь.
Return love.

**Words and expressions
related to this verb**

Никогда не возвращайтесь
        в прежние места.

Я не вернусь.

Верните нам Россию.

на возвратном пути

возвращение

возврат

возвратный глагол

	MULTIDIRECTIONAL	UNIDIRECTIONAL	PERFECTIVE ASPECT
INF.	возить	везти	повезти
PRES. Я	вожу́	везу́	
Ты	во́зишь	везёшь	
Он/она/оно	во́зит	везёт	
Мы	во́зим	везём	
Вы	во́зите	везёте	
Они	во́зят	везу́т	
PAST Я, Ты, Он	вози́л	вёз	повёз
Я, Ты, Она	вози́ла	везла́	повезла́
Оно	вози́ло	везло́	повезло́
Мы, Вы, Они	вози́ли	везли́	повезли́
FUT. Я	бу́ду вози́ть	бу́ду везти́	повезу́
Ты	бу́дешь вози́ть	бу́дешь везти́	повезёшь
Он/она/оно	бу́дет вози́ть	бу́дет везти́	повезёт
Мы	бу́дем вози́ть	бу́дем везти́	повезём
Вы	бу́дете вози́ть	бу́дете везти́	повезёте
Они	бу́дут вози́ть	бу́дут везти́	повезу́т
COND. Я, Ты, Он	вози́л бы	вёз бы	повёз бы
Я, Ты, Она	вози́ла бы	везла́ бы	повезла́ бы
Оно	вози́ло бы	везло́ бы	повезло́ бы
Мы, Вы, Они	вози́ли бы	везли́ бы	повезли́ бы
IMP. Ты	вози́	вези́	повези́
Вы	вози́те	вези́те	повези́те

DEVERBALS

PRES. ACT.	возя́щий	везу́щий	
PRES. PASS.	вози́мый	везо́мый	
PAST ACT.	вози́вший	вёзший	повёзший
PAST PASS.			повезённый
			повезён, повезена́
VERBAL ADVERB	возя́	везя́	повезя́

возить – везти кого – что

Я вожу ребенка домой.	I am driving the child home.
Мне везет в жизни.	I am lucky in life.
Ракета повезла его в космос.	The rocket took him into space.

возника́ть / возни́кнуть
to arise, spring up

		IMPERFECTIVE ASPECT	PERFECTIVE ASPECT
INF.		возника́ть	возни́кнуть
PRES.	Я	возника́ю	
	Ты	возника́ешь	
	Он/она/оно	возника́ет	
	Мы	возника́ем	
	Вы	возника́ете	
	Они	возника́ют	
PAST	Я, Ты, Он	возника́л	возни́к
	Я, Ты, Она	возника́ла	возни́кла
	Оно	возника́ло	возни́кло
	Мы, Вы, Они	возника́ли	возни́кли
FUT.	Я	бу́ду возника́ть	возни́кну
	Ты	бу́дешь возника́ть	возни́кнешь
	Он/она/оно	бу́дет возника́ть	возни́кнет
	Мы	бу́дем возника́ть	возни́кнем
	Вы	бу́дете возника́ть	возни́кнете
	Они	бу́дут возника́ть	возни́кнут
COND.	Я, Ты, Он	возника́л бы	возни́к бы
	Я, Ты, Она	возника́ла бы	возни́кла бы
	Оно	возника́ло бы	возни́кло бы
	Мы, Вы, Они	возника́ли бы	возни́кли бы
IMP.	Ты	возника́й	возни́кни
	Вы	возника́йте	возни́кните

DEVERBALS

	IMPERFECTIVE ASPECT	PERFECTIVE ASPECT
PRES. ACT.	возника́ющий	
PRES. PASS.		
PAST ACT.	возника́вший	возни́кший – возни́кнувший
PAST PASS.		
VERBAL ADVERB	возника́я	возни́кнув

Как возника́ет несогласие?	How does disagreement arise?
Тру́дности возника́ли ка́ждый ме́сяц.	Difficulties arose every month.
Мо́жет возни́кнуть ма́сса вопро́сов.	Lots of problems can arise.

42

to object, raise objection to

		IMPERFECTIVE ASPECT	PERFECTIVE ASPECT
INF.		возража́ть	возрази́ть
PRES.	Я	возража́ю	
	Ты	возража́ешь	
	Он/она/оно	возража́ет	
	Мы	возража́ем	
	Вы	возража́ете	
	Они	возража́ют	
PAST	Я, Ты, Он	возража́л	возрази́л
	Я, Ты, Она	возража́ла	возрази́ла
	Оно	возража́ло	возрази́ло
	Мы, Вы, Они	возража́ли	возрази́ли
FUT.	Я	бу́ду возража́ть	возражу́
	Ты	бу́дешь возража́ть	возрази́шь
	Он/она/оно	бу́дет возража́ть	возрази́т
	Мы	бу́дем возража́ть	возрази́м
	Вы	бу́дете возража́ть	возрази́те
	Они	бу́дут возража́ть	возразя́т
COND.	Я, Ты, Он	возража́л бы	возрази́л бы
	Я, Ты, Она	возража́ла бы	возрази́ла бы
	Оно	возража́ло бы	возрази́ло бы
	Мы, Вы, Они	возража́ли бы	возрази́ли бы
IMP.	Ты	возража́й	возрази́
	Вы	возража́йте	возрази́те

DEVERBALS

	IMPERFECTIVE	PERFECTIVE
PRES. ACT.	возража́ющий	
PRES. PASS.		
PAST ACT.	возража́вший	возрази́вший
PAST PASS.		
VERBAL ADVERB	возража́я	возрази́в

возража́ть кому – чему на что, против кого – чего

Родители не возражали.	The parents did not object.
Не возражайте.	Don't object.
Мне пожалуй возразят.	They will likely object to me.

43

волнова́ть (ся) / взволнова́ть (ся)
to worry, excite (be agitated, worry about)

		IMPERFECTIVE ASPECT	PERFECTIVE ASPECT
INF.		волнова́ть (ся)	взволнова́ть (ся)
PRES.	Я	волну́ю (сь)	
	Ты	волну́ешь (ся)	
	Он/она/оно	волну́ет (ся)	
	Мы	волну́ем (ся)	
	Вы	волну́ете (сь)	
	Они	волну́ют (ся)	
PAST	Я, Ты, Он	волнова́л (ся)	взволнова́л (ся)
	Я, Ты, Она	волнова́ла (сь)	взволнова́ла (сь)
	Оно	волнова́ло (сь)	взволнова́ло (сь)
	Мы, Вы, Они	волнова́ли (сь)	взволнова́ли (сь)
FUT.	Я	бу́ду волнова́ть (ся)	взволну́ю (сь)
	Ты	бу́дешь волнова́ть (ся)	взволну́ешь (ся)
	Он/она/оно	бу́дет волнова́ть (ся)	взволну́ет (ся)
	Мы	бу́дем волнова́ть (ся)	взволну́ем (ся)
	Вы	бу́дете волнова́ть (ся)	взволну́ете (сь)
	Они	бу́дут волнова́ть (ся)	взволну́ют (ся)
COND.	Я, Ты, Он	волнова́л (ся) бы	взволнова́л (ся) бы
	Я, Ты, Она	волнова́ла (сь) бы	взволнова́ла (сь) бы
	Оно	волнова́ло (сь) бы	взволнова́ло (сь) бы
	Мы, Вы, Они	волнова́ли (сь) бы	взволнова́ли (сь) бы
IMP.	Ты	волну́й (ся)	взволну́й (ся)
	Вы	волну́йте (сь)	взволну́йте (сь)

DEVERBALS

PRES. ACT.	волну́ющий (ся)	
PRES. PASS.	волну́емый	
PAST ACT.	волнова́вший (ся)	взволнова́вший (ся)
PAST PASS.		взволно́ванный
VERBAL ADVERB	волну́я (сь)	взволнова́в (шись)

волнова́ть кого́ – что

Не волнуйте меня.	Do not disturb me.
В Париже взволновались студенты.	Students were in a ferment in Paris.
Власти взволнованы ростом преступности.	The authorities were worried by the increase of crime.

воспи́тывать (ся) / воспита́ть (ся)

to educate, bring up (be brought up)

		IMPERFECTIVE ASPECT	PERFECTIVE ASPECT
INF.		воспи́тывать (ся)	воспита́ть (ся)
PRES.	Я	воспи́тываю (сь)	
	Ты	воспи́тываешь (ся)	
	Он/она/оно	воспи́тывает (ся)	
	Мы	воспи́тываем (ся)	
	Вы	воспи́тываете (сь)	
	Они	воспи́тывают (ся)	
PAST	Я, Ты, Он	воспи́тывал (ся)	воспита́л (ся)
	Я, Ты, Она	воспи́тывала (сь)	воспита́ла (сь)
	Оно	воспи́тывало (сь)	воспита́ло (сь)
	Мы, Вы, Они	воспи́тывали (сь)	воспита́ли (сь)
FUT.	Я	бу́ду воспи́тывать (ся)	воспита́ю (сь)
	Ты	бу́дешь воспи́тывать (ся)	воспита́ешь (ся)
	Он/она/оно	бу́дет воспи́тывать (ся)	воспита́ет (ся)
	Мы	бу́дем воспи́тывать (ся)	воспита́ем (ся)
	Вы	бу́дете воспи́тывать (ся)	воспита́ете (сь)
	Они	бу́дут воспи́тывать (ся)	воспита́ют (ся)
COND.	Я, Ты, Он	воспи́тывал (ся) бы	воспита́л (ся) бы
	Я, Ты, Она	воспи́тывала (сь) бы	воспита́ла (сь) бы
	Оно	воспи́тывало (сь) бы	воспита́ло (сь) бы
	Мы, Вы, Они	воспи́тывали (сь) бы	воспита́ли (сь) бы
IMP.	Ты	воспи́тывай (ся)	воспита́й (ся)
	Вы	воспи́тывайте (сь)	воспита́йте (сь)

DEVERBALS

	IMPERFECTIVE ASPECT	PERFECTIVE ASPECT
PRES. ACT.	воспи́тывающий (ся)	
PRES. PASS.	воспи́тываемый	
PAST ACT.	воспи́тывавший (ся)	воспита́вший (ся)
PAST PASS.		воспитанный
VERBAL ADVERB	воспи́тывая (сь)	воспита́в (шись)

воспи́тывать кого — что

Воспитывайте себя.	Educate yourself.
Наши матери воспитали поколение.	Our mothers raised a generation.
Она воспитывалась на идее равенства.	She was raised on the idea of equality.

восхища́ть (ся) / восхити́ть (ся)
to delight, enrapture (admire)

		IMPERFECTIVE ASPECT	PERFECTIVE ASPECT
INF.		восхища́ть (ся)	восхити́ть (ся)
PRES.	Я	восхища́ю (сь)	
	Ты	восхища́ешь (ся)	
	Он/она/оно	восхища́ет (ся)	
	Мы	восхища́ем (ся)	
	Вы	восхища́ете (сь)	
	Они	восхища́ют (ся)	
PAST	Я, Ты, Он	восхища́л (ся)	восхити́л (ся)
	Я, Ты, Она	восхища́ла (сь)	восхити́ла (сь)
	Оно	восхища́ло (сь)	восхити́ло (сь)
	Мы, Вы, Они	восхища́ли (сь)	восхити́ли (сь)
FUT.	Я	бу́ду восхища́ть (ся)	восхищу́ (сь)
	Ты	бу́дешь восхища́ть (ся)	восхити́шь (ся)
	Он/она/оно	бу́дет восхища́ть (ся)	восхити́т (ся)
	Мы	бу́дем восхища́ть (ся)	восхити́м (ся)
	Вы	бу́дете восхища́ть (ся)	восхити́те (сь)
	Они	бу́дут восхища́ть (ся)	восхитя́т (ся)
COND.	Я, Ты, Он	восхища́л (ся) бы	восхити́л (ся) бы
	Я, Ты, Она	восхища́ла (сь) бы	восхити́ла (сь) бы
	Оно	восхища́ло (сь) бы	восхити́ло (сь) бы
	Мы, Вы, Они	восхища́ли (сь) бы	восхити́ли (сь) бы
IMP.	Ты	восхища́й (ся)	восхити́ (сь)
	Вы	восхища́йте (сь)	восхити́те (сь)

DEVERBALS

	IMPERFECTIVE ASPECT	PERFECTIVE ASPECT
PRES. ACT.	восхища́ющий (ся)	
PRES. PASS.	восхища́емый	
PAST ACT.	восхища́вший (ся)	восхити́вший (ся)
PAST PASS.		восхищённый восхищён, восхищена́
VERBAL ADVERB	восхища́я (сь)	восхити́в (шись)

восхища́ть кого – что; восхища́ться кем – чем

Восхищайтесь мужем.	Admire your husband.
Ты мною восхищался.	You were enraptured by me.
Игра восхитила зрителей.	The game delighted the spectators.

46

		IMPERFECTIVE ASPECT	PERFECTIVE ASPECT
INF.		врать	соврать
PRES.	Я	вру́	
	Ты	врёшь	
	Он/она/оно	врёт	
	Мы	врём	
	Вы	врёте	
	Они	вру́т	
PAST	Я, Ты, Он	вра́л	совра́л
	Я, Ты, Она	врала́	соврала́
	Оно	вра́ло	совра́ло
	Мы, Вы, Они	вра́ли	совра́ли
FUT.	Я	бу́ду врать	совру́
	Ты	бу́дешь врать	соврёшь
	Он/она/оно	бу́дет врать	соврёт
	Мы	бу́дем врать	соврём
	Вы	бу́дете врать	соврёте
	Они	бу́дут врать	совру́т
COND.	Я, Ты, Он	вра́л бы	совра́л бы
	Я, Ты, Она	врала́ бы	соврала́ бы
	Оно	вра́ло бы	совра́ло бы
	Мы, Вы, Они	вра́ли бы	совра́ли бы
IMP.	Ты	ври́	соври́
	Вы	ври́те	соври́те

DEVERBALS

	IMPERFECTIVE ASPECT	PERFECTIVE ASPECT
PRES. ACT.	врущий	
PRES. PASS.		
PAST ACT.	вра́вший	совра́вший
PAST PASS.		со́бранный
VERBAL ADVERB		совра́в

Ты врешь, не уйдешь. — You're lying, you're not going to leave.
Соврала . . . я его убила. — I lied . . . I killed him.
Они соврали инвесторам. — They lied to the investors.

вспомина́ть (ся) / вспо́мнить (ся)
to remember, recall, recollect

		IMPERFECTIVE ASPECT	PERFECTIVE ASPECT
INF.		вспомина́ть (ся)	вспо́мнить (ся)
PRES.	Я	вспомина́ю	
	Ты	вспомина́ешь	
	Он/она/оно	вспомина́ет (ся)	
	Мы	вспомина́ем	
	Вы	вспомина́ете	
	Они	вспомина́ют (ся)	
PAST	Я, Ты, Он	вспомина́л (ся)	вспо́мнил (ся)
	Я, Ты, Она	вспомина́ла (сь)	вспо́мнила (сь)
	Оно	вспомина́ло (сь)	вспо́мнило (сь)
	Мы, Вы, Они	вспомина́ли (сь)	вспо́мнили (сь)
FUT.	Я	бу́ду вспомина́ть	вспо́мню
	Ты	бу́дешь вспомина́ть	вспо́мнишь
	Он/она/оно	бу́дет вспомина́ть (ся)	вспо́мнит (ся)
	Мы	бу́дем вспомина́ть	вспо́мним
	Вы	бу́дете вспомина́ть	вспо́мните
	Они	бу́дут вспомина́ть (ся)	вспо́мнят (ся)
COND.	Я, Ты, Он	вспомина́л (ся) бы	вспо́мнил (ся) бы
	Я, Ты, Она	вспомина́ла (сь) бы	вспо́мнила (сь) бы
	Оно	вспомина́ло (сь) бы	вспо́мнило (сь) бы
	Мы, Вы, Они	вспомина́ли (сь) бы	вспо́мнили (сь) бы
IMP.	Ты	вспомина́й	вспо́мни
	Вы	вспомина́йте	вспо́мните

DEVERBALS

PRES. ACT.	вспомина́ющий (ся)	
PRES. PASS.	вспомина́емый	
PAST ACT.	вспомина́вший (ся)	вспо́мнивший (ся)
PAST PASS.		
VERBAL ADVERB	вспомина́я (сь)	вспо́мнив (шись)

вспомина́ть кого – что, о ком – чём; вспоминаться кому

Часто вспоминаю лето.	I often recall the summer.
Как вспомнить пароль?	How does one remember a password?
Вспомнились школьные дни.	The school days came to mind.

	IMPERFECTIVE ASPECT	PERFECTIVE ASPECT
INF.	встава́ть	вста́ть
PRES. Я	встаю́	
Ты	встаёшь	
Он/она/оно	встаёт	
Мы	встаём	
Вы	встаёте	
Они	встаю́т	
PAST Я, Ты, Он	встава́л	вста́л
Я, Ты, Она	встава́ла	вста́ла
Оно	встава́ло	вста́ло
Мы, Вы, Они	встава́ли	вста́ли
FUT. Я	бу́ду встава́ть	вста́ну
Ты	бу́дешь встава́ть	вста́нешь
Он/она/оно	бу́дет встава́ть	вста́нет
Мы	бу́дем встава́ть	вста́нем
Вы	бу́дете встава́ть	вста́нете
Они	бу́дут встава́ть	вста́нут
COND. Я, Ты, Он	встава́л бы	вста́л бы
Я, Ты, Она	встава́ла бы	вста́ла бы
Оно	встава́ло бы	вста́ло бы
Мы, Вы, Они	встава́ли бы	вста́ли бы
IMP. Ты	встава́й	вста́нь
Вы	встава́йте	вста́ньте

DEVERBALS

PRES. ACT.	встаю́щий	
PRES. PASS.		
PAST ACT.	встава́вший	вста́вший
PAST PASS.		
VERBAL ADVERB	встава́я	вста́в

AN ESSENTIAL VERB

B

49

вставáть / встáть

Examples

Вставай на лыжи.
Get up on skis.

Встаньте в круг.
Stand in a circle.

Доноры встанут в очередь.
The donors will be lining up.

Встав на ее сторону, он нанёс себе
    вред.
By having taken her side, he harmed
    himself.

На какую сторону вы встанете?
Which side are you going to take?

Я не встану с кровати.
I will not get out of bed.

Я обычно встаю в 9.
I usually get up at 9.

Если не встанешь, я уйду от тебя.
If you don't stand up, I will leave you.

Тучи над городом встали.
Clouds rose above the city.

Words and expressions related to this verb

Упал, так и вставай.

Встал да пошёл.

Рано встала, да мало
    напряла.

Солнце встанет, да и утро
    настанет.

встать на сторону

не вставая с места

встреча́ть (ся) / встре́тить (ся)
to meet, encounter

	IMPERFECTIVE ASPECT	PERFECTIVE ASPECT
INF.	встреча́ть (ся)	встре́тить (ся)
PRES. Я	встреча́ю (сь)	
Ты	встреча́ешь (ся)	
Он/она/оно	встреча́ет (ся)	
Мы	встреча́ем (ся)	
Вы	встреча́ете (сь)	
Они	встреча́ют (ся)	
PAST Я, Ты, Он	встреча́л (ся)	встре́тил (ся)
Я, Ты, Она	встреча́ла (сь)	встре́тила (сь)
Оно	встреча́ло (сь)	встре́тило (сь)
Мы, Вы, Они	встреча́ли (сь)	встре́тили (сь)
FUT. Я	бу́ду встреча́ть (ся)	встре́чу (сь)
Ты	бу́дешь встреча́ть (ся)	встре́тишь (ся)
Он/она/оно	бу́дет встреча́ть (ся)	встре́тит (ся)
Мы	бу́дем встреча́ть (ся)	встре́тим (ся)
Вы	бу́дете встреча́ть (ся)	встре́тите (сь)
Они	бу́дут встреча́ть (ся)	встре́тят (ся)
COND. Я, Ты, Он	встреча́л (ся) бы	встре́тил (ся) бы
Я, Ты, Она	встреча́ла (сь) бы	встре́тила (сь) бы
Оно	встреча́ло (сь) бы	встре́тило (сь) бы
Мы, Вы, Они	встреча́ли (сь) бы	встре́тили (сь) бы
IMP. Ты	встреча́й (ся)	встре́ть (ся)
Вы	встреча́йте (сь)	встре́тьте (сь)

DEVERBALS

PRES. ACT.	встреча́ющий (ся)	
PRES. PASS.	встреча́емый	
PAST ACT.	встреча́вший (ся)	встре́тивший (ся)
PAST PASS.		встре́ченный
VERBAL ADVERB	встреча́я (сь)	встре́тив (шись)

встреча́ть кого – что; встреча́ться с кем – чем

Встречайте новый журнал.	Meet the new magazine.
Москвичи встретят Новый год на Красной площади.	Muscovites will see in the New Year in Red Square.
Президенты встретились в Санкт-Петербурге.	The presidents met in St. Petersburg.

ВСХОДИ́ТЬ / ВЗОЙТИ́
to ascend, rise

		IMPERFECTIVE ASPECT	PERFECTIVE ASPECT
INF.		всходи́ть	взойти́
PRES.	Я	всхожу́	
	Ты	всхо́дишь	
	Он/она/оно	всхо́дит	
	Мы	всхо́дим	
	Вы	всхо́дите	
	Они	всхо́дят	
PAST	Я, Ты, Он	всходи́л	взошёл
	Я, Ты, Она	всходи́ла	взошла́
	Оно	всходи́ло	взошло́
	Мы, Вы, Они	всходи́ли	взошли́
FUT.	Я	бу́ду всходи́ть	взойду́
	Ты	бу́дешь всходи́ть	взойдёшь
	Он/она/оно	бу́дет всходи́ть	взойдёт
	Мы	бу́дем всходи́ть	взойдём
	Вы	бу́дете всходи́ть	взойдёте
	Они	бу́дут всходи́ть	взойдут
COND.	Я, Ты, Он	всходи́л бы	взошёл бы
	Я, Ты, Она	всходи́ла бы	взошла́ бы
	Оно	всходи́ло бы	взошло́ бы
	Мы, Вы, Они	всходи́ли бы	взошли́ бы
IMP.	Ты	всходи́	взойди́
	Вы	всходи́те	взойди́те

DEVERBALS

	IMPERFECTIVE ASPECT	PERFECTIVE ASPECT
PRES. ACT.	всходя́щий	
PRES. PASS.		
PAST ACT.	всходи́вший	взоше́дший
PAST PASS.		
VERBAL ADVERB	всходя́	взойдя́

When speaking of the sun, the moon, or the stars **восходи́ть / взойти́** is sometimes used.

Солнце всходит и заходит.	The sun rises and sets.
Всходите медленнее на высоты.	Ascend more slowly to the heights.
Почему не взошли семена?	Why did the seeds not come up?

52

	IMPERFECTIVE ASPECT	PERFECTIVE ASPECT
INF.	входи́ть	войти́
PRES. Я	вхожу́	
Ты	вхо́дишь	
Он/она/оно	вхо́дит	
Мы	вхо́дим	
Вы	вхо́дите	
Они	вхо́дят	
PAST Я, Ты, Он	входи́л	вошёл
Я, Ты, Она	входи́ла	вошла́
Оно	входи́ло	вошло́
Мы, Вы, Они	входи́ли	вошли́
FUT. Я	бу́ду входи́ть	войду́
Ты	бу́дешь входи́ть	войдёшь
Он/она/оно	бу́дет входи́ть	войдёт
Мы	бу́дем входи́ть	войдём
Вы	бу́дете входи́ть	войдёте
Они	бу́дут входи́ть	войду́т
COND. Я, Ты, Он	входи́л бы	вошёл бы
Я, Ты, Она	входи́ла бы	вошла́ бы
Оно	входи́ло бы	вошло́ бы
Мы, Вы, Они	входи́ли бы	вошли́ бы
IMP. Ты	входи́	войди́
Вы	входи́те	войди́те

DEVERBALS

PRES. ACT.	входя́щий	
PRES. PASS.		
PAST ACT.	входи́вший	воше́дший
PAST PASS.		
VERBAL ADVERB	входя́	войдя́

ВХОДИ́ТЬ во что

Я в дверь вхожу и стою.	I come in the door and stand.
Входите, пожалуйста.	Please come in.
Она вошла в жюри фестиваля.	She was a member of the jury of the festival.

B

въезжа́ть / въе́хать
to enter, ride in, drive in

	IMPERFECTIVE ASPECT	PERFECTIVE ASPECT
INF.	въезжа́ть	въе́хать
PRES. Я	въезжа́ю	
Ты	въезжа́ешь	
Он/она́/оно́	въезжа́ет	
Мы	въезжа́ем	
Вы	въезжа́ете	
Они́	въезжа́ют	
PAST Я, Ты, Он	въезжа́л	въе́хал
Я, Ты, Она́	въезжа́ла	въе́хала
Оно́	въезжа́ло	въе́хало
Мы, Вы, Они́	въезжа́ли	въе́хали
FUT. Я	бу́ду въезжа́ть	въе́ду
Ты	бу́дешь въезжа́ть	въе́дешь
Он/она́/оно́	бу́дет въезжа́ть	въе́дет
Мы	бу́дем въезжа́ть	въе́дем
Вы	бу́дете въезжа́ть	въе́дете
Они́	бу́дут въезжа́ть	въе́дут
COND. Я, Ты, Он	въезжа́л бы	въе́хал бы
Я, Ты, Она́	въезжа́ла бы	въе́хала бы
Оно́	въезжа́ло бы	въе́хало бы
Мы, Вы, Они́	въезжа́ли бы	въе́хали бы
IMP. Ты	въезжа́й	
Вы	въезжа́йте	

DEVERBALS

PRES. ACT.	въезжа́ющий	
PRES. PASS.		
PAST ACT.	въезжа́вший	въе́хавший
PAST PASS.		
VERBAL ADVERB	въезжа́я	въе́хав

въезжа́ть в / на что

Въезжа́йте в кварти́ру.	Move into the apartment.
Маши́ны въезжа́ли в тонне́ль.	The cars drove into the tunnel.
Ста́рые грузовики́ в Росси́ю не въе́дут.	Old trucks will not be able to drive into Russia.

	IMPERFECTIVE ASPECT	PERFECTIVE ASPECT
INF.	выбира́ть	вы́брать

PRES.		
Я	выбира́ю	
Ты	выбира́ешь	
Он/она/оно	выбира́ет	
Мы	выбира́ем	
Вы	выбира́ете	
Они	выбира́ют	

PAST		
Я, Ты, Он	выбира́л	вы́брал
Я, Ты, Она	выбира́ла	вы́брала
Оно	выбира́ло	вы́брало
Мы, Вы, Они	выбира́ли	вы́брали

FUT.		
Я	бу́ду выбира́ть	вы́беру
Ты	бу́дешь выбира́ть	вы́берешь
Он/она/оно	бу́дет выбира́ть	вы́берет
Мы	бу́дем выбира́ть	вы́берем
Вы	бу́дете выбира́ть	вы́берете
Они	бу́дут выбира́ть	вы́берут

COND.		
Я, Ты, Он	выбира́л бы	вы́брал бы
Я, Ты, Она	выбира́ла бы	вы́брала бы
Оно	выбира́ло бы	вы́брало бы
Мы, Вы, Они	выбира́ли бы	вы́брали бы

IMP.		
Ты	выбира́й	вы́бери
Вы	выбира́йте	вы́берите

DEVERBALS

PRES. ACT.	выбира́ющий	
PRES. PASS.	выбира́емый	
PAST ACT.	выбира́вший	вы́бравший
PAST PASS.		вы́бранный
VERBAL ADVERB	выбира́я	вы́брав

выбира́ть кого – что

Каждый выбирает, что ему угодно.	Each chooses whatever he likes.
Я вернусь, только выберу день.	I'll return, only I'll choose the day.
Его выбрали год назад.	He was elected a year ago.

B

вы́глядеть
to look, look like

		IMPERFECTIVE ASPECT	PERFECTIVE ASPECT
INF.		вы́глядеть	
PRES.	Я	вы́гляжу	
	Ты	вы́глядишь	
	Он/она/оно	вы́глядит	
	Мы	вы́глядим	
	Вы	вы́глядите	
	Они	вы́глядят	
PAST	Я, Ты, Он	вы́глядел	
	Я, Ты, Она	вы́глядела	
	Оно	вы́глядело	
	Мы, Вы, Они	вы́глядели	
FUT.	Я	бу́ду вы́глядеть	
	Ты	бу́дешь вы́глядеть	
	Он/она/оно	бу́дет вы́глядеть	
	Мы	бу́дем вы́глядеть	
	Вы	бу́дете вы́глядеть	
	Они	бу́дут вы́глядеть	
COND.	Я, Ты, Он	вы́глядел бы	
	Я, Ты, Она	вы́глядела бы	
	Оно	вы́глядело бы	
	Мы, Вы, Они	вы́глядели бы	
IMP.	Ты		
	Вы		

DEVERBALS

PRES. ACT.	вы́глядящий	
PRES. PASS.		
PAST ACT.	вы́глядевший	
PAST PASS.		
VERBAL ADVERB	вы́глядя	

вы́глядеть кем – чем
The pair **выгля́дывать / вы́глянуть** means *to look out*.

Как я выгляжу?	How do I look?
Она выглядела королевой.	She looked like a queen.
Так выглядел первый номер журнала.	This is the way the first issue of the magazine looked.

56

B

		IMPERFECTIVE ASPECT	PERFECTIVE ASPECT
INF.		выдава́ть (ся)	вы́дать (ся)
PRES.	Я	выдаю́ (сь)	
	Ты	выдаёшь (ся)	
	Он/она/оно	выдаёт (ся)	
	Мы	выдаём (ся)	
	Вы	выдаёте (сь)	
	Они	выдаю́т (ся)	
PAST	Я, Ты, Он	выдава́л (ся)	вы́дал (ся)
	Я, Ты, Она	выдава́ла (сь)	вы́дала (сь)
	Оно	выдава́ло (сь)	вы́дало (сь)
	Мы, Вы, Они	выдава́ли (сь)	вы́дали (сь)
FUT.	Я	бу́ду выдава́ть (ся)	вы́дам (сь)
	Ты	бу́дешь выдава́ть (ся)	вы́дашь (ся)
	Он/она/оно	бу́дет выдава́ть (ся)	вы́даст (ся)
	Мы	бу́дем выдава́ть (ся)	вы́дадим (ся)
	Вы	бу́дете выдава́ть (ся)	вы́дадите (сь)
	Они	бу́дут выдава́ть (ся)	вы́дадут (ся)
COND.	Я, Ты, Он	выдава́л (ся) бы	вы́дал (ся) бы
	Я, Ты, Она	выдава́ла (сь) бы	вы́дала (сь) бы
	Оно	выдава́ло (сь) бы	вы́дало (сь) бы
	Мы, Вы, Они	выдава́ли (сь) бы	вы́дали (сь) бы
IMP.	Ты	вы́дай (ся)	
	Вы	выдава́йте (сь)	вы́дайте (сь)

DEVERBALS

	IMPERFECTIVE ASPECT	PERFECTIVE ASPECT
PRES. ACT.	выдаю́щий (ся)	
PRES. PASS.	выдава́емый	
PAST ACT.	выдава́вший (ся)	вы́давший (ся)
PAST PASS.		вы́данный
VERBAL ADVERB	выдава́я (сь)	вы́дав (шись)

выдава́ть кого – что как

Сегодня вечером выдают билеты.	They are issuing the tickets this evening.
Они выдавали себя за русских.	They gave themselves out to be Russians.
На работе выдались свободные 30 минут.	Thirty minutes of free time was given at work.

выезжа́ть / вы́ехать
to leave, depart, ride out

		IMPERFECTIVE ASPECT	PERFECTIVE ASPECT
INF.		выезжа́ть	вы́ехать
PRES.	Я	выезжа́ю	
	Ты	выезжа́ешь	
	Он/она/оно	выезжа́ет	
	Мы	выезжа́ем	
	Вы	выезжа́ете	
	Они	выезжа́ют	
PAST	Я, Ты, Он	выезжа́л	вы́ехал
	Я, Ты, Она	выезжа́ла	вы́ехала
	Оно	выезжа́ло	вы́ехало
	Мы, Вы, Они	выезжа́ли	вы́ехали
FUT.	Я	бу́ду выезжа́ть	вы́еду
	Ты	бу́дешь выезжа́ть	вы́едешь
	Он/она/оно	бу́дет выезжа́ть	вы́едет
	Мы	бу́дем выезжа́ть	вы́едем
	Вы	бу́дете выезжа́ть	вы́едете
	Они	бу́дут выезжа́ть	вы́едут
COND.	Я, Ты, Он	выезжа́л бы	вы́ехал бы
	Я, Ты, Она	выезжа́ла бы	вы́ехала бы
	Оно	выезжа́ло бы	вы́ехало бы
	Мы, Вы, Они	выезжа́ли бы	вы́ехали бы
IMP.	Ты	выезжа́й	
	Вы	выезжа́йте	

DEVERBALS

	IMPERFECTIVE ASPECT	PERFECTIVE ASPECT
PRES. ACT.	выезжа́ющий	
PRES. PASS.		
PAST ACT.	выезжа́вший	вы́ехавший
PAST PASS.		
VERBAL ADVERB	выезжа́я	вы́ехав

выезжа́ть на ком – чём

Я въезжаю и выезжаю без проблем.	I drive in and drive out without difficulties.
Они выехали на скользкую дорожку.	They drove out onto a slippery road.
Политики выехали на Чайке.	The politicians drove away in a Chayka.

	IMPERFECTIVE ASPECT	PERFECTIVE ASPECT
INF.	выздора́вливать	вы́здороветь

PRES.

Я	выздора́вливаю	
Ты	выздора́вливаешь	
Он/она/оно	выздора́вливает	
Мы	выздора́вливаем	
Вы	выздора́вливаете	
Они	выздора́вливают	

PAST

Я, Ты, Он	выздора́вливал	вы́здоровел
Я, Ты, Она	выздора́вливала	вы́здоровела
Оно	выздора́вливало	вы́здоровело
Мы, Вы, Они	выздора́вливали	вы́здоровели

FUT.

Я	бу́ду выздора́вливать	вы́здоровею
Ты	бу́дешь выздора́вливать	вы́здоровеешь
Он/она/оно	бу́дет выздора́вливать	вы́здоровеет
Мы	бу́дем выздора́вливать	вы́здоровеем
Вы	бу́дете выздора́вливать	вы́здоровеете
Они	бу́дут выздора́вливать	вы́здоровеют

COND.

Я, Ты, Он	выздора́вливал бы	вы́здоровел бы
Я, Ты, Она	выздора́вливала бы	вы́здоровела бы
Оно	выздора́вливало бы	вы́здоровело бы
Мы, Вы, Они	выздора́вливали бы	вы́здоровели бы

IMP.

Ты	выздора́вливай	вы́здоровей
Вы	выздора́вливайте	вы́здоровейте

DEVERBALS

PRES. ACT.	выздора́вливающий	
PRES. PASS.		
PAST ACT.	выздора́вливавший	вы́здоровевший
PAST PASS.		
VERBAL ADVERB	выздора́вливая	вы́здоровев

Министр выздоравливает благодаря врачам.	The minister is getting better thanks to the doctors.
Я полностью выздоровела.	I have completely recovered.
Я знаю, что она скоро выздоровеет.	I know that she will soon recover.

вызыва́ть / вы́звать
to call, send for

		IMPERFECTIVE ASPECT	PERFECTIVE ASPECT
INF.		вызыва́ть	вы́звать
PRES.	Я	вызыва́ю	
	Ты	вызыва́ешь	
	Он/она/оно	вызыва́ет	
	Мы	вызыва́ем	
	Вы	вызыва́ете	
	Они	вызыва́ют	
PAST	Я, Ты, Он	вызыва́л	вы́звал
	Я, Ты, Она	вызыва́ла	вы́звала
	Оно	вызыва́ло	вы́звало
	Мы, Вы, Они	вызыва́ли	вы́звали
FUT.	Я	бу́ду вызыва́ть	вы́зову
	Ты	бу́дешь вызыва́ть	вы́зовешь
	Он/она/оно	бу́дет вызыва́ть	вы́зовет
	Мы	бу́дем вызыва́ть	вы́зовем
	Вы	бу́дете вызыва́ть	вы́зовете
	Они	бу́дут вызыва́ть	вы́зовут
COND.	Я, Ты, Он	вызыва́л бы	вы́звал бы
	Я, Ты, Она	вызыва́ла бы	вы́звала бы
	Оно	вызыва́ло бы	вы́звало бы
	Мы, Вы, Они	вызыва́ли бы	вы́звали бы
IMP.	Ты	вызыва́й	вы́зови
	Вы	вызыва́йте	вы́зовите

DEVERBALS

	IMPERFECTIVE ASPECT	PERFECTIVE ASPECT
PRES. ACT.	вызыва́ющий	
PRES. PASS.	вызыва́емый	
PAST ACT.	вызыва́вший	вы́звавший
PAST PASS.		вы́званный
VERBAL ADVERB	вызыва́я	вы́звав

вызыва́ть кого — что
The pair **вызыва́ться / вы́зваться** means *to volunteer.*

Я вас вызываю на дебаты.	I challenge you to a debate.
Мы были вызваны в суд.	We were summoned to court.
Вы меня на дуэль вызовете?	Will you challenge me to a duel?

	IMPERFECTIVE ASPECT	PERFECTIVE ASPECT
INF.	выи́грывать	вы́играть
PRES. Я	выи́грываю	
Ты	выи́грываешь	
Он/она/оно	выи́грывает	
Мы	выи́грываем	
Вы	выи́грываете	
Они	выи́грывают	
PAST Я, Ты, Он	выи́грывал	вы́играл
Я, Ты, Она	выи́грывала	вы́играла
Оно	выи́грывало	вы́играло
Мы, Вы, Они	выи́грывали	вы́играли
FUT. Я	бу́ду выи́грывать	вы́играю
Ты	бу́дешь выи́грывать	вы́играешь
Он/она/оно	бу́дет выи́грывать	вы́играет
Мы	бу́дем выи́грывать	вы́играем
Вы	бу́дете выи́грывать	вы́играете
Они	бу́дут выи́грывать	вы́играют
COND. Я, Ты, Он	выи́грывал бы	вы́играл бы
Я, Ты, Она	выи́грывала бы	вы́играла бы
Оно	выи́грывало бы	вы́играло бы
Мы, Вы, Они	выи́грывали бы	вы́играли бы
IMP. Ты	выи́грывай	вы́играй
Вы	выи́грывайте	вы́играйте

DEVERBALS

PRES. ACT.	выи́грывающий	
PRES. PASS.	выи́грываемый	
PAST ACT.	выи́грывавший	вы́игравший
PAST PASS.		вы́игранный
VERBAL ADVERB	выи́грывая	вы́играв

выи́грывать что у кого в чём, на чём, от чего

Как играть и выигрывать на бирже.	How to play and win in the stock market.
Российские сборные выиграли чемпионат.	The Russian all-stars won the championship.
Нами выиграно было все.	We won everything.

выключа́ть / вы́ключить
to turn off, switch off, exclude

		IMPERFECTIVE ASPECT	PERFECTIVE ASPECT
INF.		выключа́ть	вы́ключить
PRES.	Я	выключа́ю	
	Ты	выключа́ешь	
	Он/она/оно	выключа́ет	
	Мы	выключа́ем	
	Вы	выключа́ете	
	Они	выключа́ют	
PAST	Я, Ты, Он	выключа́л	вы́ключил
	Я, Ты, Она	выключа́ла	вы́ключила
	Оно	выключа́ло	вы́ключило
	Мы, Вы, Они	выключа́ли	вы́ключили
FUT.	Я	бу́ду выключа́ть	вы́ключу
	Ты	бу́дешь выключа́ть	вы́ключишь
	Он/она/оно	бу́дет выключа́ть	вы́ключит
	Мы	бу́дем выключа́ть	вы́ключим
	Вы	бу́дете выключа́ть	вы́ключите
	Они	бу́дут выключа́ть	вы́ключат
COND.	Я, Ты, Он	выключа́л бы	вы́ключил бы
	Я, Ты, Она	выключа́ла бы	вы́ключила бы
	Оно	выключа́ло бы	вы́ключило бы
	Мы, Вы, Они	выключа́ли бы	вы́ключили бы
IMP.	Ты	выключа́й	вы́ключи
	Вы	выключа́йте	вы́ключите

DEVERBALS

	IMPERFECTIVE	PERFECTIVE
PRES. ACT.	выключа́ющий	
PRES. PASS.	выключа́емый	
PAST ACT.	выключа́вший	вы́ключивший
PAST PASS.		вы́ключенный
VERBAL ADVERB	выключа́я	вы́ключив

выключа́ть кого – что

Я выключаю телевизор.	I'm turning off the television.
Вы выключили свет?	Did you turn off the light?
Спам фильтер не выключен.	The spam filter isn't turned off.

62

вылета́ть / вы́лететь
to fly out, take off

	IMPERFECTIVE ASPECT	PERFECTIVE ASPECT
INF.	вылета́ть	вы́лететь
PRES. Я	вылета́ю	
Ты	вылета́ешь	
Он/она́/оно́	вылета́ет	
Мы	вылета́ем	
Вы	вылета́ете	
Они́	вылета́ют	
PAST Я, Ты, Он	вылета́л	вы́летел
Я, Ты, Она́	вылета́ла	вы́летела
Оно́	вылета́ло	вы́летело
Мы, Вы, Они́	вылета́ли	вы́летели
FUT. Я	бу́ду вылета́ть	вы́лечу
Ты	бу́дешь вылета́ть	вы́летишь
Он/она́/оно́	бу́дет вылета́ть	вы́летит
Мы	бу́дем вылета́ть	вы́летим
Вы	бу́дете вылета́ть	вы́летите
Они́	бу́дут вылета́ть	вы́летят
COND. Я, Ты, Он	вылета́л бы	вы́летел бы
Я, Ты, Она́	вылета́ла бы	вы́летела бы
Оно́	вылета́ло бы	вы́летело бы
Мы, Вы, Они́	вылета́ли бы	вы́летели бы
IMP. Ты	вылета́й	вы́лети
Вы	вылета́йте	вы́летите

DEVERBALS

PRES. ACT.	вылета́ющий	
PRES. PASS.		
PAST ACT.	вылета́вший	вы́летевший
PAST PASS.		
VERBAL ADVERB	вылета́я	вы́летев

вылета́ть во что

Через неделю вылетаю.	I'm flying away in a week.
Два самолета вылетят туда завтра.	Two planes will fly there tomorrow.
Я вылетела из Москвы.	I flew from Moscow.

вылéчивать (ся) / вы́лечить (ся)
to cure (be cured, recover)

		IMPERFECTIVE ASPECT	PERFECTIVE ASPECT
INF.		вылéчивать (ся)	вы́лечить (ся)
PRES.	Я	вылéчиваю (сь)	
	Ты	вылéчиваешь (ся)	
	Он/она/оно	вылéчивает (ся)	
	Мы	вылéчиваем (ся)	
	Вы	вылéчиваете (сь)	
	Они	вылéчивают (ся)	
PAST	Я, Ты, Он	вылéчивал (ся)	вы́лечил (ся)
	Я, Ты, Она	вылéчивала (сь)	вы́лечила (сь)
	Оно	вылéчивало (сь)	вы́лечило (сь)
	Мы, Вы, Они	вылéчивали (сь)	вы́лечили (сь)
FUT.	Я	бýду вылéчивать (ся)	вы́лечу (сь)
	Ты	бýдешь вылéчивать (ся)	вы́лечишь (ся)
	Он/она/оно	бýдет вылéчивать (ся)	вы́лечит (ся)
	Мы	бýдем вылéчивать (ся)	вы́лечим (ся)
	Вы	бýдете вылéчивать (ся)	вы́лечите (сь)
	Они	бýдут вылéчивать (ся)	вы́лечат (ся)
COND.	Я, Ты, Он	вылéчивал (ся) бы	вы́лечил (ся) бы
	Я, Ты, Она	вылéчивала (сь) бы	вы́лечила (сь) бы
	Оно	вылéчивало (сь) бы	вы́лечило (сь) бы
	Мы, Вы, Они	вылéчивали (сь) бы	вы́лечили (сь) бы
IMP.	Ты	вылéчивай (ся)	вы́лечи (сь)
	Вы	вылéчивайте (сь)	вы́лечите (сь)

DEVERBALS

	IMPERFECTIVE ASPECT	PERFECTIVE ASPECT
PRES. ACT.	вылéчивающий (ся)	
PRES. PASS.	вылéчиваемый	
PAST ACT.	вылéчивавший (ся)	вы́лечивший (ся)
PAST PASS.		вы́леченный
VERBAL ADVERB	вылéчивая (сь)	вы́лечив (шись)

вылéчивать кого – что чем от чего

Одна доза вылечивает тебя.	One dose will cure you.
Можно ли грипп вылечивать одной таблеткой?	Can the flu be cured with a single pill?
И тебя вылечат, и меня вылечат.	Both you and I will be cured.

выноси́ть / вы́нести
to carry out, take out, endure

		IMPERFECTIVE ASPECT	PERFECTIVE ASPECT
INF.		выноси́ть	вы́нести
PRES.	Я	выношу́	
	Ты	выно́сишь	
	Он/она/оно	выно́сит	
	Мы	выно́сим	
	Вы	выно́сите	
	Они	выно́сят	
PAST	Я, Ты, Он	выноси́л	вы́нес
	Я, Ты, Она	выноси́ла	вы́несла
	Оно	выноси́ло	вы́несло
	Мы, Вы, Они	выноси́ли	вы́несли
FUT.	Я	бу́ду выноси́ть	вы́несу
	Ты	бу́дешь выноси́ть	вы́несешь
	Он/она/оно	бу́дет выноси́ть	вы́несет
	Мы	бу́дем выноси́ть	вы́несем
	Вы	бу́дете выноси́ть	вы́несете
	Они	бу́дут выноси́ть	вы́несут
COND.	Я, Ты, Он	выноси́л бы	вы́нес бы
	Я, Ты, Она	выноси́ла бы	вы́несла бы
	Оно	выноси́ло бы	вы́несло бы
	Мы, Вы, Они	выноси́ли бы	вы́несли бы
IMP.	Ты	выноси́	вы́неси
	Вы	выноси́те	вы́несите

DEVERBALS

PRES. ACT.	вынося́щий	
PRES. PASS.	выноси́мый	
PAST ACT.	выноси́вший	вы́несший
PAST PASS.		вы́несенный
VERBAL ADVERB	вынося́	вы́неся

выноси́ть кого́ – что
The pair **вына́шивать** / **вы́носить** means *to bring forth, carry to full-term pregnancy.*

Выношу предложение на обсуждение.	I'm bringing up the proposal for discussion.
Я чужих прикосновений не выношу.	I can't bear being touched by strangers.
Воры вынесли из квартиры деньги.	Thieves carried cash out of the apartment.

выпада́ть / вы́пасть
to fall out, drop out

		IMPERFECTIVE ASPECT	PERFECTIVE ASPECT
INF.		выпада́ть	вы́пасть
PRES.	Я	выпада́ю	
	Ты	выпада́ешь	
	Он/она́/оно́	выпада́ет	
	Мы	выпада́ем	
	Вы	выпада́ете	
	Они́	выпада́ют	
PAST	Я, Ты, Он	выпада́л	вы́пал
	Я, Ты, Она	выпада́ла	вы́пала
	Оно	выпада́ло	вы́пало
	Мы, Вы, Они	выпада́ли	вы́пали
FUT.	Я	бу́ду выпада́ть	вы́паду
	Ты	бу́дешь выпада́ть	вы́падешь
	Он/она́/оно́	бу́дет выпада́ть	вы́падет
	Мы	бу́дем выпада́ть	вы́падем
	Вы	бу́дете выпада́ть	вы́падете
	Они	бу́дут выпада́ть	вы́падут
COND.	Я, Ты, Он	выпада́л бы	вы́пал бы
	Я, Ты, Она	выпада́ла бы	вы́пала бы
	Оно	выпада́ло бы	вы́пало бы
	Мы, Вы, Они	выпада́ли бы	вы́пали бы
IMP.	Ты	выпада́й	вы́пади
	Вы	выпада́йте	вы́падите

DEVERBALS		
PRES. ACT.	выпада́ющий	
PRES. PASS.		
PAST ACT.	выпада́вший	вы́павший
PAST PASS.		
VERBAL ADVERB	выпада́я	вы́пав

Что делать, если выпадают волосы?

Выпал первый снег.
Я на неделю выпаду, не ищите меня.

What do you do if your hair is falling out?
The first snow fell.
I will be dropping out for a week; don't look for me.

выпи́сывать (ся) / вы́писать (ся)
to copy out, write out (check out)

		IMPERFECTIVE ASPECT	PERFECTIVE ASPECT
INF.		выпи́сывать (ся)	вы́писать (ся)
PRES.	Я	выпи́сываю (сь)	
	Ты	выпи́сываешь (ся)	
	Он/она/оно	выпи́сывает (ся)	
	Мы	выпи́сываем (ся)	
	Вы	выпи́сываете (сь)	
	Они	выпи́сывают (ся)	
PAST	Я, Ты, Он	выпи́сывал (ся)	вы́писал (ся)
	Я, Ты, Она	выпи́сывала (сь)	вы́писала (сь)
	Оно	выпи́сывало (сь)	вы́писало (сь)
	Мы, Вы, Они	выпи́сывали (сь)	вы́писали (сь)
FUT.	Я	бу́ду выпи́сывать (ся)	вы́пишу (сь)
	Ты	бу́дешь выпи́сывать (ся)	вы́пишешь (ся)
	Он/она/оно	бу́дет выпи́сывать (ся)	вы́пишет (ся)
	Мы	бу́дем выпи́сывать (ся)	вы́пишем (ся)
	Вы	бу́дете выпи́сывать (ся)	вы́пишете (сь)
	Они	бу́дут выпи́сывать (ся)	вы́пишут (ся)
COND.	Я, Ты, Он	выпи́сывал (ся) бы	вы́писал (ся) бы
	Я, Ты, Она	выпи́сывала (сь) бы	вы́писала (сь) бы
	Оно	выпи́сывало (сь) бы	вы́писало (сь) бы
	Мы, Вы, Они	выпи́сывали (сь) бы	вы́писали (сь) бы
IMP.	Ты	выпи́сывай (ся)	вы́пиши (сь)
	Вы	выпи́сывайте (сь)	вы́пишите (сь)

DEVERBALS

	IMPERFECTIVE	PERFECTIVE
PRES. ACT.	выпи́сывающий (ся)	
PRES. PASS.	выпи́сываемый	
PAST ACT.	выпи́сывавший (ся)	вы́писавший (ся)
PAST PASS.		вы́писанный
VERBAL ADVERB	выпи́сывая (сь)	вы́писав (шись)

выпи́сывать кого – что

Я вашу газету выписываю.	I subscribe to your newspaper.
Его выписали из больницы вчера.	He was discharged from the hospital yesterday.
Чек выписался быстро.	The check was written quickly.

выполня́ть / вы́полнить
to carry out, fulfill

	IMPERFECTIVE ASPECT	PERFECTIVE ASPECT
INF.	выполня́ть	вы́полнить
PRES. Я	выполня́ю	
Ты	выполня́ешь	
Он/она/оно	выполня́ет	
Мы	выполня́ем	
Вы	выполня́ете	
Они	выполня́ют	
PAST Я, Ты, Он	выполня́л	вы́полнил
Я, Ты, Она	выполня́ла	вы́полнила
Оно	выполня́ло	вы́полнило
Мы, Вы, Они	выполня́ли	вы́полнили
FUT. Я	бу́ду выполня́ть	вы́полню
Ты	бу́дешь выполня́ть	вы́полнишь
Он/она/оно	бу́дет выполня́ть	вы́полнит
Мы	бу́дем выполня́ть	вы́полним
Вы	бу́дете выполня́ть	вы́полните
Они	бу́дут выполня́ть	вы́полнят
COND. Я, Ты, Он	выполня́л бы	вы́полнил бы
Я, Ты, Она	выполня́ла бы	вы́полнила бы
Оно	выполня́ло бы	вы́полнило бы
Мы, Вы, Они	выполня́ли бы	вы́полнили бы
IMP. Ты	выполня́й	вы́полни
Вы	выполня́йте	вы́полните

DEVERBALS

PRES. ACT.	выполня́ющий	
PRES. PASS.	выполня́емый	
PAST ACT.	выполня́вший	вы́полнивший
PAST PASS.		вы́полненный
VERBAL ADVERB	выполня́я	вы́полнив

выполня́ть что

Она всегда выполняет свои обещания.	She always keeps her promises.
Выполняйте приказ.	Carry out the order.
Они задачу не выполнили.	They did not perform the task.

		IMPERFECTIVE ASPECT	PERFECTIVE ASPECT
INF.		выпуска́ть (ся)	вы́пустить (ся)
PRES.	Я	выпуска́ю (сь)	
	Ты	выпуска́ешь (ся)	
	Он/она/оно	выпуска́ет (ся)	
	Мы	выпуска́ем (ся)	
	Вы	выпуска́ете (сь)	
	Они	выпуска́ют (ся)	
PAST	Я, Ты, Он	выпуска́л (ся)	вы́пустил (ся)
	Я, Ты, Она	выпуска́ла (сь)	вы́пустила (сь)
	Оно	выпуска́ло (сь)	вы́пустило (сь)
	Мы, Вы, Они	выпуска́ли (сь)	вы́пустили (сь)
FUT.	Я	бу́ду выпуска́ть (ся)	вы́пущу (сь)
	Ты	бу́дешь выпуска́ть (ся)	вы́пустишь (ся)
	Он/она/оно	бу́дет выпуска́ть (ся)	вы́пустит (ся)
	Мы	бу́дем выпуска́ть (ся)	вы́пустим (ся)
	Вы	бу́дете выпуска́ть (ся)	вы́пустите (сь)
	Они	бу́дут выпуска́ть (ся)	вы́пустят (ся)
COND.	Я, Ты, Он	выпуска́л (ся) бы	вы́пустил (ся) бы
	Я, Ты, Она	выпуска́ла (сь) бы	вы́пустила (сь) бы
	Оно	выпуска́ло (сь) бы	вы́пустило (сь) бы
	Мы, Вы, Они	выпуска́ли (сь) бы	вы́пустили (сь) бы
IMP.	Ты	выпуска́й (ся)	вы́пусти (сь)
	Вы	выпуска́йте (сь)	вы́пустите (сь)

DEVERBALS

	IMPERFECTIVE	PERFECTIVE
PRES. ACT.	выпуска́ющий (ся)	
PRES. PASS.	выпуска́емый	
PAST ACT.	выпуска́вший (ся)	вы́пустивший (ся)
PAST PASS.		вы́пущенный
VERBAL ADVERB	выпуска́я (сь)	вы́пустив (шись)

выпуска́ть кого – что как

На волю выпускаю птицу.	I set the bird free.
Выпустили новую монету.	They issued a new coin.
Эта книга больше не выпускается.	This book is no longer being published.

выража́ть (ся) / вы́разить (ся)
to express, convey (express oneself)

		IMPERFECTIVE ASPECT	PERFECTIVE ASPECT
INF.		выража́ть (ся)	вы́разить (ся)
PRES.	Я	выража́ю (сь)	
	Ты	выража́ешь (ся)	
	Он/она/оно	выража́ет (ся)	
	Мы	выража́ем (ся)	
	Вы	выража́ете (сь)	
	Они	выража́ют (ся)	
PAST	Я, Ты, Он	выража́л (ся)	вы́разил (ся)
	Я, Ты, Она	выража́ла (сь)	вы́разила (сь)
	Оно	выража́ло (сь)	вы́разило (сь)
	Мы, Вы, Они	выража́ли (сь)	вы́разили (сь)
FUT.	Я	бу́ду выража́ть (ся)	вы́ражу (сь)
	Ты	бу́дешь выража́ть (ся)	вы́разишь (ся)
	Он/она/оно	бу́дет выража́ть (ся)	вы́разит (ся)
	Мы	бу́дем выража́ть (ся)	вы́разим (ся)
	Вы	бу́дете выража́ть (ся)	вы́разите (сь)
	Они	бу́дут выража́ть (ся)	вы́разят (ся)
COND.	Я, Ты, Он	выража́л (ся) бы	вы́разил (ся) бы
	Я, Ты, Она	выража́ла (сь) бы	вы́разила (сь) бы
	Оно	выража́ло (сь) бы	вы́разило (сь) бы
	Мы, Вы, Они	выража́ли (сь) бы	вы́разили (сь) бы
IMP.	Ты	выража́й (ся)	вы́рази (сь)
	Вы	выража́йте (сь)	вы́разите (сь)

DEVERBALS

	IMPERFECTIVE ASPECT	PERFECTIVE ASPECT
PRES. ACT.	выража́ющий (ся)	
PRES. PASS.	выража́емый	
PAST ACT.	выража́вший (ся)	вы́разивший (ся)
PAST PASS.		вы́раженный
VERBAL ADVERB	выража́я (сь)	вы́разив (шись)

выража́ть что; выража́ться в чём

Мы выражаем благодарность за подержку.	We are expressing our gratitude for the support.
Они выразили свои соболезнования.	They expressed their condolences.
Выразите свое мнение.	Express your own opinion.

выра́щивать / вы́растить
to bring up, rear, cultivate

	IMPERFECTIVE ASPECT	PERFECTIVE ASPECT
INF.	выра́щивать	вы́растить
PRES. Я	выра́щиваю	
Ты	выра́щиваешь	
Он/она/оно	выра́щивает	
Мы	выра́щиваем	
Вы	выра́щиваете	
Они	выра́щивают	
PAST Я, Ты, Он	выра́щивал	вы́растил
Я, Ты, Она	выра́щивала	вы́растила
Оно	выра́щивало	вы́растило
Мы, Вы, Они	выра́щивали	вы́растили
FUT. Я	бу́ду выра́щивать	вы́ращу
Ты	бу́дешь выра́щивать	вы́растишь
Он/она/оно	бу́дет выра́щивать	вы́растит
Мы	бу́дем выра́щивать	вы́растим
Вы	бу́дете выра́щивать	вы́растите
Они	бу́дут выра́щивать	вы́растят
COND. Я, Ты, Он	выра́щивал бы	вы́растил бы
Я, Ты, Она	выра́щивала бы	вы́растила бы
Оно	выра́щивало бы	вы́растило бы
Мы, Вы, Они	выра́щивали бы	вы́растили бы
IMP. Ты	выра́щивай	вы́расти
Вы	выра́щивайте	вы́растите

DEVERBALS

PRES. ACT.	выра́щивающий	
PRES. PASS.	выра́щиваемый	
PAST ACT.	выра́щивавший	вы́растивший
PAST PASS.		вы́ращенный
VERBAL ADVERB	выра́щивая	вы́растив

выра́щивать кого – что

Родители выращивают детей.	Parents rear their children.
Кто выращивал грибы?	Who cultivated the mushrooms?
На ферме вырастили гигантскую тыкву.	On the farm they raised a gigantic pumpkin.

выступа́ть / вы́ступить
to come forward, go forward, appear, speak

		IMPERFECTIVE ASPECT	PERFECTIVE ASPECT
INF.		выступа́ть	вы́ступить
PRES.	Я	выступа́ю	
	Ты	выступа́ешь	
	Он/она/оно	выступа́ет	
	Мы	выступа́ем	
	Вы	выступа́ете	
	Они	выступа́ют	
PAST	Я, Ты, Он	выступа́л	вы́ступил
	Я, Ты, Она	выступа́ла	вы́ступила
	Оно	выступа́ло	вы́ступило
	Мы, Вы, Они	выступа́ли	вы́ступили
FUT.	Я	бу́ду выступа́ть	вы́ступлю
	Ты	бу́дешь выступа́ть	вы́ступишь
	Он/она/оно	бу́дет выступа́ть	вы́ступит
	Мы	бу́дем выступа́ть	вы́ступим
	Вы	бу́дете выступа́ть	вы́ступите
	Они	бу́дут выступа́ть	вы́ступят
COND.	Я, Ты, Он	выступа́л бы	вы́ступил бы
	Я, Ты, Она	выступа́ла бы	вы́ступила бы
	Оно	выступа́ло бы	вы́ступило бы
	Мы, Вы, Они	выступа́ли бы	вы́ступили бы
IMP.	Ты	выступа́й	вы́ступи
	Вы	выступа́йте	вы́ступите

DEVERBALS

PRES. ACT.	выступа́ющий	
PRES. PASS.		
PAST ACT.	выступа́вший	вы́ступивший
PAST PASS.		
VERBAL ADVERB	выступа́я	вы́ступив

выступа́ть на чём с чем

Выступая в ООН, он критиковал США.	Speaking at the U.N., he criticized the U.S.
Против кого выступил президент?	Whom did the president speak out against?
Они выступили на телевидении.	They appeared on television.

72

вытáскивать (ся) / вы́тащить (ся)

to drag out, pull out, extract (come out with difficulty)

		IMPERFECTIVE ASPECT	PERFECTIVE ASPECT
INF.		вытáскивать (ся)	вы́тащить (ся)
PRES.	Я	вытáскиваю (сь)	
	Ты	вытáскиваешь (ся)	
	Он/она/оно	вытáскивает (ся)	
	Мы	вытáскиваем (ся)	
	Вы	вытáскиваете (сь)	
	Они	вытáскивают (ся)	
PAST	Я, Ты, Он	вытáскивал (ся)	вы́тащил (ся)
	Я, Ты, Она	вытáскивала (сь)	вы́тащила (сь)
	Оно	вытáскивало (сь)	вы́тащило (сь)
	Мы, Вы, Они	вытáскивали (сь)	вы́тащили (сь)
FUT.	Я	бýду вытáскивать (ся)	вы́тащу (сь)
	Ты	бýдешь вытáскивать (ся)	вы́тащишь (ся)
	Он/она/оно	бýдет вытáскивать (ся)	вы́тащит (ся)
	Мы	бýдем вытáскивать (ся)	вы́тащим (ся)
	Вы	бýдете вытáскивать (ся)	вы́тащите (сь)
	Они	бýдут вытáскивать (ся)	вы́тащат (ся)
COND.	Я, Ты, Он	вытáскивал (ся) бы	вы́тащил (ся) бы
	Я, Ты, Она	вытáскивала (сь) бы	вы́тащила (сь) бы
	Оно	вытáскивало (сь) бы	вы́тащило (сь) бы
	Мы, Вы, Они	вытáскивали (сь) бы	вы́тащили (сь) бы
IMP.	Ты	вытáскивай (ся)	вы́тащи (сь)
	Вы	вытáскивайте (сь)	вы́тащите (сь)

DEVERBALS

	IMPERFECTIVE	PERFECTIVE
PRES. ACT.	вытáскивающий (ся)	
PRES. PASS.	вытáскиваемый	
PAST ACT.	вытáскивавший (ся)	вы́тащивший (ся)
PAST PASS.		вы́тащенный
VERBAL ADVERB	вытáскивая (сь)	вы́тащив (шись)

вытáскивать кого – что

Зубной врач вытащил все зубы.	The dentist extracted all the teeth.
Пробка не вытаскивается.	The cork won't come out.
Вытащились все сотрудники.	All the employees were pulled out.

выходи́ть / вы́йти

to go out, exit

		IMPERFECTIVE ASPECT	PERFECTIVE ASPECT
INF.		выходи́ть	вы́йти
PRES.	Я	выхожу́	
	Ты	выхо́дишь	
	Он/она/оно	выхо́дит	
	Мы	выхо́дим	
	Вы	выхо́дите	
	Они	выхо́дят	
PAST	Я, Ты, Он	выходи́л	вы́шел
	Я, Ты, Она	выходи́ла	вы́шла
	Оно	выходи́ло	вы́шло
	Мы, Вы, Они	выходи́ли	вы́шли
FUT.	Я	бу́ду выходи́ть	вы́йду
	Ты	бу́дешь выходи́ть	вы́йдешь
	Он/она/оно	бу́дет выходи́ть	вы́йдет
	Мы	бу́дем выходи́ть	вы́йдем
	Вы	бу́дете выходи́ть	вы́йдете
	Они	бу́дут выходи́ть	вы́йдут
COND.	Я, Ты, Он	выходи́л бы	вы́шел бы
	Я, Ты, Она	выходи́ла бы	вы́шла бы
	Оно	выходи́ло бы	вы́шло бы
	Мы, Вы, Они	выходи́ли бы	вы́шли бы
IMP.	Ты	выходи́	вы́йди
	Вы	выходи́те	вы́йдите

DEVERBALS

PRES. ACT.	выходя́щий	
PRES. PASS.		
PAST ACT.	выходи́вший	вы́шедший
PAST PASS.		
VERBAL ADVERB	выходя́	вы́йдя

выходи́ть замуж за кого *get married [said of a woman]*

AN ESSENTIAL VERB

Examples

Дед Мороз, выходи.
Father Frost, come out.

За кого она вышла замуж?
Whom did she marry?

Она вышла победителем.
She emerged the victor.

Выхожу один я на дорогу.
Alone, I set out on the road.

Как вы выходите из конфликтов?
How can you get out of conflicts?

Не выходите из дома без
        косметики.
Don't leave home without cosmetics.

Выйдя из театра, мы пошли в кафе.
Upon leaving the theater, we went to a
        café.

Газета выходит раз в неделю.
The paper comes out once a week.

Вышла новая версия.
A new version came out.

Words and expressions related to this verb

Из этого ничего не выйдет.

Окна выходят в сад.

Книга вышла в продаже.

выйти замуж

выход

выйти из себя

выходной

выходка

гла́дить / погла́дить
to iron, press; stroke

		IMPERFECTIVE ASPECT	PERFECTIVE ASPECT
INF.		гла́дить	погла́дить
PRES.	Я	гла́жу	
	Ты	гла́дишь	
	Он/она́/оно́	гла́дит	
	Мы	гла́дим	
	Вы	гла́дите	
	Они́	гла́дят	
PAST	Я, Ты, Он	гла́дил	погла́дил
	Я, Ты, Она́	гла́дила	погла́дила
	Оно́	гла́дило	погла́дило
	Мы, Вы, Они́	гла́дили	погла́дили
FUT.	Я	бу́ду гла́дить	погла́жу
	Ты	бу́дешь гла́дить	погла́дишь
	Он/она́/оно́	бу́дет гла́дить	погла́дит
	Мы	бу́дем гла́дить	погла́дим
	Вы	бу́дете гла́дить	погла́дите
	Они́	бу́дут гла́дить	погла́дят
COND.	Я, Ты, Он	гла́дил бы	погла́дил бы
	Я, Ты, Она́	гла́дила бы	погла́дила бы
	Оно́	гла́дило бы	погла́дило бы
	Мы, Вы, Они́	гла́дили бы	погла́дили бы
IMP.	Ты	гла́дь	погла́дь
	Вы	гла́дьте	погла́дьте

DEVERBALS

	IMPERFECTIVE ASPECT	PERFECTIVE ASPECT
PRES. ACT.	гла́дящий	
PRES. PASS.	гла́димый	
PAST ACT.	гла́дивший	погла́дивший
PAST PASS.	гла́женный	погла́женный
VERBAL ADVERB	гла́дя	погла́див

гла́дить кого – что по кому – чему
The pair погла́живать / погла́дить means *to stroke with the hand.*

---

* Мама еще гладит простыни. — Mom is still ironing the sheets.
Я гладила твои брюки. — I ironed your slacks.
Ее погладили по голове. — They stroked her on her head.

	IMPERFECTIVE ASPECT	PERFECTIVE ASPECT
INF.	гляде́ть (ся)	погляде́ть (ся)
PRES. Я	гляжу́ (сь)	
Ты	гляди́шь (ся)	
Он/она/оно	гляди́т (ся)	
Мы	гляди́м (ся)	
Вы	гляди́те (сь)	
Они	глядя́т (ся)	
PAST Я, Ты, Он	гляде́л (ся)	погляде́л (ся)
Я, Ты, Она	гляде́ла (сь)	погляде́ла (сь)
Оно	гляде́ло (сь)	погляде́ло (сь)
Мы, Вы, Они	гляде́ли (сь)	погляде́ли (сь)
FUT. Я	бу́ду гляде́ть (ся)	погляжу́ (сь)
Ты	бу́дешь гляде́ть (ся)	погляди́шь (ся)
Он/она/оно	бу́дет гляде́ть (ся)	погляди́т (ся)
Мы	бу́дем гляде́ть (ся)	погляди́м (ся)
Вы	бу́дете гляде́ть (ся)	погляди́те (сь)
Они	бу́дут гляде́ть (ся)	погля́дя́т (ся)
COND. Я, Ты, Он	гляде́л (ся) бы	погляде́л (ся) бы
Я, Ты, Она	гляде́ла (сь) бы	погляде́ла (сь) бы
Оно	гляде́ло (сь) бы	погляде́ло (сь) бы
Мы, Вы, Они	гляде́ли (сь) бы	погляде́ли (сь) бы
IMP. Ты	гляди́ (сь)	погляди́ (сь)
Вы	гляди́те (сь)	погляди́те (сь)

Г

DEVERBALS

PRES. ACT.	глядя́щий (ся)	
PRES. PASS.		
PAST ACT.	гляде́вший (ся)	погляде́вший (ся)
PAST PASS.		
VERBAL ADVERB	гля́дя – глядя́сь	погляде́в (шись)

гляде́ть на кого – что, за кем – чем;
гляде́ться во что
The perfective verb гля́нуть means *to glance at*.

AN ESSENTIAL VERB

гляде́ть (ся) / погляде́ть (ся)

Examples

Ты на меня глядишь с
        недоумением.
You are looking at me in disbelief.

Глядите в оба.
Take a look at both.

Вы на себя поглядите.
Take a look at yourself.

Погляделся он в зеркало.
He looked at himself in the mirror.

Поглядев на пруд, не суди о рыбе.
Don't judge the fish by looking at the
        pond.

Пойду в зеркало погляжусь.
I'm going to look at myself in the
        mirror.

Я поглядела ему прямо в глаза.
I looked him straight in the eye.

Печально я гляжу.
I glance sadly.

Печально я гляжу на наше
        поколенье.
I glance with sadness at our generation.

Вчера еще в глаза глядел.
I looked into those eyes only yesterday.

Они не могут поглядеться в
        зеркало.
They cannot look at themselves in a
        mirror.

Words and expressions related to this verb

Идти куда глаза глядят.

И глядит, да не видит.

Книга вышла в продаже.

Глаза глядят, а руки
        делают.

глядеть сквозь пальцы

глядеть в глаза

глядеться в зеркало

		MULTIDIRECTIONAL	UNIDIRECTIONAL	PERFECTIVE ASPECT
INF.		говори́ть	сказа́ть	поговори́ть
PRES.	Я	говорю́		
	Ты	говори́шь		
	Он/она́/оно́	говори́т		
	Мы	говори́м		
	Вы	говори́те		
	Они́	говоря́т		
PAST	Я, Ты, Он	говори́л	сказа́л	поговори́л
	Я, Ты, Она́	говори́ла	сказа́ла	поговори́ла
	Оно́	говори́ло	сказа́ло	поговори́ло
	Мы, Вы, Они́	говори́ли	сказа́ли	поговори́ли
FUT.	Я	бу́ду говори́ть	скажу́	поговорю́
	Ты	бу́дешь говори́ть	ска́жешь	поговори́шь
	Он/она́/оно́	бу́дет говори́ть	ска́жет	поговори́т
	Мы	бу́дем говори́ть	ска́жем	поговори́м
	Вы	бу́дете говори́ть	ска́жете	поговори́те
	Они́	бу́дут говори́ть	ска́жут	поговоря́т
COND.	Я, Ты, Он	говори́л бы	сказа́л бы	поговори́л бы
	Я, Ты, Она́	говори́ла бы	сказа́ла бы	поговори́ла бы
	Оно́	говори́ло бы	сказа́ло бы	поговори́ло бы
	Мы, Вы, Они́	говори́ли бы	сказа́ли бы	поговори́ли бы
IMP.	Ты	говори́	скажи́	поговори́
	Вы	говори́те	скажи́те	поговори́те

Г

DEVERBALS

	MULTIDIRECTIONAL	UNIDIRECTIONAL	PERFECTIVE ASPECT
PRES. ACT.	говоря́щий		
PRES. PASS.			
PAST ACT.	говори́вший	сказа́вший	поговори́вший
PAST PASS.	говорённый	ска́занный	
	говорён, говорена́		
VERBAL ADVERB	говоря́	сказа́в	поговори́в

говори́ть что о ком – чём; говори́ть по-ру́сски, на друго́м языке́

AN ESSENTIAL VERB

Говори́ть / сказа́ть – поговори́ть

Examples

Говорите с вашими детьми.
Talk with your children.

Честно говоря, мы не знаем его.
Honestly speaking, we don't know him.

Сначала скажите «Нет».
First say "No."

Сказано – сделано.
No sooner said than done.

Я скажу сам.
I'll say it myself.

Давай с тобой поговорим.
Let's have a chat.

Да что вы говорите?
What are you saying?

Говорите правду.
Tell the truth.

Что сказали ее глаза?
What did her eyes say?

Поговорим о прошлом.
Let's talk about the past.

Words and expressions related to this verb

Поменьше говори, побольше услышишь.

Золото не говорит, а много творит.

Мы говорим по–русски.

Как говорится.

говорят

говорение

говор

говорливый

		MULTIDIRECTIONAL	UNIDIRECTIONAL	PERFECTIVE ASPECT
INF.		гоня́ть	гна́ть	погна́ть
PRES.	Я	гоня́ю	гоню́	
	Ты	гоня́ешь	го́нишь	
	Он/она/оно	гоня́ет	го́нит	
	Мы	гоня́ем	го́ним	
	Вы	гоня́ете	го́ните	
	Они	гоня́ют	го́нят	
PAST	Я, Ты, Он	гоня́л	гна́л	погна́л
	Я, Ты, Она	гоня́ла	гнала́	погнала́
	Оно	гоня́ло	гна́ло	погна́ло
	Мы, Вы, Они	гоня́ли	гна́ли	погна́ли
FUT.	Я	бу́ду гоня́ть	бу́ду гна́ть	погоню́
	Ты	бу́дешь гоня́ть	бу́дешь гна́ть	пого́нишь
	Он/она/оно	бу́дет гоня́ть	бу́дет гна́ть	пого́нит
	Мы	бу́дем гоня́ть	бу́дем гна́ть	пого́ним
	Вы	бу́дете гоня́ть	бу́дете гна́ть	пого́ните
	Они	бу́дут гоня́ть	бу́дут гна́ть	пого́нят
COND.	Я, Ты, Он	гоня́л бы	гна́л бы	погна́л бы
	Я, Ты, Она	гоня́ла бы	гнала́ бы	погнала́ бы
	Оно	гоня́ло бы	гна́ло бы	погна́ло бы
	Мы, Вы, Они	гоня́ли бы	гна́ли бы	погна́ли бы
IMP.	Ты	гоня́й	гони́	погони́
	Вы	гоня́йте	гони́те	погони́те

DEVERBALS

	MULTIDIRECTIONAL	UNIDIRECTIONAL	PERFECTIVE ASPECT
PRES. ACT.	гоня́ющий	гоня́щий	
PRES. PASS.	гоня́емый	гони́мый	
PAST ACT.	гоня́вший	гна́вший	погна́вший
PAST PASS.		по́гнанный	
VERBAL ADVERB	гоня́я	гоня́	погна́в

гоня́ть – гна́ть кого – что

Почему милиция нас гоняет?	Why are the police chasing us?
Игроков гонят из интернета.	Gamblers are being chased off the Internet.
Ураган погнал рынок вверх.	The hurricane drove the market higher.

Г

горди́ться / возгорди́ться

to be proud of

		IMPERFECTIVE ASPECT	PERFECTIVE ASPECT
INF.		горди́ться	возгорди́ться
PRES.	Я	горжу́сь	
	Ты	горди́шься	
	Он/она/оно	горди́тся	
	Мы	горди́мся	
	Вы	горди́тесь	
	Они	гордя́тся	
PAST	Я, Ты, Он	горди́лся	возгорди́лся
	Я, Ты, Она	горди́лась	возгорди́лась
	Оно	горди́лось	возгорди́лось
	Мы, Вы, Они	горди́лись	возгорди́лись
FUT.	Я	бу́ду горди́ться	возгоржу́сь
	Ты	бу́дешь горди́ться	возгорди́шься
	Он/она/оно	бу́дет горди́ться	возгорди́тся
	Мы	бу́дем горди́ться	возгорди́мся
	Вы	бу́дете горди́ться	возгорди́тесь
	Они	бу́дут горди́ться	возгордя́тся
COND.	Я, Ты, Он	горди́лся бы	возгорди́лся бы
	Я, Ты, Она	горди́лась бы	возгорди́лась бы
	Оно	горди́лось бы	возгорди́лось бы
	Мы, Вы, Они	горди́лись бы	возгорди́лись бы
IMP.	Ты	горди́сь	возгорди́сь
	Вы	горди́тесь	возгорди́тесь

DEVERBALS

	IMPERFECTIVE ASPECT	PERFECTIVE ASPECT
PRES. ACT.	гордя́щийся	
PRES. PASS.		
PAST ACT.	горди́вшийся	возгорди́вшийся
PAST PASS.		
VERBAL ADVERB	гордя́сь	возгорди́вшись

горди́ться кем – чем

Я горжусь нашим президентом.	I take pride in our president.
Они гордились дочкой.	They were proud of their daughter.
Их потомки возгордились.	Their descendants were proud.

		IMPERFECTIVE ASPECT	PERFECTIVE ASPECT
INF.		горе́ть	сгоре́ть
PRES.	Я	горю́	
	Ты	гори́шь	
	Он/она/оно	гори́т	
	Мы	гори́м	
	Вы	гори́те	
	Они	горя́т	
PAST	Я, Ты, Он	горе́л	сгоре́л
	Я, Ты, Она	горе́ла	сгоре́ла
	Оно	горе́ло	сгоре́ло
	Мы, Вы, Они	горе́ли	сгоре́ли
FUT.	Я	бу́ду горе́ть	сгорю́
	Ты	бу́дешь горе́ть	сгори́шь
	Он/она/оно	бу́дет горе́ть	сгори́т
	Мы	бу́дем горе́ть	сгори́м
	Вы	бу́дете горе́ть	сгори́те
	Они	бу́дут горе́ть	сгоря́т
COND.	Я, Ты, Он	горе́л бы	сгоре́л бы
	Я, Ты, Она	горе́ла бы	сгоре́ла бы
	Оно	горе́ло бы	сгоре́ло бы
	Мы, Вы, Они	горе́ли бы	сгоре́ли бы
IMP.	Ты	гори́	сгори́
	Вы	гори́те	сгори́те

DEVERBALS

	IMPERFECTIVE ASPECT	PERFECTIVE ASPECT
PRES. ACT.	горя́щий	
PRES. PASS.		
PAST ACT.	горе́вший	сгоре́вший
PAST PASS.		
VERBAL ADVERB	горя́	сгоре́в

Another imperfective for **сгоре́ть** is **сгора́ть**.

Горит химический завод.	A chemical plant is burning.
Школы закроют, чтобы они не горели.	They are closing the schools so that they don't burn.
В Киеве сгорела церковь.	A church burned down in Kiev.

готóвить (ся) / приготóвить (ся)
to prepare, cook (get oneself ready)

		IMPERFECTIVE ASPECT	PERFECTIVE ASPECT
INF.		готóвить (ся)	приготóвить (ся)
PRES.	Я	готóвлю (сь)	
	Ты	готóвишь (ся)	
	Он/она/оно	готóвит (ся)	
	Мы	готóвим (ся)	
	Вы	готóвите (сь)	
	Они	готóвят (ся)	
PAST	Я, Ты, Он	готóвил (ся)	приготóвил (ся)
	Я, Ты, Она	готóвила (сь)	приготóвила (сь)
	Оно	готóвило (сь)	приготóвило (сь)
	Мы, Вы, Они	готóвили (сь)	приготóвили (сь)
FUT.	Я	бýду готóвить (ся)	приготóвлю (сь)
	Ты	бýдешь готóвить (ся)	приготóвишь (ся)
	Он/она/оно	бýдет готóвить (ся)	приготóвит (ся)
	Мы	бýдем готóвить (ся)	приготóвим (ся)
	Вы	бýдете готóвить (ся)	приготóвите (сь)
	Они	бýдут готóвить (ся)	приготóвят (ся)
COND.	Я, Ты, Он	готóвил (ся) бы	приготóвил (ся) бы
	Я, Ты, Она	готóвила (сь) бы	приготóвила (сь) бы
	Оно	готóвило (сь) бы	приготóвило (сь) бы
	Мы, Вы, Они	готóвили (сь) бы	приготóвили (сь) бы
IMP.	Ты	готóвь (ся)	приготóвь (ся)
	Вы	готóвьте (сь)	приготóвьте (сь)

DEVERBALS

	IMPERFECTIVE ASPECT	PERFECTIVE ASPECT
PRES. ACT.	готóвящий (ся)	
PRES. PASS.		
PAST ACT.	готóвивший (ся)	приготóвивший (ся)
PAST PASS.		приготóвленный
VERBAL ADVERB	готóвя (сь)	приготóвив (шись)

готóвить кого – что к чему; готóвиться к чему, + infinitive
The pair **приготóвляться** / **приготóвиться** also means *to get ready.*

Готовимся к Новому Году.	We're getting ready for New Year's.
Не готовьте детей к сочинению.	Don't prepare your children for the composition.
Деревни готовились к весне.	The countrysides prepared for spring.

84

грызть / разгрызть

to gnaw, nibble, nag / crack [with the teeth]

		IMPERFECTIVE ASPECT	PERFECTIVE ASPECT
INF.		грызть	разгрызть
PRES.	Я	грызу́	
	Ты	грызёшь	
	Он/она/оно	грызёт	
	Мы	грызём	
	Вы	грызёте	
	Они	грызу́т	
PAST	Я, Ты, Он	грыз	разгры́з
	Я, Ты, Она	гры́зла	разгры́зла
	Оно	гры́зло	разгры́зло
	Мы, Вы, Они	гры́зли	разгры́зли
FUT.	Я	бу́ду грызть	разгрызу́
	Ты	бу́дешь грызть	разгрызёшь
	Он/она/оно	бу́дет грызть	разгрызёт
	Мы	бу́дем грызть	разгрызём
	Вы	бу́дете грызть	разгрызёте
	Они	бу́дут грызть	разгрызу́т
COND.	Я, Ты, Он	гры́з бы	разгры́з бы
	Я, Ты, Она	гры́зла бы	разгры́зла бы
	Оно	гры́зло бы	разгры́зло бы
	Мы, Вы, Они	гры́зли бы	разгры́зли бы
IMP.	Ты	грызи́	разгрызи́
	Вы	грызи́те	разгрызи́те

DEVERBALS

	IMPERFECTIVE ASPECT	PERFECTIVE ASPECT
PRES. ACT.	грызу́щий	
PRES. PASS.		
PAST ACT.	гры́зший	разгры́зший
PAST PASS.		разгры́зенный
VERBAL ADVERB	грызя́	разгры́зши

гры́зть кого – что

Ребенок грызет ногти.	The child is biting his nails.
Ее грызет раскаяние.	She is tormented by remorse.
Не разгрызут они его?	Won't they nag him?

гуля́ть / погуля́ть
to take a walk, stroll

		IMPERFECTIVE ASPECT	PERFECTIVE ASPECT
INF.		гуля́ть	погуля́ть
PRES.	Я	гуля́ю	
	Ты	гуля́ешь	
	Он/она/оно	гуля́ет	
	Мы	гуля́ем	
	Вы	гуля́ете	
	Они	гуля́ют	
PAST	Я, Ты, Он	гуля́л	погуля́л
	Я, Ты, Она	гуля́ла	погуля́ла
	Оно	гуля́ло	погуля́ло
	Мы, Вы, Они	гуля́ли	погуля́ли
FUT.	Я	бу́ду гуля́ть	погуля́ю
	Ты	бу́дешь гуля́ть	погуля́ешь
	Он/она/оно	бу́дет гуля́ть	погуля́ет
	Мы	бу́дем гуля́ть	погуля́ем
	Вы	бу́дете гуля́ть	погуля́ете
	Они	бу́дут гуля́ть	погуля́ют
COND.	Я, Ты, Он	гуля́л бы	погуля́л бы
	Я, Ты, Она	гуля́ла бы	погуля́ла бы
	Оно	гуля́ло бы	погуля́ло бы
	Мы, Вы, Они	гуля́ли бы	погуля́ли бы
IMP.	Ты	гуля́й	погуля́й
	Вы	гуля́йте	погуля́йте

DEVERBALS

	IMPERFECTIVE ASPECT	PERFECTIVE ASPECT
PRES. ACT.	гуля́ющий	
PRES. PASS.		
PAST ACT.	гуля́вший	погуля́вший
PAST PASS.		
VERBAL ADVERB	гуля́я	погуля́в

гуля́ть can also mean *to enjoy oneself, fool around.*

Гуля́йте с живо́тными.	Walk with the animals.
Гуля́ли на сва́дьбе у друзе́й.	They enjoyed themselves at their friends' wedding.
Де́ти погуля́ли.	The children took a walk.

		IMPERFECTIVE ASPECT	PERFECTIVE ASPECT
INF.		дава́ть	да́ть
PRES.	Я	даю́	
	Ты	даёшь	
	Он/она/оно	даёт	
	Мы	даём	
	Вы	даёте	
	Они	даю́т	
PAST	Я, Ты, Он	дава́л	да́л
	Я, Ты, Она	дава́ла	дала́
	Оно	дава́ло	да́ло
	Мы, Вы, Они	дава́ли	да́ли
FUT.	Я	бу́ду дава́ть	да́м
	Ты	бу́дешь дава́ть	да́шь
	Он/она/оно	бу́дет дава́ть	да́ст
	Мы	бу́дем дава́ть	дади́м
	Вы	бу́дете дава́ть	дади́те
	Они	бу́дут дава́ть	даду́т
COND.	Я, Ты, Он	дава́л бы	да́л бы
	Я, Ты, Она	дава́ла бы	дала́ бы
	Оно	дава́ло бы	да́ло бы
	Мы, Вы, Они	дава́ли бы	да́ли бы
IMP.	Ты	дава́й	да́й
	Вы	дава́йте	да́йте

Д

DEVERBALS

PRES. ACT.	даю́щий	
PRES. PASS.	дава́емый	
PAST ACT.	дава́вший	да́вший
PAST PASS.		да́нный, да́н, дана́
VERBAL ADVERB	дава́я	да́в

дава́ть кому́ – что, + infinitive
The negated forms of the perfective past can
shift stress: не́ дал, не дала́, не дало́,
не да́ли.

AN ESSENTIAL VERB

AN ESSENTIAL VERB

дава́ть / да́ть

Examples

Дава́йте рабо́тать.
Let's work.

Нам не дано́ поня́ть.
We aren't destined to understand.

Что вам дано́ при рожде́нии?
What are you given at birth?

Бог дал. Бог взял.
God gives, and God takes away.

Не дава́я ничего́ взаме́н.
Without giving anything in return.

Вы́играли, не дав сопе́рнику
    ша́нса.
They won without giving their opponent
    a chance.

Пра́вильно ли вы даёте чаевы́е?
Are you tipping correctly?

Ему́ дава́ли по ло́жечке.
He was given spoonfuls.

Тепло́ даду́т по о́череди.
Heat will be provided on the basis of a
    waiting list.

Words and expressions related to this verb

Даю́т—бери́.

Дать сло́во.

Дал ему́ в зу́бы.

Дай Бог. Не дай Бог.

Дава́й.

да́нные

дань

да́ча

88

		IMPERFECTIVE ASPECT	PERFECTIVE ASPECT
INF.		дари́ть	подари́ть
PRES.	Я	дарю́	
	Ты	да́ришь	
	Он/она/оно	да́рит	
	Мы	да́рим	
	Вы	да́рите	
	Они	да́рят	
PAST	Я, Ты, Он	дари́л	подари́л
	Я, Ты, Она	дари́ла	подари́ла
	Оно	дари́ло	подари́ло
	Мы, Вы, Они	дари́ли	подари́ли
FUT.	Я	бу́ду дари́ть	подарю́
	Ты	бу́дешь дари́ть	пода́ришь
	Он/она/оно	бу́дет дари́ть	пода́рит
	Мы	бу́дем дари́ть	пода́рим
	Вы	бу́дете дари́ть	пода́рите
	Они	бу́дут дари́ть	пода́рят
COND.	Я, Ты, Он	дари́л бы	подари́л бы
	Я, Ты, Она	дари́ла бы	подари́ла бы
	Оно	дари́ло бы	подари́ло бы
	Мы, Вы, Они	дари́ли бы	подари́ли бы
IMP.	Ты	дари́	подари́
	Вы	дари́те	подари́те

DEVERBALS

PRES. ACT.	даря́щий	
PRES. PASS.	дари́мый	
PAST ACT.	дари́вший	подари́вший
PAST PASS.		пода́ренный
VERBAL ADVERB	даря́	подари́в

дари́ть кого – что кому

Дарите подарки.
Ей дарили розы на день рождения.
Подарив картины музею, банк погасил свои долги.

Give presents.
She was given roses for her birthday.
By donating the paintings to the museum, the bank erased its debts.

Д

дви́гать (ся) / дви́нуть (ся)
to move, advance

	IMPERFECTIVE ASPECT	PERFECTIVE ASPECT
INF.	дви́гать (ся)	дви́нуть (ся)
PRES. Я	дви́гаю (сь) – дви́жу (сь)	
Ты	дви́гаешь (ся) – дви́жешь (ся)	
Он/она/оно	дви́гает (ся) – дви́жет (ся)	
Мы	дви́гаем (ся) – дви́жем (ся)	
Вы	дви́гаете (сь) – дви́жете (сь)	
Они	дви́гают (ся) – дви́жут (ся)	
PAST Я, Ты, Он	дви́гал (ся)	дви́нул (ся)
Я, Ты, Она	дви́гала (сь)	дви́нула (сь)
Оно	дви́гало (сь)	дви́нуло (сь)
Мы, Вы, Они	дви́гали (сь)	дви́нули (сь)
FUT. Я	бу́ду дви́гать (ся)	дви́ну (сь)
Ты	бу́дешь дви́гать (ся)	дви́нешь (ся)
Он/она/оно	бу́дет дви́гать (ся)	дви́нет (ся)
Мы	бу́дем дви́гать (ся)	дви́нем (ся)
Вы	бу́дете дви́гать (ся)	дви́нете (сь)
Они	бу́дут дви́гать (ся)	дви́нут (ся)
COND. Я, Ты, Он	дви́гал (ся) бы	дви́нул (ся) бы
Я, Ты, Она	дви́гала (сь) бы	дви́нула (сь) бы
Оно	дви́гало (сь) бы	дви́нуло (сь) бы
Мы, Вы, Они	дви́гали (сь) бы	дви́нули (сь) бы
IMP. Ты	дви́гай (ся)	дви́нь (ся)
Вы	дви́гайте (сь)	дви́ньте (сь)

	DEVERBALS	
PRES. ACT.	дви́гающий (ся) – дви́жущий (ся)	
PRES. PASS.	дви́гаемый – дви́жимый	
PAST ACT.	дви́гавший (ся)	дви́нувший (ся)
PAST PASS.		дви́нутый
VERBAL ADVERB	дви́гая (сь)	дви́нув (шись)

дви́гать кого – что, чем

Двигаем сайт.	We are moving the site.
Шествие двигалось медленно по улицам.	The procession moved slowly through the streets.
Я не двинусь с этого места.	I shall not move from this place.

	IMPERFECTIVE ASPECT	PERFECTIVE ASPECT
INF.	дежу́рить	

PRES.		
Я	дежу́рю	
Ты	дежу́ришь	
Он/она/оно	дежу́рит	
Мы	дежу́рим	
Вы	дежу́рите	
Они	дежу́рят	

PAST		
Я, Ты, Он	дежу́рил	
Я, Ты, Она	дежу́рила	
Оно	дежу́рило	
Мы, Вы, Они	дежу́рили	

FUT.		
Я	бу́ду дежу́рить	
Ты	бу́дешь дежу́рить	
Он/она/оно	бу́дет дежу́рить	
Мы	бу́дем дежу́рить	
Вы	бу́дете дежу́рить	
Они	бу́дут дежу́рить	

COND.		
Я, Ты, Он	дежу́рил бы	
Я, Ты, Она	дежу́рила бы	
Оно	дежу́рило бы	
Мы, Вы, Они	дежу́рили бы	

IMP.		
Ты	дежу́рь	
Вы	дежу́рьте	

DEVERBALS

PRES. ACT.	дежу́рящий	
PRES. PASS.		
PAST ACT.	дежу́ривший	
PAST PASS.		
VERBAL ADVERB	дежу́ря, дежу́рив	

Вы сегодня дежурите?	Are you on duty today?
Таксисты обычно дежурат у отеля.	The taxi drivers usually stand outside the hotel.
Сотрудники милиции всю ночь дежурили на проспектах города.	The militia officers were on duty all night on the city's main streets.

де́йствовать / подействовать
to act, function, effect

		IMPERFECTIVE ASPECT	PERFECTIVE ASPECT
INF.		де́йствовать	подействовать
PRES.	Я	де́йствую	
	Ты	де́йствуешь	
	Он/она́/оно́	де́йствует	
	Мы	де́йствуем	
	Вы	де́йствуете	
	Они́	де́йствуют	
PAST	Я, Ты, Он	де́йствовал	подействовал
	Я, Ты, Она	де́йствовала	подействовала
	Оно	де́йствовало	подействовало
	Мы, Вы, Они	де́йствовали	подействовали
FUT.	Я	бу́ду де́йствовать	подействую
	Ты	бу́дешь де́йствовать	подействуешь
	Он/она́/оно́	бу́дет де́йствовать	подействует
	Мы	бу́дем де́йствовать	подействуем
	Вы	бу́дете де́йствовать	подействуете
	Они́	бу́дут де́йствовать	подействуют
COND.	Я, Ты, Он	де́йствовал бы	подействовал бы
	Я, Ты, Она	де́йствовала бы	подействовала бы
	Оно	де́йствовало бы	подействовало бы
	Мы, Вы, Они	де́йствовали бы	подействовали бы
IMP.	Ты	де́йствуй	подействуй
	Вы	де́йствуйте	подействуйте

DEVERBALS

	IMPERFECTIVE ASPECT	PERFECTIVE ASPECT
PRES. ACT.	де́йствующий	
PRES. PASS.		
PAST ACT.	де́йствовавший	подействовавший
PAST PASS.		
VERBAL ADVERB	де́йствуя	подействовав

де́йствовать на кого – что

Действую, как умею.	I function the best I can.
Действуйте смелее.	Act more boldly.
Угрозы подействовали на студенток.	The threats had an effect on the coeds.

де́лать (ся) / сде́лать (ся)

to do, make (become, grow, happen)

		IMPERFECTIVE ASPECT	PERFECTIVE ASPECT
INF.		де́лать (ся)	сде́лать (ся)
PRES.	Я	де́лаю (сь)	
	Ты	де́лаешь (ся)	
	Он/она/оно	де́лает (ся)	
	Мы	де́лаем (ся)	
	Вы	де́лаете (сь)	
	Они	де́лают (ся)	
PAST	Я, Ты, Он	де́лал (ся)	сде́лал (ся)
	Я, Ты, Она	де́лала (сь)	сде́лала (сь)
	Оно	де́лало (сь)	сде́лало (сь)
	Мы, Вы, Они	де́лали (сь)	сде́лали (сь)
FUT.	Я	бу́ду де́лать (ся)	сде́лаю (сь)
	Ты	бу́дешь де́лать (ся)	сде́лаешь (ся)
	Он/она/оно	бу́дет де́лать (ся)	сде́лает (ся)
	Мы	бу́дем де́лать (ся)	сде́лаем (ся)
	Вы	бу́дете де́лать ся)	сде́лаете (сь)
	Они	бу́дут де́лать (ся)	сде́лают (ся)
COND.	Я, Ты, Он	де́лал (ся) бы	сде́лал (ся) бы
	Я, Ты, Она	де́лала (сь) бы	сде́лала (сь) бы
	Оно	де́лало (сь) бы	сде́лало (сь) бы
	Мы, Вы, Они	де́лали (сь) бы	сде́лали (сь) бы
IMP.	Ты	де́лай (ся)	сде́лай (ся)
	Вы	де́лайте (сь)	сде́лайте (сь)

DEVERBALS

	IMPERFECTIVE ASPECT	PERFECTIVE ASPECT
PRES. ACT.	де́лающий (ся)	
PRES. PASS.	де́лаемый	
PAST ACT.	де́лавший (ся)	сде́лавший (ся)
PAST PASS.		сде́ланный
VERBAL ADVERB	де́лая (сь)	сде́лав (шись)

де́лать что; де́латься чем

AN ESSENTIAL VERB

де́лать (ся) / сде́лать (ся)

Examples

Делай сам.
Do it yourself.

Она сделала шаг навстречу.
She took a step to meet halfway.

На что он сделал ставку?
What did he place his bet on?

Сделано в России.
Made in Russia.

Сделав результат, мы
расслабились.
Having achieved the result, we relaxed.

Чего не сделаешь ради денег.
What won't you do for money.

Делайте ваши пожертвования.
Make your contributions.

Я делаю деньги, а ты следишь за
домом.
I make the money, and you take care of
the house.

Он сделался сотрудником газеты.
He was made an employee of the
newspaper.

Words and expressions related to this verb

Дела не делай, а от дела
не бегай.

Сделай мне милость.

Что мне с тобой делать?

Что делать?

Скоро говорится, а не
скоро делается.

делать операцию

делать шаг

дело

делец

дели́ть (ся) / подели́ть (ся)

to divide, share (confide in)

	IMPERFECTIVE ASPECT	PERFECTIVE ASPECT
INF.	дели́ть (ся)	подели́ть (ся)
PRES. Я	делю́ (сь)	
Ты	де́лишь (ся)	
Он/она/оно	де́лит (ся)	
Мы	де́лим (ся)	
Вы	де́лите (сь)	
Они	де́лят (ся)	
PAST Я, Ты, Он	дели́л (ся)	подели́л (ся)
Я, Ты, Она	дели́ла (сь)	подели́ла (сь)
Оно	дели́ло (сь)	подели́ло (сь)
Мы, Вы, Они	дели́ли (сь)	подели́ли (сь)
FUT. Я	бу́ду дели́ть (ся)	поделю́ (сь)
Ты	бу́дешь дели́ть (ся)	поде́лишь (ся)
Он/она/оно	бу́дет дели́ть (ся)	поде́лит (ся)
Мы	бу́дем дели́ть (ся)	поде́лим (ся)
Вы	бу́дете дели́ть (ся)	поде́лите (сь)
Они	бу́дут дели́ть (ся)	поде́лят (ся)
COND. Я, Ты, Он	дели́л (ся) бы	подели́л (ся) бы
Я, Ты, Она	дели́ла (сь) бы	подели́ла (сь) бы
Оно	дели́ло (сь) бы	подели́ло (сь) бы
Мы, Вы, Они	дели́ли (сь) бы	подели́ли (сь) бы
IMP. Ты	дели́ (сь)	подели́ (сь)
Вы	дели́те (сь)	подели́те (сь)

DEVERBALS

PRES. ACT.	деля́щий (ся)	
PRES. PASS.	дели́мый	
PAST ACT.	дели́вший (ся)	подели́вший (ся)
PAST PASS.		поделённый поделён, поделена́
VERBAL ADVERB	деля́ (сь)	подели́в (шись)

дели́ть кого – что с кем на что; дели́ться чем с кем

Они делят деньги.	They are splitting the money.
Врачи делились опытом с коллегами.	The doctors shared their experience with colleagues.
Поделитесь советом.	Share advice.

держа́ть (ся) / подержа́ть (ся)
to hold, keep, support

	IMPERFECTIVE ASPECT	PERFECTIVE ASPECT
INF.	держа́ть (ся)	подержа́ть (ся)
PRES. Я	держу́ (сь)	
Ты	де́ржишь (ся)	
Он/она/оно	де́ржит (ся)	
Мы	де́ржим (ся)	
Вы	де́ржите (сь)	
Они	де́ржат (ся)	
PAST Я, Ты, Он	держа́л (ся)	подержа́л (ся)
Я, Ты, Она	держа́ла (сь)	подержа́ла (сь)
Оно	держа́ло (сь)	подержа́ло (сь)
Мы, Вы, Они	держа́ли (сь)	подержа́ли (сь)
FUT. Я	бу́ду держа́ть (ся)	подержу́ (сь)
Ты	бу́дешь держа́ть (ся)	поде́ржишь (ся)
Он/она/оно	бу́дет держа́ть (ся)	поде́ржит (ся)
Мы	бу́дем держа́ть ся)	поде́ржим (ся)
Вы	бу́дете держа́ть ся)	поде́ржите (сь)
Они	бу́дут держа́ть (ся)	поде́ржат (ся)
COND. Я, Ты, Он	держа́л (ся) бы	подержа́л (ся) бы
Я, Ты, Она	держа́ла (сь) бы	подержа́ла (сь) бы
Оно	держа́ло (сь) бы	подержа́ло (сь) бы
Мы, Вы, Они	держа́ли (сь) бы	подержа́ли (сь) бы
IMP. Ты	держи́ (сь)	подержи́ (сь)
Вы	держи́те (сь)	подержи́те (сь)

DEVERBALS

PRES. ACT.	держа́щий (ся)	
PRES. PASS.		
PAST ACT.	держа́вший (ся)	подержа́вший (ся)
PAST PASS.	де́ржанный	поде́ржанный
VERBAL ADVERB	держа́ (сь)	подержа́в (шись)

держа́ть кого – что; держа́ться за кого – что на чём

держа́ть (ся) / подержа́ть (ся)

Examples

Не держите зрителей за идиотов.
Don't take your viewers to be idiots.

Держа бокал в руке, он поднял
    тост.
Holding the wine glass in his hand, he
    raised a toast.

Экономика держится на экспорте.
The economy is supported by exports.

Нулевая температура держится в
    Санкт-Петербурге.
Zero degree temperatures are holding in
    St. Petersburg.

Я решу, когда подержу в руках.
I'll decide, when I'm holding it in my
    hands.

Она держит себя в руках.
She keeps herself in hand.

Она держит первое место уже
    четвертый год.
She has held onto first place for four
    years.

Держись до конца.
Hold on till the end.

Они держались всю неделю без
    хлеба.
They held out the entire week without
    bread.

Words and expressions related to this verb

Держи язык за зубами.

Не держал руками, а
    зубами не
    удержишь.

Она держит себя прилично
    в обществе.

держать в голове

держать пост

держать речь

подержанный

добавля́ть (ся) / доба́вить (ся)
to add (be added)

		IMPERFECTIVE ASPECT	PERFECTIVE ASPECT
INF.		добавля́ть (ся)	доба́вить (ся)
PRES.	Я	добавля́ю	
	Ты	добавля́ешь	
	Он/она/оно	добавля́ет (ся)	
	Мы	добавля́ем	
	Вы	добавля́ете	
	Они	добавля́ют (ся)	
PAST	Я, Ты, Он	добавля́л (ся)	доба́вил (ся)
	Я, Ты, Она	добавля́ла (сь)	доба́вила (сь)
	Оно	добавля́ло (сь)	доба́вило (сь)
	Мы, Вы, Они	добавля́ли (сь)	доба́вили (сь)
FUT.	Я	бу́ду добавля́ть	доба́влю
	Ты	бу́дешь добавля́ть	доба́вишь
	Он/она/оно	бу́дет добавля́ть (ся)	доба́вит (ся)
	Мы	бу́дем добавля́ть	доба́вим
	Вы	бу́дете добавля́ть	доба́вите
	Они	бу́дут добавля́ть (ся)	доба́вят (ся)
COND.	Я, Ты, Он	добавля́л (ся) бы	доба́вил (ся) бы
	Я, Ты, Она	добавля́ла (сь) бы	доба́вила (сь) бы
	Оно	добавля́ло (сь) бы	доба́вило (сь) бы
	Мы, Вы, Они	добавля́ли (сь) бы	доба́вили (сь) бы
IMP.	Ты	добавля́й	доба́вь
	Вы	добавля́йте	доба́вьте

DEVERBALS

	IMPERFECTIVE ASPECT	PERFECTIVE ASPECT
PRES. ACT.	добавля́ющий (ся)	
PRES. PASS.	добавля́емый	
PAST ACT.	добавля́вший (ся)	доба́вивший (ся)
PAST PASS.		доба́вленный
VERBAL ADVERB	добавля́я (сь)	доба́вив (шись)

добавля́ть что, чего

Добавляю информацию.	I am adding some information.
Добавьте соль и перец.	Add salt and pepper.
Добавились новые позиции.	New positions were added.

	IMPERFECTIVE ASPECT	PERFECTIVE ASPECT
INF.	добива́ться	доби́ться
PRES. Я	добива́юсь	
Ты	добива́ешься	
Он/она́/оно́	добива́ется	
Мы	добива́емся	
Вы	добива́етесь	
Они́	добива́ются	
PAST Я, Ты, Он	добива́лся	доби́лся
Я, Ты, Она́	добива́лась	доби́лась
Оно́	добива́лось	доби́лось
Мы, Вы, Они́	добива́лись	доби́лись
FUT. Я	бу́ду добива́ться	добью́сь
Ты	бу́дешь добива́ться	добьёшься
Он/она́/оно́	бу́дет добива́ться	добьётся
Мы	бу́дем добива́ться	добьёмся
Вы	бу́дете добива́ться	добьётесь
Они́	бу́дут добива́ться	добью́тся
COND. Я, Ты, Он	добива́лся бы	доби́лся бы
Я, Ты, Она́	добива́лась бы	доби́лась бы
Оно́	добива́лось бы	доби́лось бы
Мы, Вы, Они́	добива́лись бы	доби́лись бы
IMP. Ты	добива́йся	добе́йся
Вы	добива́йтесь	добе́йтесь

DEVERBALS

PRES. ACT.	добива́ющийся	
PRES. PASS.		
PAST ACT.	добива́вшийся	доби́вшийся
PAST PASS.		
VERBAL ADVERB	добива́ясь	доби́вшись

добива́ться чего
The verbal pair **добива́ть / доби́ть кого́ − что** means *to kill, break up something completely.*

Так добива́лись правды.	Thus they sought the truth.
Россия не доби́лась своих целей.	Russia did not achieve her goals.
Тех, кого мы не доби́ли, добьем.	Whomever we didn't kill, we will kill.

доводи́ть / довести́
to lead, conduct up to

		IMPERFECTIVE ASPECT	PERFECTIVE ASPECT
INF.		доводи́ть	довести́
PRES.	Я	довожу́	
	Ты	дово́дишь	
	Он/она́/оно́	дово́дит	
	Мы	дово́дим	
	Вы	дово́дите	
	Они́	дово́дят	
PAST	Я, Ты, Он	доводи́л	довёл
	Я, Ты, Она	доводи́ла	довела́
	Оно	доводи́ло	довело́
	Мы, Вы, Они	доводи́ли	довели́
FUT.	Я	бу́ду доводи́ть	доведу́
	Ты	бу́дешь доводи́ть	доведёшь
	Он/она́/оно́	бу́дет доводи́ть	доведёт
	Мы	бу́дем доводи́ть	доведём
	Вы	бу́дете доводи́ть	доведёте
	Они́	бу́дут доводи́ть	доведу́т
COND.	Я, Ты, Он	доводи́л бы	довёл бы
	Я, Ты, Она	доводи́ла бы	довела́ бы
	Оно	доводи́ло бы	довело́ бы
	Мы, Вы, Они	доводи́ли бы	довели́ бы
IMP.	Ты	доводи́	доведи́
	Вы	доводи́те	доведи́те

DEVERBALS

PRES. ACT.	доводя́	
PRES. PASS.	доводи́мый	
PAST ACT.	доводи́вший	дове́дший
PAST PASS.		доведённый
		доведён, доведена́
VERBAL ADVERB	доводя́	доведя́

доводи́ть кого́ – что до чего́

Автомобильные пробки доводят до инфаркта.	Traffic jams lead to heart attacks.
Декаданс довел его до самоубийства.	Decadence drove him to suicide.
Расследование будет доведено до конца.	The investigation will be brought to a conclusion.

договáривать (ся) / договорúть (ся)
to finish talking (agree on)

		IMPERFECTIVE ASPECT	PERFECTIVE ASPECT
INF.		договáривать (ся)	договорúть (ся)
PRES.	Я	договáриваю (сь)	
	Ты	договáриваешь (ся)	
	Он/она/оно	договáривает (ся)	
	Мы	договáриваем (ся)	
	Вы	договáриваете (сь)	
	Они	договáривают (ся)	
PAST	Я, Ты, Он	договáривал (ся)	договорúл (ся)
	Я, Ты, Она	договáривала (сь)	договорúла (сь)
	Оно	договáривало (сь)	договорúло (сь)
	Мы, Вы, Они	договáривали (сь)	договорúли (сь)
FUT.	Я	бýду договáривать (ся)	договорю́ (сь)
	Ты	бýдешь договáривать (ся)	договорúшь (ся)
	Он/она/оно	бýдет договáривать (ся)	договорúт (ся)
	Мы	бýдем договáривать (ся)	договорúм (ся)
	Вы	бýдете договáривать (ся)	договорúте (сь)
	Они	бýдут договáривать (ся)	договорят (ся)
COND.	Я, Ты, Он	договáривал (ся) бы	договорúл (ся) бы
	Я, Ты, Она	договáривала (сь) бы	договорúла (сь) бы
	Оно	договáривало (сь) бы	договорúло (сь) бы
	Мы, Вы, Они	договáривали (сь) бы	договорúли (сь) бы
IMP.	Ты	договáривай (ся)	договорú (сь)
	Вы	договáривайте (сь)	договорúте (сь)

DEVERBALS

	IMPERFECTIVE ASPECT	PERFECTIVE ASPECT
PRES. ACT.	договáривающий (ся)	
PRES. PASS.		
PAST ACT.	договáривавший (ся)	договорúвший (ся)
PAST PASS.		договорённый договорён, договоренá
VERBAL ADVERB	договáривая (сь)	договорúв (шись)

договáривать что; договáриваться с кем о чём, до чего

Вы чего-то не договариваете.	You are not agreeing for some reason.
Не договорившись о цене, они решили не поехать.	Without having agreed to a price, they decided not to go.
Давайте договоримся.	Let's agree.

Д

доезжа́ть / дое́хать
to reach by vehicle, ride as far as

		IMPERFECTIVE ASPECT	PERFECTIVE ASPECT
INF.		доезжа́ть	дое́хать
PRES.	Я	доезжа́ю	
	Ты	доезжа́ешь	
	Он/она́/оно́	доезжа́ет	
	Мы	доезжа́ем	
	Вы	доезжа́ете	
	Они́	доезжа́ют	
PAST	Я, Ты, Он	доезжа́л	дое́хал
	Я, Ты, Она́	доезжа́ла	дое́хала
	Оно́	доезжа́ло	дое́хало
	Мы, Вы, Они́	доезжа́ли	дое́хали
FUT.	Я	бу́ду доезжа́ть	дое́ду
	Ты	бу́дешь доезжа́ть	дое́дешь
	Он/она́/оно́	бу́дет доезжа́ть	дое́дет
	Мы	бу́дем доезжа́ть	дое́дем
	Вы	бу́дете доезжа́ть	дое́дете
	Они́	бу́дут доезжа́ть	дое́дут
COND.	Я, Ты, Он	доезжа́л бы	дое́хал бы
	Я, Ты, Она́	доезжа́ла бы	дое́хала бы
	Оно́	доезжа́ло бы	дое́хало бы
	Мы, Вы, Они́	доезжа́ли бы	дое́хали бы
IMP.	Ты	доезжа́й	
	Вы	доезжа́йте	

DEVERBALS

	IMPERFECTIVE ASPECT	PERFECTIVE ASPECT
PRES. ACT.	доезжа́ющий	
PRES. PASS.		
PAST ACT.	доезжа́вший	дое́хавший
PAST PASS.		
VERBAL ADVERB	доезжа́я	дое́хав

доезжа́ть до чего

Доезжаем до моста, а потом поворачиваем налево.	Let's drive to the bridge, and then turn left.
Не заплатишь, не доедешь.	If you don't pay, you won't get there.
До кого доехала медицина?	Whom did the medicine reach?

		IMPERFECTIVE ASPECT	PERFECTIVE ASPECT
INF.		дожида́ться	дожда́ться
PRES.	Я	дожида́юсь	
	Ты	дожида́ешься	
	Он/она/оно	дожида́ется	
	Мы	дожида́емся	
	Вы	дожида́етесь	
	Они	дожида́ются	
PAST	Я, Ты, Он	дожида́лся	дожда́лся
	Я, Ты, Она	дожида́лась	дождала́сь
	Оно	дожида́лось	дожда́ло́сь
	Мы, Вы, Они	дожида́лись	дожда́ли́сь
FUT.	Я	бу́ду дожида́ться	дожду́сь
	Ты	бу́дешь дожида́ться	дождёшься
	Он/она/оно	бу́дет дожида́ться	дождётся
	Мы	бу́дем дожида́ться	дождёмся
	Вы	бу́дете дожида́ться	дождётесь
	Они	бу́дут дожида́ться	дожду́тся
COND.	Я, Ты, Он	дожида́лся бы	дожда́лся бы
	Я, Ты, Она	дожида́лась бы	дождала́сь бы
	Оно	дожида́лось бы	дожда́ло́сь бы
	Мы, Вы, Они	дожида́лись бы	дожда́ли́сь бы
IMP.	Ты	дожида́йся	дожди́сь
	Вы	дожида́йтесь	дожди́тесь

DEVERBALS

PRES. ACT.	дожида́ющийся	
PRES. PASS.		
PAST ACT.	дожида́вшийся	дожда́вшийся
PAST PASS.		
VERBAL ADVERB	дожида́ясь	дожда́вшись

дожида́ться кого – чего

Дожидаемся высыхивания клея.	We're waiting for the glue to dry.
Москвичи дождались грибов.	Muscovites waited for the mushrooms.
Я тебя дождусь.	I'll wait for you.

дополня́ть / допо́лнить
to supplement, add, complete

		IMPERFECTIVE ASPECT	PERFECTIVE ASPECT
INF.		дополня́ть	допо́лнить
PRES.	Я	дополня́ю	
	Ты	дополня́ешь	
	Он/она/оно	дополня́ет	
	Мы	дополня́ем	
	Вы	дополня́ете	
	Они	дополня́ют	
PAST	Я, Ты, Он	дополня́л	допо́лнил
	Я, Ты, Она	дополня́ла	допо́лнила
	Оно	дополня́ло	допо́лнило
	Мы, Вы, Они	дополня́ли	допо́лнили
FUT.	Я	бу́ду дополня́ть	допо́лню
	Ты	бу́дешь дополня́ть	допо́лнишь
	Он/она/оно	бу́дет дополня́ть	допо́лнит
	Мы	бу́дем дополня́ть	допо́лним
	Вы	бу́дете дополня́ть	допо́лните
	Они	бу́дут дополня́ть	допо́лнят
COND.	Я, Ты, Он	дополня́л бы	допо́лнил бы
	Я, Ты, Она	дополня́ла бы	допо́лнила бы
	Оно	дополня́ло бы	допо́лнило бы
	Мы, Вы, Они	дополня́ли бы	допо́лнили бы
IMP.	Ты	дополня́й	допо́лни
	Вы	дополня́йте	допо́лните

DEVERBALS

	IMPERFECTIVE ASPECT	PERFECTIVE ASPECT
PRES. ACT.	дополня́ющий	
PRES. PASS.	дополня́емый	
PAST ACT.	дополня́вший	допо́лнивший
PAST PASS.		допо́лненный
VERBAL ADVERB	дополня́я	допо́лнив

дополня́ть кого – что

Вы дополня́ете друг друга.	You complement one another.
Я допо́лню список.	I will complete the list.
Фирма допо́лнила серию компьютеров.	The firm supplemented its series of computers.

to get, obtain, reach to

Д

	IMPERFECTIVE ASPECT	PERFECTIVE ASPECT
INF.	доставáть (ся)	достáть (ся)
PRES. Я	достаю́ (сь)	
Ты	достаёшь (ся)	
Он/она/оно	достаёт (ся)	
Мы	достаём (ся)	
Вы	достаёте (сь)	
Они	достаю́т (ся)	
PAST Я, Ты, Он	доставáл (ся)	достáл (ся)
Я, Ты, Она	доставáла (сь)	достáла (сь)
Оно	доставáло (сь)	достáло (сь)
Мы, Вы, Они	доставáли (сь)	достáли (сь)
FUT. Я	бýду доставáть (ся)	достáну (сь)
Ты	бýдешь доставáть (ся)	достáнешь (ся)
Он/она/оно	бýдет доставáть (ся)	достáнет (ся)
Мы	бýдем доставáть (ся)	достáнем (ся)
Вы	бýдете доставáть (ся)	достáнете (сь)
Они	бýдут доставáть (ся)	достáнут (ся)
COND. Я, Ты, Он	доставáл (ся) бы	достáл (ся) бы
Я, Ты, Она	доставáла (сь) бы	достáла (сь) бы
Оно	доставáло (сь) бы	достáло (сь) бы
Мы, Вы, Они	доставáли (сь) бы	достáли (сь) бы
IMP. Ты	доставáй (ся)	достáнь (ся)
Вы	доставáйте (сь)	достáньте (сь)

DEVERBALS

PRES. ACT.	достаю́щий (ся)	
PRES. PASS.	доставáемый	
PAST ACT.	доставáвший (ся)	достáвший (ся)
PAST PASS.		
VERBAL ADVERB	доставáя (ся)	достáв (шись)

доставáть что, до чего; доставáться кому – чему

Я доставляю товары на дом.	I deliver goods to your home.
Старикам не досталось угля.	The elderly didn't get any coal.
Почему они достались не всем, кому нужны?	Why weren't they delivered to everyone who needed them?

достига́ть / дости́гнуть – дости́чь
to achieve, attain, reach

		IMPERFECTIVE ASPECT	PERFECTIVE ASPECT
INF.		достига́ть	дости́гнуть – дости́чь
PRES.	Я	достига́ю	
	Ты	достига́ешь	
	Он/она́/оно́	достига́ет	
	Мы	достига́ем	
	Вы	достига́ете	
	Они́	достига́ют	
PAST	Я, Ты, Он	достига́л	дости́г
	Я, Ты, Она́	достига́ла	дости́гла
	Оно́	достига́ло	дости́гло
	Мы, Вы, Они́	достига́ли	дости́гли
FUT.	Я	бу́ду достига́ть	дости́гну
	Ты	бу́дешь достига́ть	дости́гнешь
	Он/она́/оно́	бу́дет достига́ть	дости́гнет
	Мы	бу́дем достига́ть	дости́гнем
	Вы	бу́дете достига́ть	дости́гнете
	Они́	бу́дут достига́ть	дости́гнут
COND.	Я, Ты, Он	достига́л бы	дости́г бы
	Я, Ты, Она́	достига́ла бы	дости́гла бы
	Оно́	достига́ло бы	дости́гло бы
	Мы, Вы, Они́	достига́ли бы	дости́гли бы
IMP.	Ты	достига́й	дости́гни
	Вы	достига́йте	дости́гните

DEVERBALS

	IMPERFECTIVE ASPECT	PERFECTIVE ASPECT
PRES. ACT.	достига́ющий	
PRES. PASS.	достига́емый	
PAST ACT.	достига́вший	дости́гший
PAST PASS.		дости́гнутый
VERBAL ADVERB	достига́я	дости́гнув, дости́гши

достига́ть чего

Как вы достига́ете своей цели?	How are you achieving your goal?
Они́ достигли своей квоты.	They reached their quota.
Достигнем, наконец, взаимопонимания.	We will achieve, finally, mutual understanding.

		IMPERFECTIVE ASPECT	PERFECTIVE ASPECT
INF.		доходи́ть	дойти́
PRES.	Я	дохожу́	
	Ты	дохо́дишь	
	Он/она/оно	дохо́дит	
	Мы	дохо́дим	
	Вы	дохо́дите	
	Они	дохо́дят	
PAST	Я, Ты, Он	доходи́л	дошёл
	Я, Ты, Она	доходи́ла	дошла́
	Оно	доходи́ло	дошло́
	Мы, Вы, Они	доходи́ли	дошли́
FUT.	Я	бу́ду доходи́ть	дойду́
	Ты	бу́дешь доходи́ть	дойдёшь
	Он/она/оно	бу́дет доходи́ть	дойдёт
	Мы	бу́дем доходи́ть	дойдём
	Вы	бу́дете доходи́ть	дойдёте
	Они	бу́дут доходи́ть	дойду́т
COND.	Я, Ты, Он	доходи́л бы	дошёл бы
	Я, Ты, Она	доходи́ла бы	дошла́ бы
	Оно	доходи́ло бы	дошло́ бы
	Мы, Вы, Они	доходи́ли бы	дошли́ бы
IMP.	Ты	доходи́	дойди́
	Вы	доходи́те	дойди́те

DEVERBALS

	IMPERFECTIVE ASPECT	PERFECTIVE ASPECT
PRES. ACT.	доходя́щий	
PRES. PASS.		
PAST ACT.	доходи́вший	доше́дший
PAST PASS.		
VERBAL ADVERB	доходя́	дойдя́

дойти́ до кого – чего

Бо́льшая часть потеря́лась, не доходя́ до потреби́теля.	A large portion was lost without reaching the consumer.
Я дохожу́ до причи́ны.	I am getting to the reason.
Же́нщины дошли́ до вла́сти.	Women came to power.

дра́ться / подра́ться
to fight, struggle

	IMPERFECTIVE ASPECT	PERFECTIVE ASPECT
INF.	дра́ться	подра́ться
PRES. Я	деру́сь	
Ты	дерёшься	
Он/она/оно	дерётся	
Мы	дерёмся	
Вы	дерётесь	
Они	деру́тся	
PAST Я, Ты, Он	дра́лся	подра́лся
Я, Ты, Она	драла́сь	подрала́сь
Оно	дра́ло́сь	подра́ло́сь
Мы, Вы, Они	дра́ли́сь	подра́ли́сь
FUT. Я	бу́ду дра́ться	подеру́сь
Ты	бу́дешь дра́ться	подерёшься
Он/она/оно	бу́дет дра́ться	подерётся
Мы	бу́дем дра́ться	подерёмся
Вы	бу́дете дра́ться	подерётесь
Они	бу́дут дра́ться	подеру́тся
COND. Я, Ты, Он	дра́лся бы	подра́лся бы
Я, Ты, Она	драла́сь бы	подрала́сь бы
Оно	дра́ло́сь бы	подра́ло́сь бы
Мы, Вы, Они	дра́ли́сь бы	подра́ли́сь бы
IMP. Ты	дери́сь	подери́сь
Вы	дери́тесь	подери́тесь

DEVERBALS

PRES. ACT.	деру́щийся	
PRES. PASS.		
PAST ACT.	дра́вшийся	подра́вшийся
PAST PASS.		
VERBAL ADVERB	деря́сь	подра́вшись

дра́ться с кем – чем за что
The imperfective verb **драть** means *to tear up.*

За что дерутся девочки?	What are the girls fighting about?
Я дрался на истребителе.	I fought in a fighter plane.
Россияне подрались с иностранцами.	Russians clashed with foreigners.

		IMPERFECTIVE ASPECT	PERFECTIVE ASPECT
INF.		дрожа́ть	дро́гнуть
PRES.	Я	дрожу́	
	Ты	дрожи́шь	
	Он/она́/оно́	дрожи́т	
	Мы	дрожи́м	
	Вы	дрожи́те	
	Они́	дрожа́т	
PAST	Я, Ты, Он	дрожа́л	дро́гнул – дро́г
	Я, Ты, Она́	дрожа́ла	дро́гнула – дро́гла
	Оно́	дрожа́ло	дро́гнуло – дро́гло
	Мы, Вы, Они́	дрожа́ли	дро́гнули – дро́гли
FUT.	Я	бу́ду дрожа́ть	дро́гну
	Ты	бу́дешь дрожа́ть	дро́гнешь
	Он/она́/оно́	бу́дет дрожа́ть	дро́гнет
	Мы	бу́дем дрожа́ть	дро́гнем
	Вы	бу́дете дрожа́ть	дро́гнете
	Они́	бу́дут дрожа́ть	дро́гнут
COND.	Я, Ты, Он	дрожа́л бы	дро́гнул – дро́г бы
	Я, Ты, Она́	дрожа́ла бы	дро́гнула – дро́гла бы
	Оно́	дрожа́ло бы	дро́гнуло – дро́гло бы
	Мы, Вы, Они́	дрожа́ли бы	дро́гнули – дро́гли бы
IMP.	Ты	дрожи́	дро́гни
	Вы	дрожи́те	дро́гните

DEVERBALS

	IMPERFECTIVE	PERFECTIVE
PRES. ACT.	дрожа́щий	
PRES. PASS.		
PAST ACT.	дрожа́вший	дро́гнувший
PAST PASS.		
VERBAL ADVERB	дрожа́	дро́гнув

дрожа́ть за кого́ – что
The imperfective verb **дро́гнуть** with past tense form **дро́г, дро́гла** means **to freeze, be cold**.

Дрожит изображение на мониторе.	The image on the screen is wobbling.
Если дрогнешь, то дрогнут твои товарищи.	If you tremble, your friends will tremble too.
Она дрогла до костей.	She shivered to her bones.

дружи́ть (ся) / подружи́ться
to be friends / make friends

		IMPERFECTIVE ASPECT	PERFECTIVE ASPECT
INF.		дружи́ть (ся)	подружи́ться
PRES.	Я	дружу́ (сь)	
	Ты	дру́жишь (ся)	
	Он/она/оно	дру́жит (ся)	
	Мы	дру́жим (ся)	
	Вы	дру́жите (сь)	
	Они	дру́жат (ся)	
PAST	Я, Ты, Он	дружи́л (ся)	подружи́лся
	Я, Ты, Она	дружи́ла (сь)	подружи́лась
	Оно	дружи́ло (сь)	подружи́лось
	Мы, Вы, Они	дружи́ли (сь)	подружи́лись
FUT.	Я	бу́ду дружи́ть (ся)	подружу́сь
	Ты	бу́дешь дружи́ть (ся)	подружи́шься
	Он/она/оно	бу́дет дружи́ть (ся)	подружи́тся
	Мы	бу́дем дружи́ть (ся)	подружи́мся
	Вы	бу́дете дружи́ть (ся)	подружи́тесь
	Они	бу́дут дружи́ть (ся)	подружа́тся
COND.	Я, Ты, Он	дружи́л (ся) бы	подружи́лся бы
	Я, Ты, Она	дружи́ла (сь) бы	подружи́лась бы
	Оно	дружи́ло (сь) бы	подружи́лось бы
	Мы, Вы, Они	дружи́ли (сь) бы	подружи́лись бы
IMP.	Ты	дружи́ (сь)	подружи́сь
	Вы	дружи́те (сь)	подружи́тесь

DEVERBALS

	IMPERFECTIVE ASPECT	PERFECTIVE ASPECT
PRES. ACT.	дру́жащий (ся)	
PRES. PASS.		
PAST ACT.	дружи́вший (ся)	подружи́вшийся
PAST PASS.		
VERBAL ADVERB	дружа́ (сь)	подружи́вшись

дружи́ть с кем
The perfective form is used only with the reflexive **-ся**.

Даже старики дружат с Интернетом.	Even the elderly are making friends with the Internet.
Нас с тобой подружила Москва.	Moscow brought us together as friends.
Подружимся с новой компьютерной программой.	Let's make friends with the new computer program.

110

	IMPERFECTIVE ASPECT	PERFECTIVE ASPECT
INF.	ду́мать	поду́мать
PRES. Я	ду́маю	
Ты	ду́маешь	
Он/она/оно	ду́мает	
Мы	ду́маем	
Вы	ду́маете	
Они	ду́мают	
PAST Я, Ты, Он	ду́мал	поду́мал
Я, Ты, Она	ду́мала	поду́мала
Оно	ду́мало	поду́мало
Мы, Вы, Они	ду́мали	поду́мали
FUT. Я	бу́ду ду́мать	поду́маю
Ты	бу́дешь ду́мать	поду́маешь
Он/она/оно	бу́дет ду́мать	поду́мает
Мы	бу́дем ду́мать	поду́маем
Вы	бу́дете ду́мать	поду́маете
Они	бу́дут ду́мать	поду́мают
COND. Я, Ты, Он	ду́мал бы	поду́мал бы
Я, Ты, Она	ду́мала бы	поду́мала бы
Оно	ду́мало бы	поду́мало бы
Мы, Вы, Они	ду́мали бы	поду́мали бы
IMP. Ты	ду́май	поду́май
Вы	ду́майте	поду́майте

Д

DEVERBALS

PRES. ACT.	ду́мающий	
PRES. PASS.		
PAST ACT.	ду́мавший	поду́мавший
PAST PASS.		
VERBAL ADVERB	ду́мая	поду́мав

ду́мать о чём, над чём, + infinitive

111

ду́мать / поду́мать

Examples

Она думает только о себе.
She thinks only of herself.

Подумайте только.
Just think!

Я так и думала.
I thought so.

Думая о том, что я вижу.
Thinking about what I see.

Не пиши, не подумав.
Don't write without thinking.

Подумано — сделано.
No sooner said than done.

Думай как миллиадер.
Think like a billionaire.

Конец ближе, чем мы думали.
The end is closer than we thought.

А ты хорошо подумал?
Have you thought it over well?

Words and expressions related to this verb

Думаю что нет.

Мне думается.

Думай, не думай, а сто рублей деньги.

Думай о других, не только о себе.

И не думано, и не гадано.

дума

думчивый

		IMPERFECTIVE ASPECT	PERFECTIVE ASPECT
INF.		ду́ть	ду́нуть
PRES.	Я	ду́ю	
	Ты	ду́ешь	
	Он/она/оно	ду́ет	
	Мы	ду́ем	
	Вы	ду́ете	
	Они	ду́ют	
PAST	Я, Ты, Он	ду́л	ду́нул
	Я, Ты, Она	ду́ла	ду́нула
	Оно	ду́ло	ду́нуло
	Мы, Вы, Они	ду́ли	ду́нули
FUT.	Я	бу́ду ду́ть	ду́ну
	Ты	бу́дешь ду́ть	ду́нешь
	Он/она/оно	бу́дет ду́ть	ду́нет
	Мы	бу́дем ду́ть	ду́нем
	Вы	бу́дете ду́ть	ду́нете
	Они	бу́дут ду́ть	ду́нут
COND.	Я, Ты, Он	ду́л бы	ду́нул бы
	Я, Ты, Она	ду́ла бы	ду́нула бы
	Оно	ду́ло бы	ду́нуло бы
	Мы, Вы, Они	ду́ли бы	ду́нули бы
IMP.	Ты	ду́й	ду́нь
	Вы	ду́йте	ду́ньте

DEVERBALS

	IMPERFECTIVE	PERFECTIVE
PRES. ACT.	ду́ющий	
PRES. PASS.		
PAST ACT.	ду́вший	ду́нувший
PAST PASS.	ду́тый	
VERBAL ADVERB	ду́я	ду́нув

ду́ть что [glass]

Снова дует ветер перемен.	Once again the wind of change is blowing.
Дуйте в трубочку.	Blow into the tube.
Ветер дунул в паруса.	The wind blew in the sails.

дыша́ть / подыша́ть
to breathe

		IMPERFECTIVE ASPECT	PERFECTIVE ASPECT
INF.		дыша́ть	подыша́ть
PRES.	Я	дышу́	
	Ты	ды́шишь	
	Он/она/оно	ды́шит	
	Мы	ды́шим	
	Вы	ды́шите	
	Они	ды́шат	
PAST	Я, Ты, Он	дыша́л	подыша́л
	Я, Ты, Она	дыша́ла	подыша́ла
	Оно	дыша́ло	подыша́ло
	Мы, Вы, Они	дыша́ли	подыша́ли
FUT.	Я	бу́ду дыша́ть	подышу́
	Ты	бу́дешь дыша́ть	поды́шишь
	Он/она/оно	бу́дет дыша́ть	поды́шит
	Мы	бу́дем дыша́ть	поды́шим
	Вы	бу́дете дыша́ть	поды́шите
	Они	бу́дут дыша́ть	поды́шат
COND.	Я, Ты, Он	дыша́л бы	подыша́л бы
	Я, Ты, Она	дыша́ла бы	подыша́ла бы
	Оно	дыша́ло бы	подыша́ло бы
	Мы, Вы, Они	дыша́ли бы	подыша́ли бы
IMP.	Ты	дыши́	подыши́
	Вы	дыши́те	подыши́те

DEVERBALS

	IMPERFECTIVE ASPECT	PERFECTIVE ASPECT
PRES. ACT.	ды́шащий	
PRES. PASS.		
PAST ACT.	дыша́вший	подыша́вший
PAST PASS.		
VERBAL ADVERB	дыша́	подыша́в

дыша́ть чем, на кого – что

Дышите глубже.	Breathe deeper.
Они дышат друг другу в спину.	They are breathing down each other's back.
Она подышала свежим воздухом.	She took a breath of fresh air.

ездить – ехать / поехать
to ride, drive, go by vehicle

		MULTIDIRECTIONAL	UNIDIRECTIONAL	PERFECTIVE ASPECT
INF.		ездить	ехать	поехать
PRES.	Я	езжу	еду	
	Ты	ездишь	едешь	
	Он/она/оно	ездит	едет	
	Мы	ездим	едем	
	Вы	ездите	едете	
	Они	ездят	едут	
PAST	Я, Ты, Он	ездил	ехал	поехал
	Я, Ты, Она	ездила	ехала	поехала
	Оно	ездило	ехало	поехало
	Мы, Вы, Они	ездили	ехали	поехали
FUT.	Я	буду ездить	буду ехать	поеду
	Ты	будешь ездить	будешь ехать	поедешь
	Он/она/оно	будет ездить	будет ехать	поедет
	Мы	будем ездить	будем ехать	поедем
	Вы	будете ездить	будете ехать	поедете
	Они	будут ездить	будут ехать	поедут
COND.	Я, Ты, Он	ездил бы	ехал бы	поехал бы
	Я, Ты, Она	ездила бы	ехала бы	поехала бы
	Оно	ездило бы	ехало бы	поехало бы
	Мы, Вы, Они	ездили бы	ехали бы	поехали бы
IMP.	Ты	езди		поезжай
	Вы	ездите		поезжайте

DEVERBALS

	MULTIDIRECTIONAL	UNIDIRECTIONAL	PERFECTIVE ASPECT
PRES. ACT.	ездящий	едущий	
PRES. PASS.			
PAST ACT.	ездивший	ехавший	поехавший
PAST PASS.			
VERBAL ADVERB	ездя – ездив	ехав	поехав

Я езжу на новой машине.
Ехали медведи на велосипеде.
Победители поедут в Москву.

I am driving a new car.
Bears were riding bicycles.
The winners will go to Moscow.

е́сть / съе́сть
to eat

		IMPERFECTIVE ASPECT	PERFECTIVE ASPECT
INF.		е́сть	съе́сть
PRES.	Я	е́м	
	Ты	е́шь	
	Он/она/оно	е́ст	
	Мы	еди́м	
	Вы	еди́те	
	Они	едя́т	
PAST	Я, Ты, Он	е́л	съе́л
	Я, Ты, Она	е́ла	съе́ла
	Оно	е́ло	съе́ло
	Мы, Вы, Они	е́ли	съе́ли
FUT.	Я	бу́ду е́сть	съе́м
	Ты	бу́дешь е́сть	съе́шь
	Он/она/оно	бу́дет е́сть	съе́ст
	Мы	бу́дем е́сть	съеди́м
	Вы	бу́дете е́сть	съеди́те
	Они	бу́дут е́сть	съедя́т
COND.	Я, Ты, Он	е́л бы	съе́л бы
	Я, Ты, Она	е́ла бы	съе́ла бы
	Оно	е́ло бы	съе́ло бы
	Мы, Вы, Они	е́ли бы	съе́ли бы
IMP.	Ты	е́шь	съе́шь
	Вы	е́шьте	съе́шьте

DEVERBALS

PRES. ACT.	едя́щий	
PRES. PASS.		
PAST ACT.	е́вший	съе́вший
PAST PASS.		съе́денный
VERBAL ADVERB	е́вши	съе́в

е́сть кого́ – что

Кто ест дома, а кто ест на ходу?	Who eats at home, and who eats on the go?
Кошка съела рыбу.	The cat ate the fish.
Съедят ли они китайскую еду?	Will they eat Chinese food?

	IMPERFECTIVE ASPECT	PERFECTIVE ASPECT
INF.	жале́ть	пожале́ть

PRES.		
Я	жале́ю	
Ты	жале́ешь	
Он/она́/оно́	жале́ет	
Мы	жале́ем	
Вы	жале́ете	
Они́	жале́ют	

PAST		
Я, Ты, Он	жале́л	пожале́л
Я, Ты, Она́	жале́ла	пожале́ла
Оно́	жале́ло	пожале́ло
Мы, Вы, Они́	жале́ли	пожале́ли

FUT.		
Я	бу́ду жале́ть	пожале́ю
Ты	бу́дешь жале́ть	пожале́ешь
Он/она́/оно́	бу́дет жале́ть	пожале́ет
Мы	бу́дем жале́ть	пожале́ем
Вы	бу́дете жале́ть	пожале́ете
Они́	бу́дут жале́ть	пожале́ют

COND.		
Я, Ты, Он	жале́л бы	пожале́л бы
Я, Ты, Она́	жале́ла бы	пожале́ла бы
Оно́	жале́ло бы	пожале́ло бы
Мы, Вы, Они́	жале́ли бы	пожале́ли бы

IMP.		
Ты	жале́й	пожале́й
Вы	жале́йте	пожале́йте

DEVERBALS

PRES. ACT.	жале́ющий	
PRES. PASS.	жале́емый	
PAST ACT.	жале́вший	пожале́вший
PAST PASS.		
VERBAL ADVERB	жале́я	пожале́в

жале́ть кого – что (чего), о ком – чём

Кто жале́ет, и кого́ жале́ют?	Who feels sorry, and for whom do they feel sorry?
Мать не жале́ла де́нег для дете́й.	The mother didn't grudge money for the children.
Пожале́йте меня́.	Have pity on me.

117

жа́ловаться / пожа́ловаться
to complain

		IMPERFECTIVE ASPECT	PERFECTIVE ASPECT
INF.		жа́ловаться	пожа́ловаться
PRES.	Я	жа́луюсь	
	Ты	жа́луешься	
	Он/она/оно	жа́луется	
	Мы	жа́луемся	
	Вы	жа́луетесь	
	Они	жа́луются	
PAST	Я, Ты, Он	жа́ловался	пожа́ловался
	Я, Ты, Она	жа́ловалась	пожа́ловалась
	Оно	жа́ловалось	пожа́ловалось
	Мы, Вы, Они	жа́ловались	пожа́ловались
FUT.	Я	бу́ду жа́ловаться	пожа́луюсь
	Ты	бу́дешь жа́ловаться	пожа́луешься
	Он/она/оно	бу́дет жа́ловаться	пожа́луется
	Мы	бу́дем жа́ловаться	пожа́луемся
	Вы	бу́дете жа́ловаться	пожа́луетесь
	Они	бу́дут жа́ловаться	пожа́луются
COND.	Я, Ты, Он	жа́ловался бы	пожа́ловался бы
	Я, Ты, Она	жа́ловалась бы	пожа́ловалась бы
	Оно	жа́ловалось бы	пожа́ловалось бы
	Мы, Вы, Они	жа́ловались бы	пожа́ловались бы
IMP.	Ты	жа́луйся	пожа́луйся
	Вы	жа́луйтесь	пожа́луйтесь

DEVERBALS

	IMPERFECTIVE ASPECT	PERFECTIVE ASPECT
PRES. ACT.	жа́лующийся	
PRES. PASS.		
PAST ACT.	жа́ловавшийся	пожа́ловавшийся
PAST PASS.		
VERBAL ADVERB	жа́луясь	пожа́ловавшись

жа́ловаться кому на кого – что

На жизнь не жалуюсь.	I am not complaining about life.
Жалуйтесь администратору.	Complain to the administrator.
Активисты пожаловались мэру города.	The activists complained to the city mayor.

	IMPERFECTIVE ASPECT	PERFECTIVE ASPECT
INF.	жа́рить	зажа́рить
PRES. Я	жа́рю	
Ты	жа́ришь	
Он/она/оно	жа́рит	
Мы	жа́рим	
Вы	жа́рите	
Они	жа́рят	
PAST Я, Ты, Он	жа́рил	зажа́рил
Я, Ты, Она	жа́рила	зажа́рила
Оно	жа́рило	зажа́рило
Мы, Вы, Они	жа́рили	зажа́рили
FUT. Я	бу́ду жа́рить	зажа́рю
Ты	бу́дешь жа́рить	зажа́ришь
Он/она/оно	бу́дет жа́рить	зажа́рит
Мы	бу́дем жа́рить	зажа́рим
Вы	бу́дете жа́рить	зажа́рите
Они	бу́дут жа́рить	зажа́рят
COND. Я, Ты, Он	жа́рил бы	зажа́рил бы
Я, Ты, Она	жа́рила бы	зажа́рила бы
Оно	жа́рило бы	зажа́рило бы
Мы, Вы, Они	жа́рили бы	зажа́рили бы
IMP. Ты	жа́рь	зажа́рь
Вы	жа́рьте	зажа́рьте

DEVERBALS

PRES. ACT.	жа́рящий	
PRES. PASS.		
PAST ACT.	жа́ривший	зажа́ривший
PAST PASS.	жа́ренный	зажа́ренный
VERBAL ADVERB	жа́ря	зажа́рив

жа́рить кого – что
Another perfective verb is **изжа́рить.**

На юге жарит, на севере льет.	It's roasting hot in the south, pouring in the north.
Вчера она жарила колбаски.	Yesterday she grilled sausages.
Зажарили самую длинную сосиску в мире.	They cooked the longest hot dog in the world.

Ж

жа́ть / пожа́ть
to press, pinch, shake [hands]

		IMPERFECTIVE ASPECT	PERFECTIVE ASPECT
INF.		жать	пожа́ть
PRES.	Я	хму́	
	Ты	жмёшь	
	Он/она/оно	жмёт	
	Мы	жмём	
	Вы	жмёте	
	Они	жму́т	
PAST	Я, Ты, Он	жа́л	пожа́л
	Я, Ты, Она	жа́ла	пожа́ла
	Оно	жа́ло	пожа́ло
	Мы, Вы, Они	жа́ли	пожа́ли
FUT.	Я	бу́ду жа́ть	пожму́
	Ты	бу́дешь жа́ть	пожмёшь
	Он/она/оно	бу́дет жа́ть	пожмёт
	Мы	бу́дем жа́ть	пожмём
	Вы	бу́дете жа́ть	пожмёте
	Они	бу́дут жа́ть	пожму́т
COND.	Я, Ты, Он	жа́л бы	пожа́л бы
	Я, Ты, Она	жа́ла бы	пожа́ла бы
	Оно	жа́ло бы	пожа́ло бы
	Мы, Вы, Они	жа́ли бы	пожа́ли бы
IMP.	Ты	жми́	пожми́
	Вы	жми́те	пожми́те

DEVERBALS

	IMPERFECTIVE ASPECT	PERFECTIVE ASPECT
PRES. ACT.	жму́щий	
PRES. PASS.		
PAST ACT.	жа́вший	пожа́вший пожа́тый
PAST PASS.		
VERBAL ADVERB	жа́вши	пожа́в

жа́ть кого – что; жа́ть кому́ руку shake someone's hand
The verbal pair сжима́ть / сжа́ть also means *to press, squeeze.*

Новые туфли не жмут.
The new shoes are not too tight.

Жми руку человеку, сделавшему это чудо.
Shake the hand of the man who performed this miracle.

Они пожали друг другу руки.
They shook each other's hands.

	IMPERFECTIVE ASPECT	PERFECTIVE ASPECT
INF.	жа́ть	сжа́ть
PRES. Я	жну́	
Ты	жнёшь	
Он/она/оно	жнёт	
Мы	жнём	
Вы	жнёте	
Они	жну́т	
PAST Я, Ты, Он	жа́л	сжа́л
Я, Ты, Она	жа́ла	сжа́ла
Оно	жа́ло	сжа́ло
Мы, Вы, Они	жа́ли	сжа́ли
FUT. Я	бу́ду жа́ть	сожну́
Ты	бу́дешь жа́ть	сожнёшь
Он/она/оно	бу́дет жа́ть	сожнёт
Мы	бу́дем жа́ть	сожнём
Вы	бу́дете жа́ть	сожнёте
Они	бу́дут жа́ть	сожну́т
COND. Я, Ты, Он	жа́л бы	сжа́л бы
Я, Ты, Она	жа́ла бы	сжа́ла бы
Оно	жа́ло бы	сжа́ло бы
Мы, Вы, Они	жа́ли бы	сжа́ли бы
IMP. Ты	жни́	сожни́
Вы	жни́те	сожни́те

DEVERBALS

PRES. ACT.	жну́щий	
PRES. PASS.		
PAST ACT.	жа́вший	сжа́вший
PAST PASS.	жа́тый	сжа́тый
VERBAL ADVERB	жа́вши	сжа́в

жа́ть что

Одни сеют, другие жнут.	Some sow, others reap.
Поле сжали небольшое.	The field they harvested was not large.
Скоро люди сожнут рожь.	Soon people will harvest the rye.

121

жда́ть / подожда́ть
to wait, await

		IMPERFECTIVE ASPECT	PERFECTIVE ASPECT
INF.		жда́ть	подожда́ть
PRES.	Я	жду́	
	Ты	ждёшь	
	Он/она/оно	ждёт	
	Мы	ждём	
	Вы	ждёте	
	Они	жду́т	
PAST	Я, Ты, Он	жда́л	подожда́л
	Я, Ты, Она	ждала́	подождала́
	Оно	жда́ло	подожда́ло
	Мы, Вы, Они	жда́ли	подожда́ли
FUT.	Я	бу́ду жда́ть	подожду́
	Ты	бу́дешь жда́ть	подождёшь
	Он/она/оно	бу́дет жда́ть	подождёт
	Мы	бу́дем жда́ть	подождём
	Вы	бу́дете жда́ть	подождёте
	Они	бу́дут жда́ть	подожду́т
COND.	Я, Ты, Он	жда́л бы	подожда́л бы
	Я, Ты, Она	ждала́ бы	подождала́ бы
	Оно	жда́ло бы	подожда́ло бы
	Мы, Вы, Они	жда́ли бы	подожда́ли бы
IMP.	Ты	жди́	подожди́
	Вы	жди́те	подожди́те

DEVERBALS

	IMPERFECTIVE ASPECT	PERFECTIVE ASPECT
PRES. ACT.	жду́щий	
PRES. PASS.		
PAST ACT.	жда́вший	подожда́вший
PAST PASS.		
VERBAL ADVERB	жда́вши	подожда́в

жда́ть кого – что, кого – чего

AN ESSENTIAL VERB

жда́ть / подожда́ть

Examples

Ж

Ждём ребенка.
We are expecting a child.

Я не уйду, я тебя подожду.
I won't leave; I'll wait for you.

Подождал бы я.
I should have waited.

Подождите десять минут, затем
        нажмите кнопку.
Wait ten minutes, then press the button.

Зимы ждала, ждала природа.
Nature waited and waited for winter.

Жди меня, и я вернусь.
Wait for me, and I'll return.

Ее ждут трудности дома.
Difficulties await her at home.

Мы подождали до утра.
We waited until morning.

**Words and expressions
related to this verb**

Век жить, век ждать.

Есть чего ждать, коли есть
        с кем ждать.

Жди меня и я вернусь.

Нежданый гость лучше
        жданого.

жданый

ожидание

желáть / пожелáть
to wish for, desire

		IMPERFECTIVE ASPECT	PERFECTIVE ASPECT
INF.		желáть	пожелáть
PRES.	Я	желáю	
	Ты	желáешь	
	Он/она/оно	желáет	
	Мы	желáем	
	Вы	желáете	
	Они	желáют	
PAST	Я, Ты, Он	желáл	пожелáл
	Я, Ты, Она	желáла	пожелáла
	Оно	желáло	пожелáло
	Мы, Вы, Они	желáли	пожелáли
FUT.	Я	бýду желáть	пожелáю
	Ты	бýдешь желáть	пожелáешь
	Он/она/оно	бýдет желáть	пожелáет
	Мы	бýдем желáть	пожелáем
	Вы	бýдете желáть	пожелáете
	Они	бýдут желáть	пожелáют
COND.	Я, Ты, Он	желáл бы	пожелáл бы
	Я, Ты, Она	желáла бы	пожелáла бы
	Оно	желáло бы	пожелáло бы
	Мы, Вы, Они	желáли бы	пожелáли бы
IMP.	Ты	желáй	пожелáй
	Вы	желáйте	пожелáйте

DEVERBALS

	IMPERFECTIVE ASPECT	PERFECTIVE ASPECT
PRES. ACT.	желáющий	
PRES. PASS.	желáемый	
PAST ACT.	желáвший	пожелáвший
PAST PASS.		
VERBAL ADVERB	желáя	пожелáв

желáть кому кого – чего, + infinitive or чтобы

Желаю тебе удачи.	I wish you good luck.
Сто лет я всем желала добра.	For a hundred years I wished them all good fortune.
Всем пожелали успеха.	They wished them all success.

женить (ся) / поженить (ся)
to marry [said of a man] / (said of a couple)

		IMPERFECTIVE ASPECT	PERFECTIVE ASPECT
INF.		женить (ся)	поженить (ся)
PRES.	Я	женю́ (сь)	
	Ты	же́нишь (ся)	
	Он/она/оно	же́нит (ся)	
	Мы	же́ним (ся)	
	Вы	же́ните (сь)	
	Они	же́нят (ся)	
PAST	Я, Ты, Он	жени́л (ся)	пожени́л
	Я, Ты, Она	жени́ла (сь)	пожени́ла
	Оно	жени́ло (сь)	пожени́ло
	Мы, Вы, Они	жени́ли (сь)	пожени́ли (сь)
FUT.	Я	бу́ду женить (ся)	поженю́
	Ты	бу́дешь женить (ся)	поже́нишь
	Он/она/оно	бу́дет женить (ся)	поже́нит
	Мы	бу́дем женить (ся)	поже́ним (ся)
	Вы	бу́дете женить (ся)	поже́ните (сь)
	Они	бу́дут женить (ся)	поже́нят (ся)
COND.	Я, Ты, Он	жени́л (ся) бы	пожени́л бы
	Я, Ты, Она	жени́ла (сь) бы	пожени́ла бы
	Оно	жени́ло (сь) бы	пожени́ло бы
	Мы, Вы, Они	жени́ли (сь) бы	пожени́ли (сь) бы
IMP.	Ты	жени́ (сь)	пожени́
	Вы	жени́те (сь)	пожени́те (сь)

DEVERBALS

	IMPERFECTIVE	PERFECTIVE
PRES. ACT.	же́нящий (ся)	
PRES. PASS.		
PAST ACT.	жени́вший (ся)	пожени́вший (ся)
PAST PASS.		поже́ненный
VERBAL ADVERB	женя́ (сь) – жени́в (шись)	пожени́в (шись)

Ж

жени́ть кого на ком
жени́ться на ком—*to marry [said of a man]*; **пожениться**—*to get married [said of a couple]*

Ты почему не женишься?	Why don't you get married?
Их поженил священник.	They were married by a priest.
Они поженились, и у них было много детей.	They married and they had many children.

125

жéчь (ся) / сжéчь (ся)
to burn

		IMPERFECTIVE ASPECT	PERFECTIVE ASPECT
INF.		жéчь (ся)	сжéчь (ся)
PRES.	Я	жгý (сь)	
	Ты	жжёшь (ся)	
	Он/она/оно	жжёт (ся)	
	Мы	жжём (ся)	
	Вы	жжёте (сь)	
	Они	жгýт (ся)	
PAST	Я, Ты, Он	жёг (ся)	сжёг (ся)
	Я, Ты, Она	жглá (сь)	сожглá (сь)
	Оно	жглó (сь)	сожглó (сь)
	Мы, Вы, Они	жгли́ (сь)	сожгли́ (сь)
FUT.	Я	бýду жéчь (ся)	сожгý (сь)
	Ты	бýдешь жéчь (ся)	сожжёшь (ся)
	Он/она/оно	бýдет жéчь (ся)	сожжёт (ся)
	Мы	бýдем жéчь (ся)	сожжём (ся)
	Вы	бýдете жéчь (ся)	сожжёте (сь)
	Они	бýдут жéчь (ся)	сожгýт (ся)
COND.	Я, Ты, Он	жёг (ся) бы	сжёг (ся) бы
	Я, Ты, Она	жглá (сь) бы	сожглá (сь) бы
	Оно	жглó (сь) бы	сожглó (сь) бы
	Мы, Вы, Они	жгли́ (сь) бы	сожгли́ (сь) бы
IMP.	Ты	жги́ (сь)	сожги́ (сь)
	Вы	жги́те (сь)	сожги́те (сь)

DEVERBALS

	IMPERFECTIVE ASPECT	PERFECTIVE ASPECT
PRES. ACT.	жгýщий (ся)	
PRES. PASS.		
PAST ACT.	жёгший (ся)	сжёгший (ся)
PAST PASS.		сожжённый
		сожжён, сожженá
VERBAL ADVERB		сжёгши (сь)

жечь кого – что
The pair **сжигáть** / **сжéчь** also means *to burn*.

В городе жгут автомобили.	They are burning cars in the city.
Мысль жгла его сердце.	The thought seared his heart.
Все калории сожглись.	All the calories were burned up.

	IMPERFECTIVE ASPECT	PERFECTIVE ASPECT
INF.	жи́ть	пожи́ть
PRES. Я	живу́	
Ты	живёшь	
Он/она/оно	живёт	
Мы	живём	
Вы	живёте	
Они	живу́т	
PAST Я, Ты, Он	жи́л	по́жил
Я, Ты, Она	жила́	пожила́
Оно	жи́ло	по́жило
Мы, Вы, Они	жи́ли	по́жили
FUT. Я	бу́ду жи́ть	поживу́
Ты	бу́дешь жи́ть	поживёшь
Он/она/оно	бу́дет жи́ть	поживёт
Мы	бу́дем жи́ть	поживём
Вы	бу́дете жи́ть	поживёте
Они	бу́дут жи́ть	поживу́т
COND. Я, Ты, Он	жи́л бы	по́жил бы
Я, Ты, Она	жила́ бы	пожила́ бы
Оно	жи́ло бы	по́жило бы
Мы, Вы, Они	жи́ли бы	по́жили бы
IMP. Ты	живи́	поживи́
Вы	живи́те	поживи́те

DEVERBALS

PRES. ACT.	живу́щий	
PRES. PASS.		
PAST ACT.	жи́вший	пожи́вший
PAST PASS.		пожи́тый
		по́жит, пожита́, по́жито
VERBAL ADVERB	живя́	пожи́в

жи́ть с кем – чем, кем – чем на что
The negated past tense forms are **не́ жил, не жила́, не́ жило, не́ жили.**

Зачем вы живете?　　　　What are you living for?
Живите счастливо.　　　Live happily.
Хорошо пожили бы!　　　You could have a good life!

заболева́ть / заболе́ть
to fall ill

		IMPERFECTIVE ASPECT	PERFECTIVE ASPECT
INF.		заболева́ть	заболе́ть
PRES.	Я	заболева́ю	
	Ты	заболева́ешь	
	Он/она/оно	заболева́ет	
	Мы	заболева́ем	
	Вы	заболева́ете	
	Они	заболева́ют	
PAST	Я, Ты, Он	заболева́л	заболе́л
	Я, Ты, Она	заболева́ла	заболе́ла
	Оно	заболева́ло	заболе́ло
	Мы, Вы, Они	заболева́ли	заболе́ли
FUT.	Я	бу́ду заболева́ть	заболе́ю
	Ты	бу́дешь заболева́ть	заболе́ешь
	Он/она/оно	бу́дет заболева́ть	заболе́ет
	Мы	бу́дем заболева́ть	заболе́ем
	Вы	бу́дете заболева́ть	заболе́ете
	Они	бу́дут заболева́ть	заболе́ют
COND.	Я, Ты, Он	заболева́л бы	заболе́л бы
	Я, Ты, Она	заболева́ла бы	заболе́ла бы
	Оно	заболева́ло бы	заболе́ло бы
	Мы, Вы, Они	заболева́ли бы	заболе́ли бы
IMP.	Ты	заболева́й	
	Вы	заболева́йте	

DEVERBALS

PRES. ACT.	заболева́ющий	
PRES. PASS.		
PAST ACT.	заболева́вший	заболе́вший
PAST PASS.		
VERBAL ADVERB	заболева́я	заболе́в

заболева́ть чем

Чувствую, что заболеваю.
Они заболели гриппом.
Не все заболеют.

I feel that I am getting sick.
They got sick with the flu.
Not everyone will get sick.

забыва́ть (ся) / забы́ть (ся)

to forget (doze off, lose consciousness, forget oneself)

		IMPERFECTIVE ASPECT	PERFECTIVE ASPECT
INF.		забыва́ть (ся)	забы́ть (ся)
PRES.	Я	забыва́ю (сь)	
	Ты	забыва́ешь (ся)	
	Он/она/оно	забыва́ет (ся)	
	Мы	забыва́ем (ся)	
	Вы	забыва́ете (сь)	
	Они	забыва́ют (ся)	
PAST	Я, Ты, Он	забыва́л (ся)	забы́л (ся)
	Я, Ты, Она	забыва́ла (сь)	забы́ла (сь)
	Оно	забыва́ло (сь)	забы́ло (сь)
	Мы, Вы, Они	забыва́ли (сь)	забы́ли (сь)
FUT.	Я	бу́ду забыва́ть (ся)	забу́ду (сь)
	Ты	бу́дешь забыва́ть (ся)	забу́дешь (ся)
	Он/она/оно	бу́дет забыва́ть (ся)	забу́дет (ся)
	Мы	бу́дем забыва́ть (ся)	забу́дем (ся)
	Вы	бу́дете забыва́ть (ся)	забу́дете (сь)
	Они	бу́дут забыва́ть (ся)	забу́дут (ся)
COND.	Я, Ты, Он	забыва́л (ся) бы	забы́л (ся) бы
	Я, Ты, Она	забыва́ла (сь) бы	забы́ла (сь) бы
	Оно	забыва́ло (сь) бы	забы́ло (сь) бы
	Мы, Вы, Они	забыва́ли (сь) бы	забы́ли (сь) бы
IMP.	Ты	забыва́й (ся)	забу́дь (ся)
	Вы	забыва́йте (сь)	забу́дьте (сь)

DEVERBALS

	IMPERFECTIVE	PERFECTIVE
PRES. ACT.	забыва́ющий (ся)	
PRES. PASS.	забыва́емый	
PAST ACT.	забыва́вший (ся)	забы́вший (ся)
PAST PASS.		забы́тый
VERBAL ADVERB	забыва́я	забы́в (шись)

забыва́ть кого – что, о ком – чём

AN ESSENTIAL VERB

3

AN ESSENTIAL VERB

забыва́ть (ся) / забы́ть (ся)

Examples

Никто не забыт, ничто не забыто.
No one is forgotten, nothing is
    forgotten.

Я все забываю спросить у Миши.
I keep forgetting to ask Misha.

Давайте забудем о политике.
Let's forget about politics.

Все прощается, все забывается.
All is forgiven, all is forgotten.

Не забудь сдать декларацию.
Don't forget to hand in your declaration.

Забыв название гостиницы, она
    заблудилась.
Having forgotten the name of the hotel,
    she got lost.

Не забывайте нас.
Don't forget us.

Я тебя никогда не забуду.
I will never forget you.

Выпал снег — и все забылось.
It snowed — and all was forgotten.

Words and expressions related to this verb

Дело делай, а правды не
    забывай.

Жив буду, не забуду.

Я больше забыл, чем ты
    знаешь.

Дело это как–то забылось.

забытый

забывчивий

забытьё

	IMPERFECTIVE ASPECT	PERFECTIVE ASPECT
INF.	зави́довать	позави́довать

PRES.	Я	зави́дую	
	Ты	зави́дуешь	
	Он/она/оно	зави́дует	
	Мы	зави́дуем	
	Вы	зави́дуете	
	Они	зави́дуют	

PAST	Я, Ты, Он	зави́довал	позави́довал
	Я, Ты, Она	зави́довала	позави́довала
	Оно	зави́довало	позави́довало
	Мы, Вы, Они	зави́довали	позави́довали

3

FUT.	Я	бу́ду зави́довать	позави́дую
	Ты	бу́дешь зави́довать	позави́дуешь
	Он/она/оно	бу́дет зави́довать	позави́дует
	Мы	бу́дем зави́довать	позави́дуем
	Вы	бу́дете зави́довать	позави́дуете
	Они	бу́дут зави́довать	позави́дуют

COND.	Я, Ты, Он	зави́довал бы	позави́довал бы
	Я, Ты, Она	зави́довала бы	позави́довала бы
	Оно	зави́довало бы	позави́довало бы
	Мы, Вы, Они	зави́довали бы	позави́довали бы

IMP.	Ты	зави́дуй	позави́дуй
	Вы	зави́дуйте	позави́дуйте

DEVERBALS

PRES. ACT.	зави́дующий	
PRES. PASS.		
PAST ACT.	зави́довавший	позави́довавший
PAST PASS.		
VERBAL ADVERB	зави́дуя	позави́довав

зави́довать кому – чему

Мы все ему завидуем.	All of us envy him.
Не завидуйте поэту.	Do not envy the poet.
Многие хозяйки позавидовали, как он готовит.	Many housewives envied his cooking.

зави́сеть
to depend on

		IMPERFECTIVE ASPECT	PERFECTIVE ASPECT
INF.		зави́сеть	
PRES.	Я	зави́шу	
	Ты	зави́сишь	
	Он/она/оно	зави́сит	
	Мы	зави́сим	
	Вы	зави́сите	
	Они	зави́сят	
PAST	Я, Ты, Он	зави́сел	
	Я, Ты, Она	зави́села	
	Оно	зави́село	
	Мы, Вы, Они	зави́сели	
FUT.	Я	бу́ду зави́сеть	
	Ты	бу́дешь зави́сеть	
	Он/она/оно	бу́дет зави́сеть	
	Мы	бу́дем зави́сеть	
	Вы	бу́дете зави́сеть	
	Они	бу́дут зави́сеть	
COND.	Я, Ты, Он	зави́сел бы	
	Я, Ты, Она	зави́села бы	
	Оно	зави́село бы	
	Мы, Вы, Они	зави́сели бы	
IMP.	Ты		
	Вы		

DEVERBALS		
PRES. ACT.	зави́сящий	
PRES. PASS.		
PAST ACT.	зави́севший	
PAST PASS.		
VERBAL ADVERB	зави́ся	

зави́сеть от кого – чего

Выбор решения зависит от цели.	The choice of a decision depends on the goal.
Успехи и неудачи зависят от экономики.	Successes and failures depend on the economy.
Не все зависело от меня.	Not everything depended on me.

to conquer, win, gain

		IMPERFECTIVE ASPECT	PERFECTIVE ASPECT
INF.		завоёвывать	завоева́ть
PRES.	Я	завоёвываю	
	Ты	завоёвываешь	
	Он/она/оно	завоёвывает	
	Мы	завоёвываем	
	Вы	завоёвываете	
	Они	завоёвывают	
PAST	Я, Ты, Он	завоёвывал	завоева́л
	Я, Ты, Она	завоёвывала	завоева́ла
	Оно	завоёвывало	завоева́ло
	Мы, Вы, Они	завоёвывали	завоева́ли
FUT.	Я	бу́ду завоёвывать	завою́ю
	Ты	бу́дешь завоёвывать	завою́ешь
	Он/она/оно	бу́дет завоёвывать	завою́ет
	Мы	бу́дем завоёвывать	завою́ем
	Вы	бу́дете завоёвывать	завою́ете
	Они	бу́дут завоёвывать	завою́ют
COND.	Я, Ты, Он	завоёвывал бы	завоева́л бы
	Я, Ты, Она	завоёвывала бы	завоева́ла бы
	Оно	завоёвывало бы	завоева́ло бы
	Мы, Вы, Они	завоёвывали бы	завоева́ли бы
IMP.	Ты	завоёвывай	завою́й
	Вы	завоёвывайте	завою́йте

DEVERBALS

	IMPERFECTIVE ASPECT	PERFECTIVE ASPECT
PRES. ACT.	завоёвывающий	
PRES. PASS.	завоёвываемый	
PAST ACT.	завоёвывавший	завоева́вший
PAST PASS.		завоёванный
VERBAL ADVERB	завоёвывая	завоева́в

завоёвывать кого – что

Интернет завоевывает Россию.	The Internet is conquering Russia.
Спортсмены завоевали 8 медалей.	The athletes won 8 medals.
Я тебя завоюю.	I will win you over.

за́втракать / поза́втракать
to breakfast, have breakfast

		IMPERFECTIVE ASPECT	PERFECTIVE ASPECT
INF.		за́втракать	поза́втракать
PRES.	Я	за́втракаю	
	Ты	за́втракаешь	
	Он/она/оно	за́втракает	
	Мы	за́втракаем	
	Вы	за́втракаете	
	Они	за́втракают	
PAST	Я, Ты, Он	за́втракал	поза́втракал
	Я, Ты, Она	за́втракала	поза́втракала
	Оно	за́втракало	поза́втракало
	Мы, Вы, Они	за́втракали	поза́втракали
FUT.	Я	бу́ду за́втракать	поза́втракаю
	Ты	бу́дешь за́втракать	поза́втракаешь
	Он/она/оно	бу́дет за́втракать	поза́втракает
	Мы	бу́дем за́втракать	поза́втракаем
	Вы	бу́дете за́втракать	поза́втракаете
	Они	бу́дут за́втракать	поза́втракают
COND.	Я, Ты, Он	за́втракал бы	поза́втракал бы
	Я, Ты, Она	за́втракала бы	поза́втракала бы
	Оно	за́втракало бы	поза́втракало бы
	Мы, Вы, Они	за́втракали бы	поза́втракали бы
IMP.	Ты	за́втракай	поза́втракай
	Вы	за́втракайте	поза́втракайте

DEVERBALS

	IMPERFECTIVE ASPECT	PERFECTIVE ASPECT
PRES. ACT.	за́втракающий	
PRES. PASS.		
PAST ACT.	за́втракавший	поза́втракавший
PAST PASS.		
VERBAL ADVERB	за́втракая	поза́втракав

Завтракай правильно.
Мы позавтракаем дома.
Не уходите из дома, не позавтракав.

Eat a good breakfast.
We will have breakfast at home.
Don't leave home without having had breakfast.

заговáривать (ся) / заговори́ть (ся)
to talk someone else's head off, bewitch (rave on) / begin talking

	IMPERFECTIVE ASPECT	PERFECTIVE ASPECT
INF.	заговáривать (ся)	заговори́ть (ся)

PRES.		
Я	заговáриваю (сь)	
Ты	заговáриваешь (ся)	
Он/онá/онó	заговáривает (ся)	
Мы	заговáриваем (ся)	
Вы	заговáриваете (сь)	
Они	заговáривают (ся)	

PAST		
Я, Ты, Он	заговáривал (ся)	заговори́л (ся)
Я, Ты, Онá	заговáривала (сь)	заговори́ла (сь)
Онó	заговáривало (сь)	заговори́ло (сь)
Мы, Вы, Они	заговáривали (сь)	заговори́ли (сь)

FUT.		
Я	бýду заговáривать (ся)	заговорю́ (сь)
Ты	бýдешь заговáривать (ся)	заговори́шь (ся)
Он/онá/онó	бýдет заговáривать (ся)	заговори́т (ся)
Мы	бýдем заговáривать (ся)	заговори́м (ся)
Вы	бýдете заговáривать (ся)	заговори́те (сь)
Они	бýдут заговáривать (ся)	заговоря́т (ся)

COND.		
Я, Ты, Он	заговáривал (ся) бы	заговори́л (ся) бы
Я, Ты, Онá	заговáривала (сь) бы	заговори́ла (сь) бы
Онó	заговáривало (сь) бы	заговори́ло (сь) бы
Мы, Вы, Они	заговáривали (сь) бы	заговори́ли (сь) бы

IMP.		
Ты	заговáривай (ся)	заговори́ (сь)
Вы	заговáривайте (сь)	заговори́те (сь)

DEVERBALS

PRES. ACT.	заговáривающий (ся)	
PRES. PASS.	заговáриваемый	
PAST ACT.	заговáривавший (ся)	заговори́вший (ся)
PAST PASS.		заговорённый заговорён, заговоренá
VERBAL ADVERB	заговáривая (ся)	заговори́в (шись)

заговáривать кого – что

Что ты мне зубы заговариваешь?	Why are you trying to sweet-talk me?
В Думе заговорили о новом законе.	In the Duma they began discussing a new law.
Мы заговорились и опоздали.	We talked on and on and were late.

загора́ть (ся) / загоре́ть (ся)
to sunburn / get a suntan (catch fire, burn)

		IMPERFECTIVE ASPECT	PERFECTIVE ASPECT
INF.		загора́ть (ся)	загоре́ть (ся)
PRES.	Я	загора́ю (сь)	
	Ты	загора́ешь (ся)	
	Он/она/оно	загора́ет (ся)	
	Мы	загора́ем (ся)	
	Вы	загора́ете (сь)	
	Они	загора́ют (ся)	
PAST	Я, Ты, Он	загора́л (ся)	загоре́л (ся)
	Я, Ты, Она	загора́ла (сь)	загоре́ла (сь)
	Оно	загора́ло (сь)	загоре́ло (сь)
	Мы, Вы, Они	загора́ли (сь)	загоре́ли (сь)
FUT.	Я	бу́ду загора́ть (ся)	загорю́ (сь)
	Ты	бу́дешь загора́ть (ся)	загори́шь (ся)
	Он/она/оно	бу́дет загора́ть (ся)	загори́т (ся)
	Мы	бу́дем загора́ть (ся)	загори́м (ся)
	Вы	бу́дете загора́ть (ся)	загори́те (сь)
	Они	бу́дут загора́ть (ся)	загоря́т (ся)
COND.	Я, Ты, Он	загора́л (ся) бы	загоре́л (ся) бы
	Я, Ты, Она	загора́ла (сь) бы	загоре́ла (сь) бы
	Оно	загора́ло (сь) бы	загоре́ло (сь) бы
	Мы, Вы, Они	загора́ли (сь) бы	загоре́ли (сь) бы
IMP.	Ты	загора́й (ся)	загори́ (сь)
	Вы	загора́йте (сь)	загори́те (сь)

DEVERBALS

	IMPERFECTIVE ASPECT	PERFECTIVE ASPECT
PRES. ACT.	загора́ющий (ся)	
PRES. PASS.		
PAST ACT.	загора́вший (ся)	загоре́вший (ся)
PAST PASS.		
VERBAL ADVERB	загора́я (сь)	загоре́в (шись)

На пляже загорает семья.
Много купалась и даже первый раз в жизни загорела.
Каждый вечер загорались свечи.

The family is sunbathing at the beach.
I swam a lot and even got a suntan for the first time in my life.
Candles were lit each evening.

	IMPERFECTIVE ASPECT	PERFECTIVE ASPECT
INF.	задава́ть	зада́ть

PRES.	Я	задаю́	
	Ты	задаёшь	
	Он/она/оно	задаёт	
	Мы	задаём	
	Вы	задаёте	
	Они	задаю́т	

PAST	Я, Ты, Он	задава́л	за́дал
	Я, Ты, Она	задава́ла	задала́
	Оно	задава́ло	за́дало
	Мы, Вы, Они	задава́ли	за́дали

FUT.	Я	бу́ду задава́ть	зада́м
	Ты	бу́дешь задава́ть	зада́шь
	Он/она/оно	бу́дет задава́ть	зада́ст
	Мы	бу́дем задава́ть	задади́м
	Вы	бу́дете задава́ть	задади́те
	Они	бу́дут задава́ть	зададу́т

COND.	Я, Ты, Он	задава́л бы	за́дал бы
	Я, Ты, Она	задава́ла бы	задала́ бы
	Оно	задава́ло бы	за́дало бы
	Мы, Вы, Они	задава́ли бы	за́дали бы

IMP.	Ты	задава́й	зада́й
	Вы	задава́йте	зада́йте

DEVERBALS

PRES. ACT.	задаю́щий	
PRES. PASS.	задава́емый	
PAST ACT.	задава́вший	зада́вший
PAST PASS.		за́данный,
		за́дан, задана́, за́дано
VERBAL ADVERB	задава́я	зада́в

задава́ть что кому – чему

Мне часто задают этот вопрос.	I am often asked that question.
Почему они задавали так много вопросов?	Why did they ask so many questions?
Я задам только один вопрос.	I'll ask only one question.

зака́зывать / заказа́ть
to order, reserve

		IMPERFECTIVE ASPECT	PERFECTIVE ASPECT
INF.		зака́зывать	заказа́ть
PRES.	Я	зака́зываю	
	Ты	зака́зываешь	
	Он/она́/оно́	зака́зывает	
	Мы	зака́зываем	
	Вы	зака́зываете	
	Они́	зака́зывают	
PAST	Я, Ты, Он	зака́зывал	заказа́л
	Я, Ты, Она	зака́зывала	заказа́ла
	Оно	зака́зывало	заказа́ло
	Мы, Вы, Они	зака́зывали	заказа́ли
FUT.	Я	бу́ду зака́зывать	закажу́
	Ты	бу́дешь зака́зывать	зака́жешь
	Он/она́/оно́	бу́дет зака́зывать	зака́жет
	Мы	бу́дем зака́зывать	зака́жем
	Вы	бу́дете зака́зывать	зака́жете
	Они	бу́дут зака́зывать	зака́жут
COND.	Я, Ты, Он	зака́зывал бы	заказа́л бы
	Я, Ты, Она	зака́зывала бы	заказа́ла бы
	Оно	зака́зывало бы	заказа́ло бы
	Мы, Вы, Они	зака́зывали бы	заказа́ли бы
IMP.	Ты	зака́зывай	закажи́
	Вы	зака́зывайте	закажи́те

DEVERBALS

	IMPERFECTIVE ASPECT	PERFECTIVE ASPECT
PRES. ACT.	зака́зывающий	
PRES. PASS.	зака́зываемый	
PAST ACT.	зака́зывавший	заказа́вший
PAST PASS.		зака́занный
VERBAL ADVERB	зака́зывая	заказа́в

зака́зывать что

Почему заказываю книги в Интернете?	Why do I order books on the Internet?
Мы заказали хорошую погоду.	We ordered good weather.
Для театра заказана новая пьеса.	A new play was ordered for the theater.

зака́нчивать (ся) / зако́нчить (ся)

to finish (come to an end)

		IMPERFECTIVE ASPECT	PERFECTIVE ASPECT
INF.		зака́нчивать (ся)	зако́нчить (ся)
PRES.	Я	зака́нчиваю	
	Ты	зака́нчиваешь	
	Он/она/оно	зака́нчивает (ся)	
	Мы	зака́нчиваем	
	Вы	зака́нчиваете	
	Они	зака́нчивают (ся)	
PAST	Я, Ты, Он	зака́нчивал (ся)	зако́нчил (ся)
	Я, Ты, Она	зака́нчивала (сь)	зако́нчила (сь)
	Оно	зака́нчивало (сь)	зако́нчило (сь)
	Мы, Вы, Они	зака́нчивали (сь)	зако́нчили (сь)
FUT.	Я	бу́ду зака́нчивать	зако́нчу
	Ты	бу́дешь зака́нчивать	зако́нчишь
	Он/она/оно	бу́дет зака́нчивать (ся)	зако́нчит (ся)
	Мы	бу́дем зака́нчивать	зако́нчим
	Вы	бу́дете зака́нчивать	зако́нчите
	Они	бу́дут зака́нчивать (ся)	зако́нчат (ся)
COND.	Я, Ты, Он	зака́нчивал (ся) бы	зако́нчил (ся) бы
	Я, Ты, Она	зака́нчивала (сь) бы	зако́нчила (сь) бы
	Оно	зака́нчивало (сь) бы	зако́нчило (сь) бы
	Мы, Вы, Они	зака́нчивали (сь) бы	зако́нчили (сь) бы
IMP.	Ты	зака́нчивай	зако́нчи
	Вы	зака́нчивайте	зако́нчите

DEVERBALS

PRES. ACT.	зака́нчивающий (ся)	
PRES. PASS.	зака́нчиваемый	
PAST ACT.	зака́нчивавший (ся)	зако́нчивший (ся)
PAST PASS.		зако́нченный
VERBAL ADVERB	зака́нчивая (сь)	зако́нчив (шись)

зака́нчивать что

Когда вы заканчиваете сезон?	When do you finish the season?
На этом я закончу.	I will stop here.
Матч закончился вничью.	The game ended in a tie.

заключа́ть (ся) / заключи́ть (ся)
to conclude, end, imprison (consist of)

		IMPERFECTIVE ASPECT	PERFECTIVE ASPECT
INF.		заключа́ть (ся)	заключи́ть (ся)
PRES.	Я	заключа́ю (сь)	
	Ты	заключа́ешь (ся)	
	Он/она/оно	заключа́ет (ся)	
	Мы	заключа́ем (ся)	
	Вы	заключа́ете (сь)	
	Они	заключа́ют (ся)	
PAST	Я, Ты, Он	заключа́л (ся)	заключи́л (ся)
	Я, Ты, Она	заключа́ла (сь)	заключи́ла (сь)
	Оно	заключа́ло (сь)	заключи́ло (сь)
	Мы, Вы, Они	заключа́ли (сь)	заключи́ли (сь)
FUT.	Я	бу́ду заключа́ть (ся)	заключу́ (сь)
	Ты	бу́дешь заключа́ть (ся)	заключи́шь (ся)
	Он/она/оно	бу́дет заключа́ть (ся)	заключи́т (ся)
	Мы	бу́дем заключа́ть (ся)	заключи́м (ся)
	Вы	бу́дете заключа́ть (ся)	заключи́те (сь)
	Они	бу́дут заключа́ть (ся)	заключа́т (ся)
COND.	Я, Ты, Он	заключа́л (ся) бы	заключи́л (ся) бы
	Я, Ты, Она	заключа́ла (сь) бы	заключи́ла (сь) бы
	Оно	заключа́ло (сь) бы	заключи́ло (сь) бы
	Мы, Вы, Они	заключа́ли (сь) бы	заключи́ли (сь) бы
IMP.	Ты	заключа́й (ся)	заключи́ (сь)
	Вы	заключа́йте (сь)	заключи́те (сь)

DEVERBALS

	IMPERFECTIVE ASPECT	PERFECTIVE ASPECT
PRES. ACT.	заключа́ющий (ся)	
PRES. PASS.	заключа́емый	
PAST ACT.	заключа́вший (ся)	заключи́вший (ся)
PAST PASS.		заключённый
VERBAL ADVERB	заключа́я	заключи́в (шись)

заключа́ть что чем, кого – что во что; заключа́ться в чём, чем

Заключайте договор, и живите спокойно.	Conclude a treaty, and live in peace.
Они заключили контракт на два года.	They concluded a contract for two years.
В чем могут заключаться ошибки?	What could the errors consist of?

140

закрыва́ть (ся) / закры́ть (ся)

to shut, close (be closed)

	IMPERFECTIVE ASPECT	PERFECTIVE ASPECT
INF.	закрыва́ть (ся)	закры́ть (ся)
PRES. Я	закрыва́ю (сь)	
Ты	закрыва́ешь (ся)	
Он/она/оно	закрыва́ет (ся)	
Мы	закрыва́ем (ся)	
Вы	закрыва́ете (сь)	
Они	закрыва́ют (ся)	
PAST Я, Ты, Он	закрыва́л (ся)	закры́л (ся)
Я, Ты, Она	закрыва́ла (сь)	закры́ла (сь)
Оно	закрыва́ло (сь)	закры́ло (сь)
Мы, Вы, Они	закрыва́ли (сь)	закры́ли (сь)
FUT. Я	бу́ду закрыва́ть (ся)	закро́ю (ся)
Ты	бу́дешь закрыва́ть (ся)	закро́ешь (ся)
Он/она/оно	бу́дет закрыва́ть (ся)	закро́ет (ся)
Мы	бу́дем закрыва́ть (ся)	закро́ем (ся)
Вы	бу́дете закрыва́ть (ся)	закро́ете (сь)
Они	бу́дут закрыва́ть (ся)	закро́ют (ся)
COND. Я, Ты, Он	закрыва́л (ся) бы	закры́л (ся) бы
Я, Ты, Она	закрыва́ла (сь) бы	закры́ла (сь) бы
Оно	закрыва́ло (сь) бы	закры́ло (сь) бы
Мы, Вы, Они	закрыва́ли (сь) бы	закры́ли (сь) бы
IMP. Ты	закрыва́й (ся)	закро́й (ся)
Вы	закрыва́йте (сь)	закро́йте (сь)

DEVERBALS

PRES. ACT.	закрыва́ющий (ся)	
PRES. PASS.	закрыва́емый	
PAST ACT.	закрыва́вший (ся)	закры́вший (ся)
PAST PASS.		закры́тый
VERBAL ADVERB	закрыва́я (сь)	закры́в (шись)

закрыва́ть кого – что

Я не закрываю глаза.	I can't close my eyes.
Закроем двери и обсудим.	Let's close the doors and discuss it.
Закрылись индексы разнонаправлено.	The indexes closed mixed.

3

заменя́ть / замени́ть
to replace, take the place of

		IMPERFECTIVE ASPECT	PERFECTIVE ASPECT
INF.		заменя́ть	замени́ть
PRES.	Я	заменя́ю	
	Ты	заменя́ешь	
	Он/она/оно	заменя́ет	
	Мы	заменя́ем	
	Вы	заменя́ете	
	Они	заменя́ют	
PAST	Я, Ты, Он	заменя́л	замени́л
	Я, Ты, Она	заменя́ла	замени́ла
	Оно	заменя́ло	замени́ло
	Мы, Вы, Они	заменя́ли	замени́ли
FUT.	Я	бу́ду заменя́ть	заменю́
	Ты	бу́дешь заменя́ть	заме́нишь
	Он/она/оно	бу́дет заменя́ть	заме́нит
	Мы	бу́дем заменя́ть	заме́ним
	Вы	бу́дете заменя́ть	заме́ните
	Они	бу́дут заменя́ть	заме́нят
COND.	Я, Ты, Он	заменя́л бы	замени́л бы
	Я, Ты, Она	заменя́ла бы	замени́ла бы
	Оно	заменя́ло бы	замени́ло бы
	Мы, Вы, Они	заменя́ли бы	замени́ли бы
IMP.	Ты	заменя́й	замени́
	Вы	заменя́йте	замени́те

DEVERBALS

PRES. ACT.	заменя́ющий	
PRES. PASS.	заменя́емый	
PAST ACT.	заменя́вший	замени́вший
PAST PASS.		заменённый
		заменён, заменена́
VERBAL ADVERB	заменя́я	замени́в

заменя́ть кого – что кем – чем, кому – чему

Замени́те ста́рую програ́мму но́вой.	Replace your old program with a new one.
Я заменю́ батаре́йки.	I'll replace the batteries.
Москва́ замени́ла нам Ло́ндон и Пари́ж.	Moscow replaced London and Paris for us.

		IMPERFECTIVE ASPECT	PERFECTIVE ASPECT
INF.		замерза́ть	замёрзнуть
PRES.	Я	замерза́ю	
	Ты	замерза́ешь	
	Он/она/оно	замерза́ет	
	Мы	замерза́ем	
	Вы	замерза́ете	
	Они	замерза́ют	
PAST	Я, Ты, Он	замерза́л	замёрз
	Я, Ты, Она	замерза́ла	замёрзла
	Оно	замерза́ло	замёрзло
	Мы, Вы, Они	замерза́ли	замёрзли
FUT.	Я	бу́ду замерза́ть	замёрзну
	Ты	бу́дешь замерза́ть	замёрзнешь
	Он/она/оно	бу́дет замерза́ть	замёрзнет
	Мы	бу́дем замерза́ть	замёрзнем
	Вы	бу́дете замерза́ть	замёрзнете
	Они	бу́дут замерза́ть	замёрзнут
COND.	Я, Ты, Он	замерза́л бы	замёрз бы
	Я, Ты, Она	замерза́ла бы	замёрзла бы
	Оно	замерза́ло бы	замёрзло бы
	Мы, Вы, Они	замерза́ли бы	замёрзли бы
IMP.	Ты	замерза́й	замёрзни
	Вы	замерза́йте	замёрзните

DEVERBALS

	IMPERFECTIVE ASPECT	PERFECTIVE ASPECT
PRES. ACT.	замерза́ющий	
PRES. PASS.		
PAST ACT.	замерза́вший	замёрзший
PAST PASS.		
VERBAL ADVERB	замерза́я	замёрзнув, замёрзши

Замерзаете ли вы в своей квартире?	Are you freezing in your apartment?
Почему северный полюс Земли замерз?	Why did Earth's North Pole freeze?
Говорят, мы все замерзнем.	They say we'll all freeze to death.

замеча́ть / заме́тить
to notice, observe, take note of

		IMPERFECTIVE ASPECT	PERFECTIVE ASPECT
INF.		замеча́ть	заме́тить
PRES.	Я	замеча́ю	
	Ты	замеча́ешь	
	Он/она/оно	замеча́ет	
	Мы	замеча́ем	
	Вы	замеча́ете	
	Они	замеча́ют	
PAST	Я, Ты, Он	замеча́л	заме́тил
	Я, Ты, Она	замеча́ла	заме́тила
	Оно	замеча́ло	заме́тило
	Мы, Вы, Они	замеча́ли	заме́тили
FUT.	Я	бу́ду замеча́ть	заме́чу
	Ты	бу́дешь замеча́ть	заме́тишь
	Он/она/оно	бу́дет замеча́ть	заме́тит
	Мы	бу́дем замеча́ть	заме́тим
	Вы	бу́дете замеча́ть	заме́тите
	Они	бу́дут замеча́ть	заме́тят
COND.	Я, Ты, Он	замеча́л бы	заме́тил бы
	Я, Ты, Она	замеча́ла бы	заме́тила бы
	Оно	замеча́ло бы	заме́тило бы
	Мы, Вы, Они	замеча́ли бы	заме́тили бы
IMP.	Ты	замеча́й	заме́ть
	Вы	замеча́йте	заме́тьте

DEVERBALS

	IMPERFECTIVE ASPECT	PERFECTIVE ASPECT
PRES. ACT.	замеча́ющий	
PRES. PASS.	замеча́емый	
PAST ACT.	замеча́вший	заме́тивший
PAST PASS.		заме́ченный
VERBAL ADVERB	замеча́я	заме́тив

замеча́ть кого – что

AN ESSENTIAL VERB

144

AN ESSENTIAL VERB

замеча́ть / заме́тить

Examples

Замечайте события вашей жизни.
Take note of the events of your life.

Она не заметила меня.
She didn't notice me.

Мои таланты будут замечены.
My talents will be noticed.

Заметьте, это не я предложила.
Note that I wasn't the one who
    proposed this.

Запах замечается потребителем.
The scent can be noticed by the
    consumer.

Вы прошли, меня не замечая.
You passed by without noticing me.

Справедливости ради я замечу. . . .
For the sake of fairness, I will note. . . .

Руководство ничего не замечало.
The leadership didn't notice a thing.

Words and expressions related to this verb

Он мне заметил, что я
    ошибаюсь.

Такого не замечалось.

Это надо заметить.

Дело это как–то забылось.

замечание

замечательно

заметка

заниа́ть (ся) / заня́ть (ся)
to occupy, borrow (be occupied, engaged in)

		IMPERFECTIVE ASPECT	PERFECTIVE ASPECT
INF.		занима́ть (ся)	заня́ть (ся)
PRES.	Я	занима́ю (сь)	
	Ты	занима́ешь (ся)	
	Он/она/оно	занима́ет (ся)	
	Мы	занима́ем (ся)	
	Вы	занима́ете (сь)	
	Они	занима́ют (ся)	
PAST	Я, Ты, Он	занима́л (ся)	за́нял – занялся́
	Я, Ты, Она	занима́ла (сь)	заняла́ (сь)
	Оно	занима́ло (сь)	за́няло – заняло́сь
	Мы, Вы, Они	занима́ли (сь)	за́няли – заняли́сь
FUT.	Я	бу́ду занима́ть (ся)	займу́ (сь)
	Ты	бу́дешь занима́ть (ся)	займёшь (ся)
	Он/она/оно	бу́дет занима́ть (ся)	займёт (ся)
	Мы	бу́дем занима́ть (ся)	займём (ся)
	Вы	бу́дете занима́ть (ся)	займёте (сь)
	Они	бу́дут занима́ть (ся)	займу́т (ся)
COND.	Я, Ты, Он	занима́л (ся) бы	за́нял – занялся́ бы
	Я, Ты, Она	занима́ла (сь) бы	заняла́ (сь) бы
	Оно	занима́ло (сь) бы	за́няло – заняло́сь бы
	Мы, Вы, Они	занима́ли (сь) бы	за́няли – заняли́сь бы
IMP.	Ты	занима́й (ся)	займи́ (сь)
	Вы	занима́йте (сь)	займи́те (сь)

DEVERBALS

	IMPERFECTIVE ASPECT	PERFECTIVE ASPECT
PRES. ACT.	занима́ющий (ся)	
PRES. PASS.	занима́емый	
PAST ACT.	занима́вший (ся)	заня́вший (ся)
PAST PASS.		за́нятый
		за́нят, занята́, за́нято
VERBAL ADVERB	занима́я (сь)	заня́в (шись)

занима́ть что – кого, что у кого; занима́ться чем

Россия занимает пятое место.	Russia occupies fifth place.
Я занимаюсь своими делами.	I'm occupied with my own affairs.
Правительство занялось безопасностью полетов.	The government got involved with the security of flights.

146

записывать (ся) / записа́ть (ся)

to write down, make a note (register, make an appointment)

		IMPERFECTIVE ASPECT	PERFECTIVE ASPECT
INF.		запи́сывать (ся)	записа́ть (ся)
PRES.	Я	запи́сываю (сь)	
	Ты	запи́сываешь (ся)	
	Он/она́/оно́	запи́сывает (ся)	
	Мы	запи́сываем (ся)	
	Вы	запи́сываете (сь)	
	Они́	запи́сывают (ся)	
PAST	Я, Ты, Он	запи́сывал (ся)	записа́л (ся)
	Я, Ты, Она	запи́сывала (сь)	записа́ла (сь)
	Оно	запи́сывало (сь)	записа́ло (сь)
	Мы, Вы, Они	запи́сывали (сь)	записа́ли (сь)
FUT.	Я	бу́ду запи́сывать (ся)	запишу́ (сь)
	Ты	бу́дешь запи́сывать (ся)	запи́шешь (ся)
	Он/она́/оно́	бу́дет запи́сывать (ся)	запи́шет (ся)
	Мы	бу́дем запи́сывать (ся)	запи́шем (ся)
	Вы	бу́дете запи́сывать (ся)	запи́шете (сь)
	Они	бу́дут запи́сывать (ся)	запи́шут (ся)
COND.	Я, Ты, Он	запи́сывал (ся) бы	записа́л (ся) бы
	Я, Ты, Она	запи́сывала (сь) бы	записа́ла (сь) бы
	Оно	запи́сывало (сь) бы	записа́ло (сь) бы
	Мы, Вы, Они	запи́сывали (сь) бы	записа́ли (сь) бы
IMP.	Ты	запи́сывай (ся)	запиши́ (сь)
	Вы	запи́сывайте (сь)	запиши́те (сь)

DEVERBALS

	IMPERFECTIVE	PERFECTIVE
PRES. ACT.	запи́сывающий (ся)	
PRES. PASS.	запи́сываемый	
PAST ACT.	запи́сывавший (ся)	записа́вший (ся)
PAST PASS.		запи́санный
VERBAL ADVERB	запи́сывая (сь)	записа́в (шись)

запи́сывать кого – что, на что

Записывайте свои идеи.
Группа записала новый альбом.
Ты записался добровольцем?

Write down your ideas.
The group recorded a new album.
Did you sign up as a volunteer?

запомина́ть (ся) / запо́мнить (ся)
to remember, keep in mind (remain in someone's memory)

		IMPERFECTIVE ASPECT	PERFECTIVE ASPECT
INF.		запомина́ть (ся)	запо́мнить (ся)
PRES.	Я	запомина́ю (сь)	
	Ты	запомина́ешь (ся)	
	Он/она́/оно́	запомина́ет (ся)	
	Мы	запомина́ем (ся)	
	Вы	запомина́ете (сь)	
	Они́	запомина́ют (ся)	
PAST	Я, Ты, Он	запомина́л (ся)	запо́мнил (ся)
	Я, Ты, Она	запомина́ла (сь)	запо́мнила (сь)
	Оно́	запомина́ло (сь)	запо́мнило (сь)
	Мы, Вы, Они́	запомина́ли (сь)	запо́мнили (сь)
FUT.	Я	бу́ду запомина́ть (ся)	запо́мню (сь)
	Ты	бу́дешь запомина́ть (ся)	запо́мнишь (ся)
	Он/она́/оно́	бу́дет запомина́ть (ся)	запо́мнит (ся)
	Мы	бу́дем запомина́ть (ся)	запо́мним (ся)
	Вы	бу́дете запомина́ть (ся)	запо́мните (сь)
	Они́	бу́дут запомина́ть (ся)	запо́мнят (ся)
COND.	Я, Ты, Он	запомина́л (ся) бы	запо́мнил (ся) бы
	Я, Ты, Она	запомина́ла (сь) бы	запо́мнила (сь) бы
	Оно́	запомина́ло (сь) бы	запо́мнило (сь) бы
	Мы, Вы, Они́	запомина́ли (сь) бы	запо́мнили (сь) бы
IMP.	Ты	запомина́й (ся)	запо́мни (сь)
	Вы	запомина́йте (сь)	запо́мните (сь)

DEVERBALS

	IMPERFECTIVE ASPECT	PERFECTIVE ASPECT
PRES. ACT.	запомина́ющий (ся)	
PRES. PASS.	запомина́емый	
PAST ACT.	запомина́вший (ся)	запо́мнивший (ся)
PAST PASS.		запо́мненный
VERBAL ADVERB	запомина́я (сь)	запо́мнив (шись)

запомина́ть кого – что

Чем меньше знаешь, тем больше запоминаешь.	The less you know, the more you remember.
Этот день я запомню надолго.	I'll remember this day for a long time.
Что вам больше всего запомнилось?	What did you remember most of all?

зараба́тывать / зарабо́тать
to earn / begin to work

		IMPERFECTIVE ASPECT	PERFECTIVE ASPECT
INF.		зараба́тывать	зарабо́тать
PRES.	Я	зараба́тываю	
	Ты	зараба́тываешь	
	Он/она/оно	зараба́тывает	
	Мы	зараба́тываем	
	Вы	зараба́тываете	
	Они	зараба́тывают	
PAST	Я, Ты, Он	зараба́тывал	зарабо́тал
	Я, Ты, Она	зараба́тывала	зарабо́тала
	Оно	зараба́тывало	зарабо́тало
	Мы, Вы, Они	зараба́тывали	зарабо́тали
FUT.	Я	бу́ду зараба́тывать	зарабо́таю
	Ты	бу́дешь зараба́тывать	зарабо́таешь
	Он/она/оно	бу́дет зараба́тывать	зарабо́тает
	Мы	бу́дем зараба́тывать	зарабо́таем
	Вы	бу́дете зараба́тывать	зарабо́таете
	Они	бу́дут зараба́тывать	зарабо́тают
COND.	Я, Ты, Он	зараба́тывал бы	зарабо́тал бы
	Я, Ты, Она	зараба́тывала бы	зарабо́тала бы
	Оно	зараба́тывало бы	зарабо́тало бы
	Мы, Вы, Они	зараба́тывали бы	зарабо́тали бы
IMP.	Ты	зараба́тывай	зарабо́тай
	Вы	зараба́тывайте	зарабо́тайте

DEVERBALS

	IMPERFECTIVE	PERFECTIVE
PRES. ACT.	зараба́тывающий	
PRES. PASS.	зараба́тываемый	
PAST ACT.	зараба́тывавший	зарабо́тавший
PAST PASS.		зарабо́танный
VERBAL ADVERB	зараба́тывая	зарабо́тав

зараба́тывать что

Я сама зарабатываю, чтобы все это оплачивать.	I am earning money myself to pay this all off.
Они миллион долларов заработали.	They earned a million dollars.
Заработал новый сайт.	The new site began working.

заставля́ть / заста́вить
to force, compel, stuff, block up

		IMPERFECTIVE ASPECT	PERFECTIVE ASPECT
INF.		заставля́ть	заста́вить
PRES.	Я	заставля́ю	
	Ты	заставля́ешь	
	Он/она/оно	заставля́ет	
	Мы	заставля́ем	
	Вы	заставля́ете	
	Они	заставля́ют	
PAST	Я, Ты, Он	заставля́л	заста́вил
	Я, Ты, Она	заставля́ла	заста́вила
	Оно	заставля́ло	заста́вило
	Мы, Вы, Они	заставля́ли	заста́вили
FUT.	Я	бу́ду заставля́ть	заста́влю
	Ты	бу́дешь заставля́ть	заста́вишь
	Он/она/оно	бу́дет заставля́ть	заста́вит
	Мы	бу́дем заставля́ть	заста́вим
	Вы	бу́дете заставля́ть	заста́вите
	Они	бу́дут заставля́ть	заста́вят
COND.	Я, Ты, Он	заставля́л бы	заста́вил бы
	Я, Ты, Она	заставля́ла бы	заста́вила бы
	Оно	заставля́ло бы	заста́вило бы
	Мы, Вы, Они	заставля́ли бы	заста́вили бы
IMP.	Ты	заставля́й	заста́вь
	Вы	заставля́йте	заста́вьте

DEVERBALS

	IMPERFECTIVE ASPECT	PERFECTIVE ASPECT
PRES. ACT.	заставля́ющий	
PRES. PASS.	заставля́емый	
PAST ACT.	заставля́вший	заста́вивший
PAST PASS.		заста́вленный
VERBAL ADVERB	заставля́я	заста́вив

заставля́ть кого – что + infinitive

Мы заставляем студентов говорить по-русски.
Я тебя не заставлю ждать.
Мама его заставила сбрить бороду.

We compel our students to speak Russian.
I won't force you to wait.
Mom forced him to shave his beard.

		IMPERFECTIVE ASPECT	PERFECTIVE ASPECT
INF.		засыпа́ть	засну́ть
PRES.	Я	засыпа́ю	
	Ты	засыпа́ешь	
	Он/она/оно	засыпа́ет	
	Мы	засыпа́ем	
	Вы	засыпа́ете	
	Они	засыпа́ют	
PAST	Я, Ты, Он	засыпа́л	засну́л
	Я, Ты, Она	засыпа́ла	засну́ла
	Оно	засыпа́ло	засну́ло
	Мы, Вы, Они	засыпа́ли	засну́ли
FUT.	Я	бу́ду засыпа́ть	засну́
	Ты	бу́дешь засыпа́ть	заснёшь
	Он/она/оно	бу́дет засыпа́ть	заснёт
	Мы	бу́дем засыпа́ть	заснём
	Вы	бу́дете засыпа́ть	заснёте
	Они	бу́дут засыпа́ть	засну́т
COND.	Я, Ты, Он	засыпа́л бы	засну́л бы
	Я, Ты, Она	засыпа́ла бы	засну́ла бы
	Оно	засыпа́ло бы	засну́ло бы
	Мы, Вы, Они	засыпа́ли бы	засну́ли бы
IMP.	Ты	засыпа́й	засни́
	Вы	засыпа́йте	засни́те

DEVERBALS

	IMPERFECTIVE ASPECT	PERFECTIVE ASPECT
PRES. ACT.	засыпа́ющий	
PRES. PASS.		
PAST ACT.	засыпа́вший	засну́вший
PAST PASS.		
VERBAL ADVERB	засыпа́я	засну́в

Do not confuse with **засыпа́ть (ся) / засыпа́ть (ся)** meaning *to fill up, cover, strew (be caught or fail)*.

Я засыпаю, и мне снится, что я засыпаю.	I fall asleep and dream that I am falling asleep.
Засну когда умру.	I will fall asleep when I die.
О чем думаете засыпая в теплой постели?	What do you think about when falling asleep in a warm bed?

захва́тывать / захвати́ть
to seize, take, capture, thrill

		IMPERFECTIVE ASPECT	PERFECTIVE ASPECT
INF.		захва́тывать	захвати́ть
PRES.	Я	захва́тываю	
	Ты	захва́тываешь	
	Он/она/оно	захва́тывает	
	Мы	захва́тываем	
	Вы	захва́тываете	
	Они	захва́тывают	
PAST	Я, Ты, Он	захва́тывал	захвати́л
	Я, Ты, Она	захва́тывала	захвати́ла
	Оно	захва́тывало	захвати́ло
	Мы, Вы, Они	захва́тывали	захвати́ли
FUT.	Я	бу́ду захва́тывать	захвачу́
	Ты	бу́дешь захва́тывать	захва́тишь
	Он/она/оно	бу́дет захва́тывать	захва́тит
	Мы	бу́дем захва́тывать	захва́тим
	Вы	бу́дете захва́тывать	захва́тите
	Они	бу́дут захва́тывать	захва́тят
COND.	Я, Ты, Он	захва́тывал бы	захвати́л бы
	Я, Ты, Она	захва́тывала бы	захвати́ла бы
	Оно	захва́тывало бы	захвати́ло бы
	Мы, Вы, Они	захва́тывали бы	захвати́ли бы
IMP.	Ты	захва́тывай	захвати́
	Вы	захва́тывайте	захвати́те

DEVERBALS

	IMPERFECTIVE ASPECT	PERFECTIVE ASPECT
PRES. ACT.	захва́тывающий	
PRES. PASS.	захва́тываемый	
PAST ACT.	захва́тывавший	захвати́вший
PAST PASS.		захва́ченный
VERBAL ADVERB	захва́тывая	захвати́в

захва́тывать кого – что

Грипп захватывает новые районы.	The flu is gripping new regions.
И вино свое захватите.	And take your own wine.
Демонстранты захватили здание.	The demonstrators seized the building.

	IMPERFECTIVE ASPECT	PERFECTIVE ASPECT
INF.	заходи́ть	зайти́
PRES. Я	захожу́	
Ты	захо́дишь	
Он/она/оно	захо́дит	
Мы	захо́дим	
Вы	захо́дите	
Они	захо́дят	
PAST Я, Ты, Он	заходи́л	зашёл
Я, Ты, Она	заходи́ла	зашла́
Оно	заходи́ло	зашло́
Мы, Вы, Они	заходи́ли	зашли́
FUT. Я	бу́ду заходи́ть	зайду́
Ты	бу́дешь заходи́ть	зайдёшь
Он/она/оно	бу́дет заходи́ть	зайдёт
Мы	бу́дем заходи́ть	зайдём
Вы	бу́дете заходи́ть	зайдёте
Они	бу́дут заходи́ть	зайду́т
COND. Я, Ты, Он	заходи́л бы	зашёл бы
Я, Ты, Она	заходи́ла бы	зашла́ бы
Оно	заходи́ло бы	зашло́ бы
Мы, Вы, Они	заходи́ли бы	зашли́ бы
IMP. Ты	заходи́	зайди́
Вы	заходи́те	зайди́те

DEVERBALS

PRES. ACT.	заходя́щий	
PRES. PASS.		
PAST ACT.	заходи́вший	заше́дший
PAST PASS.		
VERBAL ADVERB	заходя́	зайдя́

зайти́ к кому – чему, за кем – чем

Заходите в гости.	Drop by and visit us.
Завтра я зайду в книжный магазин.	Tomorrow I'll drop into a bookstore.
Посмотрите, кто зашел.	Look who's come.

3

защища́ть (ся) / защити́ть (ся)
to defend, protect (defend oneself)

		IMPERFECTIVE ASPECT	PERFECTIVE ASPECT
INF.		защища́ть (ся)	защити́ть (ся)
PRES.	Я	защища́ю (сь)	
	Ты	защища́ешь (ся)	
	Он/она/оно	защища́ет (ся)	
	Мы	защища́ем (ся)	
	Вы	защища́ете (сь)	
	Они	защища́ют (ся)	
PAST	Я, Ты, Он	защища́л (ся)	защити́л (ся)
	Я, Ты, Она	защища́ла (сь)	защити́ла (сь)
	Оно	защища́ло (сь)	защити́ло (сь)
	Мы, Вы, Они	защища́ли (сь)	защити́ли (сь)
FUT.	Я	бу́ду защища́ть (ся)	защищу́ (сь)
	Ты	бу́дешь защища́ть (ся)	защити́шь (ся)
	Он/она/оно	бу́дет защища́ть (ся)	защити́т (ся)
	Мы	бу́дем защища́ть (ся)	защити́м (ся)
	Вы	бу́дете защища́ть (ся)	защити́те (сь)
	Они	бу́дут защища́ть (ся)	защитя́т (ся)
COND.	Я, Ты, Он	защища́л (ся) бы	защити́л (ся) бы
	Я, Ты, Она	защища́ла (сь) бы	защити́ла (сь) бы
	Оно	защища́ло (сь) бы	защити́ло (сь) бы
	Мы, Вы, Они	защища́ли (сь) бы	защити́ли (сь) бы
IMP.	Ты	защища́й (ся)	защити́ (сь)
	Вы	защища́йте (сь)	защити́те (сь)

DEVERBALS

	IMPERFECTIVE ASPECT	PERFECTIVE ASPECT
PRES. ACT.	защища́ющий (ся)	
PRES. PASS.	защища́емый	
PAST ACT.	защища́вший (ся)	защити́вший (ся)
PAST PASS.		защищённый защищён, защищена́
VERBAL ADVERB	защища́я (сь)	защити́в (шись)

защища́ть кого – что от кого – чего

Защищаем наши данные.	We protect our data.
Она успешно защитила диссертацию.	She successfully defended her dissertation.
Мы защитились, все прошло нормально.	We defended ourselves, and everything turned out well.

		IMPERFECTIVE ASPECT	PERFECTIVE ASPECT
INF.		зва́ть (ся)	позва́ть
PRES.	Я	зову́ (сь)	
	Ты	зовёшь (ся)	
	Он/она/оно	зовёт (ся)	
	Мы	зовём (ся)	
	Вы	зовёте (сь)	
	Они	зову́т (ся)	
PAST	Я, Ты, Он	зва́л – зва́лся	позва́л
	Я, Ты, Она	звала́ (сь)	позвала́
	Оно	зва́ло – зва́лось	позва́ло
	Мы, Вы, Они	зва́ли – зва́лись	позва́ли
FUT.	Я	бу́ду зва́ть (ся)	позову́
	Ты	бу́дешь зва́ть (ся)	позовёшь
	Он/она/оно	бу́дет зва́ть (ся)	позовёт
	Мы	бу́дем зва́ть (ся)	позовём
	Вы	бу́дете зва́ть (ся)	позовёте
	Они	бу́дут зва́ть (ся)	позову́т
COND.	Я, Ты, Он	зва́л – зва́лся бы	позва́л бы
	Я, Ты, Она	звала́ (сь) бы	позвала́ бы
	Оно	зва́ло – зва́лось бы	позва́ло бы
	Мы, Вы, Они	зва́ли – зва́лись бы	позва́ли бы
IMP.	Ты	зови́ (сь)	позови́
	Вы	зови́те (сь)	позови́те

DEVERBALS

PRES. ACT.	зову́щий (ся)	
PRES. PASS.		
PAST ACT.	зва́вший (ся)	позва́вший
PAST PASS.	зва́нный	по́званный
	зва́н, звана́, зва́но	
VERBAL ADVERB	зовя́ (сь)	позва́в

зва́ть кого – что кем – чем

Как вас зовут?	What is your name?
Меня зовут ____.	My name is ____.
Как ее зовут?	What's her name?
Как звался этот город?	What was this city called?
Позовите меня на праздник.	Invite me for the holiday.

155

звони́ть (ся) / позвони́ть (ся)
to telephone, ring

		IMPERFECTIVE ASPECT	PERFECTIVE ASPECT
INF.		звони́ть (ся)	позвони́ть (ся)
PRES.	Я	звоню́ (сь)	
	Ты	звони́шь (ся)	
	Он/она/оно	звони́т (ся)	
	Мы	звони́м (ся)	
	Вы	звони́те (сь)	
	Они	звоня́т (ся)	
PAST	Я, Ты, Он	звони́л (ся)	позвони́л (ся)
	Я, Ты, Она	звони́ла (сь)	позвони́ла (сь)
	Оно	звони́ло (сь)	позвони́ло (сь)
	Мы, Вы, Они	звони́ли (сь)	позвони́ли (сь)
FUT.	Я	бу́ду звони́ть (ся)	позвоню́ (сь)
	Ты	бу́дешь звони́ть (ся)	позвони́шь (ся)
	Он/она/оно	бу́дет звони́ть (ся)	позвони́т (ся)
	Мы	бу́дем звони́ть (ся)	позвони́м (ся)
	Вы	бу́дете звони́ть (ся)	позвони́те (сь)
	Они	бу́дут звони́ть (ся)	позвоня́т (ся)
COND.	Я, Ты, Он	звони́л (ся) бы	позвони́л (ся) бы
	Я, Ты, Она	звони́ла (сь) бы	позвони́ла (сь) бы
	Оно	звони́ло (сь) бы	позвони́ло (сь) бы
	Мы, Вы, Они	звони́ли (сь) бы	позвони́ли (сь) бы
IMP.	Ты	звони́ (сь)	позвони́ (сь)
	Вы	звони́те (сь)	позвони́те (сь)

DEVERBALS

	IMPERFECTIVE ASPECT	PERFECTIVE ASPECT
PRES. ACT.	звоня́щий (ся)	
PRES. PASS.		
PAST ACT.	звони́вший (ся)	позвони́вший (ся)
PAST PASS.		
VERBAL ADVERB	звоня́ (сь)	позвони́в (шись)

звони́ть кому во что

Звонят колокола Кремля.	The bells of the Kremlin are ringing.
Звоните и приезжайте.	Call and come visit.
Друзьья позвонили.	The friends called.

	IMPERFECTIVE ASPECT	PERFECTIVE ASPECT
INF.	звуча́ть	прозвуча́ть

PRES.		
Я	звучу́	
Ты	звучи́шь	
Он/она/оно	звучи́т	
Мы	звучи́м	
Вы	звучи́те	
Они	звуча́т	

PAST		
Я, Ты, Он	звуча́л	прозвуча́л
Я, Ты, Она	звуча́ла	прозвуча́ла
Оно	звуча́ло	прозвуча́ло
Мы, Вы, Они	звуча́ли	прозвуча́ли

FUT.		
Я	бу́ду звуча́ть	
Ты	бу́дешь звуча́ть	
Он/она/оно	бу́дет звуча́ть	прозвучи́т
Мы	бу́дем звуча́ть	
Вы	бу́дете звуча́ть	
Они	бу́дут звуча́ть	прозвуча́т

COND.		
Я, Ты, Он	звуча́л бы	прозвуча́л бы
Я, Ты, Она	звуча́ла бы	прозвуча́ла бы
Оно	звуча́ло бы	прозвуча́ло бы
Мы, Вы, Они	звуча́ли бы	прозвуча́ли бы

IMP.		
Ты	звучи́	
Вы	звучи́те	

DEVERBALS

PRES. ACT.	звуча́щий	
PRES. PASS.		
PAST ACT.	звуча́вший	прозвуча́вший
PAST PASS.		
VERBAL ADVERB	звуча́	прозвуча́в

звуча́ть чем

Музыка звучит в сердце.	Music resounds in my heart.
В его адрес звучат новые требования.	New demands are being addressed to him.
Сегодня прозвучали новые угрозы.	Today new threats were heard.

здоро́ваться / поздоро́ваться
to greet

		IMPERFECTIVE ASPECT	PERFECTIVE ASPECT
INF.		здоро́ваться	поздоро́ваться
PRES.	Я	здоро́ваюсь	
	Ты	здоро́ваешься	
	Он/она/оно	здоро́вается	
	Мы	здоро́ваемся	
	Вы	здоро́ваетесь	
	Они	здоро́ваются	
PAST	Я, Ты, Он	здоро́вался	поздоро́вался
	Я, Ты, Она	здоро́валась	поздоро́валась
	Оно	здоро́валось	поздоро́валось
	Мы, Вы, Они	здоро́вались	поздоро́вались
FUT.	Я	бу́ду здоро́ваться	поздоро́ваюсь
	Ты	бу́дешь здоро́ваться	поздоро́ваешься
	Он/она/оно	бу́дет здоро́ваться	поздоро́вается
	Мы	бу́дем здоро́ваться	поздоро́ваемся
	Вы	бу́дете здоро́ваться	поздоро́ваетесь
	Они	бу́дут здоро́ваться	поздоро́ваются
COND.	Я, Ты, Он	здоро́вался бы	поздоро́вался бы
	Я, Ты, Она	здоро́валась бы	поздоро́валась бы
	Оно	здоро́валось бы	поздоро́валось бы
	Мы, Вы, Они	здоро́вались бы	поздоро́вались бы
IMP.	Ты	здоро́вайся	поздоро́вайся
	Вы	здоро́вайтесь	поздоро́вайтесь

DEVERBALS

	IMPERFECTIVE	PERFECTIVE
PRES. ACT.	здоро́вающийся	
PRES. PASS.		
PAST ACT.	здоро́вавшийся	поздоро́вавшийся
PAST PASS.		
VERBAL ADVERB	здоро́ваясь	поздоро́вавшись

здоро́ваться с кем

Обязательно здоровайтесь с ними при встрече.	Be sure to greet them when you meet.
Все, кто приехал, громко и весело здоровались.	All who arrived greeted one another loudly and cheerfully.
Давайте поздороваемся друг с другом.	Let's exchange greetings with one another.

знакóмить (ся) / познакóмить (ся)

to acquaint, introduce (get acquainted, meet)

		IMPERFECTIVE ASPECT	PERFECTIVE ASPECT
INF.		знакóмить (ся)	познакóмить (ся)
PRES.	Я	знакóмлю (сь)	
	Ты	знакóмишь (ся)	
	Он/она/оно	знакóмит (ся)	
	Мы	знакóмим (ся)	
	Вы	знакóмите (сь)	
	Они	знакóмят (ся)	
PAST	Я, Ты, Он	знакóмил (ся)	познакóмил (ся)
	Я, Ты, Она	знакóмила (сь)	познакóмила (сь)
	Оно	знакóмило (сь)	познакóмило (сь)
	Мы, Вы, Они	знакóмили (сь)	познакóмили (сь)
FUT.	Я	бýду знакóмить (ся)	познакóмлю (сь)
	Ты	бýдешь знакóмить (ся)	познакóмишь (ся)
	Он/она/оно	бýдет знакóмить (ся)	познакóмит (ся)
	Мы	бýдем знакóмить (ся)	познакóмим (ся)
	Вы	бýдете знакóмить (ся)	познакóмите (сь)
	Они	бýдут знакóмить (ся)	познакóмят (ся)
COND.	Я, Ты, Он	знакóмил (ся) бы	познакóмил (ся) бы
	Я, Ты, Она	знакóмила (сь) бы	познакóмила (сь) бы
	Оно	знакóмило (сь) бы	познакóмило (сь) бы
	Мы, Вы, Они	знакóмили (сь) бы	познакóмили (сь) бы
IMP.	Ты	знакóмь (ся)	познакóмь (ся)
	Вы	знакóмьте (сь)	познакóмьте (сь)

DEVERBALS

	IMPERFECTIVE ASPECT	PERFECTIVE ASPECT
PRES. ACT.	знакóмящий (ся)	
PRES. PASS.		
PAST ACT.	знакóмивший (ся)	познакóмивший (ся)
PAST PASS.		познакóмленный
VERBAL ADVERB	знакóмя (сь)	познакóмив (шись)

знакóмить кого – что с кем – чем; знакóмиться с кем – чем

Знакомлю вас с учетом интересов.	I'll acquaint you with an account of the interests.
Журналисты познакомились со столицей.	The journalists got to know the capital.
Ученых познакомят с современными технологиями.	The scientists will get acquainted with modern technologies.

3

зна́ть
to know

		IMPERFECTIVE ASPECT	PERFECTIVE ASPECT
INF.		зна́ть	
PRES.	Я	зна́ю	
	Ты	зна́ешь	
	Он/она́/оно́	зна́ет	
	Мы	зна́ем	
	Вы	зна́ете	
	Они́	зна́ют	
PAST	Я, Ты, Он	знал	
	Я, Ты, Она́	зна́ла	
	Оно́	зна́ло	
	Мы, Вы, Они́	зна́ли	
FUT.	Я	бу́ду зна́ть	
	Ты	бу́дешь зна́ть	
	Он/она́/оно́	бу́дет зна́ть	
	Мы	бу́дем зна́ть	
	Вы	бу́дете зна́ть	
	Они́	бу́дут зна́ть	
COND.	Я, Ты, Он	знал бы	
	Я, Ты, Она́	зна́ла бы	
	Оно́	зна́ло бы	
	Мы, Вы, Они́	зна́ли бы	
IMP.	Ты	знай	
	Вы	зна́йте	

DEVERBALS

PRES. ACT.	зна́ющий	
PRES. PASS.		
PAST ACT.	зна́вший	
PAST PASS.		
VERBAL ADVERB	зна́я	

зна́ть кого́ – что, о ком – чём

AN ESSENTIAL VERB

AN ESSENTIAL VERB

знáть

Examples

Что мы уже знаем?
What do we already know?

Я так и знала.
I just knew it.

Знайте свои права.
Know your rights.

Хочу туда, не знаю куда.
I want to go I know not where.

Будем знать только ты со мной.
Only you and I will know.

Я не знаю, что произошло со
    мной.
I don't know what happened to me.

Бог знает.
God only knows.

Жизнь мудрая, она знает что-то
    такое, чего мы не знаем.
Life is wise; it knows something we do
    not know.

Мы знаем, что они знают, что мы
    знаем.
We know that they know that we know.

Он знал, кто в семье заболеет.
He knew who in the family would get
    sick.

3

Words and expressions related to this verb

Кто его знает?

Как знать?

Дороги не знать, дня от
    ночи не знать.

Знать сокола по полету.

Много знать, мало спать.

знатный

знание

знаток

зна́чить (ся)
to mean, signify, be mentioned

		IMPERFECTIVE ASPECT	PERFECTIVE ASPECT
INF.		зна́чить (ся)	
PRES.	Я	зна́чу (сь)	
	Ты	зна́чишь (ся)	
	Он/она/оно	зна́чит (ся)	
	Мы	зна́чим (ся)	
	Вы	зна́чите (сь)	
	Они	зна́чат (ся)	
PAST	Я, Ты, Он	зна́чил (ся)	
	Я, Ты, Она	зна́чила (сь)	
	Оно	зна́чило (сь)	
	Мы, Вы, Они	зна́чили (сь)	
FUT.	Я	бу́ду зна́чить (ся)	
	Ты	бу́дешь зна́чить (ся)	
	Он/она/оно	бу́дет зна́чить (ся)	
	Мы	бу́дем зна́чить (ся)	
	Вы	бу́дете зна́чить (ся)	
	Они	бу́дут зна́чить (ся)	
COND.	Я, Ты, Он	зна́чил (ся) бы	
	Я, Ты, Она	зна́чила (сь) бы	
	Оно	зна́чило (сь) бы	
	Мы, Вы, Они	зна́чили (сь) бы	
IMP.	Ты		
	Вы		

	DEVERBALS	
PRES. ACT.	зна́чащий (ся)	
PRES. PASS.		
PAST ACT.	зна́чивший (ся)	
PAST PASS.		
VERBAL ADVERB	зна́ча (сь)	

зна́чить, что

Что это значит?
Ты для меня так много значишь.
В документах он не значится.

What does this mean?
You mean so much to me.
He is not mentioned in the
documents.

162

		IMPERFECTIVE ASPECT	PERFECTIVE ASPECT
INF.		игра́ть	сыгра́ть
PRES.	Я	игра́ю	
	Ты	игра́ешь	
	Он/она/оно	игра́ет	
	Мы	игра́ем	
	Вы	игра́ете	
	Они	игра́ют	
PAST	Я, Ты, Он	игра́л	сыгра́л
	Я, Ты, Она	игра́ла	сыгра́ла
	Оно	игра́ло	сыгра́ло
	Мы, Вы, Они	игра́ли	сыгра́ли
FUT.	Я	бу́ду игра́ть	сыгра́ю
	Ты	бу́дешь игра́ть	сыгра́ешь
	Он/она/оно	бу́дет игра́ть	сыгра́ет
	Мы	бу́дем игра́ть	сыгра́ем
	Вы	бу́дете игра́ть	сыгра́ете
	Они	бу́дут игра́ть	сыгра́ют
COND.	Я, Ты, Он	игра́л бы	сыгра́л бы
	Я, Ты, Она	игра́ла бы	сыгра́ла бы
	Оно	игра́ло бы	сыгра́ло бы
	Мы, Вы, Они	игра́ли бы	сыгра́ли бы
IMP.	Ты	игра́й	сыгра́й
	Вы	игра́йте	сыгра́йте

DEVERBALS

	IMPERFECTIVE ASPECT	PERFECTIVE ASPECT
PRES. ACT.	игра́ющий	
PRES. PASS.	игра́емый	
PAST ACT.	игра́вший	сыгра́вший
PAST PASS.		сы́гранный
VERBAL ADVERB	игра́я	сыгра́в

игра́ть кого – что, во что, на чём, кем – чем, с кем – чем

Не играйте на чувствах окружающих.	Don't play on the emotions of those around you.
На теплоходе играла музыка.	Music was playing on the ship.
С удовольствием сыграл бы с Моцартом.	I would have played with Mozart with pleasure.

избега́ть / избежа́ть

to avoid, escape

		IMPERFECTIVE ASPECT	PERFECTIVE ASPECT
INF.		избега́ть	избежа́ть
PRES.	Я	избега́ю	
	Ты	избега́ешь	
	Он/она/оно	избега́ет	
	Мы	избега́ем	
	Вы	избега́ете	
	Они	избега́ют	
PAST	Я, Ты, Он	избега́л	избежа́л
	Я, Ты, Она	избега́ла	избежа́ла
	Оно	избега́ло	избежа́ло
	Мы, Вы, Они	избега́ли	избежа́ли
FUT.	Я	бу́ду избега́ть	избегу́
	Ты	бу́дешь избега́ть	избежи́шь
	Он/она/оно	бу́дет избега́ть	избежи́т
	Мы	бу́дем избега́ть	избежи́м
	Вы	бу́дете избега́ть	избежи́те
	Они	бу́дут избега́ть	избегу́т
COND.	Я, Ты, Он	избега́л бы	избежа́л бы
	Я, Ты, Она	избега́ла бы	избежа́ла бы
	Оно	избега́ло бы	избежа́ло бы
	Мы, Вы, Они	избега́ли бы	избежа́ли бы
IMP.	Ты	избега́й	избеги́
	Вы	избега́йте	избеги́те

DEVERBALS

	IMPERFECTIVE ASPECT	PERFECTIVE ASPECT
PRES. ACT.	избега́ющий	
PRES. PASS.	избега́емый	
PAST ACT.	избега́вший	избежа́вший
PAST PASS.		
VERBAL ADVERB	избега́я	избежа́в

избега́ть кого – чего
Another perfective verb is **избе́гнуть.**

Он избегает опасных ситуаций.	He avoids dangerous situations.
Избежит ли он казни?	Will he escape execution?
Политики избежали прямого столкновения.	The politicians avoided direct confrontation.

извиня́ть (ся) / извини́ть (ся)

to excuse, pardon (apologize, be excused)

		IMPERFECTIVE ASPECT	PERFECTIVE ASPECT
INF.		извиня́ть (ся)	извини́ть (ся)
PRES.	Я	извиня́ю (сь)	
	Ты	извиня́ешь (ся)	
	Он/она/оно	извиня́ет (ся)	
	Мы	извиня́ем (ся)	
	Вы	извиня́ете (сь)	
	Они	извиня́ют (ся)	
PAST	Я, Ты, Он	извиня́л (ся)	извини́л (ся)
	Я, Ты, Она	извиня́ла (сь)	извини́ла (сь)
	Оно	извиня́ло (сь)	извини́ло (сь)
	Мы, Вы, Они	извиня́ли (сь)	извини́ли (сь)
FUT.	Я	бу́ду извиня́ть (ся)	извиню́ (сь)
	Ты	бу́дешь извиня́ть (ся)	извини́шь (ся)
	Он/она/оно	бу́дет извиня́ть (ся)	извини́т (ся)
	Мы	бу́дем извиня́ть (ся)	извини́м (ся)
	Вы	бу́дете извиня́ть (ся)	извини́те (сь)
	Они	бу́дут извиня́ть (ся)	извиня́т (ся)
COND.	Я, Ты, Он	извиня́л (ся) бы	извини́л (ся) бы
	Я, Ты, Она	извиня́ла (сь) бы	извини́ла (сь) бы
	Оно	извиня́ло (сь) бы	извини́ло (сь) бы
	Мы, Вы, Они	извиня́ли (сь) бы	извини́ли (сь) бы
IMP.	Ты	извиня́й (ся)	извини́ (сь)
	Вы	извиня́йте (сь)	извини́те (сь)

DEVERBALS

	IMPERFECTIVE ASPECT	PERFECTIVE ASPECT
PRES. ACT.	извиня́ющий (ся)	
PRES. PASS.	извиня́емый	
PAST ACT.	извиня́вший (ся)	извини́вший (ся)
PAST PASS.		извинённый
		извинён, извинена́
VERBAL ADVERB	извиня́я (сь)	извини́в (шись)

извиня́ть кого – что за что, кому что; извиня́ться перед кем

Извиняю и прощаю вас.	I pardon and forgive you.
Папа, не извняйся.	Papa, don't apologize.
Должны ли русские извиниться за ошибку?	Should the Russians apologize for the mistake?

И

издава́ть / изда́ть
to issue, publish

	IMPERFECTIVE ASPECT	PERFECTIVE ASPECT
INF.	издава́ть	изда́ть
PRES. Я	издаю́	
Ты	издаёшь	
Он/она́/оно́	издаёт	
Мы	издаём	
Вы	издаёте	
Они́	издаю́т	
PAST Я, Ты, Он	издава́л	изда́л
Я, Ты, Она́	издава́ла	издала́
Оно́	издава́ло	изда́ло
Мы, Вы, Они́	издава́ли	изда́ли
FUT. Я	бу́ду издава́ть	изда́м
Ты	бу́дешь издава́ть	изда́шь
Он/она́/оно́	бу́дет издава́ть	изда́ст
Мы	бу́дем издава́ть	издади́м
Вы	бу́дете издава́ть	издади́те
Они́	бу́дут издава́ть	издаду́т
COND. Я, Ты, Он	издава́л бы	изда́л бы
Я, Ты, Она́	издава́ла бы	издала́ бы
Оно́	издава́ло бы	изда́ло бы
Мы, Вы, Они́	издава́ли бы	изда́ли бы
IMP. Ты	издава́й	изда́й
Вы	издава́йте	изда́йте

DEVERBALS

PRES. ACT.	издаю́щий	
PRES. PASS.	издава́емый	
PAST ACT.	издава́вший	изда́вший
PAST PASS.		и́зданный
		и́здан, издана́, и́здано
VERBAL ADVERB	издава́я	изда́в

издава́ть что

Его́ издаю́т и в Аме́рике и в Евро́пе.	He is published in both America and Europe.
Изда́йте э́ту стати́стику.	Publish this statistic.
Придёт вре́мя – изда́м свои́ ска́зки.	The time will come – I'll publish my own fairy tales.

изменя́ть (ся) / измени́ть (ся)

to change, alter, betray (change, vary)

		IMPERFECTIVE ASPECT	PERFECTIVE ASPECT
INF.		изменя́ть (ся)	измени́ть (ся)
PRES.	Я	изменя́ю (сь)	
	Ты	изменя́ешь (ся)	
	Он/она/оно	изменя́ет (ся)	
	Мы	изменя́ем (ся)	
	Вы	изменя́ете (сь)	
	Они	изменя́ют (ся)	
PAST	Я, Ты, Он	изменя́л (ся)	измени́л (ся)
	Я, Ты, Она	изменя́ла (сь)	измени́ла (сь)
	Оно	изменя́ло (сь)	измени́ло (сь)
	Мы, Вы, Они	изменя́ли (сь)	измени́ли (сь)
FUT.	Я	бу́ду изменя́ть (ся)	изменю́ (сь)
	Ты	бу́дешь изменя́ть (ся)	изме́нишь (ся)
	Он/она/оно	бу́дет изменя́ть (ся)	изме́нит (ся)
	Мы	бу́дем изменя́ть (ся)	изме́ним (ся)
	Вы	бу́дете изменя́ть (ся)	изме́ните (сь)
	Они	бу́дут изменя́ть (ся)	изме́нят (ся)
COND.	Я, Ты, Он	изменя́л (ся) бы	измени́л (ся) бы
	Я, Ты, Она	изменя́ла (сь) бы	измени́ла (сь) бы
	Оно	изменя́ло (сь) бы	измени́ло (сь) бы
	Мы, Вы, Они	изменя́ли (сь) бы	измени́ли (сь) бы
IMP.	Ты	изменя́й (ся)	измени́ (сь)
	Вы	изменя́йте (сь)	измени́те (сь)

DEVERBALS

	IMPERFECTIVE ASPECT	PERFECTIVE ASPECT
PRES. ACT.	изменя́ющий (ся)	
PRES. PASS.	изменя́емый	
PAST ACT.	изменя́вший (ся)	измени́вший (ся)
PAST PASS.		изменённый изменён, изменена́
VERBAL ADVERB	изменя́я (сь)	измени́в (шись)

изменя́ть кого – что, кому – чему

Изменяем облик программы.	We are changing the look of the program.
Закон изменялся 8 раз.	The law was amended 8 times.
Они изменили условия.	They altered the conditions.

изобража́ть (ся) / изобрази́ть (ся)
to depict, portray

		IMPERFECTIVE ASPECT	PERFECTIVE ASPECT
INF.		изобража́ть (ся)	изобрази́ть (ся)
PRES.	Я	изобража́ю (сь)	
	Ты	изобража́ешь (ся)	
	Он/она́/оно́	изобража́ет (ся)	
	Мы	изобража́ем (ся)	
	Вы	изобража́ете (сь)	
	Они́	изобража́ют (ся)	
PAST	Я, Ты, Он	изобража́л (ся)	изобрази́л (ся)
	Я, Ты, Она	изобража́ла (сь)	изобрази́ла (сь)
	Оно	изобража́ло (сь)	изобрази́ло (сь)
	Мы, Вы, Они	изобража́ли (сь)	изобрази́ли (сь)
FUT.	Я	бу́ду изобража́ть (ся)	изображу́ (сь)
	Ты	бу́дешь изобража́ть (ся)	изобрази́шь (ся)
	Он/она́/оно́	бу́дет изобража́ть (ся)	изобрази́т (ся)
	Мы	бу́дем изобража́ть (ся)	изобрази́м (ся)
	Вы	бу́дете изобража́ть (ся)	изобрази́те (сь)
	Они́	бу́дут изобража́ть (ся)	изобразя́т (ся)
COND.	Я, Ты, Он	изобража́л (ся) бы	изобрази́л (ся) бы
	Я, Ты, Она	изобража́ла (сь) бы	изобрази́ла (сь) бы
	Оно	изобража́ло (сь) бы	изобрази́ло (сь) бы
	Мы, Вы, Они	изобража́ли (сь) бы	изобрази́ли (сь) бы
IMP.	Ты	изобража́й (ся)	изобрази́ (сь)
	Вы	изобража́йте (сь)	изобрази́те (сь)

DEVERBALS

	IMPERFECTIVE ASPECT	PERFECTIVE ASPECT
PRES. ACT.	изобража́ющий (ся)	
PRES. PASS.	изобража́емый	
PAST ACT.	изобража́вший (ся)	изображёни́вший (ся)
PAST PASS.		изображённый изображён, изображена́, изображено́
VERBAL ADVERB	изобража́я (сь)	изобрази́в (шись)

изобража́ть кого – что как

Я изображаю серьезного парня.	I portray a serious young man.
На долларе изображен Вашингтон.	Washington is portrayed on the dollar bill.
Герой романа изображается идиотом.	The novel's hero is depicted as an idiot.

168

изобретáть / изобрести́

to invent

		IMPERFECTIVE ASPECT	PERFECTIVE ASPECT
INF.		изобретáть	изобрести́
PRES.	Я	изобретáю	
	Ты	изобретáешь	
	Он/она/оно	изобретáет	
	Мы	изобретáем	
	Вы	изобретáете	
	Они	изобретáют	
PAST	Я, Ты, Он	изобретáл	изобрёл
	Я, Ты, Она	изобретáла	изобрелá
	Оно	изобретáло	изобрелó
	Мы, Вы, Они	изобретáли	изобрели́
FUT.	Я	бýду изобретáть	изобретý
	Ты	бýдешь изобретáть	изобретёшь
	Он/она/оно	бýдет изобретáть	изобретёт
	Мы	бýдем изобретáть	изобретём
	Вы	бýдете изобретáть	изобретёте
	Они	бýдут изобретáть	изобретýт
COND.	Я, Ты, Он	изобретáл бы	изобрёл бы
	Я, Ты, Она	изобретáла бы	изобрелá бы
	Оно	изобретáло бы	изобрелó бы
	Мы, Вы, Они	изобретáли бы	изобрели́ бы
IMP.	Ты	изобретáй	изобрети́
	Вы	изобретáйте	изобрети́те

DEVERBALS

	IMPERFECTIVE ASPECT	PERFECTIVE ASPECT
PRES. ACT.	изобретáющий	
PRES. PASS.	изобретáемый	
PAST ACT.	изобретáвший	изобрéтший
PAST PASS.		изобретённый изобретён, изобретенá
VERBAL ADVERB	изобретáя	изобретя́

изобретáть что

Я изобретаю на кухне, когда готовлю.
Самый тонкий телефон в мире изобретен
в Корее.
Фирма изобрела новый способ защиты
мобильника.

I invent in the kitchen when I cook.
The smallest telephone in the world was
invented in Korea.
The firm has invented a new means of
protection for a cellphone.

изуча́ть / изучи́ть
to study, learn, master

	IMPERFECTIVE ASPECT	PERFECTIVE ASPECT
INF.	изуча́ть	изучи́ть
PRES. Я	изуча́ю	
Ты	изуча́ешь	
Он/она́/оно́	изуча́ет	
Мы	изуча́ем	
Вы	изуча́ете	
Они́	изуча́ют	
PAST Я, Ты, Он	изуча́л	изучи́л
Я, Ты, Она	изуча́ла	изучи́ла
Оно	изуча́ло	изучи́ло
Мы, Вы, Они	изуча́ли	изучи́ли
FUT. Я	бу́ду изуча́ть	изучу́
Ты	бу́дешь изуча́ть	изу́чишь
Он/она́/оно́	бу́дет изуча́ть	изу́чит
Мы	бу́дем изуча́ть	изу́чим
Вы	бу́дете изуча́ть	изу́чите
Они́	бу́дут изуча́ть	изу́чат
COND. Я, Ты, Он	изуча́л бы	изучи́л бы
Я, Ты, Она	изуча́ла бы	изучи́ла бы
Оно	изуча́ло бы	изучи́ло бы
Мы, Вы, Они	изуча́ли бы	изучи́ли бы
IMP. Ты	изуча́й	изучи́
Вы	изуча́йте	изучи́те

DEVERBALS

PRES. ACT.	изуча́ющий	
PRES. PASS.	изуча́емый	
PAST ACT.	изуча́вший	изучи́вший
PAST PASS.		изу́ченный
VERBAL ADVERB	изуча́я	изучи́в

изуча́ть кого – что

Изуча́йте ру́сский в Москве́.
Study Russian in Moscow.

Учёные изучи́ли свет давно́ пога́сших звёзд.
The scientists studied the light of long-ago extinguished stars.

Внима́тельно изучу́ ва́ши предложе́ния.
I will carefully study your suggestions.

		IMPERFECTIVE ASPECT	PERFECTIVE ASPECT
INF.		иметь (ся)	
PRES.	Я	имею	
	Ты	имеешь	
	Он/она/оно	имеет (ся)	
	Мы	имеем	
	Вы	имеете	
	Они	имеют (ся)	
PAST	Я, Ты, Он	имел (ся)	
	Я, Ты, Она	имела (сь)	
	Оно	имело (сь)	
	Мы, Вы, Они	имели (сь)	
FUT.	Я	буду иметь	
	Ты	будешь иметь	
	Он/она/оно	будет иметь (ся)	
	Мы	будем иметь	
	Вы	будете иметь	
	Они	будут иметь (ся)	
COND.	Я, Ты, Он	имел (ся) бы	
	Я, Ты, Она	имела (сь) бы	
	Оно	имело (сь) бы	
	Мы, Вы, Они	имели (сь) бы	
IMP.	Ты	имей	
	Вы	имейте	

И

DEVERBALS

PRES. ACT.	имеющий (ся)	
PRES. PASS.		
PAST ACT.	имевший (ся)	
PAST PASS.		
VERBAL ADVERB	имея (сь)	

иметь кого – что

Имею ли я право?	Do I have the right?
Что имелось в виду?	What was intended?
Учиться жить, имея цель.	Learn how to live by having a goal.

интересова́ть (ся) / заинтересова́ть (ся)
to interest, excite (be interested in, by)

		IMPERFECTIVE ASPECT	PERFECTIVE ASPECT
INF.		интересова́ть (ся)	заинтересова́ть (ся)
PRES.	Я	интересу́ю (сь)	
	Ты	интересу́ешь (ся)	
	Он/она/оно	интересу́ет (ся)	
	Мы	интересу́ем (ся)	
	Вы	интересу́ете (сь)	
	Они	интересу́ют (ся)	
PAST	Я, Ты, Он	интересова́л (ся)	заинтересова́л (ся)
	Я, Ты, Она	интересова́ла (сь)	заинтересова́ла (сь)
	Оно	интересова́ло (сь)	заинтересова́ло (сь)
	Мы, Вы, Они	интересова́ли (сь)	заинтересова́ли (сь)
FUT.	Я	бу́ду интересова́ть (ся)	заинтересу́ю (сь)
	Ты	бу́дешь интересова́ть (ся)	заинтересу́ешь (ся)
	Он/она/оно	бу́дет интересова́ть (ся)	заинтересу́ет (ся)
	Мы	бу́дем интересова́ть (ся)	заинтересу́ем (ся)
	Вы	бу́дете интересова́ть (ся)	заинтересу́ете (сь)
	Они	бу́дут интересова́ть (ся)	заинтересу́ют (ся)
COND.	Я, Ты, Он	интересова́л (ся) бы	заинтересова́л (ся) бы
	Я, Ты, Она	интересова́ла (сь) бы	заинтересова́ла (сь) бы
	Оно	интересова́ло (сь) бы	заинтересова́ло (сь) бы
	Мы, Вы, Они	интересова́ли (сь) бы	заинтересова́ли (сь) бы
IMP.	Ты	интересу́й (ся)	заинтересу́й (ся)
	Вы	интересу́йте (сь)	заинтересу́йте (сь)

DEVERBALS

PRES. ACT.	интересу́ющий (ся)	
PRES. PASS.	интересу́емый	
PAST ACT.	интересова́вший (ся)	заинтересова́вший (ся)
PAST PASS.		заинтересо́ванный
VERBAL ADVERB	интересу́я (сь)	заинтересова́в (шись)

интересова́ть кого – что; интересова́ться кем – чем
There is also the verbal pair **заинтересо́вывать (ся) / заинтересова́ть (ся)**
meaning *to interest*.

Вы его не интересуете.	You do not interest him.
Россия заинтересовала Аргентину вертолетами.	Russia interested Argentina in helicopters.
Интересовались ли вы выборами президента?	Were you interested in the election of the president?

	IMPERFECTIVE ASPECT	PERFECTIVE ASPECT
INF.	иска́ть	поиска́ть
PRES. Я	ищу́	
Ты	и́щешь	
Он/она́/оно́	и́щет	
Мы	и́щем	
Вы	и́щете	
Они́	и́щут	
PAST Я, Ты, Он	иска́л	поиска́л
Я, Ты, Она́	иска́ла	поиска́ла
Оно́	иска́ло	поиска́ло
Мы, Вы, Они́	иска́ли	поиска́ли
FUT. Я	бу́ду иска́ть	поищу́
Ты	бу́дешь иска́ть	пои́щешь
Он/она́/оно́	бу́дет иска́ть	пои́щет
Мы	бу́дем иска́ть	пои́щем
Вы	бу́дете иска́ть	пои́щете
Они́	бу́дут иска́ть	пои́щут
COND. Я, Ты, Он	иска́л бы	поиска́л бы
Я, Ты, Она́	иска́ла бы	поиска́ла бы
Оно́	иска́ло бы	поиска́ло бы
Мы, Вы, Они́	иска́ли бы	поиска́ли бы
IMP. Ты	ищи́	поищи́
Вы	ищи́те	поищи́те

	DEVERBALS	
PRES. ACT.	и́щущий	
PRES. PASS.	иско́мый	
PAST ACT.	иска́вший	поиска́вший
PAST PASS.	и́сканный	пои́сканный
VERBAL ADVERB	ища́	поиска́в

иска́ть кого́ – что, чего́

Мы ищем выход.	We are looking for an exit.
Ища ответа на простой вопрос, я к вам обращаюсь.	Whenever I look for an answer to a simple question, I turn to you.
Поискали вакантное место.	They searched for a vacancy.

И

исполня́ть (ся) / испо́лнить (ся)
to carry out, perform, fill with (be fulfilled)

		IMPERFECTIVE ASPECT	PERFECTIVE ASPECT
INF.		исполня́ть (ся)	испо́лнить (ся)
PRES.	Я	исполня́ю	
	Ты	исполня́ешь	
	Он/она/оно	исполня́ет (ся)	
	Мы	исполня́ем	
	Вы	исполня́ете	
	Они	исполня́ют (ся)	
PAST	Я, Ты, Он	исполня́л (ся)	испо́лнил (ся)
	Я, Ты, Она	исполня́ла (сь)	испо́лнила (сь)
	Оно	исполня́ло (сь)	испо́лнило (сь)
	Мы, Вы, Они	исполня́ли (сь)	испо́лнили (сь)
FUT.	Я	бу́ду исполня́ть	испо́лню
	Ты	бу́дешь исполня́ть	испо́лнишь
	Он/она/оно	бу́дет исполня́ть (ся)	испо́лнит (ся)
	Мы	бу́дем исполня́ть	испо́лним
	Вы	бу́дете исполня́ть	испо́лните
	Они	бу́дут исполня́ть (ся)	испо́лнят (ся)
COND.	Я, Ты, Он	исполня́л (ся) бы	испо́лнил (ся) бы
	Я, Ты, Она	исполня́ла (сь) бы	испо́лнила (сь) бы
	Оно	исполня́ло (сь) бы	испо́лнило (сь) бы
	Мы, Вы, Они	исполня́ли (сь) бы	испо́лнили (сь) бы
IMP.	Ты	исполня́й	испо́лни
	Вы	исполня́йте	испо́лните

DEVERBALS

	IMPERFECTIVE ASPECT	PERFECTIVE ASPECT
PRES. ACT.	исполня́ющий (ся)	
PRES. PASS.	исполня́емый	
PAST ACT.	исполня́вший (ся)	испо́лнивший (ся)
PAST PASS.		испо́лненный
VERBAL ADVERB	исполня́я	испо́лнив (шись)

исполня́ть что

Я исполняю обещания.	I keep my promises.
Он исполнит свою новую песню.	He will perform his new song.
Ему исполнилось 18 лет.	He turned 18 years of age.

испо́льзовать (ся) / испо́льзовать
to make use of, utilize

		IMPERFECTIVE ASPECT	PERFECTIVE ASPECT
INF.		испо́льзовать (ся)	испо́льзовать
PRES.	Я	испо́льзую (сь)	
	Ты	испо́льзуешь (ся)	
	Он/она/оно	испо́льзует (ся)	
	Мы	испо́льзуем (ся)	
	Вы	испо́льзуете (сь)	
	Они	испо́льзуют (ся)	
PAST	Я, Ты, Он	испо́льзовал (ся)	испо́льзовал
	Я, Ты, Она	испо́льзовала (сь)	испо́льзовала
	Оно	испо́льзовало (сь)	испо́льзовало
	Мы, Вы, Они	испо́льзовали (сь)	испо́льзовали
FUT.	Я	бу́ду испо́льзовать (ся)	испо́льзую
	Ты	бу́дешь испо́льзовать (ся)	испо́льзуешь
	Он/она/оно	бу́дет испо́льзовать (ся)	испо́льзует
	Мы	бу́дем испо́льзовать (ся)	испо́льзуем
	Вы	бу́дете испо́льзовать (ся)	испо́льзуете
	Они	бу́дут испо́льзовать (ся)	испо́льзуют
COND.	Я, Ты, Он	испо́льзовал (ся) бы	испо́льзовал бы
	Я, Ты, Она	испо́льзовала (сь) бы	испо́льзовала бы
	Оно	испо́льзовало (сь) бы	испо́льзовало бы
	Мы, Вы, Они	испо́льзовали (сь) бы	испо́льзовали бы
IMP.	Ты	испо́льзуй (ся)	испо́льзуй
	Вы	испо́льзуйте (сь)	испо́льзуйте

DEVERBALS

	IMPERFECTIVE ASPECT	PERFECTIVE ASPECT
PRES. ACT.	испо́льзующий (ся)	
PRES. PASS.	испо́льзуемый	
PAST ACT.	испо́льзовавший (ся)	испо́льзовавший
PAST PASS.		испо́льзованный
VERBAL ADVERB	испо́лзуя (сь)	испо́льзовав

испо́льзовать кого – что
The imperfective and perfective aspects of this verb are identical. The reflexive forms are not used in the perfective.

Кто использует эти файлы?	Who is using these files?
Этот сервис используется учеными.	This service is utilized by scientists.
При штурме использовалась тяжелая техника.	During the storm heavy equipment was used.

исправля́ть (ся) / испра́вить (ся)
to correct, reform, revise

	IMPERFECTIVE ASPECT	PERFECTIVE ASPECT
INF.	исправля́ть (ся)	испра́вить (ся)
PRES. Я	исправля́ю (сь)	
Ты	исправля́ешь (ся)	
Он/она/оно	исправля́ет (ся)	
Мы	исправля́ем (ся)	
Вы	исправля́ете (сь)	
Они	исправля́ют (ся)	
PAST Я, Ты, Он	исправля́л (ся)	испра́вил (ся)
Я, Ты, Она	исправля́ла (сь)	испра́вила (сь)
Оно	исправля́ло (сь)	испра́вило (сь)
Мы, Вы, Они	исправля́ли (сь)	испра́вили (сь)
FUT. Я	бу́ду исправля́ть (ся)	испра́влю (сь)
Ты	бу́дешь исправля́ть (ся)	испра́вишь (ся)
Он/она/оно	бу́дет исправля́ть (ся)	испра́вит (ся)
Мы	бу́дем исправля́ть (ся)	испра́вим (ся)
Вы	бу́дете исправля́ть (ся)	испра́вите (сь)
Они	бу́дут исправля́ть (ся)	испра́вят (ся)
COND. Я, Ты, Он	исправля́л (ся) бы	испра́вил (ся) бы
Я, Ты, Она	исправля́ла (сь) бы	испра́вила (сь) бы
Оно	исправля́ло (сь) бы	испра́вило (сь) бы
Мы, Вы, Они	исправля́ли (сь) бы	испра́вили (сь) бы
IMP. Ты	исправля́й (ся)	испра́вь (ся)
Вы	исправля́йте (сь)	испра́вьте (сь)

DEVERBALS

PRES. ACT.	исправля́ющий (ся)	
PRES. PASS.	исправля́емый	
PAST ACT.	исправля́вший (ся)	испра́вивший (ся)
PAST PASS.		испра́вленный
VERBAL ADVERB	исправля́я (сь)	испра́вив (шись)

исправля́ть кого – что

Пользователи исправляют ошибки дизайнеров.
Спасибо за поправку, сейчас исправлю.

Через полчаса все исправилось.

Users correct the errors of designers.
Thanks for the correction; I'll fix it immediately.

Within half an hour everything had been corrected.

испы́тывать / испыта́ть
to test, try, experience, undergo

		IMPERFECTIVE ASPECT	PERFECTIVE ASPECT
INF.		испы́тывать	испыта́ть
PRES.	Я	испы́тываю	
	Ты	испы́тываешь	
	Он/она/оно	испы́тывает	
	Мы	испы́тываем	
	Вы	испы́тываете	
	Они	испы́тывают	
PAST	Я, Ты, Он	испы́тывал	испыта́л
	Я, Ты, Она	испы́тывала	испыта́ла
	Оно	испы́тывало	испыта́ло
	Мы, Вы, Они	испы́тывали	испыта́ли
FUT.	Я	бу́ду испы́тывать	испыта́ю
	Ты	бу́дешь испы́тывать	испыта́ешь
	Он/она/оно	бу́дет испы́тывать	испыта́ет
	Мы	бу́дем испы́тывать	испыта́ем
	Вы	бу́дете испы́тывать	испыта́ете
	Они	бу́дут испы́тывать	испыта́ют
COND.	Я, Ты, Он	испы́тывал бы	испыта́л бы
	Я, Ты, Она	испы́тывала бы	испыта́ла бы
	Оно	испы́тывало бы	испыта́ло бы
	Мы, Вы, Они	испы́тывали бы	испыта́ли бы
IMP.	Ты	испы́тывай	испыта́й
	Вы	испы́тывайте	испыта́йте

DEVERBALS

	IMPERFECTIVE ASPECT	PERFECTIVE ASPECT
PRES. ACT.	испы́тывающий	
PRES. PASS.	испы́тываемый	
PAST ACT.	испы́тывавший	испыта́вший
PAST PASS.		испы́танный
VERBAL ADVERB	испы́тывая	испыта́в

испы́тывать кого – что

Какие чувства ты испытываешь в данный момент?	What feelings are you experiencing at present?
Страна испытала три новые ракеты.	The country tested three new rockets.
Этот проход испытывался в Аме́рике.	This approach was tried in America.

И

исчеза́ть / исче́знуть
to disappear, vanish

		IMPERFECTIVE ASPECT	PERFECTIVE ASPECT
INF.		исчеза́ть	исче́знуть
PRES.	Я	исчеза́ю	
	Ты	исчеза́ешь	
	Он/она́/оно́	исчеза́ет	
	Мы	исчеза́ем	
	Вы	исчеза́ете	
	Они́	исчеза́ют	
PAST	Я, Ты, Он	исчеза́л	исче́з
	Я, Ты, Она́	исчеза́ла	исче́зла
	Оно́	исчеза́ло	исче́зло
	Мы, Вы, Они́	исчеза́ли	исче́зли
FUT.	Я	бу́ду исчеза́ть	исче́зну
	Ты	бу́дешь исчеза́ть	исче́знешь
	Он/она́/оно́	бу́дет исчеза́ть	исче́знет
	Мы	бу́дем исчеза́ть	исче́знем
	Вы	бу́дете исчеза́ть	исче́знете
	Они́	бу́дут исчеза́ть	исче́знут
COND.	Я, Ты, Он	исчеза́л бы	исче́з бы
	Я, Ты, Она́	исчеза́ла бы	изсче́зла бы
	Оно́	исчеза́ло бы	изсче́зло бы
	Мы, Вы, Они́	исчеза́ли бы	изсче́зли бы
IMP.	Ты	исчеза́й	исче́зни
	Вы	исчеза́йте	исче́зните

DEVERBALS

	IMPERFECTIVE	PERFECTIVE
PRES. ACT.	исчеза́ющий	
PRES. PASS.		
PAST ACT.	исчеза́вший	изсче́знувший
PAST PASS.		
VERBAL ADVERB	исчеза́я	изсче́знув

Де́ньги изчеза́ют на глаза́х.
Мы все когда́-нибудь исче́знем.
Мост ме́жду Сиби́рью и Аля́ской исче́з 11 ты́сяч лет наза́д.

Money disappears in front of your eyes.
All of us will disappear sometime.
The bridge between Siberia and Alaska disappeared 11 thousand years ago.

каза́ться / показа́ться
to seem, appear

		IMPERFECTIVE ASPECT	PERFECTIVE ASPECT
INF.		каза́ться	показа́ться
PRES.	Я	кажу́сь	
	Ты	ка́жешься	
	Он/она/оно	ка́жется	
	Мы	ка́жемся	
	Вы	ка́жетесь	
	Они	ка́жутся	
PAST	Я, Ты, Он	каза́лся	показа́лся
	Я, Ты, Она	каза́лась	показа́лась
	Оно	каза́лось	показа́лось
	Мы, Вы, Они	каза́лись	показа́лись
FUT.	Я	бу́ду каза́ться	покажу́сь
	Ты	бу́дешь каза́ться	пока́жешься
	Он/она/оно	бу́дет каза́ться	пока́жется
	Мы	бу́дем каза́ться	пока́жемся
	Вы	бу́дете каза́ться	пока́жетесь
	Они	бу́дут каза́ться	пока́жутся
COND.	Я, Ты, Он	каза́лся бы	показа́лся бы
	Я, Ты, Она	каза́лась бы	показа́лась бы
	Оно	каза́лось бы	показа́лось бы
	Мы, Вы, Они	каза́лись бы	показа́лись бы
IMP.	Ты	кажи́сь	покажи́сь
	Вы	кажи́тесь	покажи́тесь

DEVERBALS

PRES. ACT.	кажущийся	
PRES. PASS.		
PAST ACT.	каза́вшийся	показа́вшийся
PAST PASS.		
VERBAL ADVERB	каза́вшись	показа́вшись

каза́ться кому кем – чем

К

AN ESSENTIAL VERB

AN ESSENTIAL VERB

каза́ться / показа́ться

Examples

Иногда кажется, что ты один.
Sometimes it seems that you are all
　　alone.

Ты мне кажешься беззащитным.
You appear to me to be defenseless.

Кажись доступной.
Appear approachable.

Они мне показались интересными.
They seemed interesting to me.

Эти вопросы покажутся вам
　　глупыми.
These questions will seem silly to you.

Мне показалось бы лучше . . .
It would seem to me to be better . . .

Мне кажется, пора вернуться.
It seems to me, it's time to return.

Себе во сне кажусь я молодым.
In my dreams I appear young to myself.

Насколько убедительными
　　показались вам ответы?
How convincing did the answers seem
　　to you?

Words and expressions related to this verb

Мне кажется.

На дворе казалось очень
　　темно.

Талия ее казалась еще
　　тоньше.

казаться странным

показалось бы

кажущийся

to touch, concern, relate to

		IMPERFECTIVE ASPECT	PERFECTIVE ASPECT
INF.		каса́ться	косну́ться
PRES.	Я	каса́юсь	
	Ты	каса́ешься	
	Он/она/оно	каса́ется	
	Мы	каса́емся	
	Вы	каса́етесь	
	Они	каса́ются	
PAST	Я, Ты, Он	каса́лся	косну́лся
	Я, Ты, Она	каса́лась	косну́лась
	Оно	каса́лось	косну́лось
	Мы, Вы, Они	каса́лись	косну́лись
FUT.	Я	бу́ду каса́ться	косну́сь
	Ты	бу́дешь каса́ться	коснёшься
	Он/она/оно	бу́дет каса́ться	коснётся
	Мы	бу́дем каса́ться	коснёмся
	Вы	бу́дете каса́ться	коснётесь
	Они	бу́дут каса́ться	косну́тся
COND.	Я, Ты, Он	каса́лся бы	косну́лся бы
	Я, Ты, Она	каса́лась бы	косну́лась бы
	Оно	каса́лось бы	косну́лось бы
	Мы, Вы, Они	каса́лись бы	косну́лись бы
IMP.	Ты	каса́йся	косни́сь
	Вы	каса́йтесь	косни́тесь

DEVERBALS

	IMPERFECTIVE ASPECT	PERFECTIVE ASPECT
PRES. ACT.	каса́ющийся	
PRES. PASS.		
PAST ACT.	каса́вшийся	косну́вшийся
PAST PASS.		
VERBAL ADVERB	каса́ясь	косну́вшись

каса́ться кого – чего

Это касается каждого.	This concerns everyone.
Глобальное потепление коснется каждого жителя земли.	Global warming concerns each inhabitant of the earth.
Не касайтесь этой темы.	Don't touch on this subject.

К

ката́ть (ся) – кати́ть (ся) / покати́ть (ся)
to roll, wheel, row, go for a drive (drive, ride, row, go fast)

	MULTIDIRECTIONAL	UNIDIRECTIONAL	PERFECTIVE ASPECT
INF.	ката́ть (ся)	кати́ть (ся)	покати́ть (ся)
PRES.	ката́ю (сь)	качу́ (сь)	
	ката́ешь (ся)	ка́тишь (ся)	
	ката́ет (ся)	ка́тит (ся)	
	ката́ем (ся)	ка́тим (ся)	
	ката́ете (сь)	ка́тите (сь)	
	ката́ют (ся)	ка́тят (ся)	
PAST	ката́л (ся)	кати́л (ся)	покати́л (ся)
	ката́ла (сь)	кати́ла (сь)	покати́ла (сь)
	ката́ло (сь)	кати́ло (сь)	покати́ло (сь)
	ката́ли (сь)	кати́ли (сь)	покати́ли (сь)
FUT.	бу́ду ката́ть (ся)	бу́ду кати́ть (ся)	покачу́ (сь)
	бу́дешь ката́ть (ся)	бу́дешь кати́ть (ся)	пока́тишь (ся)
	бу́дет ката́ть (ся)	бу́дет кати́ть (ся)	пока́тит (ся)
	бу́дем ката́ть (ся)	бу́дем кати́ть (ся)	пока́тим (ся)
	бу́дете ката́ть (ся)	бу́дете кати́ть (ся)	пока́тите (сь)
	бу́дут ката́ть (ся)	бу́дут кати́ть (ся)	пока́тят (ся)
COND.	ката́л (ся) бы	кати́л (ся) бы	покати́л (ся) бы
	ката́ла (сь) бы	кати́ла (сь) бы	покати́ла (сь) бы
	ката́ло (сь) бы	кати́ло (сь) бы	покати́ло (сь) бы
	ката́ли (сь) бы	кати́ли (сь) бы	покати́ли (сь) бы
IMP.	ката́й (ся)	кати́ (сь)	покати́ (сь)
	ката́йте (сь)	кати́те (сь)	покати́те (сь)

	DEVERBALS		
PRES. ACT.	ката́ющий (ся)	катя́щий (ся)	
PRES. PASS.	ката́емый		
PAST ACT.	ката́вший (ся)	кати́вший (ся)	покати́вший (ся)
PAST PASS.	ка́танный		пока́ченный
VERBAL ADVERB	ката́я (сь)	катя́ (сь)	покати́в (шись)

ката́ть кого – что; ката́ться на чём, чем (верхом)

На чем ты катаешься?	What do you ride on?
Она ее катит легко.	She rolls it easily.
Российские акции покатились вниз.	Russian stocks tumbled.

кашлять / покашлять

to cough, have a cough

		IMPERFECTIVE ASPECT	PERFECTIVE ASPECT
INF.		кашлять	покашлять
PRES.	Я	кашляю	
	Ты	кашляешь	
	Он/она/оно	кашляет	
	Мы	кашляем	
	Вы	кашляете	
	Они	кашляют	
PAST	Я, Ты, Он	кашлял	покашлял
	Я, Ты, Она	кашляла	покашляла
	Оно	кашляло	покашляло
	Мы, Вы, Они	кашляли	покашляли
FUT.	Я	буду кашлять	покашляю
	Ты	будешь кашлять	покашляешь
	Он/она/оно	будет кашлять	покашляет
	Мы	будем кашлять	покашляем
	Вы	будете кашлять	покашляете
	Они	будут кашлять	покашляют
COND.	Я, Ты, Он	кашлял бы	покашлял бы
	Я, Ты, Она	кашляла бы	покашляла бы
	Оно	кашляло бы	покашляло бы
	Мы, Вы, Они	кашляли бы	покашляли бы
IMP.	Ты	кашляй	покашляй
	Вы	кашляйте	покашляйте

DEVERBALS

	IMPERFECTIVE ASPECT	PERFECTIVE ASPECT
PRES. ACT.	кашляющий	
PRES. PASS.		
PAST ACT.	кашлявший	покашлявший
PAST PASS.		
VERBAL ADVERB	кашляя	покашляв

К

Родители курят – дети кашляют.
Будьте здоровы, и не кашляйте.
Он просто немного покашлял.

Parents smoke – children cough.
Be healthy, and don't cough.
He just coughed a bit.

кива́ть / кивну́ть
to nod [one's head], motion to

		IMPERFECTIVE ASPECT	PERFECTIVE ASPECT
INF.		кива́ть	кивну́ть
PRES.	Я	кива́ю	
	Ты	кива́ешь	
	Он/она́/оно́	кива́ет	
	Мы	кива́ем	
	Вы	кива́ете	
	Они́	кива́ют	
PAST	Я, Ты, Он	кива́л	кивну́л
	Я, Ты, Она́	кива́ла	кивну́ла
	Оно́	кива́ло	кивну́ло
	Мы, Вы, Они́	кива́ли	кивну́ли
FUT.	Я	бу́ду кива́ть	кивну́
	Ты	бу́дешь кива́ть	кивнёшь
	Он/она́/оно́	бу́дет кива́ть	кивнёт
	Мы	бу́дем кива́ть	кивнём
	Вы	бу́дете кива́ть	кивнёте
	Они́	бу́дут кива́ть	кивну́т
COND.	Я, Ты, Он	кива́л бы	кивну́л бы
	Я, Ты, Она́	кива́ла бы	кивну́ла бы
	Оно́	кива́ло бы	кивну́ло бы
	Мы, Вы, Они́	кива́ли бы	кивну́ли бы
IMP.	Ты	кива́й	кивни́
	Вы	кива́йте	кивни́те

DEVERBALS

	IMPERFECTIVE ASPECT	PERFECTIVE ASPECT
PRES. ACT.	кива́ющий	
PRES. PASS.		
PAST ACT.	кива́вший	кивну́вший
PAST PASS.		
VERBAL ADVERB	кива́я	кивну́в

кива́ть кому чем (голово́й), на кого – что

Они кивают головой.	They nod their heads.
Если поняли меня – медленно кивните.	If you understood me – nod slowly.
Женщина кивнула парню.	The woman nodded to the boy.

		IMPERFECTIVE ASPECT	PERFECTIVE ASPECT
INF.		класть	положи́ть
PRES.	Я	кладу́	
	Ты	кладёшь	
	Он/она/оно	кладёт	
	Мы	кладём	
	Вы	кладёте	
	Они	кладу́т	
PAST	Я, Ты, Он	кла́л	положи́л
	Я, Ты, Она	кла́ла	положи́ла
	Оно	кла́ло	положи́ло
	Мы, Вы, Они	кла́ли	положи́ли
FUT.	Я	бу́ду класть	положу́
	Ты	бу́дешь класть	поло́жишь
	Он/она/оно	бу́дет класть	поло́жит
	Мы	бу́дем класть	поло́жим
	Вы	бу́дете класть	поло́жите
	Они	бу́дут класть	поло́жат
COND.	Я, Ты, Он	кла́л бы	положи́л бы
	Я, Ты, Она	кла́ла бы	положи́ла бы
	Оно	кла́ло бы	положи́ло бы
	Мы, Вы, Они	кла́ли бы	положи́ли бы
IMP.	Ты	клади́	положи́
	Вы	клади́те	положи́те

DEVERBALS

	IMPERFECTIVE ASPECT	PERFECTIVE ASPECT
PRES. ACT.	кладу́щий	
PRES. PASS.		
PAST ACT.	кла́вший	положи́вший
PAST PASS.		поло́женный
VERBAL ADVERB	кладя́	положи́в

кла́сть кого – что на что, что во что
Поло́жим. *Let us suppose.*

Не кладите яйца в одну корзинку. Don't put your eggs in one basket.
Вы кладете в салат лук? Do you put onion in the salad?
Сколько положим в каждый кошелек? How much shall we place in each purse?

конча́ть (ся) / ко́нчить (ся)
to finish, complete

	IMPERFECTIVE ASPECT	PERFECTIVE ASPECT
INF.	конча́ть (ся)	ко́нчить (ся)
PRES. Я	конча́ю	
Ты	конча́ешь	
Он/она/оно	конча́ет (ся)	
Мы	конча́ем	
Вы	конча́ете	
Они	конча́ют (ся)	
PAST Я, Ты, Он	конча́л (ся)	ко́нчил (ся)
Я, Ты, Она	конча́ла (сь)	ко́нчила (сь)
Оно	конча́ло (сь)	ко́нчило (сь)
Мы, Вы, Они	конча́ли (сь)	ко́нчили (сь)
FUT. Я	бу́ду конча́ть	ко́нчу
Ты	бу́дешь конча́ть	ко́нчишь
Он/она/оно	бу́дет конча́ть (ся)	ко́нчит (ся)
Мы	бу́дем конча́ть	ко́нчим
Вы	бу́дете конча́ть	ко́нчите
Они	бу́дут конча́ть (ся)	ко́нчат (ся)
COND. Я, Ты, Он	конча́л (ся) бы	ко́нчил (ся) бы
Я, Ты, Она	конча́ла (сь) бы	ко́нчила (сь) бы
Оно	конча́ло (сь) бы	ко́нчило (сь) бы
Мы, Вы, Они	конча́ли (сь) бы	ко́нчили (сь) бы
IMP. Ты	конча́й	ко́нчи
Вы	конча́йте	ко́нчите

DEVERBALS

PRES. ACT.	конча́ющий (ся)	
PRES. PASS.	конча́емый	
PAST ACT.	конча́вший (ся)	ко́нчивший (ся)
PAST PASS.		ко́нченный
VERBAL ADVERB	конча́я (сь)	ко́нчив (шись)

конча́ть что с чем, + infinitive
конча́ться чем

Кончался сентябрь.	September was coming to an end.
Давайте кончим тему.	Let's end this topic.
Дождь кончился.	The rain stopped.

	IMPERFECTIVE ASPECT	PERFECTIVE ASPECT
INF.	копа́ть	копну́ть
PRES. Я	копа́ю	
Ты	копа́ешь	
Он/она/оно	копа́ет	
Мы	копа́ем	
Вы	копа́ете	
Они	копа́ют	
PAST Я, Ты, Он	копа́л	копну́л
Я, Ты, Она	копа́ла	копну́ла
Оно	копа́ло	копну́ло
Мы, Вы, Они	копа́ли	копну́ли
FUT. Я	бу́ду копа́ть	копну́
Ты	бу́дешь копа́ть	копнёшь
Он/она/оно	бу́дет копа́ть	копнёт
Мы	бу́дем копа́ть	копнём
Вы	бу́дете копа́ть	копнёте
Они	бу́дут копа́ть	копну́т
COND. Я, Ты, Он	копа́л бы	копну́л бы
Я, Ты, Она	копа́ла бы	копну́ла бы
Оно	копа́ло бы	копну́ло бы
Мы, Вы, Они	копа́ли бы	копну́ли бы
IMP. Ты	копа́й	копни́
Вы	копа́йте	копни́те

DEVERBALS

PRES. ACT.	копа́ющий	
PRES. PASS.	копа́емый	
PAST ACT.	копа́вший	копну́вший
PAST PASS.		
VERBAL ADVERB	копа́я	копну́в

копа́ть что

Вы не туда копаете.	You are digging in the wrong spot.
Копнем поглубже.	Let's dig a little deeper.
Она копнула в снег.	She dug in the snow.

корми́ть / накорми́ть
to feed, nurse, support

		IMPERFECTIVE ASPECT	PERFECTIVE ASPECT
INF.		корми́ть	накорми́ть
PRES.	Я	кормлю́	
	Ты	ко́рмишь	
	Он/она/оно	ко́рмит	
	Мы	ко́рмим	
	Вы	ко́рмите	
	Они	ко́рмят	
PAST	Я, Ты, Он	корми́л	накорми́л
	Я, Ты, Она	корми́ла	накорми́ла
	Оно	корми́ло	накорми́ло
	Мы, Вы, Они	корми́ли	накорми́ли
FUT.	Я	бу́ду корми́ть	накормлю́
	Ты	бу́дешь корми́ть	нако́рмишь
	Он/она/оно	бу́дет корми́ть	нако́рмит
	Мы	бу́дем корми́ть	нако́рмим
	Вы	бу́дете корми́ть	нако́рмите
	Они	бу́дут корми́ть	нако́рмят
COND.	Я, Ты, Он	корми́л бы	накорми́л бы
	Я, Ты, Она	корми́ла бы	накорми́ла бы
	Оно	корми́ло бы	накорми́ло бы
	Мы, Вы, Они	корми́ли бы	накорми́ли бы
IMP.	Ты	корми́	накорми́
	Вы	корми́те	накорми́те

DEVERBALS

	IMPERFECTIVE	PERFECTIVE
PRES. ACT.	кормя́щий	
PRES. PASS.		
PAST ACT.	корми́вший	накорми́вший
PAST PASS.	ко́рмленный	нако́рмленный
VERBAL ADVERB	кормя́	накорми́в

корми́ть кого – что чем

Мать кормит ребенка грудью.	The mother is nursing her child.
Кормите зверей правильно.	Feed the animals correctly.
Правительство их накормило.	The government fed them.

		IMPERFECTIVE ASPECT	PERFECTIVE ASPECT
INF.		кра́сть	укра́сть
PRES.	Я	краду́	
	Ты	крадёшь	
	Он/она/оно	крадёт	
	Мы	крадём	
	Вы	крадёте	
	Они	краду́т	
PAST	Я, Ты, Он	крал	укра́л
	Я, Ты, Она	кра́ла	укра́ла
	Оно	кра́ло	укра́ло
	Мы, Вы, Они	кра́ли	укра́ли
FUT.	Я	бу́ду кра́сть	украду́
	Ты	бу́дешь кра́сть	украдёшь
	Он/она/оно	бу́дет кра́сть	украдёт
	Мы	бу́дем кра́сть	украдём
	Вы	бу́дете кра́сть	украдёте
	Они	бу́дут кра́сть	украду́т
COND.	Я, Ты, Он	крал бы	укра́л бы
	Я, Ты, Она	кра́ла бы	укра́ла бы
	Оно	кра́ло бы	укра́ло бы
	Мы, Вы, Они	кра́ли бы	укра́ли бы
IMP.	Ты	кради́	укради́
	Вы	кради́те	укради́те

К

DEVERBALS

	IMPERFECTIVE	PERFECTIVE
PRES. ACT.	краду́щий	
PRES. PASS.		
PAST ACT.	кра́вший	укра́вший
PAST PASS.	кра́денный	укра́денный
VERBAL ADVERB	крадя́	укра́в

кра́сть кого – что у кого

Кто больше крадет в магазинах?	Who steals more in stores?
Киностудия не крала денег.	The movie studio didn't steal money.
Роботы украдут вашу работу.	Robots will steal your job.

крича́ть / кри́кнуть
to shout, scream

		IMPERFECTIVE ASPECT	PERFECTIVE ASPECT
INF.		крича́ть	кри́кнуть
PRES.	Я	кричу́	
	Ты	кричи́шь	
	Он/она́/оно́	кричи́т	
	Мы	кричи́м	
	Вы	кричи́те	
	Они́	крича́т	
PAST	Я, Ты, Он	крича́л	кри́кнул
	Я, Ты, Она	крича́ла	кри́кнула
	Оно	крича́ло	кри́кнуло
	Мы, Вы, Они	крича́ли	кри́кнули
FUT.	Я	бу́ду крича́ть	кри́кну
	Ты	бу́дешь крича́ть	кри́кнешь
	Он/она́/оно́	бу́дет крича́ть	кри́кнет
	Мы	бу́дем крича́ть	кри́кнем
	Вы	бу́дете крича́ть	кри́кнете
	Они	бу́дут крича́ть	кри́кнут
COND.	Я, Ты, Он	крича́л бы	кри́кнул бы
	Я, Ты, Она	крича́ла бы	кри́кнула бы
	Оно	крича́ло бы	кри́кнуло бы
	Мы, Вы, Они	крича́ли бы	кри́кнули бы
IMP.	Ты	кричи́	кри́кни
	Вы	кричи́те	кри́кните

DEVERBALS

	IMPERFECTIVE ASPECT	PERFECTIVE ASPECT
PRES. ACT.	крича́щий	
PRES. PASS.		
PAST ACT.	крича́вший	кри́кнувший
PAST PASS.		
VERBAL ADVERB	крича́	кри́кнув

крича́ть на кого – что, кому

Не кричите в интернете.	Don't scream on the Internet.
Ночью ты кричишь сильней.	At night you scream louder.
Все ему крикнули дружно.	Everyone shouted at him in a friendly way.

кружи́ть (ся) / закружи́ть (ся)

to spin, twirl / begin to twirl

		IMPERFECTIVE ASPECT	PERFECTIVE ASPECT
INF.		кружи́ть (ся)	закружи́ть (ся)
PRES.	Я	кружу́ (сь)	
	Ты	кружи́шь (ся)	
	Он/она/оно	кружи́т (ся)	
	Мы	кружи́м (ся)	
	Вы	кружи́те (сь)	
	Они	кружа́т (ся)	
PAST	Я, Ты, Он	кружи́л (ся)	закружи́л (ся)
	Я, Ты, Она	кружи́ла (сь)	закружи́ла (сь)
	Оно	кружи́ло (сь)	закружи́ло (сь)
	Мы, Вы, Они	кружи́ли (сь)	закружи́ли (сь)
FUT.	Я	бу́ду кружи́ть (ся)	закружу́ (сь)
	Ты	бу́дешь кружи́ть (ся)	закружи́шь (ся)
	Он/она/оно	бу́дет кружи́ть (ся)	закружи́т (ся)
	Мы	бу́дем кружи́ть (ся)	закружи́м (ся)
	Вы	бу́дете кружи́ть (ся)	закружи́те (сь)
	Они	бу́дут кружи́ть (ся)	закружа́т (ся)
COND.	Я, Ты, Он	кружи́л (ся) бы	закружи́л (ся) бы
	Я, Ты, Она	кружи́ла (сь) бы	закружи́ла (сь) бы
	Оно	кружи́ло (сь) бы	закружи́ло (сь) бы
	Мы, Вы, Они	кружи́ли (сь) бы	закружи́ли (сь) бы
IMP.	Ты	кружи́ (сь)	закружи́ (сь)
	Вы	кружи́те (сь)	закружи́те (сь)

DEVERBALS

PRES. ACT.	кружа́щий (ся)	
PRES. PASS.	кружи́мый	
PAST ACT.	кружи́вший (ся)	закружи́вший (ся)
PAST PASS.		закру́женный – закружённый закру́жен – закружён, закружена́
VERBAL ADVERB	кружа́ (сь)	закружи́в (шись)

кружи́ть кого – что

Я кружусь, кружусь, кружусь. А потом становлюсь.	I twirl, twirl, twirl. And then I stop.
Листья закружат.	The leaves will begin to swirl.
Закружитесь легкие пушинки снега.	Twirl, you light snowflakes.

К

купа́ть (ся) / вы́купать (ся)
to bathe, give a bath (bathe, go swimming)

		IMPERFECTIVE ASPECT	PERFECTIVE ASPECT
INF.		купа́ть (ся)	вы́купать (ся)
PRES.	Я	купа́ю (сь)	
	Ты	купа́ешь (ся)	
	Он/она/оно	купа́ет (ся)	
	Мы	купа́ем (ся)	
	Вы	купа́ете (сь)	
	Они	купа́ют (ся)	
PAST	Я, Ты, Он	купа́л (ся)	вы́купал (ся)
	Я, Ты, Она	купа́ла (сь)	вы́купала (сь)
	Оно	купа́ло (сь)	вы́купало (сь)
	Мы, Вы, Они	купа́ли (сь)	вы́купали (сь)
FUT.	Я	бу́ду купа́ть (ся)	вы́купаю (сь)
	Ты	бу́дешь купа́ть (ся)	вы́купаешь (ся)
	Он/она/оно	бу́дет купа́ть (ся)	вы́купает (ся)
	Мы	бу́дем купа́ть (ся)	вы́купаем (ся)
	Вы	бу́дете купа́ть (ся)	вы́купаете (сь)
	Они	бу́дут купа́ть (ся)	вы́купают (ся)
COND.	Я, Ты, Он	купа́л (ся) бы	вы́купал (ся) бы
	Я, Ты, Она	купа́ла (сь) бы	вы́купала (сь) бы
	Оно	купа́ло (сь) бы	вы́купало (сь) бы
	Мы, Вы, Они	купа́ли (сь) бы	вы́купали (сь) бы
IMP.	Ты	купа́й (ся)	вы́купай (ся)
	Вы	купа́йте (сь)	вы́купайте (сь)

DEVERBALS

	IMPERFECTIVE	PERFECTIVE
PRES. ACT.	купа́ющий (ся)	
PRES. PASS.	купа́емый	
PAST ACT.	купа́вший (ся)	вы́купавший (ся)
PAST PASS.		вы́купанный
VERBAL ADVERB	купа́я (сь)	вы́купав (шись)

купа́ть кого – что

Мама купает дочку.	Mom is bathing her daughter.
Девки в озере купались.	The girls swam in the lake.
Давай выкупаемся.	Let's go swimming.

		IMPERFECTIVE ASPECT	PERFECTIVE ASPECT
INF.		курить	покурить
PRES.	Я	курю́	
	Ты	ку́ришь	
	Он/она/оно	ку́рит	
	Мы	ку́рим	
	Вы	ку́рите	
	Они	ку́рят	
PAST	Я, Ты, Он	кури́л	покури́л
	Я, Ты, Она	кури́ла	покури́ла
	Оно	кури́ло	покури́ло
	Мы, Вы, Они	кури́ли	покури́ли
FUT.	Я	бу́ду кури́ть	покурю́
	Ты	бу́дешь кури́ть	поку́ришь
	Он/она/оно	бу́дет кури́ть	поку́рит
	Мы	бу́дем кури́ть	поку́рим
	Вы	бу́дете кури́ть	поку́рите
	Они	бу́дут кури́ть	поку́рят
COND.	Я, Ты, Он	кури́л бы	покури́л бы
	Я, Ты, Она	кури́ла бы	покури́ла бы
	Оно	кури́ло бы	покури́ло бы
	Мы, Вы, Они	кури́ли бы	покури́ли бы
IMP.	Ты	кури́	покури́
	Вы	кури́те	покури́те

К

DEVERBALS

	IMPERFECTIVE	PERFECTIVE
PRES. ACT.	куря́щий	
PRES. PASS.		
PAST ACT.	кури́вший	покури́вший
PAST PASS.		поку́ренный
VERBAL ADVERB	куря́	покури́в

кури́ть что, чем

Не курю уже четыре года.
А вы все еще курите?
Сейчас покурим.

I haven't smoked for four years.
And do you still smoke?
Now we'll have a smoke.

ла́зить – ле́зть / поле́зть
to climb / start climbing

		MULTIDIRECTIONAL	UNIDIRECTIONAL	PERFECTIVE ASPECT
INF.		ла́зить	ле́зть	поле́зть
PRES.	Я	ла́жу	ле́зу	
	Ты	ла́зишь	ле́зешь	
	Он/она/оно	ла́зит	ле́зет	
	Мы	ла́зим	ле́зем	
	Вы	ла́зите	ле́зете	
	Они	ла́зят	ле́зут	
PAST	Я, Ты, Он	ла́зил	ле́з	полё́з
	Я, Ты, Она	ла́зила	ле́зла	поле́зла
	Оно	ла́зило	ле́зло	поле́зло
	Мы, Вы, Они	ла́зили	ле́зли	поле́зли
FUT.	Я	бу́ду ла́зить	бу́ду ле́зть	поле́зу
	Ты	бу́дешь ла́зить	бу́дешь ле́зть	поле́зешь
	Он/она/оно	бу́дет ла́зить	бу́дет ле́зть	поле́зет
	Мы	бу́дем ла́зить	бу́дем ле́зть	поле́зем
	Вы	бу́дете ла́зить	бу́дете ле́зть	поле́зете
	Они	бу́дут ла́зить	бу́дут ле́зть	поле́зут
COND.	Я, Ты, Он	ла́зил бы	ле́з бы	полё́з бы
	Я, Ты, Она	ла́зила бы	ле́зла бы	поле́зла бы
	Оно	ла́зило бы	ле́зло бы	поле́зло бы
	Мы, Вы, Они	ла́зили бы	ле́зли бы	поле́зли бы
IMP.	Ты	ла́зь	ле́зь	поле́зь – полеза́й
	Вы	ла́зьте	ле́зьте	поле́зьте – полеза́йте

	DEVERBALS		
PRES. ACT.	ла́зящий	ле́зущий	
PRES. PASS.			
PAST ACT.	ла́зивший	ле́зший	поле́зший
PAST PASS.			
VERBAL ADVERB	ла́зя		поле́зши

ла́зить – ле́зть на что, во что, из под чего

За словом мы не лезем в карман.	We are not at a loss for words.
Они лезут в мою личную жизнь.	They are poking into my personal life.
Они полезли в душ.	They climbed into the shower.

		IMPERFECTIVE ASPECT	PERFECTIVE ASPECT
INF.		лежа́ть	полежа́ть
PRES.	Я	лежу́	
	Ты	лежи́шь	
	Он/она/оно	лежи́т	
	Мы	лежи́м	
	Вы	лежи́те	
	Они	лежа́т	
PAST	Я, Ты, Он	лежа́л	полежа́л
	Я, Ты, Она	лежа́ла	полежа́ла
	Оно	лежа́ло	полежа́ло
	Мы, Вы, Они	лежа́ли	полежа́ли
FUT.	Я	бу́ду лежа́ть	полежу́
	Ты	бу́дешь лежа́ть	полежи́шь
	Он/она/оно	бу́дет лежа́ть	полежи́т
	Мы	бу́дем лежа́ть	полежи́м
	Вы	бу́дете лежа́ть	полежи́те
	Они	бу́дут лежа́ть	полежа́т
COND.	Я, Ты, Он	лежа́л бы	полежа́л бы
	Я, Ты, Она	лежа́ла бы	полежа́ла бы
	Оно	лежа́ло бы	полежа́ло бы
	Мы, Вы, Они	лежа́ли бы	полежа́ли бы
IMP.	Ты	лежи́	полежи́
	Вы	лежи́те	полежи́те

Л

DEVERBALS

	IMPERFECTIVE	PERFECTIVE
PRES. ACT.	лежа́щий	
PRES. PASS.		
PAST ACT.	лежа́вший	полежа́вший
PAST PASS.		
VERBAL ADVERB	лёжа	полежа́в

лежа́ть на ком – чём

AN ESSENTIAL VERB

лежа́ть / полежа́ть

Examples

Я лежу на пляже.
I am lying on the beach.

Вы лежите на диване. Вам
        хорошо.
You're lying on the couch. You feel
        fine.

Ляг и лежи.
Lie down and stay lying down.

Пусть полежат.
Let them lie.

Врач сказала, что я буду лежать
        не там, где она работает.
The doctor said that I wouldn't be
        hospitalized where she works.

Он долго лежал в больнице.
He was a patient (stayed) in the hospital
        for a long time.

Как похудеть лежа на диване.
How to lose weight lying on the couch.

Вы лежите на диване. Вам
        приятно.
You are lying on the couch. You have it
        good.

Полежали мы в больнице.
We were in the hospital.

Еще чуть-чуть полежу.
I'm going to lie here just a bit more.

Words and expressions related to this verb

Хоть падать, да не лежать.

У него деньги лежат.

Полежи, да и встань.

Хорошее лежит, да худое
        далеко бежит.

лежанка

лежачий

лета́ть – лете́ть / полете́ть
to fly / start flying, fly off

		MULTIDIRECTIONAL	UNIDIRECTIONAL	PERFECTIVE ASPECT
INF.		лета́ть	лете́ть	полете́ть
PRES.	Я	лета́ю	лечу́	
	Ты	лета́ешь	лети́шь	
	Он/она/оно	лета́ет	лети́т	
	Мы	лета́ем	лети́м	
	Вы	лета́ете	лети́те	
	Они	лета́ют	летя́т	
PAST	Я, Ты, Он	лета́л	лете́л	полете́л
	Я, Ты, Она	лета́ла	лете́ла	полете́ла
	Оно	лета́ло	лете́ло	полете́ло
	Мы, Вы, Они	лета́ли	лете́ли	полете́ли
FUT.	Я	бу́ду лета́ть	бу́ду лете́ть	полечу́
	Ты	бу́дешь лета́ть	бу́дешь лете́ть	полети́шь
	Он/она/оно	бу́дет лета́ть	бу́дет лете́ть	полети́т
	Мы	бу́дем лета́ть	бу́дем лете́ть	полети́м
	Вы	бу́дете лета́ть	бу́дете лете́ть	полети́те
	Они	бу́дут лета́ть	бу́дут лете́ть	полетя́т
COND.	Я, Ты, Он	лета́л бы	лете́л бы	полете́л бы
	Я, Ты, Она	лета́ла бы	лете́ла бы	полете́ла бы
	Оно	лета́ло бы	лете́ло бы	полете́ло бы
	Мы, Вы, Они	лета́ли бы	лете́ли бы	полете́ли бы
IMP.	Ты	лета́й	лети́	полети́
	Вы	лета́йте	лети́те	полети́те

DEVERBALS

PRES. ACT.	лета́ющий	летя́щий	
PRES. PASS.			
PAST ACT.	лета́вший	лете́вший	полете́вший
PAST PASS.			
VERBAL ADVERB	лета́я	летя́	полете́вши

Летайте российскими самолетами.	Fly with Russian airplanes.
Летело лето.	The summer flew by.
Завтра полечу к тебе.	I'm flying to you tomorrow.

Л

лечи́ть (ся) / вы́лечить (ся)
to treat / cure (be under medical care) / be cured

		IMPERFECTIVE ASPECT	PERFECTIVE ASPECT
INF.		лечи́ть (ся)	вы́лечить (ся)
PRES.	Я	лечу́ (сь)	
	Ты	ле́чишь (ся)	
	Он/она/оно	ле́чит (ся)	
	Мы	ле́чим (ся)	
	Вы	ле́чите (сь)	
	Они	ле́чат (ся)	
PAST	Я, Ты, Он	лечи́л (ся)	вы́лечил (ся)
	Я, Ты, Она	лечи́ла (сь)	вы́лечила (сь)
	Оно	лечи́ло (сь)	вы́лечило (сь)
	Мы, Вы, Они	лечи́ли (сь)	вы́лечили (сь)
FUT.	Я	бу́ду лечи́ть (ся)	вы́лечу (сь)
	Ты	бу́дешь лечи́ть (ся)	вы́лечишь (ся)
	Он/она/оно	бу́дет лечи́ть (ся)	вы́лечит (ся)
	Мы	бу́дем лечи́ть (ся)	вы́лечим (ся)
	Вы	бу́дете лечи́ть (ся)	вы́лечите (сь)
	Они	бу́дут лечи́ть (ся)	вы́лечат (ся)
COND.	Я, Ты, Он	лечи́л (ся) бы	вы́лечил (ся) бы
	Я, Ты, Она	лечи́ла (сь) бы	вы́лечила (сь) бы
	Оно	лечи́ло (сь) бы	вы́лечило (сь) бы
	Мы, Вы, Они	лечи́ли (сь) бы	вы́лечили (сь) бы
IMP.	Ты	лечи́ (сь)	вы́лечи (сь)
	Вы	лечи́те (сь)	вы́лечите (сь)

DEVERBALS

PRES. ACT.	ле́чащий (ся)	
PRES. PASS.	лечи́мый	
PAST ACT.	лечи́вший (ся)	вы́лечивший (ся)
PAST PASS.	ле́ченный	вы́леченный
VERBAL ADVERB	леча́ (сь)	вы́лечив (шись)

лечи́ть кого – что; лечи́ться у кого

Что и как мы лечим?	What and how do we treat?
Она вылечилась от вируса.	She was cured of the virus.
Помогу, научу, вылечу.	I will help, teach, cure you.

ли́ть (ся) / поли́ть (ся)
to pour, spill, shed (pour on oneself)

		IMPERFECTIVE ASPECT	PERFECTIVE ASPECT
INF.		ли́ть (ся)	поли́ть (ся)
PRES.	Я	лью́ (сь)	
	Ты	льёшь (ся)	
	Он/она/оно	льёт (ся)	
	Мы	льём (ся)	
	Вы	льёте (сь)	
	Они	лью́т (ся)	
PAST	Я, Ты, Он	ли́л (ся)	по́ли́л – поли́лся
	Я, Ты, Она	ли́ла (сь)	полила́ (сь)
	Оно	ли́ло (сь)	поли́ло́ – поли́ло́сь
	Мы, Вы, Они	ли́ли (сь)	поли́ли́ – поли́ли́сь
FUT.	Я	бу́ду ли́ть (ся)	полью́ (сь)
	Ты	бу́дешь ли́ть (ся)	польёшь (ся)
	Он/она/оно	бу́дет ли́ть (ся)	польёт (ся)
	Мы	бу́дем ли́ть (ся)	польём (ся)
	Вы	бу́дете ли́ть (ся)	польёте (сь)
	Они	бу́дут ли́ть (ся)	полью́т (ся)
COND.	Я, Ты, Он	ли́л (ся) бы	по́ли́л – поли́лся бы
	Я, Ты, Она	лила́ (сь) бы	полила́ (сь) бы
	Оно	ли́ло (сь) бы	поли́ло́ – поли́ло́сь бы
	Мы, Вы, Они	ли́ли (сь) бы	поли́ли́ – поли́ли́сь бы
IMP.	Ты	лей (ся)	полей (ся)
	Вы	ле́йте (сь)	полейте (сь)

Л

DEVERBALS

	IMPERFECTIVE	PERFECTIVE
PRES. ACT.	лью́щий (ся)	
PRES. PASS.		
PAST ACT.	ли́вший (ся)	поли́вший (ся)
PAST PASS.	ли́тый,	по́ли́тый
	ли́т, ли́та, ли́то	по́ли́т, полита́, по́ли́то
VERBAL ADVERB	ли́в (шись)	поли́в (шись)

ли́ть что

Какое масло вы льете в мотор?	What kind of oil do you pour into the engine?
Торт полили глазурью.	They poured a glaze on the cake.
Полились мои слезы.	My tears started pouring.

ловИ́ть / поймА́ть
to catch

		IMPERFECTIVE ASPECT	PERFECTIVE ASPECT
INF.		ловИ́ть	поймА́ть
PRES.	Я	ловлЮ́	
	Ты	лО́вишь	
	Он/она/оно	лО́вит	
	Мы	лО́вим	
	Вы	лО́вите	
	Они	лО́вят	
PAST	Я, Ты, Он	ловИ́л	поймА́л
	Я, Ты, Она	ловИ́ла	поймА́ла
	Оно	ловИ́ло	поймА́ло
	Мы, Вы, Они	ловИ́ли	поймА́ли
FUT.	Я	бУ́ду ловИ́ть	поймА́ю
	Ты	бУ́дешь ловИ́ть	поймА́ешь
	Он/она/оно	бУ́дет ловИ́ть	поймА́ет
	Мы	бУ́дем ловИ́ть	поймА́ем
	Вы	бУ́дете ловИ́ть	поймА́ете
	Они	бУ́дут ловИ́ть	поймА́ет
COND.	Я, Ты, Он	ловИ́л бы	поймА́л бы
	Я, Ты, Она	ловИ́ла бы	поймА́ла бы
	Оно	ловИ́ло бы	поймА́ло бы
	Мы, Вы, Они	ловИ́ли бы	поймА́ли бы
IMP.	Ты	ловИ́	поймА́й
	Вы	ловИ́те	поймА́йте

DEVERBALS

PRES. ACT.	лО́вящий	
PRES. PASS.	ловИ́мый	
PAST ACT.	ловИ́вший	поймА́вший
PAST PASS.	лО́вленный	пО́йманный
VERBAL ADVERB	ловЯ́	поймА́в

ловИ́ть кого – что на чем

Япония ловит китов.	Japan catches whales.
Я тебя поймаю – снежинка.	I'll catch you – little snowflake.
В городе были пойманы хулиганы.	Hooligans were caught in the city.

		IMPERFECTIVE ASPECT	PERFECTIVE ASPECT
INF.		ложи́ться	ле́чь
PRES.	Я	ложу́сь	
	Ты	ложи́шься	
	Он/она/оно	ложи́тся	
	Мы	ложи́мся	
	Вы	ложи́тесь	
	Они	ложа́тся	
PAST	Я, Ты, Он	ложи́лся	лёг
	Я, Ты, Она	ложи́лась	легла́
	Оно	ложи́лось	легло́
	Мы, Вы, Они	ложи́лись	легли́
FUT.	Я	бу́ду ложи́ться	ля́гу
	Ты	бу́дешь ложи́ться	ля́жешь
	Он/она/оно	бу́дет ложи́ться	ля́жет
	Мы	бу́дем ложи́ться	ля́жем
	Вы	бу́дете ложи́ться	ля́жете
	Они	бу́дут ложи́ться	ля́гут
COND.	Я, Ты, Он	ложи́лся бы	лёг бы
	Я, Ты, Она	ложи́лась бы	легла́ бы
	Оно	ложи́лось бы	легло́ бы
	Мы, Вы, Они	ложи́лись бы	легли́ бы
IMP.	Ты	ложи́сь	ля́г
	Вы	ложи́тесь	ля́гте

DEVERBALS

	IMPERFECTIVE ASPECT	PERFECTIVE ASPECT
PRES. ACT.	ложа́щийся	
PRES. PASS.		
PAST ACT.	ложи́вшийся	лёгший
PAST PASS.		
VERBAL ADVERB	ложа́сь	лёгши

ложи́ться на кого – что, во что

Ложись спокойно спать.	Lie down peacefully to sleep.
В Санкт-Петербурге ляжет первый снег.	The first snow will fall on St. Petersburg.
Актер лег в клинику.	The actor entered the clinic.

ломáть (ся) / сломáть (ся)
to break, fracture, crack

		IMPERFECTIVE ASPECT	PERFECTIVE ASPECT
INF.		ломáть (ся)	сломáть (ся)
PRES.	Я	ломáю (сь)	
	Ты	ломáешь (ся)	
	Он/она/оно	ломáет (ся)	
	Мы	ломáем (ся)	
	Вы	ломáете (сь)	
	Они	ломáют (ся)	
PAST	Я, Ты, Он	ломáл (ся)	сломáл (ся)
	Я, Ты, Она	ломáла (сь)	сломáла (сь)
	Оно	ломáло (сь)	сломáло (сь)
	Мы, Вы, Они	ломáли (сь)	сломáли (сь)
FUT.	Я	бýду ломáть (ся)	сломáю (сь)
	Ты	бýдешь ломáть (ся)	сломáешь (ся)
	Он/она/оно	бýдет ломáть (ся)	сломáет (ся)
	Мы	бýдем ломáть (ся)	сломáем (ся)
	Вы	бýдете ломáть (ся)	сломáете (сь)
	Они	бýдут ломáть (ся)	сломáют (ся)
COND.	Я, Ты, Он	ломáл (ся) бы	сломáл (ся) бы
	Я, Ты, Она	ломáла (сь) бы	сломáла (сь) бы
	Оно	ломáло (сь) бы	сломáло (сь) бы
	Мы, Вы, Они	ломáли (сь) бы	сломáли (сь) бы
IMP.	Ты	ломáй (ся)	сломáй (ся)
	Вы	ломáйте (сь)	сломáйте (сь)

DEVERBALS

	IMPERFECTIVE ASPECT	PERFECTIVE ASPECT
PRES. ACT.	ломáющий (ся)	
PRES. PASS.	ломáемый	
PAST ACT.	ломáвший (ся)	сломáвший (ся)
PAST PASS.	лóманный	слóманный
VERBAL ADVERB	ломáя (сь)	сломáв (шись)

ломáть кого – что

Не ломáйте стáрую пластинку.	Don't break the old record.
Не сломáйтесь, ребята.	Don't crack, guys.
Веточка сломáлась.	The branch broke.

	IMPERFECTIVE ASPECT	PERFECTIVE ASPECT
INF.	любить	полюбить
PRES. Я	люблю	
Ты	любишь	
Он/она/оно	любит	
Мы	любим	
Вы	любите	
Они	любят	
PAST Я, Ты, Он	любил	полюбил
Я, Ты, Она	любила	полюбила
Оно	любило	полюбило
Мы, Вы, Они	любили	полюбили
FUT. Я	буду любить	полюблю
Ты	будешь любить	полюбишь
Он/она/оно	будет любить	полюбит
Мы	будем любить	полюбим
Вы	будете любить	полюбите
Они	будут любить	полюбят
COND. Я, Ты, Он	любил бы	полюбил бы
Я, Ты, Она	любила бы	полюбила бы
Оно	любило бы	полюбило бы
Мы, Вы, Они	любили бы	полюбили бы
IMP. Ты	люби	полюби
Вы	любите	полюбите

DEVERBALS

PRES. ACT.	любящий	
PRES. PASS.	любимый	
PAST ACT.	любивший	полюбивший
PAST PASS.		
VERBAL ADVERB	любя	полюбив

любить кого – что

Л

люби́ть / полюби́ть

Examples

Я люблю тебя.
I love you.

Здесь любят хип—хоп.
They love hip-hop here.

Я тебя полюбил.
I fell in love with you.

Для тех кто любил, любит и
       будет любить.
For those who have loved, love, and
       will love.

Полюби себя.
Love yourself.

Когда я был маленьким, я очень
       не любил спать.
When I was little, I didn't like to sleep.

Я ухожу от тебя любя.
I am leaving you, while loving you.

Любите друг друга и своего
       врага.
Love one another and your enemy.

С первого дня, я полюбила
       Большой театр.
From the first day, I fell in love with the
       Bolshoi Theater.

Words and expressions related to this verb

Я любить не люблю.

Люби нас, ходи мимо.

Ешь с голоду, а люби с
       молоду.

Любить, как волк овцу.

Чего в дргуом не любишь,
       того и сам не делай.

любовь

любимый

		IMPERFECTIVE ASPECT	PERFECTIVE ASPECT
INF.		маха́ть	махну́ть
PRES.	Я	машу́	
	Ты	ма́шешь	
	Он/она/оно	ма́шет	
	Мы	ма́шем	
	Вы	ма́шете	
	Они	ма́шут	
PAST	Я, Ты, Он	маха́л	махну́л
	Я, Ты, Она	маха́ла	махну́ла
	Оно	маха́ло	махну́ло
	Мы, Вы, Они	маха́ли	махну́ли
FUT.	Я	бу́ду маха́ть	махну́
	Ты	бу́дешь маха́ть	махнёшь
	Он/она/оно	бу́дет маха́ть	махнёт
	Мы	бу́дем маха́ть	махнём
	Вы	бу́дете маха́ть	махнёте
	Они	бу́дут маха́ть	махну́т
COND.	Я, Ты, Он	маха́л бы	махну́л бы
	Я, Ты, Она	маха́ла бы	махну́ла бы
	Оно	маха́ло бы	махну́ло бы
	Мы, Вы, Они	маха́ли бы	махну́ли бы
IMP.	Ты	маши́	махни́
	Вы	маши́те	махни́те

DEVERBALS

	IMPERFECTIVE	PERFECTIVE
PRES. ACT.	ма́шущий	
PRES. PASS.		
PAST ACT.	маха́вший	махну́вший
PAST PASS.		
VERBAL ADVERB	маша́	махну́в

маха́ть чем, рукой на что

Даже крыльями не машет всякая птица.	Actually, not every bird flaps its wings.
Поехали и махнули рукой.	They drove off and waved goodbye.
Махнем не глядя.	We'll wave without looking.

M

меня́ть (ся) / поменя́ть (ся)
to change, exchange

		IMPERFECTIVE ASPECT	PERFECTIVE ASPECT
INF.		меня́ть (ся)	поменя́ть (ся)
PRES.	Я	меня́ю (сь)	
	Ты	меня́ешь (ся)	
	Он/она/оно	меня́ет (ся)	
	Мы	меня́ем (ся)	
	Вы	меня́ете (сь)	
	Они	меня́ют (ся)	
PAST	Я, Ты, Он	меня́л (ся)	поменя́л (ся)
	Я, Ты, Она	меня́ла (сь)	поменя́ла (сь)
	Оно	меня́ло (сь)	поменя́ло (сь)
	Мы, Вы, Они	меня́ли (сь)	поменя́ли (сь)
FUT.	Я	бу́ду меня́ть (ся)	поменя́ю (сь)
	Ты	бу́дешь меня́ть (ся)	поменя́ешь (ся)
	Он/она/оно	бу́дет меня́ть (ся)	поменя́ет (ся)
	Мы	бу́дем меня́ть (ся)	поменя́ем (ся)
	Вы	бу́дете меня́ть (ся)	поменя́ете (сь)
	Они	бу́дут меня́ть (ся)	поменя́ют (ся)
COND.	Я, Ты, Он	меня́л (ся) бы	поменя́л (ся) бы
	Я, Ты, Она	меня́ла (сь) бы	поменя́ла (сь) бы
	Оно	меня́ло (сь) бы	поменя́ло (сь) бы
	Мы, Вы, Они	меня́ли (сь) бы	поменя́ли (сь) бы
IMP.	Ты	меня́й (ся)	поменя́й (ся)
	Вы	меня́йте (сь)	поменя́йте (сь)

DEVERBALS

	IMPERFECTIVE	PERFECTIVE
PRES. ACT.	меня́ющий (ся)	
PRES. PASS.	меня́емый	
PAST ACT.	меня́вший (ся)	поменя́вший (ся)
PAST PASS.	ме́нянный	поме́нянный
VERBAL ADVERB	меня́я (сь)	поменя́в (шись)

меня́ть кого – что на что; меня́ться чем с кем – чем

Меня́ю кварти́ру.	I am changing my apartment.
Им поменя́ли пра́вила игры́.	They changed the rules of the game on them.
Добро́ и зло поменя́лись места́ми.	Good and evil exchanged places.

ме́рить (ся) / поме́рить (ся)

to measure, try on

	IMPERFECTIVE ASPECT	PERFECTIVE ASPECT
INF.	ме́рить (ся)	поме́рить (ся)
PRES. Я	ме́рю (сь)	
Ты	ме́ришь (ся)	
Он/она/оно	ме́рит (ся)	
Мы	ме́рим (ся)	
Вы	ме́рите (сь)	
Они	ме́рят (ся)	
PAST Я, Ты, Он	ме́рил (ся)	поме́рил (ся)
Я, Ты, Она	ме́рила (сь)	поме́рила (сь)
Оно	ме́рило (сь)	поме́рило (сь)
Мы, Вы, Они	ме́рили (сь)	поме́рили (сь)
FUT. Я	бу́ду ме́рить (ся)	поме́рю (сь)
Ты	бу́дешь ме́рить (ся)	поме́ришь (ся)
Он/она/оно	бу́дет ме́рить (ся)	поме́рит (ся)
Мы	бу́дем ме́рить (ся)	поме́рим (ся)
Вы	бу́дете ме́рить (ся)	поме́рите (сь)
Они	бу́дут ме́рить (ся)	поме́рят (ся)
COND. Я, Ты, Он	ме́рил (ся) бы	поме́рил (ся) бы
Я, Ты, Она	ме́рила (сь) бы	поме́рила (сь) бы
Оно	ме́рило (сь) бы	поме́рило (сь) бы
Мы, Вы, Они	ме́рили (сь) бы	поме́рили (сь) бы
IMP. Ты	ме́рь (ся)	поме́рь (ся)
Вы	ме́рьте (сь)	поме́рьте (сь)

M

DEVERBALS

PRES. ACT.	ме́рящий (ся)	
PRES. PASS.	ме́римый	
PAST ACT.	ме́ривший (ся)	поме́ривший (ся)
PAST PASS.	ме́ренный	поме́ренный
VERBAL ADVERB	ме́ря (сь)	поме́рив (шись)

ме́рить кого – что; ме́риться чем с кем – чем

Не в километрах мерю я свой путь.	I don't measure my path in kilometers.
Школьники померят давление.	The schoolchildren will measure the pressure.
Два известных силача решили силой помериться.	Two famous strongmen decided to engage in a trial of strength.

мечта́ть / помечта́ть
to daydream, dream

		IMPERFECTIVE ASPECT	PERFECTIVE ASPECT
INF.		мечта́ть	помечта́ть
PRES.	Я	мечта́ю	
	Ты	мечта́ешь	
	Он/она́/оно́	мечта́ет	
	Мы	мечта́ем	
	Вы	мечта́ете	
	Они́	мечта́ют	
PAST	Я, Ты, Он	мечта́л	помечта́л
	Я, Ты, Она́	мечта́ла	помечта́ла
	Оно́	мечта́ло	помечта́ло
	Мы, Вы, Они́	мечта́ли	помечта́ли
FUT.	Я	бу́ду мечта́ть	помечта́ю
	Ты	бу́дешь мечта́ть	помечта́ешь
	Он/она́/оно́	бу́дет мечта́ть	помечта́ет
	Мы	бу́дем мечта́ть	помечта́ем
	Вы	бу́дете мечта́ть	помечта́ете
	Они́	бу́дут мечта́ть	помечта́ют
COND.	Я, Ты, Он	мечта́л бы	помечта́л бы
	Я, Ты, Она́	мечта́ла бы	помечта́ла бы
	Оно́	мечта́ло бы	помечта́ло бы
	Мы, Вы, Они́	мечта́ли бы	помечта́ли бы
IMP.	Ты	мечта́й	помечта́й
	Вы	мечта́йте	помечта́йте

DEVERBALS

	IMPERFECTIVE ASPECT	PERFECTIVE ASPECT
PRES. ACT.	мечта́ющий	
PRES. PASS.		
PAST ACT.	мечта́вший	помечта́вший
PAST PASS.		
VERBAL ADVERB	мечта́я	помечта́в

мечта́ть о ком – чём

О про́шлом как о бу́дущем мечта́й.	Dream about both past and future.
Помечта́ли, что на сле́дующий год пое́дем в Москву́.	We dreamed that next year we would go to Moscow.
Да́же не мечта́йте.	Don't even dream of it.

to hinder, impede, stir, mix, confound

		IMPERFECTIVE ASPECT	PERFECTIVE ASPECT
INF.		мешáть (ся)	помешáть (ся)
PRES.	Я	мешáю (сь)	
	Ты	мешáешь (ся)	
	Он/она/оно	мешáет (ся)	
	Мы	мешáем (ся)	
	Вы	мешáете (сь)	
	Они	мешáют (ся)	
PAST	Я, Ты, Он	мешáл (ся)	помешáл (ся)
	Я, Ты, Она	мешáла (сь)	помешáла (сь)
	Оно	мешáло (сь)	помешáло (сь)
	Мы, Вы, Они	мешáли (сь)	помешáли (сь)
FUT.	Я	бýду мешáть (ся)	помешáю (сь)
	Ты	бýдешь мешáть (ся)	помешáешь (ся)
	Он/она/оно	бýдет мешáть (ся)	помешáет (ся)
	Мы	бýдем мешáть (ся)	помешáем (ся)
	Вы	бýдете мешáть (ся)	помешáете (сь)
	Они	бýдут мешáть (ся)	помешáют (ся)
COND.	Я, Ты, Он	мешáл (ся) бы	помешáл (ся) бы
	Я, Ты, Она	мешáла (сь) бы	помешáла (сь) бы
	Оно	мешáло (сь) бы	помешáло (сь) бы
	Мы, Вы, Они	мешáли (сь) бы	помешáли (сь) бы
IMP.	Ты	мешáй (ся)	помешáй (ся)
	Вы	мешáйте (сь)	помешáйте (сь)

DEVERBALS

PRES. ACT.	мешáющий (ся)	
PRES. PASS.	мешáемый	
PAST ACT.	мешáвший (ся)	помешáвший (ся)
PAST PASS.	мéшанный	помéшанный
VERBAL ADVERB	мешáя (сь)	помешáв (шись)

мешáть кому – чему; кого – что; мешáться во что, с чем

Вы мешаете расследованию.	You are impeding the investigation.
Разговору помешали обстоятельства.	Circumstances hindered the conversation.
Я так устал, у меня в голове все мешается.	I'm so tired, my mind is all confused.

молча́ть / помолча́ть
to keep silent / be silent for a while

	IMPERFECTIVE ASPECT	PERFECTIVE ASPECT
INF.	молча́ть	помолча́ть
PRES. Я	молчу́	
Ты	молчи́шь	
Он/она́/оно́	молчи́т	
Мы	молчи́м	
Вы	молчи́те	
Они́	молча́т	
PAST Я, Ты, Он	молча́л	помолча́л
Я, Ты, Она	молча́ла	помолча́ла
Оно	молча́ло	помолча́ло
Мы, Вы, Они	молча́ли	помолча́ли
FUT. Я	бу́ду молча́ть	помолчу́
Ты	бу́дешь молча́ть	помолчи́шь
Он/она́/оно́	бу́дет молча́ть	помолчи́т
Мы	бу́дем молча́ть	помолчи́м
Вы	бу́дете молча́ть	помолчи́те
Они	бу́дут молча́ть	помолча́т
COND. Я, Ты, Он	молча́л бы	помолча́л бы
Я, Ты, Она	молча́ла бы	помолча́ла бы
Оно	молча́ло бы	помолча́ло бы
Мы, Вы, Они	молча́ли бы	помолча́ли бы
IMP. Ты	молчи́	помолчи́
Вы	молчи́те	помолчи́те

DEVERBALS

PRES. ACT.	молча́щий	
PRES. PASS.		
PAST ACT.	молча́вший	помолча́вший
PAST PASS.		
VERBAL ADVERB	молча́	помолча́в

Говорите, говорите, я молчу. You talk, talk, I'm keeping quiet.
Помолчите пожалуйста, я по телефону Be quiet, please, I'm talking on the
разговариваю! phone!
Пусть помолчат глупцы. Let the foolish keep silent.

		IMPERFECTIVE ASPECT	PERFECTIVE ASPECT
INF.		мо́чь	смо́чь
PRES.	Я	могу́	
	Ты	мо́жешь	
	Он/она/оно	мо́жет	
	Мы	мо́жем	
	Вы	мо́жете	
	Они	мо́гут	
PAST	Я, Ты, Он	мо́г	смо́г
	Я, Ты, Она	могла́	смогла́
	Оно	могло́	смогло́
	Мы, Вы, Они	могли́	смогли́
FUT.	Я		смогу́
	Ты		смо́жешь
	Он/она/оно		смо́жет
	Мы		смо́жем
	Вы		смо́жете
	Они		смо́гут
COND.	Я, Ты, Он	мо́г бы	смо́г бы
	Я, Ты, Она	могла́ бы	смогла́ бы
	Оно	могло́ бы	смогло́ бы
	Мы, Вы, Они	могли́ бы	смогли́ бы
IMP.	Ты		
	Вы		

M

DEVERBALS

	IMPERFECTIVE ASPECT	PERFECTIVE ASPECT
PRES. ACT.	могу́щий	
PRES. PASS.		
PAST ACT.	мо́гший	смо́гший
PAST PASS.		
VERBAL ADVERB		смо́гши

The simple future of this verb is not used in modern Russian.
The imperative forms are used only with negations: **Не моги́, не моги́те.**

AN ESSENTIAL VERB

мочь / смочь

Examples

Вместе сможем все.
Together we can do anything.

Они не смогли договориться.
They were not able to reach agreement.

Россия могла бы.
Russia could have done it.

Не смогши вытерпеть, он выразил
    свои мысли.
Unable to be patient, he expressed his
    thoughts.

Не могу молчать.
I can't remain silent.

Вы можете пройти следующие
    курсы.
You can take the following courses.

Они не смогли вернуться вчера
    вечером.
They were not able to return last
    evening.

Я смогу добиться идеальной
    фигуры.
I can achieve the ideal figure.

Words and expressions related to this verb

Хочу, половину могу.

Что хочу, то и могу.

Может быть.

Не может быть.

можно

могучий

to wash (wash oneself)

		IMPERFECTIVE ASPECT	PERFECTIVE ASPECT
INF.		мы́ть (ся)	помы́ть (ся)
PRES.	Я	мо́ю (сь)	
	Ты	мо́ешь (ся)	
	Он/она/оно	мо́ет (ся)	
	Мы	мо́ем (ся)	
	Вы	мо́ете (сь)	
	Они	мо́ют (ся)	
PAST	Я, Ты, Он	мы́л (ся)	помы́л (ся)
	Я, Ты, Она	мы́ла (сь)	помы́ла (сь)
	Оно	мы́ло (сь)	помы́ло (сь)
	Мы, Вы, Они	мы́ли (сь)	помы́ли (сь)
FUT.	Я	бу́ду мы́ть (ся)	помо́ю (сь)
	Ты	бу́дешь мы́ть (ся)	помо́ешь (ся)
	Он/она/оно	бу́дет мы́ть (ся)	помо́ет (ся)
	Мы	бу́дем мы́ть (ся)	помо́ем (ся)
	Вы	бу́дете мы́ть (ся)	помо́ете (сь)
	Они	бу́дут мы́ть (ся)	помо́ют (ся)
COND.	Я, Ты, Он	мы́л (ся) бы	помы́л (ся) бы
	Я, Ты, Она	мы́ла (сь) бы	помы́ла (сь) бы
	Оно	мы́ло (сь) бы	помы́ло (сь) бы
	Мы, Вы, Они	мы́ли (сь) бы	помы́ли (сь) бы
IMP.	Ты	мо́й (ся)	помо́й (ся)
	Вы	мо́йте (сь)	помо́йте (сь)

DEVERBALS

	IMPERFECTIVE ASPECT	PERFECTIVE ASPECT
PRES. ACT.	мо́ющий (ся)	
PRES. PASS.		
PAST ACT.	мы́вший (ся)	помы́вший (ся)
PAST PASS.	мы́тый	помы́тый
VERBAL ADVERB	мо́я (сь)	помы́в (шись)

мы́ть кого – что

Я часто моюсь в бане.	I frequently have a bath in the bathhouse.
Рука руку моет.	One hand washes the other.
Заодно и помылись.	They washed up together.

надева́ть (ся) / наде́ть (ся)
to put on [clothes, etc.]

		IMPERFECTIVE ASPECT	PERFECTIVE ASPECT
INF.		надева́ть (ся)	наде́ть (ся)
PRES.	Я	надева́ю	
	Ты	надева́ешь	
	Он/она/оно	надева́ет (ся)	
	Мы	надева́ем	
	Вы	надева́ете	
	Они	надева́ют (ся)	
PAST	Я, Ты, Он	надева́л (ся)	наде́л (ся)
	Я, Ты, Она	надева́ла (сь)	наде́ла (сь)
	Оно	надева́ло (сь)	наде́ло (сь)
	Мы, Вы, Они	надева́ли (сь)	наде́ли (сь)
FUT.	Я	бу́ду надева́ть	наде́ну
	Ты	бу́дешь надева́ть	наде́нешь
	Он/она/оно	бу́дет надева́ть (ся)	наде́нет (ся)
	Мы	бу́дем надева́ть	наде́нем
	Вы	бу́дете надева́ть	наде́нете
	Они	бу́дут надева́ть (ся)	наде́нут (ся)
COND.	Я, Ты, Он	надева́л (ся) бы	наде́л (ся) бы
	Я, Ты, Она	надева́ла (сь) бы	наде́ла (сь) бы
	Оно	надева́ло (сь) бы	наде́ло (сь) бы
	Мы, Вы, Они	надева́ли (сь) бы	наде́ли (сь) бы
IMP.	Ты	надева́й	наде́нь
	Вы	надева́йте	наде́ньте

DEVERBALS

	IMPERFECTIVE ASPECT	PERFECTIVE ASPECT
PRES. ACT.	надева́ющий (ся)	
PRES. PASS.	надева́емый	
PAST ACT.	надева́вший (ся)	наде́вший (ся)
PAST PASS.		наде́тый
VERBAL ADVERB	надева́я (сь)	наде́в (шись)

надева́ть что на кого – что

Не надевайте чужие галстуки.	Don't put on other people's ties.
Можно я надену этот старый свитер?	Can I put on this old sweater?
Туфли надевались 2–3 раза.	The shoes were worn only 2–3 times.

	IMPERFECTIVE ASPECT	PERFECTIVE ASPECT
INF.	надеяться	понадеяться
PRES. Я	надеюсь	
Ты	надеешься	
Он/она/оно	надеется	
Мы	надеемся	
Вы	надеетесь	
Они	надеются	
PAST Я, Ты, Он	надеялся	понадеялся
Я, Ты, Она	надеялась	понадеялась
Оно	надеялось	понадеялось
Мы, Вы, Они	надеялись	понадеялись
FUT. Я	буду надеяться	понадеюсь
Ты	будешь надеяться	понадеешься
Он/она/оно	будет надеяться	понадеется
Мы	будем надеяться	понадеемся
Вы	будете надеяться	понадеетесь
Они	будут надеяться	понадеются
COND. Я, Ты, Он	надеялся бы	понадеялся бы
Я, Ты, Она	надеялась бы	понадеялась бы
Оно	надеялось бы	понадеялось бы
Мы, Вы, Они	надеялись бы	понадеялись бы
IMP. Ты	надейся	понадейся
Вы	надейтесь	понадейтесь

DEVERBALS

PRES. ACT.	надеющийся	
PRES. PASS.		
PAST ACT.	надеявшийся	понадеявшийся
PAST PASS.		
VERBAL ADVERB	надеясь	понадеявшись

надеяться на что, на кого — что

Я на них не надеюсь.	I am not counting on them.
Понадеялась мама, что ждать всего несколько лет.	Mom hoped that she would have to wait just a few years.
Будем надеяться, что так и будет.	Let us hope that that's the way it will be.

Н

надоеда́ть / надое́сть
to bother, annoy

		IMPERFECTIVE ASPECT	PERFECTIVE ASPECT
INF.		надоеда́ть	надое́сть
PRES.	Я	надоеда́ю	
	Ты	надоеда́ешь	
	Он/она/оно	надоеда́ет	
	Мы	надоеда́ем	
	Вы	надоеда́ете	
	Они	надоеда́ют	
PAST	Я, Ты, Он	надоеда́л	надое́л
	Я, Ты, Она	надоеда́ла	надое́ла
	Оно	надоеда́ло	надое́ло
	Мы, Вы, Они	надоеда́ли	надое́ли
FUT.	Я	бу́ду надоеда́ть	надое́м
	Ты	бу́дешь надоеда́ть	надое́шь
	Он/она/оно	бу́дет надоеда́ть	надое́ст
	Мы	бу́дем надоеда́ть	надоеди́м
	Вы	бу́дете надоеда́ть	надоеди́те
	Они	бу́дут надоеда́ть	надоедя́т
COND.	Я, Ты, Он	надоеда́л бы	надое́л бы
	Я, Ты, Она	надоеда́ла бы	надое́ла бы
	Оно	надоеда́ло бы	надое́ло бы
	Мы, Вы, Они	надоеда́ли бы	надое́ли бы
IMP.	Ты	надоеда́й	надое́шь
	Вы	надоеда́йте	надое́шьте

DEVERBALS

	IMPERFECTIVE ASPECT	PERFECTIVE ASPECT
PRES. ACT.	надоеда́ющий	
PRES. PASS.		
PAST ACT.	надоеда́вший	надое́вший
PAST PASS.		
VERBAL ADVERB	надоеда́я	надое́в

надоеда́ть кому – чему

Рано или поздно все надоедает.	Sooner or later you'll be annoyed with everything.
Ей надоело быть певицей.	She got fed up with being a singer.
Я тебе последний раз надоем.	I am going to bother you for the last time.

	IMPERFECTIVE ASPECT	PERFECTIVE ASPECT
INF.	назнача́ть	назна́чить
PRES. Я	назнача́ю	
Ты	назнача́ешь	
Он/она́/оно́	назнача́ет	
Мы	назнача́ем	
Вы	назнача́ете	
Они́	назнача́ют	
PAST Я, Ты, Он	назнача́л	назна́чил
Я, Ты, Она́	назнача́ла	назна́чила
Оно́	назнача́ло	назна́чило
Мы, Вы, Они́	назнача́ли	назна́чили
FUT. Я	бу́ду назнача́ть	назна́чу
Ты	бу́дешь назнача́ть	назна́чишь
Он/она́/оно́	бу́дет назнача́ть	назна́чит
Мы	бу́дем назнача́ть	назна́чим
Вы	бу́дете назнача́ть	назна́чите
Они́	бу́дут назнача́ть	назна́чат
COND. Я, Ты, Он	назнача́л бы	назна́чил бы
Я, Ты, Она́	назнача́ла бы	назна́чила бы
Оно́	назнача́ло бы	назна́чило бы
Мы, Вы, Они́	назнача́ли бы	назна́чили бы
IMP. Ты	назнача́й	назна́чь
Вы	назнача́йте	назна́чьте

DEVERBALS

PRES. ACT.	назнача́ющий	
PRES. PASS.	назнача́емый	
PAST ACT.	назнача́вший	назна́чивший
PAST PASS.		назна́ченный
VERBAL ADVERB	назнача́я	назна́чив

назнача́ть кого — что кем; что кому *to prescribe something for someone*

Я назнача́ю вам свида́ние.	I'm arranging an appointment for you.
Сам назнача́ешь ме́сто и вре́мя.	You fix the time and place yourself.
Он её назна́чил свои́м представи́телем.	He appointed her his representative.

Н

называ́ть (ся) / назва́ть (ся)
to call, name (be called, be named)

		IMPERFECTIVE ASPECT	PERFECTIVE ASPECT
INF.		называ́ть (ся)	назва́ть (ся)
PRES.	Я	называ́ю (сь)	
	Ты	называ́ешь (ся)	
	Он/она/оно	называ́ет (ся)	
	Мы	называ́ем (ся)	
	Вы	называ́ете (сь)	
	Они	называ́ют (ся)	
PAST	Я, Ты, Он	называ́л (ся)	назва́л (ся)
	Я, Ты, Она	называ́ла (сь)	назвала́ (сь)
	Оно	называ́ло (сь)	назва́ло – назва́ло́сь
	Мы, Вы, Они	называ́ли (сь)	назва́ли – назва́ли́сь
FUT.	Я	бу́ду называ́ть (ся)	назову́ (сь)
	Ты	бу́дешь называ́ть (ся)	назовёшь (ся)
	Он/она/оно	бу́дет называ́ть (ся)	назовёт (ся)
	Мы	бу́дем называ́ть (ся)	назовём (ся)
	Вы	бу́дете называ́ть (ся)	назовёте (сь)
	Они	бу́дут называ́ть (ся)	назову́т (ся)
COND.	Я, Ты, Он	называ́л (ся) бы	назва́л (ся) бы
	Я, Ты, Она	называ́ла (сь) бы	назвала́ (сь) бы
	Оно	называ́ло (сь) бы	назва́ло – назва́ло́сь бы
	Мы, Вы, Они	называ́ли (сь) бы	назва́ли – назва́ли́сь бы
IMP.	Ты	называ́й (ся)	назови́ (сь)
	Вы	называ́йте (сь)	назови́те (сь)

DEVERBALS

	IMPERFECTIVE	PERFECTIVE
PRES. ACT.	называ́ющий (ся)	
PRES. PASS.	называ́емый	
PAST ACT.	называ́вший (ся)	назва́вший (ся)
PAST PASS.		на́званный
VERBAL ADVERB	называ́я (сь)	назва́в (шись)

называ́ть кого – что кем – чем

AN ESSENTIAL VERB

называ́ть (ся) / назва́ть (ся)

Examples

Это я называю любовь.
This is what I call love.

Как мы называем наших любимых?
What do we call our loved ones?

Как назвать ребенка?
What will we name the child?

Назовем вещи своими именами.
Let's call things by their right names.

Город назывался Петроградом.
The city was called Petrograd.

Вы назвались совестью страны.
You have been called the conscience of
        the country.

Кого могли бы назвать человеком
        года?
Whom could we name man of the year?

Насилие, как его не назови. . . .
Force, no matter what you call it. . . .

По делам своим я называюсь.
I am known by my deeds.

Как назывался его первый фильм?
What was his first film called?

Ее назвали лучшим спортсменом
        года.
She was named best athlete of the year.

**Words and expressions
related to this verb**

Назови его по имени.

Нельзя его назвать
        умницей.

Гостей назвали, а хозяев
        дома нет.

Как называется . . . ?

название

так называемый

названный

Н

наливáть (ся) / налúть (ся)
to pour, fill (ripen)

		IMPERFECTIVE ASPECT	PERFECTIVE ASPECT
INF.		наливáть (ся)	налúть (ся)
PRES.	Я	наливáю	
	Ты	наливáешь	
	Он/она/оно	наливáет (ся)	
	Мы	наливáем	
	Вы	наливáете	
	Они	наливáют (ся)	
PAST	Я, Ты, Он	наливáл (ся)	нáлил – налúлся́
	Я, Ты, Она	наливáла (сь)	налилá (сь)
	Оно	наливáло (сь)	нáлúло – налúлóсь
	Мы, Вы, Они	наливáли (сь)	нáлúли – налúлúсь
FUT.	Я	бýду наливáть	налью́
	Ты	бýдешь наливáть	нальёшь
	Он/она/оно	бýдет наливáть (ся)	нальёт (ся)
	Мы	бýдем наливáть	нальём
	Вы	бýдете наливáть	нальёте
	Они	бýдут наливáть (ся)	нальют (ся)
COND.	Я, Ты, Он	наливáл (ся) бы	нáлил – налúлся бы
	Я, Ты, Она	наливáла (сь) бы	налилá (сь) бы
	Оно	наливáло (сь) бы	нáлúло – налúлóсь бы
	Мы, Вы, Они	наливáли (сь) бы	нáлúли – налúлúсь бы
IMP.	Ты	наливáй	налéй
	Вы	наливáйте	налéйте

DEVERBALS

PRES. ACT.	наливáющий (ся)	
PRES. PASS.	наливáемый	
PAST ACT.	наливáвший (ся)	налúвший (ся)
PAST PASS.		нáлúтый нáлúт, налитá, нáлúто
VERBAL ADVERB	наливáя (сь)	налúв (шись)

наливáть что, чего на что, чем
наливáться во что

Наливая чай гостям, она начала рассказывать свою историю.	She began telling her tale as she poured the tea for her guests.
Ещё раз я налью вина.	I will pour the wine one more time.
У меня глаз налился кровью.	My eye filled with blood.

220

	IMPERFECTIVE ASPECT	PERFECTIVE ASPECT
INF.	напомина́ть	напо́мнить
PRES. Я	напомина́ю	
Ты	напомина́ешь	
Он/она/оно	напомина́ет	
Мы	напомина́ем	
Вы	напомина́ете	
Они	напомина́ют	
PAST Я, Ты, Он	напомина́л	напо́мнил
Я, Ты, Она	напомина́ла	напо́мнила
Оно	напомина́ло	напо́мнило
Мы, Вы, Они	напомина́ли	напо́мнили
FUT. Я	бу́ду напомина́ть	напо́мню
Ты	бу́дешь напомина́ть	напо́мнишь
Он/она/оно	бу́дет напомина́ть	напо́мнит
Мы	бу́дем напомина́ть	напо́мним
Вы	бу́дете напомина́ть	напо́мните
Они	бу́дут напомина́ть	напо́мнят
COND. Я, Ты, Он	напомина́л бы	напо́мнил бы
Я, Ты, Она	напомина́ла бы	напо́мнила бы
Оно	напомина́ло бы	напо́мнило бы
Мы, Вы, Они	напомина́ли бы	напо́мнили бы
IMP. Ты	напомина́й	напо́мни
Вы	напомина́йте	напо́мните

DEVERBALS

PRES. ACT.	напомина́ющий	
PRES. PASS.		
PAST ACT.	напомина́вший	напо́мнивший
PAST PASS.		
VERBAL ADVERB	напомина́я	напо́мнив

напомина́ть кому о ком – чём, кого – что

Напоминайте друзьям о себе.	Remind your friends about yourself.
Статья напомнила нам о проблеме.	The article reminded us of the problem.
Напомнилось – жизнь дается человеку один раз.	We recalled – life is given to one only once.

направля́ть (ся) / напра́вить (ся)
to direct, send (make one's way toward)

		IMPERFECTIVE ASPECT	PERFECTIVE ASPECT
INF.		направля́ть (ся)	напра́вить (ся)
PRES.	Я	направля́ю (сь)	
	Ты	направля́ешь (ся)	
	Он/она/оно	направля́ет (ся)	
	Мы	направля́ем (ся)	
	Вы	направля́ете (сь)	
	Они	направля́ют (ся)	
PAST	Я, Ты, Он	направля́л (ся)	напра́вил (ся)
	Я, Ты, Она	направля́ла (сь)	напра́вила (сь)
	Оно	направля́ло (сь)	напра́вило (сь)
	Мы, Вы, Они	направля́ли (сь)	напра́вили (сь)
FUT.	Я	бу́ду направля́ть (ся)	напра́влю (сь)
	Ты	бу́дешь направля́ть (ся)	напра́вишь (ся)
	Он/она/оно	бу́дет направля́ть (ся)	напра́вит (ся)
	Мы	бу́дем направля́ть (ся)	напра́вим (ся)
	Вы	бу́дете направля́ть (ся)	напра́вите (сь)
	Они	бу́дут направля́ть (ся)	напра́вят (ся)
COND.	Я, Ты, Он	направля́л (ся) бы	напра́вил (ся) бы
	Я, Ты, Она	направля́ла (сь) бы	напра́вила (сь) бы
	Оно	направля́ло (сь) бы	напра́вило (сь) бы
	Мы, Вы, Они	направля́ли (сь) бы	напра́вили (сь) бы
IMP.	Ты	направля́й (ся)	напра́вь (ся)
	Вы	направля́йте (сь)	напра́вьте (сь)

DEVERBALS

	IMPERFECTIVE ASPECT	PERFECTIVE ASPECT
PRES. ACT.	направля́ющий (ся)	
PRES. PASS.	направля́емый	
PAST ACT.	направля́вший (ся)	напра́вивший (ся)
PAST PASS.		напра́вленный
VERBAL ADVERB	направля́я (сь)	напра́вив (шись)

направля́ть кого – что на кого – что; направля́ться к чему, во что

Вас направляют на тренинг.	You are being sent to training.
Самолет направился в Москву на ремонт.	The plane was sent to Moscow for repair.
Куда я направлюсь на каникулах?	Where should I go for the holidays?

	IMPERFECTIVE ASPECT	PERFECTIVE ASPECT
INF.	наста́ивать	настоя́ть
PRES. Я	наста́иваю	
Ты	наста́иваешь	
Он/она/оно	наста́ивает	
Мы	наста́иваем	
Вы	наста́иваете	
Они	наста́ивают	
PAST Я, Ты, Он	наста́ивал	настоя́л
Я, Ты, Она	наста́ивала	настоя́ла
Оно	наста́ивало	настоя́ло
Мы, Вы, Они	наста́ивали	настоя́ли
FUT. Я	бу́ду наста́ивать	настою́
Ты	бу́дешь наста́ивать	настои́шь
Он/она/оно	бу́дет наста́ивать	настои́т
Мы	бу́дем наста́ивать	настои́м
Вы	бу́дете наста́ивать	настои́те
Они	бу́дут наста́ивать	настоя́т
COND. Я, Ты, Он	наста́ивал бы	настоя́л бы
Я, Ты, Она	наста́ивала бы	настоя́ла бы
Оно	наста́ивало бы	настоя́ло бы
Мы, Вы, Они	наста́ивали бы	настоя́ли бы
IMP. Ты	наста́ивай	насто́й
Вы	наста́ивайте	насто́йте

DEVERBALS

PRES. ACT.	наста́ивающий	
PRES. PASS.		
PAST ACT.	наста́ивавший	настоя́вший
PAST PASS.		
VERBAL ADVERB	наста́ивая	настоя́в

наста́ивать на чём

Они настаивают на свободе прессы.	They are insisting on freedom of the press.
Парламент настоял на открытии архивов.	The parliament insisted on opening the archives.
На чем они настаивали?	What did they insist upon?

наступа́ть / наступи́ть
to step on, approach, advance

	IMPERFECTIVE ASPECT	PERFECTIVE ASPECT
INF.	наступа́ть	наступи́ть
PRES. Я	наступа́ю	
Ты	наступа́ешь	
Он/она/оно	наступа́ет	
Мы	наступа́ем	
Вы	наступа́ете	
Они	наступа́ют	
PAST Я, Ты, Он	наступа́л	наступи́л
Я, Ты, Она	наступа́ла	наступи́ла
Оно	наступа́ло	наступи́ло
Мы, Вы, Они	наступа́ли	наступи́ли
FUT. Я	бу́ду наступа́ть	наступлю́
Ты	бу́дешь наступа́ть	насту́пишь
Он/она/оно	бу́дет наступа́ть	насту́пит
Мы	бу́дем наступа́ть	насту́пим
Вы	бу́дете наступа́ть	насту́пите
Они	бу́дут наступа́ть	насту́пят
COND. Я, Ты, Он	наступа́л бы	наступи́л бы
Я, Ты, Она	наступа́ла бы	наступи́ла бы
Оно	наступа́ло бы	наступи́ло бы
Мы, Вы, Они	наступа́ли бы	наступи́ли бы
IMP. Ты	наступа́й	наступи́
Вы	наступа́йте	наступи́те

DEVERBALS

PRES. ACT.	наступа́ющий	
PRES. PASS.		
PAST ACT.	наступа́вший	наступи́вший
PAST PASS.		
VERBAL ADVERB	наступа́я	наступи́в

наступа́ть кому на кого – что

Он наступает на ее ногу.	He is stepping on her foot.
В тот год весна долго не наступала.	That year spring didn't arrive for a long time.
Для небоскребов наступили черные дни.	Black days have arrived for skyscrapers.

to find out, discover (be situated, located)

	IMPERFECTIVE ASPECT	PERFECTIVE ASPECT
INF.	находи́ть (ся)	найти́ (сь)
PRES. Я	нахожу́ (сь)	
Ты	нахо́дишь (ся)	
Он/она/оно	нахо́дит (ся)	
Мы	нахо́дим (ся)	
Вы	нахо́дите (сь)	
Они	нахо́дят (ся)	
PAST Я, Ты, Он	находи́л (ся)	нашёл (ся)
Я, Ты, Она	находи́ла (сь)	нашла́ (сь)
Оно	находи́ло (сь)	нашло́ (сь)
Мы, Вы, Они	находи́ли (сь)	нашли́ (сь)
FUT. Я	бу́ду находи́ть (ся)	найду́ (сь)
Ты	бу́дешь находи́ть (ся)	найдёшь (ся)
Он/она/оно	бу́дет находи́ть (ся)	найдёт (ся)
Мы	бу́дем находи́ть (ся)	найдём (ся)
Вы	бу́дете находи́ть (ся)	найдёте (сь)
Они	бу́дут находи́ть (ся)	найду́т (ся)
COND. Я, Ты, Он	находи́л (ся) бы	нашёл (ся) бы
Я, Ты, Она	находи́ла (сь) бы	нашла́ (сь) бы
Оно	находи́ло (сь) бы	нашло́ (сь) бы
Мы, Вы, Они	находи́ли (сь) бы	нашли́ (сь) бы
IMP. Ты	находи́ (сь)	найди́ (сь)
Вы	находи́те (сь)	найди́те (сь)

DEVERBALS

PRES. ACT.	находя́щий (ся)	
PRES. PASS.		
PAST ACT.	находи́вший (ся)	наше́дший (ся)
PAST PASS.		на́йденный
VERBAL ADVERB	находя́ (сь)	найдя́ (сь)

находи́ть кого – что

AN ESSENTIAL VERB

AN ESSENTIAL VERB

находи́ть (ся) / найти́ (сь)

Examples

Я легко нахожу работу.
I find work easily.

Находи друзей.
Find some friends.

За чем пойдёшь, то и найдёшь.
What you go for is what you'll find.

Преступник нашёлся в больнице.
The criminal was found in the hospital.

Следы были найдены в ресторане.
Traces were found in a restaurant.

Ищу не находя ответа.
I search without finding an answer.

Найдите нам хорошего директора.
Find us a good director.

Эту информацию вы больше
        нигде не найдёте.
You won't find this information
        anywhere else.

Рыбы находят путь домой на
        слух.
Fish find their way home by sound.

Найдите понимание с
        начальником.
Find understanding with your boss.

У него нашелся друг.
He found a friend.

Words and expressions related to this verb

Он находился под
        надзором полиции.

Где находится . . . ?

Мы сейчас находимся . . .

находясь за рубежом

нахождение

находчивий

находка

начина́ть (ся) / нача́ть (ся)
to begin, start

		IMPERFECTIVE ASPECT	PERFECTIVE ASPECT
INF.		начина́ть (ся)	нача́ть (ся)
PRES.	Я	начина́ю	
	Ты	начина́ешь	
	Он/она/оно	начина́ет (ся)	
	Мы	начина́ем	
	Вы	начина́ете	
	Они	начина́ют (ся)	
PAST	Я, Ты, Он	начина́л (ся)	на́чал – начался́
	Я, Ты, Она	начина́ла (сь)	начала́ (сь)
	Оно	начина́ло (сь)	на́чало – начало́сь
	Мы, Вы, Они	начина́ли (сь)	на́чали – начали́сь
FUT.	Я	бу́ду начина́ть	начну́
	Ты	бу́дешь начина́ть	начнёшь
	Он/она/оно	бу́дет начина́ть (ся)	начнёт (ся)
	Мы	бу́дем начина́ть	начнём
	Вы	бу́дете начина́ть	начнёте
	Они	бу́дут начина́ть (ся)	начну́т (ся)
COND.	Я, Ты, Он	начина́л (ся) бы	на́чал – начался́ бы
	Я, Ты, Она	начина́ла (сь) бы	начала́ (сь) бы
	Оно	начина́ло (сь) бы	на́чало – начало́сь бы
	Мы, Вы, Они	начина́ли (сь) бы	на́чали – начали́сь бы
IMP.	Ты	начина́й	начни́
	Вы	начина́йте	начни́те

 **H**

DEVERBALS

PRES. ACT.	начина́ющий (ся)	
PRES. PASS.	начина́емый	
PAST ACT.	начина́вший (ся)	нача́вший (ся)
PAST PASS.		на́чатый
		на́чат, начата́, на́чато
VERBAL ADVERB	начина́я (сь)	нача́в (шись)

**начина́ть что кем – чем с
кого – чего,** + infinitive

AN ESSENTIAL
VERB

начина́ть (ся) / нача́ть (ся)

Examples

Я начинаю строить с нуля.
I'm starting to build from scratch.

Все начинается с любви.
It all starts from love.

Завтра начну все делать.
Tomorrow I'll begin to do it all.

Начните правильно.
Begin correctly.

Начата работа над бюджетом.
Work on the budget has begun.

Месяц начался с разочарований.
The month began with disappointments.

Так начинаются войны.
This is the way wars begin.

Он начинает худеть.
He is beginning to slim down.

Новые автоматы начнут работать.
The new automatic machines will begin
    to work.

Вчера началось производство
    нового автомобиля.
Yesterday production of the new car
    began.

Words and expressions related to this verb

Не знаешь, что и начать.

Легко начать, да не легко
    кончать.

Ни начать, ни кончать
    пришло.

начало

начальство

начальник

		IMPERFECTIVE ASPECT	PERFECTIVE ASPECT
INF.		ненави́деть	возненави́деть
PRES.	Я	ненави́жу	
	Ты	ненави́дишь	
	Он/она/оно	ненави́дит	
	Мы	ненави́дим	
	Вы	ненави́дите	
	Они	ненави́дят	
PAST	Я, Ты, Он	ненави́дел	возненави́дел
	Я, Ты, Она	ненави́дела	возненави́дела
	Оно	ненави́дело	возненави́дело
	Мы, Вы, Они	ненави́дели	возненави́дели
FUT.	Я	бу́ду ненави́деть	возненави́жу
	Ты	бу́дешь ненави́деть	возненави́дишь
	Он/она/оно	бу́дет ненави́деть	возненави́дит
	Мы	бу́дем ненави́деть	возненави́дим
	Вы	бу́дете ненави́деть	возненави́дите
	Они	бу́дут ненави́деть	возненави́дят
COND.	Я, Ты, Он	ненави́дел бы	возненави́дел бы
	Я, Ты, Она	ненави́дела бы	возненави́дела бы
	Оно	ненави́дело бы	возненави́дело бы
	Мы, Вы, Они	ненави́дели бы	возненави́дели бы
IMP.	Ты	ненави́дь	возненави́дь
	Вы	ненави́дьте	возненави́дьте

DEVERBALS

	IMPERFECTIVE ASPECT	PERFECTIVE ASPECT
PRES. ACT.	ненави́дящий	
PRES. PASS.	ненави́димый	
PAST ACT.	ненави́девший	возненави́девший
PAST PASS.		возненави́денный
VERBAL ADVERB	ненави́дя	возненави́дев

ненави́деть кого – что

Она ненавидит свою работу.	She hates her work.
10 вещей за которые хаккеры вас возненавидят.	Ten things that hackers will hate you for.
Его любили, даже ненавидя.	They loved him even as they hated him.

носи́ть (ся) – нести́ (сь) / понести́ (сь)
to carry, bring, take (rush off)

	MULTIDIRECTIONAL	UNIDIRECTIONAL	PERFECTIVE ASPECT
INF.	носи́ть (ся)	нести́ (сь)	понести́ (сь)
PRES.	ношу́ (сь)	несу́ (сь)	
	но́сишь (ся)	несёшь (ся)	
	но́сит (ся)	несёт (ся)	
	но́сим (ся)	несём (ся)	
	но́сите (сь)	несёте (сь)	
	но́сят (ся)	несу́т (ся)	
PAST	носи́л (ся)	нёс (ся)	понёс (ся)
	носи́ла(сь)	несла́ (сь)	понесла́ (сь)
	носи́ло (сь)	несло́ (сь)	понесло́ (сь)
	носи́ли (сь)	несли́ (сь)	понесли́ (сь)
FUT.	бу́ду носи́ть (ся)	бу́ду нести́ (сь)	понесу́ (сь)
	бу́дешь носи́ть (ся)	бу́дешь нести́ (сь)	понесёшь (ся)
	бу́дет носи́ть (ся)	бу́дет нести́ (сь)	понесёт (ся)
	бу́дем носи́ть (ся)	бу́дем нести́ (сь)	понесём (ся)
	бу́дете носи́ть (ся)	бу́дете нести́ (сь)	понесёте (сь)
	бу́дут носи́ть (ся)	бу́дут нести́ (сь)	понесу́т (ся)
COND.	носи́л (ся) бы	нёс (ся) бы	понёс (ся) бы
	носи́ла (сь) бы	несла́ (сь) бы	понесла́ (сь) бы
	носи́ло (сь) бы	несло́ (сь) бы	понесло́ (сь) бы
	носи́ли (сь) бы	несли́ (сь) бы	понесли́ (сь) бы
IMP.	носи́ (сь)	неси́ (сь)	понеси́ (сь)
	носи́те (сь)	неси́те (сь)	понеси́те (сь)

DEVERBALS

	MULTIDIRECTIONAL	UNIDIRECTIONAL	PERFECTIVE ASPECT
PRES. ACT.	нося́щий (ся)	несу́щий (ся)	
PRES. PASS.	носи́мый	несо́мый	
PAST ACT.	носи́вший (ся)	нёсший (ся)	понёсший (ся)
PAST PASS.	но́шенный		понесённый
			понесён, понесена́
VERBAL ADVERB	носи́в (шись)	неся́ (сь)	понеся́ (сь)

нести́ – носи́ть кого – что

Она носит часы на левой руке.	She wears her watch on the left arm.
Надо мной неслась черная туча.	A dark cloud was rushing over me.
Я не дойду, понесите меня.	I can't get there; carry me.

ночева́ть / переночева́ть
to spend the night

		IMPERFECTIVE ASPECT	PERFECTIVE ASPECT
INF.		ночева́ть	переночева́ть
PRES.	Я	ночу́ю	
	Ты	ночу́ешь	
	Он/она/оно	ночу́ет	
	Мы	ночу́ем	
	Вы	ночу́ете	
	Они	ночу́ют	
PAST	Я, Ты, Он	ночева́л	переночева́л
	Я, Ты, Она	ночева́ла	переночева́ла
	Оно	ночева́ло	переночева́ло
	Мы, Вы, Они	ночева́ли	переночева́ли
FUT.	Я	бу́ду ночева́ть	переночу́ю
	Ты	бу́дешь ночева́ть	переночу́ешь
	Он/она/оно	бу́дет ночева́ть	переночу́ет
	Мы	бу́дем ночева́ть	переночу́ем
	Вы	бу́дете ночева́ть	переночу́ете
	Они	бу́дут ночева́ть	переночу́ет
COND.	Я, Ты, Он	ночева́л бы	переночева́л бы
	Я, Ты, Она	ночева́ла бы	переночева́ла бы
	Оно	ночева́ло бы	переночева́ло бы
	Мы, Вы, Они	ночева́ли бы	переночева́ли бы
IMP.	Ты	ночу́й	переночу́й
	Вы	ночу́йте	переночу́йте

DEVERBALS

	IMPERFECTIVE	PERFECTIVE
PRES. ACT.	ночу́ющий	
PRES. PASS.		
PAST ACT.	ночева́вший	переночева́вший
PAST PASS.		
VERBAL ADVERB	ночу́я	переночева́в

Мы не можем ночевать дома.
We can't spend the night at home.

Где ночевал император Наполеон?
Where did the Emperor Napoleon spend the night?

Мы переночевали в Москве.
We spent the night in Moscow.

нра́виться / понра́виться
to please, like

		IMPERFECTIVE ASPECT	PERFECTIVE ASPECT
INF.		нра́виться	понра́виться
PRES.	Я	нра́влюсь	
	Ты	нра́вишься	
	Он/она́/оно́	нра́вится	
	Мы	нра́вимся	
	Вы	нра́витесь	
	Они́	нра́вятся	
PAST	Я, Ты, Он	нра́вился	понра́вился
	Я, Ты, Она́	нра́вилась	понра́вилась
	Оно́	нра́вилось	понра́вилось
	Мы, Вы, Они́	нра́вились	понра́вились
FUT.	Я	бу́ду нра́виться	понра́влюсь
	Ты	бу́дешь нра́виться	понра́вишься
	Он/она́/оно́	бу́дет нра́виться	понра́вится
	Мы	бу́дем нра́виться	понра́вимся
	Вы	бу́дете нра́виться	понра́витесь
	Они́	бу́дут нра́виться	понра́вятся
COND.	Я, Ты, Он	нра́вился бы	понра́вился бы
	Я, Ты, Она́	нра́вилась бы	понра́вилась бы
	Оно́	нра́вилось бы	понра́вилось бы
	Мы, Вы, Они́	нра́вились бы	понра́вились бы
IMP.	Ты	нра́вься	понра́вься
	Вы	нра́вьтесь	понра́вьтесь

DEVERBALS

	IMPERFECTIVE ASPECT	PERFECTIVE ASPECT
PRES. ACT.	нра́вящийся	
PRES. PASS.		
PAST ACT.	нра́вившийся	понра́вившийся
PAST PASS.		
VERBAL ADVERB	нра́вясь	понра́вившись

нра́виться кому – чему

Почему я им не нравлюсь?	Why don't they like me?
Какой предмет вам больше всего нравился?	Which subject did you like the most?
Президенту не понравились выборы.	The president was not pleased with the elections.

	IMPERFECTIVE ASPECT	PERFECTIVE ASPECT
INF.	обéдать	пообéдать
PRES. Я	обéдаю	
Ты	обéдаешь	
Он/она/оно	обéдает	
Мы	обéдаем	
Вы	обéдаете	
Они	обéдают	
PAST Я, Ты, Он	обéдал	пообéдал
Я, Ты, Она	обéдала	пообéдала
Оно	обéдало	пообéдало
Мы, Вы, Они	обéдали	пообéдали
FUT. Я	бýду обéдать	пообéдаю
Ты	бýдешь обéдать	пообéдаешь
Он/она/оно	бýдет обéдать	пообéдает
Мы	бýдем обéдать	пообéдаем
Вы	бýдете обéдать	пообéдаете
Они	бýдут обéдать	пообéдают
COND. Я, Ты, Он	обéдал бы	пообéдал бы
Я, Ты, Она	обéдала бы	пообéдала бы
Оно	обéдало бы	пообéдало бы
Мы, Вы, Они	обéдали бы	пообéдали бы
IMP. Ты	обéдай	пообéдай
Вы	обéдайте	пообéдайте

DEVERBALS

PRES. ACT.	обéдающий	
PRES. PASS.		
PAST ACT.	обéдавший	пообéдавший
PAST PASS.		
VERBAL ADVERB	обéдая	пообéдав

Обедайте с удовольствием.	Dine with pleasure.
Мы прекрасно пообедали в ресторане.	We had a wonderful meal in the restaurant.
Пообедаем вместе.	Let's dine together.

обеща́ть / пообеща́ть
to promise

		IMPERFECTIVE ASPECT	PERFECTIVE ASPECT
INF.		обеща́ть	пообеща́ть
PRES.	Я	обеща́ю	
	Ты	обеща́ешь	
	Он/она/оно	обеща́ет	
	Мы	обеща́ем	
	Вы	обеща́ете	
	Они	обеща́ют	
PAST	Я, Ты, Он	обеща́л	пообеща́л
	Я, Ты, Она	обеща́ла	пообеща́ла
	Оно	обеща́ло	пообеща́ло
	Мы, Вы, Они	обеща́ли	пообеща́ли
FUT.	Я	бу́ду обеща́ть	пообеща́ю
	Ты	бу́дешь обеща́ть	пообеща́ешь
	Он/она/оно	бу́дет обеща́ть	пообеща́ет
	Мы	бу́дем обеща́ть	пообеща́ем
	Вы	бу́дете обеща́ть	пообеща́ете
	Они	бу́дут обеща́ть	пообеща́ют
COND.	Я, Ты, Он	обеща́л бы	пообеща́л бы
	Я, Ты, Она	обеща́ла бы	пообеща́ла бы
	Оно	обеща́ло бы	пообеща́ло бы
	Мы, Вы, Они	обеща́ли бы	пообеща́ли бы
IMP.	Ты	обеща́й	пообеща́й
	Вы	обеща́йте	пообеща́йте

DEVERBALS

	IMPERFECTIVE ASPECT	PERFECTIVE ASPECT
PRES. ACT.	обеща́ющий	
PRES. PASS.	обеща́емый	
PAST ACT.	обеща́вший	пообеща́вший
PAST PASS.		пообе́щанный
VERBAL ADVERB	обеща́я	пообеща́в

обеща́ть что, кому – чему

Делай великое, не обещая великого.	Do great things without promising greatness.
Пообещай, что ты вернешься.	Promise that you will return.
Доноры пообещали 500 миллионов.	Donors have promised 500 million.

обижа́ть (ся) / оби́деть (ся)

to hurt, insult

	IMPERFECTIVE ASPECT	PERFECTIVE ASPECT
INF.	обижа́ть (ся)	оби́деть (ся)
PRES. Я	обижа́ю (сь)	
Ты	обижа́ешь (ся)	
Он/она/оно	обижа́ет (ся)	
Мы	обижа́ем (ся)	
Вы	обижа́ете (сь)	
Они	обижа́ют (ся)	
PAST Я, Ты, Он	обижа́л (ся)	оби́дел (ся)
Я, Ты, Она	обижа́ла (сь)	оби́дела (сь)
Оно	обижа́ло (сь)	оби́дело (сь)
Мы, Вы, Они	обижа́ли (сь)	оби́дели (сь)
FUT. Я	бу́ду обижа́ть (ся)	оби́жу (сь)
Ты	бу́дешь обижа́ть (ся)	оби́дешь (ся)
Он/она/оно	бу́дет обижа́ть (ся)	оби́дет (ся)
Мы	бу́дем обижа́ть (ся)	оби́дем (ся)
Вы	бу́дете обижа́ть (ся)	оби́дете (сь)
Они	бу́дут обижа́ть (ся)	оби́дят (ся)
COND. Я, Ты, Он	обижа́л (ся) бы	оби́дел (ся) бы
Я, Ты, Она	обижа́ла (сь) бы	оби́дела (сь) бы
Оно	обижа́ло (сь) бы	оби́дело (сь) бы
Мы, Вы, Они	обижа́ли (сь) бы	оби́дели (сь) бы
IMP. Ты	обижа́й (ся)	оби́дь (ся)
Вы	обижа́йте (сь)	оби́дьте (ся)

DEVERBALS

PRES. ACT.	обижа́ющий (ся)	
PRES. PASS.	обижа́емый	
PAST ACT.	обижа́вший (ся)	оби́девший (ся)
PAST PASS.		оби́женный
VERBAL ADVERB	обижа́я (сь)	оби́дев (шись)

обижа́ть кого – что

Я их не обижаю, и не обижаюсь.
Не обижайтесь, пожалуйста.
Родина на них обиделась.

I don't insult them, and I am not insulted.
Please don't be insulted.
The motherland was hurt by them.

обладáть

to possess, have

		IMPERFECTIVE ASPECT	PERFECTIVE ASPECT
INF.		обладáть	
PRES.	Я	обладáю	
	Ты	обладáешь	
	Он/она/оно	обладáет	
	Мы	обладáем	
	Вы	обладáете	
	Они	обладáют	
PAST	Я, Ты, Он	обладáл	
	Я, Ты, Она	обладáла	
	Оно	обладáло	
	Мы, Вы, Они	обладáли	
FUT.	Я	бýду обладáть	
	Ты	бýдешь обладáть	
	Он/она/оно	бýдет обладáть	
	Мы	бýдем обладáть	
	Вы	бýдете обладáть	
	Они	бýдут обладáть	
COND.	Я, Ты, Он	обладáл бы	
	Я, Ты, Она	обладáла бы	
	Оно	обладáло бы	
	Мы, Вы, Они	обладáли бы	
IMP.	Ты	обладáй	
	Вы	обладáйте	

DEVERBALS

PRES. ACT.	обладáющий	
PRES. PASS.	обладáемый	
PAST ACT.	обладáвший	
PAST PASS.		
VERBAL ADVERB	обладáя	

обладáть чем
обладáться is considered obsolete.

Какой эмпатией вы обладаете?

Она обладала редким даром.
Она еще обладает хорошим слухом.

What kind of empathy do you possess?
She had a rare gift.
She still has good hearing.

обма́нывать (ся) / обману́ть (ся)

to deceive, cheat, betray (be disappointed)

		IMPERFECTIVE ASPECT	PERFECTIVE ASPECT
INF.		обма́нывать (ся)	обману́ть (ся)
PRES.	Я	обма́нываю (сь)	
	Ты	обма́нываешь (ся)	
	Он/она/оно	обма́нывает (ся)	
	Мы	обма́нываем (ся)	
	Вы	обма́нываете (сь)	
	Они	обма́нывают (ся)	
PAST	Я, Ты, Он	обма́нывал (ся)	обману́л (ся)
	Я, Ты, Она	обма́нывала (сь)	обману́ла (сь)
	Оно	обма́нывало (сь)	обману́ло (сь)
	Мы, Вы, Они	обма́нывали (сь)	обману́ли (сь)
FUT.	Я	бу́ду обма́нывать (ся)	обману́ (сь)
	Ты	бу́дешь обма́нывать (ся)	обма́нешь (ся)
	Он/она/оно	бу́дет обма́нывать (ся)	обма́нет (ся)
	Мы	бу́дем обма́нывать (ся)	обма́нем (ся)
	Вы	бу́дете обма́нывать (ся)	обма́нете (сь)
	Они	бу́дут обма́нывать (ся)	обма́нут (ся)
COND.	Я, Ты, Он	обма́нывал (ся) бы	обману́л (ся) бы
	Я, Ты, Она	обма́нывала (сь) бы	обману́ла (сь) бы
	Оно	обма́нывало (сь) бы	обману́ло (сь) бы
	Мы, Вы, Они	обма́нывали (сь) бы	обману́ли (сь) бы
IMP.	Ты	обма́нывай (ся)	обмани́ (сь)
	Вы	обма́нывайте (сь)	обмани́те (сь)

DEVERBALS

	IMPERFECTIVE ASPECT	PERFECTIVE ASPECT
PRES. ACT.	обма́нывающий (ся)	
PRES. PASS.	обма́нываемый	
PAST ACT.	обма́нывавший (ся)	обману́вший (ся)
PAST PASS.		обма́нутый
VERBAL ADVERB	обма́нывая (сь)	обману́в (шись)

обма́нывать кого – что

Не обманывайте покупателей. — Don't cheat the purchasers.
Я обманывался в людях. — I have been disappointed in people.
Меня обманули в том магазине. — I was cheated in that store.

О

обнима́ть (ся) / обня́ть (ся)
to embrace, take in, hug

	IMPERFECTIVE ASPECT	PERFECTIVE ASPECT
INF.	обнима́ть (ся)	обня́ть (ся)
PRES. Я	обнима́ю (сь)	
Ты	обнима́ешь (ся)	
Он/она/оно	обнима́ет (ся)	
Мы	обнима́ем (ся)	
Вы	обнима́ете (сь)	
Они	обнима́ют (ся)	
PAST Я, Ты, Он	обнима́л (ся)	о́бнял – обня́лся́
Я, Ты, Она	обнима́ла (сь)	обняла́ (сь)
Оно	обнима́ло (сь)	о́бняло – обняло́сь
Мы, Вы, Они	обнима́ли (сь)	о́бняли – обняли́сь
FUT. Я	бу́ду обнима́ть (ся)	обниму́ (сь)
Ты	бу́дешь обнима́ть (ся)	обни́мешь (ся)
Он/она/оно	бу́дет обнима́ть (ся)	обни́мет (ся)
Мы	бу́дем обнима́ть (ся)	обни́мем (ся)
Вы	бу́дете обнима́ть (ся)	обни́мете (сь)
Они	бу́дут обнима́ть (ся)	обни́мут (ся)
COND. Я, Ты, Он	обнима́л (ся) бы	о́бнял – обня́лся́ бы
Я, Ты, Она	обнима́ла (сь) бы	обняла́ (сь) бы
Оно	обнима́ло (сь) бы	о́бняло – обняло́сь бы
Мы, Вы, Они	обнима́ли (сь) бы	о́бняли – обняли́сь бы
IMP. Ты	обнима́й (ся)	обними́ (сь)
Вы	обнима́йте (сь)	обними́те (сь)

DEVERBALS

PRES. ACT.	обнима́ющий (ся)	
PRES. PASS.	обнима́емый	
PAST ACT.	обнима́вший (ся)	обня́вший (ся)
PAST PASS.		о́бнятый
		о́бнят, обнята́, о́бнято
VERBAL ADVERB	обнима́я (сь)	обня́в (шись)

обнима́ть кого – что

Ты обнимаешь меня, и я ощущаю тебя.	You embrace me, and I sense your presence.
Обнимались ласково.	They embraced warmly.
А теперь обнимитесь и поцелуйтесь.	Now hug and kiss each other.

обраща́ть (ся) / обрати́ть (ся)
to turn, convert (turn to, address, appeal)

	IMPERFECTIVE ASPECT	PERFECTIVE ASPECT
INF.	обраща́ть (ся)	обрати́ть (ся)
PRES. Я	обраща́ю (сь)	
Ты	обраща́ешь (ся)	
Он/она/оно	обраща́ет (ся)	
Мы	обраща́ем (ся)	
Вы	обраща́ете (сь)	
Они	обраща́ют (ся)	
PAST Я, Ты, Он	обраща́л (ся)	обрати́л (ся)
Я, Ты, Она	обраща́ла (сь)	обрати́ла (сь)
Оно	обраща́ло (сь)	обрати́ло (сь)
Мы, Вы, Они	обраща́ли (сь)	обрати́ли (сь)
FUT. Я	бу́ду обраща́ть (ся)	обращу́ (сь)
Ты	бу́дешь обраща́ть (ся)	обрати́шь (ся)
Он/она/оно	бу́дет обраща́ть (ся)	обрати́т (ся)
Мы	бу́дем обраща́ть (ся)	обрати́м (ся)
Вы	бу́дете обраща́ть (ся)	обрати́те (сь)
Они	бу́дут обраща́ть (ся)	обратя́т (ся)
COND. Я, Ты, Он	обраща́л (ся) бы	обрати́л (ся) бы
Я, Ты, Она	обраща́ла (сь) бы	обрати́ла (сь) бы
Оно	обраща́ло (сь) бы	обрати́ло (сь) бы
Мы, Вы, Они	обраща́ли (сь) бы	обрати́ли (сь) бы
IMP. Ты	обраща́й (ся)	обрати́ (сь)
Вы	обраща́йте (сь)	обрати́те (сь)

DEVERBALS

PRES. ACT.	обраща́ющий (ся)	
PRES. PASS.	обраща́емый	
PAST ACT.	обраща́вший (ся)	обрати́вший (ся)
PAST PASS.		обращённый обращён, обращена́
VERBAL ADVERB	обраща́я (сь)	обрати́в (шись)

обраща́ть кого – что, в / на кого – что; обраща́ться к кому – чему, в кого – что

На что вы обраща́ете внима́ние?	What are you turning your attention to?
Я уже́ обраща́лся к психо́логу.	I have already seen a psychologist.
Обрати́мся к специали́стам.	Let's consult some specialists.

О

обслу́живать / обслужи́ть
to serve, service, operate

		IMPERFECTIVE ASPECT	PERFECTIVE ASPECT
INF.		обслу́живать	обслужи́ть
PRES.	Я	обслу́живаю	
	Ты	обслу́живаешь	
	Он/она/оно	обслу́живает	
	Мы	обслу́живаем	
	Вы	обслу́живаете	
	Они	обслу́живают	
PAST	Я, Ты, Он	обслу́живал	обслужи́л
	Я, Ты, Она	обслу́живала	обслужи́ла
	Оно	обслу́живало	обслужи́ло
	Мы, Вы, Они	обслу́живали	обслужи́ли
FUT.	Я	бу́ду обслу́живать	обслужу́
	Ты	бу́дешь обслу́живать	обслу́жишь
	Он/она/оно	бу́дет обслу́живать	обслу́жит
	Мы	бу́дем обслу́живать	обслу́жим
	Вы	бу́дете обслу́живать	обслу́жите
	Они	бу́дут обслу́живать	обслу́жат
COND.	Я, Ты, Он	обслу́живал бы	обслужи́л бы
	Я, Ты, Она	обслу́живала бы	обслужи́ла бы
	Оно	обслу́живало бы	обслужи́ло бы
	Мы, Вы, Они	обслу́живали бы	обслужи́ли бы
IMP.	Ты	обслу́живай	обслужи́
	Вы	обслу́живайте	обслужи́те

DEVERBALS

	IMPERFECTIVE ASPECT	PERFECTIVE ASPECT
PRES. ACT.	обслу́живающий	
PRES. PASS.	обслу́живаемый	
PAST ACT.	обслу́живавший	обслужи́вший
PAST PASS.		обслу́женный
VERBAL ADVERB	обслу́живая	обслужи́в

обслу́живать кого – что

Где вы обслуживаете свою машину?	Where do you service your vehicle?
Хотите, чтобы вас хорошо обслужили в банке?	Do you want to be served well at the bank?
Обслужим культурно каждого посетителя.	We will serve each visitor properly.

to discuss, consider

	IMPERFECTIVE ASPECT	PERFECTIVE ASPECT
INF.	обсужда́ть	обсуди́ть
PRES. Я	обсужда́ю	
Ты	обсужда́ешь	
Он/она/оно	обсужда́ет	
Мы	обсужда́ем	
Вы	обсужда́ете	
Они	обсужда́ют	
PAST Я, Ты, Он	обсужда́л	обсуди́л
Я, Ты, Она	обсужда́ла	обсуди́ла
Оно	обсужда́ло	обсуди́ло
Мы, Вы, Они	обсужда́ли	обсуди́ли
FUT. Я	бу́ду обсужда́ть	обсужу́
Ты	бу́дешь обсужда́ть	обсу́дишь
Он/она/оно	бу́дет обсужда́ть	обсу́дит
Мы	бу́дем обсужда́ть	обсу́дим
Вы	бу́дете обсужда́ть	обсу́дите
Они	бу́дут обсужда́ть	обсу́дят
COND. Я, Ты, Он	обсужда́л бы	обсуди́л бы
Я, Ты, Она	обсужда́ла бы	обсуди́ла бы
Оно	обсужда́ло бы	обсуди́ло бы
Мы, Вы, Они	обсужда́ли бы	обсуди́ли бы
IMP. Ты	обсужда́й	обсуди́
Вы	обсужда́йте	обсуди́те

DEVERBALS

PRES. ACT.	обсужда́ющий	
PRES. PASS.	обсужда́емый	
PAST ACT.	обсужда́вший	обсуди́вший
PAST PASS.		обсуждённый
		обсуждён, обсуждена́
VERBAL ADVERB	обсужда́я	обсуди́в

обсужда́ть что

Я не обсуждаю моральную сторону вопроса.	I am not discussing the moral aspect of the question.
На сессии мы обсудим конфликт.	We will discuss the conflict at the session.
Эксперты обсудили новую технологию.	The experts discussed the new technology.

объявля́ть (ся) / объяви́ть (ся)
to declare, announce, proclaim

		IMPERFECTIVE ASPECT	PERFECTIVE ASPECT
INF.		объявля́ть (ся)	объяви́ть (ся)
PRES.	Я	объявля́ю (сь)	
	Ты	объявля́ешь (ся)	
	Он/она/оно	объявля́ет (ся)	
	Мы	объявля́ем (ся)	
	Вы	объявля́ете (сь)	
	Они	объявля́ют (ся)	
PAST	Я, Ты, Он	объявля́л (ся)	объяви́л (ся)
	Я, Ты, Она	объявля́ла (сь)	объяви́ла (сь)
	Оно	объявля́ло (сь)	объяви́ло (сь)
	Мы, Вы, Они	объявля́ли (сь)	объяви́ли (сь)
FUT.	Я	бу́ду объявля́ть (ся)	объявлю́ (сь)
	Ты	бу́дешь объявля́ть (ся)	объя́вишь (ся)
	Он/она/оно	бу́дет объявля́ть (ся)	объя́вит (ся)
	Мы	бу́дем объявля́ть (ся)	объя́вим (ся)
	Вы	бу́дете объявля́ть (ся)	объя́вите (сь)
	Они	бу́дут объявля́ть (ся)	объя́вят (ся)
COND.	Я, Ты, Он	объявля́л (ся) бы	объяви́л (ся) бы
	Я, Ты, Она	объявля́ла (сь) бы	объяви́ла (сь) бы
	Оно	объявля́ло (сь) бы	объяви́ло (сь) бы
	Мы, Вы, Они	объявля́ли (сь) бы	объяви́ли (сь) бы
IMP.	Ты	объявля́й (ся)	объяви́ (сь)
	Вы	объявля́йте (сь)	объяви́те (сь)

DEVERBALS

PRES. ACT.	объявля́ющий (ся)	
PRES. PASS.	объявля́емый	
PAST ACT.	объявля́вший (ся)	объяви́вший (ся)
PAST PASS.		объя́вленный
VERBAL ADVERB	объявля́я (сь)	объяви́в (шись)

объявля́ть кому что о чём, кого – что кем – чем

Объявляю конкурс.	I am announcing a competition.
Журналисты объявили бойкот.	The journalists declared a boycott.
Объявился еще один соперник.	One more rival announced himself.

объясня́ть (ся) / объясни́ть (ся)

to explain

		IMPERFECTIVE ASPECT	PERFECTIVE ASPECT
INF.		объясня́ть (ся)	объясни́ть (ся)
PRES.	Я	объясня́ю (сь)	
	Ты	объясня́ешь (ся)	
	Он/она/оно	объясня́ет (ся)	
	Мы	объясня́ем (ся)	
	Вы	объясня́ете (сь)	
	Они	объясня́ют (ся)	
PAST	Я, Ты, Он	объясня́л (ся)	объясни́л (ся)
	Я, Ты, Она	объясня́ла (сь)	объясни́ла (сь)
	Оно	объясня́ло (сь)	объясни́ло (сь)
	Мы, Вы, Они	объясня́ли (сь)	объясни́ли (сь)
FUT.	Я	бу́ду объясня́ть (ся)	объясню́ (сь)
	Ты	бу́дешь объясня́ть (ся)	объясни́шь (ся)
	Он/она/оно	бу́дет объясня́ть (ся)	объясни́т (ся)
	Мы	бу́дем объясня́ть (ся)	объясни́м (ся)
	Вы	бу́дете объясня́ть (ся)	объясни́те (сь)
	Они	бу́дут объясня́ть (ся)	объясня́т (ся)
COND.	Я, Ты, Он	объясня́л (ся) бы	объясни́л (ся) бы
	Я, Ты, Она	объясня́ла (сь) бы	объясни́ла (сь) бы
	Оно	объясня́ло (сь) бы	объясни́ло (сь) бы
	Мы, Вы, Они	объясня́ли (сь) бы	объясни́ли (сь) бы
IMP.	Ты	объясня́й (ся)	объясни́ (сь)
	Вы	объясня́йте (сь)	объясни́те (сь)

DEVERBALS

	IMPERFECTIVE	PERFECTIVE
PRES. ACT.	объясня́ющий (ся)	
PRES. PASS.	объясня́емый	
PAST ACT.	объясня́вший (ся)	объясни́вший (ся)
PAST PASS.		объяснённый объяснён, объяснена́
VERBAL ADVERB	объясня́я (сь)	объясни́в (шись)

объясня́ть кому что

Я это объясняю плохим телевидением.	I explain this as lousy television.
Объясните мне, пожалуйста, зачем это вам нужно.	Please explain to me what you need this for.
Бизнесмены объяснились с президентом.	The businessmen exchanged views with the president.

одева́ть (ся) / оде́ть (ся)
to dress, clothe (dress oneself, get dressed)

		IMPERFECTIVE ASPECT	PERFECTIVE ASPECT
INF.		одева́ть (ся)	оде́ть (ся)
PRES.	Я	одева́ю (сь)	
	Ты	одева́ешь (ся)	
	Он/она/оно	одева́ет (ся)	
	Мы	одева́ем (ся)	
	Вы	одева́ете (сь)	
	Они	одева́ют (ся)	
PAST	Я, Ты, Он	одева́л (ся)	оде́л (ся)
	Я, Ты, Она	одева́ла (сь)	оде́ла (сь)
	Оно	одева́ло (сь)	оде́ло (сь)
	Мы, Вы, Они	одева́ли (сь)	оде́ли (сь)
FUT.	Я	бу́ду одева́ть (ся)	оде́ну (сь)
	Ты	бу́дешь одева́ть (ся)	оде́нешь (ся)
	Он/она/оно	бу́дет одева́ть (ся)	оде́нет (ся)
	Мы	бу́дем одева́ть (ся)	оде́нем (ся)
	Вы	бу́дете одева́ть (ся)	оде́нете (сь)
	Они	бу́дут одева́ть (ся)	оде́нут (ся)
COND.	Я, Ты, Он	одева́л (ся) бы	оде́л (ся) бы
	Я, Ты, Она	одева́ла (сь) бы	оде́ла (сь) бы
	Оно	одева́ло (сь) бы	оде́ло (сь) бы
	Мы, Вы, Они	одева́ли (сь) бы	оде́ли (сь) бы
IMP.	Ты	одева́й (ся)	оде́нь (ся)
	Вы	одева́йте (сь)	оде́ньте (сь)

DEVERBALS

	IMPERFECTIVE ASPECT	PERFECTIVE ASPECT
PRES. ACT.	одева́ющий (ся)	
PRES. PASS.	одева́емый	
PAST ACT.	одева́вший (ся)	оде́вший (ся)
PAST PASS.		оде́тый
VERBAL ADVERB	одева́я (сь)	оде́в (шись)

одева́ть кого – что во что; одева́ться во что, кем – чем

Он больше покупает, чем одевает.	He buys more than he wears.
Во что оденутся звезды Голливуда?	What will the stars of Hollywood wear?
Скорая помощь оделась в новую форму.	The first responders were wearing a new uniform.

	IMPERFECTIVE ASPECT	PERFECTIVE ASPECT
INF.	ожида́ть (ся)	
PRES. Я	ожида́ю (сь)	
Ты	ожида́ешь (ся)	
Он/она/оно	ожида́ет (ся)	
Мы	ожида́ем (ся)	
Вы	ожида́ете (сь)	
Они	ожида́ют (ся)	
PAST Я, Ты, Он	ожида́л (ся)	
Я, Ты, Она	ожида́ла (сь)	
Оно	ожида́ло (сь)	
Мы, Вы, Они	ожида́ли (сь)	
FUT. Я	бу́ду ожида́ть (ся)	
Ты	бу́дешь ожида́ть (ся)	
Он/она/оно	бу́дет ожида́ть (ся)	
Мы	бу́дем ожида́ть (ся)	
Вы	бу́дете ожида́ть (ся)	
Они	бу́дут ожида́ть (ся)	
COND. Я, Ты, Он	ожида́л (ся) бы	
Я, Ты, Она	ожида́ла (сь) бы	
Оно	ожида́ло (сь) бы	
Мы, Вы, Они	ожида́ли (сь) бы	
IMP. Ты	ожида́й (ся)	
Вы	ожида́йте (сь)	

O

DEVERBALS

PRES. ACT.	ожида́ющий (ся)	
PRES. PASS.	ожида́емый	
PAST ACT.	ожида́вший (ся)	
PAST PASS.		
VERBAL ADVERB	ожида́я (сь)	

ожида́ть кого – что, чего

Я еще ожидаю чудес.
В Петербурге ожидается мокрый снег.

Мы ожидаем жесткой игры.

I'm still waiting for miracles.
Wet snow (sleet) is expected in
Petersburg.
We are expecting a tough match.

ока́зывать (ся) / оказа́ть (ся)
to manifest, show (turn out to be, find oneself)

		IMPERFECTIVE ASPECT	PERFECTIVE ASPECT
INF.		ока́зывать (ся)	оказа́ть (ся)
PRES.	Я	ока́зываю (сь)	
	Ты	ока́зываешь (ся)	
	Он/она́/оно́	ока́зывает (ся)	
	Мы	ока́зываем (ся)	
	Вы	ока́зываете (сь)	
	Они́	ока́зывают (ся)	
PAST	Я, Ты, Он	ока́зывал (ся)	оказа́л (ся)
	Я, Ты, Она́	ока́зывала (сь)	оказа́ла (сь)
	Оно́	ока́зывало (сь)	оказа́ло (сь)
	Мы, Вы, Они́	ока́зывали (сь)	оказа́ли (сь)
FUT.	Я	бу́ду ока́зывать (ся)	окажу́ (сь)
	Ты	бу́дешь ока́зывать (ся)	ока́жешь (ся)
	Он/она́/оно́	бу́дет ока́зывать (ся)	ока́жет (ся)
	Мы	бу́дем ока́зывать (ся)	ока́жем (ся)
	Вы	бу́дете ока́зывать (ся)	ока́жете (сь)
	Они́	бу́дут ока́зывать (ся)	ока́жут (ся)
COND.	Я, Ты, Он	ока́зывал (ся) бы	оказа́л (ся) бы
	Я, Ты, Она́	ока́зывала (сь) бы	оказа́ла (сь) бы
	Оно́	ока́зывало (сь) бы	оказа́ло (сь) бы
	Мы, Вы, Они́	ока́зывали (сь) бы	оказа́ли (сь) бы
IMP.	Ты	ока́зывай (ся)	окажи́ (сь)
	Вы	ока́зывайте (сь)	окажи́те (сь)

DEVERBALS

	IMPERFECTIVE ASPECT	PERFECTIVE ASPECT
PRES. ACT.	ока́зывающий (ся)	
PRES. PASS.	ока́зываемый	
PAST ACT.	ока́зывавший (ся)	оказа́вший (ся)
PAST PASS.		ока́занный
VERBAL ADVERB	ока́зывая (сь)	оказа́в (шись)

ока́зывать кому́ что; ока́зываться кем – чем

Оказываю услуги.	I provide services.
Испытание оказалось неудачным.	The experiment proved unsuccessful.
Чья тактика окажется лучше?	Whose tactics will turn out better?

	IMPERFECTIVE ASPECT	PERFECTIVE ASPECT
INF.	окружа́ть	окружи́ть
PRES. Я	окружа́ю	
Ты	окружа́ешь	
Он/она́/оно́	окружа́ет	
Мы	окружа́ем	
Вы	окружа́ете	
Они́	окружа́ют	
PAST Я, Ты, Он	окружа́л	окружи́л
Я, Ты, Она	окружа́ла	окружи́ла
Оно	окружа́ло	окружи́ло
Мы, Вы, Они	окружа́ли	окружи́ли
FUT. Я	бу́ду окружа́ть	окружу́
Ты	бу́дешь окружа́ть	окружи́шь
Он/она́/оно́	бу́дет окружа́ть	окружи́т
Мы	бу́дем окружа́ть	окружи́м
Вы	бу́дете окружа́ть	окружи́те
Они	бу́дут окружа́ть	окружа́т
COND. Я, Ты, Он	окружа́л бы	окружи́л бы
Я, Ты, Она	окружа́ла бы	окружи́ла бы
Оно	окружа́ло бы	окружи́ло бы
Мы, Вы, Они	окружа́ли бы	окружи́ли бы
IMP. Ты	окружа́й	окружи́
Вы	окружа́йте	окружи́те

DEVERBALS

PRES. ACT.	окружа́ющий	
PRES. PASS.	окружа́емый	
PAST ACT.	окружа́вший	окружи́вший
PAST PASS.		окружённый
		окружён, окружена́
VERBAL ADVERB	окружа́я	окружи́в

окружа́ть кого – что кем – чем

Что вас окружает?	What surrounds you?
Новая версия окружена тайной.	The new version is surrounded by secrecy.
Кремль окружат пешеходной зоной.	The Kremlin will be encircled with a pedestrian zone.

О

опа́здывать / опозда́ть
to be late

	IMPERFECTIVE ASPECT	PERFECTIVE ASPECT
INF.	опа́здывать	опозда́ть
PRES. Я	опа́здываю	
Ты	опа́здываешь	
Он/она/оно	опа́здывает	
Мы	опа́здываем	
Вы	опа́здываете	
Они	опа́здывают	
PAST Я, Ты, Он	опа́здывал	опозда́л
Я, Ты, Она	опа́здывала	опозда́ла
Оно	опа́здывало	опозда́ло
Мы, Вы, Они	опа́здывали	опозда́ли
FUT. Я	бу́ду опа́здывать	опозда́ю
Ты	бу́дешь опа́здывать	опозда́ешь
Он/она/оно	бу́дет опа́здывать	опозда́ет
Мы	бу́дем опа́здывать	опозда́ем
Вы	бу́дете опа́здывать	опозда́ете
Они	бу́дут опа́здывать	опозда́ют
COND. Я, Ты, Он	опа́здывал бы	опозда́л бы
Я, Ты, Она	опа́здывала бы	опозда́ла бы
Оно	опа́здывало бы	опозда́ло бы
Мы, Вы, Они	опа́здывали бы	опозда́ли бы
IMP. Ты	опа́здывай	опозда́й
Вы	опа́здывайте	опозда́йте

DEVERBALS

PRES. ACT.	опа́здывающий	
PRES. PASS.		
PAST ACT.	опа́здывавший	опозда́вший
PAST PASS.		
VERBAL ADVERB	опа́здывая	опозда́в

опа́здывать с чем, в / на что

Я иногда опаздываю на поезд.	I am late for the train sometimes.
Сотни туристов опоздали в Крыму на самолеты.	Hundreds of tourists were late for their planes in the Crimea.
Если мы сегодня не начнем, завтра опоздаем.	If we don't begin today, tomorrow we will be late.

описывать (ся) / описа́ть (ся)

to describe, list (make a mistake)

		IMPERFECTIVE ASPECT	PERFECTIVE ASPECT
INF.		опи́сывать (ся)	описа́ть (ся)
PRES.	Я	опи́сываю (сь)	
	Ты	опи́сываешь (ся)	
	Он/она/оно	опи́сывает (ся)	
	Мы	опи́сываем (ся)	
	Вы	опи́сываете (сь)	
	Они	опи́сывают (ся)	
PAST	Я, Ты, Он	опи́сывал (ся)	описа́л (ся)
	Я, Ты, Она	опи́сывала (сь)	описа́ла (сь)
	Оно	опи́сывало (сь)	описа́ло (сь)
	Мы, Вы, Они	опи́сывали (сь)	описа́ли (сь)
FUT.	Я	бу́ду опи́сывать (ся)	опишу́ (сь)
	Ты	бу́дешь опи́сывать (ся)	опи́шешь (ся)
	Он/она/оно	бу́дет опи́сывать (ся)	опи́шет (ся)
	Мы	бу́дем опи́сывать (ся)	опи́шем (ся)
	Вы	бу́дете опи́сывать (ся)	опи́шете (сь)
	Они	бу́дут опи́сывать (ся)	опи́шут (ся)
COND.	Я, Ты, Он	опи́сывал (ся) бы	описа́л (ся) бы
	Я, Ты, Она	опи́сывала (сь) бы	описа́ла (сь) бы
	Оно	опи́сывало (сь) бы	описа́ло (сь) бы
	Мы, Вы, Они	опи́сывали (сь) бы	описа́ли (сь) бы
IMP.	Ты	опи́сывай (ся)	опиши́ (сь)
	Вы	опи́сывайте (сь)	опиши́те (сь)

DEVERBALS

	IMPERFECTIVE	PERFECTIVE
PRES. ACT.	опи́сывающий (ся)	
PRES. PASS.	опи́сываемый	
PAST ACT.	опи́сывавший (ся)	описа́вший (ся)
PAST PASS.		опи́санный
VERBAL ADVERB	опи́сывая (сь)	описа́в (шись)

опи́сывать кого – что

Описываю ситуацию полнее.	I am describing the situation more completely.
Основные идеи описывались в книге.	The main ideas were written in the book.
Я понимаю, что вы описались.	I understand that you made a mistake.

О

опра́вдывать (ся) / оправда́ть (ся)
to justify, absolve (vindicate oneself)

		IMPERFECTIVE ASPECT	PERFECTIVE ASPECT
INF.		опра́вдывать (ся)	оправда́ть (ся)
PRES.	Я	опра́вдываю (сь)	
	Ты	опра́вдываешь (ся)	
	Он/она/оно	опра́вдывает (ся)	
	Мы	опра́вдываем (ся)	
	Вы	опра́вдываете (сь)	
	Они	опра́вдывают (ся)	
PAST	Я, Ты, Он	опра́вдывал (ся)	оправда́л (ся)
	Я, Ты, Она	опра́вдывала (сь)	оправда́ла (сь)
	Оно	опра́вдывало (сь)	оправда́ло (сь)
	Мы, Вы, Они	опра́вдывали (сь)	оправда́ли (сь)
FUT.	Я	бу́ду опра́вдывать (ся)	оправда́ю (сь)
	Ты	бу́дешь опра́вдывать (ся)	оправда́ешь (ся)
	Он/она/оно	бу́дет опра́вдывать (ся)	оправда́ет (ся)
	Мы	бу́дем опра́вдывать (ся)	оправда́ем (ся)
	Вы	бу́дете опра́вдывать (ся)	оправда́ете (сь)
	Они	бу́дут опра́вдывать (ся)	оправда́ют (ся)
COND.	Я, Ты, Он	опра́вдывал (ся) бы	оправда́л (ся) бы
	Я, Ты, Она	опра́вдывала (сь) бы	оправда́ла (сь) бы
	Оно	опра́вдывало (сь) бы	оправда́ло (сь) бы
	Мы, Вы, Они	опра́вдывали (сь) бы	оправда́ли (сь) бы
IMP.	Ты	опра́вдывай (ся)	оправда́й (ся)
	Вы	опра́вдывайте (сь)	оправда́йте (сь)

DEVERBALS

	IMPERFECTIVE ASPECT	PERFECTIVE ASPECT
PRES. ACT.	опра́вдывающий (ся)	
PRES. PASS.	опра́вдываемый	
PAST ACT.	опра́вдывавший (ся)	оправда́вший (ся)
PAST PASS.		опра́вданный
VERBAL ADVERB	опра́вдывая (сь)	оправда́в (шись)

опра́вдывать кого – что

Почему ты их оправдываешь?	Why do you justify them?
Мы оправдываемся материальными трудностями.	We justify ourselves on the basis of material hardships.
Ее прогноз оправдался.	Her prediction came true.

определя́ть (ся) / определи́ть (ся)
to define, determine

	IMPERFECTIVE ASPECT	PERFECTIVE ASPECT
INF.	определя́ть (ся)	определи́ть (ся)
PRES. Я	определя́ю (сь)	
Ты	определя́ешь (ся)	
Он/она/оно	определя́ет (ся)	
Мы	определя́ем (ся)	
Вы	определя́ете (сь)	
Они	определя́ют (ся)	
PAST Я, Ты, Он	определя́л (ся)	определи́л (ся)
Я, Ты, Она	определя́ла (сь)	определи́ла (сь)
Оно	определя́ло (сь)	определи́ло (сь)
Мы, Вы, Они	определя́ли (сь)	определи́ли (сь)
FUT. Я	бу́ду определя́ть (ся)	определю́ (сь)
Ты	бу́дешь определя́ть (ся)	определи́шь (ся)
Он/она/оно	бу́дет определя́ть (ся)	определи́т (ся)
Мы	бу́дем определя́ть (ся)	определи́м (ся)
Вы	бу́дете определя́ть (ся)	определи́те (сь)
Они	бу́дут определя́ть (ся)	определя́т (ся)
COND. Я, Ты, Он	определя́л (ся) бы	определи́ (ся) бы
Я, Ты, Она	определя́ла (сь) бы	определи́ла (сь) бы
Оно	определя́ло (сь) бы	определи́ло (сь) бы
Мы, Вы, Они	определя́ли (сь) бы	определи́ли (сь) бы
IMP. Ты	определя́й (ся)	определи́ (сь)
Вы	определя́йте (сь)	определи́те (сь)

DEVERBALS

PRES. ACT.	определя́ющий (ся)	
PRES. PASS.	определя́емый	
PAST ACT.	определя́вший (ся)	определи́вший (ся)
PAST PASS.		определённый
		определён, определена́
VERBAL ADVERB	определя́я (сь)	определи́в (шись)

определя́ть кого – что

Как вы определяете профессионализм художника?	How do you determine the professionalism of an artist?
Место России в мире определено.	Russia's place in the world has been determined.
Все участники уже определились.	All the participants have already been determined.

опуска́ть (ся) / опусти́ть (ся)
to lower, let down, drop into (sink, hang down)

		IMPERFECTIVE ASPECT	PERFECTIVE ASPECT
INF.		опуска́ть (ся)	опусти́ть (ся)
PRES.	Я	опуска́ю (сь)	
	Ты	опуска́ешь (ся)	
	Он/она/оно	опуска́ет (ся)	
	Мы	опуска́ем (ся)	
	Вы	опуска́ете (сь)	
	Они	опуска́ют (ся)	
PAST	Я, Ты, Он	опуска́л (ся)	опусти́л (ся)
	Я, Ты, Она	опуска́ла (сь)	опусти́ла (сь)
	Оно	опуска́ло (сь)	опусти́ло (сь)
	Мы, Вы, Они	опуска́ли (сь)	опусти́ли (сь)
FUT.	Я	бу́ду опуска́ть (ся)	опущу́ (сь)
	Ты	бу́дешь опуска́ть (ся)	опу́стишь (ся)
	Он/она/оно	бу́дет опуска́ть (ся)	опу́стит (ся)
	Мы	бу́дем опуска́ть (ся)	опу́стим (ся)
	Вы	бу́дете опуска́ть (ся)	опу́стите (сь)
	Они	бу́дут опуска́ть (ся)	опу́стят (ся)
COND.	Я, Ты, Он	опуска́л (ся) бы	опусти́л (ся) бы
	Я, Ты, Она	опуска́ла (сь) бы	опусти́ла (сь) бы
	Оно	опуска́ло (сь) бы	опусти́ло (сь) бы
	Мы, Вы, Они	опуска́ли (сь) бы	опусти́ли (сь) бы
IMP.	Ты	опуска́й (ся)	опусти́ (сь)
	Вы	опуска́йте (сь)	опусти́те (сь)

DEVERBALS

PRES. ACT.	опуска́ющий (ся)	
PRES. PASS.	опуска́емый	
PAST ACT.	опуска́вший (ся)	опусти́вший (ся)
PAST PASS.		опу́щенный
VERBAL ADVERB	опуска́я (сь)	опусти́в (шись)

опуска́ть кого – что во что

Европа опускает шлагбаум перед Россией.	Europe is putting a barrier in front of Russia.
Ночь опускается.	Night is falling.
Опустите ноги в холодную воду.	Dip your feet in cold water.

организо́вывать (ся) / организова́ть (ся)

to organize, unite

	IMPERFECTIVE ASPECT	PERFECTIVE ASPECT
INF.	организо́вывать (ся)	организова́ть (ся)
PRES. Я	организо́вываю (сь)	
Ты	организо́вываешь (ся)	
Он/она/оно	организо́вывает (ся)	
Мы	организо́вываем (ся)	
Вы	организо́вываете (сь)	
Они	организо́вывают (ся)	
PAST Я, Ты, Он	организо́вывал (ся)	организова́л (ся)
Я, Ты, Она	организо́вывала (сь)	организова́ла (сь)
Оно	организо́вывало (сь)	организова́ло (сь)
Мы, Вы, Они	организо́вывали (сь)	организова́ли (сь)
FUT. Я	бу́ду организо́вывать (ся)	организу́ю (сь)
Ты	бу́дешь организо́вывать (ся)	организу́ешь (ся)
Он/она/оно	бу́дет организо́вывать (ся)	организу́ет (ся)
Мы	бу́дем организо́вывать (ся)	организу́ем (ся)
Вы	бу́дете организо́вывать (ся)	организу́ете (сь)
Они	бу́дут организо́вывать (ся)	организу́ют (ся)
COND. Я, Ты, Он	организо́вывал (ся) бы	организова́л (ся) бы
Я, Ты, Она	организо́вывала (сь) бы	организова́ла (сь) бы
Оно	организо́вывало (сь) бы	организова́ло (сь) бы
Мы, Вы, Они	организо́вывали (сь) бы	организова́ли (сь) бы
IMP. Ты	организо́вывай (ся)	организу́й (ся)
Вы	организо́вывайте (сь)	организу́йте (сь)

DEVERBALS

PRES. ACT.	организо́вывающий (ся)	
PRES. PASS.	организо́вываемый	
PAST ACT.	организо́вывавший (ся)	организова́вший (ся)
PAST PASS.		организо́ванный
VERBAL ADVERB	организо́вывая (сь)	организова́в (шись)

О

организо́вывать кого – что
Организова́ть can be used in both the imperfective and the perfective aspects.

Организовываю встречу на завтра.	I am organizing a meeting for tomorrow.
Организуют для детей поход.	They will organize a trip for children.
Организуйте поездку в США по обмену опытом.	Organize a trip to the U.S. for an exchange of experience.

освеща́ть (ся) / освети́ть (ся)
to light, illuminate (become bright)

		IMPERFECTIVE ASPECT	PERFECTIVE ASPECT
INF.		освеща́ть (ся)	освети́ть (ся)
PRES.	Я	освеща́ю	
	Ты	освеща́ешь	
	Он/она/оно	освеща́ет (ся)	
	Мы	освеща́ем	
	Вы	освеща́ете	
	Они	освеща́ют (ся)	
PAST	Я, Ты, Он	освеща́л (ся)	освети́л (ся)
	Я, Ты, Она	освеща́ла (сь)	освети́ла (сь)
	Оно	освеща́ло (сь)	освети́ло (сь)
	Мы, Вы, Они	освеща́ли (сь)	освети́ли (сь)
FUT.	Я	бу́ду освеща́ть	освещу́
	Ты	бу́дешь освеща́ть	освети́шь
	Он/она/оно	бу́дет освеща́ть (ся)	освети́т (ся)
	Мы	бу́дем освеща́ть	освети́м
	Вы	бу́дете освеща́ть	освети́те
	Они	бу́дут освеща́ть (ся)	освети́т (ся)
COND.	Я, Ты, Он	освеща́л (ся) бы	освети́л (ся) бы
	Я, Ты, Она	освеща́ла (сь) бы	освети́ла (сь) бы
	Оно	освеща́ло (сь) бы	освети́ло (сь) бы
	Мы, Вы, Они	освеща́ли (сь) бы	освети́ли (сь) бы
IMP.	Ты	освеща́й	освети́
	Вы	освеща́йте	освети́те

DEVERBALS

PRES. ACT.	освеща́ющий (ся)	
PRES. PASS.	освеща́емый	
PAST ACT.	освеща́вший (ся)	освети́вший (ся)
PAST PASS.		освещённый освещён, освещена́
VERBAL ADVERB	освеща́я (сь)	освети́в (шись)

освеща́ть кого – что

Дворец освещается каждую ночь.
И освечу я дорогу твою.
Салон осветился голубым светом.

The palace is illuminated every night.
And I will light your path.
The lounge was illuminated in blue light.

освобожда́ть (ся) / освободи́ть (ся)

to free, liberate, release

		IMPERFECTIVE ASPECT	PERFECTIVE ASPECT
INF.		освобожда́ть (ся)	освободи́ть (ся)
PRES.	Я	освобожда́ю (сь)	
	Ты	освобожда́ешь (ся)	
	Он/она/оно	освобожда́ет (ся)	
	Мы	освобожда́ем (ся)	
	Вы	освобожда́ете (сь)	
	Они	освобожда́ют (ся)	
PAST	Я, Ты, Он	освобожда́л (ся)	освободи́л (ся)
	Я, Ты, Она	освобожда́ла (сь)	освободи́ла (сь)
	Оно	освобожда́ло (сь)	освободи́ло (сь)
	Мы, Вы, Они	освобожда́ли (сь)	освободи́ли (сь)
FUT.	Я	бу́ду освобожда́ть (ся)	освобожу́ (сь)
	Ты	бу́дешь освобожда́ть (ся)	освободи́шь (ся)
	Он/она/оно	бу́дет освобожда́ть (ся)	освободи́т (ся)
	Мы	бу́дем освобожда́ть (ся)	освободи́м (ся)
	Вы	бу́дете освобожда́ть (ся)	освободи́те (сь)
	Они	бу́дут освобожда́ть (ся)	освободя́т (ся)
COND.	Я, Ты, Он	освобожда́л (ся) бы	освободи́л (ся) бы
	Я, Ты, Она	освобожда́ла (сь) бы	освободи́ла (сь) бы
	Оно	освобожда́ло (сь) бы	освободи́ло (сь) бы
	Мы, Вы, Они	освобожда́ли (сь) бы	освободи́ли (сь) бы
IMP.	Ты	освобожда́й (ся)	освободи́ (сь)
	Вы	освобожда́йте (сь)	освободи́те (сь)

DEVERBALS

PRES. ACT.	освобожда́ющий (ся)	
PRES. PASS.	освобожда́емый	
PAST ACT.	освобожда́вший (ся)	освободи́вший (ся)
PAST PASS.		освобождённый
		освобождён, освобождена́
VERBAL ADVERB	освобожда́я (сь)	освободи́в (шись)

освобожда́ть кого – что от чего

Таким образом вы освобождаете себя от других проблем.	This way you free yourself from other problems.
В пятницу был освобожден журналист.	The journalist was released on Friday.
Освободи мою бедную душу.	Set my poor soul free.

осма́тривать (ся) / осмотре́ть (ся)
to examine, inspect (look around)

		IMPERFECTIVE ASPECT	PERFECTIVE ASPECT
INF.		осма́тривать (ся)	осмотре́ть (ся)
PRES.	Я	осма́триваю (сь)	
	Ты	осма́триваешь (ся)	
	Он/она/оно	осма́тривает (ся)	
	Мы	осма́триваем (ся)	
	Вы	осма́триваете (сь)	
	Они	осма́тривают (ся)	
PAST	Я, Ты, Он	осма́тривал (ся)	осмотре́л (ся)
	Я, Ты, Она	осма́тривала (сь)	осмотре́ла (сь)
	Оно	осма́тривало (сь)	осмотре́ло (сь)
	Мы, Вы, Они	осма́тривали (сь)	осмотре́ли (сь)
FUT.	Я	бу́ду осма́тривать (ся)	осмотрю́ (сь)
	Ты	бу́дешь осма́тривать (ся)	осмо́тришь (ся)
	Он/она/оно	бу́дет осма́тривать (ся)	осмо́трит (ся)
	Мы	бу́дем осма́тривать (ся)	осмо́трим (ся)
	Вы	бу́дете осма́тривать (ся)	осмо́трите (сь)
	Они	бу́дут осма́тривать (ся)	осмо́трят (ся)
COND.	Я, Ты, Он	осма́тривал (ся) бы	осмотре́л (ся) бы
	Я, Ты, Она	осма́тривала (сь) бы	осмотре́ла (сь) бы
	Оно	осма́тривало (сь) бы	осмотре́ло (сь) бы
	Мы, Вы, Они	осма́тривали (сь) бы	осмотре́ли (сь) бы
IMP.	Ты	осма́тривай (ся)	осмотри́ (сь)
	Вы	осма́тривайте (сь)	осмотри́те (сь)

DEVERBALS

	IMPERFECTIVE ASPECT	PERFECTIVE ASPECT
PRES. ACT.	осма́тривающий (ся)	
PRES. PASS.	осма́триваемый	
PAST ACT.	осма́тривавший (ся)	осмотре́вший (ся)
PAST PASS.		осмо́тренный
VERBAL ADVERB	осма́тривая (сь)	осмотре́в (шись)

осма́тривать кого – что

Мы хотим осматривать участок.	We want to inspect the parcel of land.
Меня осмотрел дежурный врач.	The doctor on duty examined me.
Он поднял голову и осмотрелся.	He lifted his head and looked around.

осно́вывать (ся) / основа́ть (ся)
to found, establish, base something on

		IMPERFECTIVE ASPECT	PERFECTIVE ASPECT
INF.		осно́вывать (ся)	основа́ть (ся)
PRES.	Я	осно́вываю (сь)	
	Ты	осно́вываешь (ся)	
	Он/она/оно	осно́вывает (ся)	
	Мы	осно́вываем (ся)	
	Вы	осно́вываете (сь)	
	Они	осно́вывают (ся)	
PAST	Я, Ты, Он	осно́вывал (ся)	основа́л (ся)
	Я, Ты, Она	осно́вывала (сь)	основа́ла (сь)
	Оно	осно́вывало (сь)	основа́ло (сь)
	Мы, Вы, Они	осно́вывали (сь)	основа́ли (сь)
FUT.	Я	бу́ду осно́вывать (ся)	осную́ (сь)
	Ты	бу́дешь осно́вывать (ся)	оснуёшь (ся)
	Он/она/оно	бу́дет осно́вывать (ся)	оснуёт (ся)
	Мы	бу́дем осно́вывать (ся)	оснуём (ся)
	Вы	бу́дете осно́вывать (ся)	оснуёте (сь)
	Они	бу́дут осно́вывать (ся)	осную́т (ся)
COND.	Я, Ты, Он	осно́вывал (ся) бы	основа́л (ся) бы
	Я, Ты, Она	осно́вывала (сь) бы	основа́ла (сь) бы
	Оно	осно́вывало (сь) бы	основа́ло (сь) бы
	Мы, Вы, Они	осно́вывали (сь) бы	основа́ли (сь) бы
IMP.	Ты	осно́вывай (ся)	
	Вы	осно́вывайте (сь)	

O

DEVERBALS

	IMPERFECTIVE ASPECT	PERFECTIVE ASPECT
PRES. ACT.	осно́вывающий (ся)	
PRES. PASS.	осно́вываемый	
PAST ACT.	осно́вывавший (ся)	основа́вший (ся)
PAST PASS.		осно́ванный
VERBAL ADVERB	осно́вывая (сь)	основа́в (шись)

основывать что на чём
The future perfective form of this verb is rarely used.

На чём ты основываешь свое мнение?	What do you base your opinion upon?
Под морем город основался.	The city was established by the sea.
Город основан в 1047 году.	The city was founded in 1047.

оставáться / остáться

to remain, stay

	IMPERFECTIVE ASPECT	PERFECTIVE ASPECT
INF.	оставáться	остáться
PRES. Я	остаю́сь	
Ты	остаёшься	
Он/она/оно	остаётся	
Мы	остаёмся	
Вы	остаётесь	
Они	остаю́тся	
PAST Я, Ты, Он	оставáлся	остáлся
Я, Ты, Она	оставáлась	остáлась
Оно	оставáлось	остáлось
Мы, Вы, Они	оставáлись	остáлись
FUT. Я	бýду оставáться	остáнусь
Ты	бýдешь оставáться	остáнешься
Он/она/оно	бýдет оставáться	остáнется
Мы	бýдем оставáться	остáнемся
Вы	бýдете оставáться	остáнетесь
Они	бýдут оставáться	остáнутся
COND. Я, Ты, Он	оставáлся бы	остáлся бы
Я, Ты, Она	оставáлась бы	остáлась бы
Оно	оставáлось бы	остáлось бы
Мы, Вы, Они	оставáлись бы	остáлись бы
IMP. Ты	оставáйся	остáнься
Вы	оставáйтесь	остáньтесь

DEVERBALS

PRES. ACT.	остаю́щийся	
PRES. PASS.		
PAST ACT.	оставáвшийся	остáвшийся
PAST PASS.		
VERBAL ADVERB	оставáясь	остáвшись

AN ESSENTIAL VERB

AN ESSENTIAL VERB

оставáться / остáться

Examples

Я остаюсь.
I'm staying.

Сколько у вас остаётся
    свободного времени?
How much free time do you have left?

Ему останется только автомобиль.
He'll be left with just the car.

Останься со мной.
Stay with me.

Подписчики остались без газет.
The subscribers were left without their
    newspapers.

Жить вместе, оставаясь разными.
Live together, while remaining
    different.

Вопрос остаётся открытым.
The question remains open.

Он остается тренером.
He remains a coach.

В Подмосковье почти не осталось
    свободного жилья.
In the region outside Moscow hardly
    any free housing was left.

Она пока останется в больнице.
She will remain in the hospital for the
    meantime.

Words and expressions related to this verb

Мне ничего больше не
    остается.

Денег мало осталось.

Мне осталось одно:
    молчать.

У нас остается очень мало
    времени.

оставленный

O

оставля́ть / оста́вить
to leave, abandon, give up

		IMPERFECTIVE ASPECT	PERFECTIVE ASPECT
INF.		оставля́ть	оста́вить
PRES.	Я	оставля́ю	
	Ты	оставля́ешь	
	Он/она/оно	оставля́ет	
	Мы	оставля́ем	
	Вы	оставля́ете	
	Они	оставля́ют	
PAST	Я, Ты, Он	оставля́л	оста́вил
	Я, Ты, Она	оставля́ла	оста́вила
	Оно	оставля́ло	оста́вило
	Мы, Вы, Они	оставля́ли	оста́вили
FUT.	Я	бу́ду оставля́ть	оста́влю
	Ты	бу́дешь оставля́ть	оста́вишь
	Он/она/оно	бу́дет оставля́ть	оста́вит
	Мы	бу́дем оставля́ть	оста́вим
	Вы	бу́дете оставля́ть	оста́вите
	Они	бу́дут оставля́ть	оста́вят
COND.	Я, Ты, Он	оставля́л бы	оста́вил бы
	Я, Ты, Она	оставля́ла бы	оста́вила бы
	Оно	оставля́ло бы	оста́вило бы
	Мы, Вы, Они	оставля́ли бы	оста́вили бы
IMP.	Ты	оставля́й	оста́вь
	Вы	оставля́йте	оста́вьте

DEVERBALS

	IMPERFECTIVE	PERFECTIVE
PRES. ACT.	оставля́ющий	
PRES. PASS.	оставля́емый	
PAST ACT.	оставля́вший	оста́вивший
PAST PASS.		оста́вленный
VERBAL ADVERB	оставля́я	оста́вив

оставля́ть кого – что

США оставляют за собой право защищать свои интересы.	The U.S. retains its right to defend its interests.
Оставьте ваши мнения и предложения.	Leave your opinions and suggestions.
Его место будет оставлено свободным.	His spot will be kept free.

останáвливать (ся) / остановúть (ся)

to halt, stop (interrupt oneself)

	IMPERFECTIVE ASPECT	PERFECTIVE ASPECT
INF.	останáвливать (ся)	остановúть (ся)
PRES. Я	останáвливаю (сь)	
Ты	останáвливаешь (ся)	
Он/она/оно	останáвливает (ся)	
Мы	останáвливаем (ся)	
Вы	останáвливаете (сь)	
Они	останáвливают (ся)	
PAST Я, Ты, Он	останáвливал (ся)	остановúл (ся)
Я, Ты, Она	останáвливала (сь)	остановúла (сь)
Оно	останáвливало (сь)	остановúло (сь)
Мы, Вы, Они	останáвливали (сь)	остановúли (сь)
FUT. Я	бýду останáвливать (ся)	остановлю́ (сь)
Ты	бýдешь останáвливать (ся)	останóвишь (ся)
Он/она/оно	бýдет останáвливать (ся)	останóвит (ся)
Мы	бýдем останáвливать (ся)	останóвим (ся)
Вы	бýдете останáвливать (ся)	останóвите (сь)
Они	бýдут останáвливать (ся)	останóвят (ся)
COND. Я, Ты, Он	останáвливал (ся) бы	остановúл (ся) бы
Я, Ты, Она	останáвливала (сь) бы	остановúла (сь) бы
Оно	останáвливало (сь) бы	остановúло (сь) бы
Мы, Вы, Они	останáвливали (сь) бы	остановúли (сь) бы
IMP. Ты	останáвливай (ся)	остановú (сь)
Вы	останáвливайте (сь)	остановúте (сь)

DEVERBALS

PRES. ACT.	останáвливающий (ся)	
PRES. PASS.	останáвливаемый	
PAST ACT.	останáвливавший (ся)	остановúвший (ся)
PAST PASS.		останóвленный
VERBAL ADVERB	останáвливая (сь)	остановúв (шись)

останáвливать кого – что на ком – чём

Я останавливаю время.	I make time stop.
В городе остановился транспорт.	They halted traffic in the city.
Остановитесь и подумайте.	Stop and think.

O

осужда́ть / осуди́ть
to condemn, sentence, convict

		IMPERFECTIVE ASPECT	PERFECTIVE ASPECT
INF.		осужда́ть	осуди́ть
PRES.	Я	осужда́ю	
	Ты	осужда́ешь	
	Он/она/оно	осужда́ет	
	Мы	осужда́ем	
	Вы	осужда́ете	
	Они	осужда́ют	
PAST	Я, Ты, Он	осужда́л	осуди́л
	Я, Ты, Она	осужда́ла	осуди́ла
	Оно	осужда́ло	осуди́ло
	Мы, Вы, Они	осужда́ли	осуди́ли
FUT.	Я	бу́ду осужда́ть	осужу́
	Ты	бу́дешь осужда́ть	осу́дишь
	Он/она/оно	бу́дет осужда́ть	осу́дит
	Мы	бу́дем осужда́ть	осу́дим
	Вы	бу́дете осужда́ть	осу́дите
	Они	бу́дут осужда́ть	осу́дят
COND.	Я, Ты, Он	осужда́л бы	осуди́л бы
	Я, Ты, Она	осужда́ла бы	осуди́ла бы
	Оно	осужда́ло бы	осуди́ло бы
	Мы, Вы, Они	осужда́ли бы	осуди́ли бы
IMP.	Ты	осужда́й	осуди́
	Вы	осужда́йте	осуди́те

DEVERBALS

	IMPERFECTIVE	PERFECTIVE
PRES. ACT.	осужда́ющий	
PRES. PASS.	осужда́емый	
PAST ACT.	осужда́вший	осуди́вший
PAST PASS.		осуждённый осуждён, осуждена́
VERBAL ADVERB	осужда́я	осуди́в

осужда́ть кого – что на что, за что

Мы никого не осуждаем.	We do not condemn anyone.
Его осудили на один год.	He was sentenced to one year.
Ее деяние будет осуждено историками.	Her actions will be condemned by historians.

		IMPERFECTIVE ASPECT	PERFECTIVE ASPECT
INF.		отвеча́ть	отве́тить
PRES.	Я	отвеча́ю	
	Ты	отвеча́ешь	
	Он/она/оно	отвеча́ет	
	Мы	отвеча́ем	
	Вы	отвеча́ете	
	Они	отвеча́ют	
PAST	Я, Ты, Он	отвеча́л	отве́тил
	Я, Ты, Она	отвеча́ла	отве́тила
	Оно	отвеча́ло	отве́тило
	Мы, Вы, Они	отвеча́ли	отве́тили
FUT.	Я	бу́ду отвеча́ть	отве́чу
	Ты	бу́дешь отвеча́ть	отве́тишь
	Он/она/оно	бу́дет отвеча́ть	отве́тит
	Мы	бу́дем отвеча́ть	отве́тим
	Вы	бу́дете отвеча́ть	отве́тите
	Они	бу́дут отвеча́ть	отве́тят
COND.	Я, Ты, Он	отвеча́л бы	отве́тил бы
	Я, Ты, Она	отвеча́ла бы	отве́тила бы
	Оно	отвеча́ло бы	отве́тило бы
	Мы, Вы, Они	отвеча́ли бы	отве́тили бы
IMP.	Ты	отвеча́й	отве́ть
	Вы	отвеча́йте	отве́тьте

O

DEVERBALS

PRES. ACT.	отвеча́ющий	
PRES. PASS.		
PAST ACT.	отвеча́вший	отве́тивший
PAST PASS.		отве́ченный
VERBAL ADVERB	отвеча́я	отве́тив

отвеча́ть на что чем, за что

AN ESSENTIAL VERB

отвеча́ть / отве́тить

Examples

Отвечаю всем на вопросы.
I answer everyone's questions.

Мы отвечаем за все.
We are responsible for everything.

Она ответит за нарушения.
She will answer for the infractions.

Ответьте мне на один глупый
вопрос.
Please answer a silly question for me.

Зарабатываете, отвечая
потребностям рынка.
Earn money while responding to the
needs of the market.

Ответы, все давным-давно
отвечены.
Answers were given long, long ago.

Он умер, не ответив перед судом.
He died without responding to the court.

Зарабатывайте, отвечая на вопросы.
Earn money by answering the questions.

Ответь вопросом на вопрос.
Answer the question with a question.

Ему ответили укором.
He was answered with a reproach.

Words and expressions related to this verb

Кто посылает, тот и
отвечает.

Она всегда отвечает
молчанием.

Он отвечает ей любовью.

ответ

ответный

ответственный

		IMPERFECTIVE ASPECT	PERFECTIVE ASPECT
INF.		отводи́ть	отвести́
PRES.	Я	отвожу́	
	Ты	отво́дишь	
	Он/она/оно	отво́дит	
	Мы	отво́дим	
	Вы	отво́дите	
	Они	отво́дят	
PAST	Я, Ты, Он	отводи́л	отвёл
	Я, Ты, Она	отводи́ла	отвела́
	Оно	отводи́ло	отвело́
	Мы, Вы, Они	отводи́ли	отвели́
FUT.	Я	бу́ду отводи́ть	отведу́
	Ты	бу́дешь отводи́ть	отведёшь
	Он/она/оно	бу́дет отводи́ть	отведёт
	Мы	бу́дем отводи́ть	отведём
	Вы	бу́дете отводи́ть	отведёте
	Они	бу́дут отводи́ть	отведу́т
COND.	Я, Ты, Он	отводи́л бы	отвёл бы
	Я, Ты, Она	отводи́ла бы	отвела́ бы
	Оно	отводи́ло бы	отвело́ бы
	Мы, Вы, Они	отводи́ли бы	отвели́ бы
IMP.	Ты	отводи́	отведи́
	Вы	отводи́те	отведи́те

DEVERBALS

	IMPERFECTIVE	PERFECTIVE
PRES. ACT.	отводя́	
PRES. PASS.	одводи́мый	
PAST ACT.	отводи́вший	отве́дший
PAST PASS.		отведённый отведён, отведена́
VERBAL ADVERB	отводя́	отведя́

отводи́ть кого — что

США отводят России роль партнера.	The U.S. is assigning Russia the role of a partner.
Демократы отвели полгода на вывод войск.	The Democrats allotted half a year for the pullout of troops.
Отведите меня домой.	Take me home.

отдава́ть (ся) / отда́ть (ся)
to give back, give away (entrust, devote oneself, surrender to)

		IMPERFECTIVE ASPECT	PERFECTIVE ASPECT
INF.		отдава́ть (ся)	отда́ть (ся)
PRES.	Я	отдаю́ (сь)	
	Ты	отдаёшь (ся)	
	Он/она/оно	отдаёт (ся)	
	Мы	отдаём (ся)	
	Вы	отдаёте (сь)	
	Они	отдаю́т (ся)	
PAST	Я, Ты, Он	отдава́л (ся)	о́тдал – отда́лся
	Я, Ты, Она	отдава́ла (сь)	отдала́ (сь)
	Оно	отдава́ло (сь)	о́тдало – отдало́сь
	Мы, Вы, Они	отдава́ли (сь)	о́тдали – отдали́сь
FUT.	Я	бу́ду отдава́ть (ся)	отда́м (ся)
	Ты	бу́дешь отдава́ть (ся)	отда́шь (ся)
	Он/она/оно	бу́дет отдава́ть (ся)	отда́ст (ся)
	Мы	бу́дем отдава́ть (ся)	отдади́м (ся)
	Вы	бу́дете отдава́ть (ся)	отдади́те (сь)
	Они	бу́дут отдава́ть (ся)	отдаду́т (ся)
COND.	Я, Ты, Он	отдава́л (ся) бы	о́тдал – отда́лся бы
	Я, Ты, Она	отдава́ла (сь) бы	отдала́ (сь) бы
	Оно	отдава́ло (сь) бы	о́тдало – отдало́сь бы
	Мы, Вы, Они	отдава́ли (сь) бы	о́тдали – отдали́сь бы
IMP.	Ты	отдава́й (ся)	отда́й (ся)
	Вы	отдава́йте (сь)	отда́йте (сь)

DEVERBALS

	IMPERFECTIVE ASPECT	PERFECTIVE ASPECT
PRES. ACT.	отдаю́щий (ся)	
PRES. PASS.	отдава́емый	
PAST ACT.	отдава́вший (ся)	отда́вший (ся)
PAST PASS.		о́тданный, о́тдан, отдана́, о́тдано
VERBAL ADVERB	отдава́я (сь)	отда́в (шись)

отда́ть кого – что кому – чему, во что; отда́ться кому – чему на что

Я отдаю свой голос за свободу.	I give my voice for freedom.
В своих картинах я весь отдался северу.	In my pictures, I devoted myself entirely to the north.
Чужого не надо, своего не отдадим.	We don't need what belongs to others, but we will not surrender our own.

		IMPERFECTIVE ASPECT	PERFECTIVE ASPECT
INF.		отдыха́ть	отдохну́ть
PRES.	Я	отдыха́ю	
	Ты	отдыха́ешь	
	Он/она/оно	отдыха́ет	
	Мы	отдыха́ем	
	Вы	отдыха́ете	
	Они	отдыха́ют	
PAST	Я, Ты, Он	отдыха́л	отдохну́л
	Я, Ты, Она	отдыха́ла	отдохну́ла
	Оно	отдыха́ло	отдохну́ло
	Мы, Вы, Они	отдыха́ли	отдохну́ли
FUT.	Я	бу́ду отдыха́ть	отдохну́
	Ты	бу́дешь отдыха́ть	отдохнёшь
	Он/она/оно	бу́дет отдыха́ть	отдохнёт
	Мы	бу́дем отдыха́ть	отдохнём
	Вы	бу́дете отдыха́ть	отдохнёте
	Они	бу́дут отдыха́ть	отдохну́т
COND.	Я, Ты, Он	отдыха́л бы	отдохну́л бы
	Я, Ты, Она	отдыха́ла бы	отдохну́ла бы
	Оно	отдыха́ло бы	отдохну́ло бы
	Мы, Вы, Они	отдыха́ли бы	отдохну́ли бы
IMP.	Ты	отдыха́й	отдохни́
	Вы	отдыха́йте	отдохни́те

O

DEVERBALS

	IMPERFECTIVE	PERFECTIVE
PRES. ACT.	отдыха́ющий	
PRES. PASS.		
PAST ACT.	отдыха́вший	отдохну́вший
PAST PASS.		
VERBAL ADVERB	отдыха́я	отдохну́в

Отдыхаем хорошо, никому не мешаем.

We are resting well, not disturbing anyone.

Отдохните на Черном Море.

Vacation on the Black Sea.

В этом году в Египте отдохнули более миллиона российских туристов.

This year more than a million Russian tourists vacationed in Egypt.

отка́зывать (ся) / отказа́ть (ся)
to refuse, deny

		IMPERFECTIVE ASPECT	PERFECTIVE ASPECT
INF.		отка́зывать (ся)	отказа́ть (ся)
PRES.	Я	отка́зываю (сь)	
	Ты	отка́зываешь (ся)	
	Он/она́/оно́	отка́зывает (ся)	
	Мы	отка́зываем (ся)	
	Вы	отка́зываете (сь)	
	Они́	отка́зывают (ся)	
PAST	Я, Ты, Он	отка́зывал (ся)	отказа́л (ся)
	Я, Ты, Она́	отка́зывала (сь)	отказа́ла (сь)
	Оно́	отка́зывало (сь)	отказа́ло (сь)
	Мы, Вы, Они́	отка́зывали (сь)	отказа́ли (сь)
FUT.	Я	бу́ду отка́зывать (ся)	откажу́ (сь)
	Ты	бу́дешь отка́зывать (ся)	отка́жешь (ся)
	Он/она́/оно́	бу́дет отка́зывать (ся)	отка́жет (ся)
	Мы	бу́дем отка́зывать (ся)	отка́жем (ся)
	Вы	бу́дете отка́зывать (ся)	отка́жете (сь)
	Они́	бу́дут отка́зывать (ся)	отка́жут (ся)
COND.	Я, Ты, Он	отка́зывал (ся) бы	отказа́л (ся) бы
	Я, Ты, Она́	отка́зывала (сь) бы	отказа́ла (сь) бы
	Оно́	отка́зывало (сь) бы	отказа́ло (сь) бы
	Мы, Вы, Они́	отка́зывали (сь) бы	отказа́ли (сь) бы
IMP.	Ты	отка́зывай (ся)	откажи́ (сь)
	Вы	отка́зывайте (сь)	откажи́те (сь)

DEVERBALS

	IMPERFECTIVE ASPECT	PERFECTIVE ASPECT
PRES. ACT.	отка́зывающий (ся)	
PRES. PASS.	отка́зываемый	
PAST ACT.	отка́зывавший (ся)	отказа́вший (ся)
PAST PASS.		отка́занный
VERBAL ADVERB	отка́зывая (сь)	отказа́в (шись)

отка́зывать кому́ – чему́ в чём, от чего́
отка́зываться от чего́, + infinitive

Вы ни в чем себе не отказываете?	You don't deny yourself anything?
Россия отказалась от участия в проекте.	Russia rejected participation in the project.
Почему мне отказано в услугах?	Why was I denied services?

открыва́ть (ся) / откры́ть (ся)

to open, discover

	IMPERFECTIVE ASPECT	PERFECTIVE ASPECT
INF.	открыва́ть (ся)	откры́ть (ся)
PRES. Я	открыва́ю (сь)	
Ты	открыва́ешь (ся)	
Он/она/оно	открыва́ет (ся)	
Мы	открыва́ем (ся)	
Вы	открыва́ете (сь)	
Они	открыва́ют (ся)	
PAST Я, Ты, Он	открыва́л (ся)	откры́л (ся)
Я, Ты, Она	открыва́ла (сь)	откры́ла (сь)
Оно	открыва́ло (сь)	откры́ло (сь)
Мы, Вы, Они	открыва́ли (сь)	откры́ли (сь)
FUT. Я	бу́ду открыва́ть (ся)	откро́ю (ся)
Ты	бу́дешь открыва́ть (ся)	откро́ешь (ся)
Он/она/оно	бу́дет открыва́ть (ся)	откро́ет (ся)
Мы	бу́дем открыва́ть (ся)	откро́ем (ся)
Вы	бу́дете открыва́ть (ся)	откро́ете (сь)
Они	бу́дут открыва́ть (ся)	откро́ют (ся)
COND. Я, Ты, Он	открыва́л (ся) бы	откры́л (ся) бы
Я, Ты, Она	открыва́ла (сь) бы	откры́ла (сь) бы
Оно	открыва́ло (сь) бы	откры́ло (сь) бы
Мы, Вы, Они	открыва́ли (сь) бы	откры́ли (сь) бы
IMP. Ты	открыва́й (ся)	откро́й (ся)
Вы	открыва́йте (сь)	откро́йте (сь)

O

DEVERBALS

PRES. ACT.	открыва́ющий (ся)	
PRES. PASS.	открыва́емый	
PAST ACT.	открыва́вший (ся)	откры́вший (ся)
PAST PASS.		откры́тый
VERBAL ADVERB	открыва́я	откры́в (шись)

открыва́ть кого – что

Она, просыпаясь, открывает глаза.	She opens her eyes as she awakes.
Вам откроются тайны.	Secrets will be revealed to you.
Открыто новое явление в физике.	A new phenomenon in physics has been discovered.

отлича́ть (ся) / отличи́ть (ся)
to distinguish between, differentiate

		IMPERFECTIVE ASPECT	PERFECTIVE ASPECT
INF.		отлича́ть (ся)	отличи́ть (ся)
PRES.	Я	отлича́ю (сь)	
	Ты	отлича́ешь (ся)	
	Он/она/оно	отлича́ет (ся)	
	Мы	отлича́ем (ся)	
	Вы	отлича́ете (сь)	
	Они	отлича́ют (ся)	
PAST	Я, Ты, Он	отлича́л (ся)	отличи́л (ся)
	Я, Ты, Она	отлича́ла (сь)	отличи́ла (сь)
	Оно	отлича́ло (сь)	отличи́ло (сь)
	Мы, Вы, Они	отлича́ли (сь)	отличи́ли (сь)
FUT.	Я	бу́ду отлича́ть (ся)	отличу́ (сь)
	Ты	бу́дешь отлича́ть (ся)	отличи́шь (ся)
	Он/она/оно	бу́дет отлича́ть (ся)	отличи́т (ся)
	Мы	бу́дем отлича́ть (ся)	отличи́м (ся)
	Вы	бу́дете отлича́ть (ся)	отличи́те (сь)
	Они	бу́дут отлича́ть (ся)	отлича́т (ся)
COND.	Я, Ты, Он	отлича́л (ся) бы	отличи́л (ся) бы
	Я, Ты, Она	отлича́ла (сь) бы	отличи́ла (сь) бы
	Оно	отлича́ло (сь) бы	отличи́ло (сь) бы
	Мы, Вы, Они	отлича́ли (сь) бы	отличи́ли (сь) бы
IMP.	Ты	отлича́й (ся)	отличи́ (сь)
	Вы	отлича́йте (сь)	отличи́те (сь)

DEVERBALS

	IMPERFECTIVE ASPECT	PERFECTIVE ASPECT
PRES. ACT.	отлича́ющий (ся)	
PRES. PASS.	отлича́емый	
PAST ACT.	отлича́вший (ся)	отличи́вший (ся)
PAST PASS.		отличённый отличён, отличена́
VERBAL ADVERB	отлича́я (сь)	отличи́в (шись)

отлича́ть кого – что; отлича́ться от кого – чего чем

Как ты отличаешь правду от лжи?	How do you distinguish truth from a lie?
Ее визит отличался от предшествующих.	Her visit differed from previous ones.
Они легко могут быть отличены от других бабочек.	They can easily be differentiated from other butterflies.

270

to mark, note

		IMPERFECTIVE ASPECT	PERFECTIVE ASPECT
INF.		отмеча́ть (ся)	отме́тить (ся)
PRES.	Я	отмеча́ю (сь)	
	Ты	отмеча́ешь (ся)	
	Он/она́/оно́	отмеча́ет (ся)	
	Мы	отмеча́ем (ся)	
	Вы	отмеча́ете (сь)	
	Они́	отмеча́ют (ся)	
PAST	Я, Ты, Он	отмеча́л (ся)	отме́тил (ся)
	Я, Ты, Она	отмеча́ла (сь)	отме́тила (сь)
	Оно	отмеча́ло (сь)	отме́тило (сь)
	Мы, Вы, Они	отмеча́ли (сь)	отме́тили (сь)
FUT.	Я	бу́ду отмеча́ть (ся)	отме́чу (сь)
	Ты	бу́дешь отмеча́ть (ся)	отме́тишь (ся)
	Он/она́/оно́	бу́дет отмеча́ть (ся)	отме́тит (ся)
	Мы	бу́дем отмеча́ть (ся)	отме́тим (ся)
	Вы	бу́дете отмеча́ть (ся)	отме́тите (сь)
	Они́	бу́дут отмеча́ть (ся)	отме́тят (ся)
COND.	Я, Ты, Он	отмеча́л (ся) бы	отме́тил (ся) бы
	Я, Ты, Она	отмеча́ла (сь) бы	отме́тила (сь) бы
	Оно	отмеча́ло (сь) бы	отме́тило (сь) бы
	Мы, Вы, Они	отмеча́ли (сь) бы	отме́тили (сь) бы
IMP.	Ты	отмеча́й (ся)	отме́ть (ся)
	Вы	отмеча́йте (сь)	отме́тьте (сь)

O

DEVERBALS

	IMPERFECTIVE	PERFECTIVE
PRES. ACT.	отмеча́ющий (ся)	
PRES. PASS.	отмеча́емый	
PAST ACT.	отмеча́вший (ся)	отме́тивший (ся)
PAST PASS.		отме́ченный
VERBAL ADVERB	отмеча́я (сь)	отме́тив (шись)

отмеча́ть кого – что

Отмечаем Новый Год в ресторане.	We are celebrating the New Year in a restaurant.
Когда отметят годовщину?	When will they celebrate the anniversary?
Чем отметились гости на саммите?	How were the guests at the summit recognized?

отнима́ть (ся) / отня́ть (ся)
to take away, remove

		IMPERFECTIVE ASPECT	PERFECTIVE ASPECT
INF.		отнима́ть (ся)	отня́ть (ся)
PRES.	Я	отнима́ю	
	Ты	отнима́ешь	
	Он/она/оно	отнима́ет (ся)	
	Мы	отнима́ем	
	Вы	отнима́ете	
	Они	отнима́ют (ся)	
PAST	Я, Ты, Он	отнима́л (ся)	о́тнял – отня́лся
	Я, Ты, Она	отнима́ла (сь)	отняла́ (сь)
	Оно	отнима́ло (сь)	о́тняло – отня́ло́сь
	Мы, Вы, Они	отнима́ли (сь)	о́тняли – отня́ли́сь
FUT.	Я	бу́ду отнима́ть (ся)	отниму́
	Ты	бу́дешь отнима́ть (ся)	отни́мешь
	Он/она/оно	бу́дет отнима́ть (ся)	отни́мет (ся)
	Мы	бу́дем отнима́ть (ся)	отни́мем
	Вы	бу́дете отнима́ть (ся)	отни́мете
	Они	бу́дут отнима́ть (ся)	отни́мут (ся)
COND.	Я, Ты, Он	отнима́л (ся) бы	о́тнял – отня́лся́ бы
	Я, Ты, Она	отнима́ла (сь) бы	отняла́ (сь) бы
	Оно	отнима́ло (сь) бы	о́тняло – отня́ло́сь бы
	Мы, Вы, Они	отнима́ли (сь) бы	о́тняли – отня́ли́сь бы
IMP.	Ты	отнима́й	отними́
	Вы	отнима́йте	отними́те

DEVERBALS

PRES. ACT.	отнима́ющий (ся)	
PRES. PASS.	отнима́емый	
PAST ACT.	отнима́вший (ся)	отня́вший (ся)
PAST PASS.		о́тнятый
		о́тнят, отнята́, о́тнято
VERBAL ADVERB	отнима́я (сь)	отня́в (шись)

отнима́ть кого – что у кого

Не отнимайте от меня любовь.	Don't take your love away from me.
Не отнимим ли мы от них радость жизни?	Will we not rob them of the joy of life?
У него отнялся язык.	His tongue was paralyzed.

относи́ть (ся) / отнести́ (сь)
to carry off, away (treat, regard, refer to)

		IMPERFECTIVE ASPECT	PERFECTIVE ASPECT
INF.		относи́ть (ся)	отнести́ (сь)
PRES.	Я	отношу́ (сь)	
	Ты	отно́сишь (ся)	
	Он/она/оно	отно́сит (ся)	
	Мы	отно́сим (ся)	
	Вы	отно́сите (сь)	
	Они	отно́сят (ся)	
PAST	Я, Ты, Он	относи́л (ся)	отнёс (ся)
	Я, Ты, Она	относи́ла (сь)	отнесла́ (сь)
	Оно	относи́ло (сь)	отнесло́ (сь)
	Мы, Вы, Они	относи́ли (сь)	отнесли́ (сь)
FUT.	Я	бу́ду относи́ть (ся)	отнесу́ (сь)
	Ты	бу́дешь относи́ть (ся)	отнесёшь (ся)
	Он/она/оно	бу́дет относи́ть (ся)	отнесёт (ся)
	Мы	бу́дем относи́ть (ся)	отнесём (ся)
	Вы	бу́дете относи́ть (ся)	отнесёте (сь)
	Они	бу́дут относи́ть (ся)	отнесу́т (ся)
COND.	Я, Ты, Он	относи́л (ся) бы	отнёс (ся) бы
	Я, Ты, Она	относи́ла (сь) бы	отнесла́ (сь) бы
	Оно	относи́ло (сь) бы	отнесло́ (сь) бы
	Мы, Вы, Они	относи́ли (сь) бы	отнесли́ (сь) бы
IMP.	Ты	относи́ (сь)	отнеси́ (сь)
	Вы	относи́те (сь)	отнеси́те (сь)

DEVERBALS

PRES. ACT.	относя́щий (ся)	
PRES. PASS.	относи́мый	
PAST ACT.	относи́вший (ся)	отнёсший (ся)
PAST PASS.		отнесённый отнесён, отнесена́
VERBAL ADVERB	относя́ (сь)	отнеся́ (сь) – отнёсши (сь)

относи́ть кого – что; относи́ться к кому – чему

К кому я себя отношу?	How do I classify myself?
Относились ко мне с уважением.	They treated me with respect.
Президент скептически отнесся к этой идее.	The president regarded this idea skeptically.

отправля́ть (ся) / отпра́вить (ся)
to send, forward (set out, depart)

		IMPERFECTIVE ASPECT	PERFECTIVE ASPECT
INF.		отправля́ть (ся)	отпра́вить (ся)
PRES.	Я	отправля́ю (сь)	
	Ты	отправля́ешь (ся)	
	Он/она/оно	отправля́ет (ся)	
	Мы	отправля́ем (ся)	
	Вы	отправля́ете (сь)	
	Они	отправля́ют (ся)	
PAST	Я, Ты, Он	отправля́л (ся)	отпра́вил (ся)
	Я, Ты, Она	отправля́ла (сь)	отпра́вила (сь)
	Оно	отправля́ло (сь)	отпра́вило (сь)
	Мы, Вы, Они	отправля́ли (сь)	отпра́вили (сь)
FUT.	Я	бу́ду отправля́ть (ся)	отпра́влю (сь)
	Ты	бу́дешь отправля́ть (ся)	отпра́вишь (ся)
	Он/она/оно	бу́дет отправля́ть (ся)	отпра́вит (ся)
	Мы	бу́дем отправля́ть (ся)	отпра́вим (ся)
	Вы	бу́дете отправля́ть (ся)	отпра́вите (сь)
	Они	бу́дут отправля́ть (ся)	отпра́вят (ся)
COND.	Я, Ты, Он	отправля́л (ся) бы	отпра́вил (ся) бы
	Я, Ты, Она	отправля́ла (сь) бы	отпра́вила (сь) бы
	Оно	отправля́ло (сь) бы	отпра́вило (сь) бы
	Мы, Вы, Они	отправля́ли (сь) бы	отпра́вили (сь) бы
IMP.	Ты	отправля́й (ся)	отпра́вь (ся)
	Вы	отправля́йте (сь)	отпра́вьте (сь)

DEVERBALS

	IMPERFECTIVE ASPECT	PERFECTIVE ASPECT
PRES. ACT.	отправля́ющий (ся)	
PRES. PASS.	отправля́емый	
PAST ACT.	отправля́вший (ся)	отпра́вивший (ся)
PAST PASS.		отпра́вленный
VERBAL ADVERB	отправля́я (сь)	отпра́вив (шись)

отправля́ть кого – что; отправля́ться от чего

Отправляем письмо с чеком.	We are sending a letter with the check.
Отправьте открытку друзьям.	Send a postcard to your friends.
Первый шведский космонавт отправился в космос.	The first Swedish astronaut was sent into space.

	IMPERFECTIVE ASPECT	PERFECTIVE ASPECT
INF.	отреза́ть	отре́зать
PRES. Я	отреза́ю	
Ты	отреза́ешь	
Он/она/оно	отреза́ет	
Мы	отреза́ем	
Вы	отреза́ете	
Они	отреза́ют	
PAST Я, Ты, Он	отреза́л	отре́зал
Я, Ты, Она	отреза́ла	отре́зала
Оно	отреза́ло	отре́зало
Мы, Вы, Они	отреза́ли	отре́зали
FUT. Я	бу́ду отреза́ть	отре́жу
Ты	бу́дешь отреза́ть	отре́жешь
Он/она/оно	бу́дет отреза́ть	отре́жет
Мы	бу́дем отреза́ть	отре́жем
Вы	бу́дете отреза́ть	отре́жете
Они	бу́дут отреза́ть	отре́жут
COND. Я, Ты, Он	отреза́л бы	отре́зал бы
Я, Ты, Она	отреза́ла бы	отре́зала бы
Оно	отреза́ло бы	отре́зало бы
Мы, Вы, Они	отреза́ли бы	отре́зали бы
IMP. Ты	отреза́й	отре́жь
Вы	отреза́йте	отре́жьте

O

DEVERBALS

PRES. ACT.	отреза́ющий	
PRES. PASS.	отреза́емый	
PAST ACT.	отреза́вший	отре́завший
PAST PASS.		отре́занный
VERBAL ADVERB	отреза́я	отре́зав

отреза́ть что от кого
Another imperfective form is **отре́зывать**.

Россия отрежет Европу от Азии.	Russia will cut off Europe from Asia.
Снег отрезает жителей страны от внешнего мира.	The snow cuts off the inhabitants of the country from the outside world.
Пути к спасению были отрезаны.	The paths to safety were cut off.

отрыва́ть (ся) / оторва́ть (ся)
to rip off, tear away

	IMPERFECTIVE ASPECT	PERFECTIVE ASPECT
INF.	отрыва́ть (ся)	оторва́ть (ся)
PRES. Я	отрыва́ю (сь)	
Ты	отрыва́ешь (ся)	
Он/она́/оно́	отрыва́ет (ся)	
Мы	отрыва́ем (ся)	
Вы	отрыва́ете (сь)	
Они́	отрыва́ют (ся)	
PAST Я, Ты, Он	отрыва́л (ся)	оторва́л (ся)
Я, Ты, Она	отрыва́ла (сь)	оторва́ла (сь)
Оно	отрыва́ло (сь)	оторва́ло – оторва́ло́сь
Мы, Вы, Они	отрыва́ли (сь)	оторва́ли – оторва́ли́сь
FUT. Я	бу́ду отрыва́ть (ся)	оторву́ (сь)
Ты	бу́дешь отрыва́ть (ся)	оторвёшь (ся)
Он/она́/оно́	бу́дет отрыва́ть (ся)	оторвёт (ся)
Мы	бу́дем отрыва́ть (ся)	оторвём (ся)
Вы	бу́дете отрыва́ть (ся)	оторвёте (сь)
Они́	бу́дут отрыва́ть (ся)	оторву́т (ся)
COND. Я, Ты, Он	отрыва́л (ся) бы	оторва́л (ся) бы
Я, Ты, Она	отрыва́ла (сь) бы	оторва́ла (сь) бы
Оно	отрыва́ло (сь) бы	оторва́ло – оторва́ло́сь бы
Мы, Вы, Они	отрыва́ли (сь) бы	оторва́ли – оторва́ли́сь бы
IMP. Ты	отрыва́й (ся)	оторви́ (сь)
Вы	отрыва́йте (сь)	оторви́те (сь)

DEVERBALS

PRES. ACT.	отрыва́ющий (ся)	
PRES. PASS.	отрыва́емый	
PAST ACT.	отрыва́вший (ся)	оторва́вший (ся)
PAST PASS.		ото́рванный
VERBAL ADVERB	отрыва́я (сь)	оторва́в (шись)

отрыва́ть кого – что; отрыва́ться от кого – чего

Его взор не отрывался от того, что он видел.	His glance could not be torn away from what he was seeing.
Он совсем оторван от реальности.	He is completely divorced from reality.
Они оторвались от коллектива.	They broke away from the group.

		IMPERFECTIVE ASPECT	PERFECTIVE ASPECT
INF.		отставáть	отстáть
PRES.	Я	отстаю́	
	Ты	отстаёшь	
	Он/она/оно	отстаёт	
	Мы	отстаём	
	Вы	отстаёте	
	Они	отстаю́т	
PAST	Я, Ты, Он	отставáл	отстáл
	Я, Ты, Она	отставáла	отстáла
	Оно	отставáло	отстáло
	Мы, Вы, Они	отставáли	отстáли
FUT.	Я	бýду отставáть	отстáну
	Ты	бýдешь отставáть	отстáнешь
	Он/она/оно	бýдет отставáть	отстáнет
	Мы	бýдем отставáть	отстáнем
	Вы	бýдете отставáть	отстáнете
	Они	бýдут отставáть	отстáнут
COND.	Я, Ты, Он	отставáл бы	отстáл бы
	Я, Ты, Она	отставáла бы	отстáла бы
	Оно	отставáло бы	отстáло бы
	Мы, Вы, Они	отставáли бы	отстáли бы
IMP.	Ты	отставáй	отстáнь
	Вы	отставáйте	отстáньте

.O

	DEVERBALS	
PRES. ACT.	отстаю́щий	
PRES. PASS.		
PAST ACT.	отставáвший	отстáвший
PAST PASS.		
VERBAL ADVERB	отставáя	отстáв

отставáть от кого – чего в чём

Мои часы отстают.	My watch is slow.
Россия отстает от других стран в стимулировании частного бизнеса.	Russia lags behind other countries in the stimulation of private enterprise.
Отсталые отстанут навсегда.	The backward will remain behind forever.

отходи́ть / отойти́

to walk away, walk off

		IMPERFECTIVE ASPECT	PERFECTIVE ASPECT
INF.		отходи́ть	отойти́
PRES.	Я	отхожу́	
	Ты	отхо́дишь	
	Он/она/оно	отхо́дит	
	Мы	отхо́дим	
	Вы	отхо́дите	
	Они	отхо́дят	
PAST	Я, Ты, Он	отходи́л	отошёл
	Я, Ты, Она	отходи́ла	отошла́
	Оно	отходи́ло	отошло́
	Мы, Вы, Они	отходи́ли	отошли́
FUT.	Я	бу́ду отходи́ть	отойду́
	Ты	бу́дешь отходи́ть	отойдёшь
	Он/она/оно	бу́дет отходи́ть	отойдёт
	Мы	бу́дем отходи́ть	отойдём
	Вы	бу́дете отходи́ть	отойдёте
	Они	бу́дут отходи́ть	отойду́т
COND.	Я, Ты, Он	отходи́л бы	отошёл бы
	Я, Ты, Она	отходи́ла бы	отошла́ бы
	Оно	отходи́ло бы	отошло́ бы
	Мы, Вы, Они	отходи́ли бы	отошли́ бы
IMP.	Ты	отходи́	отойди́
	Вы	отходи́те	отойди́те

DEVERBALS

	IMPERFECTIVE	PERFECTIVE
PRES. ACT.	отходя́щий	
PRES. PASS.		
PAST ACT.	отходи́вший	отоше́дший
PAST PASS.		
VERBAL ADVERB	отходя́	отойдя́

отходи́ть от кого – чего

Отходите подальше.	Move away a little farther.
Он практически отошел от дел.	He has practically retired from business.
Отойдя метров на тридцать, она оглянулась.	Having stepped away about thirty meters, she glanced back.

278

оформля́ть (ся) / офо́рмить (ся)
to formalize, shape (be registered)

		IMPERFECTIVE ASPECT	PERFECTIVE ASPECT
INF.		оформля́ть (ся)	офо́рмить (ся)
PRES.	Я	оформля́ю (сь)	
	Ты	оформля́ешь (ся)	
	Он/она/оно	оформля́ет (ся)	
	Мы	оформля́ем (ся)	
	Вы	оформля́ете (сь)	
	Они	оформля́ют (ся)	
PAST	Я, Ты, Он	оформля́л (ся)	офо́рмил (ся)
	Я, Ты, Она	оформля́ла (сь)	офо́рмила (сь)
	Оно	оформля́ло (сь)	офо́рмило (сь)
	Мы, Вы, Они	оформля́ли (сь)	офо́рмили (сь)
FUT.	Я	бу́ду оформля́ть (ся)	офо́рмлю (сь)
	Ты	бу́дешь оформля́ть (ся)	офо́рмишь (ся)
	Он/она/оно	бу́дет оформля́ть (ся)	офо́рмит (ся)
	Мы	бу́дем оформля́ть (ся)	офо́рмим (ся)
	Вы	бу́дете оформля́ть (ся)	офо́рмите (сь)
	Они	бу́дут оформля́ть (ся)	офо́рмят (ся)
COND.	Я, Ты, Он	оформля́л (ся) бы	офо́рмил (ся) бы
	Я, Ты, Она	оформля́ла (сь) бы	офо́рмила (сь) бы
	Оно	оформля́ло (сь) бы	офо́рмило (сь) бы
	Мы, Вы, Они	оформля́ли (сь) бы	офо́рмили (сь) бы
IMP.	Ты	оформля́й (ся)	офо́рми (сь)
	Вы	оформля́йте (сь)	офо́рмите (сь)

O

DEVERBALS

	IMPERFECTIVE ASPECT	PERFECTIVE ASPECT
PRES. ACT.	оформля́ющий (ся)	
PRES. PASS.	оформля́емый	
PAST ACT.	оформля́вший (ся)	офо́рмивший (ся)
PAST PASS.		офо́рмленный
VERBAL ADVERB	оформля́я (сь)	офо́рмив (шись)

оформля́ть кого – что

Мы оформляем путевки на лечение.	We arrange vouchers for treatment.
Договор был оформлен 10 лет назад.	The treaty was drawn up ten years ago.
На выборах оформилась оппозиция власти.	Opposition to the authorities took place at the elections.

ошиба́ться / ошиби́ться
to be mistaken

		IMPERFECTIVE ASPECT	PERFECTIVE ASPECT
INF.		ошиба́ться	ошиби́ться
PRES.	Я	ошиба́юсь	
	Ты	ошиба́ешься	
	Он/она́/оно́	ошиба́ется	
	Мы	ошиба́емся	
	Вы	ошиба́етесь	
	Они́	ошиба́ются	
PAST	Я, Ты, Он	ошиба́лся	оши́бся
	Я, Ты, Она	ошиба́лась	оши́блась
	Оно	ошиба́лось	оши́блось
	Мы, Вы, Они	ошиба́лись	оши́блись
FUT.	Я	бу́ду ошиба́ться	ошибу́сь
	Ты	бу́дешь ошиба́ться	ошибёшься
	Он/она́/оно́	бу́дет ошиба́ться	ошибётся
	Мы	бу́дем ошиба́ться	ошибёмся
	Вы	бу́дете ошиба́ться	ошибётесь
	Они́	бу́дут ошиба́ться	ошибу́тся
COND.	Я, Ты, Он	ошиба́лся бы	оши́бся бы
	Я, Ты, Она	ошиба́лась бы	оши́блась бы
	Оно	ошиба́лось бы	оши́блось бы
	Мы, Вы, Они	ошиба́лись бы	оши́блись бы
IMP.	Ты	ошиба́йся	ошиби́сь
	Вы	ошиба́йтесь	ошиби́тесь

DEVERBALS

	IMPERFECTIVE ASPECT	PERFECTIVE ASPECT
PRES. ACT.	ошиба́ющийся	
PRES. PASS.		
PAST ACT.	ошиба́вшийся	ошиби́вшийся
PAST PASS.		
VERBAL ADVERB	ошиба́ясь	ошиби́вшись

Если не ошибаюсь, таких не было.

Пилоты ошиблись, или нет?
В чью сторону ошибутся весы?

If I am not mistaken, there were no such things.

Did the pilots err, or not?
In whose favor will the scales err?

		IMPERFECTIVE ASPECT	PERFECTIVE ASPECT
INF.		па́дать	упа́сть
PRES.	Я	па́даю	
	Ты	па́даешь	
	Он/она́/оно́	па́дает	
	Мы	па́даем	
	Вы	па́даете	
	Они́	па́дают	
PAST	Я, Ты, Он	па́дал	упа́л
	Я, Ты, Она́	па́дала	упа́ла
	Оно́	па́дало	упа́ло
	Мы, Вы, Они́	па́дали	упа́ли
FUT.	Я	бу́ду па́дать	упаду́
	Ты	бу́дешь па́дать	упадёшь
	Он/она́/оно́	бу́дет па́дать	упадёт
	Мы	бу́дем па́дать	упадём
	Вы	бу́дете па́дать	упадёте
	Они́	бу́дут па́дать	упаду́т
COND.	Я, Ты, Он	па́дал бы	упа́л бы
	Я, Ты, Она́	па́дала бы	упа́ла бы
	Оно́	па́дало бы	упа́ло бы
	Мы, Вы, Они́	па́дали бы	упа́ли бы
IMP.	Ты	па́дай	упади́
	Вы	па́дайте	упади́те

DEVERBALS

	IMPERFECTIVE ASPECT	PERFECTIVE ASPECT
PRES. ACT.	па́дающий	
PRES. PASS.		
PAST ACT.	па́давший	упа́вший
PAST PASS.		
VERBAL ADVERB	па́дая	упа́в

па́дать на что

Не падайте духом.	Don't lose heart.
Держи меня, а то я упаду.	Hold me, or else I'll fall.
Цены на жилье в Санкт-Петербурге упали.	Prices for housing in St. Petersburg fell.

паха́ть / вспаха́ть
to plow, till

	IMPERFECTIVE ASPECT	PERFECTIVE ASPECT
INF.	паха́ть	вспаха́ть
PRES. Я	пашу́	
Ты	па́шешь	
Он/она/оно	па́шет	
Мы	па́шем	
Вы	па́шете	
Они	па́шут	
PAST Я, Ты, Он	паха́л	вспаха́л
Я, Ты, Она	паха́ла	вспаха́ла
Оно	паха́ло	вспаха́ло
Мы, Вы, Они	паха́ли	вспаха́ли
FUT. Я	бу́ду паха́ть	вспашу́
Ты	бу́дешь паха́ть	вспа́шешь
Он/она/оно	бу́дет паха́ть	вспа́шет
Мы	бу́дем паха́ть	вспа́шем
Вы	бу́дете паха́ть	вспа́шете
Они	бу́дут паха́ть	вспа́шут
COND. Я, Ты, Он	паха́л бы	вспаха́л бы
Я, Ты, Она	паха́ла бы	вспаха́ла бы
Оно	паха́ло бы	вспаха́ло бы
Мы, Вы, Они	паха́ли бы	вспаха́ли бы
IMP. Ты	паши́	вспаши́
Вы	паши́те	вспаши́те

DEVERBALS

PRES. ACT.	па́шущий	
PRES. PASS.		
PAST ACT.	паха́вший	вспаха́вший
PAST PASS.	па́ханный	вспа́ханный
VERBAL ADVERB		вспаха́в

паха́ть что

Пашешь – паши с надеждою.	If you plow – plow with hope.
Студенты вспахали поле Кремлевского дворца.	The students tilled the field of the Kremlin palace.
Соберем, и посеем, и вспашем.	We'll reap, and sow, and plow.

перебива́ть (ся) / переби́ть (ся)
to interrupt, slaughter, smash

	IMPERFECTIVE ASPECT	PERFECTIVE ASPECT
INF.	перебива́ть (ся)	переби́ть (ся)
PRES. Я	перебива́ю (сь)	
Ты	перебива́ешь (ся)	
Он/она/оно	перебива́ет (ся)	
Мы	перебива́ем (ся)	
Вы	перебива́ете (сь)	
Они	перебива́ют (ся)	
PAST Я, Ты, Он	перебива́л (ся)	переби́л (ся)
Я, Ты, Она	перебива́ла (сь)	переби́ла (сь)
Оно	перебива́ло (сь)	переби́ло (сь)
Мы, Вы, Они	перебива́ли (сь)	переби́ли (сь)
FUT. Я	бу́ду перебива́ть (ся)	перебью́ (сь)
Ты	бу́дешь перебива́ть (ся)	перебьёшь (ся)
Он/она/оно	бу́дет перебива́ть (ся)	перебьёт (ся)
Мы	бу́дем перебива́ть (ся)	перебьём (ся)
Вы	бу́дете перебива́ть (ся)	перебьёте (сь)
Они	бу́дут перебива́ть (ся)	перебью́т (ся)
COND. Я, Ты, Он	перебива́л (ся) бы	переби́л (ся) бы
Я, Ты, Она	перебива́ла (сь) бы	переби́ла (сь) бы
Оно	перебива́ло (сь) бы	переби́ло (сь) бы
Мы, Вы, Они	перебива́ли (сь) бы	переби́ли (сь) бы
IMP. Ты	перебива́й (ся)	перебе́й (ся)
Вы	перебива́йте (сь)	перебе́йте (сь)

DEVERBALS

PRES. ACT.	перебива́ющий (ся)	
PRES. PASS.	перебива́емый	
PAST ACT.	перебива́вший (ся)	переби́вший (ся)
PAST PASS.		переби́тый
VERBAL ADVERB	перебива́я (сь)	переби́в (шись)

перебива́ть кого – что

Извините, что я говорю, когда вы перебиваете.	Excuse me if I speak when you are interrupting.
Без меня он точно бы перебился.	Without me he definitely would have broken down.
Перебейте всех и идите к дверям.	Beat them all and head for the doors.

переводи́ть (ся) / перевести́ (сь)
to lead across, convey, translate

	IMPERFECTIVE ASPECT	PERFECTIVE ASPECT
INF.	переводи́ть (ся)	перевести́ (сь)
PRES. Я	перевожу́ (сь)	
Ты	перево́дишь (ся)	
Он/она́/оно́	перево́дит (ся)	
Мы	перево́дим (ся)	
Вы	перево́дите (сь)	
Они́	перево́дят (ся)	
PAST Я, Ты, Он	переводи́л (ся)	перевёл (ся)
Я, Ты, Она́	переводи́ла (сь)	перевела́ (сь)
Оно́	переводи́ло (сь)	перевело́ (сь)
Мы, Вы, Они́	переводи́ли (сь)	перевели́ (сь)
FUT. Я	бу́ду переводи́ть (ся)	переведу́ (сь)
Ты	бу́дешь переводи́ть (ся)	переведёшь (ся)
Он/она́/оно́	бу́дет переводи́ть (ся)	переведёт (ся)
Мы	бу́дем переводи́ть (ся)	переведём (ся)
Вы	бу́дете переводи́ть (ся)	переведёте (сь)
Они́	бу́дут переводи́ть (ся)	переведу́т (ся)
COND. Я, Ты, Он	переводи́л (ся) бы	перевёл (ся) бы
Я, Ты, Она́	переводи́ла (сь) бы	перевела́ (сь) бы
Оно́	переводи́ло (сь) бы	перевело́ (сь) бы
Мы, Вы, Они́	переводи́ли (сь) бы	перевели́ (сь) бы
IMP. Ты	переводи́ (сь)	переведи́ (сь)
Вы	переводи́те (сь)	переведи́те (сь)

DEVERBALS

PRES. ACT.	переводя́щий (ся)	
PRES. PASS.	переводи́мый	
PAST ACT.	переводи́вший (ся)	переве́дший (ся)
PAST PASS.		переведённый
		переведён, переведена́
VERBAL ADVERB	переводя́ (сь)	переведя́ (сь)

переводи́ть кого – что во что, с чего на что

Читаю и перевожу со словарем.	I read and translate with a dictionary.
Его перевели в военный госпиталь.	He was transferred to a military hospital.
На английский язык переведены обе части проекта.	Both parts of the project have been translated into English.

to pass on, hand over, broadcast

		IMPERFECTIVE ASPECT	PERFECTIVE ASPECT
INF.		передава́ть (ся)	переда́ть (ся)
PRES.	Я	передаю́	
	Ты	передаёшь	
	Он/она/оно	передаёт (ся)	
	Мы	передаём	
	Вы	передаёте	
	Они	передаю́т (ся)	
PAST	Я, Ты, Он	передава́л (ся)	пе́редал – переда́лся
	Я, Ты, Она	передава́ла (сь)	передала́ (сь)
	Оно	передава́ло (сь)	пе́редало – передало́сь
	Мы, Вы, Они	передава́ли (сь)	пе́редали – передали́сь
FUT.	Я	бу́ду передава́ть	переда́м
	Ты	бу́дешь передава́ть	переда́шь
	Он/она/оно	бу́дет передава́ть (ся)	переда́ст (ся)
	Мы	бу́дем передава́ть	передади́м
	Вы	бу́дете передава́ть	передади́те
	Они	бу́дут передава́ть (ся)	передаду́т (ся)
COND.	Я, Ты, Он	передава́л (ся) бы	пе́редал – переда́лся бы
	Я, Ты, Она	передава́ла (сь) бы	передала́ (сь) бы
	Оно	передава́ло (сь) бы	пе́редало – передало́сь бы
	Мы, Вы, Они	передава́ли (сь) бы	пе́редали – передали́сь бы
IMP.	Ты	передава́й	переда́й
	Вы	передава́йте	переда́йте

DEVERBALS

	IMPERFECTIVE	PERFECTIVE
PRES. ACT.	передаю́щий (ся)	
PRES. PASS.	передава́емый	
PAST ACT.	передава́вший (ся)	переда́вший (ся)
PAST PASS.		пе́реданный, пе́редан, передана́, пе́редано
VERBAL ADVERB	передава́я (сь)	переда́в (шись)

Π

переда́ть кому кого – что; переда́ться кому – чему

Робот будет передавать видео через интернет.	A robot will broadcast video on the Internet.
Передадим правду о Москве всей России.	We'll broadcast the truth about Moscow to all of Russia.
Это у них еще с детства от мамы передалось.	This was passed on to them as children by their mom.

переезжа́ть / перее́хать
to cross, move, run over

		IMPERFECTIVE ASPECT	PERFECTIVE ASPECT
INF.		переезжа́ть	перее́хать
PRES.	Я	переезжа́ю	
	Ты	переезжа́ешь	
	Он/она́/оно́	переезжа́ет	
	Мы	переезжа́ем	
	Вы	переезжа́ете	
	Они́	переезжа́ют	
PAST	Я, Ты, Он	переезжа́л	перее́хал
	Я, Ты, Она́	переезжа́ла	перее́хала
	Оно́	переезжа́ло	перее́хало
	Мы, Вы, Они́	переезжа́ли	перее́хали
FUT.	Я	бу́ду переезжа́ть	перее́ду
	Ты	бу́дешь переезжа́ть	перее́дешь
	Он/она́/оно́	бу́дет переезжа́ть	перее́дет
	Мы	бу́дем переезжа́ть	перее́дем
	Вы	бу́дете переезжа́ть	перее́дете
	Они́	бу́дут переезжа́ть	перее́дут
COND.	Я, Ты, Он	переезжа́л бы	перее́хал бы
	Я, Ты, Она́	переезжа́ла бы	перее́хала бы
	Оно́	переезжа́ло бы	перее́хало бы
	Мы, Вы, Они́	переезжа́ли бы	перее́хали бы
IMP.	Ты	переезжа́й	
	Вы	переезжа́йте	

DEVERBALS

PRES. ACT.	переезжа́ющий	
PRES. PASS.	переезжа́емый	
PAST ACT.	переезжа́вший	перее́хавший
PAST PASS.		
VERBAL ADVERB	переезжа́я	перее́хав

переезжа́ть кого – что через что

Сегодня мы переезжаем в новый офис.	Today we are moving to a new office.
В субботу я перееду в Москву.	On Saturday I am moving to Moscow.
Чем я пожертвовал, переехав в Москву?	What did I give up by moving to Moscow?

	IMPERFECTIVE ASPECT	PERFECTIVE ASPECT
INF.	переживáть	пережúть

PRES.		
Я	переживáю	
Ты	переживáешь	
Он/она/оно	переживáет	
Мы	переживáем	
Вы	переживáете	
Они	переживáют	

PAST		
Я, Ты, Он	переживáл	пéрежúл
Я, Ты, Она	переживáла	пережилá
Оно	переживáло	пéрежúло
Мы, Вы, Они	переживáли	пéрежúли

FUT.		
Я	бýду переживáть	переживý
Ты	бýдешь переживáть	переживёшь
Он/она/оно	бýдет переживáть	переживёт
Мы	бýдем переживáть	переживём
Вы	бýдете переживáть	переживёте
Они	бýдут переживáть	переживýт

COND.		
Я, Ты, Он	переживáл бы	пéрежúл бы
Я, Ты, Она	переживáла бы	пережилá бы
Оно	переживáло бы	пéрежúло бы
Мы, Вы, Они	переживáли бы	пéрежúли бы

IMP.		
Ты	переживáй	переживú
Вы	переживáйте	переживúте

DEVERBALS

PRES. ACT.	переживáющий	
PRES. PASS.	переживáемый	
PAST ACT.	переживáвший	пережúвший
PAST PASS.		пéрежúтый
		пéрежúт, пережитá, пéрежúто
VERBAL ADVERB	переживáя	пережúв

переживáть что

Как вы переживаете разрыв?	How are you surviving the break?
Неприятность эту мы переживем.	We shall survive this unpleasantness.
Наша страна практически пережила мирную революцию.	Our country practically lived through a peaceful revolution.

П

переноси́ть / перенести́
to carry over, transmit, endure

		IMPERFECTIVE ASPECT	PERFECTIVE ASPECT
INF.		переноси́ть	перенести́
PRES.	Я	переношу́	
	Ты	перено́сишь	
	Он/она/оно	перено́сит	
	Мы	перено́сим	
	Вы	перено́сите	
	Они	перено́сят	
PAST	Я, Ты, Он	переноси́л	перенёс
	Я, Ты, Она	переноси́ла	перенесла́
	Оно	переноси́ло	перенесло́
	Мы, Вы, Они	переноси́ли	перенесли́
FUT.	Я	бу́ду переноси́ть	перенесу́
	Ты	бу́дешь переноси́ть	перенесёшь
	Он/она/оно	бу́дет переноси́ть	перенесёт
	Мы	бу́дем переноси́ть	перенесём
	Вы	бу́дете переноси́ть	перенесёте
	Они	бу́дут переноси́ть	перенесу́т
COND.	Я, Ты, Он	переноси́л бы	перенёс бы
	Я, Ты, Она	переноси́ла бы	перенесла́ бы
	Оно	переноси́ло бы	перенесло́ бы
	Мы, Вы, Они	переноси́ли бы	перенесли́ бы
IMP.	Ты	переноси́	перенеси́
	Вы	переноси́те	перенеси́те

DEVERBALS

	IMPERFECTIVE ASPECT	PERFECTIVE ASPECT
PRES. ACT.	переносящий	
PRES. PASS.	переноси́мый	
PAST ACT.	переноси́вший	перенёсший
PAST PASS.		перенесённый
		перенесён, перенесена́
VERBAL ADVERB	перенося́	перенеся́

переноси́ть кого – что

Как просили, я переношу сюда вопрос.

As requested, I am carrying over the issue here.

Горбачев перенес операцию.

Gorbachev survived the operation.

Куда перенесем столицу?

Where will we transfer the capital to?

перепи́сывать (ся) / переписа́ть (ся)
to reprint, rewrite, take down (correspond / be registered)

		IMPERFECTIVE ASPECT	PERFECTIVE ASPECT
INF.		перепи́сывать (ся)	переписа́ть (ся)
PRES.	Я	перепи́сываю (сь)	
	Ты	перепи́сываешь (ся)	
	Он/она/оно	перепи́сывает (ся)	
	Мы	перепи́сываем (ся)	
	Вы	перепи́сываете (сь)	
	Они	перепи́сывают (ся)	
PAST	Я, Ты, Он	перепи́сывал (ся)	переписа́л (ся)
	Я, Ты, Она	перепи́сывала (сь)	переписа́ла (сь)
	Оно	перепи́сывало (сь)	переписа́ло (сь)
	Мы, Вы, Они	перепи́сывали (сь)	переписа́ли (сь)
FUT.	Я	бу́ду перепи́сывать (ся)	перепишу́ (сь)
	Ты	бу́дешь перепи́сывать (ся)	перепи́шешь (ся)
	Он/она/оно	бу́дет перепи́сывать (ся)	перепи́шет (ся)
	Мы	бу́дем перепи́сывать (ся)	перепи́шем (ся)
	Вы	бу́дете перепи́сывать (ся)	перепи́шете (сь)
	Они	бу́дут перепи́сывать (ся)	перепи́шут (ся)
COND.	Я, Ты, Он	перепи́сывал (ся) бы	переписа́л (ся) бы
	Я, Ты, Она	перепи́сывала (сь) бы	переписа́ла (сь) бы
	Оно	перепи́сывало (сь) бы	переписа́ло (сь) бы
	Мы, Вы, Они	перепи́сывали (сь) бы	переписа́ли (сь) бы
IMP.	Ты	перепи́сывай (ся)	перепиши́ (сь)
	Вы	перепи́сывайте (сь)	перепиши́те (сь)

DEVERBALS

PRES. ACT.	перепи́сывающий (ся)	
PRES. PASS.	перепи́сываемый	
PAST ACT.	перепи́сывавший (ся)	переписа́вший (ся)
PAST PASS.		переписа́нный
VERBAL ADVERB	перепи́сывая (сь)	переписа́в (шись)

перепи́сывать кого – что
перепи́сываться с кем *to correspond with someone* [imperfective form only]

Никто нас не переписывал.	No one took down our names.
Перепишите новую версию.	Write a new version.
Мы переписывались и с нетерпением ждали встречи.	We corresponded and waited impatiently for the meeting.

перераба́тывать (ся) / перерабо́тать (ся)
to make into, remake, rework (overwork)

		IMPERFECTIVE ASPECT	PERFECTIVE ASPECT
INF.		перераба́тывать (ся)	перерабо́тать (ся)
PRES.	Я	перераба́тываю (сь)	
	Ты	перераба́тываешь (ся)	
	Он/она/оно	перераба́тывает (ся)	
	Мы	перераба́тываем (ся)	
	Вы	перераба́тываете (сь)	
	Они	перераба́тывают (ся)	
PAST	Я, Ты, Он	перераба́тывал (ся)	перерабо́тал (ся)
	Я, Ты, Она	перераба́тывала (сь)	перерабо́тала (сь)
	Оно	перераба́тывало (сь)	перерабо́тало (сь)
	Мы, Вы, Они	перераба́тывали (сь)	перерабо́тали (сь)
FUT.	Я	бу́ду перераба́тывать (ся)	перерабо́таю (сь)
	Ты	бу́дешь перераба́тывать (ся)	перерабо́таешь (ся)
	Он/она/оно	бу́дет перераба́тывать (ся)	перерабо́тает (ся)
	Мы	бу́дем перераба́тывать (ся)	перерабо́таем (ся)
	Вы	бу́дете перераба́тывать (ся)	перерабо́таете (сь)
	Они	бу́дут перераба́тывать (ся)	перерабо́тают (ся)
COND.	Я, Ты, Он	перераба́тывал (ся) бы	перерабо́тал (ся) бы
	Я, Ты, Она	перераба́тывала (сь) бы	перерабо́тала (сь) бы
	Оно	перераба́тывало (сь) бы	перерабо́тало (сь) бы
	Мы, Вы, Они	перераба́тывали (сь) бы	перерабо́тали (сь) бы
IMP.	Ты	перераба́тывай (ся)	перерабо́тай (ся)
	Вы	перераба́тывайте (сь)	перерабо́тайте (сь)

DEVERBALS

	IMPERFECTIVE ASPECT	PERFECTIVE ASPECT
PRES. ACT.	перераба́тывающий (ся)	
PRES. PASS.	перераба́тываемый	
PAST ACT.	перераба́тывавший (ся)	перерабо́тавший (ся)
PAST PASS.		перерабо́таннный
VERBAL ADVERB	перераба́тывая (сь)	перерабо́тав (шись)

перераба́тывать что во что, на что

Как перерабатывают нефть? — How do they refine oil?

Заимственные элементы переработались у него в новый стиль. — He reworked borrowed elements into a new style.

Любое знание, перерабатываясь, присваивается. — Any knowledge, if digested, is mastered.

пересáживать / пересади́ть
to transplant, seat anew, force someone to change seats

		IMPERFECTIVE ASPECT	PERFECTIVE ASPECT
INF.		пересáживать	пересади́ть
PRES.	Я	пересáживаю	
	Ты	пересáживаешь	
	Он/она/оно	пересáживает	
	Мы	пересáживаем	
	Вы	пересáживаете	
	Они	пересáживают	
PAST	Я, Ты, Он	пересáживал	пересади́л
	Я, Ты, Она	пересáживала	пересади́ла
	Оно	пересáживало	пересади́ло
	Мы, Вы, Они	пересáживали	пересади́ли
FUT.	Я	бýду пересáживать	пересажý
	Ты	бýдешь пересáживать	пересáдишь
	Он/она/оно	бýдет пересáживать	пересáдит
	Мы	бýдем пересáживать	пересáдим
	Вы	бýдете пересáживать	пересáдите
	Они	бýдут пересáживать	пересáдят
COND.	Я, Ты, Он	пересáживал бы	пересади́л бы
	Я, Ты, Она	пересáживала бы	пересади́ла бы
	Оно	пересáживало бы	пересади́ло бы
	Мы, Вы, Они	пересáживали бы	пересади́ли бы
IMP.	Ты	пересáживай	пересади́
	Вы	пересáживайте	пересади́те

DEVERBALS

	IMPERFECTIVE ASPECT	PERFECTIVE ASPECT
PRES. ACT.	пересáживающий	
PRES. PASS.	пересáживаемый	
PAST ACT.	пересáживавший	пересади́вший
PAST PASS.		пересáженнный
VERBAL ADVERB	пересáживая	пересади́в

пересáживать кого – что

На зиму я их пересаживаю в теплицу.

For the winter I transplant them to a greenhouse.

Мальчик справился с трудной задачей и пересадился без проблем.

The boy handled the difficult task and was transferred without problem.

Пересадите растение на более теневое место.

Transplant the plant to a shadier place.

переса́живаться / пересе́сть
to change [vehicles], change one's seat

	IMPERFECTIVE ASPECT	PERFECTIVE ASPECT
INF.	переса́живаться	пересе́сть
PRES. Я	переса́живаюсь	
Ты	переса́живаешься	
Он/она́/оно́	переса́живается	
Мы	переса́живаемся	
Вы	переса́живаетесь	
Они́	переса́живаются	
PAST Я, Ты, Он	переса́живался	пересе́л
Я, Ты, Она	переса́живалась	пересе́ла
Оно	переса́живалось	пересе́ло
Мы, Вы, Они	переса́живались	пересе́ли
FUT. Я	бу́ду переса́живаться	переся́ду
Ты	бу́дешь переса́живаться	переся́дешь
Он/она́/оно́	бу́дет переса́живаться	переся́дет
Мы	бу́дем переса́живаться	переся́дем
Вы	бу́дете переса́живаться	переся́дете
Они́	бу́дут переса́живаться	переся́дут
COND. Я, Ты, Он	переса́живался бы	пересе́л бы
Я, Ты, Она	переса́живалась бы	пересе́ла бы
Оно	переса́живалось бы	пересе́ло бы
Мы, Вы, Они	переса́живались бы	пересе́ли бы
IMP. Ты	переса́живайся	переся́дь
Вы	переса́живайтесь	переся́дьте

DEVERBALS

PRES. ACT.	переса́живающийся	
PRES. PASS.		
PAST ACT.	переса́живавшийся	пересе́вший
PAST PASS.		
VERBAL ADVERB	переса́живаясь	пересе́в

переса́живаться на что

Почта России пересаживается на велосипеды.	The Russian Postal Service is switching to bicycles.
Если вы прибыли на вокзал, пересядьте на метро.	If you have arrived at the station, transfer to the metro.
Руководители фирмы пересели на поддержанные машины.	The firm's leaders switched to used cars.

292

переставáть / перестáть

to stop, cease

	IMPERFECTIVE ASPECT	PERFECTIVE ASPECT
INF.	переставáть	перестáть
PRES. Я	перестаю́	
Ты	перестаёшь	
Он/она/оно	перестаёт	
Мы	перестаём	
Вы	перестаёте	
Они	перестаю́т	
PAST Я, Ты, Он	переставáл	перестáл
Я, Ты, Она	переставáла	перестáла
Оно	переставáло	перестáло
Мы, Вы, Они	переставáли	перестáли
FUT. Я	бýду переставáть	перестáну
Ты	бýдешь переставáть	перестáнешь
Он/она/оно	бýдет переставáть	перестáнет
Мы	бýдем переставáть	перестáнем
Вы	бýдете переставáть	перестáнете
Они	бýдут переставáть	перестáнут
COND. Я, Ты, Он	переставáл бы	перестáл бы
Я, Ты, Она	переставáла бы	перестáла бы
Оно	переставáло бы	перестáло бы
Мы, Вы, Они	переставáли бы	перестáли бы
IMP. Ты	переставáй	перестáнь
Вы	переставáйте	перестáньте

DEVERBALS

PRES. ACT.	перестаю́щий	
PRES. PASS.		
PAST ACT.	переставáвший	перестáвший
PAST PASS.		
VERBAL ADVERB	переставáя	перестáв

Ты не перестаешь меня удивлять.
Перестань бояться, начни работать.
В городе перестали подписываться на газеты.

You do not cease to amaze me.
Stop worrying, start working.
In the city people have stopped subscribing to the newspapers.

П

переходи́ть / перейти́
to cross on foot, get over

		IMPERFECTIVE ASPECT	PERFECTIVE ASPECT
INF.		переходи́ть	перейти́
PRES.	Я	перехожу́	
	Ты	перехо́дишь	
	Он/она́/оно́	перехо́дит	
	Мы	перехо́дим	
	Вы	перехо́дите	
	Они́	перехо́дят	
PAST	Я, Ты, Он	переходи́л	перешёл
	Я, Ты, Она́	переходи́ла	перешла́
	Оно́	переходи́ло	перешло́
	Мы, Вы, Они́	переходи́ли	перешли́
FUT.	Я	бу́ду переходи́ть	перейду́
	Ты	бу́дешь переходи́ть	перейдёшь
	Он/она́/оно́	бу́дет переходи́ть	перейдёт
	Мы	бу́дем переходи́ть	перейдём
	Вы	бу́дете переходи́ть	перейдёте
	Они́	бу́дут переходи́ть	перейду́т
COND.	Я, Ты, Он	переходи́л бы	перешёл бы
	Я, Ты, Она́	переходи́ла бы	перешла́ бы
	Оно́	переходи́ло бы	перешло́ бы
	Мы, Вы, Они́	переходи́ли бы	перешли́ бы
IMP.	Ты	переходи́	перейди́
	Вы	переходи́те	перейди́те

DEVERBALS

	IMPERFECTIVE ASPECT	PERFECTIVE ASPECT
PRES. ACT.	переходя́щий	
PRES. PASS.	переходи́мый	
PAST ACT.	переходи́вший	переше́дший
PAST PASS.		перейдённый
		перейдён, перейдена́
VERBAL ADVERB	переходя́	перейдя́

переходи́ть что, через что, на что

Сериалы переходят в интернет.	The serials are moving to the Internet.
Российские авиакомпании перешли на евро.	Russian airline companies have switched to the euro.
Перейдите на главную страницу.	Go to the main page.

		IMPERFECTIVE ASPECT	PERFECTIVE ASPECT
INF.		петь	спеть
PRES.	Я	пою́	
	Ты	поёшь	
	Он/она/оно	поёт	
	Мы	поём	
	Вы	поёте	
	Они	пою́т	
PAST	Я, Ты, Он	пе́л	спе́л
	Я, Ты, Она	пе́ла	спе́ла
	Оно	пе́ло	спе́ло
	Мы, Вы, Они	пе́ли	спе́ли
FUT.	Я	бу́ду петь	спою́
	Ты	бу́дешь петь	споёшь
	Он/она/оно	бу́дет петь	споёт
	Мы	бу́дем петь	споём
	Вы	бу́дете петь	споёте
	Они	бу́дут петь	спою́т
COND.	Я, Ты, Он	пе́л бы	спе́л бы
	Я, Ты, Она	пе́ла бы	спе́ла бы
	Оно	пе́ло бы	спе́ло бы
	Мы, Вы, Они	пе́ли бы	спе́ли бы
IMP.	Ты	по́й	спо́й
	Вы	по́йте	спо́йте

DEVERBALS

PRES. ACT.	пою́щий	
PRES. PASS.		
PAST ACT.	пе́вший	спе́вший
PAST PASS.	пе́тый	спе́тый
VERBAL ADVERB		спе́в

петь что

Пою для тебя.	I sing for you.
Лучшую песню года спела российская артистка.	A Russian artist sang the best song of the year.
Ваша песенка ещё не спета.	Your song has not yet been sung.

печа́тать (ся) / напеча́тать (ся)
to print, type (be published)

		IMPERFECTIVE ASPECT	PERFECTIVE ASPECT
INF.		печа́тать (ся)	напеча́тать (ся)
PRES.	Я	печа́таю (сь)	
	Ты	печа́таешь (ся)	
	Он/она/оно	печа́тает (ся)	
	Мы	печа́таем (ся)	
	Вы	печа́таете (сь)	
	Они	печа́тают (ся)	
PAST	Я, Ты, Он	печа́тал (ся)	напеча́тал (ся)
	Я, Ты, Она	печа́тала (сь)	напеча́тала (сь)
	Оно	печа́тало (сь)	напеча́тало (сь)
	Мы, Вы, Они	печа́тали (сь)	напеча́тали (сь)
FUT.	Я	бу́ду печа́тать (ся)	напеча́таю (сь)
	Ты	бу́дешь печа́тать (ся)	напеча́таешь (ся)
	Он/она/оно	бу́дет печа́тать (ся)	напеча́тает (ся)
	Мы	бу́дем печа́тать (ся)	напеча́таем (ся)
	Вы	бу́дете печа́тать (ся)	напеча́таете (сь)
	Они	бу́дут печа́тать (ся)	напеча́тают (ся)
COND.	Я, Ты, Он	печа́тал (ся) бы	напеча́тал (ся) бы
	Я, Ты, Она	печа́тала (сь) бы	напеча́тала (сь) бы
	Оно	печа́тало (сь) бы	напеча́тало (сь) бы
	Мы, Вы, Они	печа́тали (сь) бы	напеча́тали (сь) бы
IMP.	Ты	печа́тай (ся)	напеча́тай (ся)
	Вы	печа́тайте (сь)	напеча́тайте (сь)

DEVERBALS

	IMPERFECTIVE ASPECT	PERFECTIVE ASPECT
PRES. ACT.	печа́тающий (ся)	
PRES. PASS.	печа́таемый	
PAST ACT.	печа́тавший (ся)	напеча́тавший (ся)
PAST PASS.		напеча́танный
VERBAL ADVERB	печа́тая (сь)	напеча́тав (шись)

печа́тать что

Я печа́таю на компьютере.	I print on a computer.
В каждом номере печа́таются статьи.	Articles are printed in each issue.
Мемуары были напечатаны.	The memoirs were printed.

		IMPERFECTIVE ASPECT	PERFECTIVE ASPECT
INF.		пе́чь (ся)	испе́чь (ся)
PRES.	Я	пеку́ (сь)	
	Ты	печёшь (ся)	
	Он/она/оно	печёт (ся)	
	Мы	печём (ся)	
	Вы	печёте (сь)	
	Они	пеку́т (ся)	
PAST	Я, Ты, Он	пёк (ся)	испёк (ся)
	Я, Ты, Она	пекла́ (сь)	испекла́ (сь)
	Оно	пекло́ (сь)	испекло́ (сь)
	Мы, Вы, Они	пекли́ (сь)	испекли́ (сь)
FUT.	Я	бу́ду пе́чь (ся)	испеку́ (сь)
	Ты	бу́дешь пе́чь (ся)	испечёшь (ся)
	Он/она/оно	бу́дет пе́чь (ся)	испечёт (ся)
	Мы	бу́дем пе́чь (ся)	испечём (ся)
	Вы	бу́дете пе́чь (ся)	испечёте (сь)
	Они	бу́дут пе́чь (ся)	испеку́т (ся)
COND.	Я, Ты, Он	пёк (ся) бы	испёк (ся) бы
	Я, Ты, Она	пекла́ (сь) бы	испекла́ (сь) бы
	Оно	пекло́ (сь) бы	испекло́ (сь) бы
	Мы, Вы, Они	пекли́ (сь) бы	испекли́ (сь) бы
IMP.	Ты	пеки́ (сь)	испеки́ (сь)
	Вы	пеки́те (сь)	испеки́те (сь)

П

DEVERBALS

PRES. ACT.	пеку́щий (ся)	
PRES. PASS.		
PAST ACT.	пёкший (ся)	испёкший (ся)
PAST PASS.	печённый	испечённый
	печён, печена́	испечён, испечена́
VERBAL ADVERB	пёкши (сь)	испёкши (сь)

пе́чь что

Где пекут вкусные торты?	Where do they bake delicious cakes?
Только что испеклись пирожки.	The pirozhki were just baked.
Испеките такой торт и пригласите любимого человека.	Bake a cake like this and invite your favorite person.

писа́ть (ся) / написа́ть
to write, paint (be in mood for writing)

		IMPERFECTIVE ASPECT	PERFECTIVE ASPECT
INF.		писа́ть (ся)	написа́ть
PRES.	Я	пишу́	
	Ты	пи́шешь	
	Он/она/оно	пи́шет (ся)	
	Мы	пи́шем	
	Вы	пи́шете	
	Они	пи́шут (ся)	
PAST	Я, Ты, Он	писа́л (ся)	написа́л
	Я, Ты, Она	писа́ла (сь)	написа́ла
	Оно	писа́ло (сь)	написа́ло
	Мы, Вы, Они	писа́ли (сь)	написа́ли
FUT.	Я	бу́ду писа́ть	напишу́
	Ты	бу́дешь писа́ть	напи́шешь
	Он/она/оно	бу́дет писа́ть (ся)	напи́шет
	Мы	бу́дем писа́ть	напи́шем
	Вы	бу́дете писа́ть	напи́шете
	Они	бу́дут писа́ть (ся)	напи́шут
COND.	Я, Ты, Он	писа́л (ся) бы	написа́л бы
	Я, Ты, Она	писа́ла (сь) бы	написа́ла бы
	Оно	писа́ло (сь) бы	написа́ло бы
	Мы, Вы, Они	писа́ли (сь) бы	написа́ли бы
IMP.	Ты	пиши́	напиши́
	Вы	пиши́те	напиши́те

DEVERBALS

	IMPERFECTIVE ASPECT	PERFECTIVE ASPECT
PRES. ACT.	пи́шущий (ся)	
PRES. PASS.		
PAST ACT.	писа́вший (ся)	написа́вший
PAST PASS.	пи́санный	напи́санный
VERBAL ADVERB	писа́в (шись)	написа́в

писа́ть что
The reflexive form is used only in the
imperfective aspect.

AN ESSENTIAL VERB

AN ESSENTIAL VERB

писа́ть (ся) / написа́ть

Examples

О нас пишут.
They are writing about us.

Пишите нам.
Write to us.

Что только не напишут?
What won't they write about?

Женщина написала этот роман.
A woman wrote this novel.

Для кого они написаны?
For whom were they written?

Я стихи не пишу, они пишутся сами.
I don't write poems, they write themselves.

Новые книги все равно напишутся.
New books will be written just the same.

Я вам пишу по-русски.
I am writing you in Russian.

Как писался рассказ.
How the story was written.

Некоторые произведения Баха были написаны его женой.
Several of Bach's works were written by his wife.

Words and expressions related to this verb

Это мы пишем, или к нам пишут.

Писано — переписано.

Врёт, как по писанному.

Как пишется?

написано в звездах

письмо

пишущий

письменность

П

ПИ́ТЬ / ВЫ́ПИТЬ
to drink

		IMPERFECTIVE ASPECT	PERFECTIVE ASPECT
INF.		пи́ть	вы́пить
PRES.	Я	пью́	
	Ты	пьёшь	
	Он/она/оно	пьёт	
	Мы	пьём	
	Вы	пьёте	
	Они	пью́т	
PAST	Я, Ты, Он	пи́л	вы́пил
	Я, Ты, Она	пила́	вы́пила
	Оно	пи́ло	вы́пило
	Мы, Вы, Они	пи́ли	вы́пили
FUT.	Я	бу́ду пи́ть	вы́пью
	Ты	бу́дешь пи́ть	вы́пьешь
	Он/она/оно	бу́дет пи́ть	вы́пьет
	Мы	бу́дем пи́ть	вы́пьем
	Вы	бу́дете пи́ть	вы́пьете
	Они	бу́дут пи́ть	вы́пьют
COND.	Я, Ты, Он	пи́л бы	вы́пил бы
	Я, Ты, Она	пила́ бы	вы́пила бы
	Оно	пи́ло бы	вы́пило бы
	Мы, Вы, Они	пи́ли бы	вы́пили бы
IMP.	Ты	пе́й	вы́пей
	Вы	пе́йте	вы́пейте

DEVERBALS

	IMPERFECTIVE	PERFECTIVE
PRES. ACT.	пью́щий	
PRES. PASS.		
PAST ACT.	пи́вший	вы́пивший
PAST PASS.	пи́тый	вы́питый
VERBAL ADVERB	пи́в	вы́пив

пи́ть что, чего
The imperfective verb **выпива́ть** means "like to drink (a lot)."

Не пейте кофе перед тренировкой.	Don't drink coffee before the workout.
Выпьем немного шампанского.	Let's drink a little champagne.
Все вино юга России выпили москвичи.	Muscovites drank up all the wine from Russia's south.

		MULTIDIRECTIONAL	UNIDIRECTIONAL	PERFECTIVE ASPECT
INF.		пла́вать	плы́ть	поплы́ть
PRES.	Я	пла́ваю	плыву́	
	Ты	пла́ваешь	плывёшь	
	Он/она/оно	пла́вает	плывёт	
	Мы	пла́ваем	плывём	
	Вы	пла́ваете	плывёте	
	Они	пла́вают	плыву́т	
PAST	Я, Ты, Он	пла́вал	плы́л	поплы́л
	Я, Ты, Она	пла́вала	плыла́	поплыла́
	Оно	пла́вало	плы́ло	поплы́ло
	Мы, Вы, Они	пла́вали	плы́ли	поплы́ли
FUT.	Я	бу́ду пла́вать	бу́ду плы́ть	поплыву́
	Ты	бу́дешь пла́вать	бу́дешь плы́ть	поплывёшь
	Он/она/оно	бу́дет пла́вать	бу́дет плы́ть	поплывёт
	Мы	бу́дем пла́вать	бу́дем плы́ть	поплывём
	Вы	бу́дете пла́вать	бу́дете плы́ть	поплывёте
	Они	бу́дут пла́вать	бу́дут плы́ть	поплыву́т
COND.	Я, Ты, Он	пла́вал бы	плы́л бы	поплы́л бы
	Я, Ты, Она	пла́вала бы	плыла́ бы	поплыла́ бы
	Оно	пла́вало бы	плы́ло бы	поплы́ло бы
	Мы, Вы, Они	пла́вали бы	плы́ли бы	поплы́ли бы
IMP.	Ты	пла́вай	плыви́	поплыви́
	Вы	пла́вайте	плыви́те	поплыви́те

DEVERBALS

PRES. ACT.	пла́вающий	плыву́щий	
PRES. PASS.			
PAST ACT.	пла́вавший	плы́вший	поплы́вший
PAST PASS.			
VERBAL ADVERB	пла́вая	плывя́	поплы́в

Плаваем зимой.	We swim in the winter.
Облака плывут на восток.	The clouds are floating to the east.
Моржи объединились и поплыли.	The walruses joined together and swam off.

пла́кать / запла́кать
to cry, weep / begin to cry

		IMPERFECTIVE ASPECT	PERFECTIVE ASPECT
INF.		пла́кать	запла́кать
PRES.	Я	пла́чу	
	Ты	пла́чешь	
	Он/она/оно	пла́чет	
	Мы	пла́чем	
	Вы	пла́чете	
	Они	пла́чут	
PAST	Я, Ты, Он	пла́кал	запла́кал
	Я, Ты, Она	пла́кала	запла́кала
	Оно	пла́кало	запла́кало
	Мы, Вы, Они	пла́кали	запла́кали
FUT.	Я	бу́ду пла́кать	запла́чу
	Ты	бу́дешь пла́кать	запла́чешь
	Он/она/оно	бу́дет пла́кать	запла́чет
	Мы	бу́дем пла́кать	запла́чем
	Вы	бу́дете пла́кать	запла́чете
	Они	бу́дут пла́кать	запла́чут
COND.	Я, Ты, Он	пла́кал бы	запла́кал бы
	Я, Ты, Она	пла́кала бы	запла́кала бы
	Оно	пла́кало бы	запла́кало бы
	Мы, Вы, Они	пла́кали бы	запла́кали бы
IMP.	Ты	пла́чь	запла́чь
	Вы	пла́чьте	запла́чьте

DEVERBALS

	IMPERFECTIVE ASPECT	PERFECTIVE ASPECT
PRES. ACT.	пла́чущий	
PRES. PASS.		
PAST ACT.	пла́кавший	запла́кавший
PAST PASS.		
VERBAL ADVERB	пла́ча	запла́кав

Вот береза и плачет, поэта убитого ждет.

Here the birch weeps, waiting for the murdered poet.

Известные актеры заплакали перед фотокамерой.

Famous actors began to cry in front of the camera.

Не платишь – заплачешь.

If you don't pay – you'll cry.

	IMPERFECTIVE ASPECT	PERFECTIVE ASPECT
INF.	плати́ть	заплати́ть

PRES.		
Я	плачу́	
Ты	пла́тишь	
Он/она/оно	пла́тит	
Мы	пла́тим	
Вы	пла́тите	
Они	пла́тят	

PAST		
Я, Ты, Он	плати́л	заплати́л
Я, Ты, Она	плати́ла	заплати́ла
Оно	плати́ло	заплати́ло
Мы, Вы, Они	плати́ли	заплати́ли

FUT.		
Я	бу́ду плати́ть	заплачу́
Ты	бу́дешь плати́ть	запла́тишь
Он/она/оно	бу́дет плати́ть	запла́тит
Мы	бу́дем плати́ть	запла́тим
Вы	бу́дете плати́ть	запла́тите
Они	бу́дут плати́ть	запла́тят

COND.		
Я, Ты, Он	плати́л бы	заплати́л бы
Я, Ты, Она	плати́ла бы	заплати́ла бы
Оно	плати́ло бы	заплати́ло бы
Мы, Вы, Они	плати́ли бы	заплати́ли бы

IMP.		
Ты	плати́	заплати́
Вы	плати́те	заплати́те

DEVERBALS

PRES. ACT.	платя́щий	
PRES. PASS.	плати́мый	
PAST ACT.	плати́вший	заплати́вший
PAST PASS.	пла́ченный	запла́ченный
VERBAL ADVERB	платя́	заплати́в

плати́ть что за что, чем

Они не платят налоги.	They don't pay taxes.
За бензин заплатите больше.	You will pay more for gasoline.
Сколько заплатили за работу?	How much did they pay for the work?

побежда́ть / победи́ть
to conquer, defeat

	IMPERFECTIVE ASPECT	PERFECTIVE ASPECT
INF.	побежда́ть	победи́ть
PRES. Я	побежда́ю	
Ты	побежда́ешь	
Он/она/оно	побежда́ет	
Мы	побежда́ем	
Вы	побежда́ете	
Они	побежда́ют	
PAST Я, Ты, Он	побежда́л	победи́л
Я, Ты, Она	побежда́ла	победи́ла
Оно	побежда́ло	победи́ло
Мы, Вы, Они	побежда́ли	победи́ли
FUT. Я	бу́ду побежда́ть	
Ты	бу́дешь побежда́ть	победи́шь
Он/она/оно	бу́дет побежда́ть	победи́т
Мы	бу́дем побежда́ть	победи́м
Вы	бу́дете побежда́ть	победи́те
Они	бу́дут побежда́ть	победя́т
COND. Я, Ты, Он	побежда́л бы	победи́л бы
Я, Ты, Она	побежда́ла бы	победи́ла бы
Оно	побежда́ло бы	победи́ло бы
Мы, Вы, Они	побежда́ли бы	победи́ли бы
IMP. Ты	побежда́й	победи́
Вы	побежда́йте	победи́те

DEVERBALS

PRES. ACT.	побежда́ющий	
PRES. PASS.	побежда́емый	
PAST ACT.	побежда́вший	победи́вший
PAST PASS.		побеждённый
		побеждён, побеждена́
VERBAL ADVERB	побежда́я	победи́в

побежда́ть кого – что
The first person singular form is not used in the perfective future.

Если не забиваешь, не побеждаешь.	If you don't score, you won't win.
Чемпионы мира побеждены.	The world champions have been defeated.
Наше дело правое, мы победим.	Our cause is just; we will prevail.

повторя́ть (ся) / повтори́ть (ся)
to repeat

		IMPERFECTIVE ASPECT	PERFECTIVE ASPECT
INF.		повторя́ть (ся)	повтори́ть (ся)
PRES.	Я	повторя́ю	
	Ты	повторя́ешь	
	Он/она/оно	повторя́ет (ся)	
	Мы	повторя́ем	
	Вы	повторя́ете	
	Они	повторя́ют (ся)	
PAST	Я, Ты, Он	повторя́л (ся)	повтори́л (ся)
	Я, Ты, Она	повторя́ла (сь)	повтори́ла (сь)
	Оно	повторя́ло (сь)	повтори́ло (сь)
	Мы, Вы, Они	повторя́ли (сь)	повтори́ли (сь)
FUT.	Я	бу́ду повторя́ть	повторю́
	Ты	бу́дешь повторя́ть	повтори́шь
	Он/она/оно	бу́дет повторя́ть (ся)	повтори́т (ся)
	Мы	бу́дем повторя́ть	повтори́м
	Вы	бу́дете повторя́ть	повтори́те
	Они	бу́дут повторя́ть (ся)	повторя́т (ся)
COND.	Я, Ты, Он	повторя́л (ся) бы	повтори́л (ся) бы
	Я, Ты, Она	повторя́ла (сь) бы	повтори́ла (сь) бы
	Оно	повторя́ло (сь) бы	повтори́ло (сь) бы
	Мы, Вы, Они	повторя́ли (сь) бы	повтори́ли (сь) бы
IMP.	Ты	повторя́й	повтори́
	Вы	повторя́йте	повтори́те

DEVERBALS

	IMPERFECTIVE	PERFECTIVE
PRES. ACT.	повторя́ющий (ся)	
PRES. PASS.	повторя́емый	
PAST ACT.	повторя́вший (ся)	повтори́вший (ся)
PAST PASS.		повторённый повторён, повторена́
VERBAL ADVERB	повторя́я (сь)	повтори́в (шись)

повторя́ть что

Не повторяйте ошибок.	Don't repeat mistakes.
Повторим с утра, что делали всю ночь.	We'll review in the morning what we did all night.
В Киеве повторился энергокризис.	In Kiev the energy crisis repeated itself.

П

повыша́ть (ся) / повы́сить (ся)
to raise, enhance, rise

		IMPERFECTIVE ASPECT	PERFECTIVE ASPECT
INF.		повыша́ть (ся)	повы́сить (ся)
PRES.	Я	повыша́ю (сь)	
	Ты	повыша́ешь (ся)	
	Он/она/оно	повыша́ет (ся)	
	Мы	повыша́ем (ся)	
	Вы	повыша́ете (сь)	
	Они	повыша́ют (ся)	
PAST	Я, Ты, Он	повыша́л (ся)	повы́сил - повы́сился
	Я, Ты, Она	повыша́ла (сь)	повы́сила - повы́силась
	Оно	повыша́ло (сь)	повы́сило - повы́силось
	Мы, Вы, Они	повыша́ли (сь)	повы́сили - повы́силились
FUT.	Я	бу́ду повыша́ть (ся)	повышу́ (сь)
	Ты	бу́дешь повыша́ть (ся)	повы́сишь (ся)
	Он/она/оно	бу́дет повыша́ть (ся)	повы́сит (ся)
	Мы	бу́дем повыша́ть (ся)	повы́сим (ся)
	Вы	бу́дете повыша́ть (ся)	повы́сите (сь)
	Они	бу́дут повыша́ть (ся)	повы́сят (ся)
COND.	Я, Ты, Он	повыша́л (ся) бы	повы́сил - повы́сился бы
	Я, Ты, Она	повыша́ла (сь) бы	повы́сила - в повы́силась бы
	Оно	повыша́ло (сь) бы	повы́сило - повы́силось бы
	Мы, Вы, Они	повыша́ли (сь) бы	повы́сили - повы́силились бы
IMP.	Ты	повыша́й (ся)	повы́сь (ся)
	Вы	повыша́йте (сь)	повы́сьте (сь)

DEVERBALS

	IMPERFECTIVE ASPECT	PERFECTIVE ASPECT
PRES. ACT.	повыша́ющий (ся)	
PRES. PASS.	повыша́емый	
PAST ACT.	повыша́вший (ся)	повы́сивший (ся)
PAST PASS.		повы́шенный повы́шен, повы́шена, повы́шено
VERBAL ADVERB	повыша́я (сь)	повы́сив (шись)

повыша́ть кого – что как

Я часто повышаю голос.	I frequently raise my voice.
Холестерин повышен.	My cholesterol is raised.
Рубль повысился к доллару.	The ruble rose against the dollar.

погибáть / погúбнуть
to perish, be killed, lost

		IMPERFECTIVE ASPECT	PERFECTIVE ASPECT
INF.		погибáть	погúбнуть
PRES.	Я	погибáю	
	Ты	погибáешь	
	Он/она/оно	погибáет	
	Мы	погибáем	
	Вы	погибáете	
	Они	погибáют	
PAST	Я, Ты, Он	погибáл	погúб
	Я, Ты, Она	погибáла	погúбла
	Оно	погибáло	погúбло
	Мы, Вы, Они	погибáли	погúбли
FUT.	Я	бýду погибáть	погúбну
	Ты	бýдешь погибáть	погúбнешь
	Он/она/оно	бýдет погибáть	погúбнет
	Мы	бýдем погибáть	погúбнем
	Вы	бýдете погибáть	погúбнете
	Они	бýдут погибáть	погúбнут
COND.	Я, Ты, Он	погибáл бы	погúб бы
	Я, Ты, Она	погибáла бы	погúбла бы
	Оно	погибáло бы	погúбло бы
	Мы, Вы, Они	погибáли бы	погúбли бы
IMP.	Ты	погибáй	погúбни
	Вы	погибáйте	погúбните

DEVERBALS

	IMPERFECTIVE ASPECT	PERFECTIVE ASPECT
PRES. ACT.	погибáющий	
PRES. PASS.		
PAST ACT.	погибáвший	погúбший
PAST PASS.		
VERBAL ADVERB	погибáя	погúбнув – погúбши

Одни становятся сильнее, другие погибают.

Some are becoming stronger, others are perishing.

В аварии погибла пожилая женщина.

An elderly woman died in the accident.

По одиночке мы погибнем.

One by one we will perish.

подава́ть (ся) / пода́ть (ся)
to serve, present, give away (yield)

	IMPERFECTIVE ASPECT	PERFECTIVE ASPECT
INF.	подава́ть (ся)	пода́ть (ся)
PRES. Я	подаю́ (сь)	
Ты	подаёшь (ся)	
Он/она/оно	подаёт (ся)	
Мы	подаём (ся)	
Вы	подаёте (сь)	
Они	подаю́т (ся)	
PAST Я, Ты, Он	подава́л (ся)	по́дал – пода́лся
Я, Ты, Она	подава́ла (сь)	подала́ (сь)
Оно	подава́ло (сь)	по́дало – подало́сь
Мы, Вы, Они	подава́ли (сь)	по́дали – подали́сь
FUT. Я	бу́ду подава́ть (ся)	пода́м (ся)
Ты	бу́дешь подава́ть (ся)	пода́шь (ся)
Он/она/оно	бу́дет подава́ть (ся)	пода́ст (ся)
Мы	бу́дем подава́ть (ся)	подади́м (ся)
Вы	бу́дете подава́ть (ся)	подади́те (сь)
Они	бу́дут подава́ть (ся)	подаду́т (ся)
COND. Я, Ты, Он	подава́л (ся) бы	по́дал – пода́лся бы
Я, Ты, Она	подава́ла (сь) бы	подала́ (сь) бы
Оно	подава́ло (сь) бы	по́дало – подало́сь бы
Мы, Вы, Они	подава́ли (сь) бы	по́дали – подали́сь бы
IMP. Ты	подава́й (ся)	пода́й (ся)
Вы	подава́йте (сь)	пода́йте (сь)

DEVERBALS

PRES. ACT.	подаю́щий (ся)	
PRES. PASS.	подава́емый	
PAST ACT.	подава́вший (ся)	пода́вший (ся)
PAST PASS.		по́данный
		по́дан, подана́, по́дано
VERBAL ADVERB	подава́я (сь)	пода́в (шись)

подава́ть что

Инвесторы подают в суд на фирму.	Investors are suing the firm.
Подавались вода и полотенце для мытья рук.	Water and a towel were provided for washing hands.
Подадим друг другу руки.	Let's shake hands.

подгота́вливать (ся) / подгото́вить (ся)

to prepare, get ready

		IMPERFECTIVE ASPECT	PERFECTIVE ASPECT
INF.		подгота́вливать (ся)	подгото́вить (ся)
PRES.	Я	подгота́вливаю (сь)	
	Ты	подгота́вливаешь (ся)	
	Он/она/оно	подгота́вливает (ся)	
	Мы	подгота́вливаем (ся)	
	Вы	подгота́вливаете (сь)	
	Они	подгота́вливают (ся)	
PAST	Я, Ты, Он	подгота́вливал (ся)	подгото́вил (ся)
	Я, Ты, Она	подгота́вливала (сь)	подгото́вила (сь)
	Оно	подгота́вливало (сь)	подгото́вило (сь)
	Мы, Вы, Они	подгота́вливали (сь)	подгото́вили (сь)
FUT.	Я	бу́ду подгота́вливать (ся)	подгото́влю (сь)
	Ты	бу́дешь подгота́вливать (ся)	подгото́вишь (ся)
	Он/она/оно	бу́дет подгота́вливать (ся)	подгото́вит (ся)
	Мы	бу́дем подгота́вливать (ся)	подгото́вим (ся)
	Вы	бу́дете подгота́вливать (ся)	подгото́вите (сь)
	Они	бу́дут подгота́вливать (ся)	подгото́вят (ся)
COND.	Я, Ты, Он	подгота́вливал (ся) бы	подгото́вил (ся) бы
	Я, Ты, Она	подгота́вливала (сь) бы	подгото́вила (сь) бы
	Оно	подгота́вливало (сь) бы	подгото́вило (сь) бы
	Мы, Вы, Они	подгота́вливали (сь) бы	подгото́вили (сь) бы
IMP.	Ты	подгота́вливай (ся)	подгото́вь (ся)
	Вы	подгота́вливайте (сь)	подгото́вьте (сь)

DEVERBALS

	IMPERFECTIVE	PERFECTIVE
PRES. ACT.	подгота́вливающий (ся)	
PRES. PASS.	подгота́вливаемый	
PAST ACT.	подгота́вливавший (ся)	подгото́вивший (ся)
PAST PASS.		подгото́вленный
VERBAL ADVERB	подгота́вливая (сь)	подгото́вив (шись)

подгота́вливать кого – что к чему; подгота́вливаться к чему
Another verbal pair meaning *to prepare, get ready* is **подготовля́ть (ся) / подгото́вить (ся)**

Russian	English
Он никогда не подготавливается к учебе.	He never prepares for his studies.
Депутаты подготовили изменения в федеральный закон.	The deputies prepared amendments to the federal law.
Подготовьтесь к зиме.	Get ready for winter.

подде́рживать (ся) / поддержа́ть (ся)
to support, keep up

		IMPERFECTIVE ASPECT	PERFECTIVE ASPECT
INF.		подде́рживать (ся)	поддержа́ть (ся)
PRES.	Я	подде́рживаю (сь)	
	Ты	подде́рживаешь (ся)	
	Он/она́/оно́	подде́рживает (ся)	
	Мы	подде́рживаем (ся)	
	Вы	подде́рживаете (сь)	
	Они́	подде́рживают (ся)	
PAST	Я, Ты, Он	подде́рживал (ся)	поддержа́л (ся)
	Я, Ты, Она́	подде́рживала (сь)	поддержа́ла (сь)
	Оно́	подде́рживало (сь)	поддержа́ло (сь)
	Мы, Вы, Они́	подде́рживали (сь)	поддержа́ли (сь)
FUT.	Я	бу́ду подде́рживать (ся)	поддержу́ (сь)
	Ты	бу́дешь подде́рживать (ся)	подде́ржишь (ся)
	Он/она́/оно́	бу́дет подде́рживать (ся)	подде́ржит (ся)
	Мы	бу́дем подде́рживать (ся)	подде́ржим (ся)
	Вы	бу́дете подде́рживать (ся)	подде́ржите (сь)
	Они́	бу́дут подде́рживать (ся)	подде́ржат (ся)
COND.	Я, Ты, Он	подде́рживал (ся) бы	поддержа́л (ся) бы
	Я, Ты, Она́	подде́рживала (сь) бы	поддержа́ла (сь) бы
	Оно́	подде́рживало (сь) бы	поддержа́ло (сь) бы
	Мы, Вы, Они́	подде́рживали (сь) бы	поддержа́ли (сь) бы
IMP.	Ты	подде́рживай (ся)	поддержи́ (сь)
	Вы	подде́рживайте (сь)	поддержи́те (сь)

DEVERBALS

	IMPERFECTIVE	PERFECTIVE
PRES. ACT.	подде́рживающий (ся)	
PRES. PASS.	подде́рживаемый	
PAST ACT.	подде́рживавший (ся)	поддержа́вший (ся)
PAST PASS.		подде́ржанный
VERBAL ADVERB	подде́рживая (сь)	поддержа́в (шись)

подде́рживать кого – что как

Я поддерживаю его идею.	I support his idea.
Эта программа не поддерживается.	This program is not supported.
Будут ли они поддержаны?	Will they be supported?

310

to lift, raise (ascend, rise, climb up)

		IMPERFECTIVE ASPECT	PERFECTIVE ASPECT
INF.		поднима́ть (ся)	подня́ть (ся)
PRES.	Я	поднима́ю (сь)	
	Ты	поднима́ешь (ся)	
	Он/она/оно	поднима́ет (ся)	
	Мы	поднима́ем (ся)	
	Вы	поднима́ете (сь)	
	Они	поднима́ют (ся)	
PAST	Я, Ты, Он	поднима́л (ся)	по́днял – подня́лся́
	Я, Ты, Она	поднима́ла (сь)	подняла́ (сь)
	Оно	поднима́ло (сь)	по́дняло – подняло́сь
	Мы, Вы, Они	поднима́ли (сь)	по́дняли – подняли́сь
FUT.	Я	бу́ду поднима́ть (ся)	подниму́ (сь)
	Ты	бу́дешь поднима́ть (ся)	подни́мешь (ся)
	Он/она/оно	бу́дет поднима́ть (ся)	подни́мет (ся)
	Мы	бу́дем поднима́ть (ся)	подни́мем (ся)
	Вы	бу́дете поднима́ть (ся)	подни́мете (сь)
	Они	бу́дут поднима́ть (ся)	подни́мут (ся)
COND.	Я, Ты, Он	поднима́л (ся) бы	по́днял – подня́лся́ бы
	Я, Ты, Она	поднима́ла (сь) бы	подняла́ (сь) бы
	Оно	поднима́ло (сь) бы	по́дняло – подняло́сь бы
	Мы, Вы, Они	поднима́ли (сь) бы	по́дняли – подняли́сь бы
IMP.	Ты	поднима́й (ся)	подними́ (сь)
	Вы	поднима́йте (сь)	подними́те (сь)

DEVERBALS

	IMPERFECTIVE	PERFECTIVE
PRES. ACT.	поднима́ющий (ся)	
PRES. PASS.	поднима́емый	
PAST ACT.	поднима́вший (ся)	подня́вший (ся)
PAST PASS.		по́днятый
		по́днят, подня́та, по́днято
VERBAL ADVERB	поднима́я (сь)	подня́в (шись)

поднима́ть кого – что; поднима́ться на кого – что, против кого – чего

Π

AN ESSENTIAL VERB

поднима́ть (ся) / подня́ть (ся)

Examples

За тебя я бокал поднимаю.
I raise my glass for you.

Цены поднимаются.
The prices are rising.

Подниму тебе настроение и не
только.
I'll raise your spirits and more.

Поднимите трубку.
Pick up the receiver. (Answer the phone.)

Команда поднялась на четвертое
место.
The team rose to fourth place.

Подняв глаза, он увидел старуху.
Having raised his eyes, he caught sight of
an old woman.

Что их заставило поднятся против
власти?
What forced them to rise up against the
authorities?

Мы поднимаем тост за победу.
We raise a toast for victory.

Поднимайтесь на лифте.
Go up in the elevator.

Все подняли руки.
All raised their hands.

Words and expressions related to this verb

Подними руку, ногу.

поднять тост

поднять голос

поднять шум

подъём

поднятый

312

подпи́сывать (ся) / подписа́ть (ся)

to sign, subscribe, write beneath

		IMPERFECTIVE ASPECT	PERFECTIVE ASPECT
INF.		подпи́сывать (ся)	подписа́ть (ся)
PRES.	Я	подпи́сываю (сь)	
	Ты	подпи́сываешь (ся)	
	Он/она/оно	подпи́сывает (ся)	
	Мы	подпи́сываем (ся)	
	Вы	подпи́сываете (сь)	
	Они	подпи́сывают (ся)	
PAST	Я, Ты, Он	подпи́сывал (ся)	подписа́л (ся)
	Я, Ты, Она	подпи́сывала (сь)	подписа́ла (сь)
	Оно	подпи́сывало (сь)	подписа́ло (сь)
	Мы, Вы, Они	подпи́сывали (сь)	подписа́ли (сь)
FUT.	Я	бу́ду подпи́сывать (ся)	подпишу́ (сь)
	Ты	бу́дешь подпи́сывать (ся)	подпи́шешь (ся)
	Он/она/оно	бу́дет подпи́сывать (ся)	подпи́шет (ся)
	Мы	бу́дем подпи́сывать (ся)	подпи́шем (ся)
	Вы	бу́дете подпи́сывать (ся)	подпи́шете (сь)
	Они	бу́дут подпи́сывать (ся)	подпи́шут (ся)
COND.	Я, Ты, Он	подпи́сывал (ся) бы	подписа́л (ся) бы
	Я, Ты, Она	подпи́сывала (сь) бы	подписа́ла (сь) бы
	Оно	подпи́сывало (сь) бы	подписа́ло (сь) бы
	Мы, Вы, Они	подпи́сывали (сь) бы	подписа́ли (сь) бы
IMP.	Ты	подпи́сывай (ся)	подпиши́ (сь)
	Вы	подпи́сывайте (сь)	подпиши́те (сь)

DEVERBALS

PRES. ACT.	подпи́сывающий (ся)	
PRES. PASS.	подпи́сываемый	
PAST ACT.	подпи́сывавший (ся)	подписа́вший (ся)
PAST PASS.		подпи́санный
VERBAL ADVERB	подпи́сывая (сь)	подписа́в (шись)

подпи́сывать что; подпи́сываться на что

Я сам подписываю.	I myself am signing.
Россия подписалась на борьбу с допингом.	Russia has signed on to the battle against doping.
С Россией будут подписаны два документа.	Two documents will be signed with Russia.

П

подходи́ть / подойти́
to approach, come up to

		IMPERFECTIVE ASPECT	PERFECTIVE ASPECT
INF.		подходи́ть	подойти́
PRES.	Я	подхожу́	
	Ты	подхо́дишь	
	Он/она/оно	подхо́дит	
	Мы	подхо́дим	
	Вы	подхо́дите	
	Они	подхо́дят	
PAST	Я, Ты, Он	подходи́л	подошёл
	Я, Ты, Она	подходи́ла	подошла́
	Оно	подходи́ло	подошло́
	Мы, Вы, Они	подходи́ли	подошли́
FUT.	Я	бу́ду подходи́ть	подойду́
	Ты	бу́дешь подходи́ть	подойдёшь
	Он/она/оно	бу́дет подходи́ть	подойдёт
	Мы	бу́дем подходи́ть	подойдём
	Вы	бу́дете подходи́ть	подойдёте
	Они	бу́дут подходи́ть	подойду́т
COND.	Я, Ты, Он	подходи́л бы	подошёл бы
	Я, Ты, Она	подходи́ла бы	подошла́ бы
	Оно	подходи́ло бы	подошло́ бы
	Мы, Вы, Они	подходи́ли бы	подошли́ бы
IMP.	Ты	подходи́	подойди́
	Вы	подходи́те	подойди́те

DEVERBALS

	IMPERFECTIVE ASPECT	PERFECTIVE ASPECT
PRES. ACT.	подходя́щий	
PRES. PASS.		
PAST ACT.	подходи́вший	подоше́дший
PAST PASS.		
VERBAL ADVERB	подходя́	подойдя́

подходи́ть к кому – чему

Подходите ли вы друг к другу?	Do you visit each other?
Какая профессия мне подойдет лучше всего?	Which profession will be best suited for me?
Цены подошли к порогу.	The prices reached the threshold.

подчёркивать / подчеркну́ть

to underline, underscore, stress

		IMPERFECTIVE ASPECT	PERFECTIVE ASPECT
INF.		подчёркивать	подчеркну́ть
PRES.	Я	подчёркиваю	
	Ты	подчёркиваешь	
	Он/она/оно	подчёркивает	
	Мы	подчёркиваем	
	Вы	подчёркиваете	
	Они	подчёркивают	
PAST	Я, Ты, Он	подчёркивал	подчеркну́л
	Я, Ты, Она	подчёркивала	подчеркну́ла
	Оно	подчёркивало	подчеркну́ло
	Мы, Вы, Они	подчёркивали	подчеркну́ли
FUT.	Я	бу́ду подчёркивать	подчеркну́
	Ты	бу́дешь подчёркивать	подчеркнёшь
	Он/она/оно	бу́дет подчёркивать	подчеркнёт
	Мы	бу́дем подчёркивать	подчеркнём
	Вы	бу́дете подчёркивать	подчеркнёте
	Они	бу́дут подчёркивать	подчеркну́т
COND.	Я, Ты, Он	подчёркивал бы	подчеркну́л бы
	Я, Ты, Она	подчёркивала бы	подчеркну́ла бы
	Оно	подчёркивало бы	подчеркну́ло бы
	Мы, Вы, Они	подчёркивали бы	подчеркну́ли бы
IMP.	Ты	подчёркивай	подчеркни́
	Вы	подчёркивайте	подчеркни́те

DEVERBALS

	IMPERFECTIVE ASPECT	PERFECTIVE ASPECT
PRES. ACT.	подчёркивающий	
PRES. PASS.	подчёркиваемый	
PAST ACT.	подчёркивавший	подчеркну́ший
PAST PASS.		подчёркнутый
VERBAL ADVERB	подчёркивая	подчеркну́в

подчёркивать что

Подчёркивай не только свои успехи, но и достижения других.	Stress not only your own successes, but also the achievements of others.
Таким образом вы подчеркнёте свои познания.	In this way you will underscore what you know.
Конференция подчеркнула важность сотрудничества.	The conference underlined the importance of cooperation.

подъезжа́ть / подъе́хать
to drive up to

		IMPERFECTIVE ASPECT	PERFECTIVE ASPECT
INF.		подъезжа́ть	подъе́хать
PRES.	Я	подъезжа́ю	
	Ты	подъезжа́ешь	
	Он/она́/оно́	подъезжа́ет	
	Мы	подъезжа́ем	
	Вы	подъезжа́ете	
	Они́	подъезжа́ют	
PAST	Я, Ты, Он	подъезжа́л	подъе́хал
	Я, Ты, Она́	подъезжа́ла	подъе́хала
	Оно́	подъезжа́ло	подъе́хало
	Мы, Вы, Они́	подъезжа́ли	подъе́хали
FUT.	Я	бу́ду подъезжа́ть	подъе́ду
	Ты	бу́дешь подъезжа́ть	подъе́дешь
	Он/она́/оно́	бу́дет подъезжа́ть	подъе́дет
	Мы	бу́дем подъезжа́ть	подъе́дем
	Вы	бу́дете подъезжа́ть	подъе́дете
	Они́	бу́дут подъезжа́ть	подъе́дут
COND.	Я, Ты, Он	подъезжа́л бы	подъе́хал бы
	Я, Ты, Она́	подъезжа́ла бы	подъе́хала бы
	Оно́	подъезжа́ло бы	подъе́хало бы
	Мы, Вы, Они́	подъезжа́ли бы	подъе́хали бы
IMP.	Ты	подъезжа́й	
	Вы	подъезжа́йте	

DEVERBALS

PRES. ACT.	подъезжа́ющий	
PRES. PASS.		
PAST ACT.	подъезжа́вший	подъе́хавший
PAST PASS.		
VERBAL ADVERB	подъезжа́я	подъе́хав

подъезжа́ть ко кому́ – чему́

Подъезжа́ем к пирамидам.	We are approaching the pyramids.
Подъе́хав к реке, мы остановили лошадей.	Having ridden to the river, we stopped the horses.
К месту событий подъе́хали три патрульные машины.	Three patrol cars arrived at the scene of the events.

316

	IMPERFECTIVE ASPECT	PERFECTIVE ASPECT
INF.	поеда́ть	пое́сть
PRES. Я	поеда́ю	
Ты	поеда́ешь	
Он/она́/оно́	поеда́ет	
Мы	поеда́ем	
Вы	поеда́ете	
Они́	поеда́ют	
PAST Я, Ты, Он	поеда́л	пое́л
Я, Ты, Она́	поеда́ла	пое́ла
Оно́	поеда́ло	пое́ло
Мы, Вы, Они́	поеда́ли	пое́ли
FUT. Я	бу́ду поеда́ть	пое́м
Ты	бу́дешь поеда́ть	пое́шь
Он/она́/оно́	бу́дет поеда́ть	пое́ст
Мы	бу́дем поеда́ть	поеди́м
Вы	бу́дете поеда́ть	поеди́те
Они́	бу́дут поеда́ть	поедя́т
COND. Я, Ты, Он	поеда́л бы	пое́л бы
Я, Ты, Она́	поеда́ла бы	пое́ла бы
Оно́	поеда́ло бы	пое́ло бы
Мы, Вы, Они́	поеда́ли бы	пое́ли бы
IMP. Ты	поеда́й	пое́шь
Вы	поеда́йте	пое́шьте

DEVERBALS

PRES. ACT.	поеда́ющий	
PRES. PASS.	поеда́емый	
PAST ACT.	поеда́вший	пое́вший
PAST PASS.		пое́денный
VERBAL ADVERB	поеда́я	пое́в

поеда́ть что, чего

Большая акула поедает не только маленьких рыб.	A big shark doesn't eat only the little fish.
Лидеры встретятся, поедят и поговорят.	The leaders will meet, dine together, and talk.
Поели, теперь можно и поспать.	They've eaten; now they can nap.

позволя́ть / позво́лить
to allow, permit

		IMPERFECTIVE ASPECT	PERFECTIVE ASPECT
INF.		позволя́ть	позво́лить
PRES.	Я	позволя́ю	
	Ты	позволя́ешь	
	Он/она/оно	позволя́ет	
	Мы	позволя́ем	
	Вы	позволя́ете	
	Они	позволя́ют	
PAST	Я, Ты, Он	позволя́л	позво́лил
	Я, Ты, Она	позволя́ла	позво́лила
	Оно	позволя́ло	позво́лило
	Мы, Вы, Они	позволя́ли	позво́лили
FUT.	Я	бу́ду позволя́ть	позво́лю
	Ты	бу́дешь позволя́ть	позво́лишь
	Он/она/оно	бу́дет позволя́ть	позво́лит
	Мы	бу́дем позволя́ть	позво́лим
	Вы	бу́дете позволя́ть	позво́лите
	Они	бу́дут позволя́ть	позво́лят
COND.	Я, Ты, Он	позволя́л бы	позво́лил бы
	Я, Ты, Она	позволя́ла бы	позво́лила бы
	Оно	позволя́ло бы	позво́лило бы
	Мы, Вы, Они	позволя́ли бы	позво́лили бы
IMP.	Ты	позволя́й	позво́ль
	Вы	позволя́йте	позво́льте

DEVERBALS

	IMPERFECTIVE ASPECT	PERFECTIVE ASPECT
PRES. ACT.	позволя́ющий	
PRES. PASS.	позволя́емый	
PAST ACT.	позволя́вший	позво́ливший
PAST PASS.		позво́ленный
VERBAL ADVERB	позволя́я	позво́лив

позволя́ть кому – чему что

Иногда позволяю себе поиграть в казино.	Sometimes I permit myself to gamble at a casino.
Не все позволено на войне.	Not everything is permitted in war.
Позвольте мне отказаться.	Permit me to decline.

	IMPERFECTIVE ASPECT	PERFECTIVE ASPECT
INF.	поздравля́ть	поздра́вить
PRES. Я	поздравля́ю	
Ты	поздравля́ешь	
Он/она/оно	поздравля́ет	
Мы	поздравля́ем	
Вы	поздравля́ете	
Они	поздравля́ют	
PAST Я, Ты, Он	поздравля́л	поздра́вил
Я, Ты, Она	поздравля́ла	поздра́вила
Оно	поздравля́ло	поздра́вило
Мы, Вы, Они	поздравля́ли	поздра́вили
FUT. Я	бу́ду поздравля́ть	поздра́влю
Ты	бу́дешь поздравля́ть	поздра́вишь
Он/она/оно	бу́дет поздравля́ть	поздра́вит
Мы	бу́дем поздравля́ть	поздра́вим
Вы	бу́дете поздравля́ть	поздра́вите
Они	бу́дут поздравля́ть	поздра́вят
COND. Я, Ты, Он	поздравля́л бы	поздра́вил бы
Я, Ты, Она	поздравля́ла бы	поздра́вила бы
Оно	поздравля́ло бы	поздра́вило бы
Мы, Вы, Они	поздравля́ли бы	поздра́вили бы
IMP. Ты	поздравля́й	поздра́вь
Вы	поздравля́йте	поздра́вьте

П

DEVERBALS

PRES. ACT.	поздравля́ющий	
PRES. PASS.	поздравля́емый	
PAST ACT.	поздравля́вший	поздра́виший
PAST PASS.		поздра́вленный
VERBAL ADVERB	поздравля́я	поздра́вив

поздравля́ть кого – что с чем

Поздравляем с Новым годом.	We wish you a Happy New Year.
Поздравили их с юбилеем.	They wished them a Happy Anniversary.
Поздравь друзей.	Congratulate your friends.

показывать (ся) / показать (ся)
to show

	IMPERFECTIVE ASPECT	PERFECTIVE ASPECT
INF.	показывать (ся)	показать (ся)
PRES. Я	показываю (сь)	
Ты	показываешь (ся)	
Он/она/оно	показывает (ся)	
Мы	показываем (ся)	
Вы	показываете (сь)	
Они	показывают (ся)	
PAST Я, Ты, Он	показывал (ся)	показал (ся)
Я, Ты, Она	показывала (сь)	показала (сь)
Оно	показывало (сь)	показало (сь)
Мы, Вы, Они	показывали (сь)	показали (сь)
FUT. Я	буду показывать (ся)	покажу (сь)
Ты	будешь показывать (ся)	покажешь (ся)
Он/она/оно	будет показывать (ся)	покажет (ся)
Мы	будем показывать (ся)	покажем (ся)
Вы	будете показывать (ся)	покажете (сь)
Они	будут показывать (ся)	покажут (ся)
COND. Я, Ты, Он	показывал (ся) бы	показал (ся) бы
Я, Ты, Она	показывала (сь) бы	показала (сь) бы
Оно	показывало (сь) бы	показало (сь) бы
Мы, Вы, Они	показывали (сь) бы	показали (сь) бы
IMP. Ты	показывай (ся)	покажи (сь)
Вы	показывайте (сь)	покажите (сь)

DEVERBALS

PRES. ACT.	показывающий (ся)	
PRES. PASS.	показываемый	
PAST ACT.	показывавший (ся)	показавший (ся)
PAST PASS.		показанный
VERBAL ADVERB	показывая (сь)	показав (шись)

показывать кому – чему кого – что,
на кого – что
The form **показаться** is also the perfective
of **казаться**.

AN ESSENTIAL VERB

пока́зывать (ся) / показа́ть (ся)

Examples

Я показываю как надо делать.
I'm showing you how it has to be done.

Не показывайте свои снимки
незнакомым.
Don't show your pictures to strangers.

Рядом с текстом показывалась ее
фотография.
Alongside the text was displayed her
photograph.

Дети. Покажите язык.
Kids. Stick out your tongues.

Русский символизм показан во
Франции.
Russian Symbolism is being exhibited
in France.

Мы покажем вам все.
We'll demonstrate it all to you.

Покажи мне любовь.
Show me love.

Художников показывают через
интернет-аукцион.
They are displaying the artists on an
Internet auction.

Он показался мне таким родным
и добрым.
He seemed so dear and kind to me.

Words and expressions related to this verb

Покажите, пожалуйста.

И спину показал.

показать пример

показать себя

показать на дверь

показ

показатель

показательный

П

полага́ть (ся) / положи́ть (ся)
to think, suppose, rely on

		IMPERFECTIVE ASPECT	PERFECTIVE ASPECT
INF.		полага́ть (ся)	положи́ть (ся)
PRES.	Я	полага́ю (сь)	
	Ты	полага́ешь (ся)	
	Он/она/оно	полага́ет (ся)	
	Мы	полага́ем (ся)	
	Вы	полага́ете (сь)	
	Они	полага́ют (ся)	
PAST	Я, Ты, Он	полага́л (ся)	положи́л - положи́лся́
	Я, Ты, Она	полага́ла (сь)	положи́ла - положи́лась
	Оно	полага́ло (сь)	положи́ло - положи́лось
	Мы, Вы, Они	полага́ли (сь)	положи́ли - положи́лись
FUT.	Я	бу́ду полага́ть (ся)	положу́ (сь)
	Ты	бу́дешь полага́ть (ся)	поло́жишь (ся)
	Он/она/оно	бу́дет полага́ть (ся)	поло́жит (ся)
	Мы	бу́дем полага́ть (ся)	поло́жим (ся)
	Вы	бу́дете полага́ть (ся)	поло́жите (сь)
	Они	бу́дут полага́ть (ся)	поло́жат (ся)
COND.	Я, Ты, Он	полага́л (ся) бы	положи́л - положи́лся бы
	Я, Ты, Она	полага́ла (сь) бы	положи́ла - в положи́лась бы
	Оно	полага́ло (сь) бы	положи́ло - положи́лось бы
	Мы, Вы, Они	полага́ли (сь) бы	положи́ли - положи́лись бы
IMP.	Ты	полага́й (ся)	положи́ (сь)
	Вы	полага́йте (сь)	положи́те (сь)

DEVERBALS

PRES. ACT.	полага́ющий (ся)	
PRES. PASS.	полага́емый	
PAST ACT.	полага́вший (ся)	положи́вший (ся)
PAST PASS.		поло́женный
VERBAL ADVERB	полага́я(сь)	положи́в (шись)

полага́ть кого – что, положи́ться на кого, что.
Note that **положи́ть** is also the perfective verb for **класть**.

Я полагаю, что он в Москве.	I suppose he is in Moscow.
Положим, что вы женаты.	Let us suppose that you are married.
Мы должны полагаться друг на друга.	We must rely on one another.

	IMPERFECTIVE ASPECT	PERFECTIVE ASPECT
INF.	покупа́ть	купи́ть
PRES. Я	покупа́ю	
Ты	покупа́ешь	
Он/она́/оно́	покупа́ет	
Мы	покупа́ем	
Вы	покупа́ете	
Они́	покупа́ют	
PAST Я, Ты, Он	покупа́л	купи́л
Я, Ты, Она	покупа́ла	купи́ла
Оно	покупа́ло	купи́ло
Мы, Вы, Они	покупа́ли	купи́ли
FUT. Я	бу́ду покупа́ть	куплю́
Ты	бу́дешь покупа́ть	ку́пишь
Он/она́/оно́	бу́дет покупа́ть	ку́пит
Мы	бу́дем покупа́ть	ку́пим
Вы	бу́дете покупа́ть	ку́пите
Они́	бу́дут покупа́ть	ку́пят
COND. Я, Ты, Он	покупа́л бы	купи́л бы
Я, Ты, Она	покупа́ла бы	купи́ла бы
Оно	покупа́ло бы	купи́ло бы
Мы, Вы, Они	покупа́ли бы	купи́ли бы
IMP. Ты	покупа́й	купи́
Вы	покупа́йте	купи́те

DEVERBALS

PRES. ACT.	покупа́ющий	
PRES. PASS.	покупа́емый	
PAST ACT.	покупа́вший	купи́вший
PAST PASS.		ку́пленный
VERBAL ADVERB	покупа́я	купи́в

покупа́ть кого – что у кого за что
Do not confuse **покупа́ть** with **покупа́ться,** the perfective form of **купа́ться.**

Покупаю, продаю, меняю.	I buy, sell, trade.
Купите за деньги.	Buy for cash.
Все билеты были куплены.	All the tickets were purchased.

пóлзать – ползти́ / поползти́

to crawl, creep, ooze; fray

		MULTIDIRECTIONAL	UNIDIRECTIONAL	PERFECTIVE ASPECT
INF.		пóлзать	ползти́	поползти́
PRES.	Я	пóлзаю	ползу́	
	Ты	пóлзаешь	ползёшь	
	Он/она/оно	пóлзает	ползёт	
	Мы	пóлзаем	ползём	
	Вы	пóлзаете	ползёте	
	Они	пóлзают	ползу́т	
PAST	Я, Ты, Он	пóлзал	пóлз	попóлз
	Я, Ты, Она	пóлзала	ползла́	поползла́
	Оно	пóлзало	ползло́	поползло́
	Мы, Вы, Они	пóлзали	ползли́	поползли́
FUT.	Я	бу́ду пóлзать	бу́ду ползти́	поползу́
	Ты	бу́дешь пóлзать	бу́дешь ползти́	поползёшь
	Он/она/оно	бу́дет пóлзать	бу́дет ползти́	поползёт
	Мы	бу́дем пóлзать	бу́дем ползти́	поползём
	Вы	бу́дете пóлзать	бу́дете ползти́	поползёте
	Они	бу́дут пóлзать	бу́дут ползти́	поползу́т
COND.	Я, Ты, Он	пóлзал бы	пóлз бы	попóлз бы
	Я, Ты, Она	пóлзала бы	ползла́ бы	поползла́ бы
	Оно	пóлзало бы	ползло́ бы	поползло́ бы
	Мы, Вы, Они	пóлзали бы	ползли́ бы	поползли́ бы
IMP.	Ты	пóлзай	ползи́	поползи́
	Вы	пóлзайте	ползи́те	поползи́те

DEVERBALS

PRES. ACT.	пóлзающий	ползу́щий	
PRES. PASS.			
PAST ACT.	пóлзавший	пóлзший	попóлзший
PAST PASS.			
VERBAL ADVERB	пóлзая	ползя́	попóлзши

Твой малыш начинает ползать.	Your little one is beginning to crawl.
Цена на нефть ползет вверх.	The price of oil is creeping higher.
Вокруг фирмы поползли слухи.	Rumors swirled around the firm.

		IMPERFECTIVE ASPECT	PERFECTIVE ASPECT
INF.		полива́ть (ся)	поли́ть (ся)
PRES.	Я	полива́ю (ся)	
	Ты	полива́ешь (ся)	
	Он/она/оно	полива́ет (ся)	
	Мы	полива́ем (ся)	
	Вы	полива́ете (сь)	
	Они	полива́ют (ся)	
PAST	Я, Ты, Он	полива́л (ся)	по́лил – поли́лся
	Я, Ты, Она	полива́ла (сь)	полила́ (сь)
	Оно	полива́ло (сь)	по́лило – поли́ло́сь
	Мы, Вы, Они	полива́ли (сь)	по́лили – поли́ли́сь
FUT.	Я	бу́ду полива́ть (ся)	полью́ (сь)
	Ты	бу́дешь полива́ть (ся)	польёшь (ся)
	Он/она/оно	бу́дет полива́ть (ся)	польёт (ся)
	Мы	бу́дем полива́ть (ся)	польём (ся)
	Вы	бу́дете полива́ть (ся)	польёте (сь)
	Они	бу́дут полива́ть (ся)	полью́т (ся)
COND.	Я, Ты, Он	полива́л (ся) бы	по́лил – поли́лся бы
	Я, Ты, Она	полива́ла (сь) бы	полила́ (сь) бы
	Оно	полива́ло (сь) бы	по́лило – поли́ло́сь бы
	Мы, Вы, Они	полива́ли (сь) бы	по́лили – поли́ли́сь бы
IMP.	Ты	полива́й (ся)	поле́й (ся)
	Вы	полива́йте (сь)	поле́йте (сь)

DEVERBALS

	IMPERFECTIVE ASPECT	PERFECTIVE ASPECT
PRES. ACT.	полива́ющий (ся)	
PRES. PASS.	полива́емый	
PAST ACT.	полива́вший (ся)	поли́вший (ся)
PAST PASS.		по́литый
		по́лит, полита́, по́лито
VERBAL ADVERB	полива́я (сь)	поли́в (шись)

полива́ть кого – что чем

Поливаем глазурью торт.
We are pouring the icing on the cake.

Звездные дожди польются и с севера, и с юга.
Star showers will pour both from the north and from the south.

Не квасом земля полита.
The earth isn't covered in kvass.

получа́ть (ся) / получи́ть (ся)
to receive, get, obtain (result from, occur)

		IMPERFECTIVE ASPECT	PERFECTIVE ASPECT
INF.		получа́ть (ся)	получи́ть (ся)
PRES.	Я	получа́ю	
	Ты	получа́ешь	
	Он/она/оно	получа́ет (ся)	
	Мы	получа́ем	
	Вы	получа́ете	
	Они	получа́ют (ся)	
PAST	Я, Ты, Он	получа́л (ся)	получи́л (ся)
	Я, Ты, Она	получа́ла (сь)	получи́ла (сь)
	Оно	получа́ло (сь)	получи́ло (сь)
	Мы, Вы, Они	получа́ли (сь)	получи́ли (сь)
FUT.	Я	бу́ду получа́ть	получу́
	Ты	бу́дешь получа́ть	полу́чишь
	Он/она/оно	бу́дет получа́ть (ся)	полу́чит (ся)
	Мы	бу́дем получа́ть	полу́чим
	Вы	бу́дете получа́ть	полу́чите
	Они	бу́дут получа́ть (ся)	полу́чат (ся)
COND.	Я, Ты, Он	получа́л (ся) бы	получи́л (ся) бы
	Я, Ты, Она	получа́ла (сь) бы	получи́ла (сь) бы
	Оно	получа́ло (сь) бы	получи́ло (сь) бы
	Мы, Вы, Они	получа́ли (сь) бы	получи́ли (сь) бы
IMP.	Ты	получа́й	получи́
	Вы	получа́йте	получи́те

DEVERBALS

	IMPERFECTIVE	PERFECTIVE
PRES. ACT.	получа́ющий (ся)	
PRES. PASS.	получа́емый	
PAST ACT.	получа́вший (ся)	получи́вший (ся)
PAST PASS.		полу́ченный
VERBAL ADVERB	получа́я (сь)	получи́в (шись)

получа́ть что

AN ESSENTIAL VERB

326

AN ESSENTIAL VERB

получа́ть (ся) / получи́ть (ся)

Examples

Как он получается на фотографии?
How does he come out in the photo?

Когда мы их получим?
When will we receive them?

А получить их можно.
But you can get them.

Получив отказ, он ушел.
Upon meeting with a refusal, he left.

Почему хотим как лучше, а
    получается как всегда?
Why do we always want to do the best,
    but things turn out the same?

Что из этого получится?
What will come of this?

Покупая в кредит, получайте
    подарки.
When you buy on credit, you get free
    gifts.

Диалога не получилось.
No dialogue occurred.

Получены первые результаты
    исследования генома.
Initial results of the study of the genome
    have been obtained.

Words and expressions related to this verb

Получайте сдачу.

Никак не получится.

получка

получатель

получение

П

327

пóльзоваться / воспóльзоваться
to employ, use, take advantage of

		IMPERFECTIVE ASPECT	PERFECTIVE ASPECT
INF.		пóльзоваться	воспóльзоваться
PRES.	Я	пóльзуюсь	
	Ты	пóльзуешься	
	Он/она/оно	пóльзуется	
	Мы	пóльзуемся	
	Вы	пóльзуетесь	
	Они	пóльзуются	
PAST	Я, Ты, Он	пóльзовался	воспóльзовался
	Я, Ты, Она	пóльзовалась	воспóльзовалась
	Оно	пóльзовалось	воспóльзовалось
	Мы, Вы, Они	пóльзовались	воспóльзовались
FUT.	Я	бýду пóльзоваться	воспóльзуюсь
	Ты	бýдешь пóльзоваться	воспóльзуешься
	Он/она/оно	бýдет пóльзоваться	воспóльзуется
	Мы	бýдем пóльзоваться	воспóльзуемся
	Вы	бýдете пóльзоваться	воспóльзуетесь
	Они	бýдут пóльзоваться	воспóльзуются
COND.	Я, Ты, Он	пóльзовался бы	воспóльзовался бы
	Я, Ты, Она	пóльзовалась бы	воспóльзовалась бы
	Оно	пóльзовалось бы	воспóльзовалось бы
	Мы, Вы, Они	пóльзовались бы	воспóльзовались бы
IMP.	Ты	пóльзуйся	воспóльзуйся
	Вы	пóльзуйтесь	воспóльзуйтесь

DEVERBALS

	IMPERFECTIVE ASPECT	PERFECTIVE ASPECT
PRES. ACT.	пóльзующийся	
PRES. PASS.		
PAST ACT.	пóльзовавшийся	воспóльзовавшийся
PAST PASS.		
VERBAL ADVERB	пóльзуясь	воспóльзовавшись

пóльзоваться чем

Вы не пользуетесь зубной пастой?	You don't use toothpaste?
Мы обязательно еще раз воспользуемся услугами вашей филмы.	We absolutely will employ the services of your firm again.
Воспользуйтесь преимуществами оригинальных чернил и бумаги.	Take advantage of original inks and papers.

		IMPERFECTIVE ASPECT	PERFECTIVE ASPECT
INF.		пóмнить	
PRES.	Я	пóмню	
	Ты	пóмнишь	
	Он/она/оно	пóмнит	
	Мы	пóмним	
	Вы	пóмните	
	Они	пóмнят	
PAST	Я, Ты, Он	пóмнил	
	Я, Ты, Она	пóмнила	
	Оно	пóмнило	
	Мы, Вы, Они	пóмнили	
FUT.	Я	бýду пóмнить	
	Ты	бýдешь пóмнить	
	Он/она/оно	бýдет пóмнить	
	Мы	бýдем пóмнить	
	Вы	бýдете пóмнить	
	Они	бýдут пóмнить	
COND.	Я, Ты, Он	пóмнил бы	
	Я, Ты, Она	пóмнила бы	
	Оно	пóмнило бы	
	Мы, Вы, Они	пóмнили бы	
IMP.	Ты	пóмни	
	Вы	пóмните	

DEVERBALS

PRES. ACT.	пóмнящий
PRES. PASS.	
PAST ACT.	пóмнивший
PAST PASS.	
VERBAL ADVERB	пóмня

пóмнить когó – что, о ком – чём, про когó – что
A reflexive form of the verb occurs in impersonal constructions: **пóмнится.**

AN ESSENTIAL VERB

AN ESSENTIAL VERB

по́мнить

Examples

Помнишь, милая, не забудешь?
Do you remember, dear; you won't
forget?

Живи и помин.
Live and remember.

Лучше было бы не помнить.
It would have been better not to
remember.

Каждый день войны мы помним
как вчерашний.
We remember every day of the war as if
it were yesterday.

Не помня, чувствую, знаю.
Although I don't recall it, I feel it, I
know it.

Мы, помнится, бегали в ужасе.
We, I recall, ran in horror.

Я помню чудное мгновение.
I remember a wondrous moment.

Она не помнит пароль. Что
делать?
She can't remember the password. What
should be done?

Я помнила все о вас.
I remembered everything about you.

Words and expressions related to this verb

Бери да помни.

Добро помни, зло забывай.

И собака помнит, кот бьет,
кто кормит.

Тому тяжело, кто помнит
зло.

Старая любовь долго
помнится.

Как помнится. . . .

легок на помине

поминки

		IMPERFECTIVE ASPECT	PERFECTIVE ASPECT
INF.		помогáть	помóчь
PRES.	Я	помогáю	
	Ты	помогáешь	
	Он/она/оно	помогáет	
	Мы	помогáем	
	Вы	помогáете	
	Они	помогáют	
PAST	Я, Ты, Он	помогáл	помóг
	Я, Ты, Она	помогáла	помоглá
	Оно	помогáло	помоглó
	Мы, Вы, Они	помогáли	помоглú
FUT.	Я	бýду помогáть	помогý
	Ты	бýдешь помогáть	помóжешь
	Он/она/оно	бýдет помогáть	помóжет
	Мы	бýдем помогáть	помóжем
	Вы	бýдете помогáть	помóжете
	Они	бýдут помогáть	помóгут
COND.	Я, Ты, Он	помогáл бы	помóг бы
	Я, Ты, Она	помогáла бы	помоглá бы
	Оно	помогáло бы	помоглó бы
	Мы, Вы, Они	помогáли бы	помоглú бы
IMP.	Ты	помогáй	помогú
	Вы	помогáйте	помогúте

DEVERBALS

	IMPERFECTIVE	PERFECTIVE
PRES. ACT.	помогáющий	
PRES. PASS.		
PAST ACT.	помогáвший	помóгший
PAST PASS.		
VERBAL ADVERB	помогáя	помóгши

помогáть кому – чему

Чем мы помогаем по визам США?	How can we assist with visas for the U.S.?
Помогите, пожалуйста, нашему сыну.	Please help our son.
Президент помог детям материально.	The president aided the children materially.

понима́ть / поня́ть
to understand, comprehend

		IMPERFECTIVE ASPECT	PERFECTIVE ASPECT
INF.		понима́ть	поня́ть
PRES.	Я	понима́ю	
	Ты	понима́ешь	
	Он/она/оно	понима́ет	
	Мы	понима́ем	
	Вы	понима́ете	
	Они	понима́ют	
PAST	Я, Ты, Он	понима́л	по́нял
	Я, Ты, Она	понима́ла	поняла́
	Оно	понима́ло	по́няло
	Мы, Вы, Они	понима́ли	по́няли
FUT.	Я	бу́ду понима́ть	пойму́
	Ты	бу́дешь понима́ть	поймёшь
	Он/она/оно	бу́дет понима́ть	поймёт
	Мы	бу́дем понима́ть	поймём
	Вы	бу́дете понима́ть	поймёте
	Они	бу́дут понима́ть	пойму́т
COND.	Я, Ты, Он	понима́л бы	по́нял бы
	Я, Ты, Она	понима́ла бы	поняла́ бы
	Оно	понима́ло бы	по́няло бы
	Мы, Вы, Они	понима́ли бы	по́няли бы
IMP.	Ты	понима́й	пойми́
	Вы	понима́йте	пойми́те

DEVERBALS

PRES. ACT.	понима́ющий	
PRES. PASS.	понима́емый	
PAST ACT.	понима́вший	поня́вший
PAST PASS.		по́нятый
		по́нят, понята́, по́нято
VERBAL ADVERB	понима́я	поня́в

понима́ть кого – что, о ком – чём,
в чём

понима́ть / поня́ть

Examples

Я не все понимаю в трудах
    Достоевского.
I don't understand everything in the
    works of Dostoyevsky.

Ты ничего не понимаешь.
You don't understand anything.

Понимайте как хотите.
Understand it any way you like.

Я никогда не пойму, как можно
    петь, когда все едят.
I will never understand how one can
    sing when everyone is eating.

И ты пойми меня.
You should understand me.

Мы проходим мимо, не поняв
    зачем.
We go through (life) without
    understanding why.

Когда понимаешь, что строишь
    собор, переноска камней –
    не проблема.
When you understand that you are
    building a cathedral, carrying
    the bricks is not a problem.

Вы меня не так поняли.
You didn't understand me properly.

Поймите нас правильно.
Understand us correctly.

Words and expressions related to this verb

По–немецки не знает,
    по–русски не
    понимает.

Чего не понимаю, тому не
    верю.

Учи других, и сам
    поймёшь.

Ну, понимается.

пониманаие

понятие

понятно

П

поощря́ть / поощри́ть
to encourage

		IMPERFECTIVE ASPECT	PERFECTIVE ASPECT
INF.		поощря́ть	поощри́ть
PRES.	Я	поощря́ю	
	Ты	поощря́ешь	
	Он/она/оно	поощря́ет	
	Мы	поощря́ем	
	Вы	поощря́ете	
	Они	поощря́ют	
PAST	Я, Ты, Он	поощря́л	поощри́л
	Я, Ты, Она	поощря́ла	поощри́ла
	Оно	поощря́ло	поощри́ло
	Мы, Вы, Они	поощря́ли	поощри́ли
FUT.	Я	бу́ду поощря́ть	поощрю́
	Ты	бу́дешь поощря́ть	поощри́шь
	Он/она/оно	бу́дет поощря́ть	поощри́т
	Мы	бу́дем поощря́ть	поощри́м
	Вы	бу́дете поощря́ть	поощри́те
	Они	бу́дут поощря́ть	поощря́т
COND.	Я, Ты, Он	поощря́л бы	поощри́л бы
	Я, Ты, Она	поощря́ла бы	поощри́ла бы
	Оно	поощря́ло бы	поощри́ло бы
	Мы, Вы, Они	поощря́ли бы	поощри́ли бы
IMP.	Ты	поощря́й	поощри́
	Вы	поощря́йте	поощри́те

DEVERBALS

	IMPERFECTIVE ASPECT	PERFECTIVE ASPECT
PRES. ACT.	поощря́ющий	
PRES. PASS.	поощря́емый	
PAST ACT.	поощря́вший	поощри́вший
PAST PASS.		поощрённый
		поощрён, поощрена́
VERBAL ADVERB	поощря́я	поощри́в

поощря́ть кого – что

Бу́дущих психологов уже поощряют.

Поощрите меня или накажите.
Администрация области поощрила лучших педагогов.

They are already encouraging future psychologists.
Encourage me or punish me.
District administrators encouraged the finest educators.

попада́ть (ся) / попа́сть (ся)

to hit, get to, find oneself (be caught, find oneself, turn up)

	IMPERFECTIVE ASPECT	PERFECTIVE ASPECT
INF.	попада́ть (ся)	попа́сть (ся)
PRES. Я	попада́ю (сь)	
Ты	попада́ешь (ся)	
Он/она/оно	попада́ет (ся)	
Мы	попада́ем (ся)	
Вы	попада́ете (сь)	
Они	попада́ют (ся)	
PAST Я, Ты, Он	попада́л (ся)	попа́л (ся)
Я, Ты, Она	попада́ла (сь)	попа́ла (сь)
Оно	попада́ло (сь)	попа́ло (сь)
Мы, Вы, Они	попада́ли (сь)	попа́ли (сь)
FUT. Я	бу́ду попада́ть (ся)	попаду́ (сь)
Ты	бу́дешь попада́ть (ся)	попадёшь (ся)
Он/она/оно	бу́дет попада́ть (ся)	попадёт (ся)
Мы	бу́дем попада́ть (ся)	попадём (ся)
Вы	бу́дете попада́ть (ся)	попадёте (сь)
Они	бу́дут попада́ть (ся)	попаду́т (ся)
COND. Я, Ты, Он	попада́л (ся) бы	попа́л (ся) бы
Я, Ты, Она	попада́ла (сь) бы	попа́ла (сь) бы
Оно	попада́ло (сь) бы	попа́ло (сь) бы
Мы, Вы, Они	попада́ли (сь) бы	попа́ли (сь) бы
IMP. Ты	попада́й (ся)	попади́ (сь)
Вы	попада́йте (сь)	попа́дите (сь)

DEVERBALS

PRES. ACT.	попада́ющий (ся)	
PRES. PASS.		
PAST ACT.	попада́вший (ся)	попа́вший (ся)
PAST PASS.		
VERBAL ADVERB	попада́я (сь)	попа́в (шись)

попада́ть в / на кого – что чем

Из-за своего характера всегда попадаю в беду.	Because of my character I am always in trouble.
Российские туристы попали в аварию.	Russian tourists were involved in an accident.
Они взяли все, что попалось под руку.	They took everything that came their way.

П

335

поправля́ть (ся) / попра́вить (ся)
to mend, repair, correct (get better, improve)

	IMPERFECTIVE ASPECT	PERFECTIVE ASPECT
INF.	поправля́ть (ся)	попра́вить (ся)
PRES. Я	поправля́ю (сь)	
Ты	поправля́ешь (ся)	
Он/она/оно	поправля́ет (ся)	
Мы	поправля́ем (ся)	
Вы	поправля́ете (сь)	
Они	поправля́ют (ся)	
PAST Я, Ты, Он	поправля́л (ся)	попра́вил (ся)
Я, Ты, Она	поправля́ла (сь)	попра́вила (сь)
Оно	поправля́ло (сь)	попра́вило (сь)
Мы, Вы, Они	поправля́ли (сь)	попра́вили (сь)
FUT. Я	бу́ду поправля́ть (ся)	попра́влю (сь)
Ты	бу́дешь поправля́ть (ся)	попра́вишь (ся)
Он/она/оно	бу́дет поправля́ть (ся)	попра́вит (ся)
Мы	бу́дем поправля́ть (ся)	попра́вим (ся)
Вы	бу́дете поправля́ть (ся)	попра́вите (сь)
Они	бу́дут поправля́ть (ся)	попра́вят (ся)
COND. Я, Ты, Он	поправля́л (ся) бы	попра́вил (ся) бы
Я, Ты, Она	поправля́ла (сь) бы	попра́вила (сь) бы
Оно	поправля́ло (сь) бы	попра́вило (сь) бы
Мы, Вы, Они	поправля́ли (сь) бы	попра́вили (сь) бы
IMP. Ты	поправля́й (ся)	попра́вь (ся)
Вы	поправля́йте (сь)	попра́вьте (сь)

DEVERBALS

PRES. ACT.	поправля́ющий (ся)	
PRES. PASS.	поправля́емый	
PAST ACT.	поправля́вший (ся)	попра́вивший (ся)
PAST PASS.		попра́вленный
VERBAL ADVERB	поправля́я (сь)	попра́вив (шись)

поправля́ть кого – что

Я поправляю галстук и очки и иду дальше.	I'll straighten my tie and glasses and go on.
Как вы похорошели и поправились!	You've gotten more attractive and filled out!
Поправьте меня, если я не прав.	Correct me if I am not right.

по́ртить (ся) / испо́ртить (ся)
to spoil, damage, corrupt

	IMPERFECTIVE ASPECT	PERFECTIVE ASPECT
INF.	по́ртить (ся)	испо́ртить (ся)
PRES.	по́рчу (сь)	
	по́ртишь (ся)	
	по́ртит (ся)	
	по́ртим (ся)	
	по́ртите (сь)	
	по́ртят (ся)	
PAST	по́ртил (ся)	испо́ртил (ся)
	по́ртила (сь)	испо́ртила (сь)
	по́ртило (сь)	испо́ртило (сь)
	по́ртили (сь)	испо́ртили (сь)
FUT.	бу́ду по́ртить (ся)	испо́рчу (сь)
	бу́дешь по́ртить (ся)	испо́ртишь (ся)
	бу́дет по́ртить (ся)	испо́ртит (ся)
	бу́дем по́ртить (ся)	испо́ртим (ся)
	бу́дете по́ртить (ся)	испо́ртите (сь)
	бу́дут по́ртить (ся)	испо́ртят (ся)
COND.	по́ртил (ся) бы	испо́ртил (ся) бы
	по́ртила (сь) бы	испо́ртила (сь) бы
	по́ртило (сь) бы	испо́ртило (сь) бы
	по́ртили (сь) бы	испо́ртили (сь) бы
IMP.	по́рти (сь) – по́рть (ся)	испо́рти (сь) – испо́рть (ся)
	по́ртите (сь) – по́ртьте (сь)	испо́ртьте (сь) испо́ртьте (сь)

DEVERBALS

PRES. ACT.	по́ртящий (ся)	
PRES. PASS.		
PAST ACT.	по́ртивший (ся)	испо́ртивший (ся)
PAST PASS.	по́рченный	испо́рченный
VERBAL ADVERB	по́ртя (ся)	испо́ртив (шись)

по́ртить кого – что

Наслаждайтесь морем и солнцем и не портите себе отдых.	Enjoy the sea and sun and don't spoil your vacation.
У нашего соседа испортился телевизор.	Our neighbor's TV has been damaged.
Не испортьте хорошую игру.	Don't spoil a good game.

П

порыва́ть (ся) / порва́ть (ся)
to tear up, break, break off

		IMPERFECTIVE ASPECT	PERFECTIVE ASPECT
INF.		порыва́ть (ся)	порва́ть (ся)
PRES.	Я	порыва́ю	
	Ты	порыва́ешь	
	Он/она/оно	порыва́ет (ся)	
	Мы	порыва́ем	
	Вы	порыва́ете	
	Они	порыва́ют (ся)	
PAST	Я, Ты, Он	порыва́л (ся)	порва́л (ся)
	Я, Ты, Она	порыва́ла (сь)	порвала́ (сь)
	Оно	порыва́ло (сь)	порва́ло – порва́ло́сь
	Мы, Вы, Они	порыва́ли (сь)	порва́ли – порва́ли́сь
FUT.	Я	бу́ду порыва́ть	порву́
	Ты	бу́дешь порыва́ть	порвёшь
	Он/она/оно	бу́дет порыва́ть (ся)	порвёт (ся)
	Мы	бу́дем порыва́ть	порвём
	Вы	бу́дете порыва́ть	порвёте
	Они	бу́дут порыва́ть (ся)	порву́т (ся)
COND.	Я, Ты, Он	порыва́л (ся) бы	порва́л (ся) бы
	Я, Ты, Она	порыва́ла (сь) бы	порвала́ (сь) бы
	Оно	порыва́ло (сь) бы	порва́ло – порва́ло́сь бы
	Мы, Вы, Они	порыва́ли (сь) бы	порва́ли – порва́ли́сь бы
IMP.	Ты	порыва́й	порви́
	Вы	порыва́йте	порви́те

DEVERBALS

		IMPERFECTIVE ASPECT	PERFECTIVE ASPECT
PRES. ACT.		порыва́ющий (ся)	
PRES. PASS.		порыва́емый	
PAST ACT.		порыва́вший (ся)	порва́вший (ся)
PAST PASS.			по́рваннный
VERBAL ADVERB		порыва́я (сь)	порва́в (шись)

порыва́ть что, с кем – чем

Сербия порывает с прошлым.	Serbia is breaking with the past.
Если порвется, вернем тебе цену.	If it breaks, we'll refund the purchase price to you.
Контактные линзы скоро порвались.	The contact lenses soon broke.

		IMPERFECTIVE ASPECT	PERFECTIVE ASPECT
INF.		посеща́ть	посети́ть
PRES.	Я	посеща́ю	
	Ты	посеща́ешь	
	Он/она/оно	посеща́ет	
	Мы	посеща́ем	
	Вы	посеща́ете	
	Они	посеща́ют	
PAST	Я, Ты, Он	посеща́л	посети́л
	Я, Ты, Она	посеща́ла	посети́ла
	Оно	посеща́ло	посети́ло
	Мы, Вы, Они	посеща́ли	посети́ли
FUT.	Я	бу́ду посеща́ть	посещу́
	Ты	бу́дешь посеща́ть	посети́шь
	Он/она/оно	бу́дет посеща́ть	посети́т
	Мы	бу́дем посеща́ть	посети́м
	Вы	бу́дете посеща́ть	посети́те
	Они	бу́дут посеща́ть	посетя́т
COND.	Я, Ты, Он	посеща́л бы	посети́л бы
	Я, Ты, Она	посеща́ла бы	посети́ла бы
	Оно	посеща́ло бы	посети́ло бы
	Мы, Вы, Они	посеща́ли бы	посети́ли бы
IMP.	Ты	посеща́й	посети́
	Вы	посеща́йте	посети́те

DEVERBALS

	IMPERFECTIVE	PERFECTIVE
PRES. ACT.	посеща́ющий	
PRES. PASS.	посеща́емый	
PAST ACT.	посеща́вший	посети́вший
PAST PASS.		посещённый посещён, посещена́
VERBAL ADVERB	посеща́я	посети́в (шись)

посеща́ть кого – что

Шко́лу на́шу посеща́й.	Visit our school.
Дава́йте посети́м Гре́цию.	Let's visit Greece.
Посети́те Эрмита́ж.	Visit the Hermitage.

П

поступа́ть (ся) / поступи́ть (ся)
to act, enter, join (abdicate)

		IMPERFECTIVE ASPECT	PERFECTIVE ASPECT
INF.		поступа́ть (ся)	поступи́ть (ся)
PRES.	Я	поступа́ю (сь)	
	Ты	поступа́ешь (ся)	
	Он/она/оно	поступа́ет (ся)	
	Мы	поступа́ем (ся)	
	Вы	поступа́ете (сь)	
	Они	поступа́ют (ся)	
PAST	Я, Ты, Он	поступа́л (ся)	поступи́л (ся)
	Я, Ты, Она	поступа́ла (сь)	поступи́ла (сь)
	Оно	поступа́ло (сь)	поступи́ло (сь)
	Мы, Вы, Они	поступа́ли (сь)	поступи́ли (сь)
FUT.	Я	бу́ду поступа́ть (ся)	поступлю́ (сь)
	Ты	бу́дешь поступа́ть (ся)	посту́пишь (ся)
	Он/она/оно	бу́дет поступа́ть (ся)	посту́пит (ся)
	Мы	бу́дем поступа́ть (ся)	посту́пим (ся)
	Вы	бу́дете поступа́ть (ся)	посту́пите (ся)
	Они	бу́дут поступа́ть (ся)	посту́пят (ся)
COND.	Я, Ты, Он	поступа́л (ся) бы	поступи́л (ся) бы
	Я, Ты, Она	поступа́ла (сь) бы	поступи́ла (сь) бы
	Оно	поступа́ло (сь) бы	поступи́ло (сь) бы
	Мы, Вы, Они	поступа́ли (сь) бы	поступи́ли (сь) бы
IMP.	Ты	поступа́й (ся)	поступи́ (сь)
	Вы	поступа́йте (сь)	поступи́те (сь)

DEVERBALS

	IMPERFECTIVE ASPECT	PERFECTIVE ASPECT
PRES. ACT.	поступа́ющий (ся)	
PRES. PASS.		
PAST ACT.	поступа́вший (ся)	поступи́вший (ся)
PAST PASS.		
VERBAL ADVERB	поступа́я	поступи́в (шись)

поступа́ть с кем, во / на что; поступа́ть (ся) чем

Посоветуйте, правильно ли я поступаю?
Скоро в продажу поступят новые акции.
Игрок поступился принципами честной игры.

Advise me if I am acting properly.
New shares will soon come up for sale.
The player went against the principles of an honest game.

		IMPERFECTIVE ASPECT	PERFECTIVE ASPECT
INF.		посыла́ть	посла́ть
PRES.	Я	посыла́ю	
	Ты	посыла́ешь	
	Он/она/оно	посыла́ет	
	Мы	посыла́ем	
	Вы	посыла́ете	
	Они	посыла́ют	
PAST	Я, Ты, Он	посыла́л	посла́л
	Я, Ты, Она	посыла́ла	посла́ла
	Оно	посыла́ло	посла́ло
	Мы, Вы, Они	посыла́ли	посла́ли
FUT.	Я	бу́ду посыла́ть	пошлю́
	Ты	бу́дешь посыла́ть	пошлёшь
	Он/она/оно	бу́дет посыла́ть	пошлёт
	Мы	бу́дем посыла́ть	пошлём
	Вы	бу́дете посыла́ть	пошлёте
	Они	бу́дут посыла́ть	пошлю́т
COND.	Я, Ты, Он	посыла́л бы	посла́л бы
	Я, Ты, Она	посыла́ла бы	посла́ла бы
	Оно	посыла́ло бы	посла́ло бы
	Мы, Вы, Они	посыла́ли бы	посла́ли бы
IMP.	Ты	посыла́й	пошли́
	Вы	посыла́йте	пошли́те

DEVERBALS

PRES. ACT.	посыла́ющий	
PRES. PASS.	посыла́емый	
PAST ACT.	посыла́вший	посла́вший
PAST PASS.		по́сланный
VERBAL ADVERB	посыла́я	посла́в

посыла́ть кого – что за кем – чем, по по́чте *by mail*

AN ESSENTIAL VERB

посыла́ть / посла́ть

Examples

Посылаем деньги за границу.
We send money abroad.

Не посылайте информацию о своей
   кредитке.
Don't send information about your credit
   card.

Я вам пошлю письмо.
I'll send you a letter.

Пошлите за доктором.
Send for the doctor.

Сообщение послано всем клиентам.
The announcement has been sent to all the
   clients.

Сообщения посылаются ежедневно.
Announcements are sent daily.

Кого посылаем на съезд?
Whom are we sending to the congress?

Пошлите ребенку поздравление от
   Деда Мороза.
Send your child greetings from Father
   Frost.

Кто мы и зачем посланы на землю?
Who are we and why have we been sent
   to earth?

Words and expressions related to this verb

Его пошли, да и сам за
   ним иди.

Пошли дурного, а за
   ним другого.

Чем Бог послал.

Я послался в город.

посол

посылка

послание

		IMPERFECTIVE ASPECT	PERFECTIVE ASPECT
INF.		появля́ться	появи́ться
PRES.	Я	появля́юсь	
	Ты	появля́ешься	
	Он/она/оно	появля́ется	
	Мы	появля́емся	
	Вы	появля́етесь	
	Они	появля́ются	
PAST	Я, Ты, Он	появля́лся	появи́лся
	Я, Ты, Она	появля́лась	появи́лась
	Оно	появля́лось	появи́лось
	Мы, Вы, Они	появля́лись	появи́лись
FUT.	Я	бу́ду появля́ться	появлю́сь
	Ты	бу́дешь появля́ться	поя́вишься
	Он/она/оно	бу́дет появля́ться	поя́вится
	Мы	бу́дем появля́ться	поя́вимся
	Вы	бу́дете появля́ться	поя́витесь
	Они	бу́дут появля́ться	поя́вятся
COND.	Я, Ты, Он	появля́лся бы	появи́лся бы
	Я, Ты, Она	появля́лась бы	появи́лась бы
	Оно	появля́лось бы	появи́лось бы
	Мы, Вы, Они	появля́лись бы	появи́лись бы
IMP.	Ты	появля́йся	появи́сь
	Вы	появля́йтесь	появи́тесь

П

DEVERBALS

	IMPERFECTIVE ASPECT	PERFECTIVE ASPECT
PRES. ACT.	появля́ющийся	
PRES. PASS.		
PAST ACT.	появля́вшийся	появи́вшийся
PAST PASS.		
VERBAL ADVERB	появля́ясь	появи́вшись

AN ESSENTIAL VERB

AN ESSENTIAL VERB

появля́ться / появи́ться

Examples

Зачем мы появляемся на свет?
Why do we come into the world?

С каждым месяцем проблема
    появлялась все чаще.
With every month the problem appeared
    more and more frequently.

Без брата не появляйтесь.
Don't show up without your brother.

Я скоро появлюсь.
I'll soon appear.

В магазинах появились живые
    манекены.
Live mannequins have begun to appear in
    stores.

Едва появившись, книга вызвала
    скандал.
It had barely appeared and the book
    created a scandal.

По крайней мере я здесь появляюсь
    постоянно.
At the very least I show up here regularly.

Авиакомпании не известно когда вы
    появитесь.
The airline doesn't know when you will
    appear.

В интернете появилась карта Марса.
A map of Mars appeared on the Internet.

Words and expressions related to this verb

Изчезни и появись.

Появится в январе.

не появляясь

появление

	IMPERFECTIVE ASPECT	PERFECTIVE ASPECT
INF.	пра́вить	
PRES. Я	пра́влю	
Ты	пра́вишь	
Он/она/оно	пра́вит	
Мы	пра́вим	
Вы	пра́вите	
Они	пра́вят	
PAST Я, Ты, Он	пра́вил	
Я, Ты, Она	пра́вила	
Оно	пра́вило	
Мы, Вы, Они	пра́вили	
FUT. Я	бу́ду пра́вить	
Ты	бу́дешь пра́вить	
Он/она/оно	бу́дет пра́вить	
Мы	бу́дем пра́вить	
Вы	бу́дете пра́вить	
Они	бу́дут пра́вить	
COND. Я, Ты, Он	пра́вил бы	
Я, Ты, Она	пра́вила бы	
Оно	пра́вило бы	
Мы, Вы, Они	пра́вили бы	
IMP. Ты	пра́вь	
Вы	пра́вьте	

DEVERBALS

PRES. ACT.	пра́вящий	
PRES. PASS.	пра́вленный	
PAST ACT.	пра́вивший	
PAST PASS.		
VERBAL ADVERB	пра́вя	

пра́вить кем – чем
пра́вить что *to correct*

Я правлю своим миром.	I rule my world.
Сижу дома и правлю текст.	I am sitting at home and correcting the text.
Если бы миром правили женщины?	What if women ruled the world?

пра́здновать / отпра́здновать
to celebrate

		IMPERFECTIVE ASPECT	PERFECTIVE ASPECT
INF.		пра́здновать	отпра́здновать
PRES.	Я	пра́здную	
	Ты	пра́зднуешь	
	Он/она́/оно́	пра́зднует	
	Мы	пра́зднуем	
	Вы	пра́зднуете	
	Они́	пра́зднуют	
PAST	Я, Ты, Он	пра́здновал	отпра́здновал
	Я, Ты, Она́	пра́здновала	отпра́здновала
	Оно́	пра́здновало	отпра́здновало
	Мы, Вы, Они́	пра́здновали	отпра́здновали
FUT.	Я	бу́ду пра́здновать	отпра́здную
	Ты	бу́дешь пра́здновать	отпра́зднуешь
	Он/она́/оно́	бу́дет пра́здновать	отпра́зднует
	Мы	бу́дем пра́здновать	отпра́зднуем
	Вы	бу́дете пра́здновать	отпра́зднуете
	Они́	бу́дут пра́здновать	отпра́зднуют
COND.	Я, Ты, Он	пра́здновал бы	отпра́здновал бы
	Я, Ты, Она́	пра́здновала бы	отпра́здновала бы
	Оно́	пра́здновало бы	отпра́здновало бы
	Мы, Вы, Они́	пра́здновали бы	отпра́здновали бы
IMP.	Ты	пра́здную	отпра́зднуй
	Вы	пра́зднуйте	отпра́зднуйте

DEVERBALS

	IMPERFECTIVE ASPECT	PERFECTIVE ASPECT
PRES. ACT.	пра́зднующий	
PRES. PASS.	пра́зднуемый	
PAST ACT.	пра́здновавший	отпра́здновавший
PAST PASS.		отпра́зднованный
VERBAL ADVERB	пра́зднуя	отпра́здновавши

пра́здновать что

Но́вый год встреча́йте, пра́зднуйте!	Greet the New Year, celebrate!
Во́семь ты́сяч семе́й отпра́здновали новосе́лье.	Eight thousand families celebrated a housewarming.
День го́рода отпра́зднуем в ию́не.	We'll celebrate Municipal Day in June.

346

		IMPERFECTIVE ASPECT	PERFECTIVE ASPECT
INF.		предлага́ть	предложи́ть
PRES.	Я	предлага́ю	
	Ты	предлага́ешь	
	Он/она/оно	предлага́ет	
	Мы	предлага́ем	
	Вы	предлага́ете	
	Они	предлага́ют	
PAST	Я, Ты, Он	предлага́л	предложи́л
	Я, Ты, Она	предлага́ла	предложи́ла
	Оно	предлага́ло	предложи́ло
	Мы, Вы, Они	предлага́ли	предложи́ли
FUT.	Я	бу́ду предлага́ть	предложу́
	Ты	бу́дешь предлага́ть	предло́жишь
	Он/она/оно	бу́дет предлага́ть	предло́жит
	Мы	бу́дем предлага́ть	предло́жим
	Вы	бу́дете предлага́ть	предло́жите
	Они	бу́дут предлага́ть	предло́жат
COND.	Я, Ты, Он	предлага́л бы	предложи́л бы
	Я, Ты, Она	предлага́ла бы	предложи́ла бы
	Оно	предлага́ло бы	предложи́ло бы
	Мы, Вы, Они	предлага́ли бы	предложи́ли бы
IMP.	Ты	предлага́й	предложи́
	Вы	предлага́йте	предложи́те

DEVERBALS

	IMPERFECTIVE ASPECT	PERFECTIVE ASPECT
PRES. ACT.	предлага́ющий	
PRES. PASS.	предлага́емый	
PAST ACT.	предлага́вший	предложи́вший
PAST PASS.		предло́женный
VERBAL ADVERB	предлага́я	предложи́в

предлага́ть кого – что кому – чему, + infinitive.

Но что вы предлага́ете?	But what are you proposing?
В аэропорту предложат пассажирам шампнское и подарки.	At the airport they will be offering the passengers champagne and gifts.
Предложите тему для дискуссии.	Suggest a subject for discussion.

П

предоставля́ть (ся) / предоста́вить (ся)
to give, grant

		IMPERFECTIVE ASPECT	PERFECTIVE ASPECT
INF.		предоставля́ть (ся)	предоста́вить (ся)
PRES.	Я	предоставля́ю (сь)	
	Ты	предоставля́ешь (ся)	
	Он/она/оно	предоставля́ет (ся)	
	Мы	предоставля́ем (ся)	
	Вы	предоставля́ете (сь)	
	Они	предоставля́ют (ся)	
PAST	Я, Ты, Он	предоставля́л (ся)	предоста́вил (ся)
	Я, Ты, Она	предоставля́ла (сь)	предоста́вила (сь)
	Оно	предоставля́ло (сь)	предоста́вило (сь)
	Мы, Вы, Они	предоставля́ли (сь)	предоста́вили (сь)
FUT.	Я	бу́ду предоставля́ть (ся)	повышу́ (сь)
	Ты	бу́дешь предоставля́ть (ся)	предоста́вишь (ся)
	Он/она/оно	бу́дет предоставля́ть (ся)	предоста́вит (ся)
	Мы	бу́дем предоставля́ть (ся)	предоста́вим (ся)
	Вы	бу́дете предоставля́ть (ся)	предоста́вите (сь)
	Они	бу́дут предоставля́ть (ся)	предоста́вят (ся)
COND.	Я, Ты, Он	предоставля́л (ся) бы	предоста́вился бы
	Я, Ты, Она	предоставля́ла (сь) бы	предоста́вилась бы
	Оно	предоставля́ло (сь) бы	предоста́вилось бы
	Мы, Вы, Они	предоставля́ли (сь) бы	предоста́вились бы
IMP.	Ты	предоставля́й (ся)	предоста́вь (ся)
	Вы	предоставля́йте (сь)	предоста́вьте (сь)

DEVERBALS

	IMPERFECTIVE ASPECT	PERFECTIVE ASPECT
PRES. ACT.	предоставля́ющий (ся)	
PRES. PASS.	предоставля́емый	
PAST ACT.	предоставля́вший (ся)	предоста́вивший (ся)
PAST PASS.		предоста́вленный
VERBAL ADVERB	предоставля́я (сь)	предоста́вив (шись)

предоставля́ть кого – что кому – чему

Не предоставляют доступ к принтеру.	They won't give us access to the printer.
Предоставили ему слово.	They offered him the chance to speak.
Мы вам предоставим кредит.	We will grant you credit.

348

	IMPERFECTIVE ASPECT	PERFECTIVE ASPECT
INF.	предпочита́ть	предпоче́сть
PRES. Я	предпочита́ю	
Ты	предпочита́ешь	
Он/она/оно	предпочита́ет	
Мы	предпочита́ем	
Вы	предпочита́ете	
Они	предпочита́ют	
PAST Я, Ты, Он	предпочита́л	предпочёл
Я, Ты, Она	предпочита́ла	предпочла́
Оно	предпочита́ло	предпочло́
Мы, Вы, Они	предпочита́ли	предпочли́
FUT. Я	бу́ду предпочита́ть	предпочту́
Ты	бу́дешь предпочита́ть	предпочтёшь
Он/она/оно	бу́дет предпочита́ть	предпочтёт
Мы	бу́дем предпочита́ть	предпочтём
Вы	бу́дете предпочита́ть	предпочтёте
Они	бу́дут предпочита́ть	предпочту́т
COND. Я, Ты, Он	предпочита́л бы	предпочёл бы
Я, Ты, Она	предпочита́ла бы	предпочла́ бы
Оно	предпочита́ло бы	предпочло́ бы
Мы, Вы, Они	предпочита́ли бы	предпочли́ бы
IMP. Ты	предпочита́й	предпочти́
Вы	предпочита́йте	предпочти́те

П

DEVERBALS

PRES. ACT.	предпочита́ющий	
PRES. PASS.	предпочита́емый	
PAST ACT.	предпочита́вший	
PAST PASS.		предпочтённый
		предпочтён, предпочтена́
VERBAL ADVERB	предпочита́я	предпочтя́

предпочита́ть кого – что кому – чему, + infinitive

Как ты предпочитаешь провести выходные?	How do you prefer to spend your free days?
Какой автомобиль вы предпочтете?	Which car will you prefer?
Критики предпочли европейское кино.	The critics preferred the European cinema.

представля́ть (ся) / предста́вить (ся)
to present, submit, introduce

		IMPERFECTIVE ASPECT	PERFECTIVE ASPECT
INF.		представля́ть (ся)	предста́вить (ся)
PRES.	Я	представля́ю (сь)	
	Ты	представля́ешь (ся)	
	Он/она/оно	представля́ет (ся)	
	Мы	представля́ем (ся)	
	Вы	представля́ете (сь)	
	Они	представля́ют (ся)	
PAST	Я, Ты, Он	представля́л (ся)	предста́вил (ся)
	Я, Ты, Она	представля́ла (сь)	предста́вила (сь)
	Оно	представля́ло (сь)	предста́вило (сь)
	Мы, Вы, Они	представля́ли (сь)	предста́вили (сь)
FUT.	Я	бу́ду представля́ть (ся)	предста́влю (сь)
	Ты	бу́дешь представля́ть (ся)	предста́вишь (ся)
	Он/она/оно	бу́дет представля́ть (ся)	предста́вит (ся)
	Мы	бу́дем представля́ть (ся)	предста́вим (ся)
	Вы	бу́дете представля́ть (ся)	предста́вите (сь)
	Они	бу́дут представля́ть (ся)	предста́вят (ся)
COND.	Я, Ты, Он	представля́л (ся) бы	предста́вил (ся) бы
	Я, Ты, Она	представля́ла (сь) бы	предста́вила (сь) бы
	Оно	представля́ло (сь) бы	предста́вило (сь) бы
	Мы, Вы, Они	представля́ли (сь) бы	предста́вили (сь) бы
IMP.	Ты	представля́й (ся)	предста́вь (ся)
	Вы	представля́йте (сь)	предста́вьте (сь)

DEVERBALS

	IMPERFECTIVE ASPECT	PERFECTIVE ASPECT
PRES. ACT.	представля́ющий (ся)	
PRES. PASS.	представля́емый	
PAST ACT.	представля́вший (ся)	предста́вивший (ся)
PAST PASS.		предста́вленный
VERBAL ADVERB	представля́я (сь)	предста́вив (шись)

представля́ть кого – что, кому – чему, к кому – чему

Как я себе это представляю?	How should I imagine this?
Простите, не представился.	Excuse me, I didn't introduce myself.
Представьте себе!	Imagine!

предупрежда́ть / предупреди́ть
to notify, warn, anticipate

		IMPERFECTIVE ASPECT	PERFECTIVE ASPECT
INF.		предупрежда́ть	предупреди́ть
PRES.	Я	предупрежда́ю	
	Ты	предупрежда́ешь	
	Он/она/оно	предупрежда́ет	
	Мы	предупрежда́ем	
	Вы	предупрежда́ете	
	Они	предупрежда́ют	
PAST	Я, Ты, Он	предупрежда́л	предупреди́л
	Я, Ты, Она	предупрежда́ла	предупреди́ла
	Оно	предупрежда́ло	предупреди́ло
	Мы, Вы, Они	предупрежда́ли	предупреди́ли
FUT.	Я	бу́ду предупрежда́ть	предупрежу́
	Ты	бу́дешь предупрежда́ть	предупреди́шь
	Он/она/оно	бу́дет предупрежда́ть	предупреди́т
	Мы	бу́дем предупрежда́ть	предупреди́м
	Вы	бу́дете предупрежда́ть	предупреди́те
	Они	бу́дут предупрежда́ть	предупредя́т
COND.	Я, Ты, Он	предупрежда́л бы	предупреди́л бы
	Я, Ты, Она	предупрежда́ла бы	предупреди́ла бы
	Оно	предупрежда́ло бы	предупреди́ло бы
	Мы, Вы, Они	предупрежда́ли бы	предупреди́ли бы
IMP.	Ты	предупрежда́й	предупреди́
	Вы	предупрежда́йте	предупреди́те

DEVERBALS

	IMPERFECTIVE ASPECT	PERFECTIVE ASPECT
PRES. ACT.	предупрежда́ющий	
PRES. PASS.	предупрежда́емый	
PAST ACT.	предупрежда́вший	предупреди́вший
PAST PASS.		предупреждённый
		предупреждён, предупреждена́
VERBAL ADVERB	предупрежда́я	предупреди́в (шись)

предупрежда́ть кого – что о ком – чем

Хорошо, что вы предупреждаете заранее.	It's good that you are warning us early.
Мы предупредим клиентов заблаговременно.	We will advise our clients in a timely manner.
Власти предупредили граждан об опасности эпидемии.	The authorities notified the citizens of the danger of an epidemic.

351

преподава́ть
to teach

		IMPERFECTIVE ASPECT	PERFECTIVE ASPECT
INF.		преподава́ть	
PRES.	Я	преподаю́	
	Ты	преподаёшь	
	Он/она/оно	преподаёт	
	Мы	преподаём	
	Вы	преподаёте	
	Они	преподаю́т	
PAST	Я, Ты, Он	преподава́л	
	Я, Ты, Она	преподава́ла	
	Оно	преподава́ло	
	Мы, Вы, Они	преподава́ли	
FUT.	Я	бу́ду преподава́ть	
	Ты	бу́дешь преподава́ть	
	Он/она/оно	бу́дет преподава́ть	
	Мы	бу́дем преподава́ть	
	Вы	бу́дете преподава́ть	
	Они	бу́дут преподава́ть	
COND.	Я, Ты, Он	преподава́л бы	
	Я, Ты, Она	преподава́ла бы	
	Оно	преподава́ло бы	
	Мы, Вы, Они	преподава́ли бы	
IMP.	Ты	преподава́й	
	Вы	преподава́йте	

DEVERBALS

PRES. ACT.	преподаю́щий
PRES. PASS.	преподава́емый
PAST ACT.	преподава́вший
PAST PASS.	
VERBAL ADVERB	преподава́я

преподава́ть что кому

---

30 лет я преподаю английский.	I have been teaching English for 30 years.
Нам это вообще не преподавали.	They didn't teach us that at all.
Преподавай оживленно.	Teach in a lively manner.

прибавля́ть (ся) / приба́вить (ся)

to add, increase

		IMPERFECTIVE ASPECT	PERFECTIVE ASPECT
INF.		прибавля́ть (ся)	приба́вить (ся)
PRES.	Я	прибавля́ю (сь)	
	Ты	прибавля́ешь (ся)	
	Он/она/оно	прибавля́ет (ся)	
	Мы	прибавля́ем (ся)	
	Вы	прибавля́ете (сь)	
	Они	прибавля́ют (ся)	
PAST	Я, Ты, Он	прибавля́л (ся)	приба́вил (ся)
	Я, Ты, Она	прибавля́ла (сь)	приба́вила (сь)
	Оно	прибавля́ло (сь)	приба́вило (сь)
	Мы, Вы, Они	прибавля́ли (сь)	приба́вили (сь)
FUT.	Я	бу́ду прибавля́ть (ся)	приба́влю (сь)
	Ты	бу́дешь прибавля́ть (ся)	приба́вишь (ся)
	Он/она/оно	бу́дет прибавля́ть (ся)	приба́вит (ся)
	Мы	бу́дем прибавля́ть (ся)	приба́вим (ся)
	Вы	бу́дете прибавля́ть (ся)	приба́вите (сь)
	Они	бу́дут прибавля́ть (ся)	приба́вят (ся)
COND.	Я, Ты, Он	прибавля́л (ся) бы	приба́вил (ся) бы
	Я, Ты, Она	прибавля́ла (сь) бы	приба́вила (сь) бы
	Оно	прибавля́ло (сь) бы	приба́вило (сь) бы
	Мы, Вы, Они	прибавля́ли (сь) бы	приба́вили (сь) бы
IMP.	Ты	прибавля́й (ся)	приба́вь (ся)
	Вы	прибавля́йте (сь)	приба́вьте (сь)

DEVERBALS

	IMPERFECTIVE	PERFECTIVE
PRES. ACT.	прибавля́ющий (ся)	
PRES. PASS.	прибавля́емый	
PAST ACT.	прибавля́вший (ся)	приба́вивший (ся)
PAST PASS.		приба́вленный
VERBAL ADVERB	прибавля́я (сь)	приба́вив (шись)

прибавля́ть что, чего, в чём

Не годы к жизни прибавляйте. Прибавляйте жизнь к годам.	Don't add years to your life. Add life to your years.
Прибавим теплоты в нашу жизнь.	We will add a little warmth to our life.
Еще прибавился один год моей жизни.	And another year was added to my life.

прибега́ть / прибежа́ть
to come running

		IMPERFECTIVE ASPECT	PERFECTIVE ASPECT
INF.		прибега́ть	прибежа́ть
PRES.	Я	прибега́ю	
	Ты	прибега́ешь	
	Он/она́/оно́	прибега́ет	
	Мы	прибега́ем	
	Вы	прибега́ете	
	Они́	прибега́ют	
PAST	Я, Ты, Он	прибега́л	прибежа́л
	Я, Ты, Она	прибега́ла	прибежа́ла
	Оно	прибега́ло	прибежа́ло
	Мы, Вы, Они	прибега́ли	прибежа́ли
FUT.	Я	бу́ду прибега́ть	прибегу́
	Ты	бу́дешь прибега́ть	прибежи́шь
	Он/она́/оно́	бу́дет прибега́ть	прибежи́т
	Мы	бу́дем прибега́ть	прибежи́м
	Вы	бу́дете прибега́ть	прибежи́те
	Они́	бу́дут прибега́ть	прибегу́т
COND.	Я, Ты, Он	прибега́л бы	прибежа́л бы
	Я, Ты, Она	прибега́ла бы	прибежа́ла бы
	Оно	прибега́ло бы	прибежа́ло бы
	Мы, Вы, Они	прибега́ли бы	прибежа́ли бы
IMP.	Ты	прибега́й	прибеги́
	Вы	прибега́йте	прибеги́те

DEVERBALS

	IMPERFECTIVE ASPECT	PERFECTIVE ASPECT
PRES. ACT.	прибега́ющий	
PRES. PASS.		
PAST ACT.	прибега́вший	прибежа́вший
PAST PASS.		
VERBAL ADVERB	прибега́я	прибежа́в

Я прибегаю к твоей помощи.
Он прибежит, как верная собака.
Прибежали в избу дети.

I am running to your aid.
He will come running like a faithful dog.
The children ran into the hut.

приближа́ть (ся) / прибли́зить (ся)

to move closer, hasten

		IMPERFECTIVE ASPECT	PERFECTIVE ASPECT
INF.		приближа́ть (ся)	прибли́зить (ся)
PRES.	Я	приближа́ю (сь)	
	Ты	приближа́ешь (ся)	
	Он/она/оно	приближа́ет (ся)	
	Мы	приближа́ем (ся)	
	Вы	приближа́ете (сь)	
	Они	приближа́ют (ся)	
PAST	Я, Ты, Он	приближа́л (ся)	прибли́зил (ся)
	Я, Ты, Она	приближа́ла (сь)	прибли́зила (сь)
	Оно	приближа́ло (сь)	прибли́зило (сь)
	Мы, Вы, Они	приближа́ли (сь)	прибли́зили (сь)
FUT.	Я	бу́ду приближа́ть (ся)	прибли́жу (сь)
	Ты	бу́дешь приближа́ть (ся)	прибли́зишь (ся)
	Он/она/оно	бу́дет приближа́ть (ся)	прибли́зит (ся)
	Мы	бу́дем приближа́ть (ся)	прибли́зим (ся)
	Вы	бу́дете приближа́ть (ся)	прибли́зите (сь)
	Они	бу́дут приближа́ть (ся)	прибли́зят (ся)
COND.	Я, Ты, Он	приближа́л (ся) бы	прибли́зил (ся) бы
	Я, Ты, Она	приближа́ла (сь) бы	прибли́зила (сь) бы
	Оно	приближа́ло (сь) бы	прибли́зило (сь) бы
	Мы, Вы, Они	приближа́ли (сь) бы	прибли́зили (сь) бы
IMP.	Ты	приближа́й (ся)	прибли́зь (ся)
	Вы	приближа́йте (сь)	прибли́зьте (сь)

DEVERBALS

	IMPERFECTIVE	PERFECTIVE
PRES. ACT.	приближа́ющий (ся)	
PRES. PASS.	приближа́емый	
PAST ACT.	приближа́вший (ся)	прибли́зивший (ся)
PAST PASS.		прибли́женный
VERBAL ADVERB	приближа́я (сь)	прибли́зив (шись)

приближа́ть кого – что к кому – чему

Выборы приближаются.
Приблизьтесь . . . ближе . . . ближе.
Таким образом мы приблизим начало распада.

Elections are approaching.
Come closer . . . closer . . . closer.
In this way we will hasten the beginning
of the collapse.

привлека́ть / привле́чь
to attract, draw into

	IMPERFECTIVE ASPECT	PERFECTIVE ASPECT
INF.	привлека́ть	привле́чь
PRES. Я	привлека́ю	
Ты	привлека́ешь	
Он/она/оно	привлека́ет	
Мы	привлека́ем	
Вы	привлека́ете	
Они	привлека́ют	
PAST Я, Ты, Он	привлека́л	привлёк
Я, Ты, Она	привлека́ла	привлекла́
Оно	привлека́ло	привлекло́
Мы, Вы, Они	привлека́ли	привлекли́
FUT. Я	бу́ду привлека́ть	привлеку́
Ты	бу́дешь привлека́ть	привлечёшь
Он/она/оно	бу́дет привлека́ть	привлечёт
Мы	бу́дем привлека́ть	привлечём
Вы	бу́дете привлека́ть	привлечёте
Они	бу́дут привлека́ть	привлеку́т
COND. Я, Ты, Он	привлека́л бы	привлёк бы
Я, Ты, Она	привлека́ла бы	привлекла́ бы
Оно	привлека́ло бы	привлекло́ бы
Мы, Вы, Они	привлека́ли бы	привлекли́ бы
IMP. Ты	привлека́й	привлеки́
Вы	привлека́йте	привлеки́те

DEVERBALS

PRES. ACT.	привлека́ющий	
PRES. PASS.	привлека́емый	
PAST ACT.	привлека́вший	привлёкший
PAST PASS.		привлечённый
		привлечён, привлечена́
VERBAL ADVERB	привлека́я	привлёкши

привлека́ть кого – что к чему

Новая реклама привлекает внимание туристов.	The new ad is attracting the attention of tourists.
Рембрандт привлек миллионы людей.	Rembrandt attracted millions of people.
Всех соберем и привлечем к работе.	We'll gather everyone and enlist them in work.

		IMPERFECTIVE ASPECT	PERFECTIVE ASPECT
INF.		приводи́ть	привести́
PRES.	Я	привожу́	
	Ты	приво́дишь	
	Он/она/оно	приво́дит	
	Мы	приво́дим	
	Вы	приво́дите	
	Они	приво́дят	
PAST	Я, Ты, Он	приводи́л	привёл
	Я, Ты, Она	приводи́ла	привела́
	Оно	приводи́ло	привело́
	Мы, Вы, Они	приводи́ли	привели́
FUT.	Я	бу́ду приводи́ть	приведу́
	Ты	бу́дешь приводи́ть	приведёшь
	Он/она/оно	бу́дет приводи́ть	приведёт
	Мы	бу́дем приводи́ть	приведём
	Вы	бу́дете приводи́ть	приведёте
	Они	бу́дут приводи́ть	приведу́т
COND.	Я, Ты, Он	приводи́л бы	привёл бы
	Я, Ты, Она	приводи́ла бы	привела́ бы
	Оно	приводи́ло бы	привело́ бы
	Мы, Вы, Они	приводи́ли бы	привели́ бы
IMP.	Ты	приводи́	приведи́
	Вы	приводи́те	приведи́те

DEVERBALS

PRES. ACT.	приводя́щий	
PRES. PASS.	приводи́мый	
PAST ACT.	приводи́вший	приве́дший
PAST PASS.		приведённый приведён, приведена́
VERBAL ADVERB	приводя́	приведя́

приводи́ть кого – что во что, к чему

Приводите к нам детей.	Bring the children to us.
Картина привела директора Эрмитажа в восторг.	The painting delighted the director of the Hermitage.
Я приведу к вам новых клиентов.	I will bring new clients to you.

П

привыка́ть / привы́кнуть
to get used to, accustomed

		IMPERFECTIVE ASPECT	PERFECTIVE ASPECT
INF.		привыка́ть	привы́кнуть
PRES.	Я	привыка́ю	
	Ты	привыка́ешь	
	Он/она/оно	привыка́ет	
	Мы	привыка́ем	
	Вы	привыка́ете	
	Они	привыка́ют	
PAST	Я, Ты, Он	привыка́л	привы́к
	Я, Ты, Она	привыка́ла	привы́кла
	Оно	привыка́ло	привы́кло
	Мы, Вы, Они	привыка́ли	привы́кли
FUT.	Я	бу́ду привыка́ть	привы́кну
	Ты	бу́дешь привыка́ть	привы́кнешь
	Он/она/оно	бу́дет привыка́ть	привы́кнет
	Мы	бу́дем привыка́ть	привы́кнем
	Вы	бу́дете привыка́ть	привы́кнете
	Они	бу́дут привыка́ть	привы́кнут
COND.	Я, Ты, Он	привыка́л бы	привы́к бы
	Я, Ты, Она	привыка́ла бы	привы́кла бы
	Оно	привыка́ло бы	привы́кло бы
	Мы, Вы, Они	привыка́ли бы	привы́кли бы
IMP.	Ты	привыка́й	привы́кни
	Вы	привыка́йте	привы́кните

DEVERBALS

	IMPERFECTIVE ASPECT	PERFECTIVE ASPECT
PRES. ACT.	привыка́ющий	
PRES. PASS.		
PAST ACT.	привыка́вший	привы́кший
PAST PASS.		
VERBAL ADVERB	привыка́я	привы́кнув

привыка́ть к кому – чему, + infinitive

Привыкаем к зимнему времени.	We are getting accustomed to wintry weather.
Мы привыкли к шокирующим цифрам.	We grew accustomed to shocking numbers.
Мы к нему привыкнем.	We will get used to him.

358

		IMPERFECTIVE ASPECT	PERFECTIVE ASPECT
INF.		приглаша́ть	пригласи́ть
PRES.	Я	приглаша́ю	
	Ты	приглаша́ешь	
	Он/она/оно	приглаша́ет	
	Мы	приглаша́ем	
	Вы	приглаша́ете	
	Они	приглаша́ют	
PAST	Я, Ты, Он	приглаша́л	пригласи́л
	Я, Ты, Она	приглаша́ла	пригласи́ла
	Оно	приглаша́ло	пригласи́ло
	Мы, Вы, Они	приглаша́ли	пригласи́ли
FUT.	Я	бу́ду приглаша́ть	приглашу́
	Ты	бу́дешь приглаша́ть	пригласи́шь
	Он/она/оно	бу́дет приглаша́ть	пригласи́т
	Мы	бу́дем приглаша́ть	пригласи́м
	Вы	бу́дете приглаша́ть	пригласи́те
	Они	бу́дут приглаша́ть	приглася́т
COND.	Я, Ты, Он	приглаша́л бы	пригласи́л бы
	Я, Ты, Она	приглаша́ла бы	пригласи́ла бы
	Оно	приглаша́ло бы	пригласи́ло бы
	Мы, Вы, Они	приглаша́ли бы	пригласи́ли бы
IMP.	Ты	приглаша́й	пригласи́
	Вы	приглаша́йте	пригласи́те

DEVERBALS

PRES. ACT.	приглаша́ющий	
PRES. PASS.	приглаша́емый	
PAST ACT.	приглаша́вший	пригласи́вший
PAST PASS.		приглашённый
		приглашён, приглашена́
VERBAL ADVERB	приглаша́я	пригласи́в

приглаша́ть кого – что на что

Приглашают на работу.	Job applications are invited.
Наша гостиница пригласит в новые номера.	Our hotel will invite you into new rooms.
На Кремлевскую елку приглашены самые талантливые дети.	The most talented children were invited to the Kremlin holiday tree.

приговáривать / приговорúть
to sentence, condemn

		IMPERFECTIVE ASPECT	PERFECTIVE ASPECT
INF.		приговáривать	приговорúть
PRES.	Я	приговáриваю	
	Ты	приговáриваешь	
	Он/она/оно	приговáривает	
	Мы	приговáриваем	
	Вы	приговáриваете	
	Они	приговáривают	
PAST	Я, Ты, Он	приговáривал	приговорúл
	Я, Ты, Она	приговáривала	приговорúла
	Оно	приговáривало	приговорúло
	Мы, Вы, Они	приговáривали	приговорúли
FUT.	Я	бýду приговáривать	приговорю́
	Ты	бýдешь приговáривать	приговорúшь
	Он/она/оно	бýдет приговáривать	приговорúт
	Мы	бýдем приговáривать	приговорúм
	Вы	бýдете приговáривать	приговорúте
	Они	бýдут приговáривать	приговоря́т
COND.	Я, Ты, Он	приговáривал бы	приговорúл бы
	Я, Ты, Она	приговáривала бы	приговорúла бы
	Оно	приговáривало бы	приговорúло бы
	Мы, Вы, Они	приговáривали бы	приговорúли бы
IMP.	Ты	приговáривай	приговорú
	Вы	приговáривайте	приговорúте

DEVERBALS

	IMPERFECTIVE	PERFECTIVE
PRES. ACT.	приговáривающий	
PRES. PASS.	приговáриваемый	
PAST ACT.	приговáривавший	приговорúвший
PAST PASS.		приговорённый
		приговорён, приговоренá
VERBAL ADVERB	приговáривая	приговорúв

приговáривать кого – что к чему

Суд приговаривает фирму к денежному штрафу.	The court is sentencing the firm to a monetary fine.
Его приговорили к трем годам.	He was sentenced to three years.
Остальные приговорены к долгим срокам.	The others were sentenced to long terms.

приготовля́ть (ся) / пригото́вить (ся)

to prepare, make ready, cook (prepare oneself)

		IMPERFECTIVE ASPECT	PERFECTIVE ASPECT
INF.		приготовля́ть (ся)	пригото́вить (ся)
PRES.	Я	приготовля́ю (сь)	
	Ты	приготовля́ешь (ся)	
	Он/она/оно	приготовля́ет (ся)	
	Мы	приготовля́ем (ся)	
	Вы	приготовля́ете (сь)	
	Они	приготовля́ют (ся)	
PAST	Я, Ты, Он	приготовля́л (ся)	пригото́вил (ся)
	Я, Ты, Она	приготовля́ла (сь)	пригото́вила (сь)
	Оно	приготовля́ло (сь)	пригото́вило (сь)
	Мы, Вы, Они	приготовля́ли (сь)	пригото́вили (сь)
FUT.	Я	бу́ду приготовля́ть (ся)	пригото́влю (сь)
	Ты	бу́дешь приготовля́ть (ся)	пригото́вишь (ся)
	Он/она/оно	бу́дет приготовля́ть (ся)	пригото́вит (ся)
	Мы	бу́дем приготовля́ть (ся)	пригото́вим (ся)
	Вы	бу́дете приготовля́ть (ся)	пригото́вите (сь)
	Они	бу́дут приготовля́ть (ся)	пригото́вят (ся)
COND.	Я, Ты, Он	приготовля́л (ся) бы	пригото́вил (ся) бы
	Я, Ты, Она	приготовля́ла (сь) бы	пригото́вила (сь) бы
	Оно	приготовля́ло (сь) бы	пригото́вило (сь) бы
	Мы, Вы, Они	приготовля́ли (сь) бы	пригото́вили (сь) бы
IMP.	Ты	приготовля́й (ся)	пригото́вь (ся)
	Вы	приготовля́йте (сь)	пригото́вьте (сь)

DEVERBALS

PRES. ACT.	приготовля́ющий (ся)	
PRES. PASS.	приготовля́емый	
PAST ACT.	приготовля́вший (ся)	пригото́вивший (ся)
PAST PASS.		пригото́вленный
VERBAL ADVERB	приготовля́я (сь)	пригото́вив (шись)

приготовля́ть что
Another verbal pair is **пригота́вливать (ся) / пригото́вить (ся)**

Как можно приготовить вкусную кашу.	How to prepare delicious porridge.
Они уже приготовились к визиту.	They have already prepared for the visit.
Приготовьте носовые платки, на экраны выходит очень грустная мелодрама.	Get your handkerchiefs ready; a really sad melodrama is coming to movie screens.

придýмывать (ся) / придýмать (ся)
to think up, invent

		IMPERFECTIVE ASPECT	PERFECTIVE ASPECT
INF.		придýмывать (ся)	придýмать (ся)
PRES.	Я	придýмываю	
	Ты	придýмываешь	
	Он/она/оно	придýмывает (ся)	
	Мы	придýмываем	
	Вы	придýмываете	
	Они	придýмывают (ся)	
PAST	Я, Ты, Он	придýмывал (ся)	придýмал (ся)
	Я, Ты, Она	придýмывала (сь)	придýмала (сь)
	Оно	придýмывало (сь)	придýмало (сь)
	Мы, Вы, Они	придýмывали (сь)	придýмали (сь)
FUT.	Я	бýду придýмывать	придýмаю
	Ты	бýдешь придýмывать	придýмаешь
	Он/она/оно	бýдет придýмывать (ся)	придýмает (ся)
	Мы	бýдем придýмывать	придýмаем
	Вы	бýдете придýмывать	придýмаете
	Они	бýдут придýмывать (ся)	придýмают (ся)
COND.	Я, Ты, Он	придýмывал (ся) бы	придýмал (ся) бы
	Я, Ты, Она	придýмывала (сь) бы	придýмала (сь) бы
	Оно	придýмывало (сь) бы	придýмало (сь) бы
	Мы, Вы, Они	придýмывали (сь) бы	придýмали (сь) бы
IMP.	Ты	придýмывай	придýмай
	Вы	придýмывайте	придýмайте

DEVERBALS

	IMPERFECTIVE ASPECT	PERFECTIVE ASPECT
PRES. ACT.	придýмывающий (ся)	
PRES. PASS.	придýмываемый	
PAST ACT.	придýмывавший (ся)	придýмавший (ся)
PAST PASS.		придýманный
VERBAL ADVERB	придýмывая (сь)	придýмав (шись)

придýмывать что

Я придумываю сказки.	I make up fairy tales.
Придумался анекдот.	A joke was made up.
Придумайте название к картинке.	Think up a name for the painting.

	IMPERFECTIVE ASPECT	PERFECTIVE ASPECT
INF.	приезжа́ть	прие́хать
PRES. Я	приезжа́ю	
Ты	приезжа́ешь	
Он/она/оно	приезжа́ет	
Мы	приезжа́ем	
Вы	приезжа́ете	
Они	приезжа́ют	
PAST Я, Ты, Он	приезжа́л	прие́хал
Я, Ты, Она	приезжа́ла	прие́хала
Оно	приезжа́ло	прие́хало
Мы, Вы, Они	приезжа́ли	прие́хали
FUT. Я	бу́ду приезжа́ть	прие́ду
Ты	бу́дешь приезжа́ть	прие́дешь
Он/она/оно	бу́дет приезжа́ть	прие́дет
Мы	бу́дем приезжа́ть	прие́дем
Вы	бу́дете приезжа́ть	прие́дете
Они	бу́дут приезжа́ть	прие́дут
COND. Я, Ты, Он	приезжа́л бы	прие́хал бы
Я, Ты, Она	приезжа́ла бы	прие́хала бы
Оно	приезжа́ло бы	прие́хало бы
Мы, Вы, Они	приезжа́ли бы	прие́хали бы
IMP. Ты	приезжа́й	
Вы	приезжа́йте	

П

DEVERBALS

PRES. ACT.	приезжа́ющий	
PRES. PASS.		
PAST ACT.	приезжа́вший	прие́хавший
PAST PASS.		
VERBAL ADVERB	приезжа́я	прие́хав

Мы купили дачу на Черном море и приезжаем туда даже зимой.	We purchased a vacation home on the Black Sea and go there even in winter.
К нам приехали родственники.	Our relatives came to visit.
Приезжайте отдыхать в Крым.	Come to the Crimea to vacation.

приземля́ть (ся) / приземли́ть (ся)
to land (come in for landing, touch down)

		IMPERFECTIVE ASPECT	PERFECTIVE ASPECT
INF.		приземля́ть (ся)	приземли́ть (ся)
PRES.	Я	приземля́ю (сь)	
	Ты	приземля́ешь (ся)	
	Он/она/оно	приземля́ет (ся)	
	Мы	приземля́ем (ся)	
	Вы	приземля́ете (сь)	
	Они	приземля́ют (ся)	
PAST	Я, Ты, Он	приземля́л (ся)	приземли́л (ся)
	Я, Ты, Она	приземля́ла (сь)	приземли́ла (сь)
	Оно	приземля́ло (сь)	приземли́ло (сь)
	Мы, Вы, Они	приземля́ли (сь)	приземли́ли (сь)
FUT.	Я	бу́ду приземля́ть (ся)	приземлю́ (сь)
	Ты	бу́дешь приземля́ть (ся)	приземли́шь (ся)
	Он/она/оно	бу́дет приземля́ть (ся)	приземли́т (ся)
	Мы	бу́дем приземля́ть (ся)	приземли́м (ся)
	Вы	бу́дете приземля́ть (ся)	приземли́те (сь)
	Они	бу́дут приземля́ть (ся)	приземля́т (ся)
COND.	Я, Ты, Он	приземля́л (ся) бы	приземли́л (ся) бы
	Я, Ты, Она	приземля́ла (сь) бы	приземли́ла (сь) бы
	Оно	приземля́ло (сь) бы	приземли́ло (сь) бы
	Мы, Вы, Они	приземля́ли (сь) бы	приземли́ли (сь) бы
IMP.	Ты	приземля́й (ся)	приземли́ (сь)
	Вы	приземля́йте (сь)	приземли́те (сь)

DEVERBALS

	IMPERFECTIVE	PERFECTIVE
PRES. ACT.	приземля́ющий (ся)	
PRES. PASS.	приземля́емый	
PAST ACT.	приземля́вший (ся)	приземли́вший (ся)
PAST PASS.		приземлённый приземлён, приземлена́
VERBAL ADVERB	приземля́я (сь)	приземли́в (шись)

приземля́ть что

Через пять часов приземляемся в Иркутске.	In five hours we are landing in Irkutsk.
Я не знал, где нас приземлят.	I didn't know where they would get us to land.
Как только мы приземлимся, мы вам позвоним.	As soon as we land, we'll call you.

признава́ть (ся) / призна́ть (ся)
to recognize, admit (confess)

		IMPERFECTIVE ASPECT	PERFECTIVE ASPECT
INF.		признава́ть (ся)	призна́ть (ся)
PRES.	Я	признаю́ (сь)	
	Ты	признаёшь (ся)	
	Он/она́/оно́	признаёт (ся)	
	Мы	признаём (ся)	
	Вы	признаёте (сь)	
	Они́	признаю́т (ся)	
PAST	Я, Ты, Он	признава́л (ся)	призна́л (ся)
	Я, Ты, Она́	признава́ла (сь)	призна́ла (сь)
	Оно́	признава́ло (сь)	призна́ло (сь)
	Мы, Вы, Они́	признава́ли (сь)	призна́ли (сь)
FUT.	Я	бу́ду признава́ть (ся)	признаю́ (сь)
	Ты	бу́дешь признава́ть (ся)	призна́ешь (ся)
	Он/она́/оно́	бу́дет признава́ть (ся)	призна́ет (ся)
	Мы	бу́дем признава́ть (ся)	призна́ем (ся)
	Вы	бу́дете признава́ть (ся)	призна́ете (сь)
	Они́	бу́дут признава́ть (ся)	призна́ют (ся)
COND.	Я, Ты, Он	признава́л (ся) бы	призна́л (ся) бы
	Я, Ты, Она́	признава́ла (сь) бы	призна́ла (сь) бы
	Оно́	признава́ло (сь) бы	призна́ло (сь) бы
	Мы, Вы, Они́	признава́ли (сь) бы	призна́ли (сь) бы
IMP.	Ты	признава́й (ся)	призна́й (ся)
	Вы	признава́йте (сь)	призна́йте (сь)

DEVERBALS

PRES. ACT.	признаю́щий (ся)	
PRES. PASS.	признава́емый	
PAST ACT.	признава́вший (ся)	призна́вший (ся)
PAST PASS.		призна́нный
VERBAL ADVERB	признава́я (сь)	призна́в (шись)

признава́ть кого – что кем – чем, в ком – чём; признава́ться кому – чему в чём

Признавайте свои ошибки.	Admit your mistakes.
Сколько раз вам признавались в любви?	How many times have people said they loved you?
Профессор признался в шпионаже.	The professor confessed to espionage.

прика́зывать / приказа́ть
to order, command, give orders

	IMPERFECTIVE ASPECT	PERFECTIVE ASPECT
INF.	прика́зывать	приказа́ть
PRES. Я	прика́зываю	
Ты	прика́зываешь	
Он/она/оно	прика́зывает	
Мы	прика́зываем	
Вы	прика́зываете	
Они	прика́зывают	
PAST Я, Ты, Он	прика́зывал	приказа́л
Я, Ты, Она	прика́зывала	приказа́ла
Оно	прика́зывало	приказа́ло
Мы, Вы, Они	прика́зывали	приказа́ли
FUT. Я	бу́ду прика́зывать	прикажу́
Ты	бу́дешь прика́зывать	прика́жешь
Он/она/оно	бу́дет прика́зывать	прика́жет
Мы	бу́дем прика́зывать	прика́жем
Вы	бу́дете прика́зывать	прика́жете
Они	бу́дут прика́зывать	прика́жут
COND. Я, Ты, Он	прика́зывал бы	приказа́л бы
Я, Ты, Она	прика́зывала бы	приказа́ла бы
Оно	прика́зывало бы	приказа́ло бы
Мы, Вы, Они	прика́зывали бы	приказа́ли бы
IMP. Ты	прика́зывай	прикажи́
Вы	прика́зывайте	прикажи́те

DEVERBALS

PRES. ACT.	прика́зывающий	
PRES. PASS.	прика́зываемый	
PAST ACT.	прика́зывавший	приказа́вший
PAST PASS.		прика́занный
VERBAL ADVERB	прика́зывая	приказа́в

прика́зывать кому – чему, + infinitive

Что ты ему приказываешь?	What are you ordering him to do?
Фирме приказали снизить тарифы.	The company was ordered to lower the rates.
Туристам было приказано покинуть город.	The tourists were ordered to leave the city.

		IMPERFECTIVE ASPECT	PERFECTIVE ASPECT
INF.		прилета́ть	прилете́ть
PRES.	Я	прилета́ю	
	Ты	прилета́ешь	
	Он/она/оно	прилета́ет	
	Мы	прилета́ем	
	Вы	прилета́ете	
	Они	прилета́ют	
PAST	Я, Ты, Он	прилета́л	прилете́л
	Я, Ты, Она	прилета́ла	прилете́ла
	Оно	прилета́ло	прилете́ло
	Мы, Вы, Они	прилета́ли	прилете́ли
FUT.	Я	бу́ду прилета́ть	прилечу́
	Ты	бу́дешь прилета́ть	прилети́шь
	Он/она/оно	бу́дет прилета́ть	прилети́т
	Мы	бу́дем прилета́ть	прилети́м
	Вы	бу́дете прилета́ть	прилети́те
	Они	бу́дут прилета́ть	прилетя́т
COND.	Я, Ты, Он	прилета́л бы	прилете́л бы
	Я, Ты, Она	прилета́ла бы	прилете́ла бы
	Оно	прилета́ло бы	прилете́ло бы
	Мы, Вы, Они	прилета́ли бы	прилете́ли бы
IMP.	Ты	прилета́й	прилети́
	Вы	прилета́йте	прилети́те

DEVERBALS

	IMPERFECTIVE ASPECT	PERFECTIVE ASPECT
PRES. ACT.	прилета́ющий	
PRES. PASS.		
PAST ACT.	прилета́вший	прилете́вший
PAST PASS.		
VERBAL ADVERB	прилета́я	прилете́в

Самолеты из США прилетят в Москву с опозданием на четыре часа.	Flights from the U.S. will arrive in Moscow four hours late.
Я к тебе прилечу.	I will fly to you.
Американские сенаторы прилетели в Сирию для обсуждений.	American senators flew into Syria for discussions.

принадлежа́ть

to belong [to]

		IMPERFECTIVE ASPECT	PERFECTIVE ASPECT
INF.		принадлежа́ть	
PRES.	Я	принадлежу́	
	Ты	принадлежи́шь	
	Он/она/оно	принадлежи́т	
	Мы	принадлежи́м	
	Вы	принадлежи́те	
	Они	принадлежа́т	
PAST	Я, Ты, Он	принадлежа́л	
	Я, Ты, Она	принадлежа́ла	
	Оно	принадлежа́ло	
	Мы, Вы, Они	принадлежа́ли	
FUT.	Я	бу́ду принадлежа́ть	
	Ты	бу́дешь принадлежа́ть	
	Он/она/оно	бу́дет принадлежа́ть	
	Мы	бу́дем принадлежа́ть	
	Вы	бу́дете принадлежа́ть	
	Они	бу́дут принадлежа́ть	
COND.	Я, Ты, Он	принадлежа́л бы	
	Я, Ты, Она	принадлежа́ла бы	
	Оно	принадлежа́ло бы	
	Мы, Вы, Они	принадлежа́ли бы	
IMP.	Ты	принадлежи́	
	Вы	принадлежи́те	

DEVERBALS

	IMPERFECTIVE ASPECT	PERFECTIVE ASPECT
PRES. ACT.	принадлежа́щий	
PRES. PASS.		
PAST ACT.	принадлежа́вший	
PAST PASS.		
VERBAL ADVERB	принадлежа́	

принадлежа́ть кому – чему, к чему

Все права принадлежат Русскому Музею.	All rights belong to the Russian Museum.
Я принадлежу к рабочему классу.	I'm a member of the working class.
Мы принадлежим к мировому рынку.	We belong to the global market.

принима́ть (ся) / приня́ть (ся)
to take, accept, receive, admit

		IMPERFECTIVE ASPECT	PERFECTIVE ASPECT
INF.		принима́ть (ся)	приня́ть (ся)
PRES.	Я	принима́ю (сь)	
	Ты	принима́ешь (ся)	
	Он/она/оно	принима́ет (ся)	
	Мы	принима́ем (ся)	
	Вы	принима́ете (сь)	
	Они	принима́ют (ся)	
PAST	Я, Ты, Он	принима́л (ся)	при́нял – принялся́
	Я, Ты, Она	принима́ла (сь)	приняла́ (сь)
	Оно	принима́ло (сь)	при́няло – приняло́сь
	Мы, Вы, Они	принима́ли (сь)	при́няли – приняли́сь
FUT.	Я	бу́ду принима́ть (ся)	приму́ (сь)
	Ты	бу́дешь принима́ть (ся)	при́мешь (ся)
	Он/она/оно	бу́дет принима́ть (ся)	при́мет (ся)
	Мы	бу́дем принима́ть (ся)	при́мем (ся)
	Вы	бу́дете принима́ть (ся)	при́мете (сь)
	Они	бу́дут принима́ть (ся)	при́мут (ся)
COND.	Я, Ты, Он	принима́л (ся) бы	при́нял – принялся́ бы
	Я, Ты, Она	принима́ла (сь) бы	приняла́ (сь) бы
	Оно	принима́ло (сь) бы	при́няло – приняло́сь бы
	Мы, Вы, Они	принима́ли (сь) бы	при́няли – приняли́сь бы
IMP.	Ты	принима́й (ся)	прими́ (сь)
	Вы	принима́йте (сь)	прими́те (сь)

DEVERBALS

PRES. ACT.	принима́ющий (ся)	
PRES. PASS.	принима́емый	
PAST ACT.	принима́вший (ся)	приня́вший (ся)
PAST PASS.		при́нятый
		при́нят, принята́, при́нято
VERBAL ADVERB	принима́я (сь)	приня́в (шись)

принима́ть кого – что во что; принима́ться за что, за кого

Принимаю любую критику и пожелания.
Совет Безопасности ООН единогласно принял резолюцию.
Автор принялся за мемуары.

I accept any criticism and wishes.
The U.N. Security Council unanimously passed the resolution.
The author started working on his memoirs.

приноси́ть / принести́
to bring, carry to

	IMPERFECTIVE ASPECT	PERFECTIVE ASPECT
INF.	приноси́ть	принести́
PRES. Я	приношу́	
Ты	прино́сишь	
Он/она/оно	прино́сит	
Мы	прино́сим	
Вы	прино́сите	
Они	прино́сят	
PAST Я, Ты, Он	приноси́л	принёс
Я, Ты, Она	приноси́ла	принесла́
Оно	приноси́ло	принесло́
Мы, Вы, Они	приноси́ли	принесли́
FUT. Я	бу́ду приноси́ть	принесу́
Ты	бу́дешь приноси́ть	принесёшь
Он/она/оно	бу́дет приноси́ть	принесёт
Мы	бу́дем приноси́ть	принесём
Вы	бу́дете приноси́ть	принесёте
Они	бу́дут приноси́ть	принесу́т
COND. Я, Ты, Он	приноси́л бы	принёс бы
Я, Ты, Она	приноси́ла бы	принесла́ бы
Оно	приноси́ло бы	принесло́ бы
Мы, Вы, Они	приноси́ли бы	принесли́ бы
IMP. Ты	приноси́	принеси́
Вы	приноси́те	принеси́те

DEVERBALS

PRES. ACT.	принося́щий	
PRES. PASS.	приноси́мый	
PAST ACT.	приноси́вший	принёсший
PAST PASS.		принесённый
		принесён, принесена́
VERBAL ADVERB	принося́	принеся́

приноси́ть кого – что

Почему новый проект не приносит прибыли?	Why isn't the new project making a profit?
Дед Мороз принес нам дорогой подарок.	Father Frost brought us an expensive gift.
Мы принесем уют в ваш дом.	We will bring comfort to your home.

приобрета́ть (ся) / приобрести́ (сь)
to acquire, purchase, gain

		IMPERFECTIVE ASPECT	PERFECTIVE ASPECT
INF.		приобрета́ть (ся)	приобрести́ (сь)
PRES.	Я	приобрета́ю (сь)	
	Ты	приобрета́ешь (ся)	
	Он/она/оно	приобрета́ет (ся)	
	Мы	приобрета́ем (ся)	
	Вы	приобрета́ете (сь)	
	Они	приобрета́ют (ся)	
PAST	Я, Ты, Он	приобрета́л (ся)	приобрёл (ся)
	Я, Ты, Она	приобрета́ла (сь)	приобрела́ (сь)
	Оно	приобрета́ло (сь)	приобрело́ (сь)
	Мы, Вы, Они	приобрета́ли (сь)	приобрели́ (сь)
FUT.	Я	бу́ду приобрета́ть (ся)	приобрету́ (сь)
	Ты	бу́дешь приобрета́ть (ся)	приобретёшь (ся)
	Он/она/оно	бу́дет приобрета́ть (ся)	приобретёт (ся)
	Мы	бу́дем приобрета́ть (ся)	приобретём (ся)
	Вы	бу́дете приобрета́ть (ся)	приобретёте (сь)
	Они	бу́дут приобрета́ть (ся)	приобрету́т (ся)
COND.	Я, Ты, Он	приобрета́л (ся) бы	приобрёл (ся) бы
	Я, Ты, Она	приобрета́ла (сь) бы	приобрела́ (сь) бы
	Оно	приобрета́ло (сь) бы	приобрело́ (сь) бы
	Мы, Вы, Они	приобрета́ли (сь) бы	приобрели́ (сь) бы
IMP.	Ты	приобрета́й (ся)	приобрети́ (сь)
	Вы	приобрета́йте (сь)	приобрети́те (сь)

DEVERBALS

	IMPERFECTIVE	PERFECTIVE
PRES. ACT.	приобрета́ющий (ся)	
PRES. PASS.	приобрета́емый	
PAST ACT.	приобрета́вший (ся)	приобре́тший (ся)
PAST PASS.		приобретённый приобретён, приобретена́,
VERBAL ADVERB	приобрета́я (сь)	приобретя́ (сь)

приобрета́ть кого – что

Где вы приобретаете орхидеи?	Where can you purchase orchids?
Они приобрели информацию через Интернет.	They acquired the information on the Internet.
Как фобии приобретаются?	How are phobias acquired?

присыла́ть / присла́ть
to send, dispatch

		IMPERFECTIVE ASPECT	PERFECTIVE ASPECT
INF.		присыла́ть	присла́ть
PRES.	Я	присыла́ю	
	Ты	присыла́ешь	
	Он/она/оно	присыла́ет	
	Мы	присыла́ем	
	Вы	присыла́ете	
	Они	присыла́ют	
PAST	Я, Ты, Он	присыла́л	присла́л
	Я, Ты, Она	присыла́ла	присла́ла
	Оно	присыла́ло	присла́ло
	Мы, Вы, Они	присыла́ли	присла́ли
FUT.	Я	бу́ду присыла́ть	пришлю́
	Ты	бу́дешь присыла́ть	пришлёшь
	Он/она/оно	бу́дет присыла́ть	пришлёт
	Мы	бу́дем присыла́ть	пришлём
	Вы	бу́дете присыла́ть	пришлёте
	Они	бу́дут присыла́ть	пришлю́т
COND.	Я, Ты, Он	присыла́л бы	присла́л бы
	Я, Ты, Она	присыла́ла бы	присла́ла бы
	Оно	присыла́ло бы	присла́ло бы
	Мы, Вы, Они	присыла́ли бы	присла́ли бы
IMP.	Ты	присыла́й	пришли́
	Вы	присыла́йте	пришли́те

DEVERBALS

	IMPERFECTIVE ASPECT	PERFECTIVE ASPECT
PRES. ACT.	присыла́ющий	
PRES. PASS.	присыла́емый	
PAST ACT.	присыла́вший	присла́вший
PAST PASS.		при́сланный
VERBAL ADVERB	присыла́я	присла́в

присыла́ть кого – что

Спасибо за то что присылаете.	Thank you for what you are sending.
Пришлите нам ваше мнение о нас.	Send us your opinion of us.
Уже присланы первые четыре работы.	The first four works were already sent.

	IMPERFECTIVE ASPECT	PERFECTIVE ASPECT
INF.	приходи́ть (ся)	прийти́ (сь)
PRES. Я	прихожу́ (сь)	
Ты	прихо́дишь (ся)	
Он/она/оно	прихо́дит (ся)	
Мы	прихо́дим (ся)	
Вы	прихо́дите (сь)	
Они	прихо́дят (ся)	
PAST Я, Ты, Он	приходи́л (ся)	пришёл (ся)
Я, Ты, Она	приходи́ла (сь)	пришла́ (сь)
Оно	приходи́ло (сь)	пришло́ (сь)
Мы, Вы, Они	приходи́ли (сь)	пришли́ (сь)
FUT. Я	бу́ду приходи́ть (ся)	приду́ (сь)
Ты	бу́дешь приходи́ть (ся)	придёшь (ся)
Он/она/оно	бу́дет приходи́ть (ся)	придёт (ся)
Мы	бу́дем приходи́ть (ся)	придём (ся)
Вы	бу́дете приходи́ть (ся)	придёте (сь)
Они	бу́дут приходи́ть (ся)	приду́т (ся)
COND. Я, Ты, Он	приходи́л (ся) бы	пришёл (ся) бы
Я, Ты, Она	приходи́ла (сь) бы	пришла́ (сь) бы
Оно	приходи́ло (сь) бы	пришло́ (сь) бы
Мы, Вы, Они	приходи́ли (сь) бы	пришли́ (сь) бы
IMP. Ты	приходи́ (сь)	приди́ (сь)
Вы	приходи́те (сь)	приди́те (сь)

П

DEVERBALS

PRES. ACT.	приходя́щий (ся)	
PRES. PASS.		
PAST ACT.	приходи́вший (ся)	прише́дший (ся)
PAST PASS.		
VERBAL ADVERB	приходя́ (сь)	придя́ (сь)

приходи́ть во / на что; приходи́ться по чему, кому, во / на что

373

AN ESSENTIAL VERB

приходи́ть (ся) / прийти́ (сь)

Examples

Приходи на меня посмотреть.
Come look at me.

Вам никогда не приходила в
голову такая мысль?
Has such a thought never entered your
head?

Стороны придут к компромиссу.
The sides will arrive at a compromise.

Новый год пришёл в Россию.
The New Year arrived in Russia.

Участникам приходится
пересмотреть стратегию.
The participants have to re-examine
their strategy.

Ему пришлось продать акции.
He had to sell his shares.

Зима понемногу приходит в себя.
Winter is slowly coming around.

На съемках приходится быть
жестокой.
In filming, you have to be harsh.

Иностранним рабочим придется
сдавать экзамен.
Foreign workers will have to take an
exam.

Words and expressions related to this verb

Весна пришла — на все
пошла.

Не придёт память под
старость.

Она пришла в возраст.

приход

пришествие

прихожий

пробовать / попробовать

to try, taste, sample

	IMPERFECTIVE ASPECT	PERFECTIVE ASPECT
INF.	пробовать	попробовать
PRES. Я	пробую	
Ты	пробуешь	
Он/она/оно	пробует	
Мы	пробуем	
Вы	пробуете	
Они	пробуют	
PAST Я, Ты, Он	пробовал	попробовал
Я, Ты, Она	пробовала	попробовала
Оно	пробовало	попробовало
Мы, Вы, Они	пробовали	попробовали
FUT. Я	буду пробовать	попробую
Ты	будешь пробовать	попробуешь
Он/она/оно	будет пробовать	попробует
Мы	будем пробовать	попробуем
Вы	будете пробовать	попробуете
Они	будут пробовать	попробуют
COND. Я, Ты, Он	пробовал бы	попробовал бы
Я, Ты, Она	пробовала бы	попробовала бы
Оно	пробовало бы	попробовало бы
Мы, Вы, Они	пробовали бы	попробовали бы
IMP. Ты	пробуй	попробуй
Вы	пробуйте	попробуйте

DEVERBALS

PRES. ACT.	пробующий	
PRES. PASS.	пробуемый	
PAST ACT.	пробовавший	попробовавший
PAST PASS.		попробованный
VERBAL ADVERB	пробуя	попробовав

пробовать что

Я пробую создать оригинальные картины.	I am trying to create original paintings.
Мы мороженое уже попробовали.	We already tried the ice cream.
Попробуйте технологии будущего раньше всех.	Try out the technologies of the future before anyone else.

проверя́ть / прове́рить
to check, verify

	IMPERFECTIVE ASPECT	PERFECTIVE ASPECT
INF.	проверя́ть	прове́рить
PRES. Я	проверя́ю	
Ты	проверя́ешь	
Он/она/оно	проверя́ет	
Мы	проверя́ем	
Вы	проверя́ете ·	
Они	проверя́ют	
PAST Я, Ты, Он	проверя́л	прове́рил
Я, Ты, Она	проверя́ла	прове́рила
Оно	проверя́ло	прове́рило
Мы, Вы, Они	проверя́ли	прове́рили
FUT. Я	бу́ду проверя́ть	прове́рю
Ты	бу́дешь проверя́ть	прове́ришь
Он/она/оно	бу́дет проверя́ть	прове́рит
Мы	бу́дем проверя́ть	прове́рим
Вы	бу́дете проверя́ть	прове́рите
Они	бу́дут проверя́ть	прове́рят
COND. Я, Ты, Он	проверя́л бы	прове́рил бы
Я, Ты, Она	проверя́ла бы	прове́рила бы
Оно	проверя́ло бы	прове́рило бы
Мы, Вы, Они	проверя́ли бы	прове́рили бы
IMP. Ты	проверя́й	прове́рь
Вы	проверя́йте	прове́рьте

DEVERBALS

PRES. ACT.	проверя́ющий	
PRES. PASS.	проверя́емый	
PAST ACT.	проверя́вший	прове́ривший
PAST PASS.		прове́ренный
VERBAL ADVERB	проверя́я	прове́рив

проверя́ть кого – что

Я обычно проверяю текст за ошибки.
Проверь свои знания о революции.
Общежитие проверили на пожарную
безопасность.

I usually check a text for errors.
Test your knowledge of the revolution.
They inspected the dormitory for fire
safety.

проводи́ть (ся) / провести́ (сь)
to conduct, guide, lead past, spend time

	IMPERFECTIVE ASPECT	PERFECTIVE ASPECT
INF.	проводи́ть (ся)	провести́ (сь)
PRES. Я	провожу́ (сь)	
Ты	прово́дишь (ся)	
Он/она/оно	прово́дит (ся)	
Мы	прово́дим (ся)	
Вы	прово́дите (сь)	
Они	прово́дят (ся)	
PAST Я, Ты, Он	проводи́л (ся)	провёл (ся)
Я, Ты, Она	проводи́ла (сь)	провела́ (сь)
Оно	проводи́ло (сь)	провело́ (сь)
Мы, Вы, Они	проводи́ли (сь)	провели́ (сь)
FUT. Я	бу́ду проводи́ть (ся)	проведу́ (сь)
Ты	бу́дешь проводи́ть (ся)	проведёшь (ся)
Он/она/оно	бу́дет проводи́ть (ся)	проведёт (ся)
Мы	бу́дем проводи́ть (ся)	проведём (ся)
Вы	бу́дете проводи́ть (ся)	проведёте (сь)
Они	бу́дут проводи́ть (ся)	проведу́т (ся)
COND. Я, Ты, Он	проводи́л (ся) бы	провёл (ся) бы
Я, Ты, Она	проводи́ла (сь) бы	провела́ (сь) бы
Оно	проводи́ло (сь) бы	провело́ (сь) бы
Мы, Вы, Они	проводи́ли (сь) бы	провели́ (сь) бы
IMP. Ты	проводи́ (сь)	проведи́ (сь)
Вы	проводи́те (сь)	проведи́те (сь)

DEVERBALS

PRES. ACT.	проводя́щий (ся)	
PRES. PASS.	проводи́мый	
PAST ACT.	проводи́вший (ся)	прове́дший
PAST PASS.		проведённый
		проведён, проведена́
VERBAL ADVERB	проводя́ (сь)	проведя́

проводи́ть кого – что мимо кого – чего

Президенты проводят переговоры в Лондоне.	The presidents are conducting talks in London.
Весело провели время.	They spent the time enjoyably.
Как вы проведете будущий год?	How will you spend the next year?

провожа́ть / проводи́ть
to see off, accompany

	IMPERFECTIVE ASPECT	PERFECTIVE ASPECT
INF.	провожа́ть	проводи́ть
PRES. Я	провожа́ю	
Ты	провожа́ешь	
Он/она/оно	провожа́ет	
Мы	провожа́ем	
Вы	провожа́ете	
Они	провожа́ют	
PAST Я, Ты, Он	провожа́л	проводи́л
Я, Ты, Она	провожа́ла	проводи́ла
Оно	провожа́ло	проводи́ло
Мы, Вы, Они	провожа́ли	проводи́ли
FUT. Я	бу́ду провожа́ть	провожу́
Ты	бу́дешь провожа́ть	прово́дишь
Он/она/оно	бу́дет провожа́ть	прово́дит
Мы	бу́дем провожа́ть	прово́дим
Вы	бу́дете провожа́ть	прово́дите
Они	бу́дут провожа́ть	прово́дят
COND. Я, Ты, Он	провожа́л бы	проводи́л бы
Я, Ты, Она	провожа́ла бы	проводи́ла бы
Оно	провожа́ло бы	проводи́ло бы
Мы, Вы, Они	провожа́ли бы	проводи́ли бы
IMP. Ты	провожа́й	проводи́
Вы	провожа́йте	проводи́те

DEVERBALS

PRES. ACT.	провожа́ющий	
PRES. PASS.	провожа́емый	
PAST ACT.	провожа́вший	проводи́вший
PAST PASS.		
VERBAL ADVERB	провожа́я	проводи́в

провожа́ть кого – что

Провожаем старый год и готовимся к новому.	We are seeing out the old year and preparing for the new one.
Ее провожали с цветами и подарками.	They accompanied her with flowers and gifts.
Проводите зиму, и весна придет.	See out the winter, and spring will come.

378

		IMPERFECTIVE ASPECT	PERFECTIVE ASPECT
INF.		продава́ть (ся)	прода́ть (ся)
PRES.	Я	продаю́ (сь)	
	Ты	продаёшь (ся)	
	Он/она/оно	продаёт (ся)	
	Мы	продаём (ся)	
	Вы	продаёте (сь)	
	Они	продаю́т (ся)	
PAST	Я, Ты, Он	продава́л (ся)	про́дал – прода́лся
	Я, Ты, Она	продава́ла (сь)	продала́ (сь)
	Оно	продава́ло (сь)	про́дало – продало́сь
	Мы, Вы, Они	продава́ли (сь)	про́дали – продали́сь
FUT.	Я	бу́ду продава́ть (ся)	прода́м (ся)
	Ты	бу́дешь продава́ть (ся)	прода́шь (ся)
	Он/она/оно	бу́дет продава́ть (ся)	прода́ст (ся)
	Мы	бу́дем продава́ть (ся)	продади́м (ся)
	Вы	бу́дете продава́ть (ся)	продади́те (сь)
	Они	бу́дут продава́ть (ся)	продаду́т (ся)
COND.	Я, Ты, Он	продава́л (ся) бы	про́дал – прода́лся бы
	Я, Ты, Она	продава́ла (сь) бы	продала́ (сь) бы
	Оно	продава́ло (сь) бы	про́дало – продало́сь бы
	Мы, Вы, Они	продава́ли (сь) бы	про́дали – продали́сь бы
IMP.	Ты	продава́й (ся)	прода́й (ся)
	Вы	продава́йте (сь)	прода́йте (сь)

DEVERBALS

	IMPERFECTIVE	PERFECTIVE
PRES. ACT.	продаю́щий (ся)	
PRES. PASS.	продава́емый	
PAST ACT.	продава́вший (ся)	прода́вший (ся)
PAST PASS.		про́данный, про́дан, продана́, про́дано
VERBAL ADVERB	продава́я (сь)	прода́в (шись)

продава́ть кого – что; продава́ться кому – чему

Продаем бассейны.	We sell pools.
Я никогда никому не продавался.	I never sold out to anyone.
К концу августа фирма продаст миллион дисков.	By the end of August the firm will have sold a million discs.

продолжа́ть (ся) / продо́лжить (ся)
to continue, extend

	IMPERFECTIVE ASPECT	PERFECTIVE ASPECT
INF.	продолжа́ть (ся)	продо́лжить (ся)
PRES. Я	продолжа́ю	
Ты	продолжа́ешь	
Он/она/оно	продолжа́ет (ся)	
Мы	продолжа́ем	
Вы	продолжа́ете	
Они	продолжа́ют (ся)	
PAST Я, Ты, Он	продолжа́л (ся)	продо́лжил (ся)
Я, Ты, Она	продолжа́ла (сь)	продо́лжила (сь)
Оно	продолжа́ло (сь)	продо́лжило (сь)
Мы, Вы, Они	продолжа́ли (сь)	продо́лжили (сь)
FUT. Я	бу́ду продолжа́ть	продолжу́
Ты	бу́дешь продолжа́ть	продо́лжишь
Он/она/оно	бу́дет продолжа́ть (ся)	продо́лжит (ся)
Мы	бу́дем продолжа́ть	продо́лжим
Вы	бу́дете продолжа́ть	продо́лжите
Они	бу́дут продолжа́ть (ся)	продо́лжат (ся)
COND. Я, Ты, Он	продолжа́л (ся) бы	продо́лжил (ся) бы
Я, Ты, Она	продолжа́ла (сь) бы	продо́лжила (сь) бы
Оно	продолжа́ло (сь) бы	продо́лжило (сь) бы
Мы, Вы, Они	продолжа́ли (сь) бы	продо́лжили (сь) бы
IMP. Ты	продолжа́й	продо́лжи
Вы	продолжа́йте	продо́лжите

DEVERBALS

PRES. ACT.	продолжа́ющий (ся)	
PRES. PASS.	продолжа́емый	
PAST ACT.	продолжа́вший (ся)	продо́лживший (ся)
PAST PASS.		продо́лженный
VERBAL ADVERB	продолжа́я (сь)	продо́лжив (шись)

продолжа́ть что

AN ESSENTIAL VERB

продолжа́ть (ся) / продо́лжить (ся)

Examples

Продолжаю выполнять долг
     солдата.
I continue to carry out my duty as a
     soldier.

Хочу знать, где продолжу
     карьеру.
I want to know where I will continue
     my career.

Стороны продолжат переговоры
     завтра.
The sides will continue the negotiations
     tomorrow.

Стачка продолжается.
The strike continues.

Сотрудничество будет
     продолжено.
Cooperation will be continued.

Мы будем продолжать работу.
We will continue our work.

Мы продолжаем чувствовать себя
     молодой группой.
We continue to consider ourselves a
     young group.

Марш продолжался менее часа.
The march continued for less than an
     hour.

Продолжите стих, пожалуйста.
Please continue the poem.

Words and expressions related to this verb

Он продолжает путь свой.

Работа продолжается.

Давайте продолжим.

Продолжая разговор.

продолжение

продолжительный

продолжительность

П

прожива́ть / прожи́ть
to live, live through

	IMPERFECTIVE ASPECT	PERFECTIVE ASPECT
INF.	прожива́ть	прожи́ть
PRES. Я	прожива́ю	
Ты	прожива́ешь	
Он/она/оно	прожива́ет	
Мы	прожива́ем	
Вы	прожива́ете	
Они	прожива́ют	
PAST Я, Ты, Он	прожива́л	про́жил
Я, Ты, Она	прожива́ла	прожи́ла
Оно	прожива́ло	про́жило
Мы, Вы, Они	прожива́ли	про́жили
FUT. Я	бу́ду прожива́ть	проживу́
Ты	бу́дешь прожива́ть	проживёшь
Он/она/оно	бу́дет прожива́ть	проживёт
Мы	бу́дем прожива́ть	проживём
Вы	бу́дете прожива́ть	проживёте
Они	бу́дут прожива́ть	проживу́т
COND. Я, Ты, Он	прожива́л бы	про́жил бы
Я, Ты, Она	прожива́ла бы	прожи́ла бы
Оно	прожива́ло бы	про́жило бы
Мы, Вы, Они	прожива́ли бы	про́жили бы
IMP. Ты	прожива́й	проживи́
Вы	прожива́йте	проживи́те

DEVERBALS

PRES. ACT.	прожива́ющий	
PRES. PASS.	прожива́емый	
PAST ACT.	прожива́вший	прожи́вший
PAST PASS.		про́жи́тый
		про́жит, прожита́, про́жито
VERBAL ADVERB	прожива́я	прожи́в

прожива́ть что

В городе проживают тысячи иностранцев. — Thousands of foreigners live in the city.
Жизнь еще не прожита. — Life has not been lived out yet.
Она прожила 116 лет. — She lived 116 years.

	IMPERFECTIVE ASPECT	PERFECTIVE ASPECT
INF.	про́игрывать	проигра́ть
PRES. Я	про́игрываю	
Ты	про́игрываешь	
Он/она/оно	про́игрывает	
Мы	про́игрываем	
Вы	про́игрываете	
Они	про́игрывают	
PAST Я, Ты, Он	про́игрывал	проигра́л
Я, Ты, Она	про́игрывала	проигра́ла
Оно	про́игрывало	проигра́ло
Мы, Вы, Они	про́игрывали	проигра́ли
FUT. Я	бу́ду про́игрывать	проигра́ю
Ты	бу́дешь про́игрывать	проигра́ешь
Он/она/оно	бу́дет про́игрывать	проигра́ет
Мы	бу́дем про́игрывать	проигра́ем
Вы	бу́дете про́игрывать	проигра́ете
Они	бу́дут про́игрывать	проигра́ют
COND. Я, Ты, Он	про́игрывал бы	проигра́л бы
Я, Ты, Она	про́игрывала бы	проигра́ла бы
Оно	про́игрывало бы	проигра́ло бы
Мы, Вы, Они	про́игрывали бы	проигра́ли бы
IMP. Ты	про́игрывай	проигра́й
Вы	про́игрывайте	проигра́йте

DEVERBALS

PRES. ACT.	про́игрывающий	
PRES. PASS.	про́игрываемый	
PAST ACT.	про́игрывавший	проигра́вший
PAST PASS.		проигра́нный
VERBAL ADVERB	про́игрывая	проигра́в

про́игрывать кому что
про́игрываться *to gamble away all one's money*

Как победить, если кажется что проигрываешь?	How do you win if it seems you are losing?
Баскетболисты проиграли финал.	The basketball players lost the final.
Он проигрался в карты.	He lost all his money at cards.

производи́ть / произвести́
to produce, make, carry out, execute

	IMPERFECTIVE ASPECT	PERFECTIVE ASPECT
INF.	производи́ть	произвести́
PRES. Я	произвожу́	
Ты	произво́дишь	
Он/она/оно	произво́дит	
Мы	произво́дим	
Вы	произво́дите	
Они	произво́дят	
PAST Я, Ты, Он	производи́л	произвёл
Я, Ты, Она	производи́ла	произвела́
Оно	производи́ло	произвело́
Мы, Вы, Они	производи́ли	произвели́
FUT. Я	бу́ду производи́ть	произведу́
Ты	бу́дешь производи́ть	произведёшь
Он/она/оно	бу́дет производи́ть	произведёт
Мы	бу́дем производи́ть	произведём
Вы	бу́дете производи́ть	произведёте
Они	бу́дут производи́ть	произведу́т
COND. Я, Ты, Он	производи́л бы	произвёл бы
Я, Ты, Она	производи́ла бы	произвела́ бы
Оно	производи́ло бы	произвело́ бы
Мы, Вы, Они	производи́ли бы	произвели́ бы
IMP. Ты	производи́	произведи́
Вы	производи́те	произведи́те

DEVERBALS

PRES. ACT.	производя́щий	
PRES. PASS.	производи́мый	
PAST ACT.	производи́вший	произве́дший
PAST PASS.		произведённый
		произведён, произведена́
VERBAL ADVERB	производя́	произведя́

производи́ть кого́ — что
производи́ть кого́ во кто́ *to promote to the rank of*

Как производят вакцины?	How do they produce vaccines?
Музыканта произвели в рыцари.	The musician was elevated to knighthood.
Оформите заказ и произведите оплату.	Fill out an order and make payment.

	IMPERFECTIVE ASPECT	PERFECTIVE ASPECT
INF.	произноси́ть	произнести́
PRES. Я	произношу́	
Ты	произно́сишь	
Он/она/оно	произно́сит	
Мы	произно́сим	
Вы	произно́сите	
Они	произно́сят	
PAST Я, Ты, Он	произноси́л	произнёс
Я, Ты, Она	произноси́ла	произнесла́
Оно	произноси́ло	произнесло́
Мы, Вы, Они	произноси́ли	произнесли́
FUT. Я	бу́ду произноси́ть	произнесу́
Ты	бу́дешь произноси́ть	произнесёшь
Он/она/оно	бу́дет произноси́ть	произнесёт
Мы	бу́дем произноси́ть	произнесём
Вы	бу́дете произноси́ть	произнесёте
Они	бу́дут произноси́ть	произнесу́т
COND. Я, Ты, Он	произноси́л бы	произнёс бы
Я, Ты, Она	произноси́ла бы	произнесла́ бы
Оно	произноси́ло бы	произнесло́ бы
Мы, Вы, Они	произноси́ли бы	произнесли́ бы
IMP. Ты	произноси́	произнеси́
Вы	произноси́те	произнеси́те

DEVERBALS

PRES. ACT.	произнося́щий	
PRES. PASS.	произноси́мый	
PAST ACT.	произноси́вший	произнёсший
PAST PASS.		произнесённый
		произнесён, произнесена́
VERBAL ADVERB	произнося́	произнеся́

произноси́ть что

Что делать если ребенок плохо произносит слова?	What should be done if a child pronounces words poorly?
Какой бы тост вы произнесли перед учителями?	What toast would you raise to teachers?
Как произносится?	How is it pronounced?

происходи́ть / произойти́
to happen, take place

	IMPERFECTIVE ASPECT	PERFECTIVE ASPECT
INF.	происходи́ть	произойти́
PRES. Я Ты Он/она/оно Мы Вы Они	происхо́дит происхо́дят	
PAST Я, Ты, Он Я, Ты, Она Оно Мы, Вы, Они	происходи́л происходи́ла происходи́ло происходи́ли	произошёл произошла́ произошло́ произошли́
FUT. Я Ты Он/она/оно Мы Вы Они	бу́дет происходи́ть бу́дут происходи́ть	произойдёт произойду́т
COND. Я, Ты, Он Я, Ты, Она Оно Мы, Вы, Они	происходи́л бы происходи́ла бы происходи́ло бы происходи́ли бы	произошёл бы произошла́ бы произошло́ бы произошли́ бы
IMP. Ты Вы		

DEVERBALS

PRES. ACT.	происходя́щий	
PRES. PASS.		
PAST ACT.	происходи́вший	происше́дший
PAST PASS.		
VERBAL ADVERB	происходя́	произойдя́

происходи́ть от кого – чего

Что сейчас происходит в Чернобыле?	What is going on in Chernobyl now?
От кого произошли эволюционисты?	From whom did the evolutionists spring?
В селе возможно произойдет наводнение.	A flood might occur in the village.

	IMPERFECTIVE ASPECT	PERFECTIVE ASPECT
INF.	пропада́ть	пропа́сть
PRES. Я	пропада́ю	
Ты	пропада́ешь	
Он/она/оно	пропада́ет	
Мы	пропада́ем	
Вы	пропада́ете	
Они	пропада́ют	
PAST Я, Ты, Он	пропада́л	пропа́л
Я, Ты, Она	пропада́ла	пропа́ла
Оно	пропада́ло	пропа́ло
Мы, Вы, Они	пропада́ли	пропа́ли
FUT. Я	бу́ду пропада́ть	пропаду́
Ты	бу́дешь пропада́ть	пропадёшь
Он/она/оно	бу́дет пропада́ть	пропадёт
Мы	бу́дем пропада́ть	пропадём
Вы	бу́дете пропада́ть	пропадёте
Они	бу́дут пропада́ть	пропаду́т
COND. Я, Ты, Он	пропада́л бы	пропа́л бы
Я, Ты, Она	пропада́ла бы	пропа́ла бы
Оно	пропада́ло бы	пропа́ло бы
Мы, Вы, Они	пропада́ли бы	пропа́ли бы
IMP. Ты	пропада́й	пропади́
Вы	пропада́йте	пропади́те

DEVERBALS

PRES. ACT.	пропада́ющий	
PRES. PASS.		
PAST ACT.	пропада́вший	пропа́вший
PAST PASS.		
VERBAL ADVERB	пропада́я	пропа́в

Вернитесь и больше не пропадайте.
Come back and don't get lost anymore.

Газеты пропадут с прилавков..
The newspapers will disappear from the counters.

Пропала собака. Пинчер. Мальчик.
Lost dog. Pinscher. Male.

П

пропускáть / пропустúть

to let pass, omit, skip over

		IMPERFECTIVE ASPECT	PERFECTIVE ASPECT
INF.		пропускáть	пропустúть
PRES.	Я	пропускáю	
	Ты	пропускáешь	
	Он/она/оно	пропускáет	
	Мы	пропускáем	
	Вы	пропускáете	
	Они	пропускáют	
PAST	Я, Ты, Он	пропускáл	пропустúл
	Я, Ты, Она	пропускáла	пропустúла
	Оно	пропускáло	пропустúло
	Мы, Вы, Они	пропускáли	пропустúли
FUT.	Я	бýду пропускáть	пропущý
	Ты	бýдешь пропускáть	пропýстишь
	Он/она/оно	бýдет пропускáть	пропýстит
	Мы	бýдем пропускáть	пропýстим
	Вы	бýдете пропускáть	пропýстите
	Они	бýдут пропускáть	пропýстят
COND.	Я, Ты, Он	пропускáл бы	пропустúл бы
	Я, Ты, Она	пропускáла бы	пропустúла бы
	Оно	пропускáло бы	пропустúло бы
	Мы, Вы, Они	пропускáли бы	пропустúли бы
IMP.	Ты	пропускáй	пропустú
	Вы	пропускáйте	пропустúте

DEVERBALS

PRES. ACT.	пропускáющий	
PRES. PASS.	пропускáемый	
PAST ACT.	пропускáвший	пропустúвший
PAST PASS.		пропýщенный
VERBAL ADVERB	пропускáя	пропустúв

пропускáть кого – что

Как пешеход, я всегда пропускаю сумашедших водителей.	As a pedestrian, I always let crazy drivers pass.
Не пропустите Праздник Красоты.	Don't miss Beauty Day.
Таможники пропустили наши автобусы.	The customs officials let our buses pass.

		IMPERFECTIVE ASPECT	PERFECTIVE ASPECT
INF.		проси́ть (ся)	попроси́ть (ся)
PRES.	Я	прошу́ (сь)	
	Ты	про́сишь (ся)	
	Он/она/оно	про́сит (ся)	
	Мы	про́сим (ся)	
	Вы	про́сите (сь)	
	Они	про́сят (ся)	
PAST	Я, Ты, Он	проси́л (ся)	попроси́л (ся)
	Я, Ты, Она	проси́ла (сь)	попроси́ла (сь)
	Оно	проси́ло (сь)	попроси́ло (сь)
	Мы, Вы, Они	проси́ли (сь)	попроси́ли (сь)
FUT.	Я	бу́ду проси́ть (ся)	попрошу́ (сь)
	Ты	бу́дешь проси́ть (ся)	попро́сишь (ся)
	Он/она/оно	бу́дет проси́ть (ся)	попро́сит (ся)
	Мы	бу́дем проси́ть (ся)	попро́сим (ся)
	Вы	бу́дете проси́ть (ся)	попро́сите (сь)
	Они	бу́дут проси́ть (ся)	попро́сят (ся)
COND.	Я, Ты, Он	проси́л (ся) бы	попроси́л (ся) бы
	Я, Ты, Она	проси́ла (сь) бы	попроси́ла (сь) бы
	Оно	проси́ло (сь) бы	попроси́ло (сь) бы
	Мы, Вы, Они	проси́ли (сь) бы	попроси́ли (сь) бы
IMP.	Ты	проси́ (сь)	попроси́ (сь)
	Вы	проси́те (сь)	попроси́те (сь)

DEVERBALS

	IMPERFECTIVE ASPECT	PERFECTIVE ASPECT
PRES. ACT.	прося́щий (ся)	
PRES. PASS.	проси́мый	
PAST ACT.	проси́вший (ся)	попроси́вший (ся)
PAST PASS.	про́шенный	попро́шенный
VERBAL ADVERB	прося́	попроси́в (шись)

**проси́ть кого – что о ком – чём,
на что,** + infinitive
к столу *to the table*

AN ESSENTIAL VERB

П

AN ESSENTIAL VERB

проси́ть (ся) / попроси́ть (ся)

Examples

Прошу слова.
I would like to say something.

Их просили уйти.
They were asked to leave.

Попросите ее перезвонить вам.
Ask her to call you back.

Аудитория просится играть.
The audience is asked to play.

Никого не прося на помощи, я
    вернулся домой.
Without asking anyone for help, I
    returned home.

Прости меня, что полюбил я тебя.
Forgive me for having fallen in love
    with you.

Я прошу ссылки на литературу.
I am asking for links to literature.

Мы попросим поддержку у
    депутатов.
We will ask for the support of the
    deputies.

Государство попросилось на
    выход.
The government was asked to resign.

Words and expressions related to this verb

Простите.

Прошу вас.

Не проси у богатого.

Просим к столу.

Прошу прощения.

просьба

проситель

простужа́ть (ся) / простуди́ть (ся)
to let catch a cold, get cold, let cool (catch a cold)

		IMPERFECTIVE ASPECT	PERFECTIVE ASPECT
INF.		простужа́ть (ся)	простуди́ть (ся)
PRES.	Я	простужа́ю (сь)	
	Ты	простужа́ешь (ся)	
	Он/она/оно	простужа́ет (ся)	
	Мы	простужа́ем (ся)	
	Вы	простужа́ете (сь)	
	Они	простужа́ют (ся)	
PAST	Я, Ты, Он	простужа́л (ся)	простуди́л (ся)
	Я, Ты, Она	простужа́ла (сь)	простуди́ла (сь)
	Оно	простужа́ло (сь)	простуди́ло (сь)
	Мы, Вы, Они	простужа́ли (сь)	простуди́ли (сь)
FUT.	Я	бу́ду простужа́ть (ся)	простужу́ (сь)
	Ты	бу́дешь простужа́ть (ся)	просту́дишь (ся)
	Он/она/оно	бу́дет простужа́ть (ся)	просту́дит (ся)
	Мы	бу́дем простужа́ть (ся)	просту́дим (ся)
	Вы	бу́дете простужа́ть (ся)	просту́дите (сь)
	Они	бу́дут простужа́ть (ся)	просту́дят (ся)
COND.	Я, Ты, Он	простужа́л (ся) бы	простуди́л (ся) бы
	Я, Ты, Она	простужа́ла (сь) бы	простуди́ла (сь) бы
	Оно	простужа́ло (сь) бы	простуди́ло (сь) бы
	Мы, Вы, Они	простужа́ли (сь) бы	простуди́ли (сь) бы
IMP.	Ты	простужа́й (ся)	простуди́ (сь)
	Вы	простужа́йте (сь)	простуди́те (сь)

DEVERBALS

PRES. ACT.	простужа́ющий (ся)	
PRES. PASS.	простужа́емый	
PAST ACT.	простужа́вший (ся)	простуди́вший (ся)
PAST PASS.		просту́женный
VERBAL ADVERB	простужа́я (сь)	простуди́в (шись)

простужа́ть кого – что

Я постоянно простужаюсь на работе.	I get colds on the job all the time.
С наступлением холодов я сильно простудилась.	With the arrival of cold weather, I caught a bad cold.
Сутки не топили, и простудили комнаты.	They didn't heat for days, and the rooms got cold.

просыпа́ться / просну́ться
to wake up, awake

		IMPERFECTIVE ASPECT	PERFECTIVE ASPECT
INF.		просыпа́ться	просну́ться
PRES.	Я	просыпа́юсь	
	Ты	просыпа́ешься	
	Он/она́/оно́	просыпа́ется	
	Мы	просыпа́емся	
	Вы	просыпа́етесь	
	Они́	просыпа́ются	
PAST	Я, Ты, Он	просыпа́лся	просну́лся
	Я, Ты, Она	просыпа́лась	просну́лась
	Оно	просыпа́лось	просну́лось
	Мы, Вы, Они	просыпа́лись	просну́лись
FUT.	Я	бу́ду просыпа́ться	просну́сь
	Ты	бу́дешь просыпа́ться	проснёшься
	Он/она́/оно́	бу́дет просыпа́ться	проснётся
	Мы	бу́дем просыпа́ться	проснёмся
	Вы	бу́дете просыпа́ться	проснётесь
	Они́	бу́дут просыпа́ться	просну́тся
COND.	Я, Ты, Он	просыпа́лся бы	просну́лся бы
	Я, Ты, Она	просыпа́лась бы	просну́лась бы
	Оно	просыпа́лось бы	просну́лось бы
	Мы, Вы, Они	просыпа́лись бы	просну́лись бы
IMP.	Ты	просыпа́йся	просни́сь
	Вы	просыпа́йтесь	просни́тесь

DEVERBALS

	IMPERFECTIVE ASPECT	PERFECTIVE ASPECT
PRES. ACT.	просыпа́ющийся	
PRES. PASS.		
PAST ACT.	просыпа́вшийся	просну́вший (ся)
PAST PASS.		
VERBAL ADVERB	просыпа́ясь	просну́в (шись)

просыпа́ть / проспа́ть что *to sleep through something*
просыпа́ть (ся) / просы́пать (ся) *to spill*

Город просыпается рано.	The city wakes up early.
Просыпайтесь с улыбкой.	Awake with a smile.
На Камчатке проснулся вулкан.	A volcano on Kamchatka has awoken.

to stretch, extend, protract

	IMPERFECTIVE ASPECT	PERFECTIVE ASPECT
INF.	протя́гивать (ся)	протяну́ть (ся)
PRES. Я	протя́гиваю (сь)	
Ты	протя́гиваешь (ся)	
Он/она/оно	протя́гивает (ся)	
Мы	протя́гиваем (ся)	
Вы	протя́гиваете (сь)	
Они	протя́гивают (ся)	
PAST Я, Ты, Он	протя́гивал (ся)	протяну́л (ся)
Я, Ты, Она	протя́гивала (сь)	протяну́ла (сь)
Оно	протя́гивало (сь)	протяну́ло (сь)
Мы, Вы, Они	протя́гивали (сь)	протяну́ли (сь)
FUT. Я	бу́ду протя́гивать (ся)	протяну́ (сь)
Ты	бу́дешь протя́гивать (ся)	протя́нешь (ся)
Он/она/оно	бу́дет протя́гивать (ся)	протя́нет (ся)
Мы	бу́дем протя́гивать (ся)	протя́нем (ся)
Вы	бу́дете протя́гивать (ся)	протя́нете (сь)
Они	бу́дут протя́гивать (ся)	протя́нут (ся)
COND. Я, Ты, Он	протя́гивал (ся) бы	протяну́л (ся) бы
Я, Ты, Она	протя́гивала (сь) бы	протяну́ла (сь) бы
Оно	протя́гивало (сь) бы	протяну́ло (сь) бы
Мы, Вы, Они	протя́гивали (сь) бы	протяну́ли (сь) бы
IMP. Ты	протя́гивай (сь)	протяни́ (сь)
Вы	протя́гивайте (сь)	протяни́те (сь)

DEVERBALS

PRES. ACT.	протя́гивающий (ся)	
PRES. PASS.	протя́гиваемый	
PAST ACT.	протя́гивавший (ся)	протяну́вший (ся)
PAST PASS.		протя́нутый
VERBAL ADVERB	протя́гивая (сь)	протяну́в (шись)

протя́гивать кого – что как

Кто протягивает руку первым?	Who should extend a hand first?
Интернет протянули до нашего села.	They extended the Internet to our village.
Облако пепла протянулось до нас.	The cloud of ashes extended to us.

проща́ть (ся) / прости́ть (ся)
to forgive, pardon (say good-bye, bid farewell)

		IMPERFECTIVE ASPECT	PERFECTIVE ASPECT
INF.		проща́ть (ся)	прости́ть (ся)
PRES.	Я	проща́ю (сь)	
	Ты	проща́ешь (ся)	
	Он/она/оно	проща́ет (ся)	
	Мы	проща́ем (ся)	
	Вы	проща́ете (сь)	
	Они	проща́ют (ся)	
PAST	Я, Ты, Он	проща́л (ся)	прости́л (ся)
	Я, Ты, Она	проща́ла (сь)	прости́ла (сь)
	Оно	проща́ло (сь)	прости́ло (сь)
	Мы, Вы, Они	проща́ли (сь)	прости́ли (сь)
FUT.	Я	бу́ду проща́ть (ся)	прощу́ (сь)
	Ты	бу́дешь проща́ть (ся)	прости́шь (ся)
	Он/она/оно	бу́дет проща́ть (ся)	прости́т (ся)
	Мы	бу́дем проща́ть (ся)	прости́м (ся)
	Вы	бу́дете проща́ть (ся)	прости́те (сь)
	Они	бу́дут проща́ть (ся)	простя́т (ся)
COND.	Я, Ты, Он	проща́л (ся) бы	прости́л (ся) бы
	Я, Ты, Она	проща́ла (сь) бы	прости́ла (сь) бы
	Оно	проща́ло (сь) бы	прости́ло (сь) бы
	Мы, Вы, Они	проща́ли (сь) бы	прости́ли (сь) бы
IMP.	Ты	проща́й (ся)	прости́ (сь)
	Вы	проща́йте (сь)	прости́те (сь)

DEVERBALS

PRES. ACT.	проща́ющий (ся)	
PRES. PASS.	проща́емый	
PAST ACT.	проща́вший (ся)	прости́вший (ся)
PAST PASS.		прощённый прощён, прощена́
VERBAL ADVERB	проща́я (сь)	прости́в (шись)

проща́ть кого – что кому; проща́ться с кем – чем

Кто мне должен – я прощаю. — Whoever owes me, I forgive them.
Госсовет простился со старым годом. — The State Council bade farewell to the old year.

Простите нас. — Forgive us.

	IMPERFECTIVE ASPECT	PERFECTIVE ASPECT
INF.	пры́гать	пры́гнуть
PRES. Я	пры́гаю	
Ты	пры́гаешь	
Он/она/оно	пры́гает	
Мы	пры́гаем	
Вы	пры́гаете	
Они	пры́гают	
PAST Я, Ты, Он	пры́гал	пры́гнул
Я, Ты, Она	пры́гала	пры́гнула
Оно	пры́гало	пры́гнуло
Мы, Вы, Они	пры́гали	пры́гнули
FUT. Я	бу́ду пры́гать	пры́гну
Ты	бу́дешь пры́гать	пры́гнешь
Он/она/оно	бу́дет пры́гать	пры́гнет
Мы	бу́дем пры́гать	пры́гнем
Вы	бу́дете пры́гать	пры́гнете
Они	бу́дут пры́гать	пры́гнут
COND. Я, Ты, Он	пры́гал бы	пры́гнул бы
Я, Ты, Она	пры́гала бы	пры́гнула бы
Оно	пры́гало бы	пры́гнуло бы
Мы, Вы, Они	пры́гали бы	пры́гнули бы
IMP. Ты	пры́гай	пры́гни
Вы	пры́гайте	пры́гните

DEVERBALS

PRES. ACT.	пры́гающий	
PRES. PASS.		
PAST ACT.	пры́гавший	пры́гнувший
PAST PASS.		
VERBAL ADVERB	пры́гая	пры́гнув

Прыгай, как можно выше.	Jump as high as you can.
Прыгнем в воду.	Let's jump into the water.
Он прыгнул с самой высокой башни Азии.	He jumped from the highest tower in Asia.

П

пря́тать (ся) / спря́тать (ся)
to hide, conceal

		IMPERFECTIVE ASPECT	PERFECTIVE ASPECT
INF.		пря́тать (ся)	спря́тать (ся)
PRES.	Я	пря́чу (сь)	
	Ты	пря́чешь (ся)	
	Он/она/оно	пря́чет (ся)	
	Мы	пря́чем (ся)	
	Вы	пря́чете (сь)	
	Они	пря́чут (ся)	
PAST	Я, Ты, Он	пря́тал (ся)	спря́тал (ся)
	Я, Ты, Она	пря́тала (сь)	спря́тала (сь)
	Оно	пря́тало (сь)	спря́тало (сь)
	Мы, Вы, Они	пря́тали (сь)	спря́тали (сь)
FUT.	Я	бу́ду пря́тать (ся)	спря́чу (сь)
	Ты	бу́дешь пря́тать (ся)	спря́чешь (ся)
	Он/она/оно	бу́дет пря́тать (ся)	спря́чет (ся)
	Мы	бу́дем пря́тать (ся)	спря́чем (ся)
	Вы	бу́дете пря́тать (ся)	спря́чете (сь)
	Они	бу́дут пря́тать (ся)	спря́чут (ся)
COND.	Я, Ты, Он	пря́тал (ся) бы	спря́тал (ся) бы
	Я, Ты, Она	пря́тала (сь) бы	спря́тала (сь) бы
	Оно	пря́тало (сь) бы	спря́тало (сь) бы
	Мы, Вы, Они	пря́тали (сь) бы	спря́тали (сь) бы
IMP.	Ты	пря́чь (ся)	спря́чь (ся)
	Вы	пря́чьте (сь)	спря́чьте (сь)

DEVERBALS

	IMPERFECTIVE ASPECT	PERFECTIVE ASPECT
PRES. ACT.	пря́чущий (ся)	
PRES. PASS.		
PAST ACT.	пря́тавший (ся)	спря́тавший (ся)
PAST PASS.		спря́танный
VERBAL ADVERB	пря́ча (сь)	спря́тав (шись)

пря́тать кого – что

Прячем его подарок под елкой.
Он спрятался за спину мамы.
Хотите похудеть? Спрячьте холодильник.

Let's hide his gift under the tree.
He hid himself behind his mother's back.
Want to lose weight? Hide the refrigerator.

	IMPERFECTIVE ASPECT	PERFECTIVE ASPECT
INF.	пуга́ть (ся)	испуга́ть (ся)
PRES. Я	пуга́ю (сь)	
Ты	пуга́ешь (ся)	
Он/она/оно	пуга́ет (ся)	
Мы	пуга́ем (ся)	
Вы	пуга́ете (сь)	
Они	пуга́ют (ся)	
PAST Я, Ты, Он	пуга́л (ся)	испуга́л (ся)
Я, Ты, Она	пуга́ла (сь)	испуга́ла (сь)
Оно	пуга́ло (сь)	испуга́ло (сь)
Мы, Вы, Они	пуга́ли (сь)	испуга́ли (сь)
FUT. Я	бу́ду пуга́ть (ся)	испуга́ю (сь)
Ты	бу́дешь пуга́ть (ся)	испуга́ешь (ся)
Он/она/оно	бу́дет пуга́ть (ся)	испуга́ет (ся)
Мы	бу́дем пуга́ть (ся)	испуга́ем (ся)
Вы	бу́дете пуга́ть (ся)	испуга́ете (сь)
Они	бу́дут пуга́ть (ся)	испуга́ют (ся)
COND. Я, Ты, Он	пуга́л (ся) бы	испуга́л (ся) бы
Я, Ты, Она	пуга́ла (сь) бы	испуга́ла (сь) бы
Оно	пуга́ло (сь) бы	испуга́ло (сь) бы
Мы, Вы, Они	пуга́ли (сь) бы	испуга́ли (сь) бы
IMP. Ты	пуга́й (ся)	испуга́й (ся)
Вы	пуга́йте (сь)	испуга́йте (сь)

DEVERBALS

PRES. ACT.	пуга́ющий (ся)	
PRES. PASS.	пуга́емый	
PAST ACT.	пуга́вший (ся)	испуга́вший (ся)
PAST PASS.	пуга́нный	испуга́нный
VERBAL ADVERB	пуга́я (сь)	испуга́в (шись)

пуга́ть кого – что; пуга́ть (ся) – чего

Мы никого не пугаем.	We frighten no one.
Не пугайтесь ультразвука.	Don't be afraid of ultrasound.
Власти Москвы испугались нестандартных зданий.	The Moscow authorities were afraid of non-standard buildings.

путешéствовать
to travel, journey

		IMPERFECTIVE ASPECT	PERFECTIVE ASPECT
INF.		путешéствовать	
PRES.	Я	путешéствую	
	Ты	путешéствуешь	
	Он/онá/онó	путешéствует	
	Мы	путешéствуем	
	Вы	путешéствуете	
	Они	путешéствуют	
PAST	Я, Ты, Он	путешéствовал	
	Я, Ты, Онá	путешéствовала	
	Онó	путешéствовало	
	Мы, Вы, Они	путешéствовали	
FUT.	Я	бýду путешéствовать	
	Ты	бýдешь путешéствовать	
	Он/онá/онó	бýдет путешéствовать	
	Мы	бýдем путешéствовать	
	Вы	бýдете путешéствовать	
	Они	бýдут путешéствовать	
COND.	Я, Ты, Он	путешéствовал бы	
	Я, Ты, Онá	путешéствовала бы	
	Онó	путешéствовало бы	
	Мы, Вы, Они	путешéствовали бы	
IMP.	Ты	путешéствуй	
	Вы	путешéствуйте	

	DEVERBALS	
PRES. ACT.	путешéствующий	
PRES. PASS.		
PAST ACT.	путешéствовавший	
PAST PASS.		
VERBAL ADVERB	путешéствуя	

Путешествуем дешево по Украине. — Let's travel cheaply around Ukraine.
Путешествуй вместе с нами. — Travel together with us.
Они путешествовали по всему миру. — They traveled around the world.

		IMPERFECTIVE ASPECT	PERFECTIVE ASPECT
INF.		рабо́тать	порабо́тать
PRES.	Я	рабо́таю	
	Ты	рабо́таешь	
	Он/она́/оно́	рабо́тает	
	Мы	рабо́таем	
	Вы	рабо́таете	
	Они́	рабо́тают	
PAST	Я, Ты, Он	рабо́тал	порабо́тал
	Я, Ты, Она	рабо́тала	порабо́тала
	Оно	рабо́тало	порабо́тало
	Мы, Вы, Они	рабо́тали	порабо́тали
FUT.	Я	бу́ду рабо́тать	порабо́таю
	Ты	бу́дешь рабо́тать	порабо́таешь
	Он/она́/оно́	бу́дет рабо́тать	порабо́тает
	Мы	бу́дем рабо́тать	порабо́таем
	Вы	бу́дете рабо́тать	порабо́таете
	Они	бу́дут рабо́тать	порабо́тают
COND.	Я, Ты, Он	рабо́тал бы	порабо́тал бы
	Я, Ты, Она	рабо́тала бы	порабо́тала бы
	Оно	рабо́тало бы	порабо́тало бы
	Мы, Вы, Они	рабо́тали бы	порабо́тали бы
IMP.	Ты	рабо́тай	порабо́тай
	Вы	рабо́тайте	порабо́тайте

DEVERBALS

	IMPERFECTIVE	PERFECTIVE
PRES. ACT.	рабо́тающий	
PRES. PASS.		
PAST ACT.	рабо́тавший	порабо́тавший
PAST PASS.		
VERBAL ADVERB	рабо́тая	порабо́тав

P

399

AN ESSENTIAL VERB

рабóтать / порабóтать

Examples

Офис работает как часы.
The office runs like a clock.

Вчера я работала Снегурочкой.
Yesterday I played the role of Snow
Maiden.

Работайте с нами.
Work with us.

Закон должен работать.
The law has to work.

Ничего не работает. Что делать?
Nothing works. What is to be done?

Хотите ли вы, проработав пять
лет больше не работать?
How would you like, after working just
five years, to never work again?

Кем же ты работаешь?
What do you work as?

Президент поработал на историю.
The president worked a bit on history.

Из сильного снега, не работал
аэропорт в Денвере.
Due to heavy snow, the airport in
Denver was not operating.

Words and expressions related to this verb

Лёжа не работают.

Одна забота — работай до
пота.

Без хлеба не работать.

Чей хлеб ем, на того и
работаю.

работа

рабочий

раб

рабский

ра́довать (ся) / обра́довать (ся)
to gladden, make happy (rejoice)

		IMPERFECTIVE ASPECT	PERFECTIVE ASPECT
INF.		ра́довать (ся)	обра́довать (ся)
PRES.	Я	ра́дую (сь)	
	Ты	ра́дуешь (ся)	
	Он/она́/оно́	ра́дует (ся)	
	Мы	ра́дуем (ся)	
	Вы	ра́дуете (сь)	
	Они́	ра́дуют (ся)	
PAST	Я, Ты, Он	ра́довал (ся)	обра́довал (ся)
	Я, Ты, Она́	ра́довала (сь)	обра́довала (сь)
	Оно́	ра́довало (сь)	обра́довало (сь)
	Мы, Вы, Они́	ра́довали (сь)	обра́довали (сь)
FUT.	Я	бу́ду ра́довать (ся)	обра́дую (сь)
	Ты	бу́дешь ра́довать (ся)	обра́дуешь (ся)
	Он/она́/оно́	бу́дет ра́довать (ся)	обра́дует (ся)
	Мы	бу́дем ра́довать (ся)	обра́дуем (ся)
	Вы	бу́дете ра́довать (ся)	обра́дуете (сь)
	Они́	бу́дут ра́довать (ся)	обра́дуют (ся)
COND.	Я, Ты, Он	ра́довал (ся) бы	обра́довал (ся) бы
	Я, Ты, Она́	ра́довала (сь) бы	обра́довала (сь) бы
	Оно́	ра́довало (сь) бы	обра́довало (сь) бы
	Мы, Вы, Они́	ра́довали (сь) бы	обра́довали (сь) бы
IMP.	Ты	ра́дуй (ся)	обра́дуй (ся)
	Вы	ра́дуйте (сь)	обра́дуйте (сь)

DEVERBALS

PRES. ACT.	ра́дующий (ся)	
PRES. PASS.	ра́дуемый	
PAST ACT.	ра́довавший (ся)	обра́довавший (ся)
PAST PASS.		обра́дованный
VERBAL ADVERB	ра́дуя (сь)	обра́довав (шись)

ра́довать кого – что; ра́доваться кому – чему

Реалити-шоу не радуют телезрителей.	Reality shows are not making viewers happy.
Мы радовались новым дорогам.	We were happy about the new roads.
Обра́дуйтесь вашему малышу.	Make your little one happy.

разбива́ть (ся) / разби́ть (ся)
to break, smash, break up

		IMPERFECTIVE ASPECT	PERFECTIVE ASPECT
INF.		разбива́ть (ся)	разби́ть (ся)
PRES.	Я	разбива́ю (сь)	
	Ты	разбива́ешь (ся)	
	Он/она/оно	разбива́ет (ся)	
	Мы	разбива́ем (ся)	
	Вы	разбива́ете (сь)	
	Они	разбива́ют (ся)	
PAST	Я, Ты, Он	разбива́л (ся)	разби́л (ся)
	Я, Ты, Она	разбива́ла (сь)	разби́ла (сь)
	Оно	разбива́ло (сь)	разби́ло (сь)
	Мы, Вы, Они	разбива́ли (сь)	разби́ли (сь)
FUT.	Я	бу́ду разбива́ть (ся)	разобью́ (сь)
	Ты	бу́дешь разбива́ть (ся)	разобьёшь (ся)
	Он/она/оно	бу́дет разбива́ть (ся)	разобьёт (ся)
	Мы	бу́дем разбива́ть (ся)	разобьём (ся)
	Вы	бу́дете разбива́ть (ся)	разобьёте (сь)
	Они	бу́дут разбива́ть (ся)	разобью́т (ся)
COND.	Я, Ты, Он	разбива́л (ся) бы	разби́л (ся) бы
	Я, Ты, Она	разбива́ла (сь) бы	разби́ла (сь) бы
	Оно	разбива́ло (сь) бы	разби́ло (сь) бы
	Мы, Вы, Они	разбива́ли (сь) бы	разби́ли (сь) бы
IMP.	Ты	разбива́й (ся)	разбе́й (ся)
	Вы	разбива́йте (сь)	разбе́йте (сь)

DEVERBALS

	IMPERFECTIVE ASPECT	PERFECTIVE ASPECT
PRES. ACT.	разбива́ющий (ся)	
PRES. PASS.	разбива́емый	
PAST ACT.	разбива́вший (ся)	разби́вший (ся)
PAST PASS.		разби́тый
VERBAL ADVERB	разбива́я	разби́в (шись)

разбива́ть кого – что; разбива́ться обо что

Я разбиваю барьеры.
Даже благие социальные намерения разобьются о непрофессионализм власти.

Частный самолет разбился около школы.

I smash barriers.
Even good social intentions will be defeated by the unprofessionalism of the authorities.

A private airplane crashed near a school.

развива́ть (ся) / разви́ть (ся)
to develop, unwind, untwist

		IMPERFECTIVE ASPECT	PERFECTIVE ASPECT
INF.		развива́ть (ся)	разви́ть (ся)
PRES.	Я	развива́ю (сь)	
	Ты	развива́ешь (ся)	
	Он/она/оно	развива́ет (ся)	
	Мы	развива́ем (ся)	
	Вы	развива́ете (сь)	
	Они	развива́ют (ся)	
PAST	Я, Ты, Он	развива́л (ся)	разви́л (ся)
	Я, Ты, Она	развива́ла (сь)	развила́ (сь)
	Оно	развива́ло (сь)	развило́ (сь)
	Мы, Вы, Они	развива́ли (сь)	развили́ (сь)
FUT.	Я	бу́ду развива́ть (ся)	разовью́ (сь)
	Ты	бу́дешь развива́ть (ся)	разовьёшь (ся)
	Он/она/оно	бу́дет развива́ть (ся)	разовьёт (ся)
	Мы	бу́дем развива́ть (ся)	разовьём (ся)
	Вы	бу́дете развива́ть (ся)	разовьёте (сь)
	Они	бу́дут развива́ть (ся)	разовью́т (ся)
COND.	Я, Ты, Он	развива́л (ся) бы	разви́л (ся) бы
	Я, Ты, Она	развива́ла (сь) бы	развила́ (сь) бы
	Оно	развива́ло (сь) бы	развило́ (сь) бы
	Мы, Вы, Они	развива́ли (сь) бы	развили́ (сь) бы
IMP.	Ты	развива́й (ся)	разве́й (ся)
	Вы	развива́йте (сь)	разве́йте (сь)

DEVERBALS

PRES. ACT.	развива́ющий (ся)	
PRES. PASS.	развива́емый	
PAST ACT.	развива́вший (ся)	разви́вший (ся)
PAST PASS.		разви́тый
		ра́звит, развита́, ра́звито
VERBAL ADVERB	развива́я (сь)	разви́в (шись)

развива́ть кого – что

Развивай свой бизнес!	Develop your business!
Тяжелые осложнения развились.	Severe complications developed.
Веревка развилась.	The cord became unwound.

разводи́ть / развести́
to take around; separate, dissolve

		IMPERFECTIVE ASPECT	PERFECTIVE ASPECT
INF.		разводи́ть	развести́
PRES.	Я	развожу́	
	Ты	разво́дишь	
	Он/она́/оно́	разво́дит	
	Мы	разво́дим	
	Вы	разво́дите	
	Они́	разво́дят	
PAST	Я, Ты, Он	разводи́л	развёл
	Я, Ты, Она́	разводи́ла	развела́
	Оно́	разводи́ло	развело́
	Мы, Вы, Они́	разводи́ли	развели́
FUT.	Я	бу́ду разводи́ть	разведу́
	Ты	бу́дешь разводи́ть	разведёшь
	Он/она́/оно́	бу́дет разводи́ть	разведёт
	Мы	бу́дем разводи́ть	разведём
	Вы	бу́дете разводи́ть	разведёте
	Они́	бу́дут разводи́ть	разведу́т
COND.	Я, Ты, Он	разводи́л бы	развёл бы
	Я, Ты, Она́	разводи́ла бы	развела́ бы
	Оно́	разводи́ло бы	развело́ бы
	Мы, Вы, Они́	разводи́ли бы	развели́ бы
IMP.	Ты	разводи́	разведи́
	Вы	разводи́те	разведи́те

DEVERBALS

PRES. ACT.	разводя́	
PRES. PASS.	разводи́мый	
PAST ACT.	разводи́вший	разве́дший
PAST PASS.		разведённый
		разведён, разведена́
VERBAL ADVERB	разводя́	разведя́

разводи́ть кого́ – что

Как меня́ разводи́ли адвока́ты!	How lawyers cheated me out of my money!
Пацие́нтов разведу́т по ра́зным кабине́там.	Patients will be taken to different examination rooms.
В Пско́ве развели́ посты́.	Guards were posted in Pskov.

		IMPERFECTIVE ASPECT	PERFECTIVE ASPECT
INF.		разводи́ться	развести́сь
PRES.	Я	развожу́сь	
	Ты	разво́дишься	
	Он/она́/оно́	разво́дится	
	Мы	разво́димся	
	Вы	разво́дитесь	
	Они́	разво́дятся	
PAST	Я, Ты, Он	разводи́лся	развёлся
	Я, Ты, Она	разводи́лась	развела́сь
	Оно	разводи́лось	развело́сь
	Мы, Вы, Они	разводи́лись	развели́сь
FUT.	Я	бу́ду разводи́ться	разведу́сь
	Ты	бу́дешь разводи́ться	разведёшься
	Он/она́/оно́	бу́дет разводи́ться	разведётся
	Мы	бу́дем разводи́ться	разведемся
	Вы	бу́дете разводи́ться	разведётесь
	Они	бу́дут разводи́ться	разведу́тся
COND.	Я, Ты, Он	разводи́лся бы	развёлся бы
	Я, Ты, Она	разводи́лась бы	развела́сь бы
	Оно	разводи́лось бы	развело́сь бы
	Мы, Вы, Они	разводи́лись бы	развели́сь бы
IMP.	Ты	разводи́сь	разведи́сь
	Вы	разводи́тесь	разведи́тесь

DEVERBALS

PRES. ACT.	разводя́щийся	
PRES. PASS.		
PAST ACT.	разводи́вшийся	разве́дшийся
PAST PASS.		
VERBAL ADVERB	разводя́сь	разведя́сь

разводи́ться с кем

Я развожусь с мужем.	I am divorcing my husband.
В пруду разводили рыбу.	Fish were bred in the pond.
За шесть лет супруги женились и разводились пять раз.	Over six years, the spouses married and divorced five times.

P

разгова́ривать
to converse

		IMPERFECTIVE ASPECT	PERFECTIVE ASPECT
INF.		разгова́ривать	
PRES.	Я	разгова́риваю	
	Ты	разгова́риваешь	
	Он/она́/оно́	разгова́ривает	
	Мы	разгова́риваем	
	Вы	разгова́риваете	
	Они́	разгова́ривают	
PAST	Я, Ты, Он	разгова́ривал	
	Я, Ты, Она	разгова́ривала	
	Оно	разгова́ривало	
	Мы, Вы, Они	разгова́ривали	
FUT.	Я	бу́ду разгова́ривать	
	Ты	бу́дешь разгова́ривать	
	Он/она́/оно́	бу́дет разгова́ривать	
	Мы	бу́дем разгова́ривать	
	Вы	бу́дете разгова́ривать	
	Они́	бу́дут разгова́ривать	
COND.	Я, Ты, Он	разгова́ривал бы	
	Я, Ты, Она	разгова́ривала бы	
	Оно	разгова́ривало бы	
	Мы, Вы, Они	разгова́ривали бы	
IMP.	Ты	разгова́ривай	
	Вы	разгова́ривайте	

DEVERBALS

	IMPERFECTIVE ASPECT	PERFECTIVE ASPECT
PRES. ACT.	разгова́ривающий	
PRES. PASS.		
PAST ACT.	разгова́ривавший	
PAST PASS.		
VERBAL ADVERB	разгова́ривав	

Я с толпой не разговариваю.	I don't converse with a crowd.
С кем вы разговаривали по телефону?	With whom were you talking on the telephone?
Мы будем разговаривать по всем вопросам.	We will have discussions on all the issues.

to distribute, hand out (resound, be heard)

		IMPERFECTIVE ASPECT	PERFECTIVE ASPECT
INF.		раздава́ть (ся)	разда́ть (ся)
PRES.	Я	раздаю́	
	Ты	раздаёшь	
	Он/она/оно	раздаёт (ся)	
	Мы	раздаём	
	Вы	раздаёте	
	Они	раздаю́т (ся)	
PAST	Я, Ты, Он	раздава́л (ся)	разда́л (ся)
	Я, Ты, Она	раздава́ла (сь)	раздала́ (сь)
	Оно	раздава́ло (сь)	разда́ло – раздало́сь
	Мы, Вы, Они	раздава́ли (сь)	разда́ли – раздали́сь
FUT.	Я	бу́ду раздава́ть	разда́м
	Ты	бу́дешь раздава́ть	разда́шь
	Он/она/оно	бу́дет раздава́ть (ся)	разда́ст (ся)
	Мы	бу́дем раздава́ть	раздади́м
	Вы	бу́дете раздава́ть	раздади́те
	Они	бу́дут раздава́ть (ся)	раздаду́т (ся)
COND.	Я, Ты, Он	раздава́л (ся) бы	разда́л (ся) бы
	Я, Ты, Она	раздава́ла (сь) бы	раздала́ (сь) бы
	Оно	раздава́ло (сь) бы	разда́ло – разда́ло́сь бы
	Мы, Вы, Они	раздава́ли (сь) бы	разда́ли – раздали́сь бы
IMP.	Ты	раздава́й	разда́й
	Вы	раздава́йте	разда́йте

P

DEVERBALS

	IMPERFECTIVE ASPECT	PERFECTIVE ASPECT
PRES. ACT.	раздаю́щий (ся)	
PRES. PASS.	раздава́емый	
PAST ACT.	раздава́вший (ся)	разда́вший(ся)
PAST PASS.		ро́зданный ро́здан, раздана́, ро́здано
VERBAL ADVERB	раздава́я (сь)	разда́в (шись)

раздава́ть кого – что кому – чему
Note the spelling of the past passive participial forms.

Спортсмены раздают комплименты.	The athletes are passing out compliments.
Из темноты раздался голос.	A voice resounded out of the darkness.
Когда в прихожей раздадутся шаги, я спрячусь.	When footsteps sound in the hallway, I'll hide.

раздева́ть (ся) / разде́ть (ся)
to undress, take off clothes

		IMPERFECTIVE ASPECT	PERFECTIVE ASPECT
INF.		раздева́ть (ся)	разде́ть (ся)
PRES.	Я	раздева́ю (сь)	
	Ты	раздева́ешь (ся)	
	Он/она/оно	раздева́ет (ся)	
	Мы	раздева́ем (ся)	
	Вы	раздева́ете (сь)	
	Они	раздева́ют (ся)	
PAST	Я, Ты, Он	раздева́л (ся)	разде́л (ся)
	Я, Ты, Она	раздева́ла (сь)	разде́ла (сь)
	Оно	раздева́ло (сь)	разде́ло (сь)
	Мы, Вы, Они	раздева́ли (сь)	разде́ли (сь)
FUT.	Я	бу́ду раздева́ть (ся)	разде́ну (сь)
	Ты	бу́дешь раздева́ть (ся)	разде́нешь (ся)
	Он/она/оно	бу́дет раздева́ть (ся)	разде́нет (ся)
	Мы	бу́дем раздева́ть (ся)	разде́нем (ся)
	Вы	бу́дете раздева́ть (ся)	разде́нете (сь)
	Они	бу́дут раздева́ть (ся)	разде́нут (ся)
COND.	Я, Ты, Он	раздева́л (ся) бы	разде́л (ся) бы
	Я, Ты, Она	раздева́ла (сь) бы	разде́ла (сь) бы
	Оно	раздева́ло (сь) бы	разде́ло (сь) бы
	Мы, Вы, Они	раздева́ли (сь) бы	разде́ли (сь) бы
IMP.	Ты	раздева́й (ся)	разде́нь (ся)
	Вы	раздева́йте (сь)	разде́ньте (сь)

DEVERBALS

	IMPERFECTIVE ASPECT	PERFECTIVE ASPECT
PRES. ACT.	раздева́ющий (ся)	
PRES. PASS.	раздева́емый	
PAST ACT.	раздева́вший (ся)	разде́вший (ся)
PAST PASS.		разде́тый
VERBAL ADVERB	раздева́я (сь)	разде́в (шись)

раздева́ть кого – что

Не раздевайте манекен.
Разделся до пояса.
Они разделись для календаря.

Don't undress the mannequin.
He stripped to the waist.
They stripped for the calendar.

разделя́ть (ся) / раздели́ть (ся)

to divide, separate, share (be divisible)

	IMPERFECTIVE ASPECT	PERFECTIVE ASPECT
INF.	разделя́ть (ся)	раздели́ть (ся)
PRES. Я	разделя́ю (сь)	
Ты	разделя́ешь (ся)	
Он/она/оно	разделя́ет (ся)	
Мы	разделя́ем (ся)	
Вы	разделя́ете (сь)	
Они	разделя́ют (ся)	
PAST Я, Ты, Он	разделя́л (ся)	раздели́л (ся)
Я, Ты, Она	разделя́ла (сь)	раздели́ла (сь)
Оно	разделя́ло (сь)	раздели́ло (сь)
Мы, Вы, Они	разделя́ли (сь)	раздели́ли (сь)
FUT. Я	бу́ду разделя́ть (ся)	разделю́ (сь)
Ты	бу́дешь разделя́ть (ся)	разде́лишь (ся)
Он/она/оно	бу́дет разделя́ть (ся)	разде́лит (ся)
Мы	бу́дем разделя́ть (ся)	разде́лим (ся)
Вы	бу́дете разделя́ть (ся)	разде́лите (сь)
Они	бу́дут разделя́ть (ся)	разде́лят (ся)
COND. Я, Ты, Он	разделя́л (ся) бы	раздели́л (ся) бы
Я, Ты, Она	разделя́ла (сь) бы	раздели́ла (сь) бы
Оно	разделя́ло (сь) бы	раздели́ло (сь) бы
Мы, Вы, Они	разделя́ли (сь) бы	раздели́ли (сь) бы
IMP. Ты	разделя́й (ся)	раздели́ (сь)
Вы	разделя́йте (сь)	раздели́те (сь)

DEVERBALS

PRES. ACT.	разделя́ющий (ся)	
PRES. PASS.	разделя́емый	
PAST ACT.	разделя́вший (ся)	раздели́вший (ся)
PAST PASS.		разделённый
		разделён, разделена́
VERBAL ADVERB	разделя́я (сь)	раздели́в (шись)

разделя́ть кого – что

Я не разделяю такую точку зрения.	I do not share that point of view.
Мы разделим наших выпускников на две категории.	We will split our graduates into two categories.
Разделите наш успех.	Share our success.

P

разраба́тывать / разрабо́тать

to work out, exploit, develop

		IMPERFECTIVE ASPECT	PERFECTIVE ASPECT
INF.		разраба́тывать	разрабо́тать
PRES.	Я	разраба́тываю	
	Ты	разраба́тываешь	
	Он/она́/оно́	разраба́тывает	
	Мы	разраба́тываем	
	Вы	разраба́тываете	
	Они́	разраба́тывают	
PAST	Я, Ты, Он	разраба́тывал	разрабо́тал
	Я, Ты, Она́	разраба́тывала	разрабо́тала
	Оно́	разраба́тывало	разрабо́тало
	Мы, Вы, Они́	разраба́тывали	разрабо́тали
FUT.	Я	бу́ду разраба́тывать	разрабо́таю
	Ты	бу́дешь разраба́тывать	разрабо́таешь
	Он/она́/оно́	бу́дет разраба́тывать	разрабо́тает
	Мы	бу́дем разраба́тывать	разрабо́таем
	Вы	бу́дете разраба́тывать	разрабо́таете
	Они́	бу́дут разраба́тывать	разрабо́тают
COND.	Я, Ты, Он	разраба́тывал бы	разрабо́тал бы
	Я, Ты, Она́	разраба́тывала бы	разрабо́тала бы
	Оно́	разраба́тывало бы	разрабо́тало бы
	Мы, Вы, Они́	разраба́тывали бы	разрабо́тали бы
IMP.	Ты	разраба́тывай	разрабо́тай
	Вы	разраба́тывайте	разрабо́тайте

DEVERBALS

	IMPERFECTIVE	PERFECTIVE
PRES. ACT.	разраба́тывающий	
PRES. PASS.	разраба́тываемый	
PAST ACT.	разраба́тывавший	разрабо́тавший
PAST PASS.		разрабо́танный
VERBAL ADVERB	разраба́тывая	разрабо́тав

разраба́тывать что

Я разрабатываю интернет-магазин. — I am developing an Internet store.
Фирма разработала новую технологию. — The firm developed a new technology.
Разработаны первые электронные учебники по истории. — The very first electronic history textbooks have been developed.

410

разреша́ть (ся) / разреши́ть (ся)
to allow, permit (be solved)

		IMPERFECTIVE ASPECT	PERFECTIVE ASPECT
INF.		разреша́ть (ся)	разреши́ть (ся)
PRES.	Я	разреша́ю	
	Ты	разреша́ешь	
	Он/она/оно	разреша́ет (ся)	
	Мы	разреша́ем	
	Вы	разреша́ете	
	Они	разреша́ют (ся)	
PAST	Я, Ты, Он	разреша́л (ся)	разреши́л (ся)
	Я, Ты, Она	разреша́ла (сь)	разреши́ла (сь)
	Оно	разреша́ло (сь)	разреши́ло (сь)
	Мы, Вы, Они	разреша́ли (сь)	разреши́ли (сь)
FUT.	Я	бу́ду разреша́ть	разрешу́
	Ты	бу́дешь разреша́ть	разреши́шь
	Он/она/оно	бу́дет разреша́ть (ся)	разреши́т (ся)
	Мы	бу́дем разреша́ть	разреши́м
	Вы	бу́дете разреша́ть	разреши́те
	Они	бу́дут разреша́ть (ся)	разреша́т (ся)
COND.	Я, Ты, Он	разреша́л (ся) бы	разреши́л (ся) бы
	Я, Ты, Она	разреша́ла (сь) бы	разреши́ла (сь) бы
	Оно	разреша́ло (сь) бы	разреши́ло (сь) бы
	Мы, Вы, Они	разреша́ли (сь) бы	разреши́ли (сь) бы
IMP.	Ты	разреша́й (ся)	разреши́ (сь)
	Вы	разреша́йте (сь)	разреши́те (сь)

DEVERBALS

PRES. ACT.	разреша́ющий (ся)	
PRES. PASS.	разреша́емый	
PAST ACT.	разреша́вший (ся)	разреши́вший (ся)
PAST PASS.		разрешённый
		разрешён, разрешена́
VERBAL ADVERB	разреша́я (сь)	разреши́в (шись)

разреша́ть что

Мы не разрешаем нашей сестре выходить замуж за него.	We are not allowing our sister to marry him.
Мы разрешим наши проблемы мирным путем.	We will resolve our problems by peaceful means.
К Рождеству все разрешилось.	By Christmas all had been resolved.

P

411

разруша́ть (ся) / разру́шить (ся)
to destroy, ruin, frustrate

		IMPERFECTIVE ASPECT	PERFECTIVE ASPECT
INF.		разруша́ть (ся)	разру́шить (ся)
PRES.	Я	разруша́ю	
	Ты	разруша́ешь	
	Он/она/оно	разруша́ет (ся)	
	Мы	разруша́ем	
	Вы	разруша́ете	
	Они	разруша́ют (ся)	
PAST	Я, Ты, Он	разруша́л (ся)	разру́шил (ся)
	Я, Ты, Она	разруша́ла (сь)	разру́шила (сь)
	Оно	разруша́ло (сь)	разру́шило (сь)
	Мы, Вы, Они	разруша́ли (сь)	разру́шили (сь)
FUT.	Я	бу́ду разруша́ть	разру́шу
	Ты	бу́дешь разруша́ть	разру́шишь
	Он/она/оно	бу́дет разруша́ть (ся)	разру́шит (ся)
	Мы	бу́дем разруша́ть	разру́шим
	Вы	бу́дете разруша́ть	разру́шите
	Они	бу́дут разруша́ть (ся)	разру́шат (ся)
COND.	Я, Ты, Он	разруша́л (ся) бы	разру́шил (ся) бы
	Я, Ты, Она	разруша́ла (сь) бы	разру́шила (сь) бы
	Оно	разруша́ло (сь) бы	разру́шило (сь) бы
	Мы, Вы, Они	разруша́ли (сь) бы	разру́шили (сь) бы
IMP.	Ты	разруша́й	разру́шь
	Вы	разруша́йте	разру́шьте

DEVERBALS

	IMPERFECTIVE	PERFECTIVE
PRES. ACT.	разруша́ющий (ся)	
PRES. PASS.	разруша́емый	
PAST ACT.	разруша́вший (ся)	разру́шивший (ся)
PAST PASS.		разру́шенный
VERBAL ADVERB	разруша́я (сь)	разру́шив (шись)

разруша́ть что

Разрушаем стереотипы.
Мир не разрушится без нас.

We are destroying stereotypes.
The world will not come to an end if we are not there.

Разрушите эту систему и вы разрушите общество.

If you destroy the system then you destroy society.

разрыва́ть (ся) / разорва́ть (ся)
to tear up, explode

		IMPERFECTIVE ASPECT	PERFECTIVE ASPECT
INF.		разрыва́ть (ся)	разорва́ть (ся)
PRES.	Я	разрыва́ю	
	Ты	разрыва́ешь	
	Он/она/оно	разрыва́ет (ся)	
	Мы	разрыва́ем	
	Вы	разрыва́ете	
	Они	разрыва́ют (ся)	
PAST	Я, Ты, Он	разрыва́л (ся)	разорва́л (ся)
	Я, Ты, Она	разрыва́ла (сь)	разорвала́ (сь)
	Оно	разрыва́ло (сь)	разорва́ло – разорва́ло́сь
	Мы, Вы, Они	разрыва́ли (сь)	разорва́ли – разорва́ли́сь
FUT.	Я	бу́ду разрыва́ть	разорву́
	Ты	бу́дешь разрыва́ть	разорвёшь
	Он/она/оно	бу́дет разрыва́ть (ся)	разорвёт (ся)
	Мы	бу́дем разрыва́ть	разорвём
	Вы	бу́дете разрыва́ть	разорвёте
	Они	бу́дут разрыва́ть (ся)	разорву́т (ся)
COND.	Я, Ты, Он	разрыва́л (ся) бы	разорва́л (ся) бы
	Я, Ты, Она	разрыва́ла (сь) бы	разорвала́ (сь) бы
	Оно	разрыва́ло (сь) бы	разорва́ло – разорва́ло́сь бы
	Мы, Вы, Они	разрыва́ли (сь) бы	разорва́ли – разорва́ли́сь бы
IMP.	Ты	разрыва́й	разорви́
	Вы	разрыва́йте	разорви́те

DEVERBALS

	IMPERFECTIVE ASPECT	PERFECTIVE ASPECT
PRES. ACT.	разрыва́ющий (ся)	
PRES. PASS.	разрыва́емый	
PAST ACT.	разрыва́вший (ся)	разорва́вший (ся)
PAST PASS.		разо́рванный
VERBAL ADVERB	разрыва́я (сь)	разорва́в (шись)

разрыва́ть кого – что

Никогда не разрывайте отношения с человеком.	Don't break off relations with a person.
Разорву пополам я тетради.	I'll tear the notebooks in half.
Это картина маленького человека с большим сердцем, которое разорвалось.	This is a picture of a small man with a big heart that was broken.

ра́нить / ра́нить
to wound, injure

		IMPERFECTIVE ASPECT	PERFECTIVE ASPECT
INF.		ра́нить	ра́нить
PRES.	Я	ра́ню	
	Ты	ра́нишь	
	Он/она/оно	ра́нит	
	Мы	ра́ним	
	Вы	ра́ните	
	Они	ра́нят	
PAST	Я, Ты, Он	ра́нил	ра́нил
	Я, Ты, Она	ра́нила	ра́нила
	Оно	ра́нило	ра́нило
	Мы, Вы, Они	ра́нили	ра́нили
FUT.	Я	бу́ду ра́нить	ра́ню
	Ты	бу́дешь ра́нить	ра́нишь
	Он/она/оно	бу́дет ра́нить	ра́нит
	Мы	бу́дем ра́нить	ра́ним
	Вы	бу́дете ра́нить	ра́ните
	Они	бу́дут ра́нить	ра́нят
COND.	Я, Ты, Он	ра́нил бы	ра́нил бы
	Я, Ты, Она	ра́нила бы	ра́нила бы
	Оно	ра́нило бы	ра́нило бы
	Мы, Вы, Они	ра́нили бы	ра́нили бы
IMP.	Ты	ра́нь	ра́нь
	Вы	ра́ньте	ра́ньте

DEVERBALS

	IMPERFECTIVE ASPECT	PERFECTIVE ASPECT
PRES. ACT.	ра́нящий	
PRES. PASS.	ра́нимый	
PAST ACT.	ра́нивший	ра́нивший
PAST PASS.		ра́ненный
VERBAL ADVERB	ра́ня	ра́нив

ра́нить кого – что
Ра́нить can be used in both the imperfective and the perfective aspects.
Another perfective form is **пора́нить**.

Бою́сь, что ра́ню люби́мого.	I am afraid that I'm hurting my beloved.
Боевики́ ра́нили двух солда́т.	The fighters wounded two soldiers.
Моя́ ма́ма си́льно пора́нила но́гу.	My mother injured her leg seriously.

	IMPERFECTIVE ASPECT	PERFECTIVE ASPECT
INF.	рассказывать	рассказать

PRES.		
Я	рассказываю	
Ты	рассказываешь	
Он/она/оно	рассказывает	
Мы	рассказываем	
Вы	рассказываете	
Они	рассказывают	

PAST		
Я, Ты, Он	рассказывал	рассказал
Я, Ты, Она	рассказывала	рассказала
Оно	рассказывало	рассказало
Мы, Вы, Они	рассказывали	рассказали

FUT.		
Я	буду рассказывать	расскажу
Ты	будешь рассказывать	расскажешь
Он/она/оно	будет рассказывать	расскажет
Мы	будем рассказывать	расскажем
Вы	будете рассказывать	расскажете
Они	будут рассказывать	расскажут

COND.		
Я, Ты, Он	рассказывал бы	рассказал бы
Я, Ты, Она	рассказывала бы	рассказала бы
Оно	рассказывало бы	рассказало бы
Мы, Вы, Они	рассказывали бы	рассказали бы

IMP.		
Ты	рассказывай	расскажи
Вы	рассказывайте	расскажите

DEVERBALS

PRES. ACT.	рассказывающий	
PRES. PASS.	рассказываемый	
PAST ACT.	рассказывавший	рассказавший
PAST PASS.		рассказанный
VERBAL ADVERB	рассказывая	рассказав

рассказывать что

Кому и о чем ты рассказываешь?	To whom and about what are you going to speak?
Европейские спортсмены расскажут о здоровом образе жизни.	The European athletes will talk about a healthy lifestyle.
Много о нем написано и рассказано.	Much has been written and told about him.

рассма́тривать / рассмотре́ть
to examine, consider

	IMPERFECTIVE ASPECT	PERFECTIVE ASPECT
INF.	рассма́тривать	рассмотре́ть
PRES. Я	рассма́триваю	
Ты	рассма́триваешь	
Он/она/оно	рассма́тривает	
Мы	рассма́триваем	
Вы	рассма́триваете	
Они	рассма́тривают	
PAST Я, Ты, Он	рассма́тривал	рассмотре́л
Я, Ты, Она	рассма́тривала	рассмотре́ла
Оно	рассма́тривало	рассмотре́ло
Мы, Вы, Они	рассма́тривали	рассмотре́ли
FUT. Я	бу́ду рассма́тривать	рассмотрю́
Ты	бу́дешь рассма́тривать	рассмо́тришь
Он/она/оно	бу́дет рассма́тривать	рассмо́трит
Мы	бу́дем рассма́тривать	рассмо́трим
Вы	бу́дете рассма́тривать	рассмо́трите
Они	бу́дут рассма́тривать	рассмо́трят
COND. Я, Ты, Он	рассма́тривал бы	рассмотре́л бы
Я, Ты, Она	рассма́тривала бы	рассмотре́ла бы
Оно	рассма́тривало бы	рассмотре́ло бы
Мы, Вы, Они	рассма́тривали бы	рассмотре́ли бы
IMP. Ты	рассма́тривай	рассмотри́
Вы	рассма́тривайте	рассмотри́те

DEVERBALS

PRES. ACT.	рассма́тривающий	
PRES. PASS.	рассма́триваемый	
PAST ACT.	рассма́тривавший	рассмотре́вший
PAST PASS.		рассмо́тренный
VERBAL ADVERB	рассма́тривая	рассмотре́в

рассма́тривать кого – что

Производители рассматривают возможность сотрудничества.	Producers are examining the possibility of cooperation.
Рассмотрите мою кандидатуру, пожалуйста.	Please consider my candidacy.
Дело будет рассмотрено вновь.	The matter will be examined again.

		IMPERFECTIVE ASPECT	PERFECTIVE ASPECT
INF.		расти́	вы́расти
PRES.	Я	расту́	
	Ты	растёшь	
	Он/она/оно	растёт	
	Мы	растём	
	Вы	растёте	
	Они	расту́т	
PAST	Я, Ты, Он	рóс	вы́рос
	Я, Ты, Она	росла́	вы́росла
	Оно	росло́	вы́росло
	Мы, Вы, Они	росли́	вы́росли
FUT.	Я	бу́ду расти́	вы́расту
	Ты	бу́дешь расти́	вы́растешь
	Он/она/оно	бу́дет расти́	вы́растет
	Мы	бу́дем расти́	вы́растем
	Вы	бу́дете расти́	вы́растете
	Они	бу́дут расти́	вы́растут
COND.	Я, Ты, Он	рóс бы	вы́рос бы
	Я, Ты, Она	росла́ бы	вы́росла бы
	Оно	росло́ бы	вы́росло бы
	Мы, Вы, Они	росли́ бы	вы́росли бы
IMP.	Ты	расти́	вы́расти
	Вы	расти́те	вы́растите

DEVERBALS

PRES. ACT.	расту́щий	
PRES. PASS.		
PAST ACT.	рóсший	вы́росший
PAST PASS.		
VERBAL ADVERB	растя́	вы́росши

расти́ в кого – что из чего

Мама, я расту.	Mommy, I'm growing.
Я допускаю, что росла в теплице.	I assume that it grew in a greenhouse.
В России выросли цены на бензин.	The prices of gas in Russia have gone up.

Р

расходи́ться / разойти́сь
to go away, break up, disperse, dissolve

		IMPERFECTIVE ASPECT	PERFECTIVE ASPECT
INF.		расходи́ться	разойти́сь
PRES.	Я	расхожу́сь	
	Ты	расхо́дишься	
	Он/она/оно	расхо́дится	
	Мы	расхо́димся	
	Вы	расхо́дитесь	
	Они	расхо́дятся	
PAST	Я, Ты, Он	расходи́лся	разошёлся
	Я, Ты, Она	расходи́лась	разошла́сь
	Оно	расходи́лось	разошло́сь
	Мы, Вы, Они	расходи́лись	разошли́сь
FUT.	Я	бу́ду расходи́ться	разойду́сь
	Ты	бу́дешь расходи́ться	разойдёшься
	Он/она/оно	бу́дет расходи́ться	разойдётся
	Мы	бу́дем расходи́ться	разойдёмся
	Вы	бу́дете расходи́ться	разойдётесь
	Они	бу́дут расходи́ться	разойду́тся
COND.	Я, Ты, Он	расходи́лся бы	разошёлся бы
	Я, Ты, Она	расходи́лась бы	разошла́сь бы
	Оно	расходи́лось бы	разошло́сь бы
	Мы, Вы, Они	расходи́лись бы	разошли́сь бы
IMP.	Ты	расходи́сь	разойди́сь
	Вы	расходи́тесь	разойди́тесь

DEVERBALS

	IMPERFECTIVE ASPECT	PERFECTIVE ASPECT
PRES. ACT.	расходя́щийся	
PRES. PASS.		
PAST ACT.	расходи́вшийся	разоше́дшийся
PAST PASS.		
VERBAL ADVERB	расходя́сь	разойдя́сь

расходи́ться с кем – чем

Я расхожусь во мнении с ним.	I disagree with him.
Пусть наши пути не разойдутся.	Let our paths not diverge.
Оппозиция разошлась по углам.	The opposition dispersed to the corners.

		IMPERFECTIVE ASPECT	PERFECTIVE ASPECT
INF.		рва́ть (ся)	порва́ть (ся)
PRES.	Я	рву́	
	Ты	рвёшь	
	Он/она/оно	рвёт (ся)	
	Мы	рвём	
	Вы	рвёте	
	Они	рву́т (ся)	
PAST	Я, Ты, Он	рва́л (ся)	порва́л (ся)
	Я, Ты, Она	рвала́ (сь)	порвала́ (сь)
	Оно	рва́ло (сь)	порва́ло – порва́лось
	Мы, Вы, Они	рва́ли (сь)	порва́ли – порва́лись
FUT.	Я	бу́ду рва́ть	порву́
	Ты	бу́дешь рва́ть	порвёшь
	Он/она/оно	бу́дет рва́ть	порвёт (ся)
	Мы	бу́дем рва́ть	порвём
	Вы	бу́дете рва́ть	порвёте
	Они	бу́дут рва́ть	порву́т (ся)
COND.	Я, Ты, Он	рва́л (ся) бы	порва́л бы
	Я, Ты, Она	рвала́ (сь) бы	порвала́ бы
	Оно	рва́ло (сь) бы	порва́ло – порва́лось бы
	Мы, Вы, Они	рва́ли (сь) бы	порва́ли – порва́лись бы
IMP.	Ты	рви́	порви́
	Вы	рви́те	порви́те

DEVERBALS

PRES. ACT.	рву́щий (ся)	
PRES. PASS.		
PAST ACT.	рва́вший (ся)	порва́вший (ся)
PAST PASS.		по́рванный
VERBAL ADVERB	рва́в (шись)	порва́в (шись)

рва́ть что у кого, с кем – чем
Another imperfective verb with the identical meaning is **порыва́ть (ся)**.

Зачем меня на части рвете? — Why are you tearing me to pieces?
У нее порвались колготки? — Did her pantyhose tear?
Не порвите старые фотографии. — Don't rip up old photos.

реализова́ть (ся) / реализова́ть (ся)
to accomplish, bring about

		IMPERFECTIVE ASPECT	PERFECTIVE ASPECT
INF.		реализова́ть (ся)	реализова́ть (ся)
PRES.	Я	реализу́ю (сь)	
	Ты	реализу́ешь (ся)	
	Он/она/оно	реализу́ет (ся)	
	Мы	реализу́ем (ся)	
	Вы	реализу́ете (сь)	
	Они	реализу́ют (ся)	
PAST	Я, Ты, Он	реализова́л (ся)	реализова́л (ся)
	Я, Ты, Она	реализова́ла (сь)	реализова́ла (сь)
	Оно	реализова́ло (сь)	реализова́ло (сь)
	Мы, Вы, Они	реализова́ли (сь)	реализова́ли (сь)
FUT.	Я	бу́ду реализова́ть (ся)	реализу́ю (сь)
	Ты	бу́дешь реализова́ть (ся)	реализу́ешь (ся)
	Он/она/оно	бу́дет реализова́ть (ся)	реализу́ет (ся)
	Мы	бу́дем реализова́ть (ся)	реализу́ем (ся)
	Вы	бу́дете реализова́ть (ся)	реализу́ете (сь)
	Они	бу́дут реализова́ть (ся)	реализу́ют (ся)
COND.	Я, Ты, Он	реализова́л (ся) бы	реализова́л (ся) бы
	Я, Ты, Она	реализова́ла (сь) бы	реализова́ла (сь) бы
	Оно	реализова́ло (сь) бы	реализова́ло (сь) бы
	Мы, Вы, Они	реализова́ли (сь) бы	реализова́ли (сь) бы
IMP.	Ты	реализу́й (ся)	реализу́й (ся)
	Вы	реализу́йте (сь)	реализу́йте (сь)

DEVERBALS

	IMPERFECTIVE ASPECT	PERFECTIVE ASPECT
PRES. ACT.	реализу́ющий (ся)	
PRES. PASS.	реализу́емый	
PAST ACT.	реализова́вший (ся)	реализова́вший (ся)
PAST PASS.		реализо́ванный
VERBAL ADVERB	реализу́я (сь)	реализу́я (сь)

реализова́ть что
This verb can be either imperfective or perfective depending upon the context.

Мечты Путина реализовались.	Putin's dreams were accomplished.
Почему реализуются страхи?	Why do fears come about?
Реализуем свои мечты вместе!	Let's accomplish our dreams together.

		IMPERFECTIVE ASPECT	PERFECTIVE ASPECT
INF.		ре́зать	заре́зать
PRES.	Я	ре́жу	
	Ты	ре́жешь	
	Он/она́/оно́	ре́жет	
	Мы	ре́жем	
	Вы	ре́жете	
	Они́	ре́жут	
PAST	Я, Ты, Он	ре́зал	заре́зал
	Я, Ты, Она́	ре́зала	заре́зала
	Оно́	ре́зало	заре́зало
	Мы, Вы, Они́	ре́зали	заре́зали
FUT.	Я	бу́ду ре́зать	заре́жу
	Ты	бу́дешь ре́зать	заре́жешь
	Он/она́/оно́	бу́дет ре́зать	заре́жет
	Мы	бу́дем ре́зать	заре́жем
	Вы	бу́дете ре́зать	заре́жете
	Они́	бу́дут ре́зать	заре́жут
COND.	Я, Ты, Он	ре́зал бы	заре́зал бы
	Я, Ты, Она́	ре́зала бы	заре́зала бы
	Оно́	ре́зало бы	заре́зало бы
	Мы, Вы, Они́	ре́зали бы	заре́зали бы
IMP.	Ты	ре́жь	заре́жь
	Вы	ре́жьте	заре́жьте

P

DEVERBALS

	IMPERFECTIVE	PERFECTIVE
PRES. ACT.	ре́жущий	
PRES. PASS.		
PAST ACT.	ре́завший	заре́завший
PAST PASS.	ре́занный	заре́занный
VERBAL ADVERB	ре́зав	заре́завши

ре́зать кого́ – что

Ре́жьте лук без слёз.	Cut onions without tears.
Банди́ты едва́ не заре́зали журнали́ста.	The bandits almost slaughtered the journalist.
По́сле конце́рта бы́ли заре́заны дво́е молоды́х люде́й.	After the concert, two young males were stabbed.

реша́ть (ся) / реши́ть (ся)
to decide, determine, solve (make up one's mind)

		IMPERFECTIVE ASPECT	PERFECTIVE ASPECT
INF.		реша́ть (ся)	реши́ть (ся)
PRES.	Я	реша́ю (сь)	
	Ты	реша́ешь (ся)	
	Он/она́/оно́	реша́ет (ся)	
	Мы	реша́ем (ся)	
	Вы	реша́ете (сь)	
	Они́	реша́ют (ся)	
PAST	Я, Ты, Он	реша́л (ся)	реши́л (ся)
	Я, Ты, Она́	реша́ла (сь)	реши́ла (сь)
	Оно́	реша́ло (сь)	реши́ло (сь)
	Мы, Вы, Они́	реша́ли (сь)	реши́ли (сь)
FUT.	Я	бу́ду реша́ть (ся)	решу́ (сь)
	Ты	бу́дешь реша́ть (ся)	реши́шь (ся)
	Он/она́/оно́	бу́дет реша́ть (ся)	реши́т (ся)
	Мы	бу́дем реша́ть (ся)	реши́м (ся)
	Вы	бу́дете реша́ть (ся)	реши́те (сь)
	Они́	бу́дут реша́ть (ся)	реша́т (ся)
COND.	Я, Ты, Он	реша́л (ся) бы	реши́л (ся) бы
	Я, Ты, Она́	реша́ла (сь) бы	реши́ла (сь) бы
	Оно́	реша́ло (сь) бы	реши́ло (сь) бы
	Мы, Вы, Они́	реша́ли (сь) бы	реши́ли (сь) бы
IMP.	Ты	реша́й (ся)	реши́ (сь)
	Вы	реша́йте (сь)	реши́те (сь)

DEVERBALS

	IMPERFECTIVE ASPECT	PERFECTIVE ASPECT
PRES. ACT.	реша́ющий (ся)	
PRES. PASS.	реша́емый	
PAST ACT.	реша́вший (ся)	реши́вший (ся)
PAST PASS.		реша́емый решённый реше́н, решена́
VERBAL ADVERB	реша́я (сь)	реши́в (шись)

реша́ть что, + infinitive
реша́ться на что, + infinitive

AN ESSENTIAL VERB

422

реша́ть (ся) / реши́ть (ся)

Examples

Их судьба решалась в Кремле.
Their fate was being decided in the
Kremlin.

Решите для себя.
Decide for yourself.

Жду, пока решится вопрос моего
участия.
I am waiting for the question of my
participation to be resolved.

Решено снести здание.
It has been decided to raze the building.

Вопрос сложный но решаемый.
It's a difficult question, but one that can
be resolved.

В настоящее время решается этот
вопрос.
This issue is being decided at the present
time.

Новые выборы не решат ее вопрос.
New elections will not resolve her issue.

Топливый кризис в аэропорту уже
решен.
The fuel crisis at the airport has already
been resolved.

Words and expressions
related to this verb

Задача решается.

Этого никто не решит.

Подумав решайся, а
решившись — не
подумай.

решение

решительный

решительность

решимость

P

рисова́ть / нарисова́ть
to paint, draw

	IMPERFECTIVE ASPECT	PERFECTIVE ASPECT
INF.	рисова́ть	нарисова́ть

PRES.		
Я	рису́ю	
Ты	рису́ешь	
Он/она́/оно́	рису́ет	
Мы	рису́ем	
Вы	рису́ете	
Они́	рису́ют	

PAST		
Я, Ты, Он	рисова́л	нарисова́л
Я, Ты, Она́	рисова́ла	нарисова́ла
Оно́	рисова́ло	нарисова́ло
Мы, Вы, Они́	рисова́ли	нарисова́ли

FUT.		
Я	бу́ду рисова́ть	нарису́ю
Ты	бу́дешь рисова́ть	нарису́ешь
Он/она́/оно́	бу́дет рисова́ть	нарису́ет
Мы	бу́дем рисова́ть	нарису́ем
Вы	бу́дете рисова́ть	нарису́ете
Они́	бу́дут рисова́ть	нарису́ют

COND.		
Я, Ты, Он	рисова́л бы	нарисова́л бы
Я, Ты, Она́	рисова́ла бы	нарисова́ла бы
Оно́	рисова́ло бы	нарисова́ло бы
Мы, Вы, Они́	рисова́ли бы	нарисова́ли бы

IMP.		
Ты	рису́й	нарису́й
Вы	рису́йте	нарису́йте

DEVERBALS

PRES. ACT.	рису́ющий	
PRES. PASS.	рису́емый	
PAST ACT.	рисова́вший	нарисова́вший
PAST PASS.	рисо́ванный	нарисо́ванный
VERBAL ADVERB	рису́я	нарисова́в

рисова́ть кого́ – что

Рису́йте и по́йте пе́сни.	Draw and sing songs.
Вы и в про́шлый раз ма́му рисова́ли.	You drew your Mom last time too.
Вме́сте мы нарису́ем но́вый мир.	Together we will draw a new world.

		IMPERFECTIVE ASPECT	PERFECTIVE ASPECT
INF.		рожда́ть (ся)	роди́ть (ся)
PRES.	Я	рожда́ю (сь)	
	Ты	рожда́ешь (ся)	
	Он/она/оно	рожда́ет (ся)	
	Мы	рожда́ем (ся)	
	Вы	рожда́ете (сь)	
	Они	рожда́ют (ся)	
PAST	Я, Ты, Он	рожда́л (ся)	роди́л – роди́лся́
	Я, Ты, Она	рожда́ла (сь)	родила́ (сь)
	Оно	рожда́ло (сь)	роди́ло – роди́ло́сь
	Мы, Вы, Они	рожда́ли (сь)	роди́ли – родили́сь
FUT.	Я	бу́ду рожда́ть (ся)	рожу́ (сь)
	Ты	бу́дешь рожда́ть (ся)	роди́шь (ся)
	Он/она/оно	бу́дет рожда́ть (ся)	роди́т (ся)
	Мы	бу́дем рожда́ть (ся)	роди́м (ся)
	Вы	бу́дете рожда́ть (ся)	роди́те (сь)
	Они	бу́дут рожда́ть (ся)	родя́т (ся)
COND.	Я, Ты, Он	рожда́л (ся) бы	роди́л – роди́лся́ бы
	Я, Ты, Она	рожда́ла (сь) бы	родила́ (сь) бы
	Оно	рожда́ло (сь) бы	роди́ло – роди́ло́сь бы
	Мы, Вы, Они	рожда́ли (сь) бы	роди́ли – родили́сь бы
IMP.	Ты	рожда́й (ся)	роди́ (сь)
	Вы	рожда́йте (сь)	роди́те (сь)

P

DEVERBALS

PRES. ACT.	рожда́ющий (ся)	
PRES. PASS.	рожда́емый	
PAST ACT.	рожда́вший (ся)	роди́вший (ся)
PAST PASS.		рождённый рождён, рождена́
VERBAL ADVERB	рожда́я (сь)	роди́в (шись)

рожда́ть кого – что
Роди́ть (ся) can also be used in the imperfective aspect with the past tense forms:
роди́л (ся), роди́ла (сь), роди́ло (сь), роди́ли (сь).

Спрос рождает предложение.	Demand gives birth to a proposal.
У них родилась первая внучка.	Their first granddaughter was born.
Зачем меня родили?	For what purpose was I born?

роня́ть / урони́ть
to drop, let fall, shed, injure, discredit

		IMPERFECTIVE ASPECT	PERFECTIVE ASPECT
INF.		роня́ть	урони́ть
PRES.	Я	роня́ю	
	Ты	роня́ешь	
	Он/она/оно	роня́ет	
	Мы	роня́ем	
	Вы	роня́ете	
	Они	роня́ют	
PAST	Я, Ты, Он	роня́л	урони́л
	Я, Ты, Она	роня́ла	урони́ла
	Оно	роня́ло	урони́ло
	Мы, Вы, Они	роня́ли	урони́ли
FUT.	Я	бу́ду роня́ть	уроню́
	Ты	бу́дешь роня́ть	уро́нишь
	Он/она/оно	бу́дет роня́ть	уро́нит
	Мы	бу́дем роня́ть	уро́ним
	Вы	бу́дете роня́ть	уро́ните
	Они	бу́дут роня́ть	уро́нят
COND.	Я, Ты, Он	роня́л бы	урони́л бы
	Я, Ты, Она	роня́ла бы	урони́ла бы
	Оно	роня́ло бы	урони́ло бы
	Мы, Вы, Они	роня́ли бы	урони́ли бы
IMP.	Ты	роня́й	урони́
	Вы	роня́йте	урони́те

DEVERBALS

	IMPERFECTIVE ASPECT	PERFECTIVE ASPECT
PRES. ACT.	роня́ющий	
PRES. PASS.	роня́емый	
PAST ACT.	роня́вший	урони́вший
PAST PASS.		уро́ненный
VERBAL ADVERB	роня́я	урони́в

роня́ть кого́ – что

Эти слезы невольно роняю.	I shed these tears unwillingly.
Он чуть не уронил ее на сцену.	He almost dropped her on the stage.
Не уроним себя, не уроним свою честь.	If we don't let ourselves down, we will not let our honor down.

to fell, chop up, hack

	IMPERFECTIVE ASPECT	PERFECTIVE ASPECT
INF.	рубить	срубить
PRES. Я	рублю	
Ты	рубишь	
Он/она/оно	рубит	
Мы	рубим	
Вы	рубите	
Они	рубят	
PAST Я, Ты, Он	рубил	срубил
Я, Ты, Она	рубила	срубила
Оно	рубило	срубило
Мы, Вы, Они	рубили	срубили
FUT. Я	буду рубить	срублю
Ты	будешь рубить	срубишь
Он/она/оно	будет рубить	срубит
Мы	будем рубить	срубим
Вы	будете рубить	срубите
Они	будут рубить	срубят
COND. Я, Ты, Он	рубил бы	срубил бы
Я, Ты, Она	рубила бы	срубила бы
Оно	рубило бы	срубило бы
Мы, Вы, Они	рубили бы	срубили бы
IMP. Ты	руби	сруби
Вы	рубите	срубите

DEVERBALS

PRES. ACT.	рубящий	
PRES. PASS.		
PAST ACT.	рубивший	срубивший
PAST PASS.	рубленный	срубленный
VERBAL ADVERB	рубя	срубив

рубить кого – что

Лес рубят.	The forest is being chopped down.
Увидели, как срубили елку?	Did you see them cut down the holiday tree?
Я его посадил, и я его срублю.	I planted it, and I will cut it down.

руга́ть (ся) / вы́ругать (ся)
to swear at, criticize

		IMPERFECTIVE ASPECT	PERFECTIVE ASPECT
INF.		руга́ть (ся)	вы́ругать (ся)
PRES.	Я	руга́ю (сь)	
	Ты	руга́ешь (ся)	
	Он/она/оно	руга́ет (ся)	
	Мы	руга́ем (ся)	
	Вы	руга́ете (сь)	
	Они	руга́ют (ся)	
PAST	Я, Ты, Он	руга́л (ся)	вы́ругал (ся)
	Я, Ты, Она	руга́ла (сь)	вы́ругала (сь)
	Оно	руга́ло (сь)	вы́ругало (сь)
	Мы, Вы, Они	руга́ли (сь)	вы́ругали (сь)
FUT.	Я	бу́ду руга́ть (ся)	вы́ругаю (сь)
	Ты	бу́дешь руга́ть (ся)	вы́ругаешь (ся)
	Он/она/оно	бу́дет руга́ть (ся)	вы́ругает (ся)
	Мы	бу́дем руга́ть (ся)	вы́ругаем (ся)
	Вы	бу́дете руга́ть (ся)	вы́ругаете (сь)
	Они	бу́дут руга́ть (ся)	вы́ругают (ся)
COND.	Я, Ты, Он	руга́л (ся) бы	вы́ругал (ся) бы
	Я, Ты, Она	руга́ла (сь) бы	вы́ругала (сь) бы
	Оно	руга́ло (сь) бы	вы́ругало (сь) бы
	Мы, Вы, Они	руга́ли (сь) бы	вы́ругали (сь) бы
IMP.	Ты	руга́й (ся)	вы́ругай (ся)
	Вы	руга́йте (сь)	вы́ругайте (сь)

DEVERBALS

	IMPERFECTIVE ASPECT	PERFECTIVE ASPECT
PRES. ACT.	руга́ющий (ся)	
PRES. PASS.	руга́емый	
PAST ACT.	руга́вший (ся)	вы́ругавший (ся)
PAST PASS.	руга́нный	вы́руганный
VERBAL ADVERB	руга́я (сь)	вы́ругав (шись)

руга́ть кого – что; руга́ться с кем

Часто ли вы ругаете мужа?	Do you often criticize your husband?
Как я ругался с турфирмой.	How I swore at the tourist agency.
Выругайтесь по этому поводу матом.	That requires cursing with swear words.

		IMPERFECTIVE ASPECT	PERFECTIVE ASPECT
INF.		садиться	сесть
PRES.	Я	сажусь	
	Ты	садишься	
	Он/она/оно	садится	
	Мы	садимся	
	Вы	садитесь	
	Они	садятся	
PAST	Я, Ты, Он	садился	сел
	Я, Ты, Она	садилась	села
	Оно	садилось	село
	Мы, Вы, Они	садились	сели
FUT.	Я	буду садиться	сяду
	Ты	будешь садиться	сядешь
	Он/она/оно	будет садиться	сядет
	Мы	будем садиться	сядем
	Вы	будете садиться	сядете
	Они	будут садиться	сядут
COND.	Я, Ты, Он	садился бы	сел бы
	Я, Ты, Она	садилась бы	села бы
	Оно	садилось бы	село бы
	Мы, Вы, Они	садились бы	сели бы
IMP.	Ты	садись	сядь
	Вы	садитесь	сядьте

DEVERBALS

PRES. ACT.	садящийся	
PRES. PASS.		
PAST ACT.	садившийся	севший
PAST PASS.		
VERBAL ADVERB	садясь	сев

садиться во / на что
The verbal pair **садить / посадить**
means *to seat, imprison.*

AN ESSENTIAL VERB

C

AN ESSENTIAL VERB

садиться / сесть

Examples

Солнце встает и садится только
для тебя.
The sun rises and sets only for you.

Садимся на шоколадную диету.
Let's go on a chocolate diet.

Сяду в скорый поезд.
I'm boarding an express train.

Вы сели за компьютер?
Have you sat down at a computer?

Сядьте на пол.
Sit on the floor.

Садясь за руль, выключи
мобильник.
Turn off your cell phone when you get
behind the wheel.

Включаю лампу и сажусь.
I am turning on the lamp and sitting
down.

В свои сани сядем сами.
We'll seat ourselves in our own sleds.

**Words and expressions
related to this verb**

Садитесь, пожалуйста.

Садись, так гость будешь.

Садись, сядь, что стоишь?

Садись за дело.

Самолет садился.

сад

	IMPERFECTIVE ASPECT	PERFECTIVE ASPECT
INF.	сажа́ть	посади́ть

PRES.		
Я	сажа́ю	
Ты	сажа́ешь	
Он/она/оно	сажа́ет	
Мы	сажа́ем	
Вы	сажа́ете	
Они	сажа́ют	

PAST		
Я, Ты, Он	сажа́л	посади́л
Я, Ты, Она	сажа́ла	посади́ла
Оно	сажа́ло	посади́ло
Мы, Вы, Они	сажа́ли	посади́ли

FUT.		
Я	бу́ду сажа́ть	посажу́
Ты	бу́дешь сажа́ть	поса́дишь
Он/она/оно	бу́дет сажа́ть	поса́дит
Мы	бу́дем сажа́ть	поса́дим
Вы	бу́дете сажа́ть	поса́дите
Они	бу́дут сажа́ть	поса́дят

COND.		
Я, Ты, Он	сажа́л бы	посади́л бы
Я, Ты, Она	сажа́ла бы	посади́ла бы
Оно	сажа́ло бы	посади́ло бы
Мы, Вы, Они	сажа́ли бы	посади́ли бы

IMP.		
Ты	сажа́й	посади́
Вы	сажа́йте	посади́те

DEVERBALS

PRES. ACT.	сажа́ющий	
PRES. PASS.	сажа́емый	
PAST ACT.	сажа́вший	посади́вший
PAST PASS.		поса́женный
VERBAL ADVERB	сажа́я	посади́в

сажа́ть кого – что в / на что, за что

Там сажают только деревья.	They plant only trees there.
Депутата посадили за воровство.	The deputy was imprisoned for theft.
Посадите экипаж, а остальных я посажу.	Seat the crew, and I'll seat the rest.

светить (ся) / посветить
to shine

		IMPERFECTIVE ASPECT	PERFECTIVE ASPECT
INF.		светить (ся)	посветить
PRES.	Я	свечу́	
	Ты	све́тишь	
	Он/она/оно	све́тит (ся)	
	Мы	све́тим	
	Вы	све́тите	
	Они	све́тят (ся)	
PAST	Я, Ты, Он	свети́л (ся)	посвети́л
	Я, Ты, Она	свети́ла (сь)	посвети́ла
	Оно	свети́ло (сь)	посвети́ло
	Мы, Вы, Они	свети́ли (сь)	посвети́ли
FUT.	Я	бу́ду свети́ть	посвечу́
	Ты	бу́дешь свети́ть	посве́тишь
	Он/она/оно	бу́дет свети́ть	посве́тит
	Мы	бу́дем свети́ть	посве́тим
	Вы	бу́дете свети́ть	посве́тите
	Они	бу́дут свети́ть	посве́тят
COND.	Я, Ты, Он	свети́л (ся) бы	посвети́л бы
	Я, Ты, Она	свети́ла (сь) бы	посвети́ла бы
	Оно	свети́ло (сь) бы	посвети́ло бы
	Мы, Вы, Они	свети́ли (сь) бы	посвети́ли бы
IMP.	Ты	свети́	посвети́
	Вы	свети́те	посвети́те

DEVERBALS

	IMPERFECTIVE	PERFECTIVE
PRES. ACT.	све́тящий (ся)	
PRES. PASS.		
PAST ACT.	свети́вший (ся)	посвети́вший
PAST PASS.		
VERBAL ADVERB	светя́ (сь)	посвети́в

свети́ть кому – чему

Не только светит, но и греет.	It not only shines, but also provides heat.
Московский воздух светится чистотой.	The Moscow air shines with purity.
Я пойду первым и посвечу вам.	I'll go first and light the way for you.

to hand over, rent, pass (surrender)

		IMPERFECTIVE ASPECT	PERFECTIVE ASPECT
INF.		сдава́ть (ся)	сда́ть (ся)
PRES.	Я	сдаю́ (сь)	
	Ты	сдаёшь (ся)	
	Он/она/оно	сдаёт (ся)	
	Мы	сдаём (ся)	
	Вы	сдаёте (сь)	
	Они	сдаю́т (ся)	
PAST	Я, Ты, Он	сдава́л (ся)	сда́л (ся)
	Я, Ты, Она	сдава́ла (сь)	сдала́ (сь)
	Оно	сдава́ло (сь)	сда́ло – сда́ло́сь
	Мы, Вы, Они	сдава́ли (сь)	сда́ли – сда́ли́сь
FUT.	Я	бу́ду сдава́ть (ся)	сда́м (ся)
	Ты	бу́дешь сдава́ть (ся)	сда́шь (ся)
	Он/она/оно	бу́дет сдава́ть (ся)	сда́ст (ся)
	Мы	бу́дем сдава́ть (ся)	сдади́м (ся)
	Вы	бу́детс сдава́ть (ся)	сдади́те (сь)
	Они	бу́дут сдава́ть (ся)	сдаду́т (ся)
COND.	Я, Ты, Он	сдава́л (ся) бы	сда́л (ся) бы
	Я, Ты, Она	сдава́ла (сь) бы	сдала́ (сь) бы
	Оно	сдава́ло (сь) бы	сда́ло – сда́ло́сь бы
	Мы, Вы, Они	сдава́ли (сь) бы	сда́ли – сда́ли́сь бы
IMP.	Ты	сдава́й (ся)	сда́й (ся)
	Вы	сдава́йте (сь)	сда́йте (сь)

DEVERBALS

PRES. ACT.	сдаю́щий (ся)	
PRES. PASS.	сдава́емый	
PAST ACT.	сдава́вший (ся)	сда́вший (ся)
PAST PASS.		сда́нный, сда́н, сдана́
VERBAL ADVERB	сдава́я (сь)	сда́в (шись)

сдава́ть что

Сдаю квартиру, одну комнату.	I am renting an apartment, a room.
Еще немного, и я сдамся.	Just a little more, and I'll give in.
Преступник сдался властям.	The criminal surrendered to the authorities.

C

сердить (ся) / рассердить (ся)
to annoy, anger (get angry)

		IMPERFECTIVE ASPECT	PERFECTIVE ASPECT
INF.		сердить (ся)	рассердить (ся)
PRES.	Я	сержу́ (сь)	
	Ты	се́рдишь (ся)	
	Он/она/оно	се́рдит (ся)	
	Мы	се́рдим (ся)	
	Вы	се́рдите (сь)	
	Они	се́рдят (ся)	
PAST	Я, Ты, Он	серди́л (ся)	рассерди́л (ся)
	Я, Ты, Она	серди́ла (сь)	рассерди́ла (сь)
	Оно	серди́ло (сь)	рассерди́ло (сь)
	Мы, Вы, Они	серди́ли (сь)	рассерди́ли (сь)
FUT.	Я	бу́ду сердить (ся)	рассержу́ (сь)
	Ты	бу́дешь сердить (ся)	рассе́рдишь (ся)
	Он/она/оно	бу́дет сердить (ся)	рассе́рдит (ся)
	Мы	бу́дем сердить (ся)	рассе́рдим (ся)
	Вы	бу́дете сердить (ся)	рассе́рдите (сь)
	Они	бу́дут сердить (ся)	рассе́рдят (ся)
COND.	Я, Ты, Он	серди́л (ся) бы	рассерди́л (ся) бы
	Я, Ты, Она	серди́ла (сь) бы	рассерди́ла (сь) бы
	Оно	серди́ло (сь) бы	рассерди́ло (сь) бы
	Мы, Вы, Они	серди́ли (сь) бы	рассерди́ли (сь) бы
IMP.	Ты	серди́ (сь)	рассерди́ (сь)
	Вы	серди́те (сь)	рассерди́те (сь)

DEVERBALS

	IMPERFECTIVE ASPECT	PERFECTIVE ASPECT
PRES. ACT.	сердя́щий (ся)	
PRES. PASS.		
PAST ACT.	серди́вший (ся)	рассерди́вший (ся)
PAST PASS.		рассе́рженный
VERBAL ADVERB	сердя́ (сь)	рассерди́в (шись)

серди́ть кого – что; серди́ться на кого – что

Я не сержусь на недругов моих.	I am not angry at my enemies.
Не сердись на меня.	Don't be angry with me.
На что мы способны, когда мы рассердимся!	What we are capable of when we get angry!

		IMPERFECTIVE ASPECT	PERFECTIVE ASPECT
INF.		сиде́ть	посиде́ть
PRES.	Я	сижу́	
	Ты	сиди́шь	
	Он/она/оно	сиди́т	
	Мы	сиди́м	
	Вы	сиди́те	
	Они	сидя́т	
PAST	Я, Ты, Он	сиде́л	посиде́л
	Я, Ты, Она	сиде́ла	посиде́ла
	Оно	сиде́ло	посиде́ло
	Мы, Вы, Они	сиде́ли	посиде́ли
FUT.	Я	бу́ду сиде́ть	посижу́
	Ты	бу́дешь сиде́ть	посиди́шь
	Он/она/оно	бу́дет сиде́ть	посиди́т
	Мы	бу́дем сиде́ть	посиди́м
	Вы	бу́дете сиде́ть	посиди́те
	Они	бу́дут сиде́ть	посидя́т
COND.	Я, Ты, Он	сиде́л бы	посиде́л бы
	Я, Ты, Она	сиде́ла бы	посиде́ла бы
	Оно	сиде́ло бы	посиде́ло бы
	Мы, Вы, Они	сиде́ли бы	посиде́ли бы
IMP.	Ты	сиди́	посиди́
	Вы	сиди́те	посиди́те

DEVERBALS

	IMPERFECTIVE ASPECT	PERFECTIVE ASPECT
PRES. ACT.	сидя́щий	
PRES. PASS.		
PAST ACT.	сиде́вший	посиде́вший
PAST PASS.		
VERBAL ADVERB	си́дя	посиде́в

си́дя | си́дя | посиде́в |

сиде́ть за чем, на чём, с чем

435

AN ESSENTIAL VERB

сиде́ть / посиде́ть

Examples

Сижу и жду.
I sit and wait.

Карьера зависит от того, как вы
        сидите на работе.
Your career depends upon how you sit
        at work.

Не сиди дома.
Don't sit at home.

Пусть посидят в тюрьме.
Let them stay in prison.

Посидели, поболтали часа три.
We sat and talked for about three hours.

Посидев на разных диетах,
        пришла к выводу.
Having been on different diets, I have
        come to a conclusion.

С ним я не буду сидеть за одним
        столом.
I will not sit at the same table with him.

Последние дни я сижу на диете.
The last few days I have been on a diet.

Лидеры сидели на креслах.
The leaders sat in armchairs.

Мы хорошо посидели, поговорили.
We sat nicely for a while and chatted.

Words and expressions related to this verb

Сидит, как гость.

Дома сидит, ни на кого не
        глядит.

Сижу, посижу.

Сидит, не говорит.

Ему не сидится.

сидение

сидячий

складыва́ть (ся) / сложи́ть (ся)
to pile up, form, take shape

		IMPERFECTIVE ASPECT	PERFECTIVE ASPECT
INF.		складыва́ть (ся)	сложи́ть (ся)
PRES.	Я	складыва́ю (сь)	
	Ты	складыва́ешь (ся)	
	Он/она/оно	складыва́ет (ся)	
	Мы	складыва́ем (ся)	
	Вы	складыва́ете (сь)	
	Они	складыва́ют (ся)	
PAST	Я, Ты, Он	складыва́л (ся)	сложи́л (ся)
	Я, Ты, Она	складыва́ла (сь)	сложи́ла (сь)
	Оно	складыва́ло (сь)	сложи́ло (сь)
	Мы, Вы, Они	складыва́ли (сь)	сложи́ли (сь)
FUT.	Я	бу́ду складыва́ть (ся)	сложу́ (сь)
	Ты	бу́дешь складыва́ть (ся)	сло́жишь (ся)
	Он/она/оно	бу́дет складыва́ть (ся)	сло́жит (ся)
	Мы	бу́дем складыва́ть (ся)	сло́жим (ся)
	Вы	бу́дете складыва́ть (ся)	сло́жите (сь)
	Они	бу́дут складыва́ть (ся)	сло́жат (ся)
COND.	Я, Ты, Он	складыва́л (ся) бы	сложи́л (ся) бы
	Я, Ты, Она	складыва́ла (сь) бы	сложи́ла (сь) бы
	Оно	складыва́ло (сь) бы	сложи́ло (сь) бы
	Мы, Вы, Они	складыва́ли (сь) бы	сложи́ли (сь) бы
IMP.	Ты	складыва́й (ся)	сложи́ (сь)
	Вы	складыва́йте (сь)	сложи́те (сь)

C

DEVERBALS

	IMPERFECTIVE	PERFECTIVE
PRES. ACT.	складыва́ющий (ся)	
PRES. PASS.	складыва́емый	
PAST ACT.	складыва́вший (ся)	сложи́вший (ся)
PAST PASS.		сло́женный
VERBAL ADVERB	складыва́я(сь)	сложи́в (шись)

складыва́ть кого – что как

Как складывать футболку.	How to fold a T-shirt.
Сложите руки за спиной.	Fold your arms behind your back.
Так сложились звезды.	That's how stars were formed.

слéдовать / послéдовать
to follow, comply with, ought, should

		IMPERFECTIVE ASPECT	PERFECTIVE ASPECT
INF.		слéдовать	послéдовать
PRES.	Я	слéдую	
	Ты	слéдуешь	
	Он/она/оно	слéдует	
	Мы	слéдуем	
	Вы	слéдуете	
	Они	слéдуют	
PAST	Я, Ты, Он	слéдовал	послéдовал
	Я, Ты, Она	слéдовала	послéдовала
	Оно	слéдовало	послéдовало
	Мы, Вы, Они	слéдовали	послéдовали
FUT.	Я	бýду слéдовать	послéдую
	Ты	бýдешь слéдовать	послéдуешь
	Он/она/оно	бýдет слéдовать	послéдует
	Мы	бýдем слéдовать	послéдуем
	Вы	бýдете слéдовать	послéдуете
	Они	бýдут слéдовать	послéдуют
COND.	Я, Ты, Он	слéдовал бы	послéдовал бы
	Я, Ты, Она	слéдовала бы	послéдовала бы
	Оно	слéдовало бы	послéдовало бы
	Мы, Вы, Они	слéдовали бы	послéдовали бы
IMP.	Ты	слéдуй	послéдуй
	Вы	слéдуйте	послéдуйте

DEVERBALS

	IMPERFECTIVE ASPECT	PERFECTIVE ASPECT
PRES. ACT.	слéдующий	
PRES. PASS.		
PAST ACT.	слéдовавший	послéдовавший
PAST PASS.		
VERBAL ADVERB	слéдуя	послéдовав

слéдовать за кем – чем, кому
This verb can mean *ought*, *should* in the imperfective aspect only.
The verbal pair **следúть/последúть за кем – чем** means *observe*, *spy on*.

Я всегда слéдую за ним.	I always follow him.
Слéдуйте своей мечте.	Follow your dream.
Послéдим за дальнейшими событиями.	Let's keep up with future events.

	IMPERFECTIVE ASPECT	PERFECTIVE ASPECT
INF.	служи́ть	послужи́ть
PRES. Я	служу́	
Ты	слу́жишь	
Он/она/оно	слу́жит	
Мы	слу́жим	
Вы	слу́жите	
Они	слу́жат	
PAST Я, Ты, Он	служи́л	послужи́л
Я, Ты, Она	служи́ла	послужи́ла
Оно	служи́ло	послужи́ло
Мы, Вы, Они	служи́ли	послужи́ли
FUT. Я	бу́ду служи́ть	послужу́
Ты	бу́дешь служи́ть	послу́жишь
Он/она/оно	бу́дет служи́ть	послу́жит
Мы	бу́дем служи́ть	послу́жим
Вы	бу́дете служи́ть	послу́жите
Они	бу́дут служи́ть	послу́жат
COND. Я, Ты, Он	служи́л бы	послужи́л бы
Я, Ты, Она	служи́ла бы	послужи́ла бы
Оно	служи́ло бы	послужи́ло бы
Мы, Вы, Они	служи́ли бы	послужи́ли бы
IMP. Ты	служи́	послужи́
Вы	служи́те	послужи́те

DEVERBALS

PRES. ACT.	слу́жащий	
PRES. PASS.		
PAST ACT.	служи́вший	послужи́вший
PAST PASS.		
VERBAL ADVERB	служа́	послужи́в

служи́ть кому – чему, кем в чём, что, чем

Служу России.	I serve Russia.
Угрозы послужили причиной проблемы.	The threats served as the reason for the problem.
В храмах будут послужены панихиды.	The funerals will be held in churches.

случа́ться / случи́ться
to happen, occur

	IMPERFECTIVE ASPECT	PERFECTIVE ASPECT
INF.	случа́ться	случи́ться
PRES. Я		
Ты		
Он/она́/оно́	случа́ется	
Мы		
Вы		
Они́	случа́ются	
PAST Я, Ты, Он	случа́лся	случи́лся
Я, Ты, Она́	случа́лась	случи́лась
Оно́	случа́лось	случи́лось
Мы, Вы, Они́	случа́лись	случи́лись
FUT. Я		
Ты		
Он/она́/оно́	бу́дет случа́ться	случи́тся
Мы		
Вы		
Они́	бу́дут случа́ться	случа́тся
COND. Я, Ты, Он	случа́лся бы	случи́лся бы
Я, Ты, Она́	случа́лась бы	случи́лась бы
Оно́	случа́лось бы	случи́лось бы
Мы, Вы, Они́	случа́лись бы	случи́лись бы
IMP. Ты		
Вы		

DEVERBALS

	IMPERFECTIVE ASPECT	PERFECTIVE ASPECT
PRES. ACT.	случа́ющийся	
PRES. PASS.		
PAST ACT.	случа́вшийся	случи́вшийся
PAST PASS.		
VERBAL ADVERB	случа́ясь	случи́вшись

Отчего случаются лесные пожары?	What causes forest fires?
Что именно случилось с Россией?	What exactly was the matter with Russia?
Ничего не случится.	Nothing will happen.

	IMPERFECTIVE ASPECT	PERFECTIVE ASPECT
INF.	слу́шать (ся)	послу́шать (ся)
PRES. Я	слу́шаю (сь)	
Ты	слу́шаешь (ся)	
Он/она/оно	слу́шает (ся)	
Мы	слу́шаем (ся)	
Вы	слу́шаете (сь)	
Они	слу́шают (ся)	
PAST Я, Ты, Он	слу́шал (ся)	послу́шал (ся)
Я, Ты, Она	слу́шала (сь)	послу́шала (сь)
Оно	слу́шало (сь)	послу́шало (сь)
Мы, Вы, Они	слу́шали (сь)	послу́шали (сь)
FUT. Я	бу́ду слу́шать (ся)	послу́шаю (сь)
Ты	бу́дешь слу́шать (ся)	послу́шаешь (ся)
Он/она/оно	бу́дет слу́шать (ся)	послу́шает (ся)
Мы	бу́дем слу́шать (ся)	послу́шаем (ся)
Вы	бу́дете слу́шать (ся)	послу́шаете (сь)
Они	бу́дут слу́шать (ся)	послу́шают (ся)
COND. Я, Ты, Он	слу́шал (ся) бы	послу́шал (ся) бы
Я, Ты, Она	слу́шала (сь) бы	послу́шала (сь) бы
Оно	слу́шало (сь) бы	послу́шало (сь) бы
Мы, Вы, Они	слу́шали (сь) бы	послу́шали (сь) бы
IMP. Ты	слу́шай (ся)	послу́шай (ся)
Вы	слу́шайте (сь)	послу́шайте (сь)

C

DEVERBALS

PRES. ACT.	слу́шающий (ся)	
PRES. PASS.	слу́шаемый	
PAST ACT.	слу́шавший (ся)	послу́шавший (ся)
PAST PASS.		послу́шанный
VERBAL ADVERB	слу́шая (сь)	послу́шав (шись)

слу́шать кого – что; слу́шаться кого – чего

AN ESSENTIAL VERB

AN ESSENTIAL VERB

слу́шать (ся) / послу́шать (ся)

Examples

Слушаем радио через интернет.
We listen to the radio on the Internet.

Слушайте классическую музыку.
Listen to classical music.

В конце концов она послушает тебя.
In the end she will listen to you.

Их голоса не были послушаны.
Their voices were not listened to.

В суде слушается дело.
The case is being heard in court.

Почему ты ее не послушаешься?
Why won't you obey her?

Послушаются — спасутся.
If they do what they are told — they will be saved.

Кого слушают наши дети?
Whom are our children listening to?

Слушаюсь твоего совета.
I follow your advice.

Только что послушала новый альбом.
I just listened to a new album.

Words and expressions related to this verb

Больше слушай, меньше говори.

Все мы говорим, да слушать–то некому.

Кто кого любит, тот того слушается.

Послушайтесь меня.

слушание

слух

слушатель

слы́шать (ся) / услы́шать (ся)
to hear, notice, feel, sense

		IMPERFECTIVE ASPECT	PERFECTIVE ASPECT
INF.		слы́шать (ся)	услы́шать (ся)
PRES.	Я	слы́шу	
	Ты	слы́шишь	
	Он/она/оно	слы́шит (ся)	
	Мы	слы́шим	
	Вы	слы́шите	
	Они	слы́шат (ся)	
PAST	Я, Ты, Он	слы́шал (ся)	услы́шал (ся)
	Я, Ты, Она	слы́шала (сь)	услы́шала (сь)
	Оно	слы́шало (сь)	услы́шало (сь)
	Мы, Вы, Они	слы́шали (сь)	услы́шали (сь)
FUT.	Я	бу́ду слы́шать	услы́шу
	Ты	бу́дешь слы́шать	услы́шишь
	Он/она/оно	бу́дет слы́шать (ся)	услы́шит (ся)
	Мы	бу́дем слы́шать	услы́шим
	Вы	бу́дете слы́шать	услы́шите
	Они	бу́дут слы́шать (ся)	услы́шат (ся)
COND.	Я, Ты, Он	слы́шал (ся) бы	услы́шал (ся) бы
	Я, Ты, Она	слы́шала (сь) бы	услы́шала (сь) бы
	Оно	слы́шало (сь) бы	услы́шало (сь) бы
	Мы, Вы, Они	слы́шали (сь) бы	услы́шали (сь) бы
IMP.	Ты		услы́шь
	Вы		услы́шьте

DEVERBALS

	IMPERFECTIVE ASPECT	PERFECTIVE ASPECT
PRES. ACT.	слы́шащий (ся)	
PRES. PASS.	слы́шимый	
PAST ACT.	слы́шавший (ся)	услы́шавший (ся)
PAST PASS.	слы́шанный	услы́шанный
VERBAL ADVERB	слы́ша (сь)	услы́шав (шись)

слы́шать кого – что, о ком – чём, про кого – что

AN ESSENTIAL VERB

слы́шать (ся) / услы́шать (ся)

Examples

Ничего не вижу, ничего не слышу.
I see nothing, I hear nothing.

Нам слышался смех.
We heard laughter.

Услышим мы еще ее прекрасный
голос?
Will we hear her magnificent voice again?

Да будет услышан каждый.
Each one will be heard.

Услышьте друг друга.
Hear one another.

Что-то слышится родное.
Something sounds familiar.

Каждое сообщение мы будем
слышать.
We will hear each announcement.

Вы слышите меня?
Can you hear me?

Мне слышался голос тещи.
I heard my mother-in-law's voice.

Москвичи услышали новую оперу.
Muscovites heard a new opera.

Words and expressions related to this verb

Душа видит, сердце
слышит.

Речи–то слышим, а
сердца не видим.

Можно слышать не
слушая.

Слышен запах.

Пишется, как слышится.

слышно

		IMPERFECTIVE ASPECT	PERFECTIVE ASPECT
INF.		сме́ть	посме́ть
PRES.	Я	сме́ю	
	Ты	сме́ешь	
	Он/она́/оно́	сме́ет	
	Мы	сме́ем	
	Вы	сме́ете	
	Они́	сме́ют	
PAST	Я, Ты, Он	смел	посме́л
	Я, Ты, Она	смела́	посме́ла
	Оно́	сме́ло	посме́ло
	Мы, Вы, Они́	сме́ли	посме́ли
FUT.	Я	бу́ду сме́ть	посме́ю
	Ты	бу́дешь сме́ть	посме́ешь
	Он/она́/оно́	бу́дет сме́ть	посме́ет
	Мы	бу́дем сме́ть	посме́ем
	Вы	бу́дете сме́ть	посме́ете
	Они́	бу́дут сме́ть	посме́ют
COND.	Я, Ты, Он	смел бы	посме́л бы
	Я, Ты, Она	смела́ бы	посме́ла бы
	Оно́	сме́ло бы	посме́ло бы
	Мы, Вы, Они́	сме́ли бы	посме́ли бы
IMP.	Ты	смей	посмей
	Вы	сме́йте	посме́йте

DEVERBALS

	IMPERFECTIVE ASPECT	PERFECTIVE ASPECT
PRES. ACT.	сме́ющий	
PRES. PASS.		
PAST ACT.	сме́вший	посме́вший
PAST PASS.		
VERBAL ADVERB	сме́я	посме́в

сме́ть + infinitive

Кто смеет быть нашим начальником?	Who dares to be our boss?
Как же вы посмели?	How could you dare?
Некоторые торговцы посмеют поднять цену на товары.	Some merchants will dare to raise the prices of goods.

смея́ться / засмея́ться
to laugh

		IMPERFECTIVE ASPECT	PERFECTIVE ASPECT
INF.		смея́ться	засмея́ться
PRES.	Я	смею́сь	
	Ты	смеёшься	
	Он/она́/оно́	смеётся	
	Мы	смеёмся	
	Вы	смеётесь	
	Они́	смею́тся	
PAST	Я, Ты, Он	смея́лся	засмея́лся
	Я, Ты, Она́	смея́лась	засмея́лась
	Оно́	смея́лось	засмея́лось
	Мы, Вы, Они́	смея́лись	засмея́лись
FUT.	Я	бу́ду смея́ться	засмею́сь
	Ты	бу́дешь смея́ться	засмеёшься
	Он/она́/оно́	бу́дет смея́ться	засмеётся
	Мы	бу́дем смея́ться	засмеёмся
	Вы	бу́дете смея́ться	засмеётесь
	Они́	бу́дут смея́ться	засмею́тся
COND.	Я, Ты, Он	смея́лся бы	засмея́лся бы
	Я, Ты, Она́	смея́лась бы	засмея́лась бы
	Оно́	смея́лось бы	засмея́лось бы
	Мы, Вы, Они́	смея́лись бы	засмея́лись бы
IMP.	Ты	сме́йся	засме́йся
	Вы	сме́йтесь	засме́йтесь

DEVERBALS

	IMPERFECTIVE ASPECT	PERFECTIVE ASPECT
PRES. ACT.	смею́щийся	
PRES. PASS.		
PAST ACT.	смея́вшийся	засмея́вшийся
PAST PASS.		
VERBAL ADVERB	смея́сь	засмея́вшись

смея́ться над кем – чем

Сме́йтесь с на́ми.	Laugh with us.
Джу́лия ра́достно засмея́лась.	Julia laughed gleefully.
Запла́чу . . . и́ли засмею́сь.	I'll cry . . . or laugh.

смотрéть (ся) / посмотрéть (ся)
to look, see, watch

		IMPERFECTIVE ASPECT	PERFECTIVE ASPECT
INF.		смотрéть (ся)	посмотрéть (ся)
PRES.	Я	смотрю́ (сь)	
	Ты	смóтришь (ся)	
	Он/она/оно	смóтрит (ся)	
	Мы	смóтрим (ся)	
	Вы	смóтрите (сь)	
	Они	смóтрят (ся)	
PAST	Я, Ты, Он	смотрéл (ся)	посмотрéл (ся)
	Я, Ты, Она	смотрéла (сь)	посмотрéла (сь)
	Оно	смотрéло (сь)	посмотрéло (сь)
	Мы, Вы, Они	смотрéли (сь)	посмотрéли (сь)
FUT.	Я	бýду смотрéть (ся)	посмотрю́ (сь)
	Ты	бýдешь смотрéть (ся)	посмóтришь (ся)
	Он/она/оно	бýдет смотрéть (ся)	посмóтрит (ся)
	Мы	бýдем смотрéть (ся)	посмóтрим (ся)
	Вы	бýдете смотрéть (ся)	посмóтрите (сь)
	Они	бýдут смотрéть (ся)	посмóтрят (ся)
COND.	Я, Ты, Он	смотрéл (ся) бы	посмотрéл (ся) бы
	Я, Ты, Она	смотрéла (сь) бы	посмотрéла (сь) бы
	Оно	смотрéло (сь) бы	посмотрéло (сь) бы
	Мы, Вы, Они	смотрéли (сь) бы	посмотрéли (сь) бы
IMP.	Ты	смотри́ (сь)	посмотри́ (сь)
	Вы	смотри́те (сь)	посмотри́те (сь)

C

DEVERBALS

	IMPERFECTIVE ASPECT	PERFECTIVE ASPECT
PRES. ACT.	смотря́щий (ся)	
PRES. PASS.		
PAST ACT.	смотрéвший (ся)	посмотрéвший (ся)
PAST PASS.	смóтренный	посмóтренный
VERBAL ADVERB	смотря́ (сь)	посмотрéв (шись)

смотрéть кого – что, в / на кого – что

AN ESSENTIAL
VERB

AN ESSENTIAL VERB

смотре́ть (ся) / посмотре́ть (ся)

Examples

Смотришь в небо, и видишь —
    звезду.
Look into the sky, and you will see — a
    star.

Мы тут хорошо смотримся?
Do we look good here?

Посмотри на реакцию людей.
Look at the reaction of the people.

Какой фильм вы посмотрели?
Which film did you watch?

Пусть посмотрятся в зеркало.
Let them look at themselves in a mirror.

Посмотрев балет, я влюбился в
    балерину.
After watching the ballet, I fell in love
    with a ballerina.

Не смотря на погоду, люди вышли
    на улицы.
Without looking at the weather, people
    went out into the streets.

Кто смотрел этот фильм?
Who has seen this film?

Настоящий мужчина – это звучит
    гордо, а смотрится еще
    лучше.
A real man – this sounds bold, and looks
    even better.

Посмотрите на себя со стороны.
Look at yourself from the side.

Words and expressions related to this verb

Смотри ему в глаза.

Она весь день смотрится
    в зеркало.

Смотря где.

Смотря как.

смотритель

смотровой

несмотря

смуща́ть (ся) / смути́ть (ся)
to confuse, embarrass

		IMPERFECTIVE ASPECT	PERFECTIVE ASPECT
INF.		смуща́ть (ся)	смути́ть (ся)
PRES.	Я	смуща́ю (сь)	
	Ты	смуща́ешь (ся)	
	Он/она/оно	смуща́ет (ся)	
	Мы	смуща́ем (ся)	
	Вы	смуща́ете (сь)	
	Они	смуща́ют (ся)	
PAST	Я, Ты, Он	смуща́л (ся)	смути́л (ся)
	Я, Ты, Она	смуща́ла (сь)	смути́ла (сь)
	Оно	смуща́ло (сь)	смути́ло (сь)
	Мы, Вы, Они	смуща́ли (сь)	смути́ли (сь)
FUT.	Я	бу́ду смуща́ть (ся)	смущу́ (сь)
	Ты	бу́дешь смуща́ть (ся)	смути́шь (ся)
	Он/она/оно	бу́дет смуща́ть (ся)	смути́т (ся)
	Мы	бу́дем смуща́ть (ся)	смути́м (ся)
	Вы	бу́дете смуща́ть (ся)	смути́те (сь)
	Они	бу́дут смуща́ть (ся)	смутя́т (ся)
COND.	Я, Ты, Он	смуща́л (ся) бы	смути́л (ся) бы
	Я, Ты, Она	смуща́ла (сь) бы	смути́ла (сь) бы
	Оно	смуща́ло (сь) бы	смути́ло (сь) бы
	Мы, Вы, Они	смуща́ли (сь) бы	смути́ли (сь) бы
IMP.	Ты	смуща́й (ся)	смути́ (сь)
	Вы	смуща́йте (сь)	смути́те (сь)

C

DEVERBALS

PRES. ACT.	смуща́ющий (ся)	
PRES. PASS.	смуща́емый	
PAST ACT.	смуща́вший (ся)	смути́вший (ся)
PAST PASS.		смущённый смущён, смущена́
VERBAL ADVERB	смуща́я (сь)	смути́в (шись)

смуща́ть кого – что

Не смущайте меня.	Don't embarrass me.
И он не смущался никогда.	Even he never got embarrassed.
Может и я смущусь.	Maybe I'll be embarrassed too.

снима́ть (ся) / сня́ть (ся)

to take off, remove, rent

		IMPERFECTIVE ASPECT	PERFECTIVE ASPECT
INF.		снима́ть (ся)	сня́ть (ся)
PRES.	Я	снима́ю (сь)	
	Ты	снима́ешь (ся)	
	Он/она́/оно́	снима́ет (ся)	
	Мы	снима́ем (ся)	
	Вы	снима́ете (сь)	
	Они́	снима́ют (ся)	
PAST	Я, Ты, Он	снима́л (ся)	сня́л (ся)
	Я, Ты, Она́	снима́ла (сь)	сняла́ (сь)
	Оно́	снима́ло (сь)	сня́ло – сняло́сь
	Мы, Вы, Они́	снима́ли (сь)	сня́ли – сняли́сь
FUT.	Я	бу́ду снима́ть (ся)	сниму́ (сь)
	Ты	бу́дешь снима́ть (ся)	сни́мешь (ся)
	Он/она́/оно́	бу́дет снима́ть (ся)	сни́мет (ся)
	Мы	бу́дем снима́ть (ся)	сни́мем (ся)
	Вы	бу́дете снима́ть (ся)	сни́мете (сь)
	Они́	бу́дут снима́ть (ся)	сни́мут (ся)
COND.	Я, Ты, Он	снима́л (ся) бы	сня́л (ся) бы
	Я, Ты, Она́	снима́ла (сь) бы	сняла́ (сь) бы
	Оно́	снима́ло (сь) бы	сня́ло – сняло́сь бы
	Мы, Вы, Они́	снима́ли (сь) бы	сня́ли – сняли́сь бы
IMP.	Ты	снима́й (ся)	сними́ (сь)
	Вы	снима́йте (сь)	сними́те (сь)

DEVERBALS

	IMPERFECTIVE ASPECT	PERFECTIVE ASPECT
PRES. ACT.	снима́ющий (ся)	
PRES. PASS.	снима́емый	
PAST ACT.	снима́вший (ся)	сня́вший (ся)
PAST PASS.		сня́тый
		сня́т, снята́, сня́то
VERBAL ADVERB	снима́я (сь)	сня́в (шись)

снима́ть кого – что с кого – чего

Я снимаю перед тобой шляпу.
Снимем офис.
Польша не сняла вето на переговоры.

I take off my hat to you.
We will rent an office.
Poland didn't rescind its veto on the negotiations.

собира́ть (ся) / собра́ть (ся)

to collect, gather, pick (gather, assemble, get ready to)

		IMPERFECTIVE ASPECT	PERFECTIVE ASPECT
INF.		собира́ть (ся)	собра́ть (ся)
PRES.	Я	собира́ю (ся)	
	Ты	собира́ешь (ся)	
	Он/она/оно	собира́ет (ся)	
	Мы	собира́ем (ся)	
	Вы	собира́ете (сь)	
	Они	собира́ют (ся)	
PAST	Я, Ты, Он	собира́л (ся)	собра́л (ся)
	Я, Ты, Она	собира́ла (сь)	собрала́ (сь)
	Оно	собира́ло (сь)	собра́ло – собрало́сь
	Мы, Вы, Они	собира́ли (сь)	собра́ли – собрали́сь
FUT.	Я	бу́ду собира́ть (ся)	соберу́ (сь)
	Ты	бу́дешь собира́ть (ся)	соберёшь (ся)
	Он/она/оно	бу́дет собира́ть (ся)	соберёт (ся)
	Мы	бу́дем собира́ть (ся)	соберём (ся)
	Вы	бу́дете собира́ть (ся)	соберёте (сь)
	Они	бу́дут собира́ть (ся)	соберу́т (ся)
COND.	Я, Ты, Он	собира́л (ся) бы	собра́л (ся) бы
	Я, Ты, Она	собира́ла (сь) бы	собрала́ (сь) бы
	Оно	собира́ло (сь) бы	собра́ло – собрало́сь бы
	Мы, Вы, Они	собира́ли (сь) бы	собра́ли – собрали́сь бы
IMP.	Ты	собира́й (ся)	собери́ (сь)
	Вы	собира́йте (сь)	собери́те (сь)

C

DEVERBALS

	IMPERFECTIVE ASPECT	PERFECTIVE ASPECT
PRES. ACT.	собира́ющий (ся)	
PRES. PASS.	собира́емый	
PAST ACT.	собира́вший (ся)	собра́вший (ся)
PAST PASS.		со́бранный со́бран, собрана́, со́брано
VERBAL ADVERB	собира́я (сь)	собра́в (шись)

собира́ть кого – что
собира́ться + infinitive

Скажи, как ты собираешь грибы.	Tell me how you pick mushrooms.
Никак не соберусь пробовать новую систему.	I simply can't contemplate trying the new system.
Французы собрали всю Европу на конференцию.	The French assembled all of Europe for the conference.

сова́ть (ся) / су́нуть (ся)
to thrust, shove

		IMPERFECTIVE ASPECT	PERFECTIVE ASPECT
INF.		сова́ть (ся)	су́нуть (ся)
PRES.	Я	сую́ (сь)	
	Ты	суёшь (ся)	
	Он/она/оно	суёт (ся)	
	Мы	суём (ся)	
	Вы	суёте (сь)	
	Они	сую́т (ся)	
PAST	Я, Ты, Он	сова́л (ся)	су́нул (ся)
	Я, Ты, Она	сова́ла (сь)	су́нула (сь)
	Оно	сова́ло (сь)	су́нуло (сь)
	Мы, Вы, Они	сова́ли (сь)	су́нули (сь)
FUT.	Я	бу́ду сова́ть (ся)	су́ну (сь)
	Ты	бу́дешь сова́ть (ся)	су́нешь (ся)
	Он/она/оно	бу́дет сова́ть (ся)	су́нет (ся)
	Мы	бу́дем сова́ть (ся)	су́нем (ся)
	Вы	бу́дете сова́ть (ся)	су́нете (сь)
	Они	бу́дут сова́ть (ся)	су́нут (ся)
COND.	Я, Ты, Он	сова́л (ся) бы	су́нул (ся) бы
	Я, Ты, Она	сова́ла (сь) бы	су́нула (сь) бы
	Оно	сова́ло (сь) бы	су́нуло (сь) бы
	Мы, Вы, Они	сова́ли (сь) бы	су́нули (сь) бы
IMP.	Ты	су́й (ся)	су́нь (ся)
	Вы	су́йте (сь)	су́ньте (сь)

DEVERBALS

	IMPERFECTIVE ASPECT	PERFECTIVE ASPECT
PRES. ACT.	сую́щий (ся)	
PRES. PASS.		
PAST ACT.	сова́вший (ся)	су́нувший (ся)
PAST PASS.	со́ванный	су́нутый
VERBAL ADVERB	суя́ (сь)	су́нув (шись)

сова́ть что кому, в / на что

Сую ключ в замок, а он не лезет.

В политику он не совался.
Суньте в духовку на 45 минут.

I'm putting the key into the lock, but it won't go in.
He didn't plunge into politics.
Put it in the oven for 45 minutes.

советовать (ся) / посоветовать (ся)
to advise, counsel, give advice (consult)

		IMPERFECTIVE ASPECT	PERFECTIVE ASPECT
INF.		советовать (ся)	посоветовать (ся)
PRES.	Я	советую (сь)	
	Ты	советуешь (ся)	
	Он/она/оно	советует (ся)	
	Мы	советуем (ся)	
	Вы	советуете (сь)	
	Они	советуют (ся)	
PAST	Я, Ты, Он	советовал (ся)	посоветовал (ся)
	Я, Ты, Она	советовала (сь)	посоветовала (сь)
	Оно	советовало (сь)	посоветовало (сь)
	Мы, Вы, Они	советовали (сь)	посоветовали (сь)
FUT.	Я	буду советовать (ся)	посоветую (сь)
	Ты	будешь советовать (ся)	посоветуешь (ся)
	Он/она/оно	будет советовать (ся)	посоветует (ся)
	Мы	будем советовать (ся)	посоветуем (ся)
	Вы	будете советовать (ся)	посоветуете (сь)
	Они	будут советовать (ся)	посоветуют (ся)
COND.	Я, Ты, Он	советовал (ся) бы	посоветовал (ся)
	Я, Ты, Она	бысоветовала (сь) бы	посоветовала (сь) бы
	Оно	советовало (сь) бы	посоветовало (сь) бы
	Мы, Вы, Они	советовали (сь) бы	посоветовали (сь) бы
IMP.	Ты	советуй (ся)	посоветуй (ся)
	Вы	советуйте (сь)	посоветуйте (сь)

DEVERBALS

	IMPERFECTIVE	PERFECTIVE
PRES. ACT.	советующий (ся)	
PRES. PASS.		
PAST ACT.	советовавший (ся)	посоветовавший (ся)
PAST PASS.		
VERBAL ADVERB	советуя (сь)	посоветовав (шись)

советовать кому – чему что + infinitive; советоваться с кем – чем

Почему я не советую студентам работать?	Why don't I advise students to work?
Советуйтесь с министерством.	Consult with the ministry.
Я хотела узнать, какие песни мне посоветуют слушать.	I wanted to know what songs you suggest I listen to.

C

соглаша́ться / согласи́ться
to agree, consent to

		IMPERFECTIVE ASPECT	PERFECTIVE ASPECT
INF.		соглаша́ться	согласи́ться
PRES.	Я	соглаша́юсь	
	Ты	соглаша́ешься	
	Он/она/оно	соглаша́ется	
	Мы	соглаша́емся	
	Вы	соглаша́етесь	
	Они	соглаша́ются	
PAST	Я, Ты, Он	соглаша́лся	согласи́лся
	Я, Ты, Она	соглаша́лась	согласи́лась
	Оно	соглаша́лось	согласи́лось
	Мы, Вы, Они	соглаша́лись	согласи́лись
FUT.	Я	бу́ду соглаша́ться	соглашу́сь
	Ты	бу́дешь соглаша́ться	согласи́шься
	Он/она/оно	бу́дет соглаша́ться	согласи́тся
	Мы	бу́дем соглаша́ться	согласи́мся
	Вы	бу́дете соглаша́ться	согласи́тесь
	Они	бу́дут соглаша́ться	соглася́тся
COND.	Я, Ты, Он	соглаша́лся бы	согласи́лся бы
	Я, Ты, Она	соглаша́лась бы	согласи́лась бы
	Оно	соглаша́лось бы	согласи́лось бы
	Мы, Вы, Они	соглаша́лись бы	согласи́лись бы
IMP.	Ты	соглаша́йся	согласи́сь
	Вы	соглаша́йтесь	согласи́тесь

DEVERBALS

	IMPERFECTIVE ASPECT	PERFECTIVE ASPECT
PRES. ACT.	соглаша́ющийся	
PRES. PASS.		
PAST ACT.	соглаша́вшийся	согласи́вшийся
PAST PASS.		
VERBAL ADVERB	соглаша́ясь	согласи́вшись

соглаша́ться на что, с кем – чем

Не соглашайтесь на полумеры.
Они согласили с моей трактовкой этого события.

Я соглашусь с вами.

Don't agree to half-measures.
They agreed with my interpretation of the event.

I will agree with you.

соединя́ть (ся) / соедини́ть (ся)

to unite, join together

	IMPERFECTIVE ASPECT	PERFECTIVE ASPECT
INF.	соединя́ть (ся)	соедини́ть (ся)
PRES. Я	соединя́ю (сь)	
Ты	соединя́ешь (ся)	
Он/она/оно	соединя́ет (ся)	
Мы	соединя́ем (ся)	
Вы	соединя́ете (сь)	
Они	соединя́ют (ся)	
PAST Я, Ты, Он	соединя́л (ся)	соедини́л (ся)
Я, Ты, Она	соединя́ла (сь)	соедини́ла (сь)
Оно	соединя́ло (сь)	соедини́ло (сь)
Мы, Вы, Они	соединя́ли (сь)	соедини́ли (сь)
FUT. Я	бу́ду соединя́ть (ся)	соединю́ (сь)
Ты	бу́дешь соединя́ть (ся)	соедини́шь (ся)
Он/она/оно	бу́дет соединя́ть (ся)	соедини́т (ся)
Мы	бу́дем соединя́ть (ся)	соедини́м (ся)
Вы	бу́дете соединя́ть (ся)	соедини́те (сь)
Они	бу́дут соединя́ть (ся)	соединя́т (ся)
COND. Я, Ты, Он	соединя́л (ся) бы	соедини́л (ся) бы
Я, Ты, Она	соединя́ла (сь) бы	соедини́ла (сь) бы
Оно	соединя́ло (сь) бы	соедини́ло (сь) бы
Мы, Вы, Они	соединя́ли (сь) бы	соедини́ли (сь) бы
IMP. Ты	соединя́й (ся)	соедини́ (сь)
Вы	соединя́йте (сь)	соедини́те (сь)

DEVERBALS

PRES. ACT.	соединя́ющий (ся)	
PRES. PASS.	соединя́емый	
PAST ACT.	соединя́вший (ся)	соедини́вший (ся)
PAST PASS.		соединённый соединён, соединена́
VERBAL ADVERB	соединя́я (сь)	соедини́в (шись)

соединя́ть кого – что

Эти дороги нас соединяют.	These roads unite us.
Русские всех стран, соединяйтесь.	Russians of all countries, unite.
Он успешно соединился с новым сервером.	He successfully linked up with the new server.

создава́ть (ся) / созда́ть (ся)
to create, found

	IMPERFECTIVE ASPECT	PERFECTIVE ASPECT
INF.	создава́ть (ся)	созда́ть (ся)
PRES. Я	создаю́	
Ты	создаёшь	
Он/она/оно	создаёт (ся)	
Мы	создаём	
Вы	создаёте	
Они	создаю́т (ся)	
PAST Я, Ты, Он	создава́л (ся)	со́здал – созда́лся
Я, Ты, Она	создава́ла (сь)	создала́ (сь)
Оно	создава́ло (сь)	со́здало – созда́ло́сь
Мы, Вы, Они	создава́ли (сь)	со́здали – созда́ли́сь
FUT. Я	бу́ду создава́ть	созда́м
Ты	бу́дешь создава́ть	созда́шь
Он/она/оно	бу́дет создава́ть (ся)	созда́ст (ся)
Мы	бу́дем создава́ть	создади́м
Вы	бу́дете создава́ть	создади́те
Они	бу́дут создава́ть (ся)	создаду́т (ся)
COND. Я, Ты, Он	создава́л (ся) бы	со́здал – созда́лся бы
Я, Ты, Она	создава́ла (сь) бы	создала́ (сь) бы
Оно	создава́ло (сь) бы	со́здало – созда́ло́сь бы
Мы, Вы, Они	создава́ли (сь) бы	со́здали – созда́ли́сь бы
IMP. Ты	создава́й	созда́й
Вы	создава́йте	созда́йте

DEVERBALS

	IMPERFECTIVE ASPECT	PERFECTIVE ASPECT
PRES. ACT.	создаю́щий (ся)	
PRES. PASS.	создава́емый	
PAST ACT.	создава́вший (ся)	созда́вший (ся)
PAST PASS.		со́зданный, со́здан, создана́, со́здано
VERBAL ADVERB	создава́я (сь)	созда́в (шись)

создава́ть кого – что

Для чего вы создаете форум? — What are you creating the forum for?
И так создалась новая команда. — And thus a new team was created.
В России создадут четыре Лас-Вегаса. — They are creating four Las Vegases in Russia.

	IMPERFECTIVE ASPECT	PERFECTIVE ASPECT
INF.	сомнева́ться	
PRES. Я	сомнева́юсь	
Ты	сомнева́ешься	
Он/она́/оно́	сомнева́ется	
Мы	сомнева́емся	
Вы	сомнева́етесь	
Они́	сомнева́ются	
PAST Я, Ты, Он	сомнева́лся	
Я, Ты, Она́	сомнева́лась	
Оно́	сомнева́лось	
Мы, Вы, Они́	сомнева́лись	
FUT. Я	бу́ду сомнева́ться	
Ты	бу́дешь сомнева́ться	
Он/она́/оно́	бу́дет сомнева́ться	
Мы	бу́дем сомнева́ться	
Вы	бу́дете сомнева́ться	
Они́	бу́дут сомнева́ться	
COND. Я, Ты, Он	сомнева́лся бы	
Я, Ты, Она́	сомнева́лась бы	
Оно́	сомнева́лось бы	
Мы, Вы, Они́	сомнева́лись бы	
IMP. Ты	сомнева́йся	
Вы	сомнева́йтесь	

C

	DEVERBALS	
PRES. ACT.	сомнева́ющийся	
PRES. PASS.		
PAST ACT.	сомнева́вшийся	
PAST PASS.		
VERBAL ADVERB	сомнева́ясь	

сомнева́ться в ком – чем

Я все больше сомневаюсь в его объективности.	More and more I doubt his objectivity.
Он не сомневался в правильном исходе дела.	He had no doubts about the proper outcome of the matter.
В том, что будут конкретные действия, не сомневайтесь.	Have no doubt that there will be concrete actions.

сообща́ть (ся) / сообщи́ть (ся)
to inform, communicate

		IMPERFECTIVE ASPECT	PERFECTIVE ASPECT
INF.		сообща́ть (ся)	сообщи́ть (ся)
PRES.	Я	сообща́ю	
	Ты	сообща́ешь	
	Он/она/оно	сообща́ет (ся)	
	Мы	сообща́ем	
	Вы	сообща́ете	
	Они	сообща́ют (ся)	
PAST	Я, Ты, Он	сообща́л (ся)	сообщи́л (ся)
	Я, Ты, Она	сообща́ла (сь)	сообщи́ла (сь)
	Оно	сообща́ло (сь)	сообщи́ло (сь)
	Мы, Вы, Они	сообща́ли (сь)	сообщи́ли (сь)
FUT.	Я	бу́ду сообща́ть	сообщу́
	Ты	бу́дешь сообща́ть	сообщи́шь
	Он/она/оно	бу́дет сообща́ть (ся)	сообщи́т (ся)
	Мы	бу́дем сообща́ть	сообщи́м
	Вы	бу́дете сообща́ть	сообщи́те
	Они	бу́дут сообща́ть (ся)	сообща́т (ся)
COND.	Я, Ты, Он	сообща́л (ся) бы	сообщи́л (ся) бы
	Я, Ты, Она	сообща́ла (сь) бы	сообщи́ла (сь) бы
	Оно	сообща́ло (сь) бы	сообщи́ло (сь) бы
	Мы, Вы, Они	сообща́ли (сь) бы	сообщи́ли (сь) бы
IMP.	Ты	сообща́й	сообщи́
	Вы	сообща́йте	сообщи́те

DEVERBALS

	IMPERFECTIVE ASPECT	PERFECTIVE ASPECT
PRES. ACT.	сообща́ющий (ся)	
PRES. PASS.	сообща́емый	
PAST ACT.	сообща́вший (ся)	сообщи́вший (ся)
PAST PASS.		сообщённый сообщён, сообщена́
VERBAL ADVERB	сообща́я (сь)	сообщи́в (шись)

сообща́ть что о чем

Сообщаем вам приятную новость.

Сообщался новый адрес для переписки.

Производители сотовых телефонов сообщат данные о доходах.

We are announcing pleasant news to you.

A new address for correspondence was announced.

Cellphone manufacturers will be announcing the data on earnings.

458

		IMPERFECTIVE ASPECT	PERFECTIVE ASPECT
INF.		сосáть	пососáть
PRES.	Я	сосý	
	Ты	сосёшь	
	Он/она/оно	сосёт	
	Мы	сосём	
	Вы	сосёте	
	Они	сосýт	
PAST	Я, Ты, Он	сосáл	пососáл
	Я, Ты, Она	сосáла	пососáла
	Оно	сосáло	пососáло
	Мы, Вы, Они	сосáли	пососáли
FUT.	Я	бýду сосáть	пососý
	Ты	бýдешь сосáть	пососёшь
	Он/она/оно	бýдет сосáть	пососёт
	Мы	бýдем сосáть	пососём
	Вы	бýдете сосáть	пососёте
	Они	бýдут сосáть	пососýт
COND.	Я, Ты, Он	сосáл бы	пососáл бы
	Я, Ты, Она	сосáла бы	пососáла бы
	Оно	сосáло бы	пососáло бы
	Мы, Вы, Они	сосáли бы	пососáли бы
IMP.	Ты	сосú	пососú
	Вы	сосúте	пососúте

DEVERBALS

	IMPERFECTIVE ASPECT	PERFECTIVE ASPECT
PRES. ACT.	сосýщий	
PRES. PASS.		
PAST ACT.	сосáвший	пососáвший
PAST PASS.	сóсанный	посóсанный
VERBAL ADVERB	сося́	пососáв

Почему дети сосут пальцы?
Медведь пососал лапу, заснул и проспал всю зиму.
Пососите кусочек льда.

Why do children suck their fingers?
The bear sucked its paw, fell asleep, and slept the entire winter.
Suck on a piece of ice.

составля́ть (ся) / соста́вить (ся)
to put together, compose (consist of)

		IMPERFECTIVE ASPECT	PERFECTIVE ASPECT
INF.		составля́ть (ся)	соста́вить (ся)
PRES.	Я	составля́ю	
	Ты	составля́ешь	
	Он/она́/оно́	составля́ет (ся)	
	Мы	составля́ем	
	Вы	составля́ете	
	Они́	составля́ют (ся)	
PAST	Я, Ты, Он	составля́л (ся)	соста́вил (ся)
	Я, Ты, Она́	составля́ла (сь)	соста́вила (сь)
	Оно́	составля́ло (сь)	соста́вило (сь)
	Мы, Вы, Они́	составля́ли (сь)	соста́вили (сь)
FUT.	Я	бу́ду составля́ть	соста́влю
	Ты	бу́дешь составля́ть	соста́вишь
	Он/она́/оно́	бу́дет составля́ть (ся)	соста́вит (ся)
	Мы	бу́дем составля́ть	соста́вим
	Вы	бу́дете составля́ть	соста́вите
	Они́	бу́дут составля́ть (ся)	соста́вят (ся)
COND.	Я, Ты, Он	составля́л (ся) бы	соста́вил (ся) бы
	Я, Ты, Она́	составля́ла (сь) бы	соста́вила (сь) бы
	Оно́	составля́ло (сь) бы	соста́вило (сь) бы
	Мы, Вы, Они́	составля́ли (сь) бы	соста́вили (сь) бы
IMP.	Ты	составля́й	соста́вь
	Вы	составля́йте	соста́вьте

DEVERBALS

	IMPERFECTIVE ASPECT	PERFECTIVE ASPECT
PRES. ACT.	составля́ющий (ся)	
PRES. PASS.	составля́емый	
PAST ACT.	составля́вший (ся)	соста́вивший (ся)
PAST PASS.		соста́вленный
VERBAL ADVERB	составля́я (сь)	соста́вив (шись)

составля́ть что

Я всегда́ составля́ю бизнес-план.	I always put together the business plan.
Соста́вьте свой гороско́п.	Compose your own horoscope.
Как составля́ется спи́сок ссы́лок?	How is a list of links compiled?

to consist of, be composed of (take place)

		IMPERFECTIVE ASPECT	PERFECTIVE ASPECT
INF.		состоя́ть (ся)	
PRES.	Я	состою́	
	Ты	состои́шь	
	Он/она/оно	состои́т (ся)	
	Мы	состои́м	
	Вы	состои́те	
	Они	состоя́т (ся)	
PAST	Я, Ты, Он	состоя́л (ся)	
	Я, Ты, Она	состоя́ла (сь)	
	Оно	состоя́ло (сь)	
	Мы, Вы, Они	состоя́ли (сь)	
FUT.	Я	бу́ду состоя́ть	
	Ты	бу́дешь состоя́ть	
	Он/она/оно	бу́дет состоя́ть (ся)	
	Мы	бу́дем состоя́ть	
	Вы	бу́дете состоя́ть	
	Они	бу́дут состоя́ть (ся)	
COND.	Я, Ты, Он	состоя́л (ся) бы	
	Я, Ты, Она	состоя́ла (сь) бы	
	Оно	состоя́ло (сь) бы	
	Мы, Вы, Они	состоя́ли (сь) бы	
IMP.	Ты		
	Вы		

C

DEVERBALS

PRES. ACT.	состоя́щий (ся)
PRES. PASS.	
PAST ACT.	состоя́вший (ся)
PAST PASS.	
VERBAL ADVERB	состоя́ (сь)

состоя́ть из кого – чего, в чём, кем – чем, при ком – чём

Я состою в браке уже год.	I have already been married for a year.
Концерт состоится 22 декабря.	The concert will take place on December 22.
Из чего состоит компьютер?	What is a computer made of?

сохраня́ть (ся) / сохрани́ть (ся)
to protect, preserve

		IMPERFECTIVE ASPECT	PERFECTIVE ASPECT
INF.		сохраня́ть (ся)	сохрани́ть (ся)
PRES.	Я	сохраня́ю (сь)	
	Ты	сохраня́ешь (ся)	
	Он/она/оно	сохраня́ет (ся)	
	Мы	сохраня́ем (ся)	
	Вы	сохраня́ете (сь)	
	Они	сохраня́ют (ся)	
PAST	Я, Ты, Он	сохраня́л (ся)	сохрани́л (ся)
	Я, Ты, Она	сохраня́ла (сь)	сохрани́ла (сь)
	Оно	сохраня́ло (сь)	сохрани́ло (сь)
	Мы, Вы, Они	сохраня́ли (сь)	сохрани́ли (сь)
FUT.	Я	бу́ду сохраня́ть (ся)	сохраню́ (сь)
	Ты	бу́дешь сохраня́ть (ся)	сохрани́шь (ся)
	Он/она/оно	бу́дет сохраня́ть (ся)	сохрани́т (ся)
	Мы	бу́дем сохраня́ть (ся)	сохрани́м (ся)
	Вы	бу́дете сохраня́ть (ся)	сохрани́те (сь)
	Они	бу́дут сохраня́ть (ся)	сохраня́т (ся)
COND.	Я, Ты, Он	сохраня́л (ся) бы	сохрани́л (ся) бы
	Я, Ты, Она	сохраня́ла (сь) бы	сохрани́ла (сь) бы
	Оно	сохраня́ло (сь) бы	сохрани́ло (сь) бы
	Мы, Вы, Они	сохраня́ли (сь) бы	сохрани́ли (сь) бы
IMP.	Ты	сохраня́й (ся)	сохрани́ (сь)
	Вы	сохраня́йте (сь)	сохрани́те (сь)

DEVERBALS

	IMPERFECTIVE ASPECT	PERFECTIVE ASPECT
PRES. ACT.	сохраня́ющий (ся)	
PRES. PASS.	сохраня́емый	
PAST ACT.	сохраня́вший (ся)	сохрани́вший (ся)
PAST PASS.		сохранённый
		сохранён, сохранена́
VERBAL ADVERB	сохраня́я (сь)	сохрани́в (шись)

сохраня́ть кого – что

Сохраняем экологию и деньги.	We are saving the environment and money.
В ближайшие дни сохранится теплая погода.	Warm weather will hold for the next few days.
Мисс Америка сохранила титул.	Miss America retained her title.

		IMPERFECTIVE ASPECT	PERFECTIVE ASPECT
INF.		спаса́ть (ся)	спасти́ (сь)
PRES.	Я	спаса́ю (сь)	
	Ты	спаса́ешь (ся)	
	Он/она/оно	спаса́ет (ся)	
	Мы	спаса́ем (ся)	
	Вы	спаса́ете (сь)	
	Они	спаса́ют (ся)	
PAST	Я, Ты, Он	спаса́л (ся)	спа́с (ся)
	Я, Ты, Она	спаса́ла (сь)	спасла́ (сь)
	Оно	спаса́ло (сь)	спасло́ (сь)
	Мы, Вы, Они	спаса́ли (сь)	спасли́ (сь)
FUT.	Я	бу́ду спаса́ть (ся)	спасу́ (сь)
	Ты	бу́дешь спаса́ть (ся)	спасёшь (ся)
	Он/она/оно	бу́дет спаса́ть (ся)	спасёт (ся)
	Мы	бу́дем спаса́ть (ся)	спасём (ся)
	Вы	бу́дете спаса́ть (ся)	спасёте (сь)
	Они	бу́дут спаса́ть (ся)	спасу́т (ся)
COND.	Я, Ты, Он	спаса́л (ся) бы	спа́с (ся) бы
	Я, Ты, Она	спаса́ла (сь) бы	спасла́ (сь) бы
	Оно	спаса́ло (сь) бы	спасло́ (сь) бы
	Мы, Вы, Они	спаса́ли (сь) бы	спасли́ (сь) бы
IMP.	Ты	спаса́й (ся)	спаси́ (сь)
	Вы	спаса́йте (сь)	спаси́те (сь)

DEVERBALS

	IMPERFECTIVE	PERFECTIVE
PRES. ACT.	спаса́ющий (ся)	
PRES. PASS.	спаса́емый	
PAST ACT.	спаса́вший (ся)	спа́сший (ся)
PAST PASS.		спасённый спасён, спасена́
VERBAL ADVERB	спаса́я (сь)	спа́сши (сь)

спаса́ть кого – что

Рыбаки, спасайте тунца.	Fishermen, save the tuna.
Самый высокий человек в мире спас дельфина.	The tallest man in the world rescued a dolphin.
Из пожара спаслось тридцать человек.	Thirty people were rescued from the fire.

C

спа́ть / поспа́ть
to sleep / take a nap

		IMPERFECTIVE ASPECT	PERFECTIVE ASPECT
INF.		спа́ть	поспа́ть
PRES.	Я	сплю́	
	Ты	спи́шь	
	Он/она́/оно́	спи́т	
	Мы	спи́м	
	Вы	спи́те	
	Они́	спя́т	
PAST	Я, Ты, Он	спа́л	поспа́л
	Я, Ты, Она	спала́	поспала́
	Оно́	спа́ло	поспа́ло
	Мы, Вы, Они	спа́ли	поспа́ли
FUT.	Я	бу́ду спа́ть	посплю́
	Ты	бу́дешь спа́ть	поспи́шь
	Он/она́/оно́	бу́дет спа́ть	поспи́т
	Мы	бу́дем спа́ть	поспи́м
	Вы	бу́дете спа́ть	поспи́те
	Они	бу́дут спа́ть	поспя́т
COND.	Я, Ты, Он	спа́л бы	поспа́л бы
	Я, Ты, Она	спала́ бы	поспала́ бы
	Оно́	спа́ло бы	поспа́ло бы
	Мы, Вы, Они	спа́ли бы	поспа́ли бы
IMP.	Ты	спи́	поспи́
	Вы	спи́те	поспи́те

DEVERBALS

	IMPERFECTIVE ASPECT	PERFECTIVE ASPECT
PRES. ACT.	спя́щий	
PRES. PASS.		
PAST ACT.	спа́вший	поспа́вший
PAST PASS.		
VERBAL ADVERB	спа́в	поспа́в

Я здесь не сплю. — I do not sleep here.

Я так устала, сегодня часик поспала. — I am so tired that I took a nap for an hour today.

Идеально конечно, если вы поспите восемь часов. — It is ideal, of course, if you sleep eight hours.

	IMPERFECTIVE ASPECT	PERFECTIVE ASPECT
INF.	спеши́ть	поспеши́ть
PRES. Я	спешу́	
Ты	спеши́шь	
Он/она/оно	спеши́т	
Мы	спеши́м	
Вы	спеши́те	
Они	спеша́т	
PAST Я, Ты, Он	спеши́л	поспеши́л
Я, Ты, Она	спеши́ла	поспеши́ла
Оно	спеши́ло	поспеши́ло
Мы, Вы, Они	спеши́ли	поспеши́ли
FUT. Я	бу́ду спеши́ть	поспешу́
Ты	бу́дешь спеши́ть	поспеши́шь
Он/она/оно	бу́дет спеши́ть	поспеши́т
Мы	бу́дем спеши́ть	поспеши́м
Вы	бу́дете спеши́ть	поспеши́те
Они	бу́дут спеши́ть	поспеша́т
COND. Я, Ты, Он	спеши́л бы	поспеши́л бы
Я, Ты, Она	спеши́ла бы	поспеши́ла бы
Оно	спеши́ло бы	поспеши́ло бы
Мы, Вы, Они	спеши́ли бы	поспеши́ли бы
IMP. Ты	спеши́	поспеши́
Вы	спеши́те	поспеши́те

C

DEVERBALS		
PRES. ACT.	спеша́щий	
PRES. PASS.		
PAST ACT.	спеши́вший	поспеши́вший
PAST PASS.		
VERBAL ADVERB	спеша́	поспеши́в

спеши́ть с чем, + infinitive

Москвичи не спешат покупать жилье.	Muscovites are in no hurry to purchase housing.
С конфискацией поспешили.	They hurried with the confiscation.
Поспешим к ним на помощь.	Let's rush to his aid.
Часы спешат.	The watch (clock) is fast.

спо́рить / поспо́рить
to argue, quarrel, debate

	IMPERFECTIVE ASPECT	PERFECTIVE ASPECT
INF.	спо́рить	поспо́рить
PRES. Я	спо́рю	
Ты	спо́ришь	
Он/она/оно	спо́рит	
Мы	спо́рим	
Вы	спо́рите	
Они	спо́рят	
PAST Я, Ты, Он	спо́рил	поспо́рил
Я, Ты, Она	спо́рила	поспо́рила
Оно	спо́рило	поспо́рило
Мы, Вы, Они	спо́рили	поспо́рили
FUT. Я	бу́ду спо́рить	поспо́рю
Ты	бу́дешь спо́рить	поспо́ришь
Он/она/оно	бу́дет спо́рить	поспо́рит
Мы	бу́дем спо́рить	поспо́рим
Вы	бу́дете спо́рить	поспо́рите
Они	бу́дут спо́рить	поспо́рят
COND. Я, Ты, Он	спо́рил бы	поспо́рил бы
Я, Ты, Она	спо́рила бы	поспо́рила бы
Оно	спо́рило бы	поспо́рило бы
Мы, Вы, Они	спо́рили бы	поспо́рили бы
IMP. Ты	спо́рь	поспо́рь
Вы	спо́рьте	поспо́рьте

DEVERBALS

PRES. ACT.	спо́рящий	
PRES. PASS.		
PAST ACT.	спо́ривший	поспо́ривший
PAST PASS.		
VERBAL ADVERB	спо́ря	поспо́рив

спо́рить с кем – чем о ком – чём

О вкусах не спорят.	There's no accounting for taste.
Часто с тобой мы спорили.	You and I argued frequently.
Попробуйте поспорьте со мной.	Just try to argue with me.

способствовать (ся) / поспособствовать (ся)
to assist, bring about, promote

		IMPERFECTIVE ASPECT	PERFECTIVE ASPECT
INF.		способствова́ть (ся)	поспособствовать (ся)
PRES.	Я	способствую (сь)	
	Ты	способствуешь (ся)	
	Он/она/оно	способствует (ся)	
	Мы	способствууем (ся)	
	Вы	способствуете (сь)	
	Они	способствуют (ся)	
PAST	Я, Ты, Он	способствовал (ся)	поспособствовал (ся)
	Я, Ты, Она	способствовала (сь)	поспособствовала (сь)
	Оно	способствовало (сь)	поспособствовало (сь)
	Мы, Вы, Они	способствовали (сь)	поспособствовали (сь)
FUT.	Я	бу́ду способствова́ть (ся)	поспособствую (сь)
	Ты	бу́дешь способствова́ть (ся)	поспособствуешь (ся)
	Он/она/оно	бу́дет способствовать (ся)	поспособствует (ся)
	Мы	бу́дем способствовать (ся)	поспособствуем (ся)
	Вы	бу́дете способствовать (ся)	поспособствуете (сь)
	Они	бу́дут способствовать (ся)	поспособствуют (ся)
COND.	Я, Ты, Он	способствовал (ся) бы	поспособствовал (ся) бы
	Я, Ты, Она	способствовала (сь) бы	поспособствовала (сь) бы
	Оно	способствовало (сь) бы	поспособствовало (сь) бы
	Мы, Вы, Они	способствовали (сь) бы	поспособствовали (сь) бы
IMP.	Ты	способствуй (ся)	поспособствуй (ся)
	Вы	способствуйте (сь)	поспособствуйте (сь)

DEVERBALS

	IMPERFECTIVE	PERFECTIVE
PRES. ACT.	способствующий (ся)	
PRES. PASS.	способствуемый	
PAST ACT.	способствовавший (ся)	поспособствовавший (ся)
PAST PASS.		поспособствованный
VERBAL ADVERB	способствуя (сь)	поспособствуя (сь)

способствовать кому – чему

Что способствует росту цен?	What promotes the rise in prices?
Китай поспособствовал росту евро.	China assisted the rise of the euro.
Это способствуется высокими ценами.	This was brought about by high prices.

спра́шивать / спроси́ть
to ask [a question], inquire

	IMPERFECTIVE ASPECT	PERFECTIVE ASPECT
INF.	спра́шивать	спроси́ть
PRES. Я	спра́шиваю	
Ты	спра́шиваешь	
Он/она/оно	спра́шивает	
Мы	спра́шиваем	
Вы	спра́шиваете	
Они	спра́шивают	
PAST Я, Ты, Он	спра́шивал	спроси́л
Я, Ты, Она	спра́шивала	спроси́ла
Оно	спра́шивало	спроси́ло
Мы, Вы, Они	спра́шивали	спроси́ли
FUT. Я	бу́ду спра́шивать	спрошу́
Ты	бу́дешь спра́шивать	спро́сишь
Он/она/оно	бу́дет спра́шивать	спро́сит
Мы	бу́дем спра́шивать	спро́сим
Вы	бу́дете спра́шивать	спро́сите
Они	бу́дут спра́шивать	спро́сят
COND. Я, Ты, Он	спра́шивал бы	спроси́л бы
Я, Ты, Она	спра́шивала бы	спроси́ла бы
Оно	спра́шивало бы	спроси́ло бы
Мы, Вы, Они	спра́шивали бы	спроси́ли бы
IMP. Ты	спра́шивай	спроси́
Вы	спра́шивайте	спроси́те

DEVERBALS

PRES. ACT.	спра́шивающий	
PRES. PASS.	спра́шиваемый	
PAST ACT.	спра́шивавший	спроси́вший
PAST PASS.		спро́шенный
VERBAL ADVERB	спра́шивая	спроси́в

спра́шивать кого – что о ком – чём

AN ESSENTIAL VERB

AN ESSENTIAL VERB

спра́шивать / спроси́ть

Examples

Это я вас спрашиваю.
It's you I'm asking.

Спрашивайте — мы отвечаем.
Ask — we answer.

Спрошу совета.
I'm asking for advice.

Спросите эксперта.
Ask an expert.

Что сказали бы дети, если их
    спросили бы о любви?
What would children say if asked about
    love?

Он выйдет никого не спросив.
He's leaving without asking anyone.

Не спрашивая клиентов, вы не
    получите ценную
    информацию.
By not asking your clients, you won't get
    valuable information.

Спрашиваем юриста.
We are asking an attorney.

Я никогда не спрошу ее.
I will never ask her.

C

Words and expressions related to this verb

Кто много знает, с того
    много
    спрашивается.

Не спрашивай старого.

Сам потерял, а с меня
    спрашивают.

спрос

спрашивание

спуска́ть (ся) / спусти́ть (ся)
to lower, let down (descend)

		IMPERFECTIVE ASPECT	PERFECTIVE ASPECT
INF.		спуска́ть (ся)	спусти́ть (ся)
PRES.	Я	спуска́ю (сь)	
	Ты	спуска́ешь (ся)	
	Он/она/оно	спуска́ет (ся)	
	Мы	спуска́ем (ся)	
	Вы	спуска́ете (сь)	
	Они	спуска́ют (ся)	
PAST	Я, Ты, Он	спуска́л (ся)	спусти́л (ся)
	Я, Ты, Она	спуска́ла (сь)	спусти́ла (сь)
	Оно	спуска́ло (сь)	спусти́ло (сь)
	Мы, Вы, Они	спуска́ли (сь)	спусти́ли (сь)
FUT.	Я	бу́ду спуска́ть (ся)	спущу́ (сь)
	Ты	бу́дешь спуска́ть (ся)	спу́стишь (ся)
	Он/она/оно	бу́дет спуска́ть (ся)	спу́стит (ся)
	Мы	бу́дем спуска́ть (ся)	спу́стим (ся)
	Вы	бу́дете спуска́ть (ся)	спу́стите (сь)
	Они	бу́дут спуска́ть (ся)	спу́стят (ся)
COND.	Я, Ты, Он	спуска́л (ся) бы	спусти́л (ся) бы
	Я, Ты, Она	спуска́ла (сь) бы	спусти́ла (сь) бы
	Оно	спуска́ло (сь) бы	спусти́ло (сь) бы
	Мы, Вы, Они	спуска́ли (сь) бы	спусти́ли (сь) бы
IMP.	Ты	спуска́й (ся)	спусти́ (сь)
	Вы	спуска́йте (сь)	спусти́те (сь)

DEVERBALS

	IMPERFECTIVE	PERFECTIVE
PRES. ACT.	спуска́ющий (ся)	
PRES. PASS.	спуска́емый	
PAST ACT.	спуска́вший (ся)	спусти́вший (ся)
PAST PASS.		спу́щенный
VERBAL ADVERB	спуска́я (сь)	спусти́в (шись)

спуска́ть кого – что; спуска́ться на что

Вы неправильно поднимаете и спускаете коляску.	You are raising and collapsing the baby carriage incorrectly.
Я спущусь к вам с крыши.	I will descend to you from the roof.
Спустите лодку и сядьте в нее.	Launch the boat and get in it.

		IMPERFECTIVE ASPECT	PERFECTIVE ASPECT
INF.		срáвнивать (ся)	сравнúть (ся)
PRES.	Я	срáвниваю (сь)	
	Ты	срáвниваешь (ся)	
	Он/она/оно	срáвнивает (ся)	
	Мы	срáвниваем (ся)	
	Вы	срáвниваете (сь)	
	Они	срáвнивают (ся)	
PAST	Я, Ты, Он	срáвнивал (ся)	сравнúл (ся)
	Я, Ты, Она	срáвнивала (сь)	сравнúла (сь)
	Оно	срáвнивало (сь)	сравнúло (сь)
	Мы, Вы, Они	срáвнивали (сь)	сравнúли (сь)
FUT.	Я	бýду срáвнивать (ся)	сравню́ (сь)
	Ты	бýдешь срáвнивать (ся)	сравнúшь (ся)
	Он/она/оно	бýдет срáвнивать (ся)	сравнúт (ся)
	Мы	бýдем срáвнивать (ся)	сравнúм (ся)
	Вы	бýдете срáвнивать (ся)	сравнúте (сь)
	Они	бýдут срáвнивать (ся)	сравня́т (ся)
COND.	Я, Ты, Он	срáвнивал (ся) бы	сравнúл (ся) бы
	Я, Ты, Она	срáвнивала (сь) бы	сравнúла (сь) бы
	Оно	срáвнивало (сь) бы	сравнúло (сь) бы
	Мы, Вы, Они	срáвнивали (сь) бы	сравнúли (сь) бы
IMP.	Ты	срáвнивай (ся)	сравнú (сь)
	Вы	срáвнивайте (сь)	сравнúте (сь)

DEVERBALS

	IMPERFECTIVE ASPECT	PERFECTIVE ASPECT
PRES. ACT.	срáвнивающий (ся)	
PRES. PASS.	срáвниваемый	
PAST ACT.	срáвнивавший (ся)	сравнúвший (ся)
PAST PASS.		сравнённый
		сравнён, сравненá
VERBAL ADVERB	срáвнивая (сь)	сравнúв (шись)

срáвнивать когó – что с кем – чем; срáвниваться с кем – чем в чём

Как все, сравниваемся друг с другом.	Like everyone, we compare ourselves with each other.
Сравните наши цены с ценами конкурентов.	Compare our prices with those of our competitors.
С ним никто не сравнился.	No one could be compared to him.

ссо́рить (ся) / поссо́рить (ся)
to come between, split (quarrel)

		IMPERFECTIVE ASPECT	PERFECTIVE ASPECT
INF.		ссо́рить (ся)	поссо́рить (ся)
PRES.	Я	ссо́рю (сь)	
	Ты	ссо́ришь (ся)	
	Он/она/оно	ссо́рит (ся)	
	Мы	ссо́рим (ся)	
	Вы	ссо́рите (сь)	
	Они	ссо́рят (ся)	
PAST	Я, Ты, Он	ссо́рил (ся)	поссо́рил (ся)
	Я, Ты, Она	ссо́рила (сь)	поссо́рила (сь)
	Оно	ссо́рило (сь)	поссо́рило (сь)
	Мы, Вы, Они	ссо́рили (сь)	поссо́рили (сь)
FUT.	Я	бу́ду ссо́рить (ся)	поссо́рю (сь)
	Ты	бу́дешь ссо́рить (ся)	поссо́ришь (ся)
	Он/она/оно	бу́дет ссо́рить (ся)	поссо́рит (ся)
	Мы	бу́дем ссо́рить (ся)	поссо́рим (ся)
	Вы	бу́дете ссо́рить (ся)	поссо́рите (сь)
	Они	бу́дут ссо́рить (ся)	поссо́рят (ся)
COND.	Я, Ты, Он	ссо́рил (ся) бы	поссо́рил (ся) бы
	Я, Ты, Она	ссо́рила (сь) бы	поссо́рила (сь) бы
	Оно	ссо́рило (сь) бы	поссо́рило (сь) бы
	Мы, Вы, Они	ссо́рили (сь) бы	поссо́рили (сь) бы
IMP.	Ты	ссо́рь (ся)	поссо́рь (ся)
	Вы	ссо́рьте (сь)	поссо́рьте (сь)

DEVERBALS

PRES. ACT.	ссо́рящий (ся)	
PRES. PASS.		
PAST ACT.	ссо́ривший (ся)	поссо́ривший (ся)
PAST PASS.		поссо́ренный
VERBAL ADVERB	ссо́ря (сь)	поссо́рив (шись)

ссо́рить кого – что с кем – чем; ссо́риться с кем – чем

Я с многими ссорюсь, и других ссорю между собой.	I quarrel with lots of people, and I cause others to quarrel among themselves.
Энергетики поссорились с железнодорожниками.	The energy workers quarreled with the railroad workers.
Не ссорьтесь с вашей женой.	Don't quarrel with your wife.

		IMPERFECTIVE ASPECT	PERFECTIVE ASPECT
INF.		ста́вить	поста́вить
PRES.	Я	ста́влю	
	Ты	ста́вишь	
	Он/она́/оно́	ста́вит	
	Мы	ста́вим	
	Вы	ста́вите	
	Они́	ста́вят	
PAST	Я, Ты, Он	ста́вил	поста́вил
	Я, Ты, Она́	ста́вила	поста́вила
	Оно́	ста́вило	поста́вило
	Мы, Вы, Они́	ста́вили	поста́вили
FUT.	Я	бу́ду ста́вить	поста́влю
	Ты	бу́дешь ста́вить	поста́вишь
	Он/она́/оно́	бу́дет ста́вить	поста́вит
	Мы	бу́дем ста́вить	поста́вим
	Вы	бу́дете ста́вить	поста́вите
	Они́	бу́дут ста́вить	поста́вят
COND.	Я, Ты, Он	ста́вил бы	поста́вил бы
	Я, Ты, Она́	ста́вила бы	поста́вила бы
	Оно́	ста́вило бы	поста́вило бы
	Мы, Вы, Они́	ста́вили бы	поста́вили бы
IMP.	Ты	ста́вь	поста́вь
	Вы	ста́вьте	поста́вьте

DEVERBALS

PRES. ACT.	ста́вящий	
PRES. PASS.		
PAST ACT.	ста́вивший	поста́вивший
PAST PASS.	ста́вленный	поста́вленный
VERBAL ADVERB	ста́вя	поста́вив

ста́вить что, кого́ – что
The verbal pair **поставля́ть / поста́вить**
means *deliver, supply*.

AN ESSENTIAL VERB

473

AN ESSENTIAL VERB

ста́вить / поста́вить

Examples

Банки ставят рекорды.
The banks are setting records.

Мы не ставили перед собой
больших задач.
We didn't set great tasks for ourselves.

Поставьте на нас ссылку.
Place a link to us.

Поставь книгу на полку.
Stand the book on the shelf.

В Большом театре будет
поставлен новый балет.
A new ballet will be put on at the
Bolshoi Theater.

Нам ставились высокие задачи.
Lofty tasks were set for us.

Можно ли лечить болезнь, не
поставив диагноз?
Can you cure a disease without making
a diagnosis?

Как профессионал я ставлю
диагноз.
As a professional, I am giving a
diagnosis.

Их поставили на место.
They were put in their place.

Words and expressions related to this verb

Ставь стулья на места.

Часы не ставятся по
солнцу.

Я ставлю сто рублей.

Он ставит вопрос.

ставить диагноз

ставить отметки

ставить условия

ставка

	IMPERFECTIVE ASPECT	PERFECTIVE ASPECT
INF.	станови́ться	ста́ть
PRES. Я	становлю́сь	
Ты	стано́вишься	
Он/она́/оно́	стано́вится	
Мы	стано́вимся	
Вы	стано́витесь	
Они́	стано́вятся	
PAST Я, Ты, Он	станови́лся	ста́л
Я, Ты, Она	станови́лась	ста́ла
Оно	станови́лось	ста́ло
Мы, Вы, Они	станови́лись	ста́ли
FUT. Я	бу́ду станови́ться	ста́ну
Ты	бу́дешь станови́ться	ста́нешь
Он/она́/оно́	бу́дет станови́ться	ста́нет
Мы	бу́дем станови́ться	ста́нем
Вы	бу́дете станови́ться	ста́нете
Они	бу́дут станови́ться	ста́нут
COND. Я, Ты, Он	станови́лся бы	ста́л бы
Я, Ты, Она	станови́лась бы	ста́ла бы
Оно	станови́лось бы	ста́ло бы
Мы, Вы, Они	станови́лись бы	ста́ли бы
IMP. Ты	станови́сь	ста́нь
Вы	станови́тесь	ста́ньте

DEVERBALS

PRES. ACT.	становя́щийся	
PRES. PASS.		
PAST ACT.	станови́вшийся	ста́вший
PAST PASS.		
VERBAL ADVERB	становя́сь	ста́в

станови́ться кем – чем в чём, + infinitive

AN ESSENTIAL VERB

C

475

AN ESSENTIAL VERB

станови́ться / ста́ть

Examples

С каждым годом мы становимся
    старше.
We grow older with each year.

Как становятся писателями.
How they become writers.

Чем больше едите, тем больше
    становитесь.
The more you eat, the bigger you get.

Когда я стану взрослым, я ему
    покажу.
When I become an adult, I'll show him.

Стань автором.
Become an author.

Она стала министром.
She became a minister.

Слова станут золотыми.
The words will become golden.

Телефонное общение становится
    роскошью.
A telephone conversation is becoming a
    luxury.

Кем вы хотели стать в детстве?
What did you want to become as a
    child?

Мы еще станем первыми.
We'll still become the first.

Words and expressions related to this verb

Станьте в очередь.

Станьте на колени.

Станьте на ноги.

Станьте на сторону.

становление

становой

		IMPERFECTIVE ASPECT	PERFECTIVE ASPECT
INF.		стара́ться	постара́ться
PRES.	Я	стара́юсь	
	Ты	стара́ешься	
	Он/она́/оно́	стара́ется	
	Мы	стара́емся	
	Вы	стара́етесь	
	Они́	стара́ются	
PAST	Я, Ты, Он	стара́лся	постара́лся
	Я, Ты, Она	стара́лась	постара́лась
	Оно	стара́лось	постара́лось
	Мы, Вы, Они	стара́лись	постара́лись
FUT.	Я	бу́ду стара́ться	постара́юсь
	Ты	бу́дешь стара́ться	постара́ешься
	Он/она́/оно́	бу́дет стара́ться	постара́ется
	Мы	бу́дем стара́ться	постара́емся
	Вы	бу́дете стара́ться	постара́етесь
	Они́	бу́дут стара́ться	постара́ются
COND.	Я, Ты, Он	стара́лся бы	постара́лся бы
	Я, Ты, Она	стара́лась бы	постара́лась бы
	Оно	стара́лось бы	постара́лось бы
	Мы, Вы, Они	стара́лись бы	постара́лись бы
IMP.	Ты	стара́йся	постара́йся
	Вы	стара́йтесь	постара́йтесь

C

DEVERBALS

	IMPERFECTIVE ASPECT	PERFECTIVE ASPECT
PRES. ACT.	стара́ющийся	
PRES. PASS.		
PAST ACT.	стара́вшийся	постара́вшийся
PAST PASS.		
VERBAL ADVERB	стара́ясь	постара́вшись

Áвторы стара́ются извле́чь максима́льную вы́году.

Authors try to derive the greatest advantage.

Постара́йтесь отве́тить на все вопро́сы.

Try to answer all the questions.

Я постара́лась вложи́ть в о́перу всю свою́ ду́шу.

I tried to put my entire soul into the opera.

стира́ть (ся) / вы́стирать (ся)
to launder, wash

	IMPERFECTIVE ASPECT	PERFECTIVE ASPECT
INF.	стира́ть (ся)	вы́стирать (ся)
PRES. Я	стира́ю	
Ты	стира́ешь	
Он/она/оно	стира́ет (ся)	
Мы	стира́ем	
Вы	стира́ете	
Они	стира́ют (ся)	
PAST Я, Ты, Он	стира́л (ся)	вы́стирал (ся)
Я, Ты, Она	стира́ла (сь)	вы́стирала (сь)
Оно	стира́ло (сь)	вы́стирало (сь)
Мы, Вы, Они	стира́ли (сь)	вы́стирали (сь)
FUT. Я	бу́ду стира́ть	вы́стираю
Ты	бу́дешь стира́ть	вы́стираешь
Он/она/оно	бу́дет стира́ть (ся)	вы́стирает (ся)
Мы	бу́дем стира́ть	вы́стираем
Вы	бу́дете стира́ть	вы́стираете
Они	бу́дут стира́ть (ся)	вы́стирают (ся)
COND. Я, Ты, Он	стира́л (ся) бы	вы́стирал (ся) бы
Я, Ты, Она	стира́ла (сь) бы	вы́стирала (сь) бы
Оно	стира́ло (сь) бы	вы́стирало (сь) бы
Мы, Вы, Они	стира́ли (сь) бы	вы́стирали (сь) бы
IMP. Ты	стира́й	вы́стирай
Вы	стира́йте	вы́стирайте

DEVERBALS

PRES. ACT.	стира́ющий (ся)	
PRES. PASS.	стира́емый	
PAST ACT.	стира́вший (ся)	вы́стиравший (ся)
PAST PASS.	стира́нный	вы́стиранный
VERBAL ADVERB	стира́я (сь)	вы́стиравши (сь)

стира́ть что
стирать (ся) / стереть (ся) means *rub off, erase*

Чем вы стираете одежду ребенка?	What do you wash the child's clothes with?
За два часа мне выстирали бальное платье.	For two hours they laundered my ball dress.
Вся краска выстиралась.	All the color was washed out.

	IMPERFECTIVE ASPECT	PERFECTIVE ASPECT

INF.		сто́ить

PRES.	Я	сто́ю
	Ты	сто́ишь
	Он/она/оно	сто́ит
	Мы	сто́им
	Вы	сто́ите
	Они	сто́ят

PAST	Я, Ты, Он	сто́ил
	Я, Ты, Она	сто́ила
	Оно	сто́ило
	Мы, Вы, Они	сто́или

FUT.	Я	бу́ду сто́ить
	Ты	бу́дешь сто́ить
	Он/она/оно	бу́дет сто́ить
	Мы	бу́дем сто́ить
	Вы	бу́дете сто́ить
	Они	бу́дут отбить

COND.	Я, Ты, Он	сто́ил бы
	Я, Ты, Она	сто́ила бы
	Оно	сто́ило бы
	Мы, Вы, Они	сто́или бы

IMP.	Ты	
	Вы	

DEVERBALS

PRES. ACT.	сто́ящий
PRES. PASS.	
PAST ACT.	сто́ивший
PAST PASS.	
VERBAL ADVERB	сто́я

сто́ить что, чего, кому + infinitive

Сколько стоит безопасность?	How much does security cost?
Катание на лыжах стоило ему правой ноги.	Ice skating cost him his right leg.
Вечерние сеансы стоят в два раза дороже.	Evening performances cost twice as much.

стоя́ть / постоя́ть
to stand, be situated, stop

		IMPERFECTIVE ASPECT	PERFECTIVE ASPECT
INF.		стоя́ть	постоя́ть
PRES.	Я	стою́	
	Ты	стои́шь	
	Он/она/оно	стои́т	
	Мы	стои́м	
	Вы	стои́те	
	Они	стоя́т	
PAST	Я, Ты, Он	стоя́л	постоя́л
	Я, Ты, Она	стоя́ла	постоя́ла
	Оно	стоя́ло	постоя́ло
	Мы, Вы, Они	стоя́ли	постоя́ли
FUT.	Я	бу́ду стоя́ть	постою́
	Ты	бу́дешь стоя́ть	постои́шь
	Он/она/оно	бу́дет стоя́ть	постои́т
	Мы	бу́дем стоя́ть	постои́м
	Вы	бу́дете стоя́ть	постои́те
	Они	бу́дут стоя́ть	постоя́т
COND.	Я, Ты, Он	стоя́л бы	постоя́л бы
	Я, Ты, Она	стоя́ла бы	постоя́ла бы
	Оно	стоя́ло бы	постоя́ло бы
	Мы, Вы, Они	стоя́ли бы	постоя́ли бы
IMP.	Ты	сто́й	посто́й
	Вы	сто́йте	посто́йте

DEVERBALS

	IMPERFECTIVE ASPECT	PERFECTIVE ASPECT
PRES. ACT.	стоя́щий	
PRES. PASS.		
PAST ACT.	стоя́вший	постоя́вший
PAST PASS.		
VERBAL ADVERB	сто́я	постоя́в

стоя́ть за кого – что

AN ESSENTIAL VERB

AN ESSENTIAL VERB

стоя́ть / постоя́ть

Examples

Стою в очереди.
I'm standing in line.

Не стойте очень близко.
Don't stand very close.

Мы за стеной не постоим.
We will not stand behind the wall.

Она постояла за честь сестры.
She stood up for the honor of her sister.

Офицеры слушают стоя.
Officers listen while standing.

Постояв десять минут они
    отправились.
After standing about ten minutes, they
    set off.

Постойте слева.
Stand to the left.

Стойте справа.
Stand to the right.

Стояли, стоят и будут стоять.
They stood, are standing, and will
    continue to stand.

Хоть немного еще постою на
    краю.
I will stand on the edge just a little
    more.

Words and expressions related to this verb

Стой. Стойте.

Часы стоят.

Кто едет, не стоит.

Кто за правду стоит?

стоянка

стояние

стоячий

C

страда́ть / пострада́ть
to suffer, be in pain

		IMPERFECTIVE ASPECT	PERFECTIVE ASPECT
INF.		страда́ть	пострада́ть
PRES.	Я	страда́ю	
	Ты	страда́ешь	
	Он/она/оно	страда́ет	
	Мы	страда́ем	
	Вы	страда́ете	
	Они	страда́ют	
PAST	Я, Ты, Он	страда́л	пострада́л
	Я, Ты, Она	страда́ла	пострада́ла
	Оно	страда́ло	пострада́ло
	Мы, Вы, Они	страда́ли	пострада́ли
FUT.	Я	бу́ду страда́ть	пострада́ю
	Ты	бу́дешь страда́ть	пострада́ешь
	Он/она/оно	бу́дет страда́ть	пострада́ет
	Мы	бу́дем страда́ть	пострада́ем
	Вы	бу́дете страда́ть	пострада́ете
	Они	бу́дут страда́ть	пострада́ют
COND.	Я, Ты, Он	страда́л бы	пострада́л бы
	Я, Ты, Она	страда́ла бы	пострада́ла бы
	Оно	страда́ло бы	пострада́ло бы
	Мы, Вы, Они	страда́ли бы	пострада́ли бы
IMP.	Ты	страда́й	пострада́й
	Вы	страда́йте	пострада́йте

DEVERBALS

	IMPERFECTIVE	PERFECTIVE
PRES. ACT.	страда́ющий	
PRES. PASS.		
PAST ACT.	страда́вший	пострада́вший
PAST PASS.		
VERBAL ADVERB	страда́я	пострада́в

страда́ть чем, от чего, за что

Страдаете ли вы от стресса?	Do you suffer from stress?
Область пострадала от урагана.	The region suffered from the hurricane.
Пострадаю за вас.	I will suffer for you.

стреля́ть (ся) / вы́стрелить
to shoot at, kill (duel)

		IMPERFECTIVE ASPECT	PERFECTIVE ASPECT
INF.		стреля́ть (ся)	вы́стрелить
PRES.	Я	стреля́ю (сь)	
	Ты	стреля́ешь (ся)	
	Он/она/оно	стреля́ет (ся)	
	Мы	стреля́ем (ся)	
	Вы	стреля́ете (сь)	
	Они	стреля́ют (ся)	
PAST	Я, Ты, Он	стреля́л (ся)	вы́стрелил
	Я, Ты, Она	стреля́ла (сь)	вы́стрелила
	Оно	стреля́ло (сь)	вы́стрелило
	Мы, Вы, Они	стреля́ли (сь)	вы́стрелили
FUT.	Я	бу́ду стреля́ть (ся)	вы́стрелю
	Ты	бу́дешь стреля́ть (ся)	вы́стрелишь
	Он/она/оно	бу́дет стреля́ть (ся)	вы́стрелит
	Мы	бу́дем стреля́ть (ся)	вы́стрелим
	Вы	бу́дете стреля́ть (ся)	вы́стрелите
	Они	бу́дут стреля́ть (ся)	вы́стрелят
COND.	Я, Ты, Он	стреля́л (ся) бы	вы́стрелил бы
	Я, Ты, Она	стреля́ла (сь) бы	вы́стрелила бы
	Оно	стреля́ло (сь) бы	вы́стрелило бы
	Мы, Вы, Они	стреля́ли (сь) бы	вы́стрелили бы
IMP.	Ты	стреля́й (сь)	вы́стрели
	Вы	стреля́йте (сь)	вы́стрелите

DEVERBALS

	IMPERFECTIVE ASPECT	PERFECTIVE ASPECT
PRES. ACT.	стреля́ющий (ся)	
PRES. PASS.		
PAST ACT.	стреля́вший (ся)	вы́стреливший
PAST PASS.		
VERBAL ADVERB	стреля́я (сь)	вы́стрелив

стреля́ть в кого – что, кого – что; стреля́ться с кем

Почему ты не стреляешь в этого?	Why don't you shoot at this one?
Ему выстрелили в лицо.	He was shot in the face.
Они стрелялись на дуэли.	They had fought a duel.

C

стреми́ться
to strive, seek, aspire to

		IMPERFECTIVE ASPECT	PERFECTIVE ASPECT
INF.		стреми́ться	
PRES.	Я	стремлю́сь	
	Ты	стреми́шься	
	Он/она́/оно́	стреми́тся	
	Мы	стреми́мся	
	Вы	стреми́тесь	
	Они́	стремя́тся	
PAST	Я, Ты, Он	стреми́лся	
	Я, Ты, Она́	стреми́лась	
	Оно́	стреми́лось	
	Мы, Вы, Они́	стреми́лись	
FUT.	Я	бу́ду стреми́ться	
	Ты	бу́дешь стреми́ться	
	Он/она́/оно́	бу́дет стреми́ться	
	Мы	бу́дем стреми́ться	
	Вы	бу́дете стреми́ться	
	Они́	бу́дут стреми́ться	
COND.	Я, Ты, Он	стреми́лся бы	
	Я, Ты, Она́	стреми́лась бы	
	Оно́	стреми́лось бы	
	Мы, Вы, Они́	стреми́лись бы	
IMP.	Ты	стреми́сь	
	Вы	стреми́тесь	

DEVERBALS

	IMPERFECTIVE ASPECT	PERFECTIVE ASPECT
PRES. ACT.	стремя́щийся	
PRES. PASS.		
PAST ACT.	стреми́вшийся	
PAST PASS.		
VERBAL ADVERB	стремя́сь	

стреми́ться к чему, + infinitive

Я в музыке моей к тебе стремлюсь.	In my music I long for you.
Сначала стремитесь понять, потом быть понятым.	Seek first to understand, then to be understood.
Казахи стремятся сохранить свою этничность.	The Kazakhs are striving to preserve their ethnicity.

стри́чь (ся) / остри́чь (ся)
to cut, clip, shear (get a haircut)

		IMPERFECTIVE ASPECT	PERFECTIVE ASPECT
INF.		стри́чь (ся)	остри́чь (ся)
PRES.	Я	стригу́ (сь)	
	Ты	стрижёшь (ся)	
	Он/она/оно	стрижёт (ся)	
	Мы	стрижём (ся)	
	Вы	стрижёте (сь)	
	Они	стригу́т (ся)	
PAST	Я, Ты, Он	стри́г (ся)	остри́г (ся)
	Я, Ты, Она	стри́гла (сь)	остри́гла (сь)
	Оно	стри́гло (сь)	остри́гло (сь)
	Мы, Вы, Они	стри́гли (сь)	остри́гли (сь)
FUT.	Я	бу́ду стри́чь (ся)	остригу́ (сь)
	Ты	бу́дешь стри́чь (ся)	острижёшь (ся)
	Он/она/оно	бу́дет стри́чь (ся)	острижёт (ся)
	Мы	бу́дем стри́чь (ся)	острижём (ся)
	Вы	бу́дете стри́чь (ся)	острижёте (сь)
	Они	бу́дут стри́чь (ся)	остригу́т (ся)
COND.	Я, Ты, Он	стри́г (ся) бы	остри́г (ся) бы
	Я, Ты, Она	стри́гла (сь) бы	остри́гла (сь) бы
	Оно	стри́гло (сь) бы	остри́гло (сь) бы
	Мы, Вы, Они	стри́гли (сь) бы	остри́гли (сь) бы
IMP.	Ты	стриги́ (сь)	остриги́ (сь)
	Вы	стриги́те (сь)	остриги́те (сь)

DEVERBALS

PRES. ACT.	стри́гущий (ся)	
PRES. PASS.		
PAST ACT.	стри́гший (ся)	остри́гший (ся)
PAST PASS.	стри́женный	остри́женный
VERBAL ADVERB		остри́гши (сь)

стри́чь кого – что
There is also the verbal pair **острига́ть (ся) / остри́чь (ся)**.

Стригу исключительно дам.　　　　I cut only women's hair.
Почему девушки коротко стригутся?　Why are girls getting short haircuts?
Очень хорошо, что ты остригся.　　It's good that you got a haircut.

стро́ить (ся) / постро́ить (ся)
to build, construct (line up)

	IMPERFECTIVE ASPECT	PERFECTIVE ASPECT
INF.	стро́ить (ся)	постро́ить (ся)
PRES. Я	стро́ю (сь)	
Ты	стро́ишь (ся)	
Он/она/оно	стро́ит (ся)	
Мы	стро́им (ся)	
Вы	стро́ите (сь)	
Они	стро́ят (ся)	
PAST Я, Ты, Он	стро́ил (ся)	постро́ил (ся)
Я, Ты, Она	стро́ила (сь)	постро́ила (сь)
Оно	стро́ило (сь)	постро́ило (сь)
Мы, Вы, Они	стро́или (сь)	постро́или (сь)
FUT. Я	бу́ду стро́ить (ся)	постро́ю (сь)
Ты	бу́дешь стро́ить (ся)	постро́ишь (ся)
Он/она/оно	бу́дет стро́ить (ся)	постро́ит (ся)
Мы	бу́дем стро́ить (ся)	постро́им (ся)
Вы	бу́дете стро́ить (ся)	постро́ите (сь)
Они	бу́дут стро́ить (ся)	постро́ят (ся)
COND. Я, Ты, Он	стро́ил (ся) бы	постро́ил (ся) бы
Я, Ты, Она	стро́ила (сь) бы	постро́ила (сь) бы
Оно	стро́ило (сь) бы	постро́ило (сь) бы
Мы, Вы, Они	стро́или (сь) бы	постро́или (сь) бы
IMP. Ты	стро́й (ся)	постро́й (ся)
Вы	стро́йте (сь)	постро́йте (сь)

DEVERBALS

PRES. ACT.	стро́ящий (ся)	
PRES. PASS.	стро́имый	
PAST ACT.	стро́ивший (ся)	постро́ивший (ся)
PAST PASS.		постро́енный
VERBAL ADVERB	стро́я (сь)	постро́ив (шись)

стро́ить что, на чём, кого – что

Стро́им вме́сте.	We are building it together.
Дом был постро́ен.	The house was built.
Постро́илась вся ро́та.	The entire company got in formation.

стуча́ть (ся) / постуча́ть (ся)
to knock, rap (knock at the door)

		IMPERFECTIVE ASPECT	PERFECTIVE ASPECT
INF.		стуча́ть (ся)	постуча́ть (ся)
PRES.	Я	стучу́ (сь)	
	Ты	стучи́шь (ся)	
	Он/она́/оно́	стучи́т (ся)	
	Мы	стучи́м (ся)	
	Вы	стучи́те (сь)	
	Они́	стуча́т (ся)	
PAST	Я, Ты, Он	стуча́л (ся)	постуча́л (ся)
	Я, Ты, Она	стуча́ла (сь)	постуча́ла (сь)
	Оно	стуча́ло (сь)	постуча́ло (сь)
	Мы, Вы, Они	стуча́ли (сь)	постуча́ли (сь)
FUT.	Я	бу́ду стуча́ть (ся)	постучу́ (сь)
	Ты	бу́дешь стуча́ть (ся)	постучи́шь (ся)
	Он/она́/оно́	бу́дет стуча́ть (ся)	постучи́т (ся)
	Мы	бу́дем стуча́ть (ся)	постучи́м (ся)
	Вы	бу́дете стуча́ть (ся)	постучи́те (сь)
	Они́	бу́дут стуча́ть (ся)	постуча́т (ся)
COND.	Я, Ты, Он	стуча́л (ся) бы	постуча́л (ся) бы
	Я, Ты, Она	стуча́ла (сь) бы	постуча́ла (сь) бы
	Оно	стуча́ло (сь) бы	постуча́ло (сь) бы
	Мы, Вы, Они	стуча́ли (сь) бы	постуча́ли (сь) бы
IMP.	Ты	стучи́ (сь)	постучи́ (сь)
	Вы	стучи́те (сь)	постучи́те (сь)

DEVERBALS

	IMPERFECTIVE ASPECT	PERFECTIVE ASPECT
PRES. ACT.	стуча́щий (ся)	
PRES. PASS.		
PAST ACT.	стуча́вший (ся)	постуча́вший (ся)
PAST PASS.		
VERBAL ADVERB	стуча́ (сь)	постуча́в (шись)

Стою у двери и стучу.
Постучался кто-то в дверь.
И однажды они к нам постучатся.

I am standing at the door and knocking.
Someone knocked at the door.
And one day they will knock on our door.

судить (ся)
to judge, referee (be tried in court)

		IMPERFECTIVE ASPECT	PERFECTIVE ASPECT
INF.		судить (ся)	
PRES.	Я	сужу́ (сь)	
	Ты	су́дишь (ся)	
	Он/она/оно	су́дит (ся)	
	Мы	су́дим (ся)	
	Вы	су́дите (сь)	
	Они	су́дят (ся)	
PAST	Я, Ты, Он	суди́л (ся)	
	Я, Ты, Она	суди́ла (сь)	
	Оно	суди́ло (сь)	
	Мы, Вы, Они	суди́ли (сь)	
FUT.	Я	бу́ду судить (ся)	
	Ты	бу́дешь судить (ся)	
	Он/она/оно	бу́дет судить (ся)	
	Мы	бу́дем судить (ся)	
	Вы	бу́дете судить (ся)	
	Они	бу́дут судить (ся)	
COND.	Я, Ты, Он	суди́л (ся) бы	
	Я, Ты, Она	суди́ла (сь) бы	
	Оно	суди́ло (сь) бы	
	Мы, Вы, Они	суди́ли (сь) бы	
IMP.	Ты	суди́ (сь)	
	Вы	суди́те (сь)	

DEVERBALS

PRES. ACT.	судя́щий (ся)
PRES. PASS.	суди́мый
PAST ACT.	суди́вший (ся)
PAST PASS.	суждённый
	суждён, суждена́
VERBAL ADVERB	судя́ (сь)

суди́ть о ком – чём, кого – что; суди́ться с кем – чем
Note the stress in the phrase су́дя по кому – чему (*judging by*).

Не судите строго.	Do not judge harshly.
Школьница судилась с милиционерами, и выиграла.	The schoolgirl took legal action against the police, and she won.
Суди себя также, как судишь других.	Judge yourself as you judge others.

существова́ть
to exist, live on

		IMPERFECTIVE ASPECT	PERFECTIVE ASPECT
INF.		существова́ть	
PRES.	Я	существу́ю	
	Ты	существу́ешь	
	Он/она/оно	существу́ет	
	Мы	существу́ем	
	Вы	существу́ете	
	Они	существу́ют	
PAST	Я, Ты, Он	существова́л	
	Я, Ты, Она	существова́ла	
	Оно	существова́ло	
	Мы, Вы, Они	существова́ли	
FUT.	Я	бу́ду существова́ть	
	Ты	бу́дешь существова́ть	
	Он/она/оно	бу́дет существова́ть	
	Мы	бу́дем существова́ть	
	Вы	бу́дете существова́ть	
	Они	бу́дут существова́ть	
COND.	Я, Ты, Он	существова́л бы	
	Я, Ты, Она	существова́ла бы	
	Оно	существова́ло бы	
	Мы, Вы, Они	существова́ли бы	
IMP.	Ты	существу́й	
	Вы	существу́йте	

DEVERBALS

	IMPERFECTIVE ASPECT	PERFECTIVE ASPECT
PRES. ACT.	существу́ющий	
PRES. PASS.		
PAST ACT.	существова́вший	
PAST PASS.		
VERBAL ADVERB	существу́я	

существова́ть чем, на что

Я мыслю. Значит существую.	I think. Therefore I am.
Дедушка Мороз! Так вы существуете на самом деле.	Father Frost! So you really exist.
Какие виды письма существовали на Руси?	What kinds of writing existed in Rus?

схва́тывать (ся) / схвати́ть (ся)

to grab, comprehend

		IMPERFECTIVE ASPECT	PERFECTIVE ASPECT
INF.		схва́тывать (ся)	схвати́ть (ся)
PRES.	Я	схва́тываю (сь)	
	Ты	схва́тываешь (ся)	
	Он/она/оно	схва́тывает (ся)	
	Мы	схва́тываем (ся)	
	Вы	схва́тываете (сь)	
	Они	схва́тывают (ся)	
PAST	Я, Ты, Он	схва́тывал (ся)	схвати́л (ся)
	Я, Ты, Она	схва́тывала (сь)	схвати́ла (сь)
	Оно	схва́тывало (сь)	схвати́ло (сь)
	Мы, Вы, Они	схва́тывали (сь)	схвати́ли (сь)
FUT.	Я	бу́ду схва́тывать (ся)	схвачу́ (сь)
	Ты	бу́дешь схва́тывать (ся)	схва́тишь (ся)
	Он/она/оно	бу́дет схва́тывать (ся)	схва́тит (ся)
	Мы	бу́дем схва́тывать (ся)	схва́тим (ся)
	Вы	бу́дете схва́тывать (ся)	схва́тите (сь)
	Они	бу́дут схва́тывать (ся)	схва́тят (ся)
COND.	Я, Ты, Он	схва́тывал (ся) бы	схвати́л (ся) бы
	Я, Ты, Она	схва́тывала (сь) бы	схвати́ла (сь) бы
	Оно	схва́тывало (сь) бы	схвати́ло (сь) бы
	Мы, Вы, Они	схва́тывали (сь) бы	схвати́ли (сь) бы
IMP.	Ты	схва́тывай (ся)	схвати́ (сь)
	Вы	схва́тывайте (сь)	схвати́те (сь)

DEVERBALS

	IMPERFECTIVE ASPECT	PERFECTIVE ASPECT
PRES. ACT.	схва́тывающий (ся)	
PRES. PASS.	схва́тываемый	
PAST ACT.	схва́тывавший (ся)	схвати́вший (ся)
PAST PASS.		схва́ченный
VERBAL ADVERB	схва́тывая (сь)	схвати́в (шись)

схва́тывать кого – что; схва́тываться за кого – что

Схватываем обеими руками тяжелый вес.	We grab the heavy weight with both hands.
И тогда он схватился за топор.	And then he grabbed for an axe.
Ничего я не схвачу, я все давным-давно выучила.	I don't have to comprehend a thing; I learned it all long, long ago.

to come down, go down, get off (assemble)

		IMPERFECTIVE ASPECT	PERFECTIVE ASPECT
INF.		сходи́ть (ся)	сойти́ (сь)
PRES.	Я	схожу́ (сь)	
	Ты	схо́дишь (ся)	
	Он/она/оно	схо́дит (ся)	
	Мы	схо́дим (ся)	
	Вы	схо́дите (сь)	
	Они	схо́дят (ся)	
PAST	Я, Ты, Он	сходи́л (ся)	сошёл (ся)
	Я, Ты, Она	сходи́ла (сь)	сошла́ (сь)
	Оно	сходи́ло (сь)	сошло́ (сь)
	Мы, Вы, Они	сходи́ли (сь)	сошли́ (сь)
FUT.	Я	бу́ду сходи́ть (ся)	сойду́ (сь)
	Ты	бу́дешь сходи́ть (ся)	сойдёшь (ся)
	Он/она/оно	бу́дет сходи́ть (ся)	сойдёт (ся)
	Мы	бу́дем сходи́ть (ся)	сойдём (ся)
	Вы	бу́дете сходи́ть (ся)	сойдёте (сь)
	Они	бу́дут сходи́ть (ся)	сойду́т (ся)
COND.	Я, Ты, Он	сходи́л (ся) бы	сошёл (ся) бы
	Я, Ты, Она	сходи́ла (сь) бы	сошла́ (сь) бы
	Оно	сходи́ло (сь) бы	сошло́ (сь) бы
	Мы, Вы, Они	сходи́ли (сь) бы	сошли́ (сь) бы
IMP.	Ты	сходи́ (сь)	сойди́ (сь)
	Вы	сходи́те (сь)	сойди́те (сь)

DEVERBALS

	IMPERFECTIVE ASPECT	PERFECTIVE ASPECT
PRES. ACT.	сходящий (ся)	
PRES. PASS.		
PAST ACT.	сходи́вший (ся)	сошéдший (ся)
PAST PASS.		
VERBAL ADVERB	сходя́ (сь)	сойдя́ (сь)

сходи́ть с чего на что; сходи́ться в чём, чем, на чём
As a perfective verb, **сходи́ть** means *to go somewhere and return.*

У меня ничего не сходится.	Nothing works out for me.
Электричка сошла с рельсов.	The electric train ran off the tracks.
Они последний раз сходили в Мавзолей.	They went to the Mausoleum last time.

C

счита́ть (ся) / сосчита́ть (ся)
to count, settle accounts

	IMPERFECTIVE ASPECT	PERFECTIVE ASPECT
INF.	счита́ть (ся)	сосчита́ть (ся)
PRES. Я	счита́ю (сь)	
Ты	счита́ешь (ся)	
Он/она/оно	счита́ет (ся)	
Мы	счита́ем (ся)	
Вы	счита́ете (сь)	
Они	счита́ют (ся)	
PAST Я, Ты, Он	счита́л (ся)	сосчита́л (ся)
Я, Ты, Она	счита́ла (сь)	сосчита́ла (сь)
Оно	счита́ло (сь)	сосчита́ло (сь)
Мы, Вы, Они	счита́ли (сь)	сосчита́ли (сь)
FUT. Я	бу́ду счита́ть (ся)	сосчита́ю (сь)
Ты	бу́дешь счита́ть (ся)	сосчита́ешь (ся)
Он/она/оно	бу́дет счита́ть (ся)	сосчита́ет (ся)
Мы	бу́дем счита́ть (ся)	сосчита́ем (ся)
Вы	бу́дете счита́ть (ся)	сосчита́ете (сь)
Они	бу́дут счита́ть (ся)	сосчита́ют (ся)
COND. Я, Ты, Он	счита́л (ся) бы	сосчита́л (ся) бы
Я, Ты, Она	счита́ла (сь) бы	сосчита́ла (сь) бы
Оно	счита́ло (сь) бы	сосчита́ло (сь) бы
Мы, Вы, Они	счита́ли (сь) бы	сосчита́ли (сь) бы
IMP. Ты	счита́й (ся)	сосчита́й (сь)
Вы	счита́йте (сь)	сосчита́йте (сь)

DEVERBALS

PRES. ACT.	счита́ющий (ся)	
PRES. PASS.	счита́емый	
PAST ACT.	счита́вший (ся)	сосчита́вший (ся)
PAST PASS.	счита́нный	сосчи́танный
VERBAL ADVERB	счита́я (сь)	сосчита́в (шись)

счита́ть кого – что кем – чем, за кого – что

считáть (ся) / сосчитáть (ся)

Examples

Виновным я себя не считаю.
I don't consider myself guilty.

Не считайте меня оптимистом.
Don't consider me an optimist.

Считай деньги.
Count the money.

Муж не считается с моим
мнением.
My husband doesn't take my opinion
into account.

Кто идёт — давайте сосчитаемся.
Who's going — let's take a count.

Мы с тобой сосчитаемся.
You and I will settle accounts.

Деньги были сосчитаны на ваших
глазах.
The money was counted in front of your
eyes.

Считаем, изучаем геометрические
фигуры.
We do calculations and study geometric
figures.

Я никого не считаю противником.
I don't consider anyone an opponent.

Быстро все сосчиталось.
Everything was quickly settled.

Words and expressions related to this verb

Все это надо считать
вздором.

Считаю его порядочным
человеком.

Как считается?

счёт

счеты

счётчик

C

танцева́ть (ся) / потанцева́ть
to dance (dance steps)

		IMPERFECTIVE ASPECT	PERFECTIVE ASPECT
INF.		танцева́ть (ся)	потанцева́ть
PRES.	Я	танцу́ю	
	Ты	танцу́ешь	
	Он/она/оно	танцу́ет (ся)	
	Мы	танцу́ем	
	Вы	танцу́ете	
	Они	танцу́ют (ся)	
PAST	Я, Ты, Он	танцева́л (ся)	потанцева́л
	Я, Ты, Она	танцева́ла (сь)	потанцева́ла
	Оно	танцева́ло (сь)	потанцева́ло
	Мы, Вы, Они	танцева́ли (сь)	потанцева́ли
FUT.	Я	бу́ду танцева́ть	потанцу́ю
	Ты	бу́дешь танцева́ть	потанцу́ешь
	Он/она/оно	бу́дет танцева́ть (ся)	потанцу́ет
	Мы	бу́дем танцева́ть	потанцу́ем
	Вы	бу́дете танцева́ть	потанцу́ете
	Они	бу́дут танцева́ть (ся)	потанцу́ют
COND.	Я, Ты, Он	танцева́л (ся) бы	потанцева́л бы
	Я, Ты, Она	танцева́ла (сь) бы	потанцева́ла бы
	Оно	танцева́ло (сь) бы	потанцева́ло бы
	Мы, Вы, Они	танцева́ли (сь) бы	потанцева́ли бы
IMP.	Ты	танцу́й	потанцу́й
	Вы	танцу́йте	потанцу́йте

DEVERBALS

	IMPERFECTIVE ASPECT	PERFECTIVE ASPECT
PRES. ACT.	танцу́ющий (ся)	
PRES. PASS.		
PAST ACT.	танцева́вший (ся)	потанцева́вший
PAST PASS.		
VERBAL ADVERB	танцу́я (сь)	потанцева́в

танцева́ть что с кем
Another perfective verb is **станцева́ть.**

Танцу́й и пой.	Dance and sing.
Давай потанцуем.	Let's dance.
Салсу я бы с удовольствием потанцевала.	I would dance the salsa with pleasure.

таска́ть – тащи́ть / потащи́ть

to drag, pull / begin pulling

	MULTIDIRECTIONAL	UNIDIRECTIONAL	PERFECTIVE ASPECT
INF.	таска́ть	тащи́ть	потащи́ть
PRES. Я	таска́ю	тащу́	
Ты	таска́ешь	та́щишь	
Он/она/оно	таска́ет	та́щит	
Мы	таска́ем	та́щим	
Вы	таска́ете	та́щите	
Они	таска́ют	та́щат	
PAST Я, Ты, Он	таска́л	тащи́л	потащи́л
Я, Ты, Она	таска́ла	тащи́ла	потащи́ла
Оно	таска́ло	тащи́ло	потащи́ло
Мы, Вы, Они	таска́ли	тащи́ли	потащи́ли
FUT. Я	бу́ду таска́ть	бу́ду тащи́ть	потащу́
Ты	бу́дешь таска́ть	бу́дешь тащи́ть	пота́щишь
Он/она/оно	бу́дет таска́ть	бу́дет тащи́ть	пота́щит
Мы	бу́дем таска́ть	бу́дем тащи́ть	пота́щим
Вы	бу́дете таска́ть	бу́дете тащи́ть	пота́щите
Они	бу́дут таска́ть	бу́дут тащи́ть	пота́щат
COND. Я, Ты, Он	таска́л бы	тащи́л бы	потащи́л бы
Я, Ты, Она	таска́ла бы	тащи́ла бы	потащи́ла бы
Оно	таска́ло бы	тащи́ло бы	потащи́ло бы
Мы, Вы, Они	таска́ли бы	тащи́ли бы	потащи́ли бы
IMP. Ты	таска́й	тащи́	потащи́
Вы	таска́йте	тащи́те	потащи́те

T

	DEVERBALS		
PRES. ACT.	таска́ющий	та́щащий	
PRES. PASS.	таска́емый	тащи́мый	
PAST ACT.	таска́вший	тащи́вший	потащи́вший
PAST PASS.	та́сканный		пота́щенный
VERBAL ADVERB	таска́я	таща́	потащи́вши

таска́ть – тащи́ть кого – что

Не таскайте проблемы за собой.	Don't carry problems around with you.
Мы тащили за собой большую коляску.	We dragged a big carriage after us.
Нас в суд потащат.	They will drag us to court.

та́ять / раста́ять
to melt, thaw, melt away

		IMPERFECTIVE ASPECT	PERFECTIVE ASPECT
INF.		та́ять	раста́ять
PRES.	Я	та́ю	
	Ты	та́ешь	
	Он/она/оно	та́ет	
	Мы	та́ем	
	Вы	та́ете	
	Они	та́ют	
PAST	Я, Ты, Он	та́ял	раста́ял
	Я, Ты, Она	та́яла	раста́яла
	Оно	та́яло	раста́яло
	Мы, Вы, Они	та́яли	раста́яли
FUT.	Я	бу́ду та́ять	раста́ю
	Ты	бу́дешь та́ять	раста́ешь
	Он/она/оно	бу́дет та́ять	раста́ет
	Мы	бу́дем та́ять	раста́ем
	Вы	бу́дете та́ять	раста́ете
	Они	бу́дут та́ять	раста́ют
COND.	Я, Ты, Он	та́ял бы	раста́ял бы
	Я, Ты, Она	та́яла бы	раста́яла бы
	Оно	та́яло бы	раста́яло бы
	Мы, Вы, Они	та́яли бы	раста́яли бы
IMP.	Ты	та́й	раста́й
	Вы	та́йте	раста́йте

DEVERBALS

	IMPERFECTIVE ASPECT	PERFECTIVE ASPECT
PRES. ACT.	та́ющий	
PRES. PASS.		
PAST ACT.	та́явший	раста́явший
PAST PASS.		
VERBAL ADVERB	та́я	раста́яв

та́ять от чего

Планета тает на глазах.
Она растаяла от комплиментов.
Льды Арктики тают.

The planet is melting before our eyes.
She melted from the compliments.
The Arctic ice is melting.

	IMPERFECTIVE ASPECT	PERFECTIVE ASPECT
INF.	терпе́ть	потерпе́ть
PRES. Я	терплю́	
Ты	те́рпишь	
Он/она/оно	те́рпит	
Мы	те́рпим	
Вы	те́рпите	
Они	те́рпят	
PAST Я, Ты, Он	терпе́л	потерпе́л
Я, Ты, Она	терпе́ла	потерпе́ла
Оно	терпе́ло	потерпе́ло
Мы, Вы, Они	терпе́ли	потерпе́ли
FUT. Я	бу́ду терпе́ть	потерплю́
Ты	бу́дешь терпе́ть	поте́рпишь
Он/она/оно	бу́дет терпе́ть	поте́рпит
Мы	бу́дем терпе́ть	поте́рпим
Вы	бу́дете терпе́ть	поте́рпите
Они	бу́дут терпе́ть	поте́рпят
COND. Я, Ты, Он	терпе́л бы	потерпе́л бы
Я, Ты, Она	терпе́ла бы	потерпе́ла бы
Оно	терпе́ло бы	потерпе́ло бы
Мы, Вы, Они	терпе́ли бы	потерпе́ли бы
IMP. Ты	терпи́	потерпи́
Вы	терпи́те	потерпи́те

DEVERBALS

PRES. ACT.	те́рпящий	
PRES. PASS.	терпи́мый	
PAST ACT.	терпе́вший	потерпе́вший
PAST PASS.		
VERBAL ADVERB	терпя́	потерпе́в

терпе́ть кого – что

Не терплю безразличия.
Команда потерпела первое поражение.
Жизнь коротка, потерпите немного.

I do not tolerate indifference.
The team suffered its first loss.
Life is short; be patient a little longer.

теря́ть (ся) / потеря́ть (ся)
to lose

		IMPERFECTIVE ASPECT	PERFECTIVE ASPECT
INF.		теря́ть (ся)	потеря́ть (ся)
PRES.	Я	теря́ю (сь)	
	Ты	теря́ешь (ся)	
	Он/она/оно	теря́ет (ся)	
	Мы	теря́ем (ся)	
	Вы	теря́ете (сь)	
	Они	теря́ют (ся)	
PAST	Я, Ты, Он	теря́л (ся)	потеря́л (ся)
	Я, Ты, Она	теря́ла (сь)	потеря́ла (сь)
	Оно	теря́ло (сь)	потеря́ло (сь)
	Мы, Вы, Они	теря́ли (сь)	потеря́ли (сь)
FUT.	Я	бу́ду теря́ть (ся)	потеря́ю (сь)
	Ты	бу́дешь теря́ть (ся)	потеря́ешь (ся)
	Он/она/оно	бу́дет теря́ть (ся)	потеря́ет (ся)
	Мы	бу́дем теря́ть (ся)	потеря́ем (ся)
	Вы	бу́дете теря́ть (ся)	потеря́ете (сь)
	Они	бу́дут теря́ть (ся)	потеря́ют (ся)
COND.	Я, Ты, Он	теря́л (ся) бы	потеря́л (ся) бы
	Я, Ты, Она	теря́ла (сь) бы	потеря́ла (сь) бы
	Оно	теря́ло (сь) бы	потеря́ло (сь) бы
	Мы, Вы, Они	теря́ли (сь) бы	потеря́ли (сь) бы
IMP.	Ты	теря́й (ся)	потеря́й (ся)
	Вы	теря́йте (сь)	потеря́йте (сь)

DEVERBALS

PRES. ACT.	теря́ющий (ся)	
PRES. PASS.	теря́емый	
PAST ACT.	теря́вший (ся)	потеря́вший (ся)
PAST PASS.		потеря́нный
VERBAL ADVERB	теря́я (сь)	потеря́в (шись)

теря́ть кого – что

Теряем даже то, чего не имеем.	We are losing even what we don't have.
Потерялся кошелек с банковской карточкой.	A purse with a bank card has been lost.
Когда ищете грибы, не потеряйтесь сами.	When you look for mushrooms, don't get yourselves lost.

		IMPERFECTIVE ASPECT	PERFECTIVE ASPECT
INF.		тону́ть	утону́ть
PRES.	Я	тону́	
	Ты	то́нешь	
	Он/она/оно	то́нет	
	Мы	то́нем	
	Вы	то́нете	
	Они	то́нут	
PAST	Я, Ты, Он	тону́л	утону́л
	Я, Ты, Она	тону́ла	утону́ла
	Оно	тону́ло	утону́ло
	Мы, Вы, Они	тону́ли	утону́ли
FUT.	Я	бу́ду тону́ть	утону́
	Ты	бу́дешь тону́ть	уто́нешь
	Он/она/оно	бу́дет тону́ть	уто́нет
	Мы	бу́дем тону́ть	уто́нем
	Вы	бу́дете тону́ть	уто́нете
	Они	бу́дут тону́ть	уто́нут
COND.	Я, Ты, Он	тону́л бы	утону́л бы
	Я, Ты, Она	тону́ла бы	утону́ла бы
	Оно	тону́ло бы	утону́ло бы
	Мы, Вы, Они	тону́ли бы	утону́ли бы
IMP.	Ты	тони́	утони́
	Вы	тони́те	утони́те

DEVERBALS

PRES. ACT.	то́нущий	
PRES. PASS.		
PAST ACT.	тону́вший	утону́вший
PAST PASS.		
VERBAL ADVERB	тону́в	утону́в

тону́ть в чём
There is also the perfective verb **потону́ть**.

Сегодня ночью чуть не утонула девочка.	Last night a young girl almost drowned.
Потонула во тьме отдаленная пристань.	The distant pier was drowned in darkness.
Тонув, он кричал.	While drowning, he screamed.

торопи́ть (ся) / поторопи́ть (ся)
to urge on, hurry (be in a hurry)

		IMPERFECTIVE ASPECT	PERFECTIVE ASPECT
INF.		торопи́ть (ся)	поторопи́ть (ся)
PRES.	Я	тороплю́ (сь)	
	Ты	торо́пишь (ся)	
	Он/она/оно	торо́пит (ся)	
	Мы	торо́пим (ся)	
	Вы	торо́пите (сь)	
	Они	торо́пят (ся)	
PAST	Я, Ты, Он	торопи́л (ся)	поторопи́л (ся)
	Я, Ты, Она	торопи́ла (сь)	поторопи́ла (сь)
	Оно	торопи́ло (сь)	поторопи́ло (сь)
	Мы, Вы, Они	торопи́ли (сь)	поторопи́ли (сь)
FUT.	Я	бу́ду торопи́ть (ся)	поторо́плю́ (сь)
	Ты	бу́дешь торопи́ть (ся)	поторо́пишь (ся)
	Он/она/оно	бу́дет торопи́ть (ся)	поторо́пит (ся)
	Мы	бу́дем торопи́ть (ся)	поторо́пим (ся)
	Вы	бу́дете торопи́ть (ся)	поторо́пите (сь)
	Они	бу́дут торопи́ть (ся)	поторо́пят (ся)
COND.	Я, Ты, Он	торопи́л (ся) бы	поторопи́л (ся) бы
	Я, Ты, Она	торопи́ла (сь) бы	поторопи́ла (сь) бы
	Оно	торопи́ло (сь) бы	поторопи́ло (сь) бы
	Мы, Вы, Они	торопи́ли (сь) бы	поторопи́ли (сь) бы
IMP.	Ты	торопи́ (сь)	поторопи́ (сь)
	Вы	торопи́те (сь)	поторопи́те (сь)

DEVERBALS

	IMPERFECTIVE ASPECT	PERFECTIVE ASPECT
PRES. ACT.	торопя́щий (ся)	
PRES. PASS.		
PAST ACT.	торопи́вший (ся)	поторопи́вший (ся)
PAST PASS.		поторо́пленный
VERBAL ADVERB	торопя́ (сь)	поторопи́в (шись)

торопи́ть кого – что с чем

Я часто тороплю их.	I often urge them on.
Возможно, мы поторопились с новым мячом.	It's possible that we were in too great a hurry with the new ball.
Поторопим весну!	Let's urge the arrival of spring on!

тра́тить (ся) / потра́тить (ся)

to spend, expend, waste (spend money on something)

	IMPERFECTIVE ASPECT	PERFECTIVE ASPECT
INF.	тра́тить (ся)	потра́тить (ся)
PRES. Я	тра́чу (сь)	
Ты	тра́тишь (ся)	
Он/она/оно	тра́тит (ся)	
Мы	тра́тим (ся)	
Вы	тра́тите (сь)	
Они	тра́тят (ся)	
PAST Я, Ты, Он	тра́тил (ся)	потра́тил (ся)
Я, Ты, Она	тра́тила (сь)	потра́тила (сь)
Оно	тра́тило (сь)	потра́тило (сь)
Мы, Вы, Они	тра́тили (сь)	потра́тили (сь)
FUT. Я	бу́ду тра́тить (ся)	потра́чу (сь)
Ты	бу́дешь тра́тить (ся)	потра́тишь (ся)
Он/она/оно	бу́дет тра́тить (ся)	потра́тит (ся)
Мы	бу́дем тра́тить (ся)	потра́тим (ся)
Вы	бу́дете тра́тить (ся)	потра́тите (сь)
Они	бу́дут тра́тить (ся)	потра́тят (ся)
COND. Я, Ты, Он	тра́тил (ся) бы	потра́тил (ся) бы
Я, Ты, Она	тра́тила (сь) бы	потра́тила (сь) бы
Оно	тра́тило (сь) бы	потра́тило (сь) бы
Мы, Вы, Они	тра́тили (сь) бы	потра́тили (сь) бы
IMP. Ты	тра́ть (ся)	потра́ть (ся)
Вы	тра́тьте (сь)	потра́тьте (сь)

DEVERBALS

PRES. ACT.	тра́тящий (ся)	
PRES. PASS.		
PAST ACT.	тра́тивший (ся)	потра́тивший (ся)
PAST PASS.	тра́ченный	потра́ченный
VERBAL ADVERB	тра́тя (сь)	потра́тив (шись)

тра́тить что; тра́титься на что

На что мы тратим 12 рабочих дней в году?	What are we wasting 12 working days a year on?
Как и на что деньги тратились, я не знаю.	How and on what the money was spent, I do not know.
Сколько вы потратите на подарки?	How much will you spend on presents?

T

трéбовать (ся) / потрéбовать (ся)
to demand, request (required)

		IMPERFECTIVE ASPECT	PERFECTIVE ASPECT
INF.		трéбовать (ся)	потрéбовать (ся)
PRES.	Я	трéбую	
	Ты	трéбуешь	
	Он/она/оно	трéбует (ся)	
	Мы	трéбуем	
	Вы	трéбуете	
	Они	трéбуют (ся)	
PAST	Я, Ты, Он	трéбовал (ся)	потрéбовал (ся)
	Я, Ты, Она	трéбовала (сь)	потрéбовала (сь)
	Оно	трéбовало (сь)	потрéбовало (сь)
	Мы, Вы, Они	трéбовали (сь)	потрéбовали (сь)
FUT.	Я	бýду трéбовать	потрéбую
	Ты	бýдешь трéбовать	потрéбуешь
	Он/она/оно	бýдет трéбовать (ся)	потрéбует (ся)
	Мы	бýдем трéбовать	потрéбуем
	Вы	бýдете трéбовать	потрéбуете
	Они	бýдут трéбовать (ся)	потрéбуют (ся)
COND.	Я, Ты, Он	трéбовал (ся) бы	потрéбовал (ся) бы
	Я, Ты, Она	трéбовала (сь) бы	потрéбовала (сь) бы
	Оно	трéбовало (сь) бы	потрéбовало (сь) бы
	Мы, Вы, Они	трéбовали (сь) бы	потрéбовали (сь) бы
IMP.	Ты	трéбуй	потрéбуй
	Вы	трéбуйте	потрéбуйте

DEVERBALS

	IMPERFECTIVE	PERFECTIVE
PRES. ACT.	трéбующий (ся)	
PRES. PASS.	трéбуемый	
PAST ACT.	трéбовавший (ся)	потрéбовавший (ся)
PAST PASS.		потрéбованный
VERBAL ADVERB	трéбуя (сь)	потрéбовав (шись)

трéбовать кого – что, чего от кого – чего

Ты все требуешь объяснений от других.	You are always demanding explanations from others.
Второй тур не потребовался.	A second round was not required.
Потребуйте копию для себя.	Demand a copy for yourself.

		IMPERFECTIVE ASPECT	PERFECTIVE ASPECT
INF.		труди́ться	потруди́ться
PRES.	Я	тружу́сь	
	Ты	тру́дишься	
	Он/она́/оно́	тру́дится	
	Мы	тру́димся	
	Вы	тру́дитесь	
	Они́	тру́дятся	
PAST	Я, Ты, Он	труди́лся	потруди́лся
	Я, Ты, Она́	труди́лась	потруди́лась
	Оно́	труди́лось	потруди́лось
	Мы, Вы, Они́	труди́лись	потруди́лись
FUT.	Я	бу́ду труди́ться	потружу́сь
	Ты	бу́дешь труди́ться	потру́дишься
	Он/она́/оно́	бу́дет труди́ться	потру́дится
	Мы	бу́дем труди́ться	потру́димся
	Вы	бу́дете труди́ться	потру́дитесь
	Они́	бу́дут труди́ться	потру́дятся
COND.	Я, Ты, Он	труди́лся бы	потруди́лся бы
	Я, Ты, Она́	труди́лась бы	потруди́лась бы
	Оно́	труди́лось бы	потруди́лось бы
	Мы, Вы, Они́	труди́лись бы	потруди́лись бы
IMP.	Ты	труди́сь	потруди́сь
	Вы	труди́тесь	потруди́тесь

DEVERBALS

	IMPERFECTIVE ASPECT	PERFECTIVE ASPECT
PRES. ACT.	трудя́щийся	
PRES. PASS.		
PAST ACT.	труди́вшийся	потруди́вшийся
PAST PASS.		
VERBAL ADVERB	трудя́сь	потруди́вшись

труди́ться над кем – чем

Мы тру́димся по всей Росси́и.	We work all over Russia.
Я еще над ним потружу́сь немно́го.	I will work on it a little bit more.
Потруди́тесь объясни́ть свою́ пози́цию.	Work on explaining your position.

тяну́ть (ся) / потяну́ть (ся)
to pull, draw (stretch, reach out)

		IMPERFECTIVE ASPECT	PERFECTIVE ASPECT
INF.		тяну́ть (ся)	потяну́ть (ся)
PRES.	Я	тяну́ (сь)	
	Ты	тя́нешь (ся)	
	Он/она/оно	тя́нет (ся)	
	Мы	тя́нем (ся)	
	Вы	тя́нете (сь)	
	Они	тя́нут (ся)	
PAST	Я, Ты, Он	тяну́л (ся)	потяну́л (ся)
	Я, Ты, Она	тяну́ла (сь)	потяну́ла (сь)
	Оно	тяну́ло (сь)	потяну́ло (сь)
	Мы, Вы, Они	тяну́ли (сь)	потяну́ли (сь)
FUT.	Я	бу́ду тяну́ть (ся)	потяну́ (сь)
	Ты	бу́дешь тяну́ть (ся)	потя́нешь (ся)
	Он/она/оно	бу́дет тяну́ть (ся)	потя́нет (ся)
	Мы	бу́дем тяну́ть (ся)	потя́нем (ся)
	Вы	бу́дете тяну́ть (ся)	потя́нете (сь)
	Они	бу́дут тяну́ть (ся)	потя́нут (ся)
COND.	Я, Ты, Он	тяну́л (ся) бы	потяну́л (ся) бы
	Я, Ты, Она	тяну́ла (сь) бы	потяну́ла (сь) бы
	Оно	тяну́ло (сь) бы	потяну́ло (сь) бы
	Мы, Вы, Они	тяну́ли (сь) бы	потяну́ли (сь) бы
IMP.	Ты	тяни́ (сь)	потяни́ (сь)
	Вы	тяни́те (сь)	потяни́те (сь)

DEVERBALS

	IMPERFECTIVE ASPECT	PERFECTIVE ASPECT
PRES. ACT.	тя́нущий (ся)	
PRES. PASS.		
PAST ACT.	тяну́вший (ся)	потяну́вший (ся)
PAST PASS.	тя́нутый	потя́нутый
VERBAL ADVERB	тяну́в (шись)	потяну́в (шись)

тяну́ть кого – что с чем; тяну́ться к кому – чему, за кем – чем
There is also the verbal pair **потя́гивать (ся) / потяну́ть (ся)**

Тянем – потянем, но вытянуть не можем.	We pull — will pull, but won't be able to pull it out.
Потяни сиденье на себя.	Pull the seat toward you.

	IMPERFECTIVE ASPECT	PERFECTIVE ASPECT
INF.	убега́ть	убежа́ть

PRES.		
Я	убега́ю	
Ты	убега́ешь	
Он/она́/оно́	убега́ет	
Мы	убега́ем	
Вы	убега́ете	
Они́	убега́ют	

PAST		
Я, Ты, Он	убега́л	убежа́л
Я, Ты, Она́	убега́ла	убежа́ла
Оно́	убега́ло	убежа́ло
Мы, Вы, Они́	убега́ли	убежа́ли

FUT.		
Я	бу́ду убега́ть	убегу́
Ты	бу́дешь убега́ть	убежи́шь
Он/она́/оно́	бу́дет убега́ть	убежи́т
Мы	бу́дем убега́ть	убежи́м
Вы	бу́дете убега́ть	убежи́те
Они́	бу́дут убега́ть	убегу́т

COND.		
Я, Ты, Он	убега́л бы	убежа́л бы
Я, Ты, Она́	убега́ла бы	убежа́ла бы
Оно́	убега́ло бы	убежа́ло бы
Мы, Вы, Они́	убега́ли бы	убежа́ли бы

IMP.		
Ты	убега́й	убеги́
Вы	убега́йте	убеги́те

DEVERBALS

PRES. ACT.	убега́ющий	
PRES. PASS.		
PAST ACT.	убега́вший	убежа́вший
PAST PASS.		
VERBAL ADVERB	убега́я	убежа́в

Убега́ете от важных вопросов.	You run away from important issues.
Брошу все и убегу с ним на край света.	I am leaving everything and will run with him to the ends of the earth.
Пока запрягали, лошадь убежала.	While it was being harnessed, the horse ran away.

убежда́ть (ся) / убеди́ть (ся)
to convince, persuade (assure oneself)

	IMPERFECTIVE ASPECT	PERFECTIVE ASPECT
INF.	убежда́ть (ся)	убеди́ть (ся)
PRES. Я	убежда́ю (сь)	
Ты	убежда́ешь (ся)	
Он/она/оно	убежда́ет (ся)	
Мы	убежда́ем (ся)	
Вы	убежда́ете (сь)	
Они	убежда́ют (ся)	
PAST Я, Ты, Он	убежда́л (ся)	убеди́л (ся)
Я, Ты, Она	убежда́ла (сь)	убеди́ла (сь)
Оно	убежда́ло (сь)	убеди́ло (сь)
Мы, Вы, Они	убежда́ли (сь)	убеди́ли (сь)
FUT. Я	бу́ду убежда́ть (ся)	
Ты	бу́дешь убежда́ть (ся)	убеди́шь (ся)
Он/она/оно	бу́дет убежда́ть (ся)	убеди́т (ся)
Мы	бу́дем убежда́ть (ся)	убеди́м (ся)
Вы	бу́дете убежда́ть (ся)	убеди́те (сь)
Они	бу́дут убежда́ть (ся)	убедя́т (ся)
COND. Я, Ты, Он	убежда́л (ся) бы	убеди́л (ся) бы
Я, Ты, Она	убежда́ла (сь) бы	убеди́ла (сь) бы
Оно	убежда́ло (сь) бы	убеди́ло (сь) бы
Мы, Вы, Они	убежда́ли (сь) бы	убеди́ли (сь) бы
IMP. Ты	убежда́й (ся)	убеди́ (сь)
Вы	убежда́йте (сь)	убеди́те (сь)

DEVERBALS

PRES. ACT.	убежда́ющий (ся)	
PRES. PASS.	убежда́емый	
PAST ACT.	убежда́вший (ся)	убеди́вший (ся)
PAST PASS.		убеждённый
		убеждён, убеждена́
VERBAL ADVERB	убежда́я (сь)	убеди́в (шись)

убежда́ть кого – что в чём, + infinitive; убежда́ться в чём
The first person singular of the perfective future is not used.

Лично я никого ни в чем не убеждаю.	Personally I am not trying to persuade anyone of anything.
Она убедилась в том, что ошиблась.	She was convinced that she had erred.
Мы их убедим объединиться.	We will convince them to unite.

убива́ть / уби́ть
to kill, murder

		IMPERFECTIVE ASPECT	PERFECTIVE ASPECT
INF.		убива́ть	уби́ть
PRES.	Я	убива́ю	
	Ты	убива́ешь	
	Он/она/оно	убива́ет	
	Мы	убива́ем	
	Вы	убива́ете	
	Они	убива́ют	
PAST	Я, Ты, Он	убива́л	уби́л
	Я, Ты, Она	убива́ла	уби́ла
	Оно	убива́ло	уби́ло
	Мы, Вы, Они	убива́ли	уби́ли
FUT.	Я	бу́ду убива́ть	убью́
	Ты	бу́дешь убива́ть	убьёшь
	Он/она/оно	бу́дет убива́ть	убьёт
	Мы	бу́дем убива́ть	убьём
	Вы	бу́дете убива́ть	убьёте
	Они	бу́дут убива́ть	убью́т
COND.	Я, Ты, Он	убива́л бы	уби́л бы
	Я, Ты, Она	убива́ла бы	уби́ла бы
	Оно	убива́ло бы	уби́ло бы
	Мы, Вы, Они	убива́ли бы	уби́ли бы
IMP.	Ты	убива́й	убе́й
	Вы	убива́йте	убе́йте

DEVERBALS

	IMPERFECTIVE ASPECT	PERFECTIVE ASPECT
PRES. ACT.	убива́ющий	
PRES. PASS.		
PAST ACT.	убива́вший	уби́вший
PAST PASS.	убива́емый	уби́тый
VERBAL ADVERB	убива́я	уби́в

убива́ть кого – что

Ты во мне убиваешь любовь.	You are killing the love in me.
Его убили, а виновных никак не накажут.	They killed him, and the guilty will not be punished at all.
Убьем насекомых.	We will kill insects.

уважа́ть

to respect, esteem, honor

		IMPERFECTIVE ASPECT	PERFECTIVE ASPECT
INF.		уважа́ть	
PRES.	Я	уважа́ю	
	Ты	уважа́ешь	
	Он/она/оно	уважа́ет	
	Мы	уважа́ем	
	Вы	уважа́ете	
	Они	уважа́ют	
PAST	Я, Ты, Он	уважа́л	
	Я, Ты, Она	уважа́ла	
	Оно	уважа́ло	
	Мы, Вы, Они	уважа́ли	
FUT.	Я	бу́ду уважа́ть	
	Ты	бу́дешь уважа́ть	
	Он/она/оно	бу́дет уважа́ть	
	Мы	бу́дем уважа́ть	
	Вы	бу́дете уважа́ть	
	Они	бу́дут уважа́ть	
COND.	Я, Ты, Он	уважа́л бы	
	Я, Ты, Она	уважа́ла бы	
	Оно	уважа́ло бы	
	Мы, Вы, Они	уважа́ли бы	
IMP.	Ты	уважа́й	
	Вы	уважа́йте	

DEVERBALS

PRES. ACT.	уважа́ющий	
PRES. PASS.	уважа́емый	
PAST ACT.	уважа́вший	
PAST PASS.		
VERBAL ADVERB	уважа́я	

уважа́ть кого – что

Вы меня уважаете?	Do you respect me?
Всю жизнь любила, уважала студентов.	Her whole life she loved and respected her students.
Уважай своего шефа.	Respect your boss.

увлека́ть (ся) / увле́чь (ся)

to carry away, draw along (be captivated by)

		IMPERFECTIVE ASPECT	PERFECTIVE ASPECT
INF.		увлека́ть (ся)	увле́чь (ся)
PRES.	Я	увлека́ю (ся)	
	Ты	увлека́ешь (ся)	
	Он/она/оно	увлека́ет (ся)	
	Мы	увлека́ем (ся)	
	Вы	увлека́ете (сь)	
	Они	увлека́ют (ся)	
PAST	Я, Ты, Он	увлека́л (ся)	увлёк (ся)
	Я, Ты, Она	увлека́ла (сь)	увлекла́ (сь)
	Оно	увлека́ло (сь)	увлекло́ (сь)
	Мы, Вы, Они	увлека́ли (сь)	увлекли́ (сь)
FUT.	Я	бу́ду увлека́ть (ся)	увлеку́ (сь)
	Ты	бу́дешь увлека́ть (ся)	увлечёшь (ся)
	Он/она/оно	бу́дет увлека́ть (ся)	увлечёт (ся)
	Мы	бу́дем увлека́ть (ся)	увлечём (ся)
	Вы	бу́дете увлека́ть (ся)	увлечёте (сь)
	Они	бу́дут увлека́ть (ся)	увлеку́т (ся)
COND.	Я, Ты, Он	увлека́л (ся) бы	увлёк (ся) бы
	Я, Ты, Она	увлека́ла (сь) бы	увлекла́ (сь) бы
	Оно	увлека́ло (сь) бы	увлекло́ (сь) бы
	Мы, Вы, Они	увлека́ли (сь) бы	увлекли́ (сь) бы
IMP.	Ты	увлека́й (ся)	увлеки́ (сь)
	Вы	увлека́йте (сь)	увлеки́те (сь)

DEVERBALS

	IMPERFECTIVE ASPECT	PERFECTIVE ASPECT
PRES. ACT.	увлека́ющий (ся)	
PRES. PASS.	увлека́емый	
PAST ACT.	увлека́вший (ся)	увлёкший (ся)
PAST PASS.		увлечённый
		увлечён, увлечена́
VERBAL ADVERB	увлека́я (сь)	увлёкши (сь)

увлека́ть кого – что; увлека́ться кем – чем

Театр — это искусство, которое увлекает и развлекает.

Theater — this is art that captivates and entertains.

Он увлекся интернетом.

He was captivated by the Internet.

Очаровательные мелодии увлекут вас в волшебный мир музыки.

The enchanting melodies will carry you away to the magical world of music.

угоща́ть / угости́ть
to entertain, treat

		IMPERFECTIVE ASPECT	PERFECTIVE ASPECT
INF.		угоща́ть	угости́ть
PRES.	Я	угоща́ю	
	Ты	угоща́ешь	
	Он/она́/оно́	угоща́ет	
	Мы	угоща́ем	
	Вы	угоща́ете	
	Они́	угоща́ют	
PAST	Я, Ты, Он	угоща́л	угости́л
	Я, Ты, Она́	угоща́ла	угости́ла
	Оно́	угоща́ло	угости́ло
	Мы, Вы, Они́	угоща́ли	угости́ли
FUT.	Я	бу́ду угоща́ть	угощу́
	Ты	бу́дешь угоща́ть	угости́шь
	Он/она́/оно́	бу́дет угоща́ть	угости́т
	Мы	бу́дем угоща́ть	угости́м
	Вы	бу́дете угоща́ть	угости́те
	Они́	бу́дут угоща́ть	угостя́т
COND.	Я, Ты, Он	угоща́л бы	угости́л бы
	Я, Ты, Она́	угоща́ла бы	угости́ла бы
	Оно́	угоща́ло бы	угости́ло бы
	Мы, Вы, Они́	угоща́ли бы	угости́ли бы
IMP.	Ты	угоща́й	угости́
	Вы	угоща́йте	угости́те

DEVERBALS

	IMPERFECTIVE ASPECT	PERFECTIVE ASPECT
PRES. ACT.	угоща́ющий	
PRES. PASS.	угоща́емый	
PAST ACT.	угоща́вший	угости́вший
PAST PASS.		угощённый угощён, угощена́
VERBAL ADVERB	угоща́я	угости́в

угоща́ть кого́ – что чем

Девушек угощаем шампанским и сладостями.	We're treating the girls to champagne and sweets.
Пришли гости, угостились пирожками.	The guests arrived, and were treated to piroshkis.
Я вас чаем угощу.	I will offer you tea.

удава́ться / уда́ться
to succeed, turn out well

	IMPERFECTIVE ASPECT	PERFECTIVE ASPECT
INF.	удава́ться	уда́ться
PRES. Я		
Ты		
Он/она/оно	удаётся	
Мы		
Вы		
Они	удаю́тся	
PAST Я, Ты, Он	удава́лся	уда́лся
Я, Ты, Она	удава́лась	удала́сь
Оно	удава́лось	удало́сь
Мы, Вы, Они	удава́лись	удали́сь
FUT. Я		
Ты		
Он/она/оно	бу́дет удава́ться	уда́стся
Мы		
Вы		
Они	бу́дут удава́ться	удаду́тся
COND. Я, Ты, Он	удава́лся бы	уда́лся бы
Я, Ты, Она	удава́лась бы	удала́сь бы
Оно	удава́лось бы	удало́сь бы
Мы, Вы, Они	удава́лись бы	удали́сь бы
IMP. Ты		
Вы		

DEVERBALS

PRES. ACT.	удаю́щийся	
PRES. PASS.		
PAST ACT.	удава́вшийся	уда́вшийся
PAST PASS.		
VERBAL ADVERB	удава́ясь	уда́вшись

удава́ться кому

Пока не удается потушить полностью пожар.	The fire has not yet been successfully extinguished.
Если нам переговоры не удадутся, мы будем говорить с другими.	If the negotiations do not turn out well for us, we will speak with others.
Врачам удалось спасти младенца.	The doctors succeeded in saving the infant.

удивля́ть (ся) / удиви́ть (ся)
to amaze, surprise

		IMPERFECTIVE ASPECT	PERFECTIVE ASPECT
INF.		удивля́ть (ся)	удиви́ть (ся)
PRES.	Я	удивля́ю (сь)	
	Ты	удивля́ешь (ся)	
	Он/она/оно	удивля́ет (ся)	
	Мы	удивля́ем (ся)	
	Вы	удивля́ете (сь)	
	Они	удивля́ют (ся)	
PAST	Я, Ты, Он	удивля́л (ся)	удиви́л (ся)
	Я, Ты, Она	удивля́ла (сь)	удиви́ла (сь)
	Оно	удивля́ло (сь)	удиви́ло (сь)
	Мы, Вы, Они	удивля́ли (сь)	удиви́ли (сь)
FUT.	Я	бу́ду удивля́ть (ся)	удивлю́ (сь)
	Ты	бу́дешь удивля́ть (ся)	удиви́шь (ся)
	Он/она/оно	бу́дет удивля́ть (ся)	удиви́т (ся)
	Мы	бу́дем удивля́ть (ся)	удиви́м (ся)
	Вы	бу́дете удивля́ть (ся)	удиви́те (сь)
	Они	бу́дут удивля́ть (ся)	удивя́т (ся)
COND.	Я, Ты, Он	удивля́л (ся) бы	удиви́л (ся) бы
	Я, Ты, Она	удивля́ла (сь) бы	удиви́ла (сь) бы
	Оно	удивля́ло (сь) бы	удиви́ло (сь) бы
	Мы, Вы, Они	удивля́ли (сь) бы	удиви́ли (сь) бы
IMP.	Ты	удивля́й (ся)	удиви́ (сь)
	Вы	удивля́йте (сь)	удиви́те (сь)

DEVERBALS

	IMPERFECTIVE ASPECT	PERFECTIVE ASPECT
PRES. ACT.	удивля́ющий (ся)	
PRES. PASS.	удивля́емый	
PAST ACT.	удивля́вший (ся)	удиви́вший (ся)
PAST PASS.		удивлённый удивлён, удивлена́
VERBAL ADVERB	удивля́я (сь)	удиви́в (шись) – удивя́сь

удивля́ть кого – что; удивля́ться чему

Погода всех удивляет.
Чему она так удивилась?
Удивите друзей новым цветом ваших глаз.

The weather amazes us all.
What was she so surprised at?
Surprise your friends with the new color
of your eyes.

	IMPERFECTIVE ASPECT	PERFECTIVE ASPECT
INF.	уезжа́ть	уе́хать
PRES. Я	уезжа́ю	
Ты	уезжа́ешь	
Он/она́/оно́	уезжа́ет	
Мы	уезжа́ем	
Вы	уезжа́ете	
Они́	уезжа́ют	
PAST Я, Ты, Он	уезжа́л	уе́хал
Я, Ты, Она	уезжа́ла	уе́хала
Оно	уезжа́ло	уе́хало
Мы, Вы, Они	уезжа́ли	уе́хали
FUT. Я	бу́ду уезжа́ть	уе́ду
Ты	бу́дешь уезжа́ть	уе́дешь
Он/она́/оно́	бу́дет уезжа́ть	уе́дет
Мы	бу́дем уезжа́ть	уе́дем
Вы	бу́дете уезжа́ть	уе́дете
Они́	бу́дут уезжа́ть	уе́дут
COND. Я, Ты, Он	уезжа́л бы	уе́хал бы
Я, Ты, Она	уезжа́ла бы	уе́хала бы
Оно	уезжа́ло бы	уе́хало бы
Мы, Вы, Они	уезжа́ли бы	уе́хали бы
IMP. Ты	уезжа́й	
Вы	уезжа́йте	

DEVERBALS		
PRES. ACT.	уезжа́ющий	
PRES. PASS.		
PAST ACT.	уезжа́вший	уе́хавший
PAST PASS.		
VERBAL ADVERB	уезжа́я	уе́хав

Не уезжай ты, мой голубчик.	Do not leave, my darling.
Далеко ли мы уедем на такой повозке?	Will we get far on such a carriage?
У нас уехали все, деревня пуста.	Everyone has left us; the countryside is bare.

У

у́жинать / поу́жинать
to have supper

		IMPERFECTIVE ASPECT	PERFECTIVE ASPECT
INF.		у́жинать	поу́жинать
PRES.	Я	у́жинаю	
	Ты	у́жинаешь	
	Он/она/оно	у́жинает	
	Мы	у́жинаем	
	Вы	у́жинаете	
	Они	у́жинают	
PAST	Я, Ты, Он	у́жинал	поу́жинал
	Я, Ты, Она	у́жинала	поу́жинала
	Оно	у́жинало	поу́жинало
	Мы, Вы, Они	у́жинали	поу́жинали
FUT.	Я	бу́ду у́жинать	поу́жинаю
	Ты	бу́дешь у́жинать	поу́жинаешь
	Он/она/оно	бу́дет у́жинать	поу́жинает
	Мы	бу́дем у́жинать	поу́жинаем
	Вы	бу́дете у́жинать	поу́жинаете
	Они	бу́дут у́жинать	поу́жинают
COND.	Я, Ты, Он	у́жинал бы	поу́жинал бы
	Я, Ты, Она	у́жинала бы	поу́жинала бы
	Оно	у́жинало бы	поу́жинало бы
	Мы, Вы, Они	у́жинали бы	поу́жинали бы
IMP.	Ты	у́жинай	поу́жинай
	Вы	у́жинайте	поу́жинайте

DEVERBALS

	IMPERFECTIVE ASPECT	PERFECTIVE ASPECT
PRES. ACT.	у́жинающий	
PRES. PASS.		
PAST ACT.	у́жинавший	поу́жинавший
PAST PASS.		
VERBAL ADVERB	у́жиная	поу́жинав

Завтракаю и ужинаю в студии.	I have breakfast and supper in the studio.
Она поужинала в арабском ресторане.	She dined in an Arab restaurant.
В какой вечер вы со мной поужинаете?	What evening are you and I going to have dinner?

	IMPERFECTIVE ASPECT	PERFECTIVE ASPECT
INF.	узнава́ть	узна́ть

PRES.		
Я	узнаю́	
Ты	узнаёшь	
Он/она/оно	узнаёт	
Мы	узнаём	
Вы	узнаёте	
Они	узнаю́т	

PAST		
Я, Ты, Он	узнава́л	узна́л
Я, Ты, Она	узнава́ла	узна́ла
Оно	узнава́ло	узна́ло
Мы, Вы, Они	узнава́ли	узна́ли

FUT.		
Я	бу́ду узнава́ть	узна́ю
Ты	бу́дешь узнава́ть	узна́ешь
Он/она/оно	бу́дет узнава́ть	узна́ет
Мы	бу́дем узнава́ть	узна́ем
Вы	бу́дете узнава́ть	узна́ете
Они	бу́дут узнава́ть	узна́ют

COND.		
Я, Ты, Он	узнава́л бы	узна́л бы
Я, Ты, Она	узнава́ла бы	узна́ла бы
Оно	узнава́ло бы	узна́ло бы
Мы, Вы, Они	узнава́ли бы	узна́ли бы

IMP.		
Ты	узнава́й	узна́й
Вы	узнава́йте	узна́йте

DEVERBALS

PRES. ACT.	узнаю́щий	
PRES. PASS.	узнава́емый	
PAST ACT.	узнава́вший	узна́вший
PAST PASS.		узна́нный
VERBAL ADVERB	узнава́я	узна́в

узнава́ть кого – что о чём

У

узнава́ть / узна́ть

Examples

Я узнаю тебя по запаху.
I recognize you by your scent.

Узнавай новые способы решения
математических задач.
Learn new methods of solving
mathematical problems.

Я первой узнавала его секреты.
I was the first to learn his secrets.

Правду узнаем нескоро.
We won't learn the truth soon.

Узнай все о нем.
Learn everything about him.

Узнав о его смерти, все заплакали.
Having learned of his death, they all
broke into tears.

Много узнано — мало понято.
A lot has been learned — little has been
understood.

Узнавайте Европу по интернету.
Learn about Europe on the Internet.

Вскоре мы узнаем всю правду о
Сталине.
Soon we will learn the whole truth about
Stalin.

О новых планах узнала вся Россия.
All of Russia learned of the new plans.

Words and expressions related to this verb

Я узнаю в вас старого
друга.

Богач друга не узнаёт.

Без беды друга не
узнаёшь.

Человек узнаётся по
делам своим.

узнание

узнавание

узнаватель

указывать / указать

to indicate, point out

	IMPERFECTIVE ASPECT	PERFECTIVE ASPECT
INF.	указывать	указать
PRES. Я	указываю	
Ты	указываешь	
Он/она/оно	указывает	
Мы	указываем	
Вы	указываете	
Они	указывают	
PAST Я, Ты, Он	указывал	указал
Я, Ты, Она	указывала	указала
Оно	указывало	указало
Мы, Вы, Они	указывали	указали
FUT. Я	буду указывать	укажу
Ты	будешь указывать	укажешь
Он/она/оно	будет указывать	укажет
Мы	будем указывать	укажем
Вы	будете указывать	укажете
Они	будут указывать	укажут
COND. Я, Ты, Он	указывал бы	указал бы
Я, Ты, Она	указывала бы	указала бы
Оно	указывало бы	указало бы
Мы, Вы, Они	указывали бы	указали бы
IMP. Ты	указывай	укажи
Вы	указывайте	укажите

DEVERBALS

PRES. ACT.	указывающий	
PRES. PASS.	указываемый	
PAST ACT.	указывавший	указавший
PAST PASS.		указанный
VERBAL ADVERB	указывая	указав

указывать на кого – что

Я просто указываю на другого человека.	I am simply indicating a different person.
Укажи мне дорогу в тбое сердце.	Point me the way to your heart.
Она указала ему на дверь.	She showed him the door.

украша́ть (ся) / укра́сить (ся)
to adorn, decorate, paint

		IMPERFECTIVE ASPECT	PERFECTIVE ASPECT
INF.		украша́ть (ся)	укра́сить (ся)
PRES.	Я	украша́ю	
	Ты	украша́ешь	
	Он/она/оно	украша́ет (ся)	
	Мы	украша́ем	
	Вы	украша́ете	
	Они	украша́ют (ся)	
PAST	Я, Ты, Он	украша́л (ся)	укра́сил (ся)
	Я, Ты, Она	украша́ла (сь)	укра́сила (сь)
	Оно	украша́ло (сь)	укра́сило (сь)
	Мы, Вы, Они	украша́ли (сь)	укра́сили (сь)
FUT.	Я	бу́ду украша́ть	укра́шу
	Ты	бу́дешь украша́ть	укра́сишь
	Он/она/оно	бу́дет украша́ть (ся)	укра́сит (ся)
	Мы	бу́дем украша́ть	укра́сим
	Вы	бу́дете украша́ть	укра́сите
	Они	бу́дут украша́ть (ся)	укра́сят (ся)
COND.	Я, Ты, Он	украша́л (ся) бы	укра́сил (ся) бы
	Я, Ты, Она	украша́ла (сь) бы	укра́сила (сь) бы
	Оно	украша́ло (сь) бы	укра́сило (сь) бы
	Мы, Вы, Они	украша́ли (сь) бы	укра́сили (сь) бы
IMP.	Ты	украша́й	укра́сь
	Вы	украша́йте	укра́сьте

DEVERBALS

	IMPERFECTIVE ASPECT	PERFECTIVE ASPECT
PRES. ACT.	украша́ющий (ся)	
PRES. PASS.	украша́емый	
PAST ACT.	украша́вший (ся)	укра́сивший (ся)
PAST PASS.		укра́шенный
VERBAL ADVERB	украша́я (сь)	укра́сив (шись)

украша́ть кого – что чем

Рыбу заливают овощным маринадом и украшают зеленью.

Аэропорт украсился пятью звездами.

Украсьтесь скромностью.

The vegetable marinade is poured over the fish and it is garnished with greens.

The airport was decorated with five stars.

Adorn yourself with modesty.

	IMPERFECTIVE ASPECT	PERFECTIVE ASPECT
INF.	улета́ть	улете́ть

PRES.		
Я	улета́ю	
Ты	улета́ешь	
Он/она/оно	улета́ет	
Мы	улета́ем	
Вы	улета́ете	
Они	улета́ют	

PAST		
Я, Ты, Он	улета́л	улете́л
Я, Ты, Она	улета́ла	улете́ла
Оно	улета́ло	улете́ло
Мы, Вы, Они	улета́ли	улете́ли

FUT.		
Я	бу́ду улета́ть	улечу́
Ты	бу́дешь улета́ть	улети́шь
Он/она/оно	бу́дет улета́ть	улети́т
Мы	бу́дем улета́ть	улети́м
Вы	бу́дете улета́ть	улети́те
Они	бу́дут улета́ть	улетя́т

COND.		
Я, Ты, Он	улета́л бы	улете́л бы
Я, Ты, Она	улета́ла бы	улете́ла бы
Оно	улета́ло бы	улете́ло бы
Мы, Вы, Они	улета́ли бы	улете́ли бы

IMP.		
Ты	улета́й	улети́
Вы	улета́йте	улети́те

DEVERBALS

	IMPERFECTIVE	PERFECTIVE
PRES. ACT.	улета́ющий	
PRES. PASS.		
PAST ACT.	улета́вший	улете́вший
PAST PASS.		
VERBAL ADVERB	улета́я	улете́в

Я улетаю из этого мира.
Без России США на Марс не улетят.

Делегация улетела в Москву на Кремлевскую елку.

I am flying out of this world.
Without Russia the U.S. will not fly to Mars.

The delegation flew to Moscow for the Kremlin holiday tree.

у

улыба́ться / улыбну́ться
to smile

		IMPERFECTIVE ASPECT	PERFECTIVE ASPECT
INF.		улыба́ться	улыбну́ться
PRES.	Я	улыба́юсь	
	Ты	улыба́ешься	
	Он/она/оно	улыба́ется	
	Мы	улыба́емся	
	Вы	улыба́етесь	
	Они	улыба́ются	
PAST	Я, Ты, Он	улыба́лся	улыбну́лся
	Я, Ты, Она	улыба́лась	улыбну́лась
	Оно	улыба́лось	улыбну́лось
	Мы, Вы, Они	улыба́лись	улыбну́лись
FUT.	Я	бу́ду улыба́ться	улыбну́сь
	Ты	бу́дешь улыба́ться	улыбнёшься
	Он/она/оно	бу́дет улыба́ться	улыбнётся
	Мы	бу́дем улыба́ться	улыбнёмся
	Вы	бу́дете улыба́ться	улыбнётесь
	Они	бу́дут улыба́ться	улыбну́тся
COND.	Я, Ты, Он	улыба́лся бы	улыбну́лся бы
	Я, Ты, Она	улыба́лась бы	улыбну́лась бы
	Оно	улыба́лось бы	улыбну́лось бы
	Мы, Вы, Они	улыба́лись бы	улыбну́лись бы
IMP.	Ты	улыба́йся	улыбни́сь
	Вы	улыба́йтесь	улыбни́тесь

DEVERBALS

PRES. ACT.	улыба́ющийся	
PRES. PASS.		
PAST ACT.	улыба́вшийся	улыбну́вшийся
PAST PASS.		
VERBAL ADVERB	улыба́ясь	улыбну́вшись

улыба́ться кому – чему

Кому улыбаешься?	Whom are you smiling at?
Я улыбнусь тебе сквозь слезы.	I will smile at you through tears.
Крокодил улыбнулся птичке.	The crocodile smiled to the bird.

уменьша́ть (ся) / уме́ньши́ть (ся)

to decrease, lessen

		IMPERFECTIVE ASPECT	PERFECTIVE ASPECT
INF.		уменьша́ть (ся)	уме́ньши́ть (ся)
PRES.	Я	уменьша́ю (сь)	
	Ты	уменьша́ешь (ся)	
	Он/она/оно	уменьша́ет (ся)	
	Мы	уменьша́ем (ся)	
	Вы	уменьша́ете (сь)	
	Они	уменьша́ют (ся)	
PAST	Я, Ты, Он	уменьша́л (ся)	уме́ньши́л (ся)
	Я, Ты, Она	уменьша́ла (сь)	уме́ньши́ла (сь)
	Оно	уменьша́ло (сь)	уме́ньши́ло (сь)
	Мы, Вы, Они	уменьша́ли (сь)	уме́ньши́ли (сь)
FUT.	Я	бу́ду уменьша́ть (ся)	уме́ньшу́ (сь)
	Ты	бу́дешь уменьша́ть (ся)	уме́ньши́шь (ся)
	Он/она/оно	бу́дет уменьша́ть (ся)	уме́ньши́т (ся)
	Мы	бу́дем уменьша́ть (ся)	уме́ньши́м (ся)
	Вы	бу́дете уменьша́ть (ся)	уме́ньши́те (сь)
	Они	бу́дут уменьша́ть (ся)	уме́ньша́т (ся)
COND.	Я, Ты, Он	уменьша́л (ся) бы	уме́ньши́л (ся) бы
	Я, Ты, Она	уменьша́ла (сь) бы	уме́ньши́ла (сь) бы
	Оно	уменьша́ло (сь) бы	уме́ньши́ло (сь) бы
	Мы, Вы, Они	уменьша́ли (сь) бы	уме́ньши́ли (сь) бы
IMP.	Ты	уменьша́й (ся)	уме́ньши (сь)
	Вы	уменьша́йте (сь)	уме́ньши́те (сь)

DEVERBALS

	IMPERFECTIVE ASPECT	PERFECTIVE ASPECT
PRES. ACT.	уменьша́ющий (ся)	
PRES. PASS.	уменьша́емый	
PAST ACT.	уменьша́вший (ся)	уме́ньши́вший (ся)
PAST PASS.		уме́ньшённый
VERBAL ADVERB	уменьша́я (сь)	уме́ньши́в (шись)

уменьша́ть что

Иногда я просто уменьшаю размер.	Sometimes I simply decrease the size.
За последние годы уменьшилась численность детей до 17 лет.	The number of children under 17 has decreased the past few years.
Нам надо уменьшить размер.	We have to reduce the size.

уме́ть / суме́ть
to be able, know how

	IMPERFECTIVE ASPECT	PERFECTIVE ASPECT
INF.	уме́ть	суме́ть
PRES. Я	уме́ю	
Ты	уме́ешь	
Он/она́/оно́	уме́ет	
Мы	уме́ем	
Вы	уме́ете	
Они́	уме́ют	
PAST Я, Ты, Он	уме́л	суме́л
Я, Ты, Она́	уме́ла	суме́ла
Оно́	уме́ло	суме́ло
Мы, Вы, Они́	уме́ли	суме́ли
FUT. Я	бу́ду уме́ть	суме́ю
Ты	бу́дешь уме́ть	суме́ешь
Он/она́/оно́	бу́дет уме́ть	суме́ет
Мы	бу́дем уме́ть	суме́ем
Вы	бу́дете уме́ть	суме́ете
Они́	бу́дут уме́ть	суме́ют
COND. Я, Ты, Он	уме́л бы	суме́л бы
Я, Ты, Она́	уме́ла бы	суме́ла бы
Оно́	уме́ло бы	суме́ло бы
Мы, Вы, Они́	уме́ли бы	суме́ли бы
IMP. Ты	уме́й	суме́й
Вы	уме́йте	суме́йте

DEVERBALS

PRES. ACT.	уме́ющий	
PRES. PASS.		
PAST ACT.	уме́вший	суме́вший
PAST PASS.		
VERBAL ADVERB	умея	суме́в

уме́ть + infinitive

Пла́вать вы не уме́ете?
Внима́тельные роди́тели суме́ют заме́тить боле́знь.
Кампа́ния суме́ла собра́ть оди́н миллио́н до́лларов.

Do you not know how to swim?
Attentive parents will know how to recognize an illness.
The campaign succeeded in raising one million dollars.

		IMPERFECTIVE ASPECT	PERFECTIVE ASPECT
INF.		умира́ть	умере́ть
PRES.	Я	умира́ю	
	Ты	умира́ешь	
	Он/она́/оно́	умира́ет	
	Мы	умира́ем	
	Вы	умира́ете	
	Они́	умира́ют	
PAST	Я, Ты, Он	умира́л	у́мер
	Я, Ты, Она́	умира́ла	умерла́
	Оно́	умира́ло	у́мерло
	Мы, Вы, Они́	умира́ли	у́мерли
FUT.	Я	бу́ду умира́ть	умру́
	Ты	бу́дешь умира́ть	умрёшь
	Он/она́/оно́	бу́дет умира́ть	умрёт
	Мы	бу́дем умира́ть	умрём
	Вы	бу́дете умира́ть	умрёте
	Они́	бу́дут умира́ть	умру́т
COND.	Я, Ты, Он	умира́л бы	у́мер бы
	Я, Ты, Она́	умира́ла бы	умерла́ бы
	Оно́	умира́ло бы	у́мерло бы
	Мы, Вы, Они́	умира́ли бы	у́мерли бы
IMP.	Ты	умира́й	умри́
	Вы	умира́йте	умри́те

DEVERBALS

PRES. ACT.	умира́ющий	
PRES. PASS.		
PAST ACT.	умира́вший	уме́рший
PAST PASS.		
VERBAL ADVERB	умира́я	умере́в – уме́рши

умира́ть с чего, от чего

Как стра́нно, что ты умира́ешь от ску́ки.	How strange that you are dying of boredom.
Умерли со смеху.	They died of laughter.
От гри́ппа умру́т бо́лее 60 миллио́нов челове́к.	More than 60 million people will die of the flu.

уничтожа́ть (ся) / уничто́жить (ся)
to destroy, annihilate

		IMPERFECTIVE ASPECT	PERFECTIVE ASPECT
INF.		уничтожа́ть (ся)	уничто́жить (ся)
PRES.	Я	уничтожа́ю	
	Ты	уничтожа́ешь	
	Он/она/оно	уничтожа́ет (ся)	
	Мы	уничтожа́ем	
	Вы	уничтожа́ете	
	Они	уничтожа́ют (ся)	
PAST	Я, Ты, Он	уничтожа́л (ся)	уничто́жил (ся)
	Я, Ты, Она	уничтожа́ла (сь)	уничто́жила (сь)
	Оно	уничтожа́ло (сь)	уничто́жило (сь)
	Мы, Вы, Они	уничтожа́ли (сь)	уничто́жили (сь)
FUT.	Я	бу́ду уничтожа́ть	уничто́жу
	Ты	бу́дешь уничтожа́ть	уничто́жишь
	Он/она/оно	бу́дет уничтожа́ть (ся)	уничто́жит (ся)
	Мы	бу́дем уничтожа́ть	уничто́жим
	Вы	бу́дете уничтожа́ть	уничто́жите
	Они	бу́дут уничтожа́ть (ся)	уничто́жат (ся)
COND.	Я, Ты, Он	уничтожа́л (ся) бы	уничто́жил (ся) бы
	Я, Ты, Она	уничтожа́ла (сь) бы	уничто́жила (сь) бы
	Оно	уничтожа́ло (сь) бы	уничто́жило (сь) бы
	Мы, Вы, Они	уничтожа́ли (сь) бы	уничто́жили (сь) бы
IMP.	Ты	уничтожа́й	уничто́жь
	Вы	уничтожа́йте	уничто́жьте

DEVERBALS

	IMPERFECTIVE ASPECT	PERFECTIVE ASPECT
PRES. ACT.	уничтожа́ющий (ся)	
PRES. PASS.	уничтожа́емый	
PAST ACT.	уничтожа́вший (ся)	уничто́живший (ся)
PAST PASS.		уничто́женный
VERBAL ADVERB	уничтожа́я (сь)	уничто́жив (шись)

уничтожа́ть кого – что

Компьютер уничтожает человека?	Is the computer destroying humans?
Там порядок совсем уничтожился.	Order there was completely destroyed.
Так вы микробов уничтожите и витамины сохраните.	That way you will destroy microbes and preserve vitamins.

упомина́ть (ся) / упомяну́ть (ся)
to mention

	IMPERFECTIVE ASPECT	PERFECTIVE ASPECT
INF.	упомина́ть (ся)	упомяну́ть (ся)
PRES. Я	упомина́ю (сь)	
Ты	упомина́ешь (ся)	
Он/она/оно	упомина́ет (ся)	
Мы	упомина́ем (ся)	
Вы	упомина́ете (сь)	
Они	упомина́ют (ся)	
PAST Я, Ты, Он	упомина́л (ся)	упомяну́л (ся)
Я, Ты, Она	упомина́ла (сь)	упомяну́ла (сь)
Оно	упомина́ло (сь)	упомяну́ло (сь)
Мы, Вы, Они	упомина́ли (сь)	упомяну́ли (сь)
FUT. Я	бу́ду упомина́ть (ся)	упомяну́ (сь)
Ты	бу́дешь упомина́ть (ся)	упомя́нешь (ся)
Он/она/оно	бу́дет упомина́ть (ся)	упомя́нет (ся)
Мы	бу́дем упомина́ть (ся)	упомя́нем (ся)
Вы	бу́дете упомина́ть (ся)	упомя́нете (сь)
Они	бу́дут упомина́ть (ся)	упомя́нут (ся)
COND. Я, Ты, Он	упомина́л (ся) бы	упомяну́л (ся) бы
Я, Ты, Она	упомина́ла (сь) бы	упомяну́ла (сь) бы
Оно	упомина́ло (сь) бы	упомяну́ло (сь) бы
Мы, Вы, Они	упомина́ли (сь) бы	упомяну́ли (сь) бы
IMP. Ты	упомина́й (ся)	упомяни́ (сь)
Вы	упомина́йте (сь)	упомяни́те (сь)

DEVERBALS

PRES. ACT.	упомина́ющий (ся)	
PRES. PASS.	упомина́емый	
PAST ACT.	упомина́вший (ся)	упомяну́вший (ся)
PAST PASS.		упомя́нутый
VERBAL ADVERB	упомина́я(сь)	упомяну́в (шись)

упомина́ть о ком – чём, про кого – что

Я часто упоминаю о нем.	I frequently mention him.
О не упомянул Россию.	He did not mention Russia.
Она упоминается во многих книгах.	She is mentioned in many books.

У

употребля́ть (ся) / употреби́ть (ся)
to use, make use of

		IMPERFECTIVE ASPECT	PERFECTIVE ASPECT
INF.		употребля́ть (ся)	употреби́ть (ся)
PRES.	Я	употребля́ю	
	Ты	употребля́ешь	
	Он/она́/оно́	употребля́ет (ся)	
	Мы	употребля́ем	
	Вы	употребля́ете	
	Они́	употребля́ют (ся)	
PAST	Я, Ты, Он	употребля́л (ся)	употреби́л (ся)
	Я, Ты, Она́	употребля́ла (сь)	употреби́ла (сь)
	Оно́	употребля́ло (сь)	употреби́ло (сь)
	Мы, Вы, Они́	употребля́ли (сь)	употреби́ли (сь)
FUT.	Я	бу́ду употребля́ть	употреблю́
	Ты	бу́дешь употребля́ть	употреби́шь
	Он/она́/оно́	бу́дет употребля́ть (ся)	употреби́т (ся)
	Мы	бу́дем употребля́ть	употреби́м
	Вы	бу́дете употребля́ть	употреби́те
	Они́	бу́дут употребля́ть (ся)	употребя́т (ся)
COND.	Я, Ты, Он	употребля́л (ся) бы	употреби́л (ся) бы
	Я, Ты, Она́	употребля́ла (сь) бы	употреби́ла (сь) бы
	Оно́	употребля́ло (сь) бы	употреби́ло (сь) бы
	Мы, Вы, Они́	употребля́ли (сь) бы	употреби́ли (сь) бы
IMP.	Ты	употребля́й	употреби́
	Вы	употребля́йте	употреби́те

DEVERBALS

	IMPERFECTIVE ASPECT	PERFECTIVE ASPECT
PRES. ACT.	употребля́ющий (ся)	
PRES. PASS.	употребля́емый	
PAST ACT.	употребля́вший (ся)	употреби́вший (ся)
PAST PASS.		употреблённый употреблён, употреблена́
VERBAL ADVERB	употребля́я (сь)	употреби́в (шись)

употребля́ть кого – что

Я не употребля́ю кре́пких напи́тков.
Э́та фра́за употреби́лась в его́ статье́.
Употреби́те пра́вильный предло́г.

I don't use hard liquor.
This phrase was used in his article.
Use the correct preposition.

управля́ть (ся) / упра́вить (ся)
to manage, administer, operate a vehicle

		IMPERFECTIVE ASPECT	PERFECTIVE ASPECT
INF.		управля́ть (ся)	упра́вить (ся)
PRES.	Я	управля́ю (сь)	
	Ты	управля́ешь (ся)	
	Он/она/оно	управля́ет (ся)	
	Мы	управля́ем (ся)	
	Вы	управля́ете (сь)	
	Они	управля́ют (ся)	
PAST	Я, Ты, Он	управля́л (ся)	упра́вил (ся)
	Я, Ты, Она	управля́ла (сь)	упра́вила (сь)
	Оно	управля́ло (сь)	упра́вило (сь)
	Мы, Вы, Они	управля́ли (сь)	упра́вили (сь)
FUT.	Я	бу́ду управля́ть (ся)	упра́влю (сь)
	Ты	бу́дешь управля́ть (ся)	упра́вишь (ся)
	Он/она/оно	бу́дет управля́ть (ся)	упра́вит (ся)
	Мы	бу́дем управля́ть (ся)	упра́вим (ся)
	Вы	бу́дете управля́ть (ся)	упра́вите (сь)
	Они	бу́дут управля́ть (ся)	упра́вят (ся)
COND.	Я, Ты, Он	управля́л (ся) бы	упра́вил (ся) бы
	Я, Ты, Она	управля́ла (сь) бы	упра́вила (сь) бы
	Оно	управля́ло (сь) бы	упра́вило (сь) бы
	Мы, Вы, Они	управля́ли (сь) бы	упра́вили (сь) бы
IMP.	Ты	управля́й (ся)	упра́вь (ся)
	Вы	управля́йте (сь)	упра́вьте (сь)

У

DEVERBALS

	IMPERFECTIVE ASPECT	PERFECTIVE ASPECT
PRES. ACT.	управля́ющий (ся)	
PRES. PASS.	управля́емый	
PAST ACT.	управля́вший (ся)	упра́вивший (ся)
PAST PASS.		
VERBAL ADVERB	управля́я (сь)	упра́вив (шись)

управля́ть кем – чем; управля́ться с кем – чем

Я управляю своими эмоциями.	I control my emotions.
Роботы управляются силой мысли.	Robots are controlled by the power of thought.
Завтра с утра управимся с дровами.	Beginning tomorrow morning, we'll deal with the firewood.

успева́ть / успе́ть
to have time, succeed, manage to

		IMPERFECTIVE ASPECT	PERFECTIVE ASPECT
INF.		успева́ть	успе́ть
PRES.	Я	успева́ю	
	Ты	успева́ешь	
	Он/она/оно	успева́ет	
	Мы	успева́ем	
	Вы	успева́ете	
	Они	успева́ют	
PAST	Я, Ты, Он	успева́л	успе́л
	Я, Ты, Она	успева́ла	успе́ла
	Оно	успева́ло	успе́ло
	Мы, Вы, Они	успева́ли	успе́ли
FUT.	Я	бу́ду успева́ть	успе́ю
	Ты	бу́дешь успева́ть	успе́ешь
	Он/она/оно	бу́дет успева́ть	успе́ет
	Мы	бу́дем успева́ть	успе́ем
	Вы	бу́дете успева́ть	успе́ете
	Они	бу́дут успева́ть	успе́ют
COND.	Я, Ты, Он	успева́л бы	успе́л бы
	Я, Ты, Она	успева́ла бы	успе́ла бы
	Оно	успева́ло бы	успе́ло бы
	Мы, Вы, Они	успева́ли бы	успе́ли бы
IMP.	Ты	успева́й	успе́й
	Вы	успева́йте	успе́йте

DEVERBALS

	IMPERFECTIVE ASPECT	PERFECTIVE ASPECT
PRES. ACT.	успева́ющий	
PRES. PASS.		
PAST ACT.	успева́вший	успе́вший
PAST PASS.		
VERBAL ADVERB	успева́я	успе́в

успева́ть к чему, на что, в чём

Жизнь так коротка, что едва успеваешь ее испортить.	Life is so short that you can barely manage to ruin it.
Я все успела в жизни сделать.	I was able to accomplish everything in life.
Успей купить к Новому Году.	Make time to buy it before New Year's.

успока́ивать (ся) / успоко́ить (ся)

to calm, soothe, reassure

		IMPERFECTIVE ASPECT	PERFECTIVE ASPECT
INF.		успока́ивать (ся)	успоко́ить (ся)
PRES.	Я	успока́иваю (сь)	
	Ты	успока́иваешь (ся)	
	Он/она/оно	успока́ивает (ся)	
	Мы	успока́иваем (ся)	
	Вы	успока́иваете (сь)	
	Они	успока́ивают (ся)	
PAST	Я, Ты, Он	успока́ивал (ся)	успоко́ил (ся)
	Я, Ты, Она	успока́ивала (сь)	успоко́ила (сь)
	Оно	успока́ивало (сь)	успоко́ило (сь)
	Мы, Вы, Они	успока́ивали (сь)	успоко́или (сь)
FUT.	Я	бу́ду успока́ивать (ся)	успоко́ю (сь)
	Ты	бу́дешь успока́ивать (ся)	успоко́ишь (ся)
	Он/она/оно	бу́дет успока́ивать (ся)	успоко́ит (ся)
	Мы	бу́дем успока́ивать (ся)	успоко́им (ся)
	Вы	бу́дете успока́ивать (ся)	успоко́ите (сь)
	Они	бу́дут успока́ивать (ся)	успоко́ят (ся)
COND.	Я, Ты, Он	успока́ивал (ся) бы	успоко́ил (ся) бы
	Я, Ты, Она	успока́ивала (сь) бы	успоко́ила (сь) бы
	Оно	успока́ивало (сь) бы	успоко́ило (сь) бы
	Мы, Вы, Они	успока́ивали (сь) бы	успоко́или (сь) бы
IMP.	Ты	успока́ивай (ся)	успоко́й (ся)
	Вы	успока́ивайте (сь)	успоко́йте (сь)

DEVERBALS

	IMPERFECTIVE	PERFECTIVE
PRES. ACT.	успока́ивающий (ся)	
PRES. PASS.	успока́иваемый	
PAST ACT.	успока́ивавший (ся)	успоко́ивший (ся)
PAST PASS.		успоко́енный
VERBAL ADVERB	успока́ивая (сь)	успоко́ив (шись)

успока́ивать кого – что

Чем же она тебя успокаивает?	What does she soothe you with?
Рынок жилья успокоился ненадолго.	The housing market quieted down for a short time.
Успокойтесь. Если сами не успокоитесь, то ребенок будет еще долго плакать.	Calm down. If you don't calm yourself, the child will keep on crying for a long time.

уставать / устать
to get tired

		IMPERFECTIVE ASPECT	PERFECTIVE ASPECT
INF.		уставать	устать
PRES.	Я	устаю	
	Ты	устаёшь	
	Он/она/оно	устаёт	
	Мы	устаём	
	Вы	устаёте	
	Они	устают	
PAST	Я, Ты, Он	уставал	устал
	Я, Ты, Она	уставала	устала
	Оно	уставало	устало
	Мы, Вы, Они	уставали	устали
FUT.	Я	буду уставать	устану
	Ты	будешь уставать	устанешь
	Он/она/оно	будет уставать	устанет
	Мы	будем уставать	устанем
	Вы	будете уставать	устанете
	Они	будут уставать	устанут
COND.	Я, Ты, Он	уставал бы	устал бы
	Я, Ты, Она	уставала бы	устала бы
	Оно	уставало бы	устало бы
	Мы, Вы, Они	уставали бы	устали бы
IMP.	Ты	уставай	устань
	Вы	уставайте	устаньте

DEVERBALS

	IMPERFECTIVE ASPECT	PERFECTIVE ASPECT
PRES. ACT.	устающий	
PRES. PASS.		
PAST ACT.	уставший	уставший
PAST PASS.		
VERBAL ADVERB	уставая	устав

Отдыхаю хорошо, только устаю очень.	I am resting well, only I tire a lot.
Я почувствовала, что люди устали жить без любви и без дома.	I felt that people were tired of living without love and without a home.
Любить друг друга не устаньте.	Do not grow tired of loving one another.

устанáвливать (ся) / установи́ть (ся)

to install, place / set in

		IMPERFECTIVE ASPECT	PERFECTIVE ASPECT
INF.		устанáвливать (ся)	установи́ть (ся)
PRES.	Я	устанáвливаю	
	Ты	устанáвливаешь	
	Он/она/оно	устанáвливает (ся)	
	Мы	устанáвливаем	
	Вы	устанáвливаете	
	Они	устанáвливают (ся)	
PAST	Я, Ты, Он	устанáвливал (ся)	установи́л (ся)
	Я, Ты, Она	устанáвливала (сь)	установи́ла (сь)
	Оно	устанáвливало (сь)	установи́ло (сь)
	Мы, Вы, Они	устанáвливали (сь)	установи́ли (сь)
FUT.	Я	бу́ду устанáвливать	установлю́
	Ты	бу́дешь устанáвливать	устано́вишь
	Он/она/оно	бу́дет устанáвливать (ся)	устано́вит (ся)
	Мы	бу́дем устанáвливать	устано́вим
	Вы	бу́дете устанáвливать	устано́вите
	Они	бу́дут устанáвливать (ся)	устано́вят (ся)
COND.	Я, Ты, Он	устанáвливал (ся) бы	установи́л (ся) бы
	Я, Ты, Она	устанáвливала (сь) бы	установи́ла (сь) бы
	Оно	устанáвливало (сь) бы	установи́ло (сь) бы
	Мы, Вы, Они	устанáвливали (сь) бы	установи́ли (сь) бы
IMP.	Ты	устанáвливай	установи́
	Вы	устанáвливайте	установи́те

DEVERBALS

	IMPERFECTIVE	PERFECTIVE
PRES. ACT.	устанáвливающий (ся)	
PRES. PASS.	устанáвливаемый	
PAST ACT.	устанáвливавший (ся)	установи́вший (ся)
PAST PASS.		устано́вленный
VERBAL ADVERB	устанáвливая (сь)	установи́в (шись)

устанáвливать что

Устанавливаем бесплатный антивирус.
Густой туман установился в Москве.
Установите ссылку на ваш сайт.

We are installing a free antivirus.
A thick cloud settled in over Moscow.
Place a link to your site.

531

устра́ивать (ся) / устро́ить (ся)
to arrange, put in order (get a job)

		IMPERFECTIVE ASPECT	PERFECTIVE ASPECT
INF.		устра́ивать (ся)	устро́ить (ся)
PRES.	Я	устра́иваю (сь)	
	Ты	устра́иваешь (ся)	
	Он/она/оно	устра́ивает (ся)	
	Мы	устра́иваем (ся)	
	Вы	устра́иваете (сь)	
	Они	устра́ивают (ся)	
PAST	Я, Ты, Он	устра́ивал (ся)	устро́ил (ся)
	Я, Ты, Она	устра́ивала (сь)	устро́ила (сь)
	Оно	устра́ивало (сь)	устро́ило (сь)
	Мы, Вы, Они	устра́ивали (сь)	устро́или (сь)
FUT.	Я	бу́ду устра́ивать (ся)	устро́ю (сь)
	Ты	бу́дешь устра́ивать (ся)	устро́ишь (ся)
	Он/она/оно	бу́дет устра́ивать (ся)	устро́ит (ся)
	Мы	бу́дем устра́ивать (ся)	устро́им (ся)
	Вы	бу́дете устра́ивать (ся)	устро́ите (сь)
	Они	бу́дут устра́ивать (ся)	устро́ят (ся)
COND.	Я, Ты, Он	устра́ивал (ся) бы	устро́ил (ся) бы
	Я, Ты, Она	устра́ивала (сь) бы	устро́ила (сь) бы
	Оно	устра́ивало (сь) бы	устро́ило (сь) бы
	Мы, Вы, Они	устра́ивали (сь) бы	устро́или (сь) бы
IMP.	Ты	устра́ивай (ся)	устро́й (ся)
	Вы	устра́ивайте (сь)	устро́йте (сь)

DEVERBALS

	IMPERFECTIVE ASPECT	PERFECTIVE ASPECT
PRES. ACT.	устра́ивающий (ся)	
PRES. PASS.	устра́иваемый	
PAST ACT.	устра́ивавший (ся)	устро́ивший (ся)
PAST PASS.		устро́енный
VERBAL ADVERB	устра́ивая (сь)	устро́ив (шись)

устра́ивать кого – что на что

Искусственный снегопад устраивают в испанском городе.	They are arranging an artificial snowstorm in a Spanish city.
Устраивались походы и вечерние костры.	Hikes and evening campfires were arranged.
Актриса устроилась на работу в ресторан.	The actress got herself a job in the restaurant.

532

	IMPERFECTIVE ASPECT	PERFECTIVE ASPECT
INF.	уступа́ть	уступи́ть
PRES. Я	уступа́ю	
Ты	уступа́ешь	
Он/она/оно	уступа́ет	
Мы	уступа́ем	
Вы	уступа́ете	
Они	уступа́ют	
PAST Я, Ты, Он	уступа́л	уступи́л
Я, Ты, Она	уступа́ла	уступи́ла
Оно	уступа́ло	уступи́ло
Мы, Вы, Они	уступа́ли	уступи́ли
FUT. Я	бу́ду уступа́ть	уступлю́
Ты	бу́дешь уступа́ть	усту́пишь
Он/она/оно	бу́дет уступа́ть	усту́пит
Мы	бу́дем уступа́ть	усту́пим
Вы	бу́дете уступа́ть	усту́пите
Они	бу́дут уступа́ть	усту́пят
COND. Я, Ты, Он	уступа́л бы	уступи́л бы
Я, Ты, Она	уступа́ла бы	уступи́ла бы
Оно	уступа́ло бы	уступи́ло бы
Мы, Вы, Они	уступа́ли бы	уступи́ли бы
IMP. Ты	уступа́й	уступи́
Вы	уступа́йте	уступи́те

DEVERBALS

PRES. ACT.	уступа́ющий	
PRES. PASS.	уступа́емый	
PAST ACT.	уступа́вший	уступи́вший
PAST PASS.		усту́пленный
VERBAL ADVERB	уступа́я	уступи́в

уступа́ть кого – что кому – чему, в чём

Я уступаю дорогу молодым.
В спринте она уступила только своей сестре.
Пожалуйста, уступи место пожилой женщине.

I yield the road to young people.
In the sprint she yielded only to her sister.
Please give up your seat to the elderly woman.

ухáживать / поухáживать
to nurse, tend to, make advances

		IMPERFECTIVE ASPECT	PERFECTIVE ASPECT
INF.		ухáживать	поухáживать
PRES.	Я	ухáживаю	
	Ты	ухáживаешь	
	Он/она/оно	ухáживает	
	Мы	ухáживаем	
	Вы	ухáживаете	
	Они	ухáживают	
PAST	Я, Ты, Он	ухáживал	поухáживал
	Я, Ты, Она	ухáживала	поухáживала
	Оно	ухáживало	поухáживало
	Мы, Вы, Они	ухáживали	поухáживали
FUT.	Я	бýду ухáживать	поухáживаю
	Ты	бýдешь ухáживать	поухáживаешь
	Он/она/оно	бýдет ухáживать	поухáживает
	Мы	бýдем ухáживать	поухáживаем
	Вы	бýдете ухáживать	поухáживаете
	Они	бýдут ухáживать	поухáживают
COND.	Я, Ты, Он	ухáживал бы	поухáживал бы
	Я, Ты, Она	ухáживала бы	поухáживала бы
	Оно	ухáживало бы	поухáживало бы
	Мы, Вы, Они	ухáживали бы	поухáживали бы
IMP.	Ты	ухáживай	поухáживай
	Вы	ухáживайте	поухáживайте

DEVERBALS

	IMPERFECTIVE	PERFECTIVE
PRES. ACT.	ухáживающий	
PRES. PASS.		
PAST ACT.	ухáживавший	поухáживавший
PAST PASS.		
VERBAL ADVERB	ухáживая	поухáжив

ухáживать за кем – чем

Она ухаживает за каменным садом.	She is tending her rock garden.
Кто за мной поухаживает?	Who will make advances to me?
Вчера рассталась с мужчиной, который за мной ухаживал.	Yesterday I broke up with the man who had been courting me.

		IMPERFECTIVE ASPECT	PERFECTIVE ASPECT
INF.		уходи́ть	уйти́
PRES.	Я	ухожу́	
	Ты	ухо́дишь	
	Он/она/оно	ухо́дит	
	Мы	ухо́дим	
	Вы	ухо́дите	
	Они	ухо́дят	
PAST	Я, Ты, Он	уходи́л	ушёл
	Я, Ты, Она	уходи́ла	ушла́
	Оно	уходи́ло	ушло́
	Мы, Вы, Они	уходи́ли	ушли́
FUT.	Я	бу́ду уходи́ть	уйду́
	Ты	бу́дешь уходи́ть	уйдёшь
	Он/она/оно	бу́дет уходи́ть	уйдёт
	Мы	бу́дем уходи́ть	уйдём
	Вы	бу́дете уходи́ть	уйдёте
	Они	бу́дут уходи́ть	уйду́т
COND.	Я, Ты, Он	уходи́л бы	ушёл бы
	Я, Ты, Она	уходи́ла бы	ушла́ бы
	Оно	уходи́ло бы	ушло́ бы
	Мы, Вы, Они	уходи́ли бы	ушли́ бы
IMP.	Ты	уходи́	уйди́
	Вы	уходи́те	уйди́те

DEVERBALS

PRES. ACT.	уходя́щий	
PRES. PASS.		
PAST ACT.	уходи́вший	уше́дший
PAST PASS.		
VERBAL ADVERB	уходя́	уйдя́

Я каждой ночью ухожу в придуманный Китай.

Ушла из жизни знаменитая балерина.
Без покупки не уйдете.

Every night I go off to an imaginary China.

A famous ballerina has departed this life.
Don't leave without a purchase.

У

уча́ствовать
to take part, participate

	IMPERFECTIVE ASPECT	PERFECTIVE ASPECT
INF.	уча́ствовать	
PRES. Я	уча́ствую	
Ты	уча́ствуешь	
Он/она́/оно́	уча́ствует	
Мы	уча́ствуем	
Вы	уча́ствуете	
Они́	уча́ствуют	
PAST Я, Ты, Он	уча́ствовал	
Я, Ты, Она́	уча́ствовала	
Оно́	уча́ствовало	
Мы, Вы, Они́	уча́ствовали	
FUT. Я	бу́ду уча́ствовать	
Ты	бу́дешь уча́ствовать	
Он/она́/оно́	бу́дет уча́ствовать	
Мы	бу́дем уча́ствовать	
Вы	бу́дете уча́ствовать	
Они́	бу́дут уча́ствовать	
COND. Я, Ты, Он	уча́ствовал бы	
Я, Ты, Она́	уча́ствовала бы	
Оно́	уча́ствовало бы	
Мы, Вы, Они́	уча́ствовали бы	
IMP. Ты	уча́ствуй	
Вы	уча́ствуйте	

DEVERBALS

PRES. ACT.	уча́ствующий	
PRES. PASS.		
PAST ACT.	уча́ствовавший	
PAST PASS.		
VERBAL ADVERB	уча́ствуя	

уча́ствовать в чём

Участвую в конкурсе красоты.	I am participating in a beauty contest.
В референдуме участвовали два миллиона человек.	Two million people took part in the referendum.
Участвуйте в молодежном фестивале.	Take part in a youth festival.

учи́ть (ся) / научи́ть (ся)
to teach, study / learn (learn, study)

	IMPERFECTIVE ASPECT	PERFECTIVE ASPECT
INF.	учи́ть (ся)	научи́ть (ся)
PRES. Я	учу́ (сь)	
Ты	у́чишь (ся)	
Он/она́/оно́	у́чит (ся)	
Мы	у́чим (ся)	
Вы	у́чите (сь)	
Они́	у́чат (ся)	
PAST Я, Ты, Он	учи́л (ся)	научи́л (ся)
Я, Ты, Она́	учи́ла (сь)	научи́ла (сь)
Оно́	учи́ло (сь)	научи́ло (сь)
Мы, Вы, Они́	учи́ли (сь)	научи́ли (сь)
FUT. Я	бу́ду учи́ть (ся)	научу́ (сь)
Ты	бу́дешь учи́ть (ся)	нау́чишь (ся)
Он/она́/оно́	бу́дет учи́ть (ся)	нау́чит (ся)
Мы	бу́дем учи́ть (ся)	нау́чим (ся)
Вы	бу́дете учи́ть (ся)	нау́чите (сь)
Они́	бу́дут учи́ть (ся)	нау́чат (ся)
COND. Я, Ты, Он	учи́л (ся) бы	научи́л (ся) бы
Я, Ты, Она́	учи́ла (сь) бы	научи́ла (сь) бы
Оно́	учи́ло (сь) бы	научи́ло (сь) бы
Мы, Вы, Они́	учи́ли (сь) бы	научи́ли (сь) бы
IMP. Ты	учи́ (сь)	научи́ (сь)
Вы	учи́те (сь)	научи́те (сь)

DEVERBALS

PRES. ACT.	уча́щий (ся)	
PRES. PASS.		
PAST ACT.	учи́вший (ся)	научи́вший (ся)
PAST PASS.	у́ченный	нау́ченный
VERBAL ADVERB	уча́ (сь)	научи́в (шись)

учи́ть кого – что чему (*teach someone something*)
учи́ть что (*study something*)
учи́ться чему (*study*); **научи́ться чему,** or infinitive (*learn*)

Я учу́ себя́ сам.	I am teaching myself.
Она́ учи́лась води́ть маши́ну.	She learned how to drive a car.
Кто и чему научи́лся в ВУ́Зе?	Who studied what in college?

У

характеризова́ть (ся) / охарактеризова́ть (ся)
to characterize, describe

	IMPERFECTIVE ASPECT	PERFECTIVE ASPECT
INF.	характеризова́ть (ся)	охарактеризова́ть (ся)
PRES.	характеризу́ю характеризу́ешь характеризу́ет (ся) характеризу́ем характеризу́ете характеризу́ют (ся)	
PAST	характеризова́л (ся) характеризова́ла (сь) характеризова́ло (сь) характеризова́ли (сь)	охарактеризова́л (ся) охарактеризова́ла (сь) охарактеризова́ло (сь) охарактеризова́ли (сь)
FUT.	бу́ду характеризова́ть бу́дешь характеризова́ть бу́дет характеризова́ть (ся) бу́дем характеризова́ть бу́дете характеризова́ть бу́дут характеризова́ть (ся)	охарактеризу́ю охарактеризу́ешь охарактеризу́ет (ся) охарактеризу́ем охарактеризу́ете охарактеризу́ют (ся)
COND.	характеризова́л (ся) бы характеризова́ла (сь) бы характеризова́ло (сь) бы характеризова́ли (сь) бы	охарактеризова́л (ся) бы охарактеризова́ла (сь) бы охарактеризова́ло (сь) бы охарактеризова́ли (сь) бы
IMP.	характеризу́й характеризу́йте	охарактеризу́й охарактеризу́йте

DEVERBALS

PRES. ACT.	характеризу́ющий (ся)	
PRES. PASS.	характеризу́емый	
PAST ACT.	характеризова́вший (ся)	охарактеризова́вший (ся)
PAST PASS.		охарактеризо́ванный
VERBAL ADVERB	характеризу́я (сь)	охарактеризова́в (шись)

характеризова́ть кого – что; характеризова́ться чем
Характеризова́ть can be used in both the imperfective and the perfective aspects.

Это молчание я характеризую как враньё.	I characterize this silence as lying.
Вторник характеризовался высокой активностью рынка.	Tuesday was characterized by great activity in the market.
Весна характеризовалась красотой.	Spring was characterized by beauty.

	IMPERFECTIVE ASPECT	PERFECTIVE ASPECT
INF.	хвали́ть (ся)	похвали́ть (ся)
PRES. Я	хвалю́ (сь)	
Ты	хва́лишь (ся)	
Он/она/оно	хва́лит (ся)	
Мы	хва́лим (ся)	
Вы	хва́лите (сь)	
Они	хва́лят (ся)	
PAST Я, Ты, Он	хвали́л (ся)	похвали́л (ся)
Я, Ты, Она	хвали́ла (сь)	похвали́ла (сь)
Оно	хвали́ло (сь)	похвали́ло (сь)
Мы, Вы, Они	хвали́ли (сь)	похвали́ли (сь)
FUT. Я	бу́ду хвали́ть (ся)	похвалю́ (сь)
Ты	бу́дешь хвали́ть (ся)	похва́лишь (ся)
Он/она/оно	бу́дет хвали́ть (ся)	похва́лит (ся)
Мы	бу́дем хвали́ть (ся)	похва́лим (ся)
Вы	бу́дете хвали́ть (ся)	похва́лите (сь)
Они	бу́дут хвали́ть (ся)	похва́лят (ся)
COND. Я, Ты, Он	хвали́л (ся) бы	похвали́л (ся) бы
Я, Ты, Она	хвали́ла (сь) бы	похвали́ла (сь) бы
Оно	хвали́ло (сь) бы	похвали́ло (сь) бы
Мы, Вы, Они	хвали́ли (сь) бы	похвали́ли (сь) бы
IMP. Ты	хвали́ (сь)	похвали́ (сь)
Вы	хвали́те (сь)	похвали́те (сь)

X

DEVERBALS

PRES. ACT.	хваля́щий (ся)	
PRES. PASS.	хвали́мый	
PAST ACT.	хвали́вший (ся)	похвали́вший (ся)
PAST PASS.		похва́ленный
VERBAL ADVERB	хваля́ (сь)	похвали́в (шись)

хвали́ть кого – что за что; хвали́ться кем – чем

Почему ты хвалишь только внешнюю политику?	Why do you praise only foreign policy?
Фирма похвалилась успехами в области экологии.	The firm was hailed for successes in the area of ecology.
Я похвалю наших авторов.	I will compliment our authors.

хвата́ть (ся) / схвати́ть (ся)
to seize, grasp

	IMPERFECTIVE ASPECT	PERFECTIVE ASPECT
INF.	хвата́ть (ся)	схвати́ть (ся)
PRES. Я	хвата́ю (сь)	
Ты	хвата́ешь (ся)	
Он/она/оно	хвата́ет (ся)	
Мы	хвата́ем (ся)	
Вы	хвата́ете (сь)	
Они	хвата́ют (ся)	
PAST Я, Ты, Он	хвата́л (ся)	схвати́л (ся)
Я, Ты, Она	хвата́ла (сь)	схвати́ла (сь)
Оно	хвата́ло (сь)	схвати́ло (сь)
Мы, Вы, Они	хвата́ли (сь)	схвати́ли (сь)
FUT. Я	бу́ду хвата́ть (ся)	схвачу́ (сь)
Ты	бу́дешь хвата́ть (ся)	схва́тишь (ся)
Он/она/оно	бу́дет хвата́ть (ся)	схва́тит (ся)
Мы	бу́дем хвата́ть (ся)	схва́тим (ся)
Вы	бу́дете хвата́ть (ся)	схва́тите (сь)
Они	бу́дут хвата́ть (ся)	схва́тят (ся)
COND. Я, Ты, Он	хвата́л (ся) бы	схвати́л (ся) бы
Я, Ты, Она	хвата́ла (сь) бы	схвати́ла (сь) бы
Оно	хвата́ло (сь) бы	схвати́ло (сь) бы
Мы, Вы, Они	хвата́ли (сь) бы	схвати́ли (сь) бы
IMP. Ты	хвата́й (ся)	схвати́ (сь)
Вы	хвата́йте (сь)	схвати́те (сь)

DEVERBALS

PRES. ACT.	хвата́ющий (ся)	
PRES. PASS.	хвата́емый	
PAST ACT.	хвата́вший (ся)	схвати́вший (ся)
PAST PASS.		схва́ченный
VERBAL ADVERB	хвата́я (сь)	схвати́в (шись)

хвата́ть кого – что; хвата́ться за кого – что
хвата́ть / хвати́ть чего is used in impersonal constructions to mean *be enough,*
suffice.

Хватай деньги и беги.	Grab the money and run.
Почему они схватилась за оружие?	Why did they reach for their weapons?
Боксёрам не хватает женских качеств.	Boxers lack feminine qualities.

	MULTIDIRECTIONAL	UNIDIRECTIONAL	PERFECTIVE ASPECT
INF.	ходи́ть	идти́	пойти́
PRES. Я	хожу́	иду́	
Ты	хо́дишь	идёшь	
Он/она́/оно́	хо́дит	идёт	
Мы	хо́дим	идём	
Вы	хо́дите	идёте	
Они́	хо́дят	иду́т	
PAST Я, Ты, Он	ходи́л	шёл	пошёл
Я, Ты, Она́	ходи́ла	шла́	пошла́
Оно́	ходи́ло	шло́	пошло́
Мы, Вы, Они́	ходи́ли	шли́	пошли́
FUT. Я	бу́ду ходи́ть	бу́ду идти́	пойду́
Ты	бу́дешь ходи́ть	бу́дешь идти́	пойдёшь
Он/она́/оно́	бу́дет ходи́ть	бу́дет идти́	пойдёт
Мы	бу́дем ходи́ть	бу́дем идти́	пойдём
Вы	бу́дете ходи́ть	бу́дете идти́	пойдёте
Они́	бу́дут ходи́ть	бу́дут идти́	пойду́т
COND. Я, Ты, Он	ходи́л бы	шёл бы	пошёл бы
Я, Ты, Она́	ходи́ла бы	шла́ бы	пошла́ бы
Оно́	ходи́ло бы	шло́ бы	пошло́ бы
Мы, Вы, Они́	ходи́ли бы	шли́ бы	пошли́ бы
IMP. Ты	ходи́	иди́	пойди́
Вы	ходи́те	иди́те	пойди́те
		DEVERBALS	
PRES. ACT.	ходя́щий	иду́щий	
PRES. PASS.			
PAST ACT.	ходи́вший	ше́дший	поше́дший
PAST PASS.			
VERBAL ADVERB	ходя́ – ходи́в	идя́	пойдя́

X

ходи́ть – идти́ во что, на что, к кому – чему, за кем – чем, в чём
With an imperfective infinitive, **пойти**
can mean *start to.*

AN ESSENTIAL VERB

AN ESSENTIAL VERB

ходи́ть – идти́ / пойти́

Examples

Я хожу, где хочу.
I go where I want.

Сегодня к маме в гости ходила.
I went to visit Mama today.

Ты туда не ходи, ходи сюда.
Don't go there, come here.

Идите верной дорогой.
Travel the safe road.

Шла Саша по шоссе.
Sasha walked along the highway.

В Москве пошёл снег.
It snowed in Moscow.

Пойдите направо.
Go to the right.

Мы ходили на дискотеку.
We went to the disco.

Шли бы вы все в баню.
You should all go to the bathhouse.

Дельфин пошел в атаку на
человека.
The dolphin went on the attack against the
human.

Words and expressions related to this verb

Ребенок стал ходить.

Болезнь не по лесу ходит,
а по людям.

Он ходит в правде.

Шёл дождь.

Пошли.

ход

хождение

ходьба

хоте́ть (ся) / захоте́ть (ся)

to want

	IMPERFECTIVE ASPECT	PERFECTIVE ASPECT
INF.	хоте́ть (ся)	захоте́ть (ся)
PRES. Я	хочу́	
Ты	хо́чешь	
Он/она́/оно́	хо́чет (ся)	
Мы	хоти́м	
Вы	хоти́те	
Они́	хотя́т	
PAST Я, Ты, Он	хоте́л	захоте́л
Я, Ты, Она	хоте́ла	захоте́ла
Оно	хоте́ло (сь)	захоте́ло (сь)
Мы, Вы, Они	хоте́ли	захоте́ли
FUT. Я		захочу́
Ты		захо́чешь
Он/она́/оно́		захо́чет (ся)
Мы		захоти́м
Вы		захоти́те
Они́		захотя́т
COND. Я, Ты, Он	хоте́л бы	захоте́л бы
Я, Ты, Она	хоте́ла бы	захоте́ла бы
Оно	хоте́ло (сь) бы	захоте́ло (сь) бы
Мы, Вы, Они	хоте́ли бы	захоте́ли бы
IMP. Ты		
Вы		

X

DEVERBALS

PRES. ACT.	хотя́щий	
PRES. PASS.		
PAST ACT.	хоте́вший	захоте́вший
PAST PASS.		
VERBAL ADVERB	хоте́в	захоте́в

хоте́ть чего, + infinitive, + **чтобы; хо́чется кому**
This verb is not used in the future tense of
the imperfective aspect.

AN ESSENTIAL VERB

AN ESSENTIAL VERB

хоте́ть (ся) / захоте́ть (ся)

Examples

А хочешь, я тебе спою?
If you want, I'll sing to you.

Мне хочется верить тебе.
I want to believe you.

Я бы хотела пожелать вам всего
       хорошего.
I would like to wish you all the best.

Если захочу, я одену новое платье
       сегодня.
If I want, I'll put on the new dress today.

Мне просто захотелось стать
       великим.
I just wanted to become great.

Захотят — пусть посещают.
If they want — let them visit.

Посмотрите эти фото, и
       вам тоже захочется
       в Санкт-Петербурге.
Look at these photos and you too will
       want to visit St. Petersburg.

Хочу все знать.
I want to know everything.

Тем больше ему хочется бежать за
       ней.
He wants to run after her all the more.

Можем вместе, когда захотим.
We can do it together if we want.

Words and expressions related to this verb

Что вы хотите?

Очень хочется.

Мне хотелось бы.

хоть

хотя

храни́ть (ся)
to keep, preserve

		IMPERFECTIVE ASPECT	PERFECTIVE ASPECT
INF.		храни́ть (ся)	
PRES.	Я	храню́	
	Ты	храни́шь	
	Он/она́/оно́	храни́т (ся)	
	Мы	храни́м	
	Вы	храни́те	
	Они́	храня́т (ся)	
PAST	Я, Ты, Он	храни́л (ся)	
	Я, Ты, Она́	храни́ла (сь)	
	Оно́	храни́ло (сь)	
	Мы, Вы, Они́	храни́ли (сь)	
FUT.	Я	бу́ду храни́ть	
	Ты	бу́дешь храни́ть	
	Он/она́/оно́	бу́дет храни́ть (ся)	
	Мы	бу́дем храни́ть	
	Вы	бу́дете храни́ть	
	Они́	бу́дут храни́ть (ся)	
COND.	Я, Ты, Он	храни́л (ся) бы	
	Я, Ты, Она́	храни́ла (сь) бы	
	Оно́	храни́ло (сь) бы	
	Мы, Вы, Они́	храни́ли (сь) бы	
IMP.	Ты	храни́	
	Вы	храни́те	

DEVERBALS

	IMPERFECTIVE ASPECT	PERFECTIVE ASPECT
PRES. ACT.	храня́щий (ся)	
PRES. PASS.	храни́мый	
PAST ACT.	храни́вший (ся)	
PAST PASS.		
VERBAL ADVERB	храня́ (сь)	

храни́ть что
There is the verbal pair **сохраня́ть (ся) / сохрани́ть (ся)**

В твоей душе храню я счастье.	I preserve happiness in your soul.
Где хранятся земные сокровища?	Where are the earth's treasures preserved?
Храни меня, любимая.	Protect me, my beloved.

целова́ть (ся) / поцелова́ть (ся)
to kiss

		IMPERFECTIVE ASPECT	PERFECTIVE ASPECT
INF.		целова́ть (ся)	поцелова́ть (ся)
PRES.	Я	целу́ю (сь)	
	Ты	целу́ешь (ся)	
	Он/она/оно	целу́ет (ся)	
	Мы	целу́ем (ся)	
	Вы	целу́ете (сь)	
	Они	целу́ют (ся)	
PAST	Я, Ты, Он	целова́л (ся)	поцелова́л (ся)
	Я, Ты, Она	целова́ла (сь)	поцелова́ла (сь)
	Оно	целова́ло (сь)	поцелова́ло (сь)
	Мы, Вы, Они	целова́ли (сь)	поцелова́ли (сь)
FUT.	Я	бу́ду целова́ть (ся)	поцелу́ю (сь)
	Ты	бу́дешь целова́ть (ся)	поцелу́ешь (ся)
	Он/она/оно	бу́дет целова́ть (ся)	поцелу́ет (ся)
	Мы	бу́дем целова́ть (ся)	поцелу́ем (ся)
	Вы	бу́дете целова́ть (ся)	поцелу́ете (сь)
	Они	бу́дут целова́ть (ся)	поцелу́ют (ся)
COND.	Я, Ты, Он	целова́л (ся) бы	поцелова́л (ся) бы
	Я, Ты, Она	целова́ла (сь) бы	поцелова́ла (сь) бы
	Оно	целова́ло (сь) бы	поцелова́ло (сь) бы
	Мы, Вы, Они	целова́ли (сь) бы	поцелова́ли (сь) бы
IMP.	Ты	целу́й (ся)	поцелу́й (ся)
	Вы	целу́йте (сь)	поцелу́йте (сь)

DEVERBALS

	IMPERFECTIVE	PERFECTIVE
PRES. ACT.	целу́ющий (ся)	
PRES. PASS.	целу́емый	
PAST ACT.	целова́вший (ся)	поцелова́вший (ся)
PAST PASS.	цело́ванный	поцело́ванный
VERBAL ADVERB	целу́я (сь)	поцелова́в (шись)

целова́ть кого – что; целова́ться с кем

Целую всех и очень тщательно тебя.	I kiss everyone and most thoroughly you.
Когда вы в первый раз поцеловались?	When did you kiss for the first time?
Если вы поцелуете меня, то я превращусь в красивую принцессу.	If you kiss me, I will turn into a beautiful princess.

	IMPERFECTIVE ASPECT	PERFECTIVE ASPECT
INF.	чернéть	почернéть
PRES. Я	чернéю	
Ты	чернéешь	
Он/она/оно	чернéет	
Мы	чернéем	
Вы	чернéете	
Они	чернéют	
PAST Я, Ты, Он	чернéл	почернéл
Я, Ты, Она	чернéла	почернéла
Оно	чернéло	почернéло
Мы, Вы, Они	чернéли	почернéли
FUT. Я	бу́ду чернéть	почернéю
Ты	бу́дешь чернéть	почернéешь
Он/она/оно	бу́дет чернéть	почернéет
Мы	бу́дем чернéть	почернéем
Вы	бу́дете чернéть	почернéете
Они	бу́дут чернéть	почернéют
COND. Я, Ты, Он	чернéл бы	почернéл бы
Я, Ты, Она	чернéла бы	почернéла бы
Оно	чернéло бы	почернéло бы
Мы, Вы, Они	чернéли бы	почернéли бы
IMP. Ты	черней	почерней
Вы	чернейте	почернейте

DEVERBALS

PRES. ACT.	чернéющий	
PRES. PASS.		
PAST ACT.	чернéвший	почернéвший
PAST PASS.		
VERBAL ADVERB	чернéя	почернéв

Мы чернеем от зависти к вашим достижениям.	We are tarnished by envy of your accomplishments.
Моя серьга почернела.	My earring turned black.
Бегите в деревню, чернейте от солнца.	Run into the countryside and get burnt by the sun.

Ч

чи́стить (ся) / почи́стить (ся)
to clean, peel

		IMPERFECTIVE ASPECT	PERFECTIVE ASPECT
INF.		чи́стить (ся)	почи́стить (ся)
PRES.	Я	чи́щу (сь)	
	Ты	чи́стишь (ся)	
	Он/она/оно	чи́стит (ся)	
	Мы	чи́стим (ся)	
	Вы	чи́стите (сь)	
	Они	чи́стят (ся)	
PAST	Я, Ты, Он	чи́стил (ся)	почи́стил (ся)
	Я, Ты, Она	чи́стила (сь)	почи́стила (сь)
	Оно	чи́стило (сь)	почи́стило (сь)
	Мы, Вы, Они	чи́стили (сь)	почи́стили (сь)
FUT.	Я	бу́ду чи́стить (ся)	почи́щу (сь)
	Ты	бу́дешь чи́стить (ся)	почи́стишь (ся)
	Он/она/оно	бу́дет чи́стить (ся)	почи́стит (ся)
	Мы	бу́дем чи́стить (ся)	почи́стим (ся)
	Вы	бу́дете чи́стить (ся)	почи́стите (сь)
	Они	бу́дут чи́стить (ся)	почи́стят (ся)
COND.	Я, Ты, Он	чи́стил (ся) бы	почи́стил (ся) бы
	Я, Ты, Она	чи́стила (сь) бы	почи́стила (сь) бы
	Оно	чи́стило (сь) бы	почи́стило (сь) бы
	Мы, Вы, Они	чи́стили (сь) бы	почи́стили (сь) бы
IMP.	Ты	чи́сти (сь)	почи́сти (сь)
	Вы	чи́стите (сь)	почи́стите (сь)

DEVERBALS

	IMPERFECTIVE ASPECT	PERFECTIVE ASPECT
PRES. ACT.	чи́стящий (ся)	
PRES. PASS.	чи́стимый	
PAST ACT.	чи́стивший	почи́стивший
PAST PASS.	чи́щенный	почи́щенный
VERBAL ADVERB	чи́стя (сь)	почи́стив (шись)

чи́стить кого – что

Меня́ ча́сто спра́шивают, как я чи́щу кварти́ру.	They often ask me how I clean the apartment.
Сту́лья легко́ мо́ются и чи́стятся.	The chairs can be easily washed and cleaned.
Тща́тельно почи́стите промежу́тки ме́жду зуба́ми.	Carefully clean the spaces between the teeth.

		IMPERFECTIVE ASPECT	PERFECTIVE ASPECT
INF.		чита́ть	прочита́ть
PRES.	Я	чита́ю	
	Ты	чита́ешь	
	Он/она/оно	чита́ет	
	Мы	чита́ем	
	Вы	чита́ете	
	Они	чита́ют	
PAST	Я, Ты, Он	чита́л	прочита́л
	Я, Ты, Она	чита́ла	прочита́ла
	Оно	чита́ло	прочита́ло
	Мы, Вы, Они	чита́ли	прочита́ли
FUT.	Я	бу́ду чита́ть	прочита́ю
	Ты	бу́дешь чита́ть	прочита́ешь
	Он/она/оно	бу́дет чита́ть	прочита́ет
	Мы	бу́дем чита́ть	прочита́ем
	Вы	бу́дете чита́ть	прочита́ете
	Они	бу́дут чита́ть	прочита́ют
COND.	Я, Ты, Он	чита́л бы	прочита́л бы
	Я, Ты, Она	чита́ла бы	прочита́ла бы
	Оно	чита́ло бы	прочита́ло бы
	Мы, Вы, Они	чита́ли бы	прочита́ли бы
IMP.	Ты	чита́й	прочита́й
	Вы	чита́йте	прочита́йте

DEVERBALS

PRES. ACT.	чита́ющий	
PRES. PASS.	чита́емый	
PAST ACT.	чита́вший	прочита́вший
PAST PASS.	чита́нный	прочи́танный
VERBAL ADVERB	чита́я	прочита́в

чита́ть кого – что
There is also the verbal pair
прочи́тывать / прочита́ть.

AN ESSENTIAL VERB

AN ESSENTIAL VERB

чита́ть / прочита́ть

Examples

Скажи мне, что ты читаешь,
    слушаешь, смортишь.
Tell me what you read, what you listen to,
    what you watch.

Я когда читала, плакала.
As I was reading, I cried.

Прочитай и запомни.
Read and remember.

Их доклады прочитают во всем
    мире.
Their reports will be read all over the
    world.

Его роман еще не прочитан.
His novel has not been read yet.

Прочитав этот стих, вы научитесь
    понимать друг друга.
After reading this poem, you will learn to
    understand one another.

Учим русский язык, читая
    художественную литературу.
Let's learn Russian by reading literature.

Кто что читает?
Who is reading what?

Я читала твое письмо и плакала.
I read your letter and cried.

Прочитал энциклопедию.
I read through the encyclopedia.

**Words and expressions
related to this verb**

Читай вслух.

Читаю, а писать не умею.

Читает лекцию.

чтение

читатель

читательный

чу́вствовать (ся) / почу́вствовать (ся)

to feel (be noticeable)

		IMPERFECTIVE ASPECT	PERFECTIVE ASPECT
INF.		чу́вствовать (ся)	почу́вствовать (ся)
PRES.	Я	чу́вствую (сь)	
	Ты	чу́вствуешь (ся)	
	Он/она/оно	чу́вствует (ся)	
	Мы	чу́вствуем (ся)	
	Вы	чу́вствуете (сь)	
	Они	чу́вствуют (ся)	
PAST	Я, Ты, Он	чу́вствовал (ся)	почу́вствовал (ся)
	Я, Ты, Она	чу́вствовала (сь)	почу́вствовала (сь)
	Оно	чу́вствовало (сь)	почу́вствовало (сь)
	Мы, Вы, Они	чу́вствовали (сь)	почу́вствовали (сь)
FUT.	Я	бу́ду чу́вствовать (ся)	почу́вствую (сь)
	Ты	бу́дешь чу́вствовать (ся)	почу́вствуешь (ся)
	Он/она/оно	бу́дет чу́вствовать (ся)	почу́вствует (ся)
	Мы	бу́дем чу́вствовать (ся)	почу́вствуем (ся)
	Вы	бу́дете чу́вствовать (ся)	почу́вствуете (сь)
	Они	бу́дут чу́вствовать (ся)	почу́вствуют (ся)
COND.	Я, Ты, Он	чу́вствовал (ся) бы	почу́вствовал (ся) бы
	Я, Ты, Она	чу́вствовала (сь) бы	почу́вствовала (сь) бы
	Оно	чу́вствовало (сь) бы	почу́вствовало (сь) бы
	Мы, Вы, Они	чу́вствовали (сь) бы	почу́вствовали (сь) бы
IMP.	Ты	чу́вствуй (ся)	почу́вствуй (ся)
	Вы	чу́вствуйте (сь)	почу́вствуйте (сь)

Ч

DEVERBALS

PRES. ACT.	чу́вствующий (ся)	
PRES. PASS.	чу́вствуемый	
PAST ACT.	чу́вствовавший (ся)	почу́вствовавший (ся)
PAST PASS.		
VERBAL ADVERB	чу́вствуя (сь)	почу́вствовав (шись)

чу́вствовать что, себя

AN ESSENTIAL VERB

чу́вствовать (ся) / почу́вствовать (ся)

Examples

Мы чувствуем себя открытыми ко всему.
We feel open to everything.

Не думай, просто чувствуй.
Don't think, just feel.

Я всегда чувствовала его помощь.
I always felt his help.

Вы не почувствуете разницу.
You won't feel any difference.

Чувствуется русский дух.
The Russian spirit can be sensed.

Почувствуются новые влияния.
New influences will be felt.

Почувствовав страх, я бросился вперед.
Having sensed fear, I threw myself forward.

Я не чувствую никакого давления.
I do not feel any pressure.

Страх чувствовался в его голосе.
The fear in his voice could be felt.

Как говорится, почувствуйте разницу.
As they say, you will notice the difference.

Words and expressions related to this verb

Не все высказывается, что чувствуется.

Почувствовать близость друга.

Я чувствую себя хорошо.

чувство

чувствительный

чувственность

		IMPERFECTIVE ASPECT	PERFECTIVE ASPECT
INF.		ши́ть	сши́ть
PRES.	Я	шью́	
	Ты	шьёшь	
	Он/она/оно	шьёт	
	Мы	шьём	
	Вы	шьёте	
	Они	шью́т	
PAST	Я, Ты, Он	ши́л	сши́л
	Я, Ты, Она	ши́ла	сши́ла
	Оно	ши́ло	сши́ло
	Мы, Вы, Они	ши́ли	сши́ли
FUT.	Я	бу́ду ши́ть	сошью́
	Ты	бу́дешь ши́ть	сошьёшь
	Он/она/оно	бу́дет ши́ть	сошьёт
	Мы	бу́дем ши́ть	сошьём
	Вы	бу́дете ши́ть	сошьёте
	Они	бу́дут ши́ть	сошью́т
COND.	Я, Ты, Он	ши́л бы	сши́л бы
	Я, Ты, Она	ши́ла бы	сши́ла бы
	Оно	ши́ло бы	сши́ло бы
	Мы, Вы, Они	ши́ли бы	сши́ли бы
IMP.	Ты	ше́й	сше́й
	Вы	ше́йте	сше́йте

Ш

DEVERBALS

	IMPERFECTIVE ASPECT	PERFECTIVE ASPECT
PRES. ACT.	шью́щий	
PRES. PASS.		
PAST ACT.	ши́вший	сши́вший
PAST PASS.	ши́тый	сши́тый
VERBAL ADVERB	ши́в	сши́в

ши́ть что чем, по чему
The pair **сши́вать / сши́ть** also means *to sew*.

Красиво рисую, шью и вяжу.	I draw beautifully, sew, and knit.
Мама ему сшила костюм.	Mom sewed him a costume.
Сшейте модную юбку из шелка.	Sew a fashionable skirt from silk.

шуме́ть / пошуме́ть
to make noise, cause a sensation

		IMPERFECTIVE ASPECT	PERFECTIVE ASPECT
INF.		шуме́ть	пошуме́ть
PRES.	Я	шумлю́	
	Ты	шуми́шь	
	Он/она/оно	шуми́т	
	Мы	шуми́м	
	Вы	шуми́те	
	Они	шумя́т	
PAST	Я, Ты, Он	шуме́л	пошуме́л
	Я, Ты, Она	шуме́ла	пошуме́ла
	Оно	шуме́ло	пошуме́ло
	Мы, Вы, Они	шуме́ли	пошуме́ли
FUT.	Я	бу́ду шуме́ть	пошумлю́
	Ты	бу́дешь шуме́ть	пошуми́шь
	Он/она/оно	бу́дет шуме́ть	пошуми́т
	Мы	бу́дем шуме́ть	пошуми́м
	Вы	бу́дете шуме́ть	пошуми́те
	Они	бу́дут шуме́ть	пошумя́т
COND.	Я, Ты, Он	шуме́л бы	пошуме́л бы
	Я, Ты, Она	шуме́ла бы	пошуме́ла бы
	Оно	шуме́ло бы	пошуме́ло бы
	Мы, Вы, Они	шуме́ли бы	пошуме́ли бы
IMP.	Ты	шуми́	пошуми́
	Вы	шуми́те	пошуми́те

DEVERBALS

	IMPERFECTIVE ASPECT	PERFECTIVE ASPECT
PRES. ACT.	шумя́щий	
PRES. PASS.		
PAST ACT.	шуме́вший	пошуме́вший
PAST PASS.		
VERBAL ADVERB	шумя́	пошуме́в

Строители шумят днем и ночью.	The construction workers are noisy day and night.
Толпа пошумела, но через час разошлась.	The crowd caused a sensation, but dispersed within an hour.
Пошуми ветерок, пошуми мне.	Make a noise, little wind, make some noise for me.

		IMPERFECTIVE ASPECT	PERFECTIVE ASPECT
INF.		шути́ть	пошути́ть
PRES.	Я	шучу́	
	Ты	шу́тишь	
	Он/она/оно	шу́тит	
	Мы	шу́тим	
	Вы	шу́тите	
	Они	шу́тят	
PAST	Я, Ты, Он	шути́л	пошути́л
	Я, Ты, Она	шути́ла	пошути́ла
	Оно	шути́ло	пошути́ло
	Мы, Вы, Они	шути́ли	пошути́ли
FUT.	Я	бу́ду шути́ть	пошучу́
	Ты	бу́дешь шути́ть	пошу́тишь
	Он/она/оно	бу́дет шути́ть	пошу́тит
	Мы	бу́дем шути́ть	пошу́тим
	Вы	бу́дете шути́ть	пошу́тите
	Они	бу́дут шути́ть	пошу́тят
COND.	Я, Ты, Он	шути́л бы	пошути́л бы
	Я, Ты, Она	шути́ла бы	пошути́ла бы
	Оно	шути́ло бы	пошути́ло бы
	Мы, Вы, Они	шути́ли бы	пошути́ли бы
IMP.	Ты	шути́	пошути́
	Вы	шути́те	пошути́те

DEVERBALS

	IMPERFECTIVE ASPECT	PERFECTIVE ASPECT
PRES. ACT.	шутя́щий	
PRES. PASS.		
PAST ACT.	шути́вший	пошути́вший
PAST PASS.		
VERBAL ADVERB	шутя́	пошути́в

шути́ть над кем – чем

Над очень серьезными вещами я не шучу.	I do not jest about very serious matters.
Пошутили над одним сотрудником.	They played a prank on a co-worker.
Пошути над другом.	Play a joke on your friend.

Ш

явля́ть (ся) / яви́ть (ся)
to reveal (present oneself, turn up, to be)

		IMPERFECTIVE ASPECT	PERFECTIVE ASPECT
INF.		явля́ть (ся)	яви́ть (ся)
PRES.	Я	явля́ю (сь)	
	Ты	явля́ешь (ся)	
	Он/она/оно	явля́ет (ся)	
	Мы	явля́ем (ся)	
	Вы	явля́ете (сь)	
	Они	явля́ют (ся)	
PAST	Я, Ты, Он	явля́л (ся)	яви́л (ся)
	Я, Ты, Она	явля́ла (сь)	яви́ла (сь)
	Оно	явля́ло (сь)	яви́ло (сь)
	Мы, Вы, Они	явля́ли (сь)	яви́ли (сь)
FUT.	Я	бу́ду явля́ть (ся)	явлю́ (сь)
	Ты	бу́дешь явля́ть (ся)	я́вишь (ся)
	Он/она/оно	бу́дет явля́ть (ся)	я́вит (ся)
	Мы	бу́дем явля́ть (ся)	я́вим (ся)
	Вы	бу́дете явля́ть (ся)	я́вите (сь)
	Они	бу́дут явля́ть (ся)	я́вят (ся)
COND.	Я, Ты, Он	явля́л (ся) бы	яви́л (ся) бы
	Я, Ты, Она	явля́ла (сь) бы	яви́ла (сь) бы
	Оно	явля́ло (сь) бы	яви́ло (сь) бы
	Мы, Вы, Они	явля́ли (сь) бы	яви́ли (сь) бы
IMP.	Ты	явля́й (ся)	яви́ (сь)
	Вы	явля́йте (сь)	яви́те (сь)

DEVERBALS

PRES. ACT.	явля́ющий (ся)	
PRES. PASS.	явля́емый	
PAST ACT.	явля́вший (ся)	яви́вший (ся)
PAST PASS.		я́вленный
VERBAL ADVERB	явля́я (сь)	яви́в (шись)

явля́ть кого – что; явля́ться кем – чем

Я явля́юсь директором одной фирмы.	I am the director of a firm.
Он не яви́лся в суд.	He did not present himself at the trial.
Группа яви́ла новый альбом.	The group brought out a new album.

Russian Verbs in the Twenty-First Century

The advent of the personal computer and the spread of the Internet, including the World Wide Web, have brought new vocabulary to the Russian language. As could be expected, many new nouns have appeared, such as the words for *browser* (браузер). Many old words are used in new meanings: *The Net* is Сеть. There is also an increasing use of English words in Roman script in Russian publications, such as **Internet**. For the most part, however, the verbal system simply uses already existing verbs to encompass new meanings. Note the following usage of verbs already found in the original *501 Russian Verbs*.

открывать / открыть окно	to open a window
закрывать / закрыть папку	to close a file
включать / включить принтер	to turn on the printer
выключать / выключить монитор	to turn off the monitor
показывать / показать все окна	to show all windows
создавать / создать псевдоним	to create an alias

The dramatic democratic reforms that brought an end to the Soviet Union and the emergence of the Russian Federation were also accompanied by an influx or re-emergence in the language of a vocabulary needed to explain new political realities and structures, and economic concepts such as private property, real estate, free market economy forces, and so on. Here too, many existing words were called upon anew or ever more frequently.

There has also been a tendency to use words similar to those in common usage in English and other European languages. Many of these verbs end in -овать or -ировать and when pronounced aloud will seem very familiar: программировать = to program, приватизировать = to privatize.

The language continues to adapt to changing times. On the next few pages we have 100 verbal pairs selected from contemporary newspapers, journals, and web sites that are representative of this new, up-to-date Russian language. This list is just a beginning. The twenty-first century will surely yield more!

The verbs are presented in a somewhat abbreviated form, listing the principal parts from which all the other forms of the verb can be easily derived. The following example indicates in *italics* the forms that are to be derived or deduced from those in the standard, non-italic font.

Some of these verbs are listed with perfective forms in standard reference works. In many cases one form of the verb, particularly those ending in -ировать, serves as an imperfective and perfective verb. The use of the particle **ся** is widespread (particularly in writing), transforming a transitive verb into an intransitive one or a passive construction. As with the original *501 Russian Verbs,* only those forms we have found in standard reference works or have actually encountered are provided.

SAMPLE VERB:

адапти́ровать / адапти́ровать
to adapt

		IMPERFECTIVE ASPECT	PERFECTIVE ASPECT
INF.		адапти́ровать	адапти́ровать
PRES.	Я	адапти́рую	
	Ты	адапти́руешь	
	Он/она/оно	*адапти́рует*	
	Мы	*адапти́руем*	
	Вы	*адапти́руете*	
	Они	адапти́руют	
PAST	Я, Ты, Он	адапти́ровал	адапти́ровал
	Я, Ты, Она	*адапти́ровала*	*адапти́ровала*
	Оно	*адапти́ровало*	*адапти́ровало*
	Мы, Вы, Они	*адапти́ровали*	*адапти́ровали*
FUT.	Я	бу́ду адапти́ровать	адапти́рую
	Ты	бу́дешь адапти́ровать	адапти́руешь
	Он/она/оно	*бу́дет адапти́ровать*	*адапти́рует*
	Мы	*бу́дем адапти́ровать*	*адапти́руем*
	Вы	*бу́дете адапти́ровать*	*адапти́руете*
	Они	бу́дут адапти́ровать	адапти́руют
COND.	Я, Ты, Он	адапти́ровал бы	адапти́ровал бы
	Я, Ты, Она	*адапти́ровала бы*	*адапти́ровала бы*
	Оно	*адапти́ровало бы*	*адапти́ровало бы*
	Мы, Вы, Они	*адапти́ровали бы*	*адапти́ровали бы*
IMP.	Ты	адапти́руй	адапти́руй
	Вы	*адапти́руйте*	*адапти́руйте*

DEVERBALS

PRES. ACT.		
	адапти́рующий	
PRES. PASS.		
	адапти́руемый	
PAST ACT.		
	адапти́ровавший	адапти́ровавший
PAST PASS.		
		адапти́рованный
VERBAL ADVERB	адапти́руя	адапти́ров

адапти́ровать что

Principal Parts of 100 Russian Verbs for the Twenty-First Century

адапти́ровать (ся) / адапти́ровать (ся)
to adapt

		IMPERFECTIVE ASPECT	PERFECTIVE ASPECT
INF.		адапти́ровать (ся)	адапти́ровать (ся)
PRES.	Я	адапти́рую (сь)	
	Ты	адапти́руешь (ся)	
	Они	адапти́руют (ся)	
PAST	Я, Ты, Он	адапти́ровал (ся)	адапти́ровал (ся)
FUT.	Я	бу́ду адапти́ровать (ся)	адапти́рую (сь)
	Ты	бу́дешь адапти́ровать (ся)	адапти́руешь (ся)
	Они	бу́дут адапти́ровать (ся)	адапти́руют (ся)
COND.	Я, Ты, Он	адапти́ровал (ся) бы	адапти́ровал (ся) бы
IMP.	Ты (Вы)	адапти́руй (ся) (те) (сь)	адапти́руй (ся) (те) (сь)

DEVERBALS

PRES. ACT.	адапти́рующий (ся)	
PAST ACT.	адапти́ровавший (ся)	адапти́ровавший (ся)
PAST PASS.		адапти́рованный
VERBAL ADVERB	адапти́руя	адапти́ровав (шись)

адапти́ровать что, адапти́роваться к кому-чему

администри́ровать
to administer, manage

		IMPERFECTIVE ASPECT	PERFECTIVE ASPECT
INF.		администри́ровать	
PRES.	Я	администри́рую	
	Ты	администри́руешь	
	Они	администри́руют	
PAST	Я, Ты, Он	администри́ровал	
FUT.	Я	бу́ду администри́ровать	
	Ты	бу́дешь администри́ровать	
	Они	бу́дут администри́ровать	
COND.	Я, Ты, Он	администри́ровал бы	
IMP.	Ты (Вы)	администри́руй (те)	

DEVERBALS

PRES. ACT.	администри́рующий
PAST ACT.	администри́ровавший
PAST PASS.	
VERBAL ADVERB	администри́руя

адресова́ть (ся) / адресова́ть (ся)
to address

	IMPERFECTIVE ASPECT	PERFECTIVE ASPECT
INF.	адресова́ть (ся)	адресова́ть (ся)
PRES.	адресу́ю (сь)	
	адресу́ешь (ся)	
	адресу́ют (ся)	
PAST	адресова́л (ся)	адресова́л (ся)
FUT.	бу́ду адресова́ть (ся)	адресу́ю (сь)
	бу́дешь адресова́ть (ся)	адресу́ешь (ся)
	бу́дут адресова́ть (ся)	адресу́ют (ся)
COND.	адресова́л (ся) бы	адресова́л (ся) бы
IMP.	адресу́й (ся) (те) (сь)	адресу́й (ся) (те) (сь)

DEVERBALS		
PRES. ACT.	адресу́ющий (ся)	
PAST ACT.	адресова́вший (ся)	адресова́вший (ся)
PAST PASS.		адресо́ванный
VERBAL ADVERB	адресу́я (сь)	адресова́в (шись)

адресова́ть что кому

анноти́ровать / анноти́ровать
to annotate

	IMPERFECTIVE ASPECT	PERFECTIVE ASPECT
INF.	анноти́ровать	анноти́ровать
PRES.	анноти́рую	
	анноти́руешь	
	анноти́руют	
PAST	анноти́ровал	анноти́ровал
FUT.	бу́ду анноти́ровать	анноти́рую
	бу́дешь анноти́ровать	анноти́руешь
	бу́дут анноти́ровать	анноти́руют
COND.	анноти́ровал бы	анноти́ровал бы
IMP.	анноти́руй (те)	анноти́руй (те)

DEVERBALS		
PRES. ACT.	анноти́рующий	
PAST ACT.	анноти́ровавший	анноти́ровавший
PAST PASS.		анноти́рованный
VERBAL ADVERB	анноти́руя	анноти́ровав

анноти́ровать что

to rent, lease

	IMPERFECTIVE ASPECT	PERFECTIVE ASPECT
INF.	арендова́ть	арендова́ть
PRES.	аренду́ю	
	аренду́ешь	
	аренду́ют	
PAST	арендова́л	арендова́л
FUT.	бу́ду арендова́ть	аренду́ю
	бу́дешь арендова́ть	аренду́ешь
	бу́дут арендова́ть	аренду́ют
COND.	арендова́л бы	арендова́л бы
IMP.	аренду́й (те)	аренду́й (те)

	DEVERBALS	
PRES. ACT.	аренду́ющий	
PAST ACT.	арендова́вший	арендова́вший
PAST PASS.		арендо́ванный
VERBAL ADVERB	аренду́я	арендова́в

арендова́ть что

ассоции́ровать (ся) / ассоции́ровать (ся)

to associate with

	IMPERFECTIVE ASPECT	PERFECTIVE ASPECT
INF.	ассоции́ровать (ся)	ассоции́ровать (ся)
PRES.	ассоции́рую (сь)	
	ассоции́руешь (ся)	
	ассоции́руют (ся)	
PAST	ассоции́ровал (ся)	ассоции́ровал (ся)
FUT.	бу́ду ассоции́ровать (ся)	ассоции́рую (сь)
	бу́дешь ассоции́ровать (ся)	ассоции́руешь (ся)
	бу́дут ассоции́ровать (ся)	ассоции́руют⬜ся)
COND.	ассоции́ровал (ся) бы	ассоции́ровал (ся) бы
IMP.	ассоции́руй (ся) (те) (сь)	ассоции́руй (ся) (те) (сь)

	DEVERBALS	
PRES. ACT.	ассоции́рующий (ся)	
PAST ACT.	ассоции́ровавший (ся)	ассоции́ровавший (ся)
PAST PASS.		ассоции́рованный
VERBAL ADVERB	ассоции́руя (сь)	ассоции́ровав (шись)

ассоции́ровать что с чем, с кем

базировать (ся)
to base on

	IMPERFECTIVE ASPECT	PERFECTIVE ASPECT
INF.	базировать (ся)	
PRES.	базирую (сь)	
	базируешь (ся)	
	базируют (ся)	
PAST	базировал (ся)	
FUT.	буду базировать (ся)	
	будешь базировать (ся)	
	будут базировать (ся)	
COND.	базировал (ся) бы	
IMP.	базируй (ся) (те) (сь)	
	DEVERBALS	
PRES. ACT.	базирующий (ся)	
PAST ACT.	базировавший (ся)	
PAST PASS.		
VERBAL ADVERB	базируя (сь)	

базировать что на чём

баллотировать (ся)
to vote for, vote on (run for office)

	IMPERFECTIVE ASPECT	PERFECTIVE ASPECT
INF.	баллотировать (ся)	
PRES.	баллотирую (сь)	
	баллотируешь (ся)	
	баллотируют (ся)	
PAST	баллотировал (ся)	
FUT.	буду баллотировать (ся)	
	будешь баллотировать (ся)	
	будут баллотировать (ся)	
COND.	баллотировал (ся) бы	
IMP.	баллотируй (ся) (те) (сь)	
	DEVERBALS	
PRES. ACT.	баллотирующий (ся)	
PAST ACT.	баллотировавший (ся)	
PAST PASS.		
VERBAL ADVERB	баллотируя (сь)	

баллотировать кого-что, баллотироваться в кто

блоки́ровать / блоки́ровать

to blockade

	IMPERFECTIVE ASPECT	PERFECTIVE ASPECT
INF.	блоки́ровать	блоки́ровать
PRES.	блоки́рую	
	блоки́руешь	
	блоки́руют	
PAST	блоки́ровал	блоки́ровал
FUT.	бу́ду блоки́ровать	блоки́рую
	бу́дешь блоки́ровать	блоки́руешь
	бу́дут блоки́ровать	блоки́руют
COND.	блоки́ровал бы	блоки́ровал бы
IMP.	блоки́руй (те)	блоки́руй (те)

	DEVERBALS	
PRES. ACT.	блоки́рующий	
PAST ACT.	блоки́ровавший	блоки́ровавший
PAST PASS.		блоки́рованный
VERBAL ADVERB	блоки́руя	блоки́ровав

блоки́ровать кого-что

блоки́роваться / сблоки́роваться

to form a political bloc

	IMPERFECTIVE ASPECT	PERFECTIVE ASPECT
INF.	блоки́роваться	сблоки́роваться
PRES.	блоки́руюсь	
	блоки́руешься	
	блоки́руются	
PAST	блоки́ровался	сблоки́ровался
FUT.	бу́ду блоки́роваться	сблоки́руюсь
	бу́дешь блоки́роваться	сблоки́руешься
	бу́дут блоки́роваться	сблоки́руются
COND.	блоки́ровался бы	сблоки́ровался бы
IMP.	блоки́руйся (тесь)	сблоки́руйся (тесь)

	DEVERBALS	
PRES. ACT.	блоки́рующийся	
PAST ACT.	блоки́ровавшийся	сблоки́ровавшийся
PAST PASS.		
VERBAL ADVERB	блоки́руясь	сблоки́ровавшись

блоки́роваться с кем-чем

взрыва́ть (ся) / взорва́ть (ся)
to explode, blow up

	IMPERFECTIVE ASPECT	PERFECTIVE ASPECT
INF.	взрыва́ть (ся)	взорва́ть (ся)
PRES.	взрыва́ю	
	взрыва́ешь	
	взрыва́ют (ся)	
PAST	взрыва́л (ся)	взорва́л (ся)
FUT.	бу́ду взрыва́ть	взорву́
	бу́дешь взрыва́ть	взорвёшь
	бу́дут взрыва́ть (ся)	взорву́т (ся)
COND.	взрыва́л (ся) бы	взорва́л (ся) бы
IMP.	взрыва́й (те)	взорви́ (те)

DEVERBALS		
PRES. ACT.	взрыва́ющий (ся)	
PAST ACT.	взрыва́вший (ся)	взорва́вший (ся)
PAST PASS.		взо́рванный
VERBAL ADVERB	взрыва́я (сь)	взорва́в (шись)

взрыва́ть кого-что

возлага́ть / возложи́ть
to entrust, lay something on

	IMPERFECTIVE ASPECT	PERFECTIVE ASPECT
INF.	возлага́ть	возложи́ть
PRES.	возлага́ю	
	возлага́ешь	
	возлага́ют	
PAST	возлага́л	возложи́л
FUT.	бу́ду возлага́ть	возложу́
	бу́дешь возлага́ть	возло́жишь
	бу́дут возлага́ть	возло́жат
COND.	возлага́л бы	возложи́л бы
IMP.	возлага́й (те)	возложи́ (те)

DEVERBALS		
PRES. ACT.	возлага́ющий	
PAST ACT.	возлага́вший	возложи́вший
PAST PASS.		возло́женный
VERBAL ADVERB	возлага́я	возложи́в

возлага́ть что на кого-что

восстановля́ть (ся) / восстанови́ть (ся)

to restore, recover

	IMPERFECTIVE ASPECT	PERFECTIVE ASPECT
INF.	восстановля́ть (ся)	восстанови́ть (ся)
PRES.	восстановля́ю (сь)	
	восстановля́ешь (ся)	
	восстановля́ют (ся)	
PAST	восстановля́л (ся)	восстанови́л (ся)
FUT.	бу́ду восстановля́ть (ся)	восстановлю́ (сь)
	бу́дешь восстановля́ть (ся)	восстано́вишь (ся)
	бу́дут восстановля́ть (ся)	восстано́вят (ся)
COND.	восстановля́л (ся) бы	восстанови́л (ся) бы
IMP.	восстановля́й (ся) (те) (сь)	восстанови́ (сь) (те) (сь)

DEVERBALS

PRES. ACT.	восстановля́ющий (ся)	
PAST ACT.	восстановля́вший (ся)	восстанови́вший (ся)
PAST PASS.		восстано́вленный
VERBAL ADVERB	восстановля́я (сь)	восстанови́в (шись)

восстановля́ть кого-что, восстановля́ть программу means *restore a program*.

вставля́ть / вста́вить

to insert, "paste"

	IMPERFECTIVE ASPECT	PERFECTIVE ASPECT
INF.	вставля́ть	вста́вить
PRES.	вставля́ю	
	вставля́ешь	
	вставля́ют	
PAST	вставля́л	вста́вил
FUT.	бу́ду вставля́ть	вста́влю
	бу́дешь вставля́ть	вста́вишь
	бу́дут вставля́ть	вста́вят
COND.	вставля́л бы	вста́вил бы
IMP.	вставля́й (те)	вста́вь (те)

DEVERBALS

PRES. ACT.	вставля́ющий	
PAST ACT.	вставля́вший	вста́вивший
PAST PASS.		вста́вленный
VERBAL ADVERB	вставля́я	вста́вив

вставля́ть кого-что во что, вставля́ть слово

выделя́ть (ся) / вы́делить (ся)
to select, choose

	IMPERFECTIVE ASPECT	PERFECTIVE ASPECT
INF.	выделя́ть (ся)	вы́делить (ся)
PRES.	выделя́ю (сь)	
	выделя́ешь (ся)	
	выделя́ют (ся)	
PAST	выделя́л (ся)	вы́делил (ся)
FUT.	бу́ду выделя́ть (ся)	вы́делю (сь)
	бу́дешь выделя́ть (ся)	вы́делишь (ся)
	бу́дут выделя́ть (ся)	вы́делят (ся)
COND.	выделя́л (ся) бы	вы́делил (ся) бы
IMP.	выделя́й (ся) (те) (сь)	вы́дели (сь) (те) (сь)

DEVERBALS		
PRES. ACT.	выделя́ющий (ся)	
PAST ACT.	выделя́вший (ся)	вы́деливший (ся)
PAST PASS.		вы́деленный
VERBAL ADVERB	выделя́я (сь)	вы́делив (шись)

выделя́ть кого-что, вы́делять все means *to select all*

выреза́ть / вы́резать
to cut out

	IMPERFECTIVE ASPECT	PERFECTIVE ASPECT
INF.	выреза́ть	вы́резать
PRES.	выреза́ю	
	выреза́ешь	
	выреза́ют	
PAST	выреза́л	вы́резал
FUT.	бу́ду выреза́ть	вы́режу
	бу́дешь выреза́ть	вы́режешь
	бу́дут выреза́ть	вы́режут
COND.	выреза́л бы	вы́резал бы
IMP.	выреза́й (те)	вы́режь (те)

DEVERBALS		
PRES. ACT.	выреза́ющий	
PAST ACT.	выреза́вший	вы́резавший
PAST PASS.		вы́резанный
VERBAL ADVERB	выреза́я	вы́резав

выреза́ть кого-что, выреза́ть текст

голосова́ть / проголосова́ть
to vote

	IMPERFECTIVE ASPECT	PERFECTIVE ASPECT
INF.	голосова́ть	проголосова́ть
PRES.	голосу́ю	
	голосу́ешь	
	голосу́ют	
PAST	голосова́л	проголосова́л
FUT.	бу́ду голосова́ть	проголосу́ю
	бу́дешь голосова́ть	проголосу́ешь
	бу́дут голосова́ть	проголосу́ют
COND.	голосова́л бы	проголосова́л бы
IMP.	голосу́й (те)	проголосу́й (те)

DEVERBALS

PRES. ACT.	голосу́ющий	
PAST ACT.	голосова́вший	проголосова́вший
PAST PASS.		проголосо́ванный
VERBAL ADVERB	голосу́я	проголосова́в

голосова́ть что за кого-что

грози́ть / погрози́ть
to threaten

	IMPERFECTIVE ASPECT	PERFECTIVE ASPECT
INF.	грози́ть	погрози́ть
PRES.	грожу́	
	грози́шь	
	грозя́т	
PAST	грози́л	погрози́л
FUT.	бу́ду грози́ть	погрожу́
	бу́дешь грози́ть	погрози́шь
	бу́дут грози́ть	погрозя́т
COND.	грози́л бы	погрози́л бы
IMP.	грози́ (те)	погрози́ (те)

DEVERBALS

PRES. ACT.	грозя́щий	
PAST ACT.	грози́вший	погрози́вший
PAST PASS.		
VERBAL ADVERB	грозя́	погрози́в

грози́ть кому-чему чем

демонстри́ровать / продемонстри́ровать
to demonstrate, show

	IMPERFECTIVE ASPECT	PERFECTIVE ASPECT
INF.	демонстри́ровать	продемонстри́ровать
PRES.	демонстри́рую	
	демонстри́руешь	
	демонстри́руют	
PAST	демонстри́ровал	продемонстри́ровал
FUT.	бу́ду демонстри́ровать	продемонстри́рую
	бу́дешь демонстри́ровать	продемонстри́руешь
	бу́дут демонстри́ровать	продемонстри́руют
COND.	демонстри́ровал бы	продемонстри́ровал бы
IMP.	демонстри́руй (те)	продемонстри́руй (те)

DEVERBALS		
PRES. ACT.	демонстри́рующий	
PAST ACT.	демонстри́ровавший	продемонстри́ровавший
PAST PASS.		продемонстри́рованный
VERBAL ADVERB	демонстри́руя	продемонстри́ровав

демонстри́ровать что
демонстри́ровать used as a perfective verb means *to participate in a demonstration*

догáдываться / догадáться
to guess

	IMPERFECTIVE ASPECT	PERFECTIVE ASPECT
INF.	догáдываться	догадáться
PRES.	догáдываюсь	
	догáдываешься	
	догáдываются	
PAST	догáдывался	догадáлся
FUT.	бу́ду догáдываться	догадáюсь
	бу́дешь догáдываться	догадáешься
	бу́дут догáдываться	догадáются
COND.	догáдывался бы	догадáлся бы
IMP.	догáдывайся (тесь)	догадáйся (тесь)

DEVERBALS		
PRES. ACT.	догáдывающийся	
PAST ACT.	догáдывавшийся	догадáвшийся
PAST PASS.		
VERBAL ADVERB	догáдываясь	догадáвшись

домини́ровать

to dominate over

	IMPERFECTIVE ASPECT	PERFECTIVE ASPECT
INF.	домини́ровать	
PRES.	домини́рую	
	домини́руешь	
	домини́руют	
PAST	домини́ровал	
FUT.	бу́ду домини́ровать	
	бу́дешь домини́ровать	
	бу́дут домини́ровать	
COND.	домини́ровал бы	
IMP.	домини́руй (те)	

DEVERBALS		
PRES. ACT.	домини́рующий	
PAST ACT.	домини́ровавший	
PAST PASS.		
VERBAL ADVERB	домини́руя	

домини́ровать над чем

дубли́ровать

to duplicate, make a copy

	IMPERFECTIVE ASPECT	PERFECTIVE ASPECT
INF.	дубли́ровать	
PRES.	дубли́рую	
	дубли́руешь	
	дубли́руют	
PAST	дубли́ровал	
FUT.	бу́ду дубли́ровать	
	бу́дешь дубли́ровать	
	бу́дут дубли́ровать	
COND.	дубли́ровал бы	
IMP.	дубли́руй (те)	

DEVERBALS		
PRES. ACT.	дубли́рующий	
PAST ACT.	дубли́ровавший	
PAST PASS.	дубли́рованный	
VERBAL ADVERB	дубли́руя	

дубли́ровать что

жева́ть / пожева́ть
to chew

	IMPERFECTIVE ASPECT	PERFECTIVE ASPECT
INF.	жева́ть	пожева́ть
PRES.	жу́ю	
	жу́ешь	
	жу́ют	
PAST	жева́л	пожева́л
FUT.	бу́ду жева́ть	пожу́ю
	бу́дешь жева́ть	пожу́ешь
	бу́дут жева́ть	пожу́ют
COND.	жева́л бы	пожева́л бы
IMP.	жу́й (те)	пожу́й (те)
	DEVERBALS	
PRES. ACT.	жу́ющий	
PAST ACT.	жева́вший	пожева́вший
PAST PASS.		пожёванный
VERBAL ADVERB	жу́я	пожева́в

жева́ть что, чего

заблужда́ться / заблуди́ться
to get lost, lose one's way

	IMPERFECTIVE ASPECT	PERFECTIVE ASPECT
INF.	заблужда́ться	заблуди́ться
PRES.	заблужда́юсь	
	заблужда́ешься	
	заблужда́ются	
PAST	заблужда́лся	заблуди́лся
FUT.	бу́ду заблужда́ться	заблужу́сь
	бу́дешь заблужда́ться	заблу́дишься
	бу́дут заблужда́ться	заблу́дятся
COND.	заблужда́лся бы	заблуди́лся бы
IMP.	заблужда́йся (тесь)	заблуди́сь (тесь)
	DEVERBALS	
PRES. ACT.	заблужда́ющийся	
PAST ACT.	заблужда́вшийся	заблуди́вшийся
PAST PASS.		
VERBAL ADVERB	заблужда́ясь	заблуди́вшись

загружа́ть (ся) / загрузи́ть (ся)
to load (start up computer)

	IMPERFECTIVE ASPECT	PERFECTIVE ASPECT
INF.	загружа́ть (ся)	загрузи́ть (ся)
PRES.	загру́жа́ю (сь)	
	загру́жа́ешь (ся)	
	загру́жа́ют (ся)	
PAST	загружа́л (ся)	загрузи́л (ся)
FUT.	бу́ду загружа́ть (ся)	загружу́ (сь)
	бу́дешь загружа́ть (ся)	загру́зишь (ся)
	бу́дут загружа́ть (ся)	загру́зят (ся)
COND.	загружа́л (ся) бы	загрузи́л (ся) бы
IMP.	загружа́й (ся) (те) (сь)	загрузи́ (сь) (те) (сь)

DEVERBALS

PRES. ACT.	загружа́ющий (ся)	
PAST ACT.	загружа́вший (ся)	загрузи́вший (ся)
PAST PASS.		загру́женный
VERBAL ADVERB	загружа́я (сь)	загрузи́в (шись)

загружа́ть кого-что, загружа́ть программу

заполня́ть (ся) / запо́лнить (ся)
to fill in, fill out

	IMPERFECTIVE ASPECT	PERFECTIVE ASPECT
INF.	заполня́ть (ся)	запо́лнить (ся)
PRES.	заполня́ю	
	заполня́ешь	
	заполня́ют (ся)	
PAST	заполня́л (ся)	запо́лнил (ся)
FUT.	бу́ду заполня́ть	запо́лню
	бу́дешь заполня́ть	запо́лнишь
	бу́дут заполня́ть (ся)	запо́лнят (ся)
COND.	заполня́л (ся) бы	запо́лнил (ся) бы
IMP.	заполня́й (те)	запо́лни (те)

DEVERBALS

PRES. ACT.	заполня́ющий (ся)	
PAST ACT.	заполня́вший (ся)	запо́лнивший (ся)
PAST PASS.		запо́лненный
VERBAL ADVERB	заполня́я (сь)	запо́лнив (шись)

заполня́ть что

заража́ть (ся) / зарази́ть (ся)
to infect

	IMPERFECTIVE ASPECT	PERFECTIVE ASPECT
INF.	заража́ть (ся)	зарази́ть (ся)
PRES.	заража́ю (сь)	
	заража́ешь (ся)	
	заража́ют (ся)	
PAST	заража́л (ся)	зарази́л (ся)
FUT.	бу́ду заража́ть (ся)	заражу́ (сь)
	бу́дешь заража́ть (ся)	зарази́шь (ся)
	бу́дут заража́ть (ся)	заразя́т (ся)
COND.	заража́л (ся) бы	зарази́л (ся) бы
IMP.	заража́й (ся) (те) (сь)	зарази́ (сь) (те) (сь)

DEVERBALS		
PRES. ACT.	заража́ющий (ся)	
PAST ACT.	заража́вший (ся)	зарази́вший (ся)
PAST PASS.		заражённый
VERBAL ADVERB	заража́я (сь)	зарази́в (шись)

заража́ть кого-что чем, заража́ться вирусом

иллюстри́ровать / иллюстри́ровать
to illustrate

	IMPERFECTIVE ASPECT	PERFECTIVE ASPECT
INF.	иллюстри́ровать	иллюстри́ровать
PRES.	иллюстри́рую	
	иллюстри́руешь	
	иллюстри́руют	
PAST	иллюстри́ровал	иллюстри́ровал
FUT.	бу́ду иллюстри́ровать	иллюстри́рую
	бу́дешь иллюстри́ровать	иллюстри́руешь
	бу́дут иллюстри́ровать	иллюстри́руют
COND.	иллюстри́ровал бы	иллюстри́ровал бы
IMP.	иллюстри́руй (те)	иллюстри́руй (те)

DEVERBALS		
PRES. ACT.	иллюстри́рующий	
PAST ACT.	иллюстри́ровавший	иллюстри́ровавший
PAST PASS.		иллюстри́рованный
VERBAL ADVERB	иллюстри́руя	иллюстри́ровав

иллюстри́ровать что

иммигри́ровать / иммигри́ровать
to immigrate

	IMPERFECTIVE ASPECT	PERFECTIVE ASPECT
INF.	иммигри́ровать	иммигри́ровать
PRES.	иммигри́рую	
	иммигри́руешь	
	иммигри́руют	
PAST	иммигри́ровал	иммигри́ровал
FUT.	бу́ду иммигри́ровать	иммигри́рую
	бу́дешь иммигри́ровать	иммигри́руешь
	бу́дут иммигри́ровать	иммигри́руют
COND.	иммигри́ровал бы	иммигри́ровал бы
IMP.	иммигри́руй (те)	иммигри́руй (те)

	DEVERBALS	
PRES. ACT.	иммигри́рующий	
PAST ACT.	иммигри́ровавший	иммигри́ровавший
PAST PASS.		
VERBAL ADVERB	иммигри́руя	иммигри́ров

инвести́ровать / инвести́ровать
to invest

	IMPERFECTIVE ASPECT	PERFECTIVE ASPECT
INF.	инвести́ровать	инвести́ровать
PRES.	инвести́рую	
	инвести́руешь	
	инвести́руют	
PAST	инвести́ровал	инвести́ровал
FUT.	бу́ду инвести́ровать	инвести́рую
	бу́дешь инвести́ровать	инвести́руешь
	бу́дут инвести́ровать	инвести́руют
COND.	инвести́ровал бы	инвести́ровал бы
IMP.	инвести́руй (те)	инвести́руй (те)

	DEVERBALS	
PRES. ACT.	инвести́рующий	
PAST ACT.	инвести́ровавший	инвести́ровавший
PAST PASS.		инвести́рованный
VERBAL ADVERB	инвести́руя	инвести́ров

инвести́ровать что

интегри́ровать / интегри́ровать
to integrate

	IMPERFECTIVE ASPECT	PERFECTIVE ASPECT
INF.	интегри́ровать	интегри́ровать
PRES.	интегри́рую	
	интегри́руешь	
	интегри́руют	
PAST	интегри́ровал	интегри́ровал
FUT.	бу́ду интегри́ровать	интегри́рую
	бу́дешь интегри́ровать	интегри́руешь
	бу́дут интегри́ровать	интегри́руют
COND.	интегри́ровал бы	интегри́ровал бы
IMP.	интегри́руй (те)	интегри́руй (те)
	DEVERBALS	
PRES. ACT.	интегри́рующий	
PAST ACT.	интегри́ровавший	интегри́ровавший
PAST PASS.		интегри́рованный
VERBAL ADVERB	интегри́руя	интегри́ровав

интегри́ровать что

инфици́ровать / инфици́ровать
to infect

	IMPERFECTIVE ASPECT	PERFECTIVE ASPECT
INF.	инфици́ровать	инфици́ровать
PRES.	инфици́рую	
	инфици́руешь	
	инфици́руют	
PAST	инфици́ровал	инфици́ровал
FUT.	бу́ду инфици́ровать	инфици́рую
	бу́дешь инфици́ровать	инфици́руешь
	бу́дут инфици́ровать	инфици́руют
COND.	инфици́ровал бы	инфици́ровал бы
IMP.	инфици́руй (те)	инфици́руй (те)
	DEVERBALS	
PRES. ACT.	инфици́рующий	
PAST ACT.	инфици́ровавший	инфици́ровавший
PAST PASS.		инфици́рованный
VERBAL ADVERB	инфици́руя	инфици́ровав

инфици́ровать кого-что чем

комбини́ровать / скомбини́ровать
to combine

	IMPERFECTIVE ASPECT	PERFECTIVE ASPECT
INF.	комбини́ровать	скомбини́ровать
PRES.	комбини́рую	
	комбини́руешь	
	комбини́руют	
PAST	комбини́ровал	скомбини́ровал
FUT.	бу́ду комбини́ровать	скомбини́рую
	бу́дешь комбини́ровать	скомбини́руешь
	бу́дут комбини́ровать	скомбини́руют
COND.	комбини́ровал бы	скомбини́ровал бы
IMP.	комбини́руй (те)	скомбини́руй (те)

DEVERBALS		
PRES. ACT.	комбини́рующий	
PAST ACT.	комбини́ровавший	скомбини́ровавший
PAST PASS.		скомбини́рованный
VERBAL ADVERB	комбини́руя	скомбини́ровав

комбини́ровать что

компенси́ровать / компенси́ровать
to compensate

	IMPERFECTIVE ASPECT	PERFECTIVE ASPECT
INF.	компенси́ровать	компенси́ровать
PRES.	компенси́рую	
	компенси́руешь	
	компенси́руют	
PAST	компенси́ровал	компенси́ровал
FUT.	бу́ду компенси́ровать	компенси́рую
	бу́дешь компенси́ровать	компенси́руешь
	бу́дут компенси́ровать	компенси́руют
COND.	компенси́ровал бы	компенси́ровал бы
IMP.	компенси́руй (те)	компенси́руй (те)

DEVERBALS		
PRES. ACT.	компенси́рующий	
PAST ACT.	компенси́ровавший	компенси́ровавший
PAST PASS.		компенси́рованный
VERBAL ADVERB	компенси́руя	компенси́ровав

компенси́ровать кого-что

компили́ровать / скомпили́ровать
to compile

	IMPERFECTIVE ASPECT	PERFECTIVE ASPECT
INF.	компили́ровать	скомпили́ровать
PRES.	компили́рую	
	компили́руешь	
	компили́руют	
PAST	компили́ровал	скомпили́ровал
FUT.	бу́ду компили́ровать	скомпили́рую
	бу́дешь компили́ровать	скомпили́руешь
	бу́дут компили́ровать	скомпили́руют
COND.	компили́ровал бы	скомпили́ровал бы
IMP.	компили́руй (те)	скомпили́руй (те)

	DEVERBALS	
PRES. ACT.	компили́рующий	
PAST ACT.	компили́ровавший	скомпили́ровавший
PAST PASS.		скомпили́рованный
VERBAL ADVERB	компили́руя	скомпили́ровав

компили́ровать кого-что

конкури́ровать
to compete

	IMPERFECTIVE ASPECT	PERFECTIVE ASPECT
INF.	конкури́ровать	
PRES.	конкури́рую	
	конкури́руешь	
	конкури́руют	
PAST	конкури́ровал	
FUT.	бу́ду конкури́ровать	
	бу́дешь конкури́ровать	
	бу́дут конкури́ровать	
COND.	конкури́ровал бы	
IMP.	конкури́руй (те)	

	DEVERBALS	
PRES. ACT.	конкури́рующий	
PAST ACT.	конкури́ровавший	
PAST PASS.		
VERBAL ADVERB	конкури́руя	

конкури́ровать с кем-чем

консульти́ровать (ся) / проконсульти́ровать (ся)

to consult

	IMPERFECTIVE ASPECT	PERFECTIVE ASPECT
INF.	консульти́ровать (ся)	проконсульти́ровать (ся)
PRES.	консульти́рую (сь)	
	консульти́руешь (ся)	
	консульти́руют (ся)	
PAST	консульти́ровал (ся)	проконсульти́ровал (ся)
FUT.	бу́ду консульти́ровать (ся)	проконсульти́рую (сь)
	бу́дешь консульти́ровать (ся)	проконсульти́руешь (ся)
	бу́дут консульти́ровать (ся)	проконсульти́руют (ся)
COND.	консульти́ровал (ся) бы	проконсульти́ровал (ся) бы
IMP.	консульти́руй (ся) (те) (сь)	проконсульти́руй (ся) (те) (сь)

DEVERBALS

PRES. ACT.	консульти́рующий (ся)	
PAST ACT.	консульти́ровавший (ся)	проконсульти́ровавший (ся)
PAST PASS.		проконсульти́рованный
VERBAL ADVERB	консульти́руя (сь)	проконсульти́ровав (шись)

консульти́ровать кого-что, с кем-чем
консульти́роваться с кем-чем

копи́ровать / скопи́ровать

to copy, imitate

	IMPERFECTIVE ASPECT	PERFECTIVE ASPECT
INF.	копи́ровать	скопи́ровать
PRES.	копи́рую	
	копи́руешь	
	копи́руют	
PAST	копи́ровал	скопи́ровал
FUT.	бу́ду копи́ровать	скопи́рую
	бу́дешь копи́ровать	скопи́руешь
	бу́дут копи́ровать	скопи́руют
COND.	копи́ровал бы	скопи́ровал бы
IMP.	копи́руй (те)	скопи́руй (те)

DEVERBALS

PRES. ACT.	копи́рующий	
PAST ACT.	копи́ровавший	скопи́ровавший
PAST PASS.		скопи́рованный
VERBAL ADVERB	копи́руя	скопи́ровав

копи́ровать кого-что

краснéть (ся) / покраснéть
to redden, blush

	IMPERFECTIVE ASPECT	PERFECTIVE ASPECT
INF.	краснéть (ся)	покраснéть
PRES.	краснéю	
	краснéешь	
	краснéют (ся)	
PAST	краснéл (ся)	покраснéл
FUT.	бýду краснéть (ся)	покраснéю
	бýдешь краснéть (ся)	покраснéешь
	бýдут краснéть (ся)	покраснéют
COND.	краснéл (ся) бы	покраснéл бы
IMP.	краснéй (те)	покраснéй (те)

DEVERBALS

PRES. ACT.	краснéющий (ся)	
PAST ACT.	краснéвший (ся)	покраснéвший
PAST PASS.		
VERBAL ADVERB	краснéя (сь)	покраснéв

легализи́ровать (ся) / легализи́ровать (ся)
to legalize

	IMPERFECTIVE ASPECT	PERFECTIVE ASPECT
INF.	легализи́ровать (ся)	легализи́ровать (ся)
PRES.	легализи́рую (сь)	
	легализи́руешь (ся)	
	легализи́руют (ся)	
PAST	легализи́ровал (ся)	легализи́ровал (ся)
FUT.	бýду легализи́ровать (ся)	легализи́рую (сь)
	бýдешь легализи́ровать (ся)	легализи́руешь (ся)
	бýдут легализи́ровать (ся)	легализи́руют (ся)
COND.	легализи́ровал (ся) бы	легализи́ровал (ся) бы
IMP.	легализи́руй (ся) (те) (сь)	легализи́руй (ся) (те) (сь)

DEVERBALS

PRES. ACT.	легализи́рующий (ся)	
PAST ACT.	легализи́ровавший (ся)	легализи́ровавший (ся)
PAST PASS.		легализи́рованный
VERBAL ADVERB	легализи́руя (сь)	легализи́ровав (сь)

легализи́ровать что

ликвиди́ровать (ся) / ликвиди́ровать (ся)

to liquidate, go out of business

	IMPERFECTIVE ASPECT	PERFECTIVE ASPECT
INF.	ликвиди́ровать (ся)	ликвиди́ровать (ся)
PRES.	ликвиди́рую	
	ликвиди́руешь	
	ликвиди́руют (ся)	
PAST	ликвиди́ровал (ся)	ликвиди́ровал (ся)
FUT.	бу́ду ликвиди́ровать	ликвиди́рую
	бу́дешь ликвиди́ровать	ликвиди́руешь
	бу́дут ликвиди́ровать (ся)	ликвиди́руют (ся)
COND.	ликвиди́ровал (ся) бы	ликвиди́ровал (ся) бы
IMP.	ликвиди́руй (те)	ликвиди́руй (те)

DEVERBALS

PRES. ACT.	ликвиди́рующий (ся)	
PAST ACT.	ликвиди́ровавший (ся)	ликвиди́ровавший (ся)
PAST PASS.		ликвиди́рованный
VERBAL ADVERB	ликвиди́руя (сь)	ликвиди́ровав (шись)

ликвиди́ровать что

лиша́ть (ся) / лиши́ть (ся)

to deprive, take away

	IMPERFECTIVE ASPECT	PERFECTIVE ASPECT
INF.	лиша́ть (ся)	лиши́ть (ся)
PRES.	лиша́ю (сь)	
	лиша́ешь (ся)	
	лиша́ют (ся)	
PAST	лиша́л (ся)	лиши́л (ся)
FUT.	бу́ду лиша́ть (ся)	лишу́ (сь)
	бу́дешь лиша́ть (ся)	лиши́шь (ся)
	бу́дут лиша́ть (ся)	лиша́т (ся)
COND.	лиша́л (ся) бы	лиши́л (ся) бы
IMP.	лиша́й (ся) (те) (сь)	лиши́ (сь) (те) (сь)

DEVERBALS

PRES. ACT.	лиша́ющий (ся)	
PAST ACT.	лиша́вший (ся)	лиши́вший (ся)
PAST PASS.		лишённый
VERBAL ADVERB	лиша́я (сь)	лиши́в (шись)

лиша́ть кого-что чего

мёрзнуть / замёрзнуть
to freeze, feel cold / freeze to death

	IMPERFECTIVE ASPECT	PERFECTIVE ASPECT
INF.	мёрзнуть	замёрзнуть
PRES.	мёрзну	
	мёрзнешь	
	мёрзнут	
PAST	мёрзнул, мёрз	замёрз
FUT.	бу́ду мёрзнуть	замёрзну
	бу́дешь мёрзнуть	замёрзнешь
	бу́дут мёрзнуть	замёрзнут
COND.	мёрзнул, мёрз бы	замёрз бы
IMP.	мёрзни (те)	замёрзни (те)

	DEVERBALS	
PRES. ACT.	мёрзнущий	
PAST ACT.	мёрзнувший, мёрзший	замёрзший
PAST PASS.		
VERBAL ADVERB	мёрзнув	замёрзнув, замёрзши

модернизи́ровать / модернизи́ровать
to modernize

	IMPERFECTIVE ASPECT	PERFECTIVE ASPECT
INF.	модернизи́ровать	модернизи́ровать
PRES.	модернизи́рую	
	модернизи́руешь	
	модернизи́руют	
PAST	модернизи́ровал	модернизи́ровал
FUT.	бу́ду модернизи́ровать	модернизи́рую
	бу́дешь модернизи́ровать	модернизи́руешь
	бу́дут модернизи́ровать	модернизи́руют
COND.	модернизи́ровал бы	модернизи́ровал бы
IMP.	модернизи́руй (те)	модернизи́руй (те)

	DEVERBALS	
PRES. ACT.	модернизи́рующий	
PAST ACT.	модернизи́ровавший	модернизи́ровавший
PAST PASS.		модернизи́рованный
VERBAL ADVERB	модернизи́руя	модернизи́ровав

модернизи́ровать что

модифици́ровать / модифици́ровать
to modify

	IMPERFECTIVE ASPECT	PERFECTIVE ASPECT
INF.	модифици́ровать	модифици́ровать
PRES.	модифици́рую	
	модифици́руешь	
	модифици́руют	
PAST	модифици́ровал	модифици́ровал
FUT.	бу́ду модифици́ровать	модифици́рую
	бу́дешь модифици́ровать	модифици́руешь
	бу́дут модифици́ровать	модифици́руют
COND.	модифици́ровал бы	модифици́ровал бы
IMP.	модифици́руй (те)	модифици́руй (те)
	DEVERBALS	
PRES. ACT.	модифици́рующий	
PAST ACT.	модифици́ровавший	модифици́ровавший
PAST PASS.		модифици́рованный
VERBAL ADVERB	модифици́руя	модифици́ровав

модифици́ровать что

молоде́ть / помолоде́ть
to look younger, grow younger

	IMPERFECTIVE ASPECT	PERFECTIVE ASPECT
INF.	молоде́ть	помолоде́ть
PRES.	молоде́ю	
	молоде́ешь	
	молоде́ют	
PAST	молоде́л	помолоде́л
FUT.	бу́ду молоде́ть	помолоде́ю
	бу́дешь молоде́ть	помолоде́ешь
	бу́дут молоде́ть	помолоде́ют
COND.	молоде́л бы	помолоде́л бы
IMP.	молоде́й (те)	помолоде́й (те)
	DEVERBALS	
PRES. ACT.	молоде́ющий	
PAST ACT.	молоде́вший	помолоде́вший
PAST PASS.		
VERBAL ADVERB	молоде́в	помолоде́в

мотиви́ровать / мотиви́ровать
to motivate

	IMPERFECTIVE ASPECT	PERFECTIVE ASPECT
INF.	мотиви́ровать	мотиви́ровать
PRES.	мотиви́рую	
	мотиви́руешь	
	мотиви́руют	
PAST	мотиви́ровал	мотиви́ровал
FUT.	бу́ду мотиви́ровать	мотиви́рую
	бу́дешь мотиви́ровать	мотиви́руешь
	бу́дут мотиви́ровать	мотиви́руют
COND.	мотиви́ровал бы	мотиви́ровал бы
IMP.	мотиви́руй (те)	мотиви́руй (те)

	DEVERBALS	
PRES. ACT.	мотиви́рующий	
PAST ACT.	мотиви́ровавший	мотиви́ровавший
PAST PASS.		мотиви́рованный
VERBAL ADVERB	мотиви́руя	мотиви́ровав

мотиви́ровать кого-что

нажима́ть / нажа́ть
to press

	IMPERFECTIVE ASPECT	PERFECTIVE ASPECT
INF.	нажима́ть	нажа́ть
PRES.	нажима́ю	
	нажима́ешь	
	нажима́ют	
PAST	нажима́л	нажа́л
FUT.	бу́ду нажима́ть	нажму́
	бу́дешь нажима́ть	нажмёшь
	бу́дут нажима́ть	нажму́т
COND.	нажима́л бы	нажа́л бы
IMP.	нажима́й (те)	нажми́ (те)

	DEVERBALS	
PRES. ACT.	нажима́ющий	
PAST ACT.	нажима́вший	нажа́вший
PAST PASS.		нажа́тый
VERBAL ADVERB	нажима́я	нажа́в

нажима́ть что, на что, нажимать клавишу

намерева́ться
to intend to

	IMPERFECTIVE ASPECT	PERFECTIVE ASPECT
INF.	намерева́ться	
PRES.	намерева́юсь	
	намерева́ешься	
	намерева́ются	
PAST	намерева́лся	
FUT.	бу́ду намерева́ться	
	бу́дешь намерева́ться	
	бу́дут намерева́ться	
COND.	намерева́лся бы	
IMP.	намерева́йся (тесь)	

DEVERBALS		
PRES. ACT.	намерева́ющийся	
PAST ACT.	намерева́вшийся	
PAST PASS.		
VERBAL ADVERB	намерева́ясь	

намерева́ться + infinitive

нотифици́ровать / нотифици́ровать
to notify

	IMPERFECTIVE ASPECT	PERFECTIVE ASPECT
INF.	нотифици́ровать	нотифици́ровать
PRES.	нотифици́рую	
	нотифици́руешь	
	нотифици́руют	
PAST	нотифици́ровал	нотифици́ровал
FUT.	бу́ду нотифици́ровать	нотифици́рую
	бу́дешь нотифици́ровать	нотифици́руешь
	бу́дут нотифици́ровать	нотифици́руют
COND.	нотифици́ровал бы	нотифици́ровал бы
IMP.	нотифици́руй (те)	нотифици́руй (те)

DEVERBALS		
PRES. ACT.	нотифици́рующий	
PAST ACT.	нотифици́ровавший	нотифици́ровавший
PAST PASS.		нотифици́рованный
VERBAL ADVERB	нотифици́руя	нотифици́ровав

нотифици́ровать кого-что

обнару́живать (ся) / обнару́жить (ся)

to reveal, discover

	IMPERFECTIVE ASPECT	PERFECTIVE ASPECT
INF.	обнару́живать (ся)	обнару́жить (ся)
PRES.	обнару́живаю	
	обнару́живаешь	
	обнару́живают (ся)	
PAST	обнару́живал (ся)	обнару́жил (ся)
FUT.	бу́ду обнару́живать	обнару́жу
	бу́дешь обнару́живать	обнару́жишь
	бу́дут обнару́живать (ся)	обнару́жат (ся)
COND.	обнару́живал (ся) бы	обнару́жил (ся) бы
IMP.	обнару́живай (те)	обнару́жь (те)
	DEVERBALS	
PRES. ACT.	обнару́живающий (ся)	
PAST ACT.	обнару́живавший (ся)	обнару́живший (ся)
PAST PASS.		обнару́женный
VERBAL ADVERB	обнару́живая (сь)	обнару́жив (шись)

обнару́живать что

одобря́ть / одо́брить

to approve, support

	IMPERFECTIVE ASPECT	PERFECTIVE ASPECT
INF.	одобря́ть	одо́брить
PRES.	одобря́ю	
	одобря́ешь	
	одобря́ют	
PAST	одобря́л	одо́брил
FUT.	бу́ду одобря́ть	одо́брю
	бу́дешь одобря́ть	одо́бришь
	бу́дут одобря́ть	одо́брят
COND.	одобря́л бы	одо́брил бы
IMP.	одобря́й (те)	одо́бри (те)
	DEVERBALS	
PRES. ACT.	одобря́ющий	
PAST ACT.	одобря́вший	одо́бривший
PAST PASS.		одо́бренный
VERBAL ADVERB	одобря́я	одо́брив

одобря́ть что

ориенти́ровать (ся) / сориенти́ровать (ся)
to guide toward (manage, cope)

	IMPERFECTIVE ASPECT	PERFECTIVE ASPECT
INF.	ориенти́ровать (ся)	сориенти́ровать (ся)
PRES.	ориенти́рую (сь)	
	ориенти́руешь (ся)	
	ориенти́руют (ся)	
PAST	ориенти́ровал (ся)	сориенти́ровал (ся)
FUT.	бу́ду ориенти́ровать (ся)	сориенти́рую (сь)
	бу́дешь ориенти́ровать (ся)	сориенти́руешь (ся)
	бу́дут ориенти́ровать (ся)	сориенти́руют (ся)
COND.	ориенти́ровал (ся) бы	сориенти́ровал (ся) бы
IMP.	ориенти́руй (ся) (те) (сь)	сориенти́руй (ся) (те) (сь)

DEVERBALS

PRES. ACT.	ориенти́рующий (ся)	
PAST ACT.	ориенти́ровавший (ся)	сориенти́ровавший (ся)
PAST PASS.		сориенти́рованный
VERBAL ADVERB	ориенти́руя (сь)	сориенти́ровав (шись)

ориенти́ровать кого-что в чем

отпуска́ть / отпусти́ть
to release

	IMPERFECTIVE ASPECT	PERFECTIVE ASPECT
INF.	отпуска́ть	отпусти́ть
PRES.	отпуска́ю	
	отпуска́ешь	
	отпуска́ют	
PAST	отпуска́л	отпусти́л
FUT.	бу́ду отпуска́ть	отпущу́
	бу́дешь отпуска́ть	отпу́стишь
	бу́дут отпуска́ть	отпу́стят
COND.	отпуска́л бы	отпусти́л бы
IMP.	отпуска́й (те)	отпусти́ (те)

DEVERBALS

PRES. ACT.	отпуска́ющий	
PAST ACT.	отпуска́вший	отпусти́вший
PAST PASS.		отпу́щеннный
VERBAL ADVERB	отпуска́я	отпусти́в

отпуска́ть кого-что, отпуска́ть клавишу

отыскивать (ся) / отыскать (ся)
to search / find

	IMPERFECTIVE ASPECT	PERFECTIVE ASPECT
INF.	отыскивать (ся)	отыскать (ся)
PRES.	отыскиваю (сь)	
	отыскиваешь (ся)	
	отыскивают (ся)	
PAST	отыскивал (ся)	отыскал (ся)
FUT.	буду отыскивать (ся)	отыщу (сь)
	будешь отыскивать (ся)	отыщишь (ся)
	будут отыскивать (ся)	отыщат (ся)
COND.	отыскивал (ся) бы	отыскал (ся) бы
IMP.	отыскивай (ся) (те) (сь)	отыщи (сь) (те) (сь)

	DEVERBALS	
PRES. ACT.	отыскивающий (ся)	
PAST ACT.	отыскивавший (ся)	отыскавший (ся)
PAST PASS.		отысканный
VERBAL ADVERB	отыскивая (сь)	отыскав (шись)

отыскивать кого-что

очищать (ся) / очистить (ся)
to clean

	IMPERFECTIVE ASPECT	PERFECTIVE ASPECT
INF.	очищать (ся)	очистить (ся)
PRES.	очищаю (сь)	
	очищаешь (ся)	
	очищают (ся)	
PAST	очищал (ся)	очистил (ся)
FUT.	буду очищать (ся)	очищу (сь)
	будешь очищать (ся)	очистишь (ся)
	будут очищать (ся)	очистят (ся)
COND.	очищал (ся) бы	очистил (ся) бы
IMP.	очищай (ся) (те) (сь)	очисти (сь) (те) (сь)

	DEVERBALS	
PRES. ACT.	очищающий (ся)	
PAST ACT.	очищавший (ся)	очистивший (ся)
PAST PASS.		очищенный
VERBAL ADVERB	очищая (сь)	очистив (шись)

очищать кого-что, очищать корзину means *to empty trash*.

планировать / спланировать
to plan

	IMPERFECTIVE ASPECT	PERFECTIVE ASPECT
INF.	плани́ровать	сплани́ровать
PRES.	плани́рую	
	плани́руешь	
	плани́руют	
PAST	плани́ровал	сплани́ровал
FUT.	бу́ду плани́ровать	сплани́рую
	бу́дешь плани́ровать	сплани́руешь
	бу́дут плани́ровать	сплани́руют
COND.	плани́ровал бы	сплани́ровал бы
IMP.	плани́руй (те)	сплани́руй (те)
	DEVERBALS	
PRES. ACT.	плани́рующий	
PAST ACT.	плани́ровавший	сплани́ровавший
PAST PASS.		сплани́рованный
VERBAL ADVERB	плани́руя	сплани́ровав

плани́ровать что

подключа́ть (ся) / подключи́ть (ся)
to connect

	IMPERFECTIVE ASPECT	PERFECTIVE ASPECT
INF.	подключа́ть (ся)	подключи́ть (ся)
PRES.	подключа́ю (сь)	
	подключа́ешь (ся)	
	подключа́ют (ся)	
PAST	подключа́л (ся)	подключи́л (ся)
FUT.	бу́ду подключа́ть (ся)	подключу́ (сь)
	бу́дешь подключа́ть (ся)	подключи́шь (ся)
	бу́дут подключа́ть (ся)	подключа́т (ся)
COND.	подключа́л (ся) бы	подключи́л (ся) бы
IMP.	подключа́й (ся) (те) (сь)	подключи́ (сь) (те) (сь)
	DEVERBALS	
PRES. ACT.	подключа́ющий (ся)	
PAST ACT.	подключа́вший (ся)	подключи́вший (ся)
PAST PASS.		подключённый
VERBAL ADVERB	подключа́я (сь)	подключи́в (шись)

подключа́ть кого-что к чему, к Сети means *connected to the internet*

подкрепля́ть (ся) / подкрепи́ть (ся)
to fortify, refresh

	IMPERFECTIVE ASPECT	PERFECTIVE ASPECT
INF.	подкрепля́ть (ся)	подкрепи́ть (ся)
PRES.	подкрепля́ю (сь)	
	подкрепля́ешь (ся)	
	подкрепля́ют (ся)	
PAST	подкрепля́л (ся)	подкрепи́л (ся)
FUT.	бу́ду подкрепля́ть (ся)	подкреплю́ (сь)
	бу́дешь подкрепля́ть (ся)	подкрепи́шь (ся)
	бу́дут подкрепля́ть (ся)	подкрепя́т (ся)
COND.	подкрепля́л (ся) бы	подкрепи́л (ся) бы
IMP.	подкрепля́й (ся) (те) (сь)	подкрепи́ (сь) (те) (сь)

DEVERBALS		
PRES. ACT.	подкрепля́ющий (ся)	
PAST ACT.	подкрепля́вший (ся)	подкрепи́вший (ся)
PAST PASS.		подкреплённый
VERBAL ADVERB	подкрепля́я (сь)	подкрепи́в (шись)

подкрепля́ть кого-что

подозрева́ть (ся)
to suspect, assume

	IMPERFECTIVE ASPECT	PERFECTIVE ASPECT
INF.	подозрева́ть (ся)	
PRES.	подозрева́ю (сь)	
	подозрева́ешь (ся)	
	подозрева́ют (ся)	
PAST	подозрева́л (ся)	
FUT.	бу́ду подозрева́ть (ся)	
	бу́дешь подозрева́ть (ся)	
	бу́дут подозрева́ть (ся)	
COND.	подозрева́л (ся) бы	
IMP.	подозрева́й (ся) (те) (сь)	

DEVERBALS		
PRES. ACT.	подозрева́ющий (ся)	
PAST ACT.	подозрева́вший (ся)	
PAST PASS.		
VERBAL ADVERB	подозрева́я (сь)	

подозрева́ть кого-что в чём

подтвержда́ть (ся) / подтверди́ть (ся)

to confirm, reaffirm

	IMPERFECTIVE ASPECT	PERFECTIVE ASPECT
INF.	подтвержда́ть (ся)	подтверди́ть (ся)
PRES.	подтвержда́ю	
	подтвержда́ешь	
	подтвержда́ют (ся)	
PAST	подтвержда́л (ся)	подтверди́л (ся)
FUT.	бу́ду подтвержда́ть	подтвержу́
	бу́дешь подтвержда́ть	подтверди́шь
	бу́дут подтвержда́ть (ся)	подтвердя́т (ся)
COND.	подтвержда́л (ся) бы	подтверди́л (ся) бы
IMP.	подтвержда́й (те)	подтверди́ (те)

	DEVERBALS	
PRES. ACT.	подтвержда́ющий (ся)	
PAST ACT.	подтвержда́вший (ся)	подтверди́вший (ся)
PAST PASS.		подтверждённый
VERBAL ADVERB	подтвержда́я (сь)	подтверди́в (шись)

подтвержда́ть что

превраща́ть (ся) / преврати́ть (ся)

to change, transform

	IMPERFECTIVE ASPECT	PERFECTIVE ASPECT
INF.	превраща́ть (ся)	преврати́ть (ся)
PRES.	превраща́ю (сь)	
	превраща́ешь (ся)	
	превраща́ют (ся)	
PAST	превраща́л (ся)	преврати́л (ся)
FUT.	бу́ду превраща́ть (ся)	превращу́ (сь)
	бу́дешь превраща́ть (ся)	преврати́шь (ся)
	бу́дут превраща́ть (ся)	превратя́т (ся)
COND.	превраща́л (ся) бы	преврати́л (ся) бы
IMP.	превраща́й (ся) (те) (сь)	преврати́ (сь) (те) (сь)

	DEVERBALS	
PRES. ACT.	превраща́ющий (ся)	
PAST ACT.	превраща́вший (ся)	преврати́вший (ся)
PAST PASS.		превращённый
VERBAL ADVERB	превраща́я (сь)	преврати́в (шись)

превраща́ть кого-что в кого-что

прекраща́ть (ся) / прекрати́ть (ся)
to stop, put an end to

	IMPERFECTIVE ASPECT	PERFECTIVE ASPECT
INF.	прекраща́ть (ся)	прекрати́ть (ся)
PRES.	прекраща́ю	
	прекраща́ешь	
	прекраща́ют (ся)	
PAST	прекраща́л (ся)	прекрати́л (ся)
FUT.	бу́ду прекраща́ть	прекращу́
	бу́дешь прекраща́ть	прекрати́шь
	бу́дут прекраща́ть (ся)	прекратя́т (ся)
COND.	прекраща́л (ся) бы	прекрати́л (ся) бы
IMP.	прекраща́й (те)	прекрати́ (те)

DEVERBALS		
PRES. ACT.	прекраща́ющий (ся)	
PAST ACT.	прекраща́вший (ся)	прекрати́вший (ся)
PAST PASS.		прекращённый
VERBAL ADVERB	прекраща́я (сь)	прекрати́в (шись)

прекраща́ть что + infinitive

приватизи́ровать / приватизи́ровать
to privatize

	IMPERFECTIVE ASPECT	PERFECTIVE ASPECT
INF.	приватизи́ровать	приватизи́ровать
PRES.	приватизи́рую	
	приватизи́руешь	
	приватизи́руют	
PAST	приватизи́ровал	приватизи́ровал
FUT.	бу́ду приватизи́ровать	приватизи́рую
	бу́дешь приватизи́ровать	приватизи́руешь
	бу́дут приватизи́ровать	приватизи́руют
COND.	приватизи́ровал бы	приватизи́ровал бы
IMP.	приватизи́руй (те)	приватизи́руй (те)

DEVERBALS		
PRES. ACT.	приватизи́рующий	
PAST ACT.	приватизи́ровавший	приватизи́ровавший
PAST PASS.		приватизи́рованный
VERBAL ADVERB	приватизи́руя	приватизи́ровав

приватизи́ровать что

провоци́ровать / спровоци́ровать

to provoke

	IMPERFECTIVE ASPECT	PERFECTIVE ASPECT
INF.	провоци́ровать	спровоци́ровать
PRES.	провоци́рую	
	провоци́руешь	
	провоци́руют	
PAST	провоци́ровал	спровоци́ровал
FUT.	бу́ду провоци́ровать	спровоци́рую
	бу́дешь провоци́ровать	спровоци́руешь
	бу́дут провоци́ровать	спровоци́руют
COND.	провоци́ровал бы	спровоци́ровал бы
IMP.	провоци́руй (те)	спровоци́руй (те)
	DEVERBALS	
PRES. ACT.	провоци́рующий	
PAST ACT.	провоци́ровавший	спровоци́ровавший
PAST PASS.		спровоци́рованный
VERBAL ADVERB	провоци́руя	спровоци́ровав

провоци́ровать кого-что
провоци́ровать can also be a perfective verb

программи́ровать / запрограмми́ровать

to program

	IMPERFECTIVE ASPECT	PERFECTIVE ASPECT
INF.	программи́ровать	запрограмми́ровать
PRES.	программи́рую	
	программи́руешь	
	программи́руют	
PAST	программи́ровал	запрограмми́ровал
FUT.	бу́ду программи́ровать	запрограмми́рую
	бу́дешь программи́ровать	запрограмми́руешь
	бу́дут программи́ровать	запрограмми́руют
COND.	программи́ровал бы	запрограмми́ровал бы
IMP.	программи́руй (те)	запрограмми́руй (те)
	DEVERBALS	
PRES. ACT.	программи́рующий	
PAST ACT.	программи́ровавший	запрограмми́ровавший
PAST PASS.		запрограмми́рованный
VERBAL ADVERB	программи́руя	запрограмми́ровав

программи́ровать что

протестова́ть / протестова́ть

to protest, dispute, contest

	IMPERFECTIVE ASPECT	PERFECTIVE ASPECT
INF.	протестова́ть	протестова́ть
PRES.	протесту́ю	
	протесту́ешь	
	протесту́ют	
PAST	протестова́л	протестова́л
FUT.	бу́ду протестова́ть	протесту́ю
	бу́дешь протестова́ть	протесту́ешь
	бу́дут протестова́ть	протесту́ют
COND.	протестова́л бы	протестова́л бы
IMP.	протесту́й (те)	протесту́й (те)

	DEVERBALS	
PRES. ACT.	протесту́ющий	
PAST ACT.	протестова́вший	протестова́вший
PAST PASS.		протесто́ванный
VERBAL ADVERB	протесту́я	протестова́в

протестова́ть против кого-чего
протестова́ть / опротестова́ть что

публикова́ть / опубликова́ть

to publish

	IMPERFECTIVE ASPECT	PERFECTIVE ASPECT
INF.	публикова́ть	опубликова́ть
PRES.	публику́ю	
	публику́ешь	
	публику́ют	
PAST	публикова́л	опубликова́л
FUT.	бу́ду публикова́ть	опубликую
	бу́дешь публикова́ть	опубликуешь
	бу́дут публикова́ть	опубликуют
COND.	публиковал бы	опубликова́л бы
IMP.	публику́й (те)	опублику́й (те)

	DEVERBALS	
PRES. ACT.	публику́ющий	
PAST ACT.	публикова́вший	опубликова́вший
PAST PASS.		опублико́ванный
VERBAL ADVERB	публику́я	опубликова́в

публикова́ть что

594

развёртывать (ся) / развернýть (ся)
to display, unfold

	IMPERFECTIVE ASPECT	PERFECTIVE ASPECT
INF.	развёртывать (ся)	развернýть (ся)
PRES.	развёртываю (сь)	
	развёртываешь (ся)	
	развёртывают (ся)	
PAST	развёртывал (ся)	развернýл (ся)
FUT.	бýду развёртывать (ся)	разверну́ (сь)
	бýдешь развёртывать (ся)	развернёшь (ся)
	бýдут развёртывать (ся)	развернýт (ся)
COND.	развёртывал (ся) бы	развернýл (ся) бы
IMP.	развёртывай (ся) (те) (сь)	разверни́ (сь) (те) (сь)

DEVERBALS		
PRES. ACT.	развёртывающий (ся)	
PAST ACT.	развёртывавший (ся)	развернýвший (ся)
PAST PASS.		развёрнутый
VERBAL ADVERB	развёртывая (сь)	развернýв (шись)

развёртывать что, развернýть means to *maximize the window*

расширя́ть (ся) / расши́рить (ся)
to widen, expand, increase

	IMPERFECTIVE ASPECT	PERFECTIVE ASPECT
INF.	расширя́ть (ся)	расши́рить (ся)
PRES.	расширя́ю	
	расширя́ешь	
	расширя́ют (ся)	
PAST	расширя́л (ся)	расши́рил (ся)
FUT.	бýду расширя́ть	расши́рю
	бýдешь расширя́ть	расши́ришь
	бýдут расширя́ть (ся)	расши́рят (ся)
COND.	расширя́л (ся) бы	расши́рил (ся) бы
IMP.	расширя́й (те)	расши́рь (те)

DEVERBALS		
PRES. ACT.	расширя́ющий (ся)	
PAST ACT.	расширя́вший (ся)	расши́ривший (ся)
PAST PASS.		расши́ренный
VERBAL ADVERB	расширя́я (сь)	расши́рив (шись)

расширя́ть что

реаги́ровать / отреаги́ровать
to react to

	IMPERFECTIVE ASPECT	PERFECTIVE ASPECT
INF.	реаги́ровать	отреаги́ровать
PRES.	реаги́рую	
	реаги́руешь	
	реаги́руют	
PAST	реаги́ровал	отреаги́ровал
FUT.	бу́ду реаги́ровать	отреаги́рую
	бу́дешь реаги́ровать	отреаги́руешь
	бу́дут реаги́ровать	отреаги́руют
COND.	реаги́ровал бы	отреаги́ровал бы
IMP.	реаги́руй (те)	отреаги́руй (те)

	DEVERBALS	
PRES. ACT.	реаги́рующий	
PAST ACT.	реаги́ровавший	отреаги́ровавший
PAST PASS.		отреаги́рованный
VERBAL ADVERB	реаги́руя	отреаги́ровав

реаги́ровать на что

регистри́ровать (ся) / зарегистри́ровать (ся)
to register

	IMPERFECTIVE ASPECT	PERFECTIVE ASPECT
INF.	регистри́ровать (ся)	зарегистри́ровать (ся)
PRES.	регистри́рую (сь)	
	регистри́руешь (ся)	
	регистри́руют (ся)	
PAST	регистри́ровал (ся)	зарегистри́ровал (ся)
FUT.	бу́ду регистри́ровать (ся)	зарегистри́рую (сь)
	бу́дешь регистри́ровать (ся)	зарегистри́руешь (ся)
	бу́дут регистри́ровать (ся)	зарегистри́руют (ся)
COND.	регистри́ровал (ся) бы	зарегистри́ровал (ся) бы
IMP.	регистри́руй (ся) (те) (сь)	зарегистри́руй (ся) (те)(сь)

	DEVERBALS	
PRES. ACT.	регистри́рующий (ся)	
PAST ACT.	регистри́ровавший (ся)	зарегистри́ровавший (ся)
PAST PASS.		зарегистри́рованный
VERBAL ADVERB	регистри́руя (сь)	зарегистри́ровав (шись)

регистри́ровать что

596

регламенти́ровать / регламенти́ровать
to regulate

	IMPERFECTIVE ASPECT	PERFECTIVE ASPECT
INF.	регламенти́ровать	регламенти́ровать
PRES.	регламенти́рую	
	регламенти́руешь	
	регламенти́руют	
PAST	регламенти́ровал	регламенти́ровал
FUT.	бу́ду регламенти́ровать	регламенти́рую
	бу́дешь регламенти́ровать	регламенти́руешь
	бу́дут регламенти́ровать	регламенти́руют
COND.	регламенти́ровал бы	регламенти́ровал бы
IMP.	регламенти́руй (те)	регламенти́руй (те)

DEVERBALS

PRES. ACT.	регламенти́рующий	
PAST ACT.	регламенти́ровавший	регламенти́ровавший
PAST PASS.		
VERBAL ADVERB	регламенти́руя	регламенти́ровав

редакти́ровать / отредакти́ровать
to edit

	IMPERFECTIVE ASPECT	PERFECTIVE ASPECT
INF.	редакти́ровать	отредакти́ровать
PRES.	редакти́рую	
	редакти́руешь	
	редакти́руют	
PAST	редакти́ровал	отредакти́ровал
FUT.	бу́ду редакти́ровать	отредакти́рую
	бу́дешь редакти́ровать	отредакти́руешь
	бу́дут редакти́ровать	отредакти́руют
COND.	редакти́ровал бы	отредакти́ровал бы
IMP.	редакти́руй (те)	отредакти́руй (те)

DEVERBALS

PRES. ACT.	редакти́рующий	
PAST ACT.	редакти́ровавший	отредакти́ровавший
PAST PASS.		отредакти́рованный
VERBAL ADVERB	редакти́руя	отредакти́ровав

редакти́ровать что
редакти́ровать is also a perfective verb

рекламировать / рекламировать
to advertise, make a complaint, seek compensation

	IMPERFECTIVE ASPECT	PERFECTIVE ASPECT
INF.	рекламировать	рекламировать
PRES.	рекламирую	
	рекламируешь	
	рекламируют	
PAST	рекламировал	рекламировал
FUT.	буду рекламировать	рекламирую
	будешь рекламировать	рекламируешь
	будут рекламировать	рекламируют
COND.	рекламировал бы	рекламировал бы
IMP.	рекламируй (те)	рекламируй (те)
	DEVERBALS	
PRES. ACT.	рекламирующий	
PAST ACT.	рекламировавший	рекламировавший
PAST PASS.		рекламированный
VERBAL ADVERB	рекламируя	рекламировав

рекламировать что

рисковать / рискнуть
to risk

	IMPERFECTIVE ASPECT	PERFECTIVE ASPECT
INF.	рисковать	рискнуть
PRES.	рискую	
	рискуешь	
	рискуют	
PAST	рисковал	рискнул
FUT.	буду рисковать	рискну
	будешь рисковать	рискнёшь
	будут рисковать	рискнут
COND.	рисковал бы	рискнул бы
IMP.	рискуй (те)	рискни (те)
	DEVERBALS	
PRES. ACT.	рискующий	
PAST ACT.	рисковавший	рискнувший
PAST PASS.		
VERBAL ADVERB	рискуя	рискнув

рисковать чем + infinitive
рискнуть на что + infinitive

русифици́ровать / русифици́ровать

to Russify, Russianize

	IMPERFECTIVE ASPECT	PERFECTIVE ASPECT
INF.	русифици́ровать	русифици́ровать
PRES.	русифици́рую	
	русифици́руешь	
	русифици́руют	
PAST	русифици́ровал	русифици́ровал
FUT.	бу́ду русифици́ровать	русифици́рую
	бу́дешь русифици́ровать	русифици́руешь
	бу́дут русифици́ровать	русифици́руют
COND.	русифици́ровал бы	русифици́ровал бы
IMP.	русифици́руй (те)	русифици́руй (те)
	DEVERBALS	
PRES. ACT.	русифици́рующий	
PAST ACT.	русифици́ровавший	русифици́ровавший
PAST PASS.		русифици́рованный
VERBAL ADVERB	русифици́руя	русифици́ровав

русифици́ровать кого-что

свёртывать (ся) / сверну́ть (ся)

to roll up, conceal

	IMPERFECTIVE ASPECT	PERFECTIVE ASPECT
INF.	свёртывать (ся)	сверну́ть (ся)
PRES.	свёртываю (сь)	
	свёртываешь (ся)	
	свёртывают (ся)	
PAST	свёртывал (ся)	сверну́л (ся)
FUT.	бу́ду свёртывать (ся)	сверну́ (сь)
	бу́дешь свёртывать (ся)	сверне́шь (ся)
	бу́дут свёртывать (ся)	сверну́т (ся)
COND.	свёртывал (ся) бы	сверну́л (ся) бы
IMP.	свёртывай (ся) (те) (сь)	сверни́ (сь) (те) (сь)
	DEVERBALS	
PRES. ACT.	свёртывающий (ся)	
PAST ACT.	свёртывавший (ся)	сверну́вший (ся)
PAST PASS.		свёрнутый
VERBAL ADVERB	свёртывая (сь)	сверну́в (шись)

свёртывать что, **сверну́ть** means *to minimize the window*

симпатизи́ровать
to sympathize with, like

	IMPERFECTIVE ASPECT	PERFECTIVE ASPECT
INF.	симпатизи́ровать	
PRES.	симпатизи́рую	
	симпатизи́руешь	
	симпатизи́руют	
PAST	симпатизи́ровал	
FUT.	бу́ду симпатизи́ровать	
	бу́дешь симпатизи́ровать	
	бу́дут симпатизи́ровать	
COND.	симпатизи́ровал бы	
IMP.	симпатизи́руй (те)	
	DEVERBALS	
PRES. ACT.	симпатизи́рующий	
PAST ACT.	симпатизи́ровавший	
PAST PASS.		
VERBAL ADVERB	симпатизи́руя	

симпатизи́ровать кому-чему

снижа́ть (ся) / сни́зить (ся)
to reduce, lower

	IMPERFECTIVE ASPECT	PERFECTIVE ASPECT
INF.	снижа́ть (ся)	сни́зить (ся)
PRES.	снижа́ю (сь)	
	снижа́ешь (ся)	
	снижа́ют (ся)	
PAST	снижа́л (ся)	сни́зил (ся)
FUT.	бу́ду снижа́ть (ся)	сни́жу (сь)
	бу́дешь снижа́ть (ся)	сни́зишь (ся)
	бу́дут снижа́ть (ся)	сни́зят (ся)
COND.	снижа́л (ся) бы	сни́зил (ся) бы
IMP.	снижа́й (ся) (те) (сь)	сни́зь (ся) (те) (сь)
	DEVERBALS	
PRES. ACT.	снижа́ющий (ся)	
PAST ACT.	снижа́вший (ся)	сни́зивший (ся)
PAST PASS.		сни́женный
VERBAL ADVERB	снижа́я (сь)	сни́зив (шись)

снижа́ть кого-что

сокраща́ть (ся) / сократи́ть (ся)
to shorten, reduce

	IMPERFECTIVE ASPECT	PERFECTIVE ASPECT
INF.	сокраща́ть (ся)	сократи́ть (ся)
PRES.	сокраща́ю	
	сокраща́ешь	
	сокраща́ют (ся)	
PAST	сокраща́л (ся)	сократи́л (ся)
FUT.	бу́ду сокраща́ть	сокращу́
	бу́дешь сокраща́ть	сократи́шь
	бу́дут сокраща́ть (ся)	сократя́т (ся)
COND.	сокраща́л (ся) бы	сократи́л (ся) бы
IMP.	сокраща́й (те)	сократи́ (те)

DEVERBALS		
PRES. ACT.	сокраща́ющий (ся)	
PAST ACT.	сокраща́вший (ся)	сократи́вший (ся)
PAST PASS.		сокращённый
VERBAL ADVERB	сокраща́я (сь)	сократи́в (шись)

сокраща́ть кого-что

сосредото́чивать (ся) / сосредото́чить (ся)
to concentrate

	IMPERFECTIVE ASPECT	PERFECTIVE ASPECT
INF.	сосредото́чивать (ся)	сосредото́чить (ся)
PRES.	сосредото́чиваю (сь)	
	сосредото́чиваешь (ся)	
	сосредото́чивают (ся)	
PAST	сосредото́чивал (ся)	сосредото́чил (ся)
FUT.	бу́ду сосредото́чивать (ся)	сосредото́чу (сь)
	бу́дешь сосредото́чивать (ся)	сосредото́чишь (ся)
	бу́дут сосредото́чивать (ся)	сосредото́чат (ся)
COND.	сосредото́чивал (ся) бы	сосредото́чил (ся) бы
IMP.	сосредото́чивай (ся) (те) (сь)	сосредото́чь (ся) (те) (сь)

DEVERBALS		
PRES. ACT.	сосредото́чивающий (ся)	
PAST ACT.	сосредото́чивавший (ся)	сосредото́чивший (ся)
PAST PASS.		сосредото́ченный
VERBAL ADVERB	сосредото́чивая (сь)	сосредото́чив (шись)

сосредото́чивать кого-что на чём

старе́ть / постаре́ть
to grow old, age

	IMPERFECTIVE ASPECT	PERFECTIVE ASPECT
INF.	старе́ть	постаре́ть
PRES.	старе́ю	
	старе́ешь	
	старе́ют	
PAST	старе́л	постаре́л
FUT.	бу́ду старе́ть	постаре́ю
	бу́дешь старе́ть	постаре́ешь
	бу́дут старе́ть	постаре́ют
COND.	старе́л бы	постаре́л бы
IMP.	старе́й (те)	постаре́й (те)

	DEVERBALS	
PRES. ACT.	старе́ющий	
PAST ACT.	старе́вший	постаре́вший
PAST PASS.		
VERBAL ADVERB	старе́в	постаре́в

стимули́ровать / стимули́ровать
to stimulate, encourage

	IMPERFECTIVE ASPECT	PERFECTIVE ASPECT
INF.	стимули́ровать	стимули́ровать
PRES.	стимули́рую	
	стимули́руешь	
	стимули́руют	
PAST	стимули́ровал	стимули́ровал
FUT.	бу́ду стимули́ровать	стимули́рую
	бу́дешь стимули́ровать	стимули́руешь
	бу́дут стимули́ровать	стимули́руют
COND.	стимули́ровал бы	стимули́ровал бы
IMP.	стимули́руй (те)	стимули́руй (те)

	DEVERBALS	
PRES. ACT.	стимули́рующий	
PAST ACT.	стимули́ровавший	стимули́ровавший
PAST PASS.		стимули́рованный
VERBAL ADVERB	стимули́руя	стимули́ровав

стимули́ровать что

толка́ть (ся) / толкну́ть (ся)

to push, shove

	IMPERFECTIVE ASPECT	PERFECTIVE ASPECT
INF.	толка́ть (ся)	толкну́ть (ся)
PRES.	толка́ю (сь)	
	толка́ешь (ся)	
	толка́ют (ся)	
PAST	толка́л (ся)	толкну́л (ся)
FUT.	бу́ду толка́ть (ся)	толкну́ (сь)
	бу́дешь толка́ть (ся)	толкнёшь (ся)
	бу́дут толка́ть (ся)	толкну́т (ся)
COND.	толка́л (ся) бы	толкну́л (ся) бы
IMP.	толка́й (ся) (те) (сь)	толкни́ (сь) (те) (сь)

DEVERBALS

PRES. ACT.	толка́ющий (ся)	
PAST ACT.	толка́вший (ся)	толкну́вший (ся)
PAST PASS.		то́лкнутый
VERBAL ADVERB	толка́я (сь)	толкну́в (шись)

толка́ть кого-что

толсте́ть / потолсте́ть

to gain weight, grow fat

	IMPERFECTIVE ASPECT	PERFECTIVE ASPECT
INF.	толсте́ть	потолсте́ть
PRES.	толсте́ю	
	толсте́ешь	
	толсте́ют	
PAST	толсте́л	потолсте́л
FUT.	бу́ду толсте́ть	потолсте́ю
	бу́дешь толсте́ть	потолсте́ешь
	бу́дут толсте́ть	потолсте́ют
COND.	толсте́л бы	потолсте́л бы
IMP.	толсте́й (те)	потолсте́й (те)

DEVERBALS

PRES. ACT.	толсте́ющий	
PAST ACT.	толсте́вший	потолсте́вший
PAST PASS.		
VERBAL ADVERB	толсте́в	потолсте́в

трансли́ровать / трансли́ровать
to transmit, relay

	IMPERFECTIVE ASPECT	PERFECTIVE ASPECT
INF.	трансли́ровать	трансли́ровать
PRES.	трансли́рую	
	трансли́руешь	
	трансли́руют	
PAST	трансли́ровал	трансли́ровал
FUT.	бу́ду трансли́ровать	трансли́рую
	бу́дешь трансли́ровать	трансли́руешь
	бу́дут трансли́ровать	трансли́руют
COND.	трансли́ровал бы	трансли́ровал бы
IMP.	трансли́руй (те)	трансли́руй (те)

	DEVERBALS	
PRES. ACT.	трансли́рующий	
PAST ACT.	трансли́ровавший	трансли́ровавший
PAST PASS.		трансли́рованный
VERBAL ADVERB	трансли́руя	трансли́ровав

трансли́ровать что

увели́чивать (ся) / увели́чить (ся)
to increase, enlarge

	IMPERFECTIVE ASPECT	PERFECTIVE ASPECT
INF.	увели́чивать (ся)	увели́чить (ся)
PRES.	увели́чиваю	
	увели́чиваешь	
	увели́чивают (ся)	
PAST	увели́чивал (ся)	увели́чил (ся)
FUT.	бу́ду увели́чивать	увели́чу
	бу́дешь увели́чивать	увели́чишь
	бу́дут увели́чивать (ся)	увели́чат (ся)
COND.	увели́чивал (ся) бы	увели́чил (ся) бы
IMP.	увели́чивай (те)	увели́чь (те)

	DEVERBALS	
PRES. ACT.	увели́чивающий (ся)	
PAST ACT.	увеличи́чивавший (ся)	увели́чивший (ся)
PAST PASS.		увели́ченный
VERBAL ADVERB	увели́чивая (сь)	увели́чив (шись)

увеличивать кого-что

удаля́ть (ся) / удали́ть (ся)
to remove, delete

	IMPERFECTIVE ASPECT	PERFECTIVE ASPECT
INF.	удаля́ть (ся)	удали́ть (ся)
PRES.	удаля́ю (сь)	
	удаля́ешь (ся)	
	удаля́ют (ся)	
PAST	удаля́л (ся)	удали́л (ся)
FUT.	бу́ду удаля́ть (ся)	удалю (сь)
	бу́дешь удаля́ть (ся)	удали́шь (ся)
	бу́дут удаля́ть (ся)	удаля́т (ся)
COND.	удаля́л (ся) бы	удали́л (ся) бы
IMP.	удаля́й (ся) (те) (сь)	удали́ (сь) (те) (сь)

DEVERBALS

PRES. ACT.	удаля́ющий (ся)	
PAST ACT.	удаля́вший (ся)	удали́вший (ся)
PAST PASS.		удалённый
VERBAL ADVERB	удаля́я (сь)	удали́в (шись)

удаля́ть кого-что , удаля́ть вирус

уде́рживать (ся) / удержа́ть (ся)
to hold down, restrain

	IMPERFECTIVE ASPECT	PERFECTIVE ASPECT
INF.	уде́рживать (ся)	удержа́ть (ся)
PRES.	уде́рживаю (сь)	
	уде́рживаешь (ся)	
	уде́рживают (ся)	
PAST	уде́рживал (ся)	удержа́л (ся)
FUT.	бу́ду уде́рживать (ся)	удержу́ (сь)
	бу́дешь уде́рживать (ся)	уде́ржишь (ся)
	бу́дут уде́рживать (ся)	уде́ржат (ся)
COND.	уде́рживал (ся) бы	удержа́л (ся) бы
IMP.	уде́рживай (ся) (те) (сь)	удержи́ (сь) (те) (сь)

DEVERBALS

PRES. ACT.	уде́рживающий (ся)	
PAST ACT.	уде́рживавший (ся)	удержа́вший (ся)
PAST PASS.		уде́ржанный
VERBAL ADVERB	уде́рживая (сь)	удержа́в (шись)

уде́рживать кого-что, уде́рживать кнопку

ула́живать (ся) / ула́дить (ся)
to settle, resolve, arrange

	IMPERFECTIVE ASPECT	PERFECTIVE ASPECT
INF.	ула́живать (ся)	ула́дить (ся)
PRES.	ула́живаю	
	ула́живаешь	
	ула́живают (ся)	
PAST	ула́живал (ся)	ула́дил (ся)
FUT.	бу́ду ула́живать	ула́жу
	бу́дешь ула́живать	ула́дишь
	бу́дут ула́живать (ся)	ула́дят (ся)
COND.	ула́живал (ся) бы	ула́дил (ся) бы
IMP.	ула́живай (те)	ула́дь (те)
	DEVERBALS	
PRES. ACT.	ула́живающий (ся)	
PAST ACT.	ула́живавший (ся)	ула́дивший (ся)
PAST PASS.		ула́женный
VERBAL ADVERB	ула́живая (сь)	ула́див (шись)

ула́живать что

формати́ровать / отформати́ровать
to format

	IMPERFECTIVE ASPECT	PERFECTIVE ASPECT
INF.	формати́ровать	отформати́ровать
PRES.	формати́рую	
	формати́руешь	
	формати́руют	
PAST	формати́ровал	отформати́ровал
FUT.	бу́ду формати́ровать	отформати́рую
	бу́дешь формати́ровать	отформати́руешь
	бу́дут формати́ровать	отформати́руют
COND.	формати́ровал бы	отформати́ровал бы
IMP.	формати́руй (те)	отформати́руй (те)
	DEVERBALS	
PRES. ACT.	формати́рующий	
PAST ACT.	формати́ровавший	отформати́ровавший
PAST PASS.		отформати́рованный
VERBAL ADVERB	формати́руя	отформати́ровав

формати́ровать что

формирова́ть (ся) / сформирова́ть (ся)

to form, formulate

	IMPERFECTIVE ASPECT	PERFECTIVE ASPECT
INF.	формирова́ть (ся)	сформирова́ть (ся)
PRES.	формиру́ю (сь)	
	формиру́ешь (ся)	
	формиру́ют (ся)	
PAST	формирова́л (ся)	сформирова́л (ся)
FUT.	бу́ду формирова́ть (ся)	сформиру́ю (сь)
	бу́дешь формирова́ть (ся)	сформиру́ешь (ся)
	бу́дут формирова́ть (ся)	сформиру́ют (ся)
COND.	формирова́л (ся) бы	сформирова́л (ся) бы
IMP.	формиру́й (ся) (те) (сь)	сформиру́й (ся) (те)(сь)

DEVERBALS

PRES. ACT.	формиру́ющий (ся)	
PAST ACT.	формирова́вший (ся)	сформирова́вший (ся)
PAST PASS.		сформиро́ванный
VERBAL ADVERB	формиру́я (сь)	сформирова́в (шись)

формирова́ть что

фотографи́ровать (ся) / сфотографи́ровать (ся)

to photograph, take a picture

	IMPERFECTIVE ASPECT	PERFECTIVE ASPECT
INF.	фотографи́ровать (ся)	сфотографи́ровать (ся)
PRES.	фотографи́рую (сь)	
	фотографи́руешь (ся)	
	фотографи́руют (ся)	
PAST	фотографи́ровал (ся)	сфотографи́ровал (ся)
FUT.	бу́ду фотографи́ровать (ся)	сфотографи́рую (сь)
	бу́дешь фотографи́ровать (ся)	сфотографи́руешь (ся)
	бу́дут фотографи́ровать (ся)	сфотографи́руют (ся)
COND.	фотографи́ровал (ся) бы	сфотографи́ровал (ся) бы
IMP.	фотографи́руй (ся) (те) (сь)	сфотографи́руй (ся) (те)(сь)

DEVERBALS

PRES. ACT.	фотографи́рующий (ся)	
PAST ACT.	фотографи́ровавший (ся)	сфотографи́ровавший (ся)
PAST PASS.		сфотографи́рованный
VERBAL ADVERB	фотографи́руя (сь)	сфотографи́ровав (шись)

фотографи́ровать кого-что

функциони́ровать
to function

	IMPERFECTIVE ASPECT	PERFECTIVE ASPECT
INF.	функциони́ровать	
PRES.	функциони́рую	
	функциони́руешь	
	функциони́руют	
PAST	функциони́ровал	
FUT.	бу́ду функциони́ровать	
	бу́дешь функциони́ровать	
	бу́дут функциони́ровать	
COND.	функциони́ровал бы	
IMP.	функциони́руй (те)	

DEVERBALS		
PRES. ACT.	функциони́рующий	
PAST ACT.	функциони́ровавший	
PAST PASS.	функциони́ровавший	
VERBAL ADVERB	функциони́руя	

худе́ть / похуде́ть
to grow thin, lose weight

	IMPERFECTIVE ASPECT	PERFECTIVE ASPECT
INF.	худе́ть	похуде́ть
PRES.	худе́ю	
	худе́ешь	
	худе́ют	
PAST	худе́л	похуде́л
FUT.	бу́ду худе́ть	похуде́ю
	бу́дешь худе́ть	похуде́ешь
	бу́дут худе́ть	похуде́ют
COND.	худе́л бы	похуде́л бы
IMP.	худе́й (те)	похуде́й (те)

DEVERBALS		
PRES. ACT.	худе́ющий	
PAST ACT.	худе́вший	похуде́вший
PAST PASS.		
VERBAL ADVERB	худе́в	похуде́в

штрафова́ть / оштрафова́ть
to fine

	IMPERFECTIVE ASPECT	PERFECTIVE ASPECT
INF.	штрафова́ть	оштрафова́ть
PRES.	штрафу́ю	
	штрафу́ешь	
	штрафу́ют	
PAST	штрафова́л	оштрафова́л
FUT.	бу́ду штрафова́ть	оштрафу́ю
	бу́дешь штрафова́ть	оштрафу́ешь
	бу́дут штрафова́ть	оштрафу́ют
COND.	штрафова́л бы	оштрафова́л бы
IMP.	штрафу́й (те)	оштрафу́й (те)

DEVERBALS

PRES. ACT.	штрафу́ющий	
PAST ACT.	штрафова́вший	оштрафова́вший
PAST PASS.		оштрафо́ванный
VERBAL ADVERB	штрафу́я	оштрафова́в

штрафова́ть кого-что

щёлкать / щёлкнуть
to click

	IMPERFECTIVE ASPECT	PERFECTIVE ASPECT
INF.	щёлкать	щёлкнуть
PRES.	щёлкаю	
	щёлкаешь	
	щёлкают	
PAST	щёлкал	щёлкнул
FUT.	бу́ду щёлкать	щёлкну
	бу́дешь щёлкать	щёлкнешь
	бу́дут щёлкать	щёлкнут
COND.	щёлкал бы	щёлкнул бы
IMP.	щёлкай (те)	щёлкни (те)

DEVERBALS

PRES. ACT.	щёлкающий	
PAST ACT.	щёлкавший	щёлкнувший
PAST PASS.		щёлкнутый
VERBAL ADVERB	щёлкая	щёлкнув

щёлкать кого-что чем, щёлкать мышью means *to click with the mouse*

экономить (ся) / сэкономить
to save, economize

	IMPERFECTIVE ASPECT	PERFECTIVE ASPECT
INF.	экономить (ся)	сэкономить
PRES.	экономлю	
	экономишь	
	экономят (ся)	
PAST	экономил (ся)	сэкономил
FUT.	буду экономить	сэкономлю
	будешь экономить	сэкономишь
	будут экономить (ся)	сэкономят
COND.	экономил (ся) бы	сэкономил бы
IMP.	экономь (те)	сэкономь (те)
	DEVERBALS	
PRES. ACT.	экономящий (ся)	
PAST ACT.	экономивший (ся)	сэкономивший
PAST PASS.		сэкономленный
VERBAL ADVERB	экономя (сь)	сэкономив

экономить что на чем

эмигрировать / эмигрировать
to emigrate

	IMPERFECTIVE ASPECT	PERFECTIVE ASPECT
INF.	эмигрировать	эмигрировать
PRES.	эмигрирую	
	эмигрируешь	
	эмигрируют	
PAST	эмигрировал	эмигрировал
FUT.	буду эмигрировать	эмигрирую
	будешь эмигрировать	эмигрируешь
	будут эмигрировать	эмигрируют
COND.	эмигрировал бы	эмигрировал бы
IMP.	эмигрируй (те)	эмигрируй (те)
	DEVERBALS	
PRES. ACT.	эмигрирующий	
PAST ACT.	эмигрировавший	
PAST PASS.		
VERBAL ADVERB	эмигрируя	

The following drills and exercises will help you review and practice the material presented in the book. You will have an opportunity to work with the forms required to speak and write Russian correctly. The answers to all the exercises are found beginning on page 632. As you work your way through each of these exercises, be sure to re-read the material contained in the introductory pages. If you have any doubts, you can always look up the verb form in the *Index of Russian Verbs*.

Tip: Russian, like other languages, is a system. There is a reason for everything. Before you can use the correct form, you must have a reason for selecting that person, number, gender, tense, and aspect. Only then can you apply the rules for the proper endings. Verbs are key words in the Russian sentence, but their form and function are normally dependent on the grammatical subject of the sentence. So first identify that subject, then examine the context, and then select the correct form. Keep in mind the consonant changes that require special handling. Good luck, and enjoy yourself on your way to mastery of the Russian verb forms!

Exercise 1

THE INFINITIVE

The **Infinitive** is a key form of the Russian verbal system. In addition to its grammatical uses in the Russian sentence, the **Infinitive** is normally the form found in dictionaries, word lists, indexes, etc. Since you will frequently encounter a verb in a form other than the **Infinitive**, it is important to be able to identify or construct the **Infinitive**. In the sentences below you will find conjugated forms of Russian verbs. First identify the verb, and then provide the **Infinitive** in the space provided.

Hint: Most **Infinitives** end in –**ть**. A few others end in –**чь** or –**ти**. Remember that the particles –**ся** and –**сь** are attached to the verb endings.

1. Он решает все вопросы.   **решать**
2. Я слушаю музыку.   _____
3. Иван посылает посылку.   _____
4. Нина показывает сестре книгу.   _____
5. Вы поднимаетесь на лифте?   _____
6. Мы его хорошо помним.   _____
7. Мальчик уже ходит в школу.   _____
8. Кого ты просишь?   _____
9. Они его любят.   _____
10. Где находится библиотека?   _____
11. Кому ты пишешь?   _____
12. Что он держит в руке?   _____

13. Я прихожу после фильма. _____

14. Я готовлю суп. _____

15. Они живут в Москве. _____

16. Куда вы идёте? _____

17. Что они едят? _____

18. Куда они едут? _____

19. Ты хочешь плавать? _____

20. Я вас познакомлю. _____

21. Лекция начинается в 9 часов. _____

22. Кто пьёт молоко? _____

23. Она прекрасно поёт. _____

24. Мы кладём книги на стул. _____

25. Мы ждём его брата. _____

26. Кто ведёт этот курс? _____

27. Они берут с собой деньги. _____

28. Я тебе даю хороший совет. _____

29. Она мне советует. _____

30. С кем он танцует? _____

Exercise 2

THE INFINITIVE FROM THE PAST TENSE FORMS

The Past Tense is formed from the **Past Tense** stem, which most often is obtained by dropping the **–ть, –чь, –ти** from the **Infinitive** and then adding the **Past Tense** endings. There are some exceptions. The first fifteen **Past Tense** verbs should easily yield the **Infinitive**. The final ten are a challenge. In the sentences below you will find **Past Tense** forms of Russian verbs. First identify the verb, and then provide the **Infinitive** in the space provided.

1. Он писал письмо. _____**писал**_____

2. Она открыла дверь. _____

3. Они смотрели фильм вместе. _____

4. Я подняла этот вопрос. _____

5. Я беспокоился. _____

6. Ты послал открытку? _____

7. Кто его видел? _____

8. С кем они разговаривали? _____

9. Ты включил телевизор? _____

10. Нина ходила в библиотеку? _____

11. Они продолжили разговор? _____

12. Она стирала весь день. _____

13. Книга стоила 100 рублей. _____

14. Они съели всю рыбу. _____

15. Она долго ухаживала за ним. _____

16. Куда она пошла? _____

17. Что он принёс? _____

18. Я там раньше жила. _____

19. Она не смогла. _____

20. Они легли очень поздно. _____

21. Он совсем исчез. _____

22. Они уже привыкли? _____

23. Кто украл ее сумку? _____

24. Кто-нибудь нашёл кошелек? _____

25. Он пропал. _____

Exercise 3

THE PRESENT TENSE

The **Present Tense** can only be formed from **Imperfective Verbs**. The **Present Tense** forms are conjugated according to **Person** (First, Second, Third) and **Number** (Singular and Plural). Find the verb in the first clause or sentence and then insert the correct form in blank space.

Hint: Except for the **First Person Singular** and **Third Person Plural**, any of the other **Present Tense** forms can help you predict the remaining forms. Look at the vowel –**e**–, –**ё**–, or –**и**– preceding the endings: –**шь**, –**т**, –**м**, –**те**. That vowel will remain constant, **e** or **ё** for the **First Conjugation**, **и** for the **Second Conjugation**.

1. Я всегда читаю книги, которые она _____**читает**_____.

2. Она много говорит. Почему вы так мало _____?

3. Они не понимают, что мы _____.

4. Она не хочет смотреть, что я _____смотреть.

5. Они не идут, куда ты _____.

6. Кто видит картину, которую я _____?

7. Он едет сейчас, а мы _____ после обеда.

8. Я люблю есть мороженое. Что вы _____?

9. Я никогда не пью кофе. Ты _____ кофе?

10. Слушайте, а то твой брат не _____.

11. Они знают, что мама _____?

12. Я встаю в 7 часов. А когда ты _____?

13. Папа пишет романы, а я _____ стихи.

14. Делайте так, как они _____.

15. Дети приходят в 5 часов, а когда ты _____?

16. Если вы садитесь на диване, где я _____?

17. Странно что вы слышите музыку. Я ничего не _____.

18. Я стою здесь уже час. Вы давно здесь _____?

19. Ты просишь его, а я _____ ее.

20. Я показываю свои фотографии, а они _____ свои.

21. Я беру только одну книгу. Сколько вы _____?

22. Я не отвечаю за его поведение. Он сам _____.

23. Она любит смотреть баскетбол, а я _____ играть в баскетбол.

24. Кого вы ждёте? Я _____ сестру.

25. Как вы чувствуете себя? Я _____ себя плохо.

Exercise 4

THE COMPOUND FUTURE

The **Compound Future** combines a conjugated form of the verb **быть** with the **Imperfective Infinitive** of the verb. For the conjugated form in parentheses, form the **Compound Future** by providing the conjugated form of **быть** along with the **Infinitive**.

Example: (говорю) Я _____ _____ с ним завтра.

Я буду говорить с ним завтра.

Hint: This exercise requires two steps. First identify the **Imperfective Infinitive**. Only then can you add it to the correct form of **быть**.

1. (ищу)   я **буду   искать** его.

2. (забываем)   Мы никогда не _____ _____.

3. (исправляют)   Учителя _____ _____ всю неделю.

4. (катаешься)   Ты _____ _____ с ними.

5. (бьём)   Мы чужих _____ _____.

6. (беспокою) Я не _____ _____ птиц.

7. (бледнею) Утром я _____ _____ перед женой.

8. (боремся) _____ _____ со спамом?

9. (решают) Они _____ _____ эти задачи.

10. (путешествуете) Вы здесь _____ _____ по Азии?

11. (спят) Дети _____ _____ по пути домой.

12. (опаздываем) Что делать если мы _____ _____?

13. (стоишь) Сколько времени ты _____ _____ здесь?

14. (собираем) Мы _____ _____ подписи.

15. (сажают) За это _____ _____?

16. (стирает) Когда мама в больнице, кто _____ _____?

17. (работаем) Где мы завтра _____ _____?

18. (угощаете) Чем _____ _____?

19. (принадлежу) _____ _____ только вам.

20. (машут) Им _____ _____ рукой.

21. (желаешь) Ты ничего не _____ _____.

22. (выигрывать) Хочу и _____ _____.

23. (жалуются) Учителя _____ _____.

24. (танцую) Я _____ _____ весь вечер.

25. (возвращаете) Как вы _____ _____ эти средства?

Exercise 5

THE SIMPLE FUTURE

The **Simple Future** is formed by conjugating **Perfective Verbs** without the addition of the auxiliary verb **быть**. Provide in the space provided the correct **Simple Future** form of the **Infinitive** in parentheses.

Example: (поговорить) Я _____ с ним завтра.

Я **поговорю** с ним завтра.

Hint: In *501 Russian Verbs* the verbs are alphabetically arranged by the **Imperfective Infinitives**. If you need to check for the correct verbal forms, you can find where the **Perfective Infinitive** is found in the *Index of Russian Verbs*.

1. (встать) Они **встанут** в пять часов.

2. (забыть) Вы не _____?

3. (получить) Дети _____ красивые подарки.

4. (найти)   Автор _____ время для встречи с читателями.

5. (начать)   Когда вы _____ новый проект?

6. (послушать)   Сперва мы _____ музыку, а потом в ресторан.

7. (попросить)   Я _____ его.

8. (пойти)   Куда вы _____ ?

9. (решить)   Они _____ этот вопрос до вечера.

10. (постоять)   Я здесь _____, а потом пойду в зал.

11. (стать)   Он _____ знаменитым писателем.

12. (спросить)   Кого мы _____?

13. (узнать)   Вскоре ты _____ правду.

14. (послать)   Я _____ вам наше предложение завтра.

15. (продолжить)   Когда мы _____ этот разговор?

16. (поставить)   Он _____ крест на это дело.

17. (показать)   Вы нам _____ вашу работу?

18. (ответить)   Я категорически не _____ .

19. (назвать)   Как ты _____ ребенка?

20. (смочь)   Вы _____ добиться идеальной фигуры.

21. (заметить)   Она тебя обязательно_____ .

22. (остаться)   Мы _____ там до понедельника.

23. (подержать)   Они нас _____.

24. (выйти)   Когда она _____ замуж?

25. (поблагодарить)   Я вас _____ .

Exercise 6

THE PAST TENSE

The **Past Tense** of **Imperfective and Perfective Verbs** is formed from the **Infinitive Stem**. In the **Past Tense**, verbal forms agree in **Number** (Singular or Plural) and in the singular they also agree in **Gender** (Masculine, Feminine, Neuter) with the grammatical subject. For most verbs, after dropping the ending –**ть**, –**чь**, –**ти**, add –**л**, –**ла**, –**ло**, –**ли**. Some **Past Tense Stems** end in a consonant, and you might want to refer to them in the *501 Russian Verbs* listings.

Insert in the space provided the correct **Past Tense** form of the **Infinitive** in parentheses.

Hint: Be sure to find the grammatical subject. Remember that the subject can often be omitted for the **Third Person Plural** form. When the **я** or **ты** forms are used, the **Gender** depends upon whether that person is a male or female.

1. (взять)   Она __**взяла**__ все деньги.

2. (разбудить)   Мама их _____ рано.

3. (увидеть)   Они своих друзей _____ издалека.

4. (бросить)   Мы все _____ курить.

5. (сорвать)   Ты нам _____.

6. (заказать)   Я _____ суп и салат.

7. (встретить)   Новый профессор _____ своих студентов.

8. (завтракать)   Дети долго _____ .

9. (любить)   Она его _____ все эти годы.

10. (организовать) Кто _____ эту встречу?

11. (пригласить) Кого _____ на собрание?

12. (закрыть)   Папа _____ окно.

13. (заработать) Мы _____ тысячу рублей.

14. (играть)   Мальчики _____ весь день на дворе.

15. (кончить)   Они _____ до утра.

16. (наступить)   Зима давно _____ .

17. (кормить)   Она меня _____ с детства.

18. (поймать)   Его _____ в парке.

19. (кричать)   Все _____ в один голос.

20. (молчать)   Он _____ во время лекции.

21. (начаться)   Концерт _____ ровно в 8 часов.

22. (освободиться) Они наконец _____.

23. (понравиться) Всё им _____.

24. (одеться)   Она _____ тепло.

25. (обниматься) Мама с дочкой _____ дольше всех других.

Exercise 7

THE PAST TENSE OF PROBLEM VERBS

Some **Past Tense Stems** end in a consonant. Some verbs that end in **–нуть** drop the **–ну–** before adding the **Past Tense** endings. Some others simply have to be learned. Insert in the space provided the correct **Past Tense** form of the **Infinitive** in parentheses.

Hint: If you can't find the verb form easily in the main pages of *501 Russian Verbs*, look in the *Index of Russian Verbs*.

1. (везти) Он _____**вёз**_____ меня домой.

2. (нести) Она _____ покупки в квартиру.

3. (вести) Кто его сюда _____ ?

4. (идти) Они _____ медленно по дороге.

5. (лезть) Куда он ночью _____ ?

6. (привыкнуть) Мы уже давно _____.

7. (отвыкнуть) Вы _____ от Интернета?

8. (отдохнуть) Они все хорошо _____.

9. (вздохнуть) Она _____ с облегчением.

10. (грызть) Собаки _____ кости.

11. (есть) Мы _____ и пили.

12. (мочь) Я не _____ понять ее.

13. (исчезнуть) Они просто _____.

14. (класть) Она _____ все книги на пол.

15. (кончиться) Рассказ _____ неожиданно.

16. (махнуть) Он _____ рукой.

17. (смочь) Она не _____ купить билет.

18. (найтись) Где _____ лишний билет?

19. (сойтись) Он _____ во мнении с своим другом.

20. (погибнуть) Она трагически _____.

21. (выйти) Зачем ты _____ ?

22. (привлечь) Их _____ ее обещание.

23. (произнести) Директор _____ прощальную речь.

24. (провести) Они _____ переговоры.

25. (прийти) Она _____ поздно.

Exercise 8

IMPERFECTIVE AND PERFECTIVE VERBAL PAIRS

All Russian verbs have **Aspect**. This may be either **Imperfective** or **Perfective**. Most often Russian verbs have an aspectual pair. Many of these are readily identifiable, based on the root of the verb. Others are more complicated. We have listed each verb in the traditional presentation of the **Imperfective** verb followed by the **Perfective** verb. The *Index of Russian Verbs* lists these forms separately with reference to the specific page in *501 Russian*

Verbs where they can be found. Match the **Imperfective** verbs of Column A with their **Perfective** partners in Column B.

A	B
1. отвечать	а. упасть
2. хватать	б. сшить
3. спрашивать	в. защитить
4. избегать	г. ответить
5. шить	д. украсть
6. делать	е. выпить
7. красть	ж. узнать
8. изменять	з. дать
9. лишать	и. изменить
10. падать	к. зажарить
11. строить	л. лишить
12. защищать	м. хватить
13. терпеть	н. избежать
14. писать	о. выбрать
15. пить	п. приказать
16. узнавать	р. копнуть
17. приказывать	с. потерпеть
18. копать	т. одобрить
19. начинать	у. построить
20. одобрять	ф. начать
21. выбирать	х. спросить
22. давать	ц. съесть
23. украшать	ч. написать
24. есть	ш. сделать
25. жарить	щ. украсить

Exercise 9

FINDING THE IMPERFECTIVE OF PERFECTIVE VERBS

Frequently you may encounter a **Perfective** verb. Most Russian dictionaries list verbs by their **Imperfective** partner. You will need to be able to identify the **Imperfective** form of the

Perfective verb. The *Index of Russian Verbs* lists **Perfective** verbs separately with reference to the specific page in *501 Russian Verbs* where they can be found. Match the **Perfective** verbs of Column A with their **Imperfective** partners in Column B.

	A			B	
1.	поужинать		а.	загорать	
2.	выстирать		б.	привлекать	
3.	привлечь		в.	жарить	
4.	записать		г.	повторять	
5.	достать		д.	дрожать	
6.	погибнуть		е.	стирать	
7.	послать		ж.	исчезать	
8.	создать		з.	ужинать	
9.	уехать		и.	записывать	
10.	вспахать		к.	покупать	
11.	простить		л.	создавать	
12.	загореть		м.	погибать	
13.	повторить		н.	доставать	
14.	взять		о.	посылать	
15.	полить		п.	признавать	
16.	признать		р.	прощать	
17.	наказать		с.	уезжать	
18.	произнести		т.	пахать	
19.	кончить		у.	наказывать	
20.	сохранить		ф.	поливать	
21.	вывести		х.	произносить	
22.	дрогнуть		ц.	выводить	
23.	купить		ч.	брать	
24.	исчезнуть		ш.	сохранять	
25.	зажарить		щ.	кончать	

Exercise 10

A WORD MAZE OF IMPERFECTIVE VERBAL ADVERBS

The **Imperfective Verbal Adverb** is formed from the **Present Tense Stem** of **Imperfective** verbs by adding –**я** after a vowel and most consonants or –**а** after the consonants **ш**, **щ**, **ж**,

ч. Find the **Imperfective Verbal Adverb** forms of the **Imperfective Infinitives** in the maze below.

Hint: The answers may read from left to right, right to left, top to bottom, or bottom to top.

1. жарить
2. бегать
3. говорить
4. решать
5. сидеть
6. гулять
7. ловить
8. дуть
9. брить
10. дарить
11. падать
12. видеть
13. ломать
14. сметь
15. варить
16. глядеть
17. рубить
18. любить
19. висеть
20. ранить
21. служить
22. курить
23. возить
24. носить
25. проезжать

С	Л	У	Ж	А	Л	О	В	Я	К
И	Ч	Л	Ю	Б	Я	Р	О	Я	П
Д	С	Щ	Й	Р	П	У	З	Л	Р
Я	М	Ч	В	Е	А	Б	Я	У	О
Б	Е	Г	А	Я	Д	Я	Л	Г	Е
Х	Я	Ц	Р	Е	А	Я	К	О	З
Д	А	Р	Я	Ж	Я	С	И	В	Ж
У	Л	О	М	А	Я	О	Ф	О	А
Я	А	Ш	Е	Р	Я	Н	А	Р	Я
М	В	И	Д	Я	К	У	Р	Я	З

Exercise 11

THE PRESENT / SIMPLE FUTURE TENSE OF VERBS
ENDING IN –авать/–ать

One set of Russian verbs, those pairs ending in **–авать/–ать**, may present a particular problem. Since in printed text Russians normally do not include the two dots over the letter **ё**, it may be difficult to distinguish between the **Present Tense** and the **Simple Future** of some verbs. The exercises below and the explanations accompanying the answers should be useful to you. Put in the space provided the **Present** (if the verb is **Imperfective**) or the **Simple Future** tense (if the verb is **Perfective**) of the **Infinitive** in parentheses.

Hint: Several of the verbs below are derived from the highly irregular verb **дать**. Be sure to check its forms in the listing for **давать/дать**.

1. (узнавать)   Как мы **узнаём** о погоде?

2. (узнать)   Результаты мы _____ в понедельник.

3. (признавать)   Он не _____ себя виновным.

4. (признать)   Мы уверены, что они нас не _____.

5. (уставать)   Отдыхаю хорошо, только _____ очень.

6. (устать)   Не _____ родину любить.

7. (доставать)   Мы их вам _____.

8. (достать)   Мы _____ и дома.

9. (оставаться)   Я ухожу, а ты _____.

10. (остаться)   Зайдёшь раз и _____ навсегда.

11. (попадать)   Европа _____ в Сеть.

12. (издавать)   Вы _____ журнал, который я люблю читать.

13. (издать)   Когда вы его _____ ?

14. (давать)   Я _____ уроки живописи.

15. (дать)   Я вам ссылочку _____.

16. (задавать)   Ты _____ много вопросов.

17. (задать)   Ты _____ тот же вопрос?

18. (отдавать)   Книгу _____ в перевод.

19. (отдать)   Деньги им завтра _____ .

20. (подаваться)   Мясо _____ с картофелем.

21. (податься)   Куда_____ экономика?

22. (продавать)   Мы _____ бассейны.

23. (продать)   Завтра мы _____ ноутбуки.

24. (передаваться)   Проблемы _____ по наследству.

25. (передаться)   Какие гены _____ ребёнку?

622

Exercise 12

THE PRESENT / SIMPLE FUTURE TENSE OF VERBS ENDING IN –овать/–ировать

Many Russian verbs derived from other languages end in **–овать/–ировать**. The following exercise will provide some practice and review for many of the verbs found in the section *100 Russian Verbs for the 21st Century*. Write in the space provided the correct conjugated **Present** or **Simple Future** form of the **Infinitive** in parentheses.

Hint: The **Present Tense** stem of these verbs replaces the **–ов–** of the **Infinitive** with **–у–**, after which one uses the regular **First Conjugation** endings.

1. (администрировать) Я только **администрирую** этот сайт.

2. (адресовать) Мы _____ наш проект бизнесменам.

3. (интегрировать) Телефон _____ новую технологию.

4. (консультироваться) Специалисты по безопасности _____ сегодня.

5. (модернизировать) В один день ты не _____.

6. (протестовать) Она _____ против снижения качества.

7. (арендовать) Мы _____ квартиры и комнаты.

8. (рекламировать) Как вы себя _____ ?

9. (сфотографироваться) Мы _____ на память.

10. (базировать) Я всегда _____ свои аргументы на фактах.

11. (эмигрировать) Она _____ в Америку.

12. (голосовать) Избиратели _____ за личности и идеи.

13. (доминировать) Я _____ на карте.

14. (штрафовать) За курение серьезно _____.

15. (форматировать) Мы _____ электронные книги.

16. (иммигрировать) В Канаду я _____.

17. (стимулировать) Как ты _____ развитие экономики?

18. (рисковать) Чем вы _____ ?

19. (регистрироваться) Как долго _____ домен?

20. (программировать) Я _____ с удовольствием.

21. (комбинировать) Мы _____ текст и иллюстрации.

22. (скопировать) Что она _____ на компьютере?

23. (спланировать) Врачи _____ операцию.

24. (мотивировать) Мы _____ людей.

25. (модифицировать) Американцы генетически _____ пшеницу.

Exercise 13

THE IMPERATIVE

The Imperative Mood is used to give commands. Both **Imperfective** and **Perfective** verbs can form the **Imperative**. The rules for formation of most **Imperatives** can be found on pages xvii–xviii.

Insert in the space provided the **Imperative** form of the **Infinitive** in parentheses. *For the first ten exercises use the **Singular Informal** form.*

Hint: The **Imperative** is formed from the **Present / Simple Future Stem**. This can normally be found by dropping the **–ут**, **–ют**, **–ят**, **–ат** ending of the **Third Person Plural** form.

1. (мешать)   Не __**мешай**__ мне играть.

2. (узнать)   _____ свою судьбу.

3. (мечтать)   _____ в другом месте.

4. (снимать)   _____ лыжи.

5. (повторить)   _____, пожалуйста.

6. (уходить)   Остановись, не _____.

7. (сказать)   _____ наркотикам «Нет».

8. (спать)   _____ спокойно.

9. (купить)   _____ э–книгу.

10. (кричать)   Не _____ так громко.

*(For the next fifteen sentences use the **Plural** or **Polite Formal** form.)*

11. (послушать)   __**Послушайте**__ , что папа говорит.

12. (повторять)   Не _____ ошибок.

13. (пообедать)   _____ дома.

14. (бегать)   _____ на коньках.

15. (гулять)   _____ с животными.

16. (ждать)   _____ солнца.

17. (дышать)   _____ глубже.

18. (жарить)   _____ картофель и рыбу.

19. (защитить)   _____ свою семью.

20. (извинить)   _____, пожалуйста.

21. (бояться)   Не _____ изменений.

22. (заниматься) _____ спортом.

23. (учиться)   _____ летать.

24. (стараться)   _____ понять.

25. (садиться)   _____ сюда.

Exercise 14

MORE IMPERATIVES

Forming the **Imperative** can be a challenge for students of Russian. Here are a number of verbs that require special attention. When in doubt, consult the appropriate pages in *501 Russian Verbs*.

Insert in the space provided the **Imperative** form for the **Infinitive** in parentheses. *For the first ten exercises use the **Singular Informal** form.*

Hint: Don't forget that verbs are usually listed by the **Imperfective** form. If the **Infinitive** is a **Perfective** verb you may want to look in the *Index of Russian Verbs*.

1. (давать)   **Давай** еще.

2. (съесть)   _____ пирожок.

3. (целовать)   _____ меня снова.

4. (снять)   Шляпу _____.

5. (взять)   _____ с собой музыку.

6. (танцевать)   _____ со мной.

7. (аплодировать)   _____ себе.

8. (послать)   _____ нам терпение.

9. (готовить)   _____ лыжи осенью.

10. (ввести)   _____ свое имя и дату рождения.

*(For the next fifteen sentences use the **Plural or Polite Formal** form.)*

11. (перестать)   **Перестаньте** спорить.

12. (дать)   _____ ему календарь.

13. (поверить)   _____, это классно.

14. (познакомиться)   _____, пожалуйста.

15. (выйти)   _____ на улицу.

16. (выпить)   _____ чаю.

17. (написать)   _____ детям.

18. (плакать)   _____ с нами.

19. (открыть)   _____ дверь.

20. (задать)   _____ свой вопрос.

21. (позволить)   _____ себе больше.

22. (приблизиться)   _____ к камину.

23. (спрятать)   _____ все свои заботы.

24. (прыгнуть)   _____ выше.

25. (нарисовать)   _____ мне дом.

A WORD MAZE OF PERFECTIVE VERBAL ADVERBS

The **Perfective Verbal Adverb** is formed from the **Past Tense Stem** of a **Perfective** verb by adding **–в** after a vowel, or **–ши** after a consonant. Find the **Perfective Verbal Adverb** forms of the **Perfective Infinitives** in the maze below.

Hint: We have included only those forms ending in **–в**. Remember that words can be found from left to right, right to left, top to bottom, and bottom to top.

1. купить		11. задать
2. обнять		12. овладеть
3. взять		13. успеть
4. суметь		14. избежать
5. побить		15. повоевать
6. заснуть		16. сделать
7. сшить		17. узнать
8. повесить		18. улететь
9. посметь		19. убить
10. бросить		20. поймать

П	О	Б	И	В	П	В	К	В	О
О	М	П	О	В	О	Е	В	А	В
В	У	Б	И	В	С	Т	А	М	Л
Е	Ш	Р	Т	А	М	Е	Л	Й	А
С	Ш	И	В	Ж	Е	Л	Е	О	Д
И	У	С	П	Е	В	У	Д	П	Е
В	З	Я	В	Б	Р	О	С	И	В
В	А	Д	А	З	А	С	Н	У	В
З	К	У	П	И	В	Я	Н	Б	О
С	У	М	Е	В	У	З	Н	А	В

Exercise 16

PRACTICE WITH VERBS ENDING IN –ся/–сь

The particle **–ся/–сь** has multiple functions (see pages xix–xx). A verb is conjugated in regular fashion, and the particle changes according to the final letter. If the final letter is a consonant or **–ь**, add **–ся**. If the final letter is a vowel, add **–сь**.

Insert in the space provided the correct conjugated form of the **Infinitive** in parentheses.

Hint: Getting back to basics requires you to identify the grammatical subject of the sentence first. (You might want to underline it.) Only then can you proceed to identify the correct endings.

*(The first ten sentences are in the **Present or Simple Future Tenses**.)*

1. (видеться)   Как Земля __**видится**__ с Марса?

2. (взяться)   Я _____ переводить эту книгу.

3. (забываться)   Все прощается, все _____.

4. (замечаться)   Запах _____ потребителем.

5. (казаться)   Иногда _____, что ты один.

6. (находиться)   Где _____ библиотека?

7. (начинаться)   Так _____ войны.

8. (подниматься)   Цены _____.

9. (получаться)   Как он _____ у меня?

10. (получиться)   Что из этого _____?

*(The next ten sentences are in the **Past Tense**.)*

11. (продолжаться)   Стачка **продолжалась** .

12. (решиться)   Наконец _____ вопрос моего участия.

13. (слушаться)   В суде _____ дело.

14. (слышаться)   Что-то _____ родное.

15. (называться)   Город _____ Петроградом.

16. (найтись)   Преступник _____ в больнице.

17. (остаться)   Подписчики _____ без газет.

18. (показываться)   Рядом с текстом _____ ее фотография.

19. (появиться)   В магазинах _____ живые манекены.

20. (решаться)   Их судьба _____ в Кремле.

*(For the next five sentences use the **Imperative Polite/Plural** form.)*

21. (бросаться)   Не **бросайтесь** на людей.

22. (появляться)   Без брата не _____.

23. (остаться)   _____.

24. (бояться)   Не _____ мобильных телефонов.

25. (садиться)   _____, пожалуйста.

Exercise 17

VERBS WITH CONSONANT CHANGES

Often the consonant of the **Present / Simple Future Stem** changes. In **Second Conjugation** verbs this occurs *only* in the **First Person Singular**.

Insert in the space provided the correct **Present / Simple Future** form of the **Infinitive** in parentheses.

Hint: See the **Rules for Consonant Change** on page xxv.

1. Они не могут, и ты не __можешь__ .

2. Кто водит машину? Я ее _____ .

3. Они не ответят, но я _____ .

4. Я пеку торт, а мама _____ пирожки.

5. Кто может искать ключ? Почему ты не _____ ?

6. Папа чистит зубы, и я _____ зубы.

7. Она нам поможет, а я ему _____ .

8. Она любит писать стихи, а он _____ прозу.

9. Они сказали правду, и я _____ правду.

10. Кто хочет заказать музыку? Я _____ .

11. Что ты видишь? Я ничего не _____ .

12. Он уже ходит в школу, а я еще не _____ .

13. Она махает правой рукой, а я левой рукой _____ .

14. Кто носит шляпу? Я не _____ .

15. Папа бросит мяч, а я не так хорошо _____ .

16. Куда вы летите? Я _____ в Москву.

17. Если ты его простишь, то я его _____ .

18. Когда он приходит? Я _____ раньше.

19. Они согласятся, когда я _____ .

20. Я спущусь по лестнице. А как вы _____ ?

21. Ты ее спросишь, а я его _____ .

22. Мы схватим его, а я _____ ее.

23. Мы хотим гулять в парке. Что ты _____ делать?

24. Они угостят студентов, а я их родителей _____ .

25. Не шути. Я не _____ .

Exercise 18

THE CONDITIONAL

The **Conditional** is composed of a **Past Tense** of either an **Imperfective** or a **Perfective** verb form plus **бы**.

Insert in the space provided the **Conditional** for the **Infinitive** in parentheses.

Hint: Remember that to form the Russian **Past Tense** you need to identify the **Number** and in the singular the **Gender** of the grammatical subject.

1. (хотеть)   Я **хотел/хотела бы** играть в футбол.

2. (лежать)   Она _____ _____ на берегу моря.

3. (писать)   Ты _____ _____ детские книги?

4. (узнать)   _____ _____ вся школа о ней.

5. (побриться)   _____ _____ ты?

6. (сделать)   Что _____ _____ он в таком случае?

7. (быть)   _____ _____ хорошо.

8. (скучать)   Я _____ _____ без нее.

9. (кататься)   Она _____ _____, но не было снега.

10. (спасти)   Одно слово _____ _____ его.

11. (купить)   _____ _____ акции.

12. (мечтать)   До сих пор она _____ _____ о нем.

13. (сломать)   Такой темп _____ _____ меня.

14. (выйти)   За кого ты не _____ _____ замуж?

15. (знать)   _____ _____ мы, купили бы мы больше.

16. (попросить)   Что _____ _____ вы на моем месте?

17. (заказать)   Если бы у меня были деньги, я _____ _____ билет.

18. (закрыть)   _____ _____ эту газету?

19. (любить)   _____ _____ я рисовать?

20. (учиться)   _____ _____ мы вместе.

21. (уехать)   _____ _____ вы из страны?

22. (дать)   Эта победа _____ _____ нам уважение.

23. (перебить)   _____ _____ мы всю посуду.

24. (бросить)   _____ _____ он курить.

25. (искать)   Они _____ _____ его через знакомых.

Exercise 19

FUN WITH IDIOMS

Russians love a number of stock phrases that you may want to learn. The ones we have chosen need a verb form. Insert in the space provided the correct form of the **Infinitive** in parentheses.

Hint: Many of these can be found in our selection of *55 Essential Verbs*.

1. (держать) _____**Держи**_____ язык за зубами.

2. (видеть) Рыбак рыбака _____ издалека.

3. (говорить) Поменьше _____, побольше услышишь.

4. (бояться) Бойся жить, а умирать не _____.

5. (встать) Солнце _____, да и утро настанет.

6. (забывать) Добро помни, зло _____.

7. (дать) Бог _____. Бог взял.

8. (полежать) _____, да и встань.

9. (хотеть) Что _____, то и могу.

10. (получиться) Никак не _____.

11. (слышать) Душа видит, сердце _____.

12. (думать) _____ о других, не только о себе.

13. (выйти) Из этого ничего не _____.

14. (бегать) Дела не делай, а от дела не _____.

15. (просить) _____ к столу.

16. (делать) Дело _____, а правды не забывай.

17. (ставиться) Часы не _____ по солнцу.

18. (слушать) Больше _____, меньше говори.

19. (стать) _____ в очередь.

20. (кончать) Легко начать, да не легко _____.

21. (прийти) Весна _____ — на все пошла.

22. (знать) Кто много _____, с того много спрашивается.

23. (быть) Жив _____, не забуду.

24. (любить) Ешь с голоду, а _____ с молоду.

25. (глядеть) И _____, да не видит.

26. (учить) _____ других, и сам поймёшь.

27. (творить) Золото не говорит, а много _____.

Exercise 20

A FINAL MAZE OF COMMON INFINITIVES

Find **Infinitive** forms in the maze below for the **First Person Singular** form of some very frequently encountered verbs.

Hint: For many verbs that are used frequently, the **First Person Singular** form does not always provide a clue to identifying the **Infinitive**. If you have gotten this far in *501 Russian Verbs*, these should pose no problem. Good luck!

1. пью		13. сплю
2. бью		14. веду
3. живу		15. выпью
4. лью		16. дам
5. пишу		17. хочу
6. сяду		18. могу
7. кладу		19. лягу
8. вожу		20. возьму
9. несу		21. ношу
10. куплю		22. лечу
11. иду		23. улечу
12. еду		24. ем

В	З	Я	Т	Ь	Н	Л	Е	Ч	Ь
О	Ь	Т	А	Х	Е	Ы	Б	М	З
Д	Ь	Т	А	П	С	Ж	И	Т	Ь
И	Т	У	Л	Е	Т	Е	Т	Ь	Т
Т	С	В	Ы	П	И	Т	Ь	Ч	И
Ь	А	Ь	Т	И	П	У	К	О	Л
Т	Л	В	Е	С	Т	И	Ф	М	К
С	К	Ш	Щ	А	Ю	Д	А	Т	Ь
Е	З	Х	О	Т	Е	Т	Ь	Я	Э
С	Е	С	Т	Ь	Т	И	С	О	Н

Answers to Verb Drills and Exercises

Exercise 1

THE INFINITIVE

1. **решать** — The ending –ет indicates a **First Conjugation** verb, many of which have an **Infinitive** ending in –ать.

2. **слушать** — This is a regular **First Conjugation** verb with the **Infinitive** ending in –ать. The **First Person Singular** ending is the same for both conjugations, and therefore does not provide a clear indication of which conjugation a verb belongs to.

3. **посылать** — The ending –ет indicates a **First Conjugation** verb with an **Infinitive** ending in –ать.

4. **показывать** — The ending –ет indicates a **First Conjugation** verb with an **Infinitive** ending in –ать.

5. **поднимать** — The ending –ете indicates a **First Conjugation** verb with an **Infinitive** ending in –ать.

6. **помнить** — The ending –им indicates a **Second Conjugation** verb, many of which have an **Infinitive** ending in –ить.

7. **ходить** — The ending –ит indicates a **Second Conjugation** verb with an **Infinitive** ending in –ить.

8. **просить** — The ending –ишь indicates a **Second Conjugation** verb with an **Infinitive** ending in –ить.

9. **любить** — The ending –ят indicates a **Second Conjugation** verb with an **Infinitive** ending in –ить.

10. **находиться** — The ending –ит before the particle –ся indicates a **Second Conjugation** verb with an **Infinitive** ending in –ить.

11. **писать** — The ending –ешь indicates a **First Conjugation** verb, many of which have an **Infinitive** ending in –ать. Notice the consonant change from **с** to **ш** throughout the conjugation.

12. **держать** — The ending –ит indicates a **Second Conjugation** verb. This verb is one of a few **Second Conjugation** verbs where the **Infinitive** ends in –ать.

13. **приходить** — This is a **Second Conjugation** verb with the **Infinitive** ending in –ить. The **First Person Singular** ending is the same for both conjugations, and therefore does not provide a clear indication of which conjugation a verb belongs to. The consonant change from д to ж exclusively in the **First Person Singular** form is an indication of the **Second Conjugation**.

14. **готовить** — This is a **Second Conjugation** verb with the **Infinitive** ending in –ить. The **First Person Singular** ending is the same for both conjugations, and therefore does not provide a clear indication of which conjugation a verb belongs to. The addition of the consonant л exclusively in the **First Person Singular** form is an indication of the **Second Conjugation**.

15.	жить	The ending –ут indicates a **First Conjugation** verb, but the **Present Tense** stem must be learned.
16.	идти	The ending –ёте indicates a **First Conjugation** verb. The **Infinitive** of this and a small number of other verbs is –ти.
17.	есть	This verb meaning "to eat" in Russian is **irregular** and the forms simply must be learned.
18.	ехать	The ending –ут indicates a **First Conjugation** verb, but the **Present Tense** stem must be learned. Be careful not to confuse the forms, especially in the plural, with those of the verb **есть**.
19.	хотеть	This verb meaning "to want" is **irregular** and its forms must simply be learned.
20.	познакомить	This is a **Second Conjugation** verb with the **Infinitive** ending in –ить. The **First Person Singular** ending is the same for both conjugations, and therefore does not provide a clear indication of which conjugation a verb belongs to. The addition of the consonant л exclusively in the **First Person Singular** form is an indication of the **Second Conjugation**.
21.	начинаться	The ending –ет before the particle –ся indicates a **First Conjugation** verb with an **Infinitive** ending in –ать.
22.	пить	The ending –ёт indicates a **First Conjugation** verb, but note carefully the **Infinitive** ending.
23.	петь	The ending –ёт indicates a **First Conjugation** verb, but note carefully the **Infinitive** ending.
24.	класть	The ending –ём indicates a **First Conjugation** verb, but note carefully the **Infinitive**.
25.	ждать	The ending –ём indicates a **First Conjugation** verb.
26.	вести	The ending –ёт indicates a **First Conjugation** verb. This is another verb whose **Infinitive** ends in –ти.
27.	брать	The ending –ут indicates a **First Conjugation** verb, but note the difference between the **Present Stem** and the **Infinitive**.
28.	давать	A **First Conjugation** verb in which the **Infinitive** has –ав– not found in the **Present Stem**.
29.	советовать	A **First Conjugation** verb in which the **Infinitive** has –ов– not found in the **Present Stem**, where it is replaced by –у– before the regular **First Conjugation** endings.
30.	танцевать	A **First Conjugation** verb in which the **Infinitive** has –ев– not found in the **Present Stem**, where it is replaced by –у– before the regular **First Conjugation** endings.

Exercise 2

THE INFINITIVE FROM THE PAST TENSE FORMS

Since the **Past Tense** stem most often is obtained by dropping the –ть, –чь, –ти from the **Infinitive**, one can usually drop the **Past Tense** endings of –л, –ла, –ло, –ли, and then form the **Infinitive** by adding –ть, –чь, –ти. The first fifteen **Past Tense** verbs should easily yield the **Infinitive**.

The final ten are a challenge. Look first at the beginning of the word; it should help you locate the verb in our *Index of Russian Verbs*.

In the sentences below you will find **Past Tense** forms of Russian verbs in **boldface**, followed by the **Infinitive**.

1.	Он **писал** письмо.	**писать**
2.	Она **открыла** дверь.	**открыть**
3.	Они **смотрели** фильм вместе.	**смотреть**
4.	Я **подняла** этот вопрос.	**поднять**
5.	Я **беспокоился**.	**беспокоиться**
6.	Ты **послал** открытку?	**послать**
7.	Кто его **видел**?	**видеть**
8.	С кем они **разговаривали**?	**разговаривать**
9.	Ты **включил** телевизор?	**включить**
10.	Нина **ходила** в библиотеку?	**ходить**
11.	Они **продолжили** разговор?	**продолжить**
12.	Она **стирала** весь день.	**стирать**
13.	Книга **стоила** 100 рублей.	**стоить**
14.	Они **съели** всю рыбу.	**съесть**
15.	Она долго **ухаживала** за ним.	**ухаживать**
16.	Куда она **пошла**?	**пойти**
17.	Что он **принёс**?	**принести**
18.	Я там раньше **жила**.	**жить**
19.	Она не **смогла**.	**смочь**
20.	Они **легли** очень поздно.	**лечь**
21.	Он совсем **исчез**.	**исчезнуть**
22.	Они уже **привыкли**?	**привыкнуть**
23.	Кто **украл** ее сумку?	**украсть**
24.	Кто-нибудь **нашёл** кошелек?	**найти**
25.	Он **пропал**.	**пропасть**

Exercise 3

THE PRESENT TENSE

The **Present Tense** can only be formed from **Imperfective Verbs**. The **Present Tense** forms are conjugated according to **Person** (First, Second, Third) and **Number** (Singular and Plural).

Hint: Except for the **First Person Singular** and **Third Person Plural**, any of the other **Present Tense** forms can help you predict the remaining forms. Look at the vowel –**e**–, –**ё**–, or –**и**– preceding the endings: –шь, –т, –м, –те. That vowel will remain constant, **e** or **ё** for the **First Conjugation**, **и** for the **Second Conjugation**.

We have identified the **verb** in the first clause or sentence and the **correct answer** in **boldface**.

1. Я всегда **читаю** книги, которые она **читает**. The **First Person Singular** form is not an indicator of conjugation, so you must know this verb belongs to the **First Conjugation**.

2. Она много **говорит**. Почему вы так мало **говорите**? This is a regular **Second Conjugation** verb.

3. Они не **понимают**, что мы **понимаем**. The **Third Person Plural** ending in –**ут** or –**ют** identifies the verb as belonging to the **First Conjugation**.

4. Она не **хочет** смотреть, что я **хочу** смотреть. The forms of this verb are **irregular** and simply must be learned. The **Singular** endings are like those of **First Conjugation** verbs; the **Plural** endings are like those of **Second Conjugation** verbs.

5. Они не **идут**, куда ты **идёшь**. The **Third Person Plural** ending in –**ут** identifies the verb as belonging to the **First Conjugation**. Because the ending is stressed, it has **ё**.

6. Кто **видит** картину, которую я **вижу**? This is a **Second Conjugation** verb where consonant alternation occurs in the **First Person Singular** form.

7. Он **едет** сейчас, а мы **едем** после обеда. A regular **First Conjugation** verb.

8. Я люблю **есть** мороженое. Что вы **едите**? This verb is **irregular**. Do not confuse it with the forms of the previous verb.

9. Я никогда не **пью** кофе. Ты **пьёшь** кофе? Note the **Present Tense** stem that differs from the **Past Tense** stem and the **Infinitive**. The endings are those of the **First Conjugation**.

10. **Слушайте**, а то твой брат не **слушает**. The forms of the **Imperative** do not always reveal the conjugation. This verb is a regular **First Conjugation** verb.

11. Они **знают**, что мама **знает**? The **Third Person Plural** ending in –**ют** identifies the verb as belonging to the **First Conjugation**.

12. Я **встаю** в 7 часов. когда ты **встаёшь**? Those verbs whose **Infinitive** ends in –**авать** have a **Present Tense** stem that drops the –**ав**– before adding regular **First Conjugation** endings.

13. Папа **пишет** романы, а я **пишу** стихи. A regular **First Conjugation** verb where the **с** of the **Past Tense** stem and **Infinitive** is replaced by **ш** in the **Present Tense** stem.

14. **Делайте** так, как они **делают**. The forms of the **Imperative** do not always reveal the conjugation. This verb is a regular **First Conjugation** verb.

15. Дети **приходят** в 5 часов, а когда ты **приходишь**? The **Third Person Plural** ending in –**ат** or –**ят** identifies the verb as belonging to the **Second Conjugation**.

16. Если вы **садитесь** на диване, где я **сажусь**? This is a **Second Conjugation** verb where consonant alternation occurs in the **First Person Singular** form.

17. Странно что вы **слышите** музыку. Я ничего не **слышу**. This is a **Second Conjugation** verb, but one of a handful whose **Infinitive** ends in –**ать**.

18. Я **стою** здесь уже час. Вы давно здесь **стоите**? The **First Person Singular** form is not an indicator of conjugation, so you must know this verb belongs to the **Second Conjugation**.

19. Ты **просишь** его, а я **прошу** ее. This is a **Second Conjugation** verb where consonant alternation occurs in the **First Person Singular** form.

20. Я **показываю** свои фотографии, а они **показывают** свои. The **First Person**

Singular form is not an indicator of conjugation, so you must know this verb belongs to the **First Conjugation**.

21. Я **беру** только одну книгу. колько вы **берёте**? You must know that this is a regular **First Conjugation** verb and that the **Present Tense** stem differs significantly from the **Past Tense** stem and **Infinitive**.

22. Я не **отвечаю** за его поведение. Он сам **отвечает**. The **First Person Singular** form is not an indicator of conjugation, so you must know this verb belongs to the **First Conjugation**.

23. Она **любит** смотреть баскетбол, **а я люблю** играть в баскетбол. This is a **Second Conjugation** verb where the additional consonant –л– occurs in the **First Person Singular** form.

24. Кого вы **ждёте**? Я **жду** сестру. This is a regular **First Conjugation** verb.

25. Как вы **чувствуете** себя? Я **чувствую** себя плохо. This is a regular **First Conjugation** verb where the –ов– of the **Infinitive** is replaced in the conjugated forms of the **Present** by –у–.

Exercise 4

THE COMPOUND FUTURE

The **Compound Future** combines a conjugated form of the verb **быть** with the **Imperfective Infinitive** of the verb.

This exercise required two steps: indentifying the **Imperfective Infinitive** and supplying the correct form of **быть**, a regular **First Conjugation** verb with the **Present Stem** being **буд-**.

я буду, ты будешь, он/она/оно будет, мы будем, вы будете, они будут
Answers are in **boldface**.

1.	(ищу)	Я **буду искать** его.
2.	(забываем)	Мы никогда не **будем забывать**.
3.	(исправляют)	Учителя **будут исправлять** всю неделю.
4.	(катаешься)	Ты **будешь кататься** с ними.
5.	(бьём)	Мы чужих **будем бить**.
6.	(беспокою)	Я не **буду беспокоить** птиц.
7.	(бледнею)	Утром я **буду бледнеть** перед женой.
8.	(боремся)	**Будем бороться** со спамом?
9.	(решают)	Они **будут решать** эти задачи.
10.	(путешествуете)	Вы здесь **будете путешествовать** по Азии?
11.	(спят)	Дети **будут спать** по пути домой.
12.	(опаздываем)	Что делать если мы **будем опаздывать**?
13.	(стоишь)	Сколько времени ты **будешь стоять** здесь?
14.	(собираем)	Мы **будем собирать** подписи.
15.	(сажают)	За это **будут сажать**?
16.	(стирает)	Когда мама в больнице, кто **будет стирать**?
17.	(работаем)	Где мы завтра **будем работать**?

18.	(угощаете)	Чем **будете угощать**?
19.	(принадлежу)	**Буду принадлежать** только вам.
20.	(машут)	Им **будут махать** рукой.
21.	(желаешь)	Ты ничего не **будешь желать**.
22.	(выигрывать)	Хочу и **буду выигрывать**.
23.	(жалуются)	Учителя **будут жаловаться**.
24.	(танцую)	Я **буду танцевать** весь вечер.
25.	(возвращаете)	Как вы **будете возвращать** эти средства?

Exercise 5

THE SIMPLE FUTURE

The **Simple Future** is formed by conjugating **Perfective Verbs** without the addition of the auxiliary verb **быть**. You must learn the **Future Tense Stem** that may differ from the **Past Tense Stem** and **Infinitive**. If you need to check for the correct verbal forms, you can find where the **Perfective Infinitive** is found in the *Index of Russian Verbs*.

1.	(встать)	Они **встанут** в пять часов.
2.	(забыть)	Вы не **забудете**?
3.	(получить)	Дети **получат** красивые подарки.
4.	(найти)	Автор **найдёт** время для встречи с читателями.
5.	(начать)	Когда вы **начнёте** новый проект?
6.	(послушать)	Сперва мы **послушаем** музыку, а потом в ресторан.
7.	(попросить)	Я **попрошу** его.
8.	(пойти)	Куда вы **пойдёте**?
9.	(решить)	Они **решат** этот вопрос до вечера.
10.	(постоять)	Я здесь **постою**, а потом пойду в зал.
11.	(стать)	Он **станет** знаменитым писателем.
12.	(спросить)	Кого мы **спросим**?
13.	(узнать)	Вскоре ты **узнаешь** правду.
14.	(послать)	Я **пошлю** вам наше предложение завтра.
15.	(продолжить)	Когда мы **продолжим** этот разговор?
16.	(поставить)	Он **поставит** крест на это дело.
17.	(показать)	Вы нам **покажете** вашу работу?
18.	(ответить)	Я категорически не **отвечу**.
19.	(назвать)	Как ты **назовёшь** ребенка?
20.	(смочь)	Вы **сможете** добиться идеальной фигуры.
21.	(заметить)	Она тебя обязательно **заметит**.
22.	(остаться)	Мы **останемся** там до понедельника.
23.	(подержать)	Они нас **подержат**.
24.	(выйти)	Когда она **выйдет** замуж?
25.	(поблагодарить)	Я вас **поблагодарю**.

Exercise 6

THE PAST TENSE

The **Past Tense** of **Imperfective** and **Perfective Verbs** is formed from the **Infinitive Stem**. For most verbs, after dropping the ending **–ть**, **–чь**, **–ти**, add **–л**, **–ла**, **–ло**, **–ли** in agreement with the **Number** (Singular or Plural) and in the singular also with the **Gender** (Masculine, Feminine, Neuter) of the grammatical subject. For **Past Tense Stems** that end in a consonant, refer to them in the *501 Russian Verbs* listings.

Remember that the subject can often be omitted for the **Third Person Plural** form. When the **я** or **ты** forms are used, the **Gender** depends upon whether that person is male or female.

1. (взять)   Она **взяла** все деньги.

2. (разбудить)   Мама их **разбудила** рано.

3. (увидеть)   Они своих друзей **увидели** издалека.

4. (бросить)   Мы все **бросили** курить.

5. (сорвать)   Ты нам **сорвал/сорвала**.

6. (заказать)   Я **заказала/заказал** суп и салат.

7. (встретить)   Новый профессор **встретил/встретила** своих студентов.

8. (завтракать)   Дети долго **завтракали**.

9. (любить)   Она его **любила** все эти годы.

10. (организовать)   Кто **организовал** эту встречу?

11. (пригласить)   Кого **пригласили** на собрание? Note that since no subject is specified in the sentence, it is assumed to be the **Third Person Plural**.

12. (закрыть)   Папа **закрыл** окно. In spite of its ending, **папа** is always masculine.

13. (заработать)   Мы **заработали** тысячу рублей.

14. (играть)   Мальчики **играли** весь день на дворе.

15. (кончить)   Они **кончили** до утра.

16. (наступить)   Зима давно **наступила**.

17. (кормить)   Она меня **кормила** с детства.

18. (поймать)   Его **поймали** в парке. Note that since no subject is specified in the sentence, it is assumed to be the **Third Person Plural**.

19. (кричать)   Все **кричали** в один голос. **Все** is plural.

20. (молчать)   Он **молчал** во время лекции.

21. (начаться)   Концерт **начался** ровно в 8 часов.

22. (освободиться)   Они наконец **освободились**.

23. (понравиться)   Всё им **понравилось**. **Всё** is singular and neuter.

24. (одеться)   Она **оделась** тепло.

25. (обниматься)   Мама с дочкой **обнималась** дольше все других.

Exercise 7

THE PAST TENSE OF PROBLEM VERBS

If you are having difficulties, review the actual entries in *501 Russian Verbs*. For some you will have to look in the *Index of Russian Verbs*.

1.	(везти)	Он **вёз** меня домой.
2.	(нести)	Она **несла** покупки в квартиру.
3.	(вести)	Кто его сюда **вёл**?
4.	(идти)	Они **шли** медленно по дороге.
5.	(лезть)	Куда он ночью **лез**?
6.	(привыкнуть)	Мы уже давно **привыкли**.
7.	(отвыкнуть)	Вы **отвыкли** от Интернета?
8.	(отдохнуть)	Они все хорошо **отдохнули**.
9.	(вздохнуть)	Она **вздохнула** с облегчением.
10.	(грызть)	Собаки **грызли** кости.
11.	(есть)	Мы **ели** и пили.
12.	(мочь)	Я не **мог/могла** понять ее.
13.	(исчезнуть)	Они просто **исчезли**.
14.	(класть)	Она **клала** все книги на пол.
15.	(кончиться)	Рассказ **кончился** неожиданно.
16.	(махнуть)	Он **махнул** рукой.
17.	(смочь)	Она не **смогла** купить билет.
18.	(найтись)	Где **нашёлся** лишний билет?
19.	(сойтись)	Он **сошёлся** во мнении с своим другом.
20.	(погибнуть)	Она трагически **погибла**.
21.	(выйти)	Зачем ты **вышел/вышла**?
22.	(привлечь)	Их **привлекло** ее обещание.
23.	(произнести)	Директор **произнёс/произнесла** прощальную речь.
24.	(провести)	Они **провели** переговоры.
25.	(прийти)	Она **пришла** поздно.

Exercise 8

IMPERFECTIVE AND PERFECTIVE VERBAL PAIRS

It should be simple to match the **Imperfective** verbs of Column A with their **Perfective** partners in Column B. If in doubt, consult the entries, which are listed alphabetically according to the **Imperfective**.

	A		B
1.	отвечать	г.	ответить
2.	хватать	м.	хватить
3.	спрашивать	х.	спросить
4.	избегать	н.	избежать
5.	шить	б.	сшить
6.	делать	ш.	сделать
7.	красть	д.	украсть
8.	изменять	и.	изменить
9.	лишать	л.	лишить
10.	падать	а.	упасть
11.	строить	у.	построить
12.	защищать	в.	защитить
13.	терпеть	с.	потерпеть
14.	писать	ч.	написать
15.	пить	е.	выпить
16.	узнавать	ж.	узнать
17.	приказывать	п.	приказать
18.	копать	р.	копнуть
19.	начинать	ф.	начать
20.	одобрять	т.	одобрить
21.	выбирать	о.	выбрать
22.	давать	з.	дать
23.	украшать	щ.	украсить
24.	есть	ц.	съесть
25.	жарить	к.	зажарить

Exercise 9

FINDING THE IMPERFECTIVE OF PERFECTIVE VERBS

Matching the **Perfective** verbs of Column A with their **Imperfective** partners in Column B can be a challenge. First find the **Perfective Infinitive** in the *Index of Russian Verbs*, then go to the page listed to find its **Imperfective** partner.

	A		B
1.	поужинать	з.	ужинать
2.	выстирать	е.	стирать
3.	привлечь	б.	привлекать
4.	записать	и.	записывать
5.	достать	н.	доставать

6.	погибнуть	м.	погибать
7.	послать	о.	посылать
8.	создать	л.	создавать
9.	уехать	с.	уезжать
10.	вспахать	т.	пахать
11.	простить	р.	прощать
12.	загореть	а.	загорать
13.	повторить	г.	повторять
14.	взять	ч.	брать
15.	полить	ф.	поливать
16.	признать	п.	признавать
17.	наказать	у.	наказывать
18.	произнести	х.	произносить
19.	кончить	щ.	кончать
20.	сохранить	ш.	сохранять
21.	вывести	ц.	выводить
22.	дрогнуть	д.	дрожать
23.	купить	к.	покупать
24.	исчезнуть	ж.	исчезать
25.	зажарить	в.	жарить

Exercise 10

A WORD MAZE OF IMPERFECTIVE VERBAL ADVERBS

Here are the **Imperfective Verbal Adverb** forms of the **Imperfective Infinitives**. Find them in the following maze.

1.	жаря	14.	смея
2.	бегая	15.	варя
3.	говоря	16.	глядя
4.	решая	17.	рубя
5.	сидя	18.	любя
6.	гуляя	19.	вися
7.	ловя	20.	раня
8.	дуя	21.	служа
9.	брея	22.	куря
10.	даря	23.	возя
11.	падая	24.	нося
12.	видя	25.	проезжая
13.	ломая		

С	Л	У	Ж	А	Л	О	В	Я	К
И	Ч	Л	Ю	Б	Я	Р	О	Я	П
Д	С	Щ	Й	Р	П	У	З	Л	Р
Я	М	Ч	В	Е	А	Б	Я	У	О
Б	Е	Г	А	Я	Д	Я	Л	Г	Е
Х	Я	Ц	Р	Е	А	Я	К	О	З
Д	А	Р	Я	Ж	Я	С	И	В	Ж
У	Л	О	М	А	Я	О	Ф	О	А
Я	А	Ш	Е	Р	Я	Н	А	Р	Я
М	В	И	Д	Я	К	У	Р	Я	З

Exercise 11

THE PRESENT/ SIMPLE FUTURE TENSE OF VERBS
ENDING IN –авать/–ать

The first eleven verbs ending in **–авать/–ать** distinguish between the **Present** and **Future** by the placement of the stress that results in the vowel **ё** or **e.** We have provided the two dots over the letter **ё** even though it is not usually found in written or printed **Russian** text. The sentences beginning with #12 consist of pairs derived from **давать/дать.** Be sure to review the highly irregular verb **дать.**

1. (узнавать)   Как мы **узнаём** о погоде?

2. (узнать)   Результаты мы **узнаем** в понедельник.

3. (признавать)   Он не **признаёт** себя виновным.

4. (признать)   Мы уверены, что он нас не **признает**.

5. (уставать)   Отдыхаю хорошо, только **устаю** очень.

6. (устать)   Не **устану** родину любить.

7. (доставать)   Мы их вам **достаём**.

8. (достать)   Мы **достанем** и дома.

9. (оставаться)   Я ухожу, а ты **остаёшься**.

10. (остаться)   Зайдешь раз и **останешься** навсегда.

11. (попадать)   Европа **попадает** в Сеть.

12. (издавать)   Вы **издаёте** журнал, который я люблю читать.

13. (издать)   Когда вы его **издадите**?

14. (давать)   Я **даю** уроки живописи.

15. (дать)   Я вам ссылочку **дам**.

16. (задавать)   Ты **задаёшь** много вопросов.

17.	(задать)	Ты **задашь** тот же вопрос?
18.	(отдавать)	Книгу **отдают** в перевод.
19.	(отдать)	Деньги им завтра **отдадут**.
20.	(подаваться)	Мясо **подаётся** с картофелем.
21.	(податься)	Куда **подастся** экономика?
22.	(продавать)	Мы **продаём** бассейны.
23.	(продать)	Завтра мы **продадим** ноутбуки.
24.	(передаваться)	Проблемы **передаются** по наследству.
25.	(передаться)	Какие гены **передадутся** ребенку?

Exercise 12

THE PRESENT/ SIMPLE FUTURE TENSE OF VERBS ENDING IN –овать/–ировать

This exercise provides review for many of the verbs found in the section *100 Russian Verbs for the 21st Century*. Many Russian verbs derived from other languages end in **–овать/–ировать** and form the **Present** or **Simple Future** by replacing the **–ов–** with **–у–** and then adding **First Conjugation** endings.

1.	(администрировать)	Я только **администрирую** этот сайт.
2.	(адресовать)	Мы **адресуем** наш проект бизнесменам.
3.	(интегрировать)	Телефон **интегрирует** новую технологию.
4.	(консультироваться)	Специалисты по безопасности **консультируются** сегодня.
5.	(модернизировать)	В один день ты не **модернизируешь**.
6.	(протестовать)	Она **протестует** против снижения качества.
7.	(арендовать)	Мы **арендуем** квартиры и комнаты.
8.	(рекламировать)	Как вы себя **рекламируете**?
9.	(сфотографироваться)	Мы **сфотографируемся** на память.
10.	(базировать)	Я всегда **базирую** свои аргументы на фактах.
11.	(эмигрировать)	Она **эмигрирует** в Америку.
12.	(голосовать)	Избиратели **голосуют** за личности и идеи.
13.	(доминировать)	Я **доминирую** на карте.
14.	(штрафовать)	За курение серьезно **штрафуют**.
15.	(форматировать)	Мы **форматируем** электронные книги.
16.	(иммигрировать)	В Канаду я **иммигрирую**.
17.	(стимулировать)	Как ты **стимулируешь** развитие экономики?
18.	(рисковать)	Чем вы **рискуете**?
19.	(регистрироваться)	Как долго **регистрируется** домен?
20.	(программировать)	Я **программирую** с удовольствием.
21.	(комбинировать)	Мы **комбинируем** текст и иллюстрации.

22. (скопировать)   Что она **скопирует** на компьютере?
23. (спланировать)   Врачи **спланируют** операцию.
24. (мотивировать)   Мы **мотивируем** людей.
25. (модифицировать)   Американцы генетически **модифицируют** пшеницу.

Exercise 13

THE IMPERATIVE

Both **Imperfective** and **Perfective** verbs can form the **Imperative.** The rules for formation of most **Imperatives** can be found on page xvii–xviii.

The **Imperative** of most verbs is formed from the **Present/Simple Future Stem.** This can normally be found by dropping the **–ут, –ют, –ят, –ат** ending of the **Third Person Plural** form. We have replaced the **Infinitive** form of the drill with the **Present/Simple Future Stem** in parentheses, followed by the correct answer.

*The first ten exercises use the **Singular Informal** form.*

1. (меша-)   Не **мешай** мне играть.
2. (узна-)   **Узнай** свою судьбу.
3. (мечта-)   **Мечтай** в другом месте.
4. (снима-)   **Снимай** лыжи.
5. (повтор-)   **Повтори**, пожалуйста.
6. (уход-)   Остановись, не **уходи**.
7. (скаж-)   **Скажи** наркотикам «Нет».
8. (сп-)   **Спи** спокойно.
9. (куп-)   **Купи** э–книгу.
10. (крич-)   Не **кричи** так громко.

*The next fifteen sentences use the **Plural** or **Polite Formal** form.*

11. (послуша-)   **Послушайте**, что папа говорит.
12. (повторя-)   Не **повторяйте** ошибок.
13. (пообеда-)   **Пообедайте** дома.
14. (бега-)   **Бегайте** на коньках.
15. (гуля-)   **Гуляйте** с животными.
16. (жд-)   **Ждите** солнца.
17. (дыш-)   **Дышите** глубже.
18. (жар-)   **Жарите** картофель и рыбу.
19. (защит-)   **Защитите** свою семью.
20. (извин-)   **Извините**, пожалуйста.
21. (бо- ся)   Не **бойтесь** изменений.
22. (занима- ся) **Занимайтесь** спортом.
23. (уч- ся)   **Учитесь** летать.
24. (стара- ся)   **Старайтесь** понять.
25. (сад- ся)   **Садитесь** сюда.

Exercise 14

MORE IMPERATIVES

These **Imperatives** are a challenge for students of Russian. You will simply have to learn them. When in doubt, consult the appropriate pages in *501 Russian Verbs*.

*The first ten exercises use the **Singular Informal** form.*

1. (давать)   **Давай** еще.
2. (съесть)   **Съешь** пирожок.
3. (целовать)   **Целуй** меня снова.
4. (снять)   Шляпу **сними**.
5. (взять)   **Возьми** с собой музыку.
6. (танцевать)   **Танцуй** со мной.
7. (аплодировать)   **Аплодируй** себе.
8. (послать)   **Пошли** нам терпение.
9. (готовить)   **Готовь** лыжи осенью.
10. (ввести)   **Введи** свое имя и дату рождения.

*The next fifteen exercises use the **Plural** or **Polite Formal** form.*

11. (перестать)   **Перестаньте** спорить.
12. (дать)   **Дайте** ему календарь.
13. (поверить)   **Поверьте**, это классно.
14. (познакомиться)   **Познакомьтесь**, пожалуйста.
15. (выйти)   **Выйдите** на улицу.
16. (выпить)   **Выпейте** чаю.
17. (написать)   **Напишите** детям.
18. (плакать)   **Плачьте** с нами.
19. (открыть)   **Откройте** дверь.
20. (задать)   **Задайте** свой вопрос.
21. (позволить)   **Позвольте** себе больше.
22. (приблизиться)   **Приблизьтесь** к камину.
23. (спрятать)   **Спрячьте** все свои заботы.
24. (прыгнуть)   **Прыгните** выше.
25. (нарисовать)   **Нарисуйте** мне дом.

Exercise 15

A WORD MAZE OF PERFECTIVE VERBAL ADVERBS

Here are the **Perfective Verbal Adverbs** for you to find in the maze below.

1. купив				11.	задав			
2. обняв				12.	овладев			
3. взяв				13.	успев			
4. сумев				14.	избежав			
5. побив				15.	повоевав			
6. заснув				16.	сделав			
7. сшив				17.	узнав			
8. повесив				18.	улетев			
9. посмев				19.	убив			
10. бросив				20.	поймав			

П	О	Б	И	В	П	В	К	В	О
О	М	П	О	В	О	Е	В	А	В
В	У	Б	И	В	С	Т	А	М	Л
Е	Ш	Р	Т	А	М	Е	Л	Й	А
С	Ш	И	В	Ж	Е	Л	Е	О	Д
И	У	С	П	Е	В	У	Д	П	Е
В	З	Я	В	Б	Р	О	С	И	В
В	А	Д	А	З	А	С	Н	У	В
З	К	У	П	И	В	Я	Н	Б	О
С	У	М	Е	В	У	З	Н	А	В

Exercise 16

PRACTICE WITH VERBS ENDING IN –ся/–сь

The particle –ся/–сь has multiple functions (see pages xix–xx). A verb is conjugated in regular fashion, and the particle changes according to the final letter. If the final letter is a consonant or ь, add –ся. If the final consonant is a vowel, add –сь.

*The first ten sentences are in the **Present** or **Simple Future Tenses**.*

1. (видеться)   Как Земля **видится** с Марса?
2. (взяться)   Я **возьмусь** переводить эту книгу.
3. (забываться)   Все прощается, все **забывается**.
4. (замечаться)   Запах **замечается** потребителем.
5. (казаться)   Иногда **кажется**, что ты один.
6. (находиться)   Где **находится** библиотека?
7. (начинаться)   Так **начинаются** войны.
8. (подниматься)   Цены **поднимаются**.

9.	(получаться)	Как он **получается** у меня?
10.	(получиться)	Что из этого **получится**?

*The next ten sentences are in the **Past Tense**.*

11.	(продолжаться)	Стачка **продолжалась**.
12.	(решиться)	Наконец **решился** вопрос моего участия.
13.	(слушаться)	В суде **слушалось** дело.
14.	(слышаться)	Что-то **слышалось** родное.
15.	(называться)	Город **назывался** Петроградом.
16.	(найтись)	Преступник **нашёлся** в больнице.
17.	(остаться)	Подписчики **остались** без газет.
18.	(показываться)	Рядом с текстом **показывалась** ее фотография.
19.	(появиться)	В магазинах **появились** живые манекены.
20.	(решаться)	И судьба **решалась** в Кремле.

*For the next five sentences use the **Imperative Polite/Plural** form.*

21.	(бросаться)	Не **бросайтесь** на людей.
22.	(появляться)	Без брата не **появляйтесь**.
23.	(остаться)	**Останьтесь**.
24.	(бояться)	Не **бойтесь** мобильных телефонов.
25.	(садиться)	**Садитесь**, пожалуйста.

Exercise 17

VERBS WITH CONSONANT CHANGES

When a consonant change does occur in the **Present/Simple Future Stem** in **Second Conjugation** verbs, the change happens *only* in the **First Person Singular**.
You will want to review the **Rules for Consonant Change** on page xxv.

1.	Они не могут, и ты не **можешь**.	г – ж
2.	Кто водит машину? Я ее **вожу**.	д – ж
3.	Они не ответят, но я **отвечу**.	т – ч
4.	Я пеку торт, а мама **печет** пирожки.	к – ч
5.	Кто может искать ключ? Почему ты не **ищешь**?	ск – щ
6.	Папа чистит зубы, и я **чищу** зубы.	ст – щ
7.	Она нам поможет, а я ему **помогу**.	г – ж
8.	Она любит писать стихи, а он **пишет** прозу.	с – ш
9.	Они сказали правду, и я **скажу** правду.	з – ж
10.	Кто хочет заказать музыку? Я **закажу**.	з – ж
11.	Что ты видишь? Я ничего не **вижу**.	д – ж
12.	Он уже ходит в школу, а я еще не **хожу**.	д – ж
13.	Она махает правой рукой, а я левой рукой **машу**.	х – ш
14.	Кто носит шляпу? Я не **ношу**.	с – ш

15.	Папа бросит мяч, а я не так хорошо **брошу**.	с – ш
16.	Куда вы летите? Я **лечу** в Москву.	т – ч
17.	Если ты его простишь, то я его **прощу**.	ст – щ
18.	Когда он приходит? Я **прихожу** раньше.	д – ж
19.	Они согласятся, когда я **соглашусь**.	с – ш
20.	Я спущусь по лестнице. А как вы **спуститесь**?	ст – щ
21.	Ты ее спросишь, а я его **спрошу**.	с – ш
22.	Мы схватим его, а я **схвачу** ее.	т – ч
23.	Мы хотим гулять в парке. Что ты **хочешь** делать?	т – ч
24.	Они угостят студентов, а я их родителей **угощу**.	ст – щ
25.	Не шути. Я не **шучу**.	т – ч

Exercise 18

THE CONDITIONAL

The **Conditional** is composed of a **Past Tense** of either an **Imperfective** or a **Perfective** verb form plus **бы**.

Review the formation of the **Past Tense** and remember to identify the **Number** and in the singular the **Gender** of the grammatical subject.

1.	(хотеть)	Я **хотел/хотела бы** играть в футбол.
2.	(лежать)	Она **лежала бы** на берегу моря.
3.	(писать)	Ты **писала/писал бы** детские книги?
4.	(узнать)	**Узнала бы** вся школа о ней.
5.	(побриться)	**Побрился/Побрилась бы** ты?
6.	(сделать)	Что **сделал бы** он в таком случае?
7.	(быть)	**Было бы** хорошо.
8.	(скучать)	Я **скучала/скучал бы** без нее.
9.	(кататься)	Она **каталась бы**, но не было снега.
10.	(спасти)	Одно слово **спасло бы** его.
11.	(купить)	**Купили бы** акции.
12.	(мечтать)	До сих пор она **мечтала бы** о нем.
13.	(сломать)	Такой темп **сломал бы** меня.
14.	(выйти)	За кого ты не **вышла бы** замуж?
15.	(знать)	**Знали бы** мы, купили бы мы больше.
16.	(попросить)	Что **попросили бы** вы на моем месте?
17.	(заказать)	Если бы у меня были деньги, **я заказал/заказала бы** билет.
18.	(закрыть)	**Закрыли бы** эту газету?
19.	(любить)	**Любил/Любила бы** я рисовать?
20.	(учиться)	**Учились бы** мы вместе.

21.	(уехать)	**Уехали бы** вы из страны?
22.	(дать)	Эта победа **дала бы** нам уважение.
23.	(перебить)	**Перебили бы** мы всю посуду.
24.	(бросить)	**Бросил бы** он курить.
25.	(искать)	Они **искали бы** его через знакомых.

Exercise 19

FUN WITH IDIOMS

Russians love a number of stock phrases that you may want to learn. The ones we have chosen need a verb form. Insert in the space provided the correct form of the **Infinitive** in parentheses.

Hint: Many of these can be found in our selection of *55 Essential Verbs*.

1. **Держи** язык за зубами.
2. Рыбак рыбака **видит** издалека.
3. Поменьше **говори**, побольше услышишь.
4. Бойся жить, а умирать не **бойся**.
5. Солнце **встанет**, да и утро настанет.
6. Добро помни, зло **забывай**.
7. Бог **дал**. Бог взял.
8. **Полежи**, да и встань.
9. Что **хочу**, то и могу.
10. Никак не **получится**.
11. Душа **видит**, сердце слышит.
12. **Думай** о других, не только о себе.
13. Из этого ничего не **выйдет**.
14. Дела не делай, а от дела не **бегай**.
15. **Просим** к столу.
16. Дело **делай**, а правды не забывай.
17. Часы не **ставятся** по солнцу.
18. Больше **слушай**, меньше говори.
19. **Станьте** в очередь.
20. Легко **начать**, да не легко кончать.
21. Весна **пришла** — на все пошла.
22. Кто много **знает**, с того много спрашивается.
23. Жив **буду**, не забуду.
24. Ешь с голоду, а **люби** с молоду.
25. И **глядит**, да не видит.
26. **Учи** других, и сам поймёшь.
27. Золото не говорит, а много **творит**.

Exercise 20

A FINAL MAZE OF COMMON INFINITIVES

The **Infinitive** forms are provided for you to find in the maze below.

1. пить
2. бить
3. жить
4. лить
5. писать
6. сесть
7. класть
8. водить
9. нести
10. купить
11. идти
12. ехать
13. спать
14. вести
15. выпить
16. дать
17. хотеть
18. мочь
19. лечь
20. взять
21. носить
22. лететь
23. улететь
24. есть

В	З	Я	Т	Ь	Н	Л	Е	Ч	Ь
О	Ь	Т	А	Х	Е	Ы	Б	М	З
Д	Ь	Т	А	П	С	Ж	И	Т	Ь
И	Т	У	Л	Е	Т	Е	Т	Ь	Т
Т	С	В	Ы	П	И	Т	Ь	Ч	И
Ь	А	Ь	Т	И	П	У	К	О	Л
Т	Л	В	Е	С	Т	И	Ф	М	К
С	К	Ш	Щ	А	Ю	Д	А	Т	Ь
Е	З	Х	О	Т	Е	Т	Ь	Я	Э
С	Е	С	Т	Ь	Т	И	С	О	Н

If you have been counting, that's 501 Russian Verb exercises. Congratulations.

Желаю вам успеха в учебе.

English-Russian Verb Index

This index contains all the Russian verbs found in the book. The English meanings are provided as a guide; for further meanings of Russian verbs, consult a good dictionary.

The preposition *to* of the English infinitive form has been omitted. In most cases, both the imperfective and the perfective verb forms are provided, separated by a slash /. Parentheses around (ся) indicate verbs that can be used both with and without the reflexive particle. For more complete information, consult the page(s) listed after the verbs.

A

abandon оставля́ть / оста́вить 260

accept принима́ть (ся) / приня́ть (ся) 369

accompany провожа́ть / проводи́ть 378

accomplish реализова́ть (ся) / реализова́ть (ся) 420

ache боле́ть / заболе́ть 10

achieve достига́ть / дости́гнуть – дости́чь 106

acquaint знако́мить (ся) / познако́мить (ся) 159

acquire приобрета́ть (ся) / приобрести́ (сь) 371

act де́йствовать / поде́йствовать 92, поступа́ть (ся) / поступи́ть (ся) 340

adapt адапти́ровать (ся) / адапти́ровать (ся) 561

add добавля́ть (ся) / доба́вить (ся) 98, прибавля́ть (ся) / приба́вить (ся) 353

address адресова́ть (ся) / адресова́ть (ся) 562

administer администри́ровать 561, управля́ть (ся) / упра́вить (ся) 527

admire восхища́ть (ся) / восхити́ть (ся) 46

advance наступа́ть / наступи́ть 224

advertise реклами́ровать / реклами́ровать 598

advise сове́товать (ся) / посове́товать (ся) 453

agree соглаша́ться / согласи́ться 454

agree on догова́ривать (ся) / договори́ть (ся) 101

allow разреша́ть (ся) / разреши́ть (ся) 411

annotate анноти́ровать / анноти́ровать 562

annoy серди́ть (ся) / рассерди́ть (ся) 434

answer отвеча́ть / отве́тить 263

apologize извиня́ть (ся) / извини́ться 165

appear появля́ться / появи́ться 343

applaud аплоди́ровать / зааплоди́ровать 1

appoint назнача́ть / назна́чить 217

approach подходи́ть / подойти́ 314

approve одобря́ть / одо́брить 586

argue спо́рить / поспо́рить 466

arise возника́ть / возни́кнуть 42

arrange устра́ивать (ся) / устро́ить (ся) 532

arrest аресто́вывать / арестова́ть 2

arrive on foot приходи́ть / прийти́ 373

arrive by vehicle приезжа́ть / прие́хать 363

ascend всходи́ть / взойти́ 52

ask [a question] спра́шивать / спроси́ть 468

assist спосо́бствовать (ся) / поспосо́бствовать (ся) 467

associate ассоции́ровать (ся) / ассоции́ровать (ся) 563

assign задава́ть / зада́ть 137

assure oneself убежда́ть / убеди́ть 506

attract привлека́ть / привле́чь 356

avoid избега́ть / избежа́ть 164

await ожида́ть (ся) 245

awake просыпа́ться / просну́ться 392

B

bake печь (ся) / испе́чь (ся) 297

base on бази́ровать (ся) 564

bathe купа́ть (ся) / вы́купать (ся) 192

be быть 22, явля́ться / яви́ться 556

be able мочь / смочь 211, уме́ть / суме́ть 522

be afraid of боя́ться / побоя́ться 12

be born рожда́ться / роди́ться 425

be called, be named называ́ть (ся) / назва́ть (ся) 218

be enough хвата́ть / хвати́ть 540

be friends дружи́ть (ся) / подружи́ться 110

be ill боле́ть / заболе́ть 9

be late опа́здывать / опозда́ть 248

be mistaken ошиба́ться / ошиби́ться 280

be on duty дежу́рить 91

be patient терпе́ть / потерпе́ть 497

be present име́ться 171

be proud of горди́ться / возгорди́ться 82

be published печа́таться / напеча́таться 296

be registered оформля́ться / офо́рмиться 279

C

D

drop by on foot   заходи́ть / зайти́
 153

drown   тону́ть / утону́ть   499

duel   стреля́ться   483

duplicate   дубли́ровать   571

E

earn   зараба́тывать / зарабо́тать
 149

eat   есть / съе́сть   116

edit   редакти́ровать /
 отредакти́ровать   597

educate   воспи́тывать (ся) /
 воспита́ть (ся)   45

embrace   обнима́ть (ся) / обня́ть
 (ся)   238

emigrate   эмигри́ровать /
 эмигри́ровать   610

employ   по́льзоваться /
 воспо́льзоваться   328

encourage   поощря́ть / поощри́ть
 334

endure   выноси́ть / вы́нести   65,
 переноси́ть / перенести́   288

enhance   повыша́ть (ся) / повы́сить
 (ся)   306

enter   входи́ть / войти́   53

enter, join [university, etc.]   поступа́ть /
 поступи́ть   340

enter, ride in   въезжа́ть / въе́хать
 54

entertain   угоща́ть / угости́ть   510

entrust   возлага́ть / возложи́ть
 566

envy   зави́довать / позави́довать
 131

establish   осно́вывать (ся) /
 основа́ть (ся)   257

examine   осма́тривать (ся) /
 осмотре́ть (ся)   256,
 рассма́тривать / расссмотре́ть
 416

exchange   меня́ть (ся) / поменя́ть
 (ся)   206

excite   волнова́ть (ся) /
 взволнова́ть (ся)   44

exclude   выключа́ть / вы́ключить
 62

excuse   извиня́ть (ся) / извини́ть
 (ся)   165

exist   существова́ть   489

exit   выходи́ть / вы́йти   74

expend   тра́тить (ся) / потра́тить
 (ся)   501

experience   испы́тывать / испыта́ть
 177

explain   объясня́ть (ся) / объясни́ть
 (ся)   243

explode   взрыва́ть (ся) / взорва́ть
 (ся)   566

explode   разрыва́ть (ся) / разорва́ть
 (ся)   413

express   выража́ть (ся) / вы́разить
 (ся)   70

extend   продолжа́ть (ся) /
 продо́лжить (ся)   380

F

fade бледне́ть / побледне́ть 8

fall па́дать / упа́сть 281

fall asleep засыпа́ть / засну́ть 151

fall behind отстава́ть / отста́ть 277

fall ill заболева́ть / заболе́ть 128

fall in love влюбля́ться / влюби́ться 34

fall out выпада́ть / вы́пасть 66

feed корми́ть / накорми́ть 188

feel чу́вствовать (ся) / почу́вствовать (ся) 551

fell руби́ть / сруби́ть 427

fight дра́ться / подра́ться 108

fill in заполня́ть (ся) / запо́лнить (ся) 573

find оты́скивать (ся) / отыска́ть (ся) 588

find out находи́ть (ся) / найти́ (сь) 225

fine штрафова́ть / оштрафова́ть 609

finish зака́нчивать (ся) / зако́нчить (ся) 139, конча́ть (ся) / ко́нчить (ся) 186

finish talking догова́ривать (ся) / договори́ть (ся) 101

fly лета́ть – лете́ть / полете́ть 197

fly in прилета́ть / прилете́ть 367

fly off, away улета́ть / улете́ть 519

fly out, take off вылета́ть / вы́лететь 63

follow сле́довать / после́довать 438

force заставля́ть / заста́вить 150

forget забыва́ть (ся) / забы́ть (ся) 129

forgive проща́ть / прости́ть 394

form формирова́ть (ся) / сформирова́ть (ся) 607

form a bloc блоки́роваться / сблоки́роваться 565

formalize оформля́ть (ся) / офо́рмить (ся) 279

format формати́ровать / отформати́ровать 606

fortify подкрепля́ть (ся) / подкрепи́ть (ся) 590

found осно́вывать (ся) / основа́ть (ся) 257

freeze замерза́ть / замёрзнуть 143

freeze мёрзнуть / замёрзнуть 582

frighten пуга́ть (ся) / испуга́ть (ся) 397

fry жа́рить / зажа́рить 119

fulfill выполня́ть / вы́полнить 68

function функциони́ровать 608

G

gain weight толсте́ть / потолсте́ть 603

get a haircut стри́чься / остри́чься 485

get a job устра́иваться / устро́иться 532

get angry серди́ться / рассерди́ться 434

get dressed одева́ться / оде́ться 244

get lost заблужда́ться / заблуди́ться 572

get ready to собира́ться / собра́ться 451

get up встава́ть / вста́ть 49

get used to привыка́ть / привы́кнуть 358

give дава́ть / да́ть 87

give a present дари́ть / подари́ть 89

give back, give away отдава́ть (ся) / отда́ть (ся) 266

give birth to рожда́ть / роди́ть 425

give out выдава́ть / вы́дать 57

gladden ра́довать (ся) / обра́довать (ся) 401

glow горе́ть / сгоре́ть 83

gnaw гры́зть / разгры́зть 85

go as far as доходи́ть / дойти́ 107

go away расходи́ться / разойти́сь 418

go by foot ходи́ть – идти́ / пойти́ 541

go out выходи́ть / вы́йти 74

go swimming купа́тся / вы́купаться 192

grab схва́тывать (ся) / схвати́ть (ся) 490

grant предоставля́ть (ся) / предоста́вить (ся) 348

greet здоро́ваться / поздоро́ваться 158

grow thin худе́ть / похуде́ть 608

grow old старе́ть / постаре́ть 602

grow up расти́ / вы́расти 417

guard бере́чь (ся) / побере́чь (ся) 4

guess дога́дываться / догада́ться 570

guide towards ориенти́ровать (ся) / сориенти́ровать (ся) 587

H

halt остана́вливать (ся) / останови́ть (ся) 261

hand over сдава́ть (ся) / сда́ть (ся) 433

hang ве́шать (ся) / пове́сить (ся) 27, висе́ть / повисе́ть 31

happen быва́ть 21, происходи́ть / произойти́ 386, случа́ться / случи́ться 440

hate ненави́деть / возненави́деть 229

have име́ть (ся) 171

have a meal поеда́ть / пое́сть 317

have to приходи́ться / прийти́сь 373

hear слы́шать (ся) / услы́шать (ся) 443

help помога́ть / помо́чь 331

I

J

K

keep silent молча́ть / помолча́ть
  210

kill убива́ть / уби́ть 507

kiss целова́ть (ся) / поцелова́ть
  (ся) 546

knock стуча́ть (ся) / постуча́ть
  (ся) 487

know зна́ть 160

know how уме́ть / суме́ть 522

L

labor труди́ться / потруди́ться 503

land приземля́ть (ся) / приземли́ть
  (ся) 364

laugh смея́ться / засмея́ться 446

launder стира́ть (ся) / вы́стирать
  (ся) 478

lead води́ть – вести́ / повести́ 36

lead across переводи́ть (ся) /
  перевести́ (сь) 284

lead, conduct up to поводи́ть /
  довести́ 100

learn научи́ть (ся) 537

legalize легализи́ровать (ся) /
  легализи́ровать (ся) 580

liberate освобожда́ть (ся) /
  освободи́ть (ся) 255

lie down ложи́ться / ле́чь
  201

lie, be in lying position лежа́ть /
  полежа́ть 195

lie, tell lies вра́ть / совра́ть 47

like нра́виться / понра́виться
  232

liquidate ликвиди́ровать (ся) /
  ликвиди́ровать (ся) 581

listen to слу́шать (ся) / послу́шать
  (ся) 441

live жи́ть / пожи́ть 127

live, live through прожива́ть /
  прожи́ть 382

load загружа́ть (ся) / загрузи́ть
  (ся) 573

located находи́ться / найти́сь
  225

look смотре́ть (ся) / посмотре́ть
  (ся) 447

look around осма́триваться /
  осмотре́ться 256

look at гляде́ть (ся) / погляде́ть
  (ся) 77

look like вы́глядеть 56

look younger молоде́ть /
  помолоде́ть 583

lose пройгрывать / проигра́ть
  383, теря́ть (ся) / потеря́ть
  (ся) 498

love люби́ть / полюби́ть 203

lower опуска́ть (ся) / опусти́ть
  (ся) 252, спуска́ть (ся) /
  спусти́ть (ся) 470

lunch обе́дать / пообе́дать
  233

M

make де́лать (ся) / сде́лать (ся) 93

make a complaint реклами́ровать / реклами́ровать 598

make a mistake опи́сыватья / описа́ться 249, ошиба́ться / ошиби́ться 280

make friends подружи́ться 110

make noise шуме́ть / пошуме́ть 554

manage управля́ть (ся) / упра́вить (ся) 527

manifest ока́зывать (ся) / оказа́ть (ся) 246

mark отмеча́ть (ся) / отме́тить (ся) 271

marry выходи́ть / вы́йти за́муж 74, жени́ть (ся) / пожени́ться 125

mean зна́чить 162

measure ме́рить (ся) / поме́рить (ся) 207

meet встреча́ть (ся) / встре́тить (ся) 51

melt та́ять / раста́ять 496

mention упомина́ть (ся) / упомяну́ть (ся) 525

mix меша́ть (ся) / помеша́ть (ся) 209

modernize модернизи́ровать / модернизи́ровать 582

modify модифици́ровать / модифици́ровать 583

motivate мотиви́ровать / мотиви́ровать 584

move переезжа́ть / перее́хать 286

move, advance дви́гать (ся) / дви́нуть (ся) 90

move closer приближа́ть (ся) / прибли́зить (ся) 355

multiply разводи́ться / развести́сь 405

N

name называ́ть (ся) / назва́ть (ся) 218

narrate расска́зывать / рассказа́ть 415

nod [one's head] кива́ть / кивну́ть 184

notice замеча́ть / заме́тить 144

notify нотифици́ровать / нотифици́ровать 585

nurse корми́ть / накорми́ть 188, уха́живать / поуха́живать 534

O

obey слу́шать (ся) / послу́шать (ся) 441

object возража́ть / возрази́ть 43

obtain добива́ться / доби́ться 99, достава́ть (ся) / доста́ть (ся) 105

occupy занима́ть (ся) / заня́ть (ся) 146

Q

R

S

stimulate стимули́ровать / стимули́ровать 602

stop прекраща́ть (ся) / прекрати́ть (ся) 592

stretch протя́тивать (ся) / протяну́ть (ся) 393

strive стреми́ться 484

stroll гуля́ть / погуля́ть 86

struggle боро́ться / поборо́ться 11

study изуча́ть / изучи́ть 170, учи́ть (ся) / научи́ть (ся) 537

succeed удава́ться / уда́ться 511, успева́ть / успе́ть 528

suck соса́ть / пососа́ть 459

suffer страда́ть / пострада́ть 482, терпе́ть / потерпе́ть 497

sunburn загора́ть (ся) / загоре́ть (ся) 136

supper у́жинать / поу́жинать 514

supplement дополня́ть / допо́лнить 104

support держа́ть (ся) / подержа́ть (ся) 96, подде́рживать (ся) / поддержа́ть (ся) 310

suppose полага́ть (ся) / положи́ть (ся) 322

surprise удивля́ть (ся) / удиви́ть (ся) 512

surrender сдава́ться / сда́ться 433

surround окружа́ть / окружи́ть 247

survive пережива́ть / пережи́ть 287

suspect подозрева́ть (ся) 590

suspend висе́ть / повисе́ть 31

swear at руга́ть (ся) / вы́ругать (ся) 4289

swim пла́вать – плы́ть / поплы́ть 301

sympathize with симпатизи́ровать 600

T

take бра́ть (ся) / взять (ся) 14, принима́ть (ся) / приня́ть (ся) 369

take around разводи́ть / развести́ 404

take away, remove отнима́ть (ся) / отня́ть (ся) 272

take by vehicle вози́ть – везти́ / повезти́ 41

take off снима́ть (ся) / снять (ся) 450

take somewhere отводи́ть / отвести́ 265

talk a little поговори́ть 79

teach преподава́ть 352, учи́ть / научи́ть 537

tear up порыва́ть (ся) / порва́ть (ся) 338, разрыва́ть (ся) / разорва́ть (ся) 413

telephone звони́ть (ся) / позвони́ть (ся) 156

tell говори́ть / сказа́ть 79

tend to уха́живать / поуха́живать 534

thank благодари́ть / поблагодари́ть 7

U

V

W

wage war воевать / повоевать 38

wait ждать / подождать 122

wait for дожидаться / дождаться 103

wake up будить / разбудить 20

walk ходить – идти / пойти 541

walk away уходить / уйти 535

walk away, walk off отходить / отойти 278

wander бродить – брести / побрести 17

want хотеть (ся) / захотеть (ся) 543

warn предупреждать / предупредить 351

wash мыть (ся) / помыть (ся) 213

watch смотреть (ся) / посмотреть (ся) 447

wave махать / махнуть 205

weigh весить 26

weld сварить (ся) 23

widen расширять (ся) / расширить (ся) 595

win выигрывать / выиграть 61

wish for желать / пожелать 124

work работать / поработать 399

work out разрабатывать / разработать 410

worry беспокоить (ся) / побеспокоить (ся) 5, волновать (ся) / взволновать (ся) 44

wound ранить / ранить 414

write писать (ся) / написать 298

write down записывать (ся) / записать (ся) 147

Y

yield уступать / уступить 533

Index of Russian Verbs

The index of Russian verbs is an alphabetical list of all the verbs found in *501 Russian Verbs*. Each verb is followed by the page number where the verbal forms can be found. When a verb is used both with and without the reflexive particle, (ся) is found in parentheses. When the ся is not set off by parentheses, the verb is not used without this particle.

А

Б

В

И

П

Р

С

Ф

Planning to Visit Russia?
Make Sure You're Prepared

As you tour St. Petersburg's magnificent Hermitage Museum, or take in Moscow's exotic architecture, or enjoy the novelty of travel to places of interest, you'll be better prepared if you have words and phrases at your command to make yourself understood in Russian. Barron's can get you ready with these practical introductions to conversational Russian.

Learn Russian the Fast and Fun Way, 2nd Ed.
ISBN: 978-0-7641-4214-7
Paperback, $18.99, Can$22.99

Russian at a Glance, 3rd Ed.
ISBN: 978-0-7641-3767-9
Paperback, $8.99, Can$10.99

Available at your
local bookstore or visit
www.barronseduc.com

**Barron's Educational
Series, Inc.**
250 Wireless Blvd.
Hauppauge, NY 11788
Order toll-free: 1-800-645-3476
Order by fax: 1-631-434-3217

In Canada:
Georgetown Book Warehouse
34 Armstrong Ave.
Georgetown, Ontario L7G 4R9
Canadian orders: 1-800-247-7160
Order by fax: 1-800-887-1594

(#270) R2/17

Prices subject to change without notice.

Students of Russian Can Count on Barron's for That All-Important Extra Help

Language students taking Russian quickly learn that their classroom textbook can carry them only just so far toward command of their subject. Barron's supplementary language texts offer that extra step forward, providing help with vocabulary and verb usage— the path toward fluency in conversational Russian.

501 Russian Verbs, 4th Ed.
ISBN: 978-1-4380-1041-0
Paperback

Russian Vocabulary, 2nd Ed.
ISBN: 978-0-7641-3970-3
Paperback

Barron's Educational
Series, Inc.
250 Wireless Blvd.
Hauppauge, NY 11788
Order toll-free: 1-800-645-3476
Order by fax: 1-631-434-3217

In Canada:
Georgetown Book Warehouse
34 Armstrong Ave.
Georgetown, Ontario L7G 4R9
Canadian orders: 1-800-247-7160
Order by fax: 1-800-887-1594

Available at your local
bookstore or visit
www.barronseduc.com

(#271) R6/18